독학사 2단계

컴퓨터공학과

논리회로

시대에듀

머리말 INTRO

학위를 얻는 데 시간과 장소는 더 이상 제약이 되지 않습니다. 대입 전형을 거치지 않아도 '학점은행제'를 통해 학사학위를 취득할 수 있기 때문입니다. 그중 독학학위제도는 고등학교 졸업자이거나 이와 동등 이상의 학력을 가지고 있는 사람들에게 효율적인 학점 인정 및 학사학위 취득의 기회를 줍니다.

학습을 통한 개인의 자아실현 도구이자 자신의 실력을 인정받을 수 있는 스펙인 독학사는 짧은 기간 안에 학사학위를 취득할 수 있는 가장 빠른 지름길로써 많은 수험생들의 선택을 받고 있습니다.

이 책은 독학사 시험을 준비하는 수험생분들이 단기간에 효과적인 학습을 할 수 있도록 다음과 같이 구성하였습니다.

---

01 '기출복원문제'를 수록하여 최근 시험 경향을 파악하고 이에 맞춰 학습할 수 있도록 하였습니다.

02 시행처의 평가영역을 바탕으로 시험에 출제될 수 있는 내용을 정리하여 '핵심이론'으로 구성하였으며, '더 알아두기'와 '체크 포인트'를 통해 관련 내용까지 파악할 수 있도록 하였습니다. (2022년 시험부터 적용되는 개정 평가영역 반영)

03 해당 영역에 맞는 출제 포인트를 분석하여 구성한 '실전예상문제'를 수록하였습니다.

04 최신 출제 유형을 반영한 '최종모의고사(2회분)'를 통해 자신의 실력을 점검해 볼 수 있도록 하였습니다.

05 요점을 정리한 '핵심요약집'으로 전반적인 내용을 한눈에 파악할 수 있도록 하였습니다

시간 대비 학습의 효율성을 높이기 위해 방대한 학습 분량을 최대한 압축하여 정리하였으며, 출제 유형을 반영한 문제들로 구성하도록 노력하였습니다. 이 책으로 학위취득의 꿈을 이루고자 하는 수험생 여러분의 합격을 응원합니다.

편저자 드림

독학학위제 소개 BDES

독학학위제란?

「독학에 의한 학위취득에 관한 법률」에 의거하여 국가에서 시행하는 시험에 합격한 사람에게 학사학위를 수여하는 제도

- 고등학교 졸업 이상의 학력을 가진 사람이면 누구나 응시 가능
- 대학교를 다니지 않아도 스스로 공부해서 학위취득 가능
- 일과 학습의 병행이 가능하여 시간과 비용 최소화
- 언제, 어디서나 학습이 가능한 평생학습시대의 자아실현을 위한 제도
- 학위취득시험은 4개의 과정(교양, 전공기초, 전공심화, 학위취득 종합시험)으로 이루어져 있으며 각 과정별 시험을 모두 거쳐 학위취득 종합시험에 합격하면 학사학위 취득

독학학위제 전공 분야 (11개 전공)

※ 유아교육학 및 정보통신학 전공 : 3, 4과정만 개설
(정보통신학의 경우 3과정은 2025년까지, 4과정은 2026년까지만 응시 가능하며, 이후 폐지)
※ 간호학 전공 : 4과정만 개설
※ 중어중문학, 수학, 농학 전공 : 폐지 전공으로, 기존에 해당 전공 학적 보유자에 한하여 2025년까지 응시 가능

※ 시대에듀는 현재 4개 학과(심리학과, 경영학과, 컴퓨터공학과, 간호학과) 개설 완료
※ 2개 학과(국어국문학과, 영어영문학과) 개설 중

독학학위제 시험안내 INFORMATION

과정별 응시자격

단계	과정	응시자격	과정(과목) 시험 면제 요건
1	교양	고등학교 졸업 이상 학력 소지자	• 대학(교)에서 각 학년 수료 및 일정 학점 취득 • 학점은행제 일정 학점 인정 • 국가기술자격법에 따른 자격 취득 • 교육부령에 따른 각종 시험 합격 • 면제지정기관 이수 등
2	전공기초		
3	전공심화		
4	학위취득	• 1~3과정 합격 및 면제 • 대학에서 동일 전공으로 3년 이상 수료 (3년제의 경우 졸업) 또는 105학점 이상 취득 • 학점은행제 동일 전공 105학점 이상 인정 (전공 28학점 포함) • 외국에서 15년 이상의 학교교육과정 수료	없음(반드시 응시)

응시방법 및 응시료

• 접수방법 : 온라인으로만 가능
• 제출서류 : 응시자격 증빙서류 등 자세한 내용은 홈페이지 참조
• 응시료 : 20,700원

독학학위제 시험 범위

• 시험 과목별 평가영역 범위에서 대학 전공자에게 요구되는 수준으로 출제
• 독학학위제 홈페이지(bdes.nile.or.kr) ➜ 학습정보 ➜ 과목별 평가영역에서 확인

문항 수 및 배점

과정	일반 과목			예외 과목		
	객관식	주관식	합계	객관식	주관식	합계
교양, 전공기초 (1~2과정)	40문항×2.5점 =100점	–	40문항 100점	25문항×4점 =100점	–	25문항 100점
전공심화, 학위취득 (3~4과정)	24문항×2.5점 =60점	4문항×10점 =40점	28문항 100점	15문항×4점 =60점	5문항×8점 =40점	20문항 100점

※ 2017년도부터 교양과정 인정시험 및 전공기초과정 인정시험은 객관식 문항으로만 출제

합격 기준

■ 1~3과정(교양, 전공기초, 전공심화) 시험

단계	과정	합격 기준	유의 사항
1	교양	매 과목 60점 이상 득점을 합격으로 하고, 과목 합격 인정(합격 여부만 결정)	5과목 합격
2	전공기초		6과목 이상 합격
3	전공심화		

■ 4과정(학위취득) 시험 : 총점 합격제 또는 과목별 합격제 선택

구분	합격 기준	유의 사항
총점 합격제	• 총점(600점)의 60% 이상 득점(360점) • 과목 낙제 없음	• 6과목 모두 신규 응시 • 기존 합격 과목 불인정
과목별 합격제	매 과목 100점 만점으로 하여 전 과목(교양 2, 전공 4) 60점 이상 득점	• 기존 합격 과목 재응시 불가 • 1과목이라도 60점 미만 득점하면 불합격

시험 일정

■ 컴퓨터공학과 2단계 시험 과목 및 시간표

구분(교시별)	시간	시험 과목명
1교시	09:00~10:40(100분)	논리회로, C프로그래밍
2교시	11:10~12:50(100분)	자료구조, 객체지향프로그래밍
중식 12:50~13:40(50분)		
3교시	14:00~15:40(100분)	웹프로그래밍, 컴퓨터구조
4교시	16:10~17:50(100분)	운영체제, 이산수학

※ 시험 일정 및 세부사항은 반드시 독학학위제 홈페이지(bdes.nile.or.kr)를 통해 확인하시기 바랍니다.

※ 시대에듀에서 개설된 과목은 빨간색으로 표시하였습니다.

독학학위제 출제방향 GUIDE

국가평생교육진흥원에서 고시한 과목별 평가영역에 준거하여 출제하되, 특정한 영역이나 분야가 지나치게 중시되거나 경시되지 않도록 한다.

독학자들의 취업 비율이 높은 점을 감안하여, 과목의 특성을 반영하는 범주 내에서 학문적이고 이론적인 문항뿐만 아니라 실무적인 문항도 출제한다.

단편적 지식의 암기로 풀 수 있는 문항의 출제는 지양하고, 이해력 · 적용력 · 분석력 등 폭넓고 고차원적인 능력을 측정하는 문항을 위주로 한다.

이설(異說)이 많은 내용의 출제는 지양하고 보편적이고 정설화된 내용에 근거하여 출제하며, 그럴 수 없는 경우에는 해당 학자의 성명이나 학파를 명시한다.

교양과정 인정시험(1과정)은 대학 교양교재에서 공통적으로 다루고 있는 기본적이고 핵심적인 내용을 출제하되, 교양과정 범위를 넘는 전문적이거나 지엽적인 내용의 출제는 지양한다.

전공기초과정 인정시험(2과정)은 각 전공영역의 학문을 연구하기 위하여 각 학문 계열에서 공통적으로 필요한 지식과 기술을 평가한다.

전공심화과정 인정시험(3과정)은 각 전공영역에 관하여 보다 심화된 전문적인 지식과 기술을 평가한다.

학위취득 종합시험(4과정)은 시험의 최종 과정으로서 학위를 취득한 자가 일반적으로 갖추어야 할 소양 및 전문지식과 기술을 종합적으로 평가한다.

교양과정 인정시험 및 전공기초과정 인정시험의 시험방법은 객관식(4지택1형)으로 한다.

전공심화과정 인정시험 및 학위취득 종합시험의 시험방법은 객관식(4지택1형)과 주관식(80자 내외의 서술형)으로 하되, 과목의 특성에 따라 다소 융통성 있게 출제한다.

독학학위제 합격수기 COMMENT

"저는 학사편입 제도를 이용하기 위해 2~4단계 시험에 순차로 응시했고 한 번에 합격했습니다. 아슬아슬한 점수라서 부끄럽지만 독학사는 자료가 부족해서 부족하나마 후기를 쓰는 것이 도움이 될까 하여 제 합격전략을 정리하여 알려 드립니다.

#1. 교재와 전공서적을 가까이에!

학사학위 취득은 본래 4년을 기본으로 합니다. 독학사는 이를 1년으로 단축하는 것을 목표로 하는 시험이라 실제 시험도 변별력을 높이는 몇 문제를 제외한다면 기본이 되는 중요한 이론 위주로 출제됩니다. 시대에듀의 독학사 시리즈 역시 이에 맞추어 중요한 내용이 일목요연하게 압축 · 정리되어 있습니다. 빠르게 훑어보기 좋지만 내가 목표로 한 전공에 대해 자세히 알고 싶다면 전공서적과 함께 공부하는 것이 좋습니다. 교재와 전공서적을 함께 보면서 교재에 전공서적 내용을 정리하여 단권화하면 시험이 임박했을 때 교재 한 권으로도 자신 있게 시험을 치를 수 있습니다.

#2. 시간확인은 필수!

쉬운 문제는 금방 넘어가지만 지문이 길거나 어렵고 헷갈리는 문제도 있고, OMR 카드에 마킹까지 해야 하니 실제로 주어진 시간은 더 짧습니다. 앞부분에 어려운 문제가 있다고 해서 시간을 많이 허비하면 쉽게 풀 수 있는 뒷부분 문제들을 놓칠 수 있습니다. 문제 푸는 속도가 느려지면 집중력도 떨어집니다. 그래서 어차피 배점은 같으니 아는 문제를 최대한 많이 맞히는 것을 목표로 했습니다.
① 어려운 문제는 빠르게 넘기면서 문제를 끝까지 다 풀고 ② 확실한 답부터 우선 마킹한 후 ③ 다시 시험지로 돌아가 건너뛴 문제들을 다시 풀었습니다. 확실히 시간을 재고 문제를 많이 풀어봐야 실전에 도움이 되는 것 같습니다.

#3. 문제풀이의 반복!

여느 시험과 마찬가지로 문제는 많이 풀어볼수록 좋습니다. 이론을 공부한 후 예상문제를 풀다보니 부족한 부분이 어딘지 확인할 수 있었고, 공부한 이론이 시험에 어떤 식으로 출제될지 예상할 수 있었습니다. 그렇게 부족한 부분을 보충해가며 문제유형을 파악하면 이론을 복습할 때도 어떤 부분을 중점적으로 암기해야 할지 알 수 있습니다. 이론 공부가 어느 정도 마무리되었을 때 시계를 준비하고 모의고사를 풀었습니다. 실제 시험시간을 생각하면서 예행연습을 하니 시험 당일에는 덜 긴장할 수 있었습니다.

학위취득을 위해 오늘도 열심히 학습하시는 수험생 여러분에게도 합격의 영광이 있길 기원하면서 이만 줄입니다."

이 책의 구성과 특징 STRUCTURES

01 기출복원문제

'기출복원문제'를 풀어 보면서 독학사 시험의 기출 유형과 경향을 파악해 보세요.

논리회로

기출복원문제

※ 본 문제는 다년간 독학사 컴퓨터공학과 2단계 시험에서 출제된 기출문제를 복원한 것입니다. 문제의 난이도와 수험경향 파악용으로 사용하시길 권고드립니다. 본 기출복원문제에 대한 무단복제 및 전제를 금하며 저작권은 시대에듀에 있음을 알려드립니다.

01 다음 중 아날로그를 디지털로 변환할 때의 특성이 아닌 것은?

① 샘플링
② 양자화
③ 인코딩
④ 복호화

01 복호화(decoding)는 디지털 데이터를 다시 아날로그 신호로 변환하는 과정이므로, 아날로그를 디지털로 변환하는 과정의 특성이 아니다.

아날로그 신호를 디지털 신호로 변환하는 과정에는 몇 가지 주요 단계가 있으며, 샘플링 · 양자화 · 인코딩이 포함된다.

① 샘플링(sampling)은 아날로그 신호의 연속적인 값들을 일정한 시간 간격으로 측정하여 불연속적인 샘플들로 변환하는 과정이다.
② 양자화(quantization)는 샘플링된 값을 정해진 이산 값으로 변환하는 과정으로, 샘플 값을 가장 가까운 양자화된 레벨로 반올림한다.
③ 인코딩(encoding)은 양자화된 값을 디지털 코드, 즉 이진수로 변환하는 과정이다.

02 다음 중 하드웨어 구성요소에 해당하지 않는 것은?

① CPU
② 운영체제
③ 주기억장치
④ 시스템 버스

02 운영체제(Operating System)란 소프트웨어 구성요소로, 하드웨어와 소프트웨어 자원을 관리하여 컴퓨터 프로그램이 실행되도록 지원하는 시스템 소프트웨어이다.

① CPU(Central Processing Unit)는 하드웨어 구성요소로서, 컴퓨터의 핵심 처리 장치이다. 명령어를 해석하고 실행하는 역할을 한다.
③ 주기억장치(Primary Memory)는 하드웨어 구성요소로서, 데이터를 임시로 저장하는 공간으로, RAM(Random Access Memory)이 대표적이다.

02 핵심이론

평가영역을 바탕으로 꼼꼼하게 정리된 '핵심이론'을 통해 꼭 알아야 하는 내용을 명확히 파악해 보세요.

제 1 장 컴퓨터와 디지털 논리회로

제1절 디지털 시스템

시스템은 하나의 공통적인 목적 수행을 위해 조직화된 요소들의 집합체로 여러 요소 혹은 기구들이 상호연결되어 전체적으로 하나로 동작을 하며, 일련의 신호를 처리하여 다른 일련의 신호(Signal)를 만들어내는 실체를 말한다.

전기 · 전자공학에서 취급하는 신호의 특성에 따라 아날로그 시스템과 디지털 시스템을 구분하고, 각각 아날로그 신호와 디지털 신호를 통해 작동한다.

① **디지털 시스템** : 간단한 산술연산을 수행하는 장치에서부터 컴퓨터, 방송, 통신 시스템처럼 복잡한 시스템에 이르기까지 다양하게 정의되어 쓰인다.
② **아날로그 시스템** : 연속적인 정보를 받아 처리하는 것으로 연속적인 형태의 정보를 출력하는 시스템으로 정의되어 쓰인다.

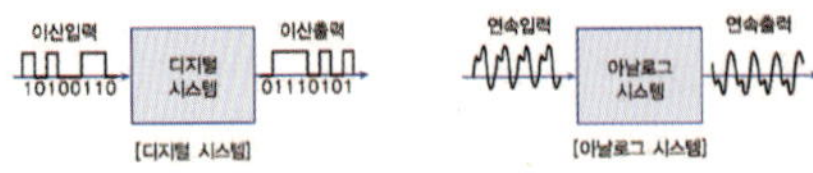

[그림 1-1] 디지털과 아날로그 시스템

1 아날로그 신호와 디지털 신호

(1) 아날로그 신호

아날로그 데이터가 **연속적인 값을** 의미하는 데 비하여 디지털 데이터는 이산적인 값을 취한다. 각각 특징을 갖는 정보 전달의 수단으로서 아날로그 또는 디지털 형식의 많은 신호가 사용되고 있다. 아날로그 신호에 의한 정보 전송은 신호의 진폭, 위상, 전압의 주파수, 펄스의 진폭 · 간격, 축의 각도, 액체의 압력 등과 같은 신호의 크기나 값에 따라 행하여진다. 신호를 추출하기 위해서는 기준값과 신호의 크기나 값을 비교하여야 한다.

(2) 디지털 신호

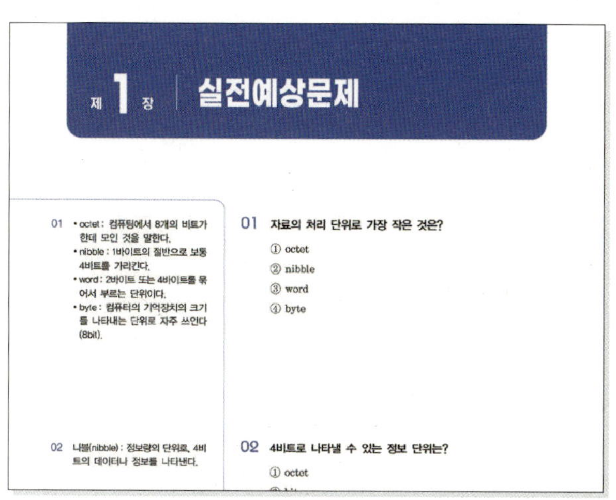

제 1 장 | 실전예상문제

01 • octet : 컴퓨팅에서 8개의 비트가 한데 모인 것을 말한다.
• nibble : 1바이트의 절반으로 보통 4비트를 가리킨다.
• word : 2바이트 또는 4바이트를 묶어서 부르는 단위이다.
• byte : 컴퓨터의 기억장치의 크기를 나타내는 단위로 자주 쓰인다(8bit).

01 자료의 처리 단위로 가장 작은 것은?

① octet
② nibble
③ word
④ byte

02 니블(nibble) : 정보량의 단위로, 4비트의 데이터나 정보를 나타낸다.

02 4비트로 나타낼 수 있는 정보 단위는?

① octet

03 실전예상문제

'핵심이론'에서 공부한 내용을 바탕으로 '실전예상문제'를 풀어 보면서 문제를 해결하는 능력을 길러 보세요.

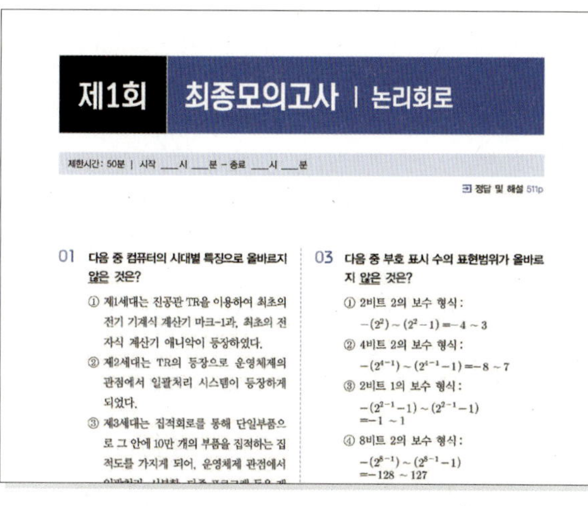

제1회 최종모의고사 | 논리회로

제한시간 : 50분 | 시작 ___시 ___분 – 종료 ___시 ___분

정답 및 해설 511p

01 다음 중 컴퓨터의 시대별 특징으로 올바르지 않은 것은?

① 제1세대는 진공관 TR을 이용하여 최초의 전기 기계식 계산기 마크-1과, 최초의 전자식 계산기 애니악이 등장하였다.
② 제2세대는 TR의 등장으로 운영체제의 관점에서 일괄처리 시스템이 등장하게 되었다.
③ 제3세대는 집적회로를 통해 단일부품으로 그 안에 10만 개의 부품을 집적하는 집적도를 가지게 되어, 운영체제 관점에서

03 다음 중 부호 표시 수의 표현범위가 올바르지 않은 것은?

① 2비트 2의 보수 형식 : $-(2^2) \sim (2^2-1) = -4 \sim 3$
② 4비트 2의 보수 형식 : $-(2^{4-1}) \sim (2^{4-1}-1) = -8 \sim 7$
③ 2비트 1의 보수 형식 : $-(2^{2-1}-1) \sim (2^{2-1}-1) = -1 \sim 1$
④ 8비트 2의 보수 형식 : $-(2^{8-1}) \sim (2^{8-1}-1) = -128 \sim 127$

04 최종모의고사

'최종모의고사'를 실제 시험처럼 풀어 보며 실력을 점검해 보세요.

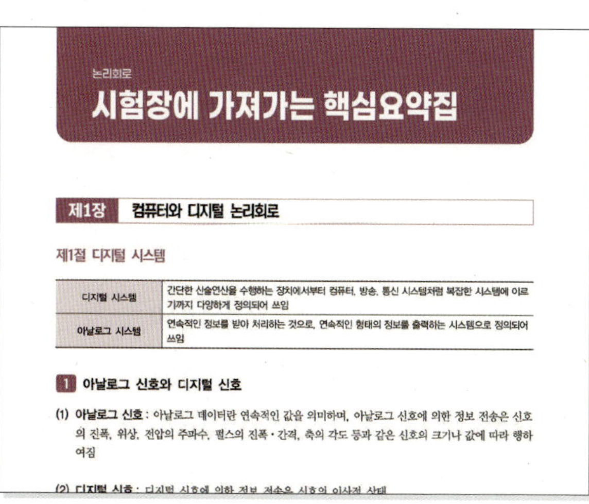

논리회로

시험장에 가져가는 핵심요약집

제1장 컴퓨터와 디지털 논리회로

제1절 디지털 시스템

디지털 시스템	간단한 산술연산을 수행하는 장치에서부터 컴퓨터, 방송, 통신 시스템처럼 복잡한 시스템에 이르기까지 다양하게 정의되어 쓰임
아날로그 시스템	연속적인 정보를 받아 처리하는 것으로, 연속적인 형태의 정보를 출력하는 시스템으로 정의되어 쓰임

1 아날로그 신호와 디지털 신호

(1) **아날로그 신호** : 아날로그 데이터란 연속적인 값을 의미하며, 아날로그 신호에 의한 정보 전송은 신호의 진폭, 위상, 전압의 주파수, 펄스의 진폭 · 간격, 축의 각도 등과 같은 신호의 크기나 값에 따라 행하여짐

05 핵심요약집

요점을 정리한 '핵심요약집'으로 전반적인 내용을 한눈에 파악해 보세요.

목차 CONTENTS

PART 1 기출복원문제

PART 2 핵심이론 & 실전예상문제

목차 CONTENTS

논리회로

기출복원문제

출/ 제/ 유/ 형/ 완/ 벽/ 파/ 악/

훌륭한 가정만한 학교가 없고, 덕이 있는 부모만한 스승은 없다.

– 마하트마 간디 –

기출복원문제

01 다음 중 아날로그를 디지털로 변환할 때의 특성이 아닌 것은?

① 샘플링
② 양자화
③ 인코딩
④ 복호화

01 복호화(decoding)는 디지털 데이터를 다시 아날로그 신호로 변환하는 과정이므로, 아날로그를 디지털로 변환하는 과정의 특성이 아니다.

아날로그 신호를 디지털 신호로 변환하는 과정에는 몇 가지 주요 단계가 있으며, 샘플링・양자화・인코딩이 포함된다.

① 샘플링(sampling)은 아날로그 신호의 연속적인 값들을 일정한 시간 간격으로 측정하여 불연속적인 샘플들로 변환하는 과정이다.
② 양자화(quantization)는 샘플링된 값을 정해진 이산 값으로 변환하는 과정으로, 샘플 값을 가장 가까운 양자화된 레벨로 반올림한다.
③ 인코딩(encoding)은 양자화된 값을 디지털 코드, 즉 이진수로 변환하는 과정이다.

02 다음 중 하드웨어 구성요소에 해당하지 않는 것은?

① CPU
② 운영체제
③ 주기억장치
④ 시스템 버스

02 운영체제(Operating System)란 소프트웨어 구성요소로, 하드웨어와 소프트웨어 자원을 관리하며 컴퓨터 프로그램이 실행되도록 지원하는 시스템 소프트웨어이다.

① CPU(Central Processing Unit)는 하드웨어 구성요소로서, 컴퓨터의 핵심 처리 장치이다. 명령어를 해석하고 실행하는 역할을 한다.
③ 주기억장치(Primary Memory)는 하드웨어 구성요소로서, 데이터를 임시로 저장하는 공간으로, RAM(Random Access Memory)이 대표적이다.
④ 시스템 버스(System Bus)는 하드웨어 구성요소로서, 컴퓨터 내부에서 데이터와 신호를 전송하는 통로 역할을 한다.

정답 01 ④ 02 ②

03 어떤 이진수의 2의 보수가 11111111_2일 때 보수를 취하기 전의 값은? (단, 괄호 안의 수는 10진수로 표현했을 때의 값임)

① 00000001_2 (또는 −1)
② 00000000_2 (또는 −0)
③ 10000000_2 (또는 −1)
④ 11111110_2 (또는 −0)

03 2의 보수로 표현된 11111111_2을 다시 2의 보수로 변환하면 된다. 변환 방법은 오른쪽 최하위 비트(LSB)에서 최상위 비트(MSB)로 이동하면서, 첫 번째로 나오는 1비트까지는 유지하고, 그 다음 비트부터 모두 반전시키면 된다. 즉, 2의 보수로 표현된 11111111_2은 10진수 −1임을 알 수 있다.

04 부동소수점 형식을 취할 경우 비트가 할당되지 않는 것은?

① 부호 비트
② 지수
③ 가수
④ 데이터 타입

04 데이터 타입(data type)은 데이터가 어떤 형식으로 저장되고 처리되는지를 정의하는 메타데이터이다. 부동소수점 형식의 일부분이 아니다.

부동소수점 형식은 일반적으로 세 가지 구성요소(부호 비트, 지수, 가수)로 구성된다.

① 부호 비트(sign bit)는 수의 부호를 나타내는 비트로, 1비트가 할당된다. 0은 양수, 1은 음수를 나타낸다.
② 지수(exponent)는 소수점의 위치를 결정하는 비트로, 특정 비트 수가 할당되어 지수 값을 표현한다.
③ 가수(mantissa 또는 significant)는 실제 수의 유효 숫자를 나타내는 비트이다. 가수의 비트 수는 정밀도를 결정한다.

05 다음 중 10진수 3.25를 2진수로 올바르게 변환한 것은?

① 10.01_2
② 11.1_2
③ 11.01_2
④ 11.001_2

05 정수 부분 변환은 가중치법을 사용하면 11_2가 된다.
소수 부분 변환은 다음과 같다.
0.25 × 2 = 0.50 → 정수 부분 0,
0.50 × 2 = 1.00 → 정수 부분 1
그러므로 정수 부분과 소수 부분을 결합하여 11.01_2이 된다.

정답 03 ① 04 ④ 05 ③

06 다음 중 2진수 11001001.11_2를 16진수로 올바르게 변환한 것은?

① $C9.3_{16}$
② $C9.C_{16}$
③ $DA.D_{16}$
④ $DA.3_{16}$

06 2진수를 4비트씩 그룹으로 나눠 16진수로 변환한다.
정수 부분은 1100 → C(16진수), 1001 → 9(16진수)
소수 부분은 4비트로 맞추기 위해서 뒤에 00을 추가한다.
11 → 1100 → C(16진수) (2비트에서 4비트로 확장)
그러므로 정수 부분과 소수 부분을 결합하여 $C9.C_{16}$가 된다.

07 다음 내용에서 괄호 안에 들어갈 숫자를 순서대로 고른 것은?

> 데이터 비트 2진수 1101001에서는 짝수 패리티 비트로 (㉠)이, 1101000에서는 짝수 패리티 비트 (㉡)이 검출된다.

	㉠	㉡
①	0	0
②	0	1
③	1	0
④	1	1

07 짝수 패리티 비트는 데이터 비트들의 합이 짝수가 되도록 추가되는 비트이다. 데이터 비트 1101001의 짝수 패리티 비트를 계산하면 0이고, 데이터 비트 1101000의 짝수 패리티 비트를 계산하면 1이다.

08 해밍 코드로 오류를 검출할 수 있는 최대 개수는?

① 1비트
② 2비트
③ 3비트
④ 4비트

08 해밍 코드는 단일 비트 오류를 검출하고 수정할 수 있으며, 이는 추가된 검사 비트(패리티 비트)를 통해 수행된다. 해밍 코드는 단일 비트 오류를 수정할 수 있지만, 다중 비트 오류에 대해서는 검출만 가능하다. 문제에서는 오류 검출 능력에 대해 묻고 있으며, 최소 해밍 거리는 3이기 때문에 최대 2개의 오류를 검출할 수 있다.

정답 06 ② 07 ② 08 ②

09 다음 중 자기 보수 코드(Self-checking code)에 해당하는 것은?

① BCD 코드
② 해밍 코드
③ 3초과 코드
④ 암호화 코드

09 자기 보수 코드(Self-checking code)는 데이터 전송 중 발생할 수 있는 오류를 자체적으로 검출하거나 수정할 수 있는 코드를 의미한다. 패리티 비트 코드, 해밍 코드, CRC 코드 등이 있다.

10 다음 중 128가지의 문자를 표현할 수 있는 7비트로 구성된 코드는?

① 유니 코드
② 해밍 코드
③ 암호화 코드
④ 아스키 코드

10 아스키(ASCII, American Standard Code for Information Interchange) 코드는 문자를 컴퓨터에서 표현하기 위해 사용되는 표준 코드이다. 7비트로 구성되어 있으며, 0부터 127까지 총 128개의 문자를 나타낼 수 있다.

11 BCD 코드 101001을 3초과 코드로 올바르게 변환한 것은?

① 1011100
② 1011110
③ 1111100
④ 1111110

11 3초과 코드는 BCD(8421) 코드로 표현된 값에 3을 더한 코드이다. 무효 코드인 0000, 0001, 0010, 1101, 1110, 1111은 사용하지 않는다. 주어진 BCD 코드 101001를 3초과 코드로 변환하는 방법에는 2가지가 있다.

- 첫 번째 방법은 4비트씩 구분하여 11을 더해주는 것이다.
  10 + 11 = 101, 1001 + 11 = 1100
  각각을 결합하면 1011100이 된다.
- 두 번째 방법은 BCD 코드를 4비트씩 구분하여 10진수로 변환(29)한 후 각 자릿수에 3을 더한 값을 다시 BCD 코드 형식으로 변환하면 된다.
  2 + 3 = 5, 9 + 3 = 12 ⇒ 1011100

정답 09 ② 10 ④ 11 ①

12 **다음 중 입력변수의 값이 $X=1$, $Y=0$일 때, 논리연산이 올바른 것은?**

① $X \cdot Y=1$

② $\overline{X}+Y=0$

③ $\overline{X}+\overline{Y}=0$

④ $X \cdot \overline{Y}=0$

13 **다음 진리표의 출력과 같은 동작을 하는 게이트는?**

입력		출력
A	B	X
0	0	1
0	1	1
1	0	1
1	1	0

① OR

② NOR

③ XOR

④ NAND

12 $\overline{X}+Y=\overline{1}+0=0$

① $X \cdot Y=1 \cdot 0=0$

③ $\overline{X}+\overline{Y}=\overline{1}+\overline{0}=1$

④ $X \cdot \overline{Y}=1 \cdot \overline{0}=1$

13 진리표의 출력을 알 수 있는 방법은 다음과 같다.

- 첫 번째 방법은 입력변수가 적은 경우에는 출력값을 보고 직관적으로 판단할 수 있다. 각 입력값을 논리곱한 결과의 보수 출력임을 알 수 있다. $X=\overline{A \cdot B}$
- 두 번째 방법은 부울대수 법칙을 이용하는 것이다. 출력이 1인 입력값을 부울대수로 나타낸다.
  $\overline{A}\,\overline{B}+\overline{A}B+A\overline{B}$
  $=\overline{A}\,\overline{B}+\overline{A}B+\overline{A}\,\overline{B}+A\overline{B}$
  $=\overline{A}(\overline{B}+B)+\overline{B}(\overline{A}+A)$
  $=\overline{A}+\overline{B}=\overline{A \cdot B}$
- 세 번째 방법은 카르노맵(K-map)을 이용한 방법이다.

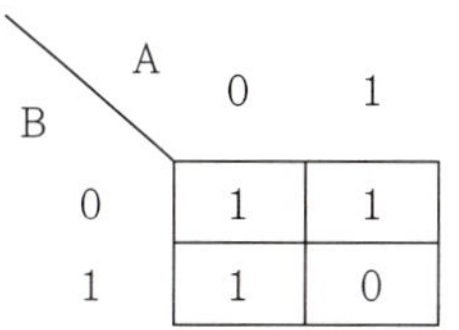

- 출력 1을 기준으로 콤바인(그룹화)하면 $\overline{A}+\overline{B}$
- 출력 0을 기준으로 콤바인(그룹화)하면 $\overline{A \cdot B}$
- 그러므로 $\overline{A}+\overline{B}=\overline{A \cdot B}$ 이다.

정답 12 ② 13 ④

14 $F = ABC + AB\overline{C} + A\overline{B}C + A\overline{B}\,\overline{C} + \overline{A}\,\overline{B}C$의 진리표에서 괄호 안에 들어갈 값을 순서대로 고른 것은?

입력			출력
A	B	C	F
0	0	0	(㉠)
0	0	1	1
0	1	0	0
0	1	1	0
1	0	0	1
1	0	1	1
1	1	0	1
1	1	1	(㉡)

	㉠	㉡
①	0	0
②	0	1
③	1	0
④	1	1

15 다음 중 부울대수식이 옳은 것은?

① $\overline{(X+Y)} = \overline{X} + \overline{Y}$

② $\overline{X \cdot Y} = \overline{X} \cdot \overline{Y}$

③ $XY + Y = X + 1$

④ $\overline{X} + X\overline{Y} = \overline{X} + \overline{Y}$

14 주어진 부울대수식을 최소항식으로 표현하면 다음과 같다.

$F = ABC + AB\overline{C} + A\overline{B}C$
$+ A\overline{B}\,\overline{C} + \overline{A}\,\overline{B}C$
$= m_1 + m_4 + m_5 + m_6 + m_7$
$= \sum m(1,4,5,6,7)$

15 $\overline{X} + X\overline{Y}$
$= \overline{X}(\overline{Y} + Y) + X\overline{Y}$
$= \overline{X}\,\overline{Y} + \overline{X}Y + X\overline{Y}$
$= \overline{X}\,\overline{Y} + \overline{X}\,\overline{Y} + \overline{X}Y + X\overline{Y}$
$= \overline{X}(\overline{Y} + Y) + \overline{Y}(\overline{X} + X)$
$= \overline{X} + \overline{Y}$

① $\overline{(X+Y)} = \overline{X} \cdot \overline{Y}$
② $\overline{X \cdot Y} = \overline{X} + \overline{Y}$
③ $XY + Y = Y(X+1) = Y$

정답 14 ② 15 ④

16 다음 중 부울대수의 법칙과 그 예시가 올바르게 짝지어진 것은?

① 항등법칙 : $A+0=0$

② 흡수법칙 : $A \cdot (A+B)=A$

③ 드모르간의 법칙 : $\overline{(A+B)}=\overline{A}+\overline{B}$

④ 분배법칙 : $A+(B \cdot C)=(A+B) \cdot C$

17 다음 중 논리식이 옳지 않은 것은?

① $\overline{A}=\overline{A+A}=\overline{A \cdot A}$

② $AB=\overline{\overline{AB}}=\overline{\overline{A}+\overline{B}}$

③ $A+B=\overline{\overline{A+B}}=\overline{\overline{A}+\overline{B}}$

④ $\overline{A+B}=\overline{\overline{\overline{A+B}}}=\overline{\overline{\overline{A} \cdot \overline{B}}}$

16 흡수법칙 :
$A \cdot (A+B)$
$=A \cdot A+A \cdot B$
$=A+A \cdot B$
$=A(1+B)=A$
① 항등법칙 : $A+0=A$
③ 드모르간의 법칙 :
$\overline{(A+B)}=\overline{A} \cdot \overline{B}$
④ 분배법칙 :
$A+(B \cdot C)$
$=(A+B) \cdot (A+C)$

17 $A+B=\overline{\overline{A+B}}=\overline{\overline{A} \cdot \overline{B}}$

정답 16 ② 17 ③

18 $F(X,Y,Z)=\sum m(1,2,3)$은 최소항으로 표현된 것으로, 진리표는 다음과 같다.

입력			출력
X	Y	Z	F
0	0	0	0
0	0	1	1
0	1	0	1
0	1	1	1
1	0	0	0
1	0	1	0
1	1	0	0
1	1	1	0

출력이 1인 부울대수들을 곱의 합으로 표현하여 최소화하면 다음과 같다.

$F(X,Y,Z)=\sum m(1,2,3)$

$=\overline{X}\,\overline{Y}Z+\overline{X}Y\overline{Z}+\overline{X}YZ$

$=\overline{X}\,\overline{Y}Z+\overline{X}YZ+\overline{X}Y\overline{Z}+\overline{X}YZ$

$=\overline{X}Z(\overline{Y}+Y)+\overline{X}Y(\overline{Z}+Z)$

$=\overline{X}Z+\overline{X}Y$

19 POS는 각 변수들의 논리합이 0가 되는 항들을 논리곱으로 표현하는 것이다. 주어진 POS은 표준형 표현으로 다음과 같이 변환할 수 있다.

$F=(A+B+C)(A+\overline{B}+\overline{C})$
$(\overline{A}+\overline{B}+C)(\overline{A}+B+\overline{C})$

$=\prod M(0,3,5,6)$

$=M_0\cdot M_3\cdot M_5\cdot M_6$

$=\sum m(1,2,4,7)$

$=m_1+m_2+m_4+m_7$

$=\overline{A}\,\overline{B}C+\overline{A}B\overline{C}$
$+A\overline{B}\,\overline{C}+ABC$

POS를 SOP로 변환하는 방법은 여러 가지가 있으며, 여기서는 최대항을 최소항으로 변환하는 방법으로 설명한다. 위 최대항의 표현은 출력을 0을 기반으로 표현한 것으로, 최소항으로 변환하려면 최대항 표현에 없는 번호를 이용하면 된다.

정답 18 ② 19 ②

18 $F(X,Y,Z)=\sum m(1,2,3)$일 때, F를 최소항식으로 올바르게 나타낸 것은?

① $F=\overline{X}\,\overline{Y}\,\overline{Z}+X\overline{Y}Z+XY\overline{Z}$

② $F=\overline{X}\,\overline{Y}Z+\overline{X}Y\overline{Z}+\overline{X}YZ$

③ $F=\overline{X}Y\overline{Z}+XY\overline{Z}+\overline{X}YZ$

④ $F=\overline{X}+Y+\overline{Z}$

19 다음 POS식을 SOP식으로 올바르게 변환한 것은?

$$F=(A+B+C)(A+\overline{B}+\overline{C})(\overline{A}+\overline{B}+C)(\overline{A}+B+\overline{C})$$

① $F=\overline{A}\,\overline{B}\,\overline{C}+\overline{A}BC+A\overline{B}C+AB\overline{C}$

② $F=\overline{A}\,\overline{B}C+\overline{A}B\overline{C}+A\overline{B}\,\overline{C}+ABC$

③ $F=ABC+A\overline{B}\,\overline{C}+\overline{A}B\overline{C}+\overline{A}\,\overline{B}C$

④ $F=ABC+A\overline{B}\,\overline{C}+\overline{A}B\overline{C}+\overline{A}\,\overline{B}C$

20 다음 중 트랜지스터를 포함한 기본 디지털 논리게이트와 플립플롭만 포함하는 집적 회로에 해당하는 것은?

① SSI
② MSI
③ LSI
④ VLSI

21 다음 중 동치인 부울대수식은 무엇인가?

① $A+\overline{A}B=A+B$
② $AB+\overline{A}B=A$
③ $A(B+C)=A+BC$
④ $(A+B)(A+C)=A+C$

20 SSI(Small Scale Integration)는 소규모 집적 회로로, 수십 개의 트랜지스터를 포함한다. 기본적인 논리게이트(AND, OR, NOT)와 플립플롭 같은 간단한 기능을 수행할 수 있고, 주로 간단한 디지털 회로를 구현할 때 사용된다.

② MSI(Medium Scale Integration)는 중규모 집적 회로로, 수백 개의 트랜지스터를 포함한다. 디코더, 멀티플렉서, 카운터 같은 더 복잡한 기능을 수행할 수 있다.
③ LSI(Large Scale Integration)는 대규모 집적 회로로, 수천 개에서 수만 개의 트랜지스터를 포함한다. 마이크로프로세서, 메모리 칩 등의 고급 기능을 포함할 수 있고, 더욱 복잡한 시스템을 구현할 수 있다.
④ VLSI(Very Large Scale Integration)는 초대규모 집적 회로로, 수십만 개 이상의 트랜지스터를 포함한다. 고성능 프로세서, 메모리, ASIC 등 다양한 고급 기능을 포함할 수 있고, 매우 복잡한 시스템을 단일 칩에 구현할 수 있다.

21 동치인 부울대수식이란 주어진 모든 입력 조합에 대해 동일한 출력을 생성하는 것이다. 주어진 선지들의 부울대수식의 동치여부를 확인하려면 부울대수 법칙을 이용하여 확인하는 방법과 입력값에 임의의 값을 대입하여 확인하는 방법도 있지만, 부울대수 법칙을 이용하여 확인하는 방법이 더 정확하다.

① $A+\overline{A}B=A(\overline{B}+B)+\overline{A}B$
$=A\overline{B}+AB+\overline{A}B$
$=A\overline{B}+AB+\overline{A}B+AB$
$=A(\overline{B}+B)+B(\overline{A}+A)$
$=A+B$
② $AB+\overline{A}B=B(A+\overline{A})=B$
③ $A(B+C)=AB+AC$
④ $(A+B)(A+C)$
$=AA+AC+AB+BC$
$=A+AC+AB+BC$
$=A(1+C+B)+BC$
$=A+BC$

정답 20 ① 21 ①

22 카르노맵을 간소화하는 과정은 같은 출력 결과를 그룹화하는 방법과, 각각의 출력을 부울대수식으로 표현하여 부울대수 법칙을 이용하는 방법이 있다. 그러나 명확하고 확실하게 간소화된 결과를 얻기 위해서는 카르노맵에서 같은 출력 결과를 그룹화하는 방법을 사용하는 것이 좋다.

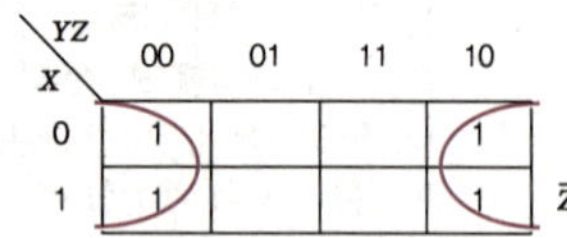

참고로 출력이 1인 입력값의 SOP식은 다음과 같다.

$\overline{X}\,\overline{Y}\,\overline{Z}+X\overline{Y}\,\overline{Z}+\overline{X}Y\overline{Z}+XY\overline{Z}$

$=\overline{Y}\,\overline{Z}(\overline{X}+X)+Y\overline{Z}(\overline{X}+X)$

$=\overline{Z}(\overline{Y}+Y)=\overline{Z}$

23 카르노맵은 각 출력을 SOP 형식의 기호로 나타낸 것이므로, 이 기호를 논리합으로 표현하면 된다.

$F(X,Y,Z)=m_1+m_2+m_7$

$=\sum m(1,2,7)$

$=\overline{X}\,\overline{Y}Z+\overline{X}Y\overline{Z}+XYZ$

정답 22 ② 23 ②

22 다음 카르노맵을 간소화한 식으로 옳은 것은?

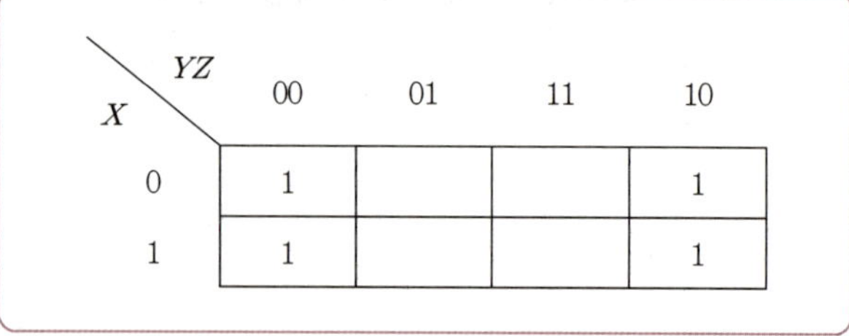

X \ YZ	00	01	11	10
0	1			1
1	1			1

① Z

② $\overline{Z}$

③ $\overline{Y}Z+YZ$

④ $\overline{Y}\,\overline{Z}+Y\overline{Z}$

23 다음 카르노맵을 SOP식으로 올바르게 나타낸 것은?

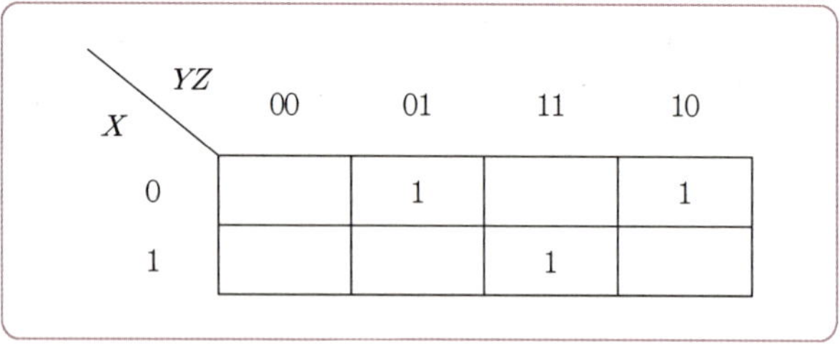

X \ YZ	00	01	11	10
0		1		1
1			1	

① $F(X,Y,Z)=\sum m(1,2,4)$

② $F(X,Y,Z)=\sum m(1,2,7)$

③ $F(X,Y,Z)=\prod M(1,2,7)$

④ $F(X,Y,Z)=\prod M(1,2,4)$

24 $F = A + B$ **일 때, 이와 다른 동작을 하는 논리회로는?**

①
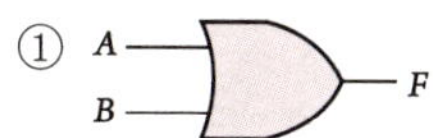

②
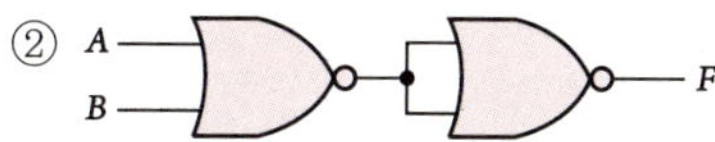

③
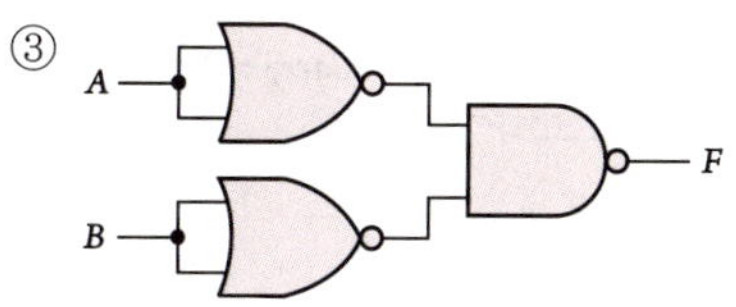

④
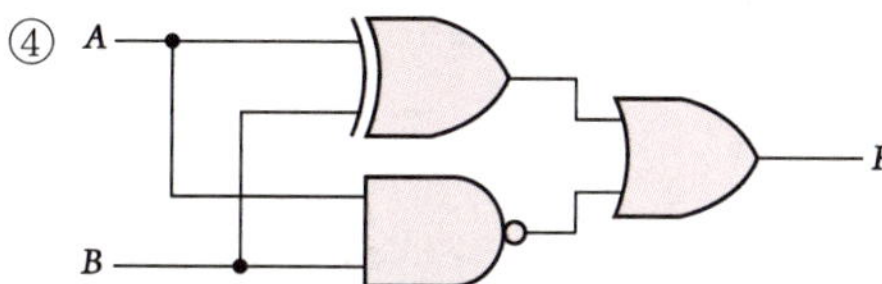

24 주어진 논리회로의 동작은 OR게이트이다.
①·②·③은 다음의 부울대수식과 같은 동작을 한다.

$F = A + B = \overline{\overline{A+B}} = \overline{\overline{A} \cdot \overline{B}}$

④ $F = A \oplus B + \overline{AB}$

$= \overline{A}B + A\overline{B} + \overline{AB}$

$= \overline{A}B + A\overline{B} + \overline{A} + \overline{B}$

$= \overline{A}(B+1) + \overline{B}(A+1)$

$= \overline{A} + \overline{B}$

25 **다음 주어진 회로의 부울대수식으로 옳은 것은?**

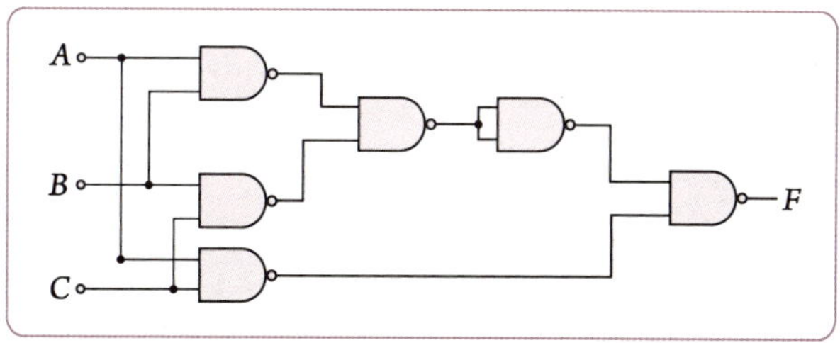

① $F(A,B,C) = \overline{A}\,\overline{B} + \overline{B}\,\overline{C} + \overline{A}\,\overline{C}$

② $F(A,B,C) = \overline{A}B + \overline{B}C + \overline{A}C$

③ $F(A,B,C) = AB + BC + AC$

④ $F(A,B,C) = A\overline{B} + B\overline{C} + A\overline{C}$

25 회로도를 부울대수식으로 표현하면 다음과 같다.

$F(A,B,C) = \overline{\overline{\overline{\overline{AB} \cdot \overline{BC}}} \cdot \overline{AC}}$

$= \overline{\overline{\overline{\overline{AB} \cdot \overline{BC}}} \cdot \overline{AC}}$

$= \overline{\overline{\overline{\overline{AB} \cdot \overline{BC}}}} + \overline{\overline{AC}}$

$= \overline{\overline{AB} \cdot \overline{BC}} + AC$

$= AB + BC + AC$

정답 24 ④ 25 ③

26 다음 회로도에 해당하는 조합논리회로는 무엇인가?

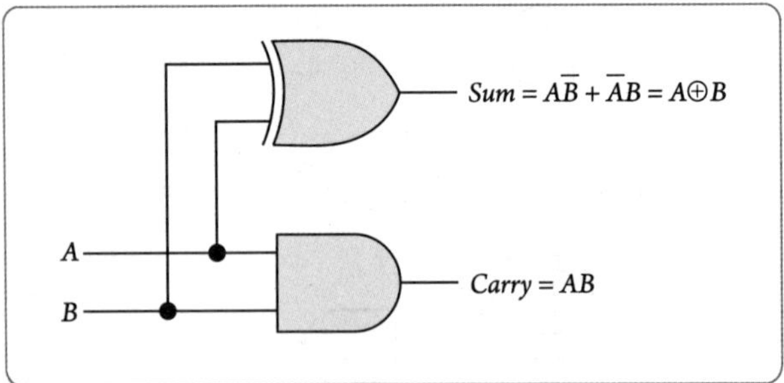

① 반감산기
② 반비교기
③ 반가산기
④ 전가산기

27 일반적으로 2^n개의 입력선과 n개의 선택선으로 구성되며, 이때 선택선의 비트 조합에 따라 입력 중 하나를 선택하는 것은?

① 인코더
② 디코더
③ 멀티플렉서
④ 디멀티플렉서

26 반가산기(Half Adder)는 두 개의 단일 비트 이진수를 더하여 합(Sum)과 자리올림(Carry)을 구하는 조합논리회로이다. 반가산기는 두 개의 입력과 두 개의 출력을 가지며, 주로 기본적인 덧셈 연산을 구현할 때 사용된다. 반가산기의 부울대수식은 다음과 같다.
합(Sum)$= A \oplus B$,
자리올림(Carry)$= AB$

27 멀티플렉서(multiplexer)는 여러 입력 중 하나를 선택하여 출력으로 전달하는 장치이다. 2^n개의 입력선과 n개의 선택선으로 구성되며, 선택선의 비트 조합에 따라 하나의 입력을 선택하여 출력한다.
① 인코더(encoder)는 여러 입력 중에서 활성화된 하나의 입력을 식별하고, 그 입력의 번호를 이진코드로 출력하는 장치이다. 2^n개의 입력선이 있는 인코더는 n개의 출력선을 통해 입력된 활성화된 신호의 위치를 이진수로 출력한다.
② 디코더(decoder)는 입력된 이진코드에 따라 여러 출력 중 하나를 활성화하는 장치이다. n개의 입력선이 있는 디코더는 2^n개의 출력선 중 하나를 활성화한다.
④ 디멀티플렉서(demultiplexer)는 하나의 입력을 여러 출력 중 하나로 전달하는 장치이다. 하나의 입력선과 n개의 선택선을 통해 2^n개의 출력선 중 하나를 선택한다.

정답 26 ③ 27 ③

28 **전가산기 회로에서 입력이 $X=1$, $Y=1$, $C_{in}=1$일 때, 출력 F와 C_{out}은 얼마인가?**

	F	C_{out}
①	0	0
②	0	1
③	1	0
④	1	1

29 **다음 중 16×1 MUX에서 선택선의 개수는?**

① 3
② 4
③ 16
④ 32

28 전가산기(Full Adder)는 세 개의 입력 비트(두 개의 피가산수와 하나의 자리올림 비트)를 더하여 합(F)과 새로운 자리올림(C_{out})을 구하는 조합 논리회로이다. 반가산기와 달리, 전가산기는 세 개의 입력을 처리할 수 있어 다중 비트 덧셈에 유용하다. 전가산기의 부울대수식은 다음과 같다.
합(F)$=X\oplus Y\oplus C_{in}$,
자리올림(C_{out})
$=C_{in}(X\oplus Y)+XY$
주어진 입력값 $X=1$, $Y=1$, $C_{in}=1$일 때,
$C_{out}=1(1\oplus 1)+1\cdot 1=1$이다.
즉, 입력 1 + 1 + 1의 결과는 자리올림수 1이 발생하며, 합의 결과도 1이다.

29 멀티플렉서(MUX)는 여러 개의 입력 중 하나를 선택하여 출력으로 보내는 장치이다. 2^n개의 입력선과 n개의 선택선으로 구성되며, 선택선의 비트 조합에 따라 하나의 입력을 선택하여 출력한다.

정답 28 ④ 29 ②

30 다음 회로는 멀티플렉서를 이용한 논리회로이다. 이 회로에 대한 논리함수는?

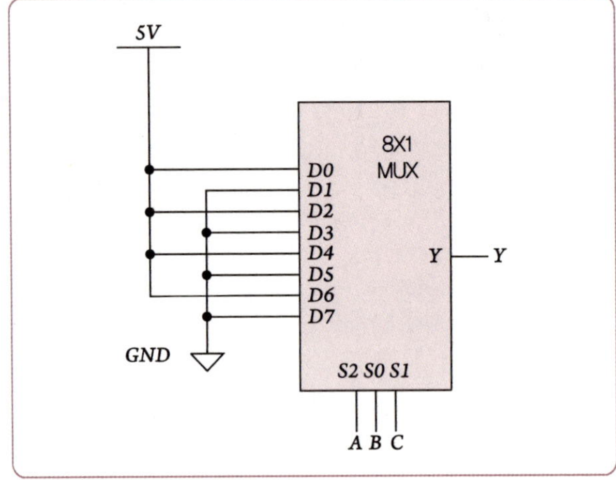

① $F(A,B,C) = \sum m(1,2,3)$

② $F(A,B,C) = \sum m(0,2,4,6)$

③ $F(A,B,C) = \sum m(1,3,5,7)$

④ $F(A,B,C) = \prod M(0,2,4,6)$

31 다음 중 SR래치에 대한 설명으로 옳지 <u>않은</u> 것은?

① Set 입력이 1이고 Reset 입력이 0일 때, Q는 1이 된다.

② Set 입력이 0이고 Reset 입력이 1일 때, Q는 0이 된다.

③ Set과 Reset 입력이 모두 0일 때, Q는 이전 상태를 유지한다.

④ Set과 Reset 입력이 모두 1일 때, Q는 0이 된다.

30 멀티플렉서를 이용해 조합논리회로를 구현할 수 있다. 8×1 MUX를 사용할 때는 선택선 3개이므로, 선택선 3개를 입력 A, B, C로 사용한다. 데이터 D_0 ~ D_7 입력에 해당되는 값 중에서 D_0, D_2, D_4. D_6은 논리값 1(5V)로, 나머지 입력은 0V(접지)로 설정할 수 있다. 위 회로와 같이 구현하면 다음과 같은 동작을 한다.
$F(A,B,C)$
$= \overline{A}\,\overline{B}\,\overline{C} + \overline{A}B\overline{C} + A\overline{B}\,\overline{C} + AB\overline{C}$

31 SR래치(SR Latch)는 기본적으로 두 개의 입력(S와 R)과 두 개의 출력(Q와 $\overline{Q}$)을 가지고 있으며, 다음과 같은 특성이 있다.
S = 1 : 출력 Q를 1로 만든다. (Set)
R = 1 : 출력 Q를 0으로 만든다. (Reset)
S = R = 0 : 출력 Q는 이전 상태를 유지한다.
S = R = 1 : 출력은 정의되지 않으며, 이 상태를 피해야 한다. (부정 상태)

정답 30 ② 31 ④

32 **T플립플롭에서 1이 입력될 경우의 출력결과로 옳은 것은?**

① 출력이 0이 된다.
② 출력이 1이 된다.
③ 출력이 변하지 않는다.
④ 출력이 토글된다.

33 **다음 그림과 가장 관련 있는 것은?**

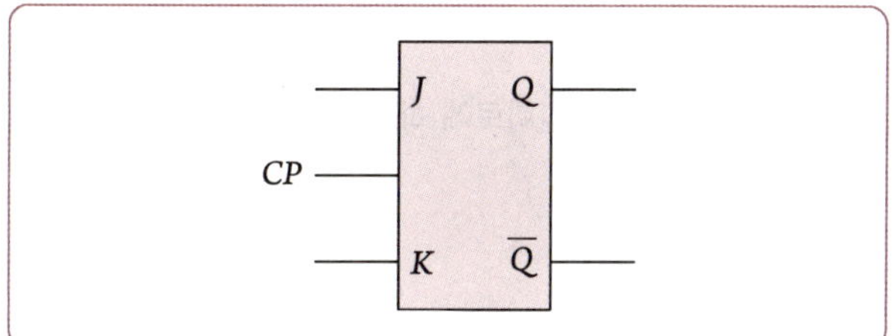

① SR플립플롭
② JK플립플롭
③ D플립플롭
④ T플립플롭

34 **JK플립플롭에 대한 설명으로 옳지 않은 것은?**

① J와 K가 모두 0일 때, 출력 Q는 이전 상태를 유지한다.
② J와 K가 모두 1일 때, 출력 Q는 반전된다.
③ J가 1이고 K가 0일 때, 출력 Q는 0이 된다.
④ J가 0이고 K가 1일 때, 출력 Q는 0이 된다.

32 T플립플롭(Toggle Flip-Flop)은 입력된 클록 신호에 따라 출력이 토글(반전)되는 플립플롭이다. T 플립플롭의 동작은 다음과 같은 특징을 가진다.
T = 0 : 출력 Q는 이전 상태를 유지한다.
T = 1 : 출력 Q는 토글(반전)된다.

33 JK플립플롭은 SR플립플롭의 개선된 형태로, 입력의 조합에 따라 다양한 상태 전환을 수행하는 순차논리회로다. J와 K라는 두 개의 입력, 클록 신호(CP), 그리고 출력 Q와 $\overline{Q}$(Q의 보수)로 구성된다.

34 JK플립플롭은 SR플립플롭의 개선된 형태로, 입력 J와 K의 값에 따라 다양한 상태 전환을 수행하는 순차논리회로이다. JK플립플롭의 동작은 다음과 같이 입력 J와 K의 값에 따라 결정된다.
J = 0, K = 0 : 출력 Q는 이전 상태를 유지한다.
J = 0, K = 1 : 출력 Q는 0이 된다. (Reset)
J = 1, K = 0 : 출력 Q는 1이 된다. (Set)
J = 1, K = 1 : 출력 Q는 현재 상태의 반대로 토글된다. (Toggle)

정답 32 ④ 33 ② 34 ③

35 다음 중 하강에지트리거에 대한 설명으로 옳은 것은?

① 클록 신호가 0에서 1로 전환될 때 동작한다.
② 클록 신호가 1에서 0으로 전환될 때 동작한다.
③ 클록 신호가 1일 때 항상 동작한다.
④ 클록 신호가 0일 때 항상 동작한다.

35 하강에지트리거(negative-edge triggered) 플립플롭은 클록 신호가 높은 상태(1)에서 낮은 상태(0)로 전환되는 순간(하강에지)에서 동작하는 플립플롭이다.
플립플롭의 동작은 클록 신호의 변화를 감지하여 상태를 변경하며, 하강에지트리거는 특히 하강에지에서 그 동작을 수행한다.

36 다음 중 순서논리회로에 해당하는 것은?

① 인코더
② 디코더
③ 레지스터
④ 멀티플렉서

36 순서논리회로(Sequential Logic Circuit)는 디지털 논리회로의 한 종류로, 입력 신호뿐만 아니라 이전의 상태나 저장된 정보에 따라 출력을 결정하는 회로이다. 순서논리회로는 내부에 기억 요소를 가지고 있어 이전 상태에 따라 다음 상태를 결정하거나 특정한 순서대로 동작하는 특성을 가지며, 입력에 따라 순차적으로 동작하는 회로이다.
기억구성요소로는 D플립플롭, JK플립플롭, T플립플롭 등이 있으며, 응용회로에는 카운터 회로, 레지스터 회로 등이 있다.

37 1~100까지 셀 수 있는 계수기를 구성할 경우, 플립플롭의 최소 개수는?

① 4개
② 5개
③ 6개
④ 7개

37 카운터 회로의 기억구성요소는 플립플롭으로 기억하고자 하는 비트 수에 따라 플립플롭의 개수를 결정할 수 있다. 플립플롭의 개수를 결정하는 방법은 다음과 같다.

- 첫 번째 : 100까지의 숫자를 표현하는 데 필요한 비트 수는 $\log_2(100)$로, $\log_2(100) \approx 6.644$, 따라서 올림하면 7이 된다.
- 두 번째 : 7개의 카운터 비트가 있으면, $128(2^7)$까지의 숫자를 나타낼 수 있으므로, 1부터 100까지 모든 숫자를 정확하게 표현할 수 있는 최소한의 플립플롭 개수는 7개이다.

정답 35 ② 36 ③ 37 ④

38 **10진수 6을 8비트 레지스터에 입력하고, 좌측으로 1번 시프트 할 때의 결과는?**

① 3
② 8
③ 12
④ 0

38 10진수 6을 8비트 2진수로 나타내면 00000110이며, 시프트 연산은 각 비트를 지정된 방향으로 이동시키는 연산이다. 좌측 시프트의 경우 각 비트를 왼쪽으로 한 자리씩 이동시키는 것으로, 가장 왼쪽 비트는 버려지고, 가장 오른쪽에는 0이 채워진다. 00000110을 좌측으로 1번 시프트하면 00001100이 되고, 10진수로 12가 된다.

39 **다음 중 32×8 ROM을 구성할 때 필요한 디코더의 입력선의 개수는?**

① 1개
② 3개
③ 5개
④ 7개

39 기본적인 ROM의 구조는 입력선 n개와 출력선 m개로 구성된다. 입력변수들의 조합이 주소가 되고, 출력선에서 출력되는 비트조합은 워드가 되며, 한 워드는 비트 m개로 구성된다. 32×8 ROM의 용량을 계산해보면 32개의 8비트 데이터 워드를 저장할 수 있는 ROM이므로, 총 저장 가능한 비트 수는 32 × 8 = 256비트(또는 32바이트)이므로, ROM은 2^5×8bit의 메모리 배열을 가진다. ROM의 주소 입력선을 제어하여 각 데이터 워드에 접근할 수 있어야 하므로, 주소선을 제어하기 위해 디코더가 필요하다. 주소선의 개수는 ROM의 주소 비트 수에 의해 결정된다. 즉, 5×32 디코더로 32×8 ROM에 접근할 수 있으므로, 입력선의 개수는 5개이다.

정답 38 ③ 39 ③

40 다음 내용에 해당하는 PLD는 무엇인가?

- PLD의 종류 중에 하나로, 고정된 AND 배열과 프로그래밍 가능한 OR 매크로셀로 구성된다.
- 입력 신호는 AND 배열을 통해 처리되고, 결과는 OR 매크로셀을 통해 출력된다.

① PAL
② GAL
③ PLE
④ PLA

40 PLD(프로그래머블 논리 장치)는 디지털 논리회로를 프로그래밍할 수 있게 만드는 장치이다. 조합논리회로를 구현하는 데 사용되며, AND 배열・OR 배열・입출력 핀 등으로 이루어져 있다. PLD에는 여러 종류가 있으며, 각각의 종류는 다양한 프로그래밍 가능성과 특성이 있다.

③ PLE(Programmable Logic Element)는 고정된 AND 배열과 프로그래밍 가능한 OR 매크로셀로 구성되며, PAL보다 설계가 단순하면서도 특정 응용에 적합한 논리 기능을 구현하는 데 사용된다.

① PAL(Programmable Array Logic)는 프로그래밍 가능한 AND 배열과 고정된 OR 배열로 구성되며, 제한된 유연성을 제공하지만 설계가 간단하며 빠르다.

② GAL(Generic Array Logic)은 여러 입출력 핀과 프로그래머블한 논리 블록을 가진 장치로, 특히 특정 회로나 시스템에 맞추어 프로그래밍하여 사용할 수 있는 범용적인 논리 배열을 제공한다.

④ PLA(Programmable Logic Array)는 프로그래밍 가능한 AND 및 OR 배열을 모두 가진 장치로, 입력과 출력을 자유롭게 결합하여 복잡한 논리 기능을 구현할 수 있다.

정답 40 ③

제 1 장

컴퓨터와 디지털 논리회로

교육은 우리 자신의 무지를 점차 발견해 가는 과정이다.

- 윌 듀란트 -

제 1 장 컴퓨터와 디지털 논리회로

제1절 디지털 시스템

시스템은 하나의 공통적인 목적 수행을 위해 조직화된 요소들의 집합체로 여러 요소 혹은 기구들이 상호연결되어 전체적으로 하나로 동작을 하며, 일련의 신호를 처리하여 다른 일련의 신호(Signal)를 만들어내는 실체를 말한다.

전기・전자공학에서 취급하는 신호의 특성에 따라 아날로그 시스템과 디지털 시스템을 구분하고, 각각 아날로그 신호와 디지털 신호를 통해 작동한다.

① **디지털 시스템** : 간단한 산술연산을 수행하는 장치에서부터 컴퓨터, 방송, 통신 시스템처럼 복잡한 시스템에 이르기까지 다양하게 정의되어 쓰인다.

② **아날로그 시스템** : 연속적인 정보를 받아 처리하는 것으로 연속적인 형태의 정보를 출력하는 시스템으로 정의되어 쓰인다.

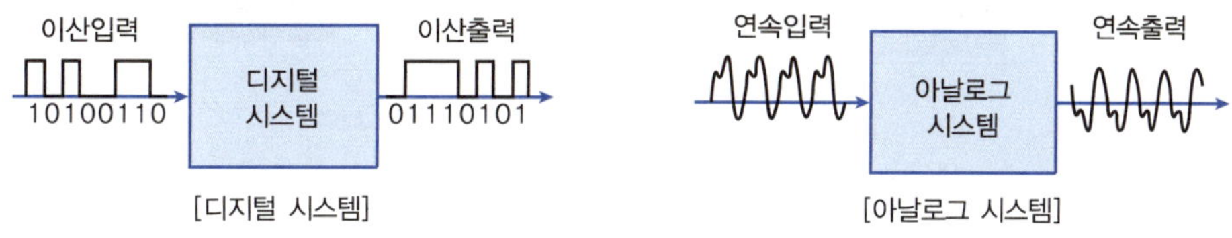

[그림 1-1] 디지털과 아날로그 시스템

1 아날로그 신호와 디지털 신호

(1) 아날로그 신호

아날로그 데이터가 **연속적인 값을 의미**하는 데 비하여 디지털 데이터는 이산적인 값을 취한다. 각각 특징을 갖는 정보 전달의 수단으로서 아날로그 또는 디지털 형식의 많은 신호가 사용되고 있다. 아날로그 신호에 의한 정보 전송은 신호의 진폭, 위상, 전압의 주파수, 펄스의 진폭・간격, 축의 각도, 액체의 압력 등과 같은 신호의 크기나 값에 따라 행하여진다. 신호를 추출하기 위해서는 기준값과 신호의 크기나 값을 비교하여야 한다.

(2) 디지털 신호

0과 1을 사용한 **2진 부호로 나타낸 불연속적인 정보**이다. 레이저의 꺼지고 켜짐이 디지털 신호의 0과 1에 대응된다. 데이터 전송과 통신에서는 양질의 전송을 위하여 디지털 방식을 이용하고 있다. 디지털 시스템은 설계하기가 쉬우며, 정보 저장이 쉽고, 정밀성과 정확성이 아날로그 시스템에 비해 우수하다. 프로그래밍을 할 수 있으며, 더 많은 디지털 회로가 IC칩으로 집적될 수 있는 장점이 있다.

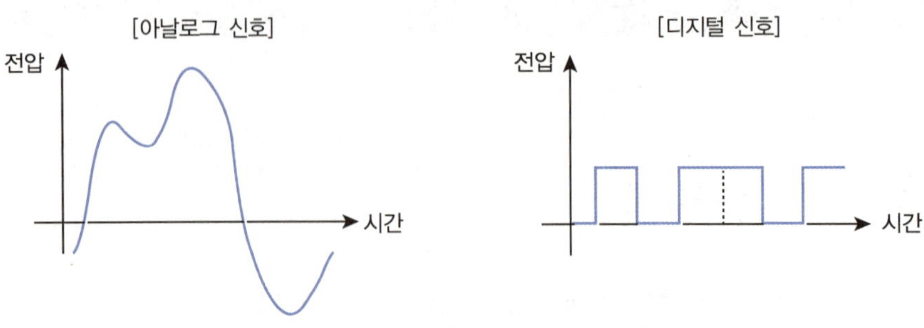

[그림 1-2] 아날로그 신호와 디지털 신호

[그림 1-3] 아날로그 테스터기와 디지털 테스터기

2 2진수에 대한 전기적인 신호 정의(디지털 정보의 전압레벨)

(1) 2진 숫자

2진(binary)시스템에서는 비트(bit)라고 불리는 두 개의 숫자 1과 0이 사용되며, 2진 자릿수(binary digit)를 줄여 2진수라고 한다. 디지털 시스템에서는 두 개의 비트를 표현하기 위해 두 개의 다른 전압레벨이 사용되며, 1은 높은 전압레벨(HIGH)을 의미하며, 0은 낮은 전압레벨(LOW)을 의미한다. 비트들의 그룹(1과 0의 조합)을 코드(code)라 하며 숫자, 문자, 기호, 명령어 및 주어진 응용에서 요구되는 것들을 표현하는 데 사용된다.

(2) 논리레벨(Logic Level) 중요

논리레벨은 1과 0을 표현하기 위해 사용되는 전압이다. 이상적인 경우에 하나의 전압레벨은 HIGH를 나타내고, 다른 전압레벨은 LOW를 나타낸다. 그러나 실제 디지털 시스템에서 HIGH 또는 LOW는 규정된 최솟값과 최댓값 사이의 임의의 전압이 될 수 있으며, **HIGH와 LOW를 나타내는 전압의 범위는 중복될 수 없다.** 다음 [그림 1-4]는 디지털회로의 일반적인 LOW와 HIGH의 범위를 나타내고 있다. 출력신호 전압이 2.7V~5V의 범위와 입력신호 전압이 2V~5V의 범위이면 High레벨(즉, 2진수의 1)로 나타내고,

출력신호 전압이 0V~0.4V의 범위와 입력신호 전압이 0V~0.8V의 범위이면 Low레벨(즉, 2진수의 0)로 나타낸다. 출력전압과 입력전압이 High레벨과 Low레벨 범위에 있지 않으면 디지털 신호 인식이 허용되는 범위가 아니며, 이를 하이임피던스(High-impedance)라고 한다.

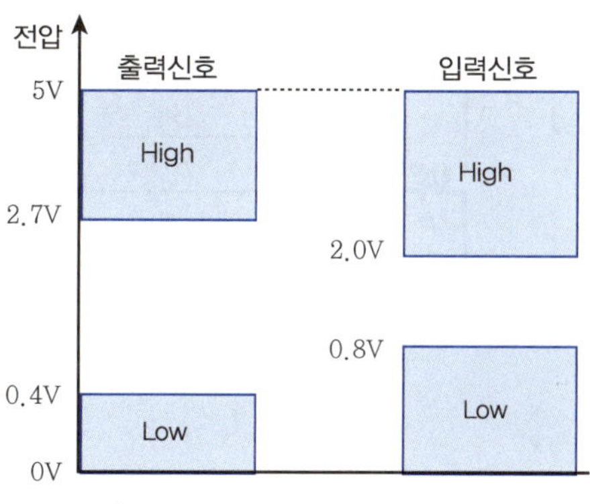

[그림 1-4] 디지털 시스템의 전압레벨

3 전기적인 신호에 대한 논리회로

논리(logic)라는 용어는 논리함수를 구현하는 데 사용되는 디지털 회로에 적용된다. 컴퓨터와 같은 복잡한 디지털 시스템은 여러 종류의 디지털 논리회로를 기본 소자로 구성한다.

논리회로란 논리연산에 기본이 되는 회로를 말한다. 디지털 정보 흐름을 허용하거나 저지하는 역할(gating)을 하며, 정보 흐름의 허용(1, True, Allow) 및 저지(0, False, Blocking)를 게이팅이라고 한다. 또 입·출력 정보 흐름의 허용 및 저지를 결정하는 단자 또는 소자를 게이트라고 한다. 게이트는 논리곱(AND), 논리합(OR), 부정(NOT)의 기본 연산을 수행한다.

(1) 논리곱(AND) 중요

스위치 A, B가 모두 닫혔을 때 전구에 불이 켜진다.

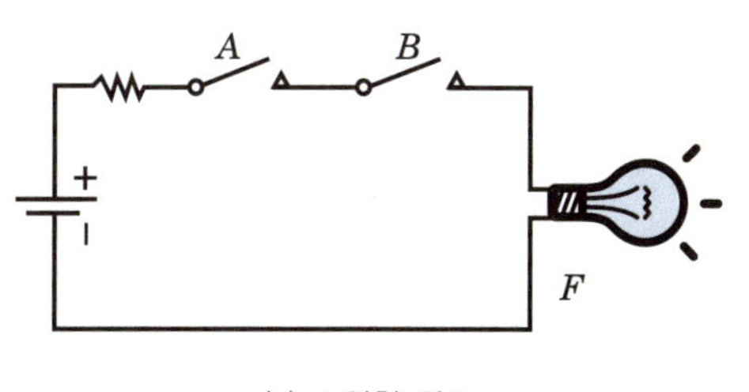

(a) 스위칭 회로

입력		출력
스위치 A	스위치 B	전구
off	off	off
off	on	off
on	off	off
on	on	on

(b) 스위칭 동작표

[그림 1-5] 논리곱

(2) 논리합(OR)

스위치 A, B 중 어느 하나라도 닫혔을 때 전구에 불이 켜진다.

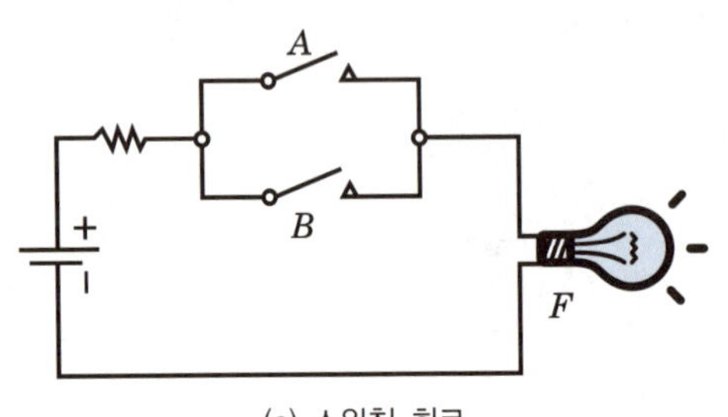

(a) 스위칭 회로

입력		출력
스위치 A	스위치 B	전구
off	off	off
off	on	on
on	off	on
on	on	on

(b) 스위칭 동작표

[그림 1-6] 논리합

(3) 부정(NOT)

스위치 A가 닫혀있지 않을 때 전구에 불이 켜진다.

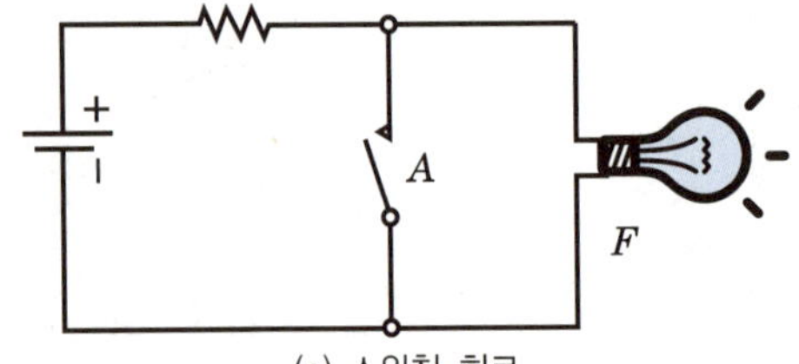

(a) 스위칭 회로

입력	출력
스위치 A	전구
off	on
on	off

(b) 스위칭 동작표

[그림 1-7] 부정

4 컴퓨터 시스템의 세대별 발전과 주요 특징

(1) 고대의 계산기

고대사회에서는 계산기의 필요성에 대한 요구들이 있기는 하였지만, 실제로 계산기를 만들 만한 지식기반을 갖추고 있지 못했다. 그러나, 필요는 발명의 어머니. 대제국을 건설한 로마에서는 많은 양의 계산을 필요로 하게 되면서 새로이 계산기가 주목을 받기 시작한다.

초기의 계산을 하는 도구로서 가장 간단한 것은 주판이었으며, 기원전 약 3000년 전 고대 메소포타미아인들이 가장 먼저 사용했다고 추정된다. 주판을 제외하면 17세기에 이르도록 계산을 위한 특별한 도구가 없었으나 1642년 프랑스 수학자이자 철학자인 B. 파스칼이 톱니바퀴를 이용한 수동계산기를 고안하였다. 이 최초의 기계식 수동계산기는 덧셈과 뺄셈만이 가능했던 것으로 이 장치는 기어로 연결된 바퀴판들로 덧셈과 뺄셈을 했다. 파스칼의 계산기는 **최초의 디지털 계산기**였다. 1671년 무렵 독일의 G. W. 라이프니츠가 이를 개량하여 곱셈과 나눗셈도 가능한 계산기를 발명하였다. 또 라이프니츠는 십진법보다 기계장치에 더 적합한 진법을 연구해서, 17세기 후반에 이진법을 창안했다. 이진법은 1과 0만을 사용하며, 이들을 배열해서 모든 숫자를 표시한다.

(a) 네오피어의 계산자

(b) 파스칼의 파스칼린

[그림 1-8] 고대의 계산기

(2) 컴퓨터 시대의 시작

천공카드는 직조 회사에서 처음으로 사용이 되었으며, 이미 1725년에 Basile Bouchon이 구멍 뚫린 종이로 직물기를 조종하는 방법을 내놓았다. 짜여진 직조물의 모양에 따라 종이에 구멍을 뚫어 놓고, 이 종이가 일련의 바늘에 의해 눌리면 구멍이 뚫린 곳은 그 자리에 있고 나머지들은 앞으로 움직인다. 이 때 직조기의 작동은 이 선택된 바늘의 조정에 의해 이루어지게 되었고, 이러한 방식으로 현재까지도 일부에서는 이 기계를 사용하고 있기도 하다.

1907년 미국 인구 조사국의 엔지니어였던 제임스 파워(James Power)가 새로운 천공카드 시스템을 개발하면서 1910년의 인구조사에 사용되었다.

[그림 1-9] 1889년 펀치카드 시스템

(3) 1세대 컴퓨터(진공관의 시대)

기계식 컴퓨터는 빠른 속도로 계산능력이 향상되었지만, 그와 더불어 오퍼레이터들의 인력도 많이 필요하게 되는 단점으로 인해서 점점 관심에서 멀어지기 시작했다. 그러나 2차 세계대전이 발발하면서 다시 기계식 컴퓨터는 주목을 받게 되었고, 이 기계식 컴퓨터는 탄도 계산등의 군사 목적에 적절히 활용되면서 다시금 급격한 발전을 이루는 전기를 마련하게 된다. 역사상으로 이 시기의 컴퓨터들을 제1세대 전자계산기로 사가들은 분류하고 있다. 마크-1(1944)은 전기 기계식 계산기, ENIAC(1946)은 세계 최초의 전자식 계산기로 등장하였다. EDSAC(1949)은 프로그램 내장 방식을 처음으로 채용한 컴퓨터(최초의 2진수 사용)로 등장하였고, UNIVAC(1950)은 세계 최초의 상업용 컴퓨터, EDVAC(1951)은 프로그램 내장 방식과 2진법을 채택한 컴퓨터로 등장하게 되었다. 운영체제의 관점에서 보면 작업별로 일괄처리하는 일괄 처리 시스템이 등장하게 되었다.

(a) 진공관

(b) 최초의 전자식 계산기(ENIAC)

(c) 프로그램 내장 방식(EDSAC)

[그림 1-10] 제1세대 계산기

(4) 2세대 컴퓨터(트랜지스터의 시대)

1948년에 트랜지스터가 발명되고나서 10년 후인 1958년경부터 컴퓨터 제작에 트랜지스터가 사용되기 시작하였다. 이 시기부터 1965년 초반까지 발표된 대부분의 컴퓨터에 트랜지스터가 사용되었는데, 이를 제2세대 전자계산기라 부른다.

전자회로에서 트랜지스터(Transister) 소자는 기본기능인 증폭과 연산, 스위칭 기능 등으로 중요한 역할을 맡게 된다. 트랜지스터가 등장하기 이전에는 일반적으로 진공관이 사용되었으며, 진공관은 오늘날에도 고출력을 필요로 하는 앰프에 사용되고 있다.

진공관의 단점은 부피가 크고 소비전력이 높다는 점인데, 이러한 진공관과 동일한 기능을 수행하면서 더 작고 효율적인 소자를 개발한 결과가 트랜지스터이다. 트랜지스터는 진공관과 동일한 기능을 하지만, 크기는 매우 작았을 뿐만 아니라, 전력소모도 적고 성능도 향상되었다. 또한 고장이 적어 신뢰성을 높여주었다. 트랜지스터가 등장함으로써 컴퓨터는 **소형화와 경량화**를 이룰 수 있었으며, 그 결과 많은 **비용절감 효과**와 더불어 컴퓨터의 발전을 가속화시키는 계기가 되었다.

컴퓨터 언어의 개발과 함께 생산성 향상을 위한 최초의 시도가 1950년대 초에 이루어졌다. 이 시기의 컴퓨터 언어 또한 단순한 기계어에서 어셈블리어로 바뀌게 된다. 컴퓨터언어는 프로그래머가 명령어를 작성하기 위해 짧고 기억하기 쉬운 문자들을 결합시켜 만든 간략한 의사기호(mnemonics)로, 기존의 0과 1로 이루어진 기계 코드를 대신하였다. 그리고 자주 사용하는 명령절차에 쓰도록 별도로 작성해 놓은 프로그램 명령어들의 집단인 서브루틴(subroutine) 덕택에 프로그래머들의 일손이 줄어들게 되었다. 이렇게 작성된 프로그램은 어셈블러라고 불리는 별도의 프로그램이 컴퓨터가 이해할 수 있는 2진 코드로 변환시켜준다. 이러한 어셈블러는 이후에 등장하는 상업용 컴퓨터에 필수적인 프로그램이 되었다.

운영체제 관점에서 보면 기억장치의 등장과 다중 프로그램, 다중 처리, 시분할 처리 개념이 등장하여 다중 프로그램 시스템, 시분할 시스템, 다중 처리 시스템, 실시간 처리 시스템이 등장하였다.

(5) 3세대 컴퓨터(IC의 시대)

1960년대 중반의 컴퓨터 기술 분야에서 가장 중요한 진보는 **집적회로**(IC : Integrated Circuit)였다. 집적회로는 단일 부품으로, 그 안에 여러 개의 부품들을 모아 단일 품목으로 만든 것이다. 실리콘(Si)이나 게르마늄(Ge)에 얇은 막을 입힌 칩(chip)으로 생산되는 집적회로는 골무만한 크기에 10만개 정도의 부품을 집적시킬 정도의 놀라운 집적도를 가지고 있었다. 그러나, 초기의 집적회로는 신뢰도가 매우 높았지만 상대적으로 가격이 비싼 것이 단점이었다. 반면에, 집적회로가 발명됨으로서 컴퓨터는 더욱 소형화되었고 속도 또한 빨라졌으며, 더불어 신뢰성도 향상되면서 가격도 매우 저렴해지는 계기가 되었다. 이처럼 IC를 이용한 계산기를 3세대 전자계산기라 부른다.

3세대 컴퓨터의 특징은 소형화된 부품으로, 각 부품들을 선(wire)을 사용해서 연결하기보다는 하나의 부품에 새겨 넣기 시작했으며, 수정 구조체가 진공관이나 트랜지스터를 대신하였다. 기억장치도 자기코어(Magnetic Core)가 사용되면서 호출시간이 짧아졌으며, 자기드럼(Magnetic Drum), 자기디스크(Magnetic Disk) 등도 보조기억장치로 쓰이게 되었다. 또한, 이 시기에 포트란(FORTRAN), 코볼(COBOL), 알골(ALGOL) 등의 언어가 개발되어 계산기의 적용분야도 빠르게 확산되어 나갔다. 대표적으로 IBM 7070, 7090, 1401, 1410, 1440과 UNIVAC-II, CDC 6600 등의 컴퓨터가 사무용과 과학 계산처리용 등으로 발표되기도 했다.

운영체제 관점에서 보면 일괄 처리, 시분할 처리, 실시간 처리, 다중 프로그램 등을 제공하는 다중모드 시스템이 등장하였고, TCP/IP(Transmission Control Protocol/Internet Protocol) 통신 표준 활성화로 네트워크와 보안을 아우르는 수준으로 운영체제가 발전하였다.

(6) 4세대 컴퓨터((LSI : Large Scale Integration / VLSI : Very Large Scale Integration) 집적회로 이용)

1971년 이후 마이크로프로세서가 탑재된 극소형, 대용량, 저렴한 가격, 신뢰도가 급격히 향상된 컴퓨터 시스템이 등장하게 되었다. 이는 개인용 컴퓨터를 대량으로 생산할 수 있는 획기적인 계기가 되었다. 알테어(Altair) 8800은 최초의 개인용 컴퓨터로 1975년 MITS사 대표인 로버츠가 개발하였고, 애플-II는 애플사에서 1977년 놀라울 정도로 성공을 거둔 계기가 되었다. IBM사가 IBM PC의 설계에 대한 사항을 공개하여 이를 토대로 MS-DOS 운영체제가 등장하였다. 1984년에는 마우스와 그래픽을 이용한 제품인 매킨토시가 나오게 되었다.

1990년대 이후에는 초고속・대용량의 전자회로를 내장하여 추론・학습・연상 등의 인공지능을 갖춘 컴퓨터가 등장하여 '비 폰노이만형 컴퓨터'로서 사용자와 대화가 가능한 시스템이 등장하였다.

더 알아두기

프로그램 내장식 컴퓨터(stored-program computer)

- **프로그램 내장 방식** : 프로그램 내장식 컴퓨터 또는 프로그램 내장식 전산기는 전자식 기억 장치에 프로그램 명령어를 저장하는 전산기이다. 축적 프로그램용 컴퓨터, 내장 프로그램 컴퓨터라고도 부른다. 이를 이용한 방식을 프로그램 내장 방식이라고 한다.
- **폰 노이만 구조** : 프로그램 데이터와 명령어 데이터를 같은 메모리에 저장하는 프로그램 내장식 컴퓨터이다. 하버드 아키텍처는 프로그램과 데이터를 저장하기 위한 별도의 기억 장치들을 지니고 있다. 폰 노이만 병목(Von-Neumann Bottleneck)현상은 일반적으로 자료경로의 병목현상 또는 기억장소의 지연현상을 이르는데, 이는 나열된 명령을 순차적으로 수행하고, 그 명령은 일정한 기억장소의 값을 변경하는 작업으로 구성되는 폰 노이만 구조에서 기인한다. 어쨌든 주류를 이룬 컴퓨터는 대개 이 폰 노이만 구조를 근간으로 발전해 왔고, 우리가 흔히 CPU라고 말하는 중앙처리장치는 전자 공학, 반도체 기술 및 소재의 혁신적인 발전에 따라 점점 작은 크기에 집적되게 되었고 그 처리 능력도 비약적으로 발전해 왔다.

하버드 아키텍처(Harvard architecture)

폰 노이만 아키텍처의 변형으로 명령어와 데이터가 서로 다른 메모리 영역을 차지하며 메모리 영역마다 주소 버스, 데이터 버스, 제어 버스가 따로 존재한다. 또한 명령어와 데이터를 동시에 읽어 들일 수 있으며 명령어 길이가 표준 데이터 크기(워드)로 제한받지 않는다. 명령 구조상으로 RISC구조이다.

5 컴퓨터의 종류

(1) 아날로그 컴퓨터(Analog computer)

아날로그 컴퓨터는 해결할 문제를 표본화하기 위해 전자, 기계, 수력 현상을 사용하는 컴퓨터의 한 형태이다. 더 일반적으로 말해, 아날로그 컴퓨터는 한 가지의 물리적 양을 사용하여 다른 물리적 시스템이나 수학 함수를 표현한다. 신속한 입력과 그 상태에 대한 즉각적인 반응을 얻을 수는 있지만 능률적으로 풀 수 있는 문제의 형태가 정해져 있고 계산이나 측정의 정밀도에 한계가 있으므로 일반적인 사무계산이나 산술계산과 같이 정확한 수치로 결과를 표현해야 할 업무에는 부적합하다. 전자현미경의 설계, 발전소의 자동주파수 안전장치의 설계, 전차나 압연기 등의 전동기의 속도제어 장치의 설계, 항공기의 날개 등의 풍압에 의한 진동, 구조물이나 건축물의 진동, 항공기의 조종 안정성이나 자동차의 동요 등의 연구의 시뮬레이션에 쓰이고 있다.

(2) 디지털 컴퓨터(Digital computer)

연속적인 데이터를 처리하는 아날로그 컴퓨터와 대응되는 것으로, 가장 일반적으로 사용되고 있는 범용 컴퓨터이다. 디지털 컴퓨터는 스위치를 켜거나(1) 끄는(0) 상태로서 전기가 흐르거나 흐르지 않는 형태로 2진법의 1비트(Bit)를 구현한다. 디지털 컴퓨터에서 정보 표현은 여러 비트의 그룹으로 표현되고, 회로는 논리회로이며, 프로그래밍이 필요하다. 이는 입력되는 자료를 문자・숫자와 같은 코드로 변환하여 처리하며 비연속적인 자료를 사용하여 사칙연산이나 논리연산을 주로 수행한다. 기억능력과 정밀도가 높은 장점이 있는 반면, 연산속도가 느리며 온도・습도 등 연속적인 물리량을 데이터로 받아서 처리하는 데는 어려움이 있다.

(3) 하이브리드 컴퓨터(Hybrid computer)

아날로그 컴퓨터와 디지털 컴퓨터의 기능을 합쳐 놓은 컴퓨터를 말한다. 아날로그 컴퓨터는 미분방정식과 같은 수식을 빨리 해결하는 데 적합하나 논리판단 기능이 약하고, 논리판단・제어・자료의 입・출력은 디지털 컴퓨터에 적합하므로 이 둘의 장점을 따서 설계・제작한 것이 하이브리드 컴퓨터이다. 아날로그 컴퓨터만을 사용하는 것보다 훨씬 정확하며, 디지털 컴퓨터보다 속도가 빠르다.

디지털 신호를 입력하여 아날로그 형태의 신호로 출력하든가, 아날로그 형태의 신호를 입력하여 디지털 형태의 신호로 결과를 얻고자 할 때 유용하다. 이때 데이터가 처리되고 출력될 수 있도록 아날로그/디지털 변환기(ADC)나 디지털/아날로그 변환기(DAC)가 필요하다. 이밖에 아날로그 컴퓨터에 부여하는 계수의 설정이나 디지털 컴퓨터에 아날로그 컴퓨터의 출력을 보내기 위한 특별한 제어신호를 보내는 프로그램 제어기도 사용된다.

6 컴퓨터 소프트웨어

컴퓨터의 시스템을 구성하는 주요 요소 중 하나로 프로그램, 데이터 등의 무형(형태가 없는) 구성요소를 가리킨다. 디지털 컴퓨터의 소프트웨어는 모두 비트, 즉 0과 1의 수로 이루어져 있다. 우리가 컴퓨터를 사용하는 목적은 소프트웨어를 이용하거나 처리하기 위함이며, 소프트웨어가 없는 컴퓨터(즉 하드웨어)는 그냥 빈 껍질이다. 그런 컴퓨터에 전원을 넣어봐야 아무 일도 일어나지 않는다. 간혹 소프트웨어의 반대말이 하드웨어라고 생각하는 이들이 있으나, 둘 다 컴퓨터 시스템을 구성하는 구성요소이며 상호 보완적인 기능을 하므로 반대의 개념이 아니다.

소프트웨어는 프로그램과 데이터로 구분된다. 디지털 컴퓨터에 탑재되는 프로그램과 데이터는 모두 비트(0과 1)로 구성되어 있기에, 인간이(충분한 시간과 집중력만 있다면) 종이에 적을 수 있다. 물론 이렇게 0과 1만 나열되어 있는 종이는 인간에게 아무 소용도 없으며, 이를 하드웨어에 입력해 탑재시켜야만 구동(프로그램)이나 처리(데이터)가 가능하다.

프로그램에는 컴퓨터를 구동시켜주는 운영체제 및 컴퓨터에서 구동되는 애플리케이션(응용 프로그램), 유틸리티, 악성코드 등이 포함된다.

(1) 운영체제(OS : Operating System)

사용자가 컴퓨터를 쉽게 다루게 해주는 인터페이스로 하드웨어와 소프트웨어를 관리하는 소프트웨어 전체라고 할 수 있다. 이러한 운영체제는 어느 기기에서 어떠한 형태로도 나타날 수 있다. 일반적으로 PC용 윈도우즈만이 운영체제가 아니며, MP3플레이어를 켜면 전원이 들어와 장치를 깨우고 사용자의 명령에 따라 음악을 재생하는 동작들을 관리하는 것들도 전부 운영체제라 할 수 있다.

(2) 응용 소프트웨어(Application Software)

컴퓨터를 사용하는 목적에 따라 실제로 그 일을 시키기 위한 프로그램으로, 대개 외부로부터 제작되어 특정한 응용 분야에 사용하기 위해 개발된 소프트웨어이다. 전체적으로 시스템 소프트웨어의 보조 역할을 한다.

게임, 미디어 플레이어, 오피스 프로그램, 웹 브라우저, 스크린 세이버 등 상상할 수 있는 온갖 소프트웨어는 응용 소프트웨어라고 할 수 있다. 백신 소프트웨어도 컴퓨터 보안을 위해 사용자가 설치하는 응용 소프트웨어의 일종이라고 할 수 있다. 모바일 기기에서 사용되는 응용 소프트웨어는 단어 Application의 길이를 줄여서 앱(App)이라고 부른다.

(3) 유틸리티(Utility)

프로그램의 일종으로, 얼핏 봐서는 응용 소프트웨어와 잘 구분되지 않는다. 유틸리티는 우리가 컴퓨터를 사용하는 것을 보조하는 소위 도우미 프로그램들이다. 예를 들어 안티바이러스 프로그램, 디스크 최적화 유틸리티, 레지스트리 클리너 등을 사용할 목적으로 컴퓨터를 사는 사람은 없다. 유틸리티는 우리가 컴퓨터를 보다 편리하고 안전하게 사용할 수 있도록 돕고, 컴퓨터를 사용함에 있어 일어날 수 있는 문제들을 예방하거나 해결하는 역할을 하는 프로그램들이다.

(4) 악성코드(Malicious Code)

컴퓨터 바이러스(Virus), 웜(Worm), 트로얀(Trojan) 등으로 대표되는 나쁜 소프트웨어들로, 품질이 나쁘다는 것이 아니라 제작자가 악의를 가지고 만든 소프트웨어다. 21세기 들어 가장 큰 문제가 되고 있는 랜섬웨어(Ransomware) 역시 악성코드로, 다른 악성코드와 달리 제작자/유포자에게 경제적 이득을 가져다 줄 가능성이 높기 때문에 점점 증가하고 있다. 대부분의 악성코드는 프로그램(응용 소프트웨어)이지만, 데이터로만 이루어진 악성코드도 있다. 예를 들어 특정 프로그램에서 정해진 동작을 실시하는 일종의 스크립트인 매크로만으로 구성된 악성코드도 있다.

(5) 펌웨어(Firmware)

펌웨어는 일반적으로 롬(ROM)에 저장된, 하드웨어를 제어하는 마이크로프로그램을 의미한다. 프로그램이라는 관점에서는 소프트웨어와 동일하지만 하드웨어와 밀접한 관계를 가지고 있다는 점에서 일반 응용 소프트웨어와 구분되어, 펌웨어는 소프트웨어와 하드웨어의 특성을 모두 가지고 있다고 할 수 있다. 예를 들어, 어떤 기능을 발휘하는 하드웨어를 만든다고 할 때, 그것을 제어하는 모든 회로를 하드웨어로만 만들면, 그 구조도 대단히 복잡해지고 심지어는 논리적인 표현을 하기가 어려운 부분도 발생한다. 이때 상당부분을 소프트웨어로 대체하되 그 소프트웨어가 저장된 기억장치를 하드웨어의 제어회로의 중심부분으로 구성하면, 매우 간단하면서도 적은 비용으로 문제를 해결할 수 있게 된다. 이렇게 만든 하드웨어적인 소프트웨어를 펌웨어라 한다.

이렇게 할 경우 하드웨어의 입장에서는 별도의 논리회로를 가진 것이 아니기 때문에 소프트웨어적인 특성을 가지고 있지만, 소프트웨어 입장에서는 마이크로프로그램이 하드웨어를 제어하기 때문에 하드웨어적인 특성을 가진다고 설명할 수 있다. 소프트웨어의 기능을 펌웨어로 변경할 수 있으면 속도가 현저하게 증대되므로, 고속 처리가 필요한 프로그램은 펌웨어로 만들어 사용하기도 한다. 또한 하드웨어의 기능을 펌웨어로 변경하면 속도는 느려지지만, 그 기능을 위한 논리회로를 설계하여 사용하는 것보다 저렴하고, 편리하게 구현하여 사용할 수 있는 장점이 있다.

(6) 프로그래밍(Programing)

프로그램을 만드는 것을 뜻한다. 그리고 여기에서의 프로그램은 대체로 컴퓨터에서 동작하는 프로그램을 말한다. 따라서 프로그래밍이라고 하면 대개 컴퓨터 프로그래밍을 뜻한다. 프로그래밍을 하는 도구를 '개발자 도구' 또는 '개발환경'이라고 부르며, IDE(Integrated Development Environment)는 그 중 하나이다. 프로그래밍 언어는 프로그래밍을 하는 방식 또는 절차를 말하며, 프로그래밍을 하는 사람이 프로그래머이다.

① 저급 프로그래밍 언어

컴퓨터가 이해하기 쉽게 작성된 프로그래밍 언어로, 일반적으로 기계어와 어셈블리어를 일컫는다. 실행속도가 매우 빠르지만 배우기가 어려우며 유지보수가 힘든 것이 단점이다. 현재는 특수한 경우가 아니면 사용되지 않는다.

㉠ 기계어

컴퓨터는 0과 1로 된 이진수 형태의 언어만을 이해할 수 있는데, 이런 언어를 기계어(machine language)라 한다. 기계어는 컴퓨터가 직접 이해할 수 있는 유일한 언어이기 때문에 효율성은 높지만, 언어 자체가 복잡하고 어려워 프로그래밍을 하는 데 많은 시간과 노력이 든다. 또한 기계어는 컴퓨터의 종류에 따라 다르며, 컴퓨터에 의존적인 경향을 띄어 표준이 없다. 따라서 새 컴퓨터를 구입할 경우에 기종이 바뀌면, 기존에 사용하던 기계어로 작성된 프로그램은 실행되지 않는 문제가 생긴다. 기계어는 컴퓨터 종류에 따라 각기 다르고 복잡하여 오늘날에는 거의 사용되지 않는다.

㉡ 어셈블리어

1950년대 컴퓨터가 상업화되면서 복잡한 기계어 대신 어셈블리어(assembly language)라고 하는 대체 언어를 사용하게 되었다. 어셈블리어는 어려운 기계어의 명령들을 쉬운 기호로 나타낸 것이다. 모든 컴퓨터들의 어셈블리어는 같지 않은데, 이것은 컴퓨터의 내부적인 구조와 직접적으로 연관되어 있으며, 또한 기계의 특성과 밀접하게 관련되어 있기 때문이다. 이와 같은 어셈블리어로 만들어진 프로그램은 어셈블러(assembler)라는 번역기에 의해 컴퓨터가 실행할 수 있는 기계어 명령으로 바뀌어 실행된다.

어셈블리어는 기계어에 비해 프로그램을 작성하기가 쉽고, 고급언어와는 달리 하드웨어에 직접적인 접근을 하기 때문에 수행 속도가 빠르다는 장점이 있다. 그러나 어셈블리어에는 몇 가지 단점이 있다. 어셈블리어는 다른 기종의 어셈블리어와 호환되지 않는다. 즉 어느 특정 기종의 어셈블리어에 의해 작성된 프로그램은 그 기종에서만 처리될 뿐 다른 기종의 컴퓨터에서는 처리되지 않는 것이다. 그리고 어셈블리어로 작성된 프로그램은 대개 고급언어로 작성된 프로그램들보다 쓰고, 읽고, 관리하는 측면에서 더 어렵다.

② 고급 프로그래밍 언어

사람이 이해하기 쉽게 작성된 프로그래밍 언어로서, 저급 프로그래밍 언어보다 가독성이 높고 다루기 간단하다는 장점이 있다. 컴파일러나 인터프리터에 의해 저급 프로그래밍 언어로 번역되어 실행된다. C언어, 자바(Java), 베이직(Basic) 등 대부분의 프로그래밍 언어들은 고급언어에 속한다.

7 자료의 표현 중요

가장 일반적인 단위는 비트, 컴퓨터 시스템에 존재하는 0, 1의 두 가지 상태이며, 바이트(또는 옥텟)의 8분의 1이다. 정보량이 더 많아지면 붙이는 접두어로는 SI(International System of Unit) 접두사(1000의 거듭제곱 이용) 또는 새로운 IEC(International Electronical Committee) 이진 접두사(1024의 거듭제곱 이용)를 사용한다.

(1) 자료의 처리 단위

① **디지트(digit : 숫자)**

아라비아 숫자(0 ~ 9)로 기수법에서 매 자리마다 쓰여질 수 있는 숫자를 말한다. 한편, 숫자 및 문자 등을 모두 포함하는 경우에는 '알파벳'이라고 칭한다.

② **비트(bit : binary digit)**

하나의 비트는 0이나 1의 값을 가질 수 있고, 각각은 참, 거짓 혹은 서로 배타적인 상태를 나타내며, 디지털 컴퓨터에서 사용되는 가장 작은 자료표현 단위를 말한다. 전압의 높고(1, On) 낮음(0, Off)에 따른 전기 신호 형태로 표현하고, 비트 수가 n개이면 표현이 가능한 수는 2^n개다.

③ **니블(nibble)**

1바이트의 절반으로 보통 4비트를 가리킨다. 이때 바이트 하나는 상위 니블(상위 4비트)과 하위 니블(하위 4비트)로 나눌 수 있다.

④ **바이트(byte)**

컴퓨터의 기억장치의 크기를 나타내는 단위로 자주 쓰이며, 많은 프로그래밍 언어에서 정수형에 속하는 자료형이기도 하다. 바이트의 실질적 의미는 ASCII 문자 하나를 나타낼 수 있다는 것이다. 따라서 여러 바이트를 한 워드로 사용하고 있는 현재에도 대부분의 컴퓨터 하드웨어에서 메모리의 주소 단위로 사용된다. 8비트는 1바이트이다.

1 kilobyte(KB)	= 10^3Byte		≒	1 kibibyte(KiB)	= 2^{10}Byte	
1 megabyte(MB)	= 10^6Byte	= 1000 KB	≒	1 mebibyte(MB)	= 2^{20}Byte	= 1024 KB
1 gigabyte(GB)	= 10^9Byte	= 1000 MB	≒	1 gibibyte(GB)	= 2^{30}Byte	= 1024 MB
1 terabyte(TB)	= 10^{12}Byte	= 1000 GB	≒	1 tebibyte(TB)	= 2^{40}Byte	= 1024 GB

⑤ **옥텟(octet)**

컴퓨팅에서 8개의 비트가 한데 모인 것을 말한다. 초기 컴퓨터들은 1바이트가 꼭 8비트만을 의미하지 않았으므로, 8비트를 명확하게 정의하기 위해 '옥텟'이라는 용어가 필요했던 것이다. 전기통신 분야에서는 바이트란 용어 대신 옥텟이란 표현을 사용한다. 팔중수라고도 부른다.

㉠ 10진 단위(SI) 표기

1 kilooctet (Ko)	= 10^3 octets		= 1000 octets
1 megaoctet (Mo)	= 10^6 octets	= 1000 Ko	= 1000000 octets
1 gigaoctet (Go)	= 10^9 octets	= 1000 Mo	= 1000000000 octets
1 teraoctet (To)	= 10^{12} octets	= 1000 Go	= 1000000000000 octets

㉡ 2진 단위(IEC) 표기

1 kibioctet (Kio)	= 2^{10} octets		= 1024 octets
1 mebioctet (Mio)	= 2^{20} octets	= 1024 Kio	= 1048576 octets
1 gibioctet (Gio)	= 2^{30} octets	= 1024 Mio	= 1073741824 octets
1 tebioctet (Tio)	= 2^{40} octets	= 1024 Gio	= 1099511627776 octets

⑥ **워드(word)**

하나의 기계어 명령어나 연산을 통해 저장된 장치로부터 레지스터에 옮겨 놓을 수 있는 데이터 단위로, 전자통신 기기에 따라 2바이트 또는 4바이트를 묶어서 부르는 단위이다. 1바이트로 표현 가능한 문자의 수는 256가지이다.

(2) 기억용량의 단위

1Bit = 가장 작은 용량 단위
1Byte = 8Bit
1KB(Kilo Byte) = 2의 10제곱 Byte = 1024Byte
1MB(Mega Byte) = 2의 20제곱 Byte = 1024KB
1GB(Giga Byte) = 2의 30제곱 Byte = 1024MB
1TB(Tera Byte) = 2의 40제곱 Byte = 1024GB
1PB(Peta Byte) = 2의 50제곱 Byte = 1024TB
1EB(Exa Byte) = 2의 60제곱 Byte = 1024PB
1ZB(Zetta Byte) = 2의 70제곱 Byte = 1024EB
1YB(Yotta Byte) = 2의 80제곱 Byte = 1024ZB

제2절 컴퓨터의 구성

1 컴퓨터의 구성 기출

컴퓨터의 하드웨어는 중앙처리장치(CPU)와 주기억장치(RAM) 및 입력장치(키보드, 마우스 등), 출력장치(모니터, 프린터 등), 그리고 주변 기기들로 이루어져 있다.

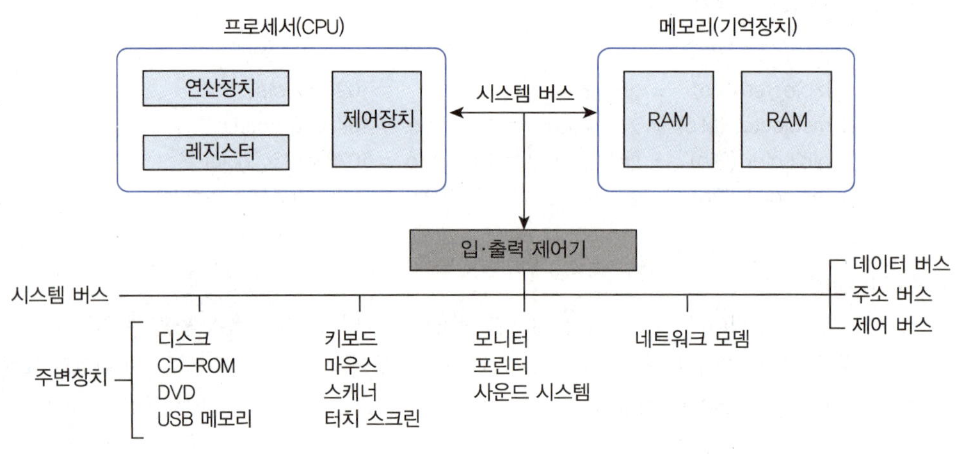

[그림 1-11] 컴퓨터의 구성

(1) 중앙처리장치(CPU) 중요

① **연산논리장치(ALU : Arithmetic Logic Unit)**

두 숫자의 산술연산(덧셈, 뺄셈 등)과 논리연산(배타적 논리합, 논리곱, 논리합 등)을 계산하는 디지털 회로이다. 연산논리장치는 컴퓨터 중앙처리장치의 기본 설계 블록이다.

② **제어장치(control unit)**

프로세서의 조작을 지시하는 컴퓨터 중앙처리장치(CPU)의 한 부품으로 입・출력 장치 간 통신 및 조율을 제어한다. 명령어들을 읽고 해석하며 데이터 처리를 위한 순서를 결정한다. 타이밍과 제어신호들을 제공함으로써 다른 장치들의 조작을 지시하고, 모든 컴퓨터 자원들은 제어장치의 관리를 받는다. 중앙처리장치와 다른 장치들 사이의 데이터 흐름을 제어한다.

③ **레지스터(register)**

극히 소량의 데이터나 처리 중인 중간 결과를 일시적으로 기억해 두는 고속의 전용 영역을 레지스터라고 한다. 한 단어 또는 여러 단어, 때로는 수의 자릿수의 정보를 기억하는 장치이며 특정 목적에 사용되고, 수시로 그 내용을 이용할 수 있도록 되어 있다.

컴퓨터의 주기억장치는 데이터와 명령을 기억하고 있을 뿐, 산술 연산, 논리 연산, 전송 조작 등을 행할 때 데이터나 명령을 일시적으로 기억해둘 장소가 필요한데, 이 장소가 바로 레지스터이다. 용도에 따라서 여러가지 레지스터가 있는데 그 중 주요 레지스터에는 누산기(accumulator), 연산 레지스터(arithmetic register), 명령 레지스터(instruction register), 자리 이동 레지스터(shift register), 지표 레지스터(index register) 등이 있고, 이들 레지스터는 보통 중앙처리장치(CPU) 안에 있다.

(2) 입력장치(input unit)

사용자가 원하는 문자, 기호, 그림 등의 데이터 또는 명령(프로그램)을 컴퓨터 내부의 메모리에 전달하는 장치이다.

(3) 출력장치(output unit)

사람이 읽을 수 있는 빛, 소리, 인쇄 등의 방식으로 컴퓨터에서 처리한 결과물 데이터를 외부로 보내는 장치이다.

2 연산논리장치(arithmetic logic unit)의 구성 중요

컴퓨터 중앙처리장치는 처리기(제어장치 및 레지스터)와 연산논리장치 ALU로 구성되어 있다. ALU의 기본 설계 블록으로 ALU의 각 내부 구성요소는 다음과 같은 기능을 수행한다.

① 산술연산장치 : 덧셈, 뺄셈, 곱셈, 나눗셈의 4칙연산을 수행한다.
② 논리연산장치 : AND, OR, XOR, NOT 등의 논리연산을 수행한다.
③ 시프트 레지스터 : 비트들을 왼쪽 또는 오른쪽으로 이동시키는 기능을 수행하는 레지스터이다.
④ 보수기(complement) : 이진 데이터의 보수를 취하는 회로이다.
⑤ 상태 레지스터 : 연산 결과의 상태를 나타내는 플래그들을 저장한다.

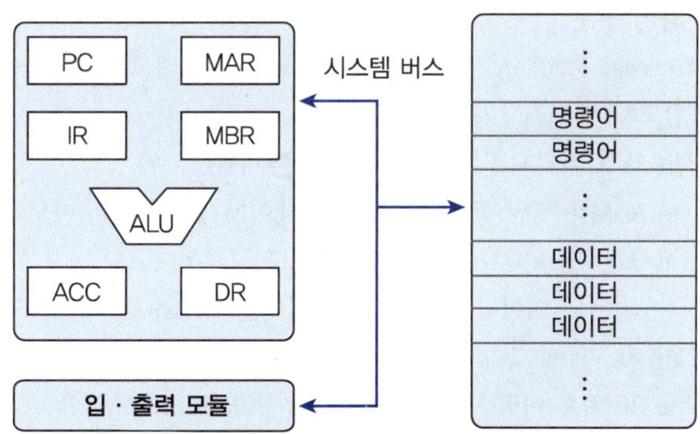

• ALU(Arithmetic Logic Unit) : 산술 · 논리 연산장치

[그림 1-12] 연산논리장치의 구성

3 기억장치의 구분

(1) 컴퓨터 기억장치(하드웨어 관점)

① **캐시 메모리(Cache Memory)**

CPU와 주기억장치 사이의 속도 최적화, 임시 기억 등을 위한 고속의 메모리로 플립플롭(Flip-Flop), 레지스터(Register), 고속의 SRAM 등이 있다.

② **주기억장치(Main Memory)/시스템 메모리(System Memory)**

주로 반도체 메모리 소자를 말하며, CPU가 현재 작업하는 프로그램 및 데이터를 저장하는 장치이다. RAM(임의 접근 메모리) 및 ROM(읽기 전용 메모리)으로 구분한다.

③ **보조기억장치(Auxiliary Memory)/대용량 메모리(Mass Memory)**

대용량 정보를 저장하기 위한 디스크와 같은 저장장치이다. 순차적인 메모리로서, 저장 위치에 따라 정보 접근에 걸리는 시간이 달라진다.

④ **가상메모리(Virtual Memory)**

부족한 주기억장치를 보조기억장치로 확장하여 실제보다 더 많은 메모리를 갖는 것처럼 동작한다.

(2) CAM(Content Addressable Memory, Associative Memory) : 연관기억장치

대부분의 기억장치는 정보가 저장되어 있는 주소에 의해 그 내용에 접근하지만, 연관기억장치는 주소를 사용하는 것이 아니라 접근하려고 하는 자료의 내용을 사용하여, 그 내용이 저장되어 있는 기억장치로 접근하여, 그 결과로서 주소를 출력으로 하는 방식의 기억장치를 말한다.

(3) 반도체 메모리 구분

① **Access 방법에 따른 구분**

SAM(Sequential Access Memory)에는 Magnetic Tape 등이 있고, RAM(Random Access Memory)에는 거의 모든 반도체 메모리장치가 해당된다.

② **전원을 끄고도 정보가 지워지지 않는지 여부에 따른 구분**

㉠ **휘발성(Volatile) RAM**은 전원 공급이 중단되면 데이터가 소실되는 메모리로 고속으로 동작하며, SRAM(Static RAM), DRAM(Dynamic RAM)으로 구분된다.

㉡ 전원 공급이 중단되어도 데이터 소실이 없는 **비휘발성(Non-volatile) ROM**은 저속으로 동작하며, OTP ROM(One Time Programmable ROM)은 처음 한 번만 쓰기가 가능하고, PROM (Programmable ROM)은 여러 번 쓰고 지우기가 가능(EEPROM, EPROM, Flash Memory 등)하다. 플래시 메모리는 개인용 휴대기기에서 2차 메모리로서 많이 사용된다.

㉢ 비휘발성이나 RAM의 특성을 갖는 비휘발성 RAM(NVRAM)에는 FeRAM(Ferroelectric RAM), MRAM(Magnetic Random Access Memory)이 있고 중간 속도로 동작한다.

(4) RAM(Random Access Memory, 임의 접근 메모리) 중요

순차적인 접근방식이 아닌 임의로 접근하고 싶은 곳에 바로 접근할 수 있는 주기억장치이다. 동작방식에 따라 다음과 같이 구분한다.

① DRAM(Dynamic RAM)

보통 RAM이라 하면 바로 DRAM을 가리킨다. 일정 시간이 지나면 기억된 내용이 소멸되어, 리프레시(refresh) 동작이 필요하다. 회로가 간단하고, 집적화에 용이하며, 가격이 저렴하고, 속도가 SRAM보다 훨씬 느리다.

② SRAM(Static RAM)

고집적화가 곤란하므로 대용량화는 어려우며 값이 고가이나, DRAM보다 속도가 빠르므로 주로 L2 캐시메모리에 사용된다.

③ NVRAM(Non-Volatile RAM)

비휘발성 SRAM으로 외부공급 전원이 없이도 기억내용을 유지할 수 있는 RAM을 총칭한다. 회로 구현을 위해 백업용 배터리가 부가될 수도 있다.

(5) ROM(Read Only Memory, 읽기 전용 메모리) 중요

DRAM과는 달리 일단 기억된 내용은 전원의 공급이 없이도 계속 기억하는 메모리이다. 다음과 같이 구분한다.

① Mask ROM

수정이 불가능하고, 많은 양의 동일한 형태가 필요한 경우에 사용된다.

② PROM

PROM(Programmable Read Only Memory)은 재수정이 가능한 ROM이며, EPROM(Electrically Programmable Read Only Memory)은 PROM의 변형으로 수정할 때 IC 위쪽에 특별한 창을 통해 자외선을 비추어 사용한다. EEPROM(E^2PROM)은 회로 기판 상에 붙여진 상태에서 내용의 일부분을 전기적으로 재수정하는 것이 가능하다. FLASH EEPROM(Flash Memory)은 EEPROM과 비슷하나 내용 전체를 지우거나 재수정할 수 있다.

(6) 플래시 메모리(Flash Memory)

휴대용 기기에서 사용하는 반도체 비휘발성 메모리로 휴대전화, 디지털카메라, PDA, MP3플레이어 등에 널리 이용된다. 전기적으로 지울 수 있고 프로그래밍이 가능한 EEPROM의 한 종류이다.

① 플래시 메모리의 특징

비교적 소용량의 데이터 보존에 사용되고, 주로 프로그램 설치 및 실행용 공간으로 사용된다. 블록 단위로 내용 전체를 지우거나 재수정할 수 있으며, 프로그램 실행 중 세부단위로 변경이 불가능하다.

② 반도체 칩 내부회로의 형태에 따른 구분

㉠ 데이터저장형(NAND형) : 저장용량이 크며, 전자회로 구성이 NAND게이트로 구성되어 있다. 저장단위인 셀을 수직으로 배열되어 좁은 면적에 많은 셀을 만들 수 있도록 하였다. NAND Flash Memory라고도 한다.

㉡ 코드저장형(NOR형) : 처리 속도가 빠르고, 전자회로 구성이 NOR게이트로 구성되어 있다. 저장 단위인 셀을 수평으로 배열되어 읽기 속도가 빠르다.

4 메모리의 계층구조(Memory hierarchy) 중요

메모리의 계층구조는 CPU가 메모리에 더 빨리 접근하기 위해 필요하다. [그림 1-13] 메모리 계층구조에서 보면 레지스터와 캐시는 CPU 내부에 존재한다. 당연히 CPU는 아주 빠르게 접근할 수 있다. 메모리는 CPU 외부에 존재한다. 따라서 CPU는 레지스터와 캐시보다 더 느리게 메모리에 접근할 수 밖에 없다. 하드디스크는 CPU가 직접 접근할 방법조차 없다. CPU가 하드디스크에 접근하기 위해서는 하드디스크의 데이터를 메모리로 이동시키고, 메모리에서 접근해야 한다. 아주 느린 접근만이 가능하다.
레지스터, 캐시, 메모리, 하드디스크는 하드웨어적으로 만들어지는 방법이 다를 때가 많다. 그리고 메모리의 계층구조에서 상층에 속할수록 더 비싸다. 비싼 하드웨어는 꼭 필요한 만큼의 크기만 사용하고, 싼 하드웨어를 넉넉한 크기만큼 사용하기 때문에 메모리 계층구조가 피라미드 모양으로 나타나는 것이다.

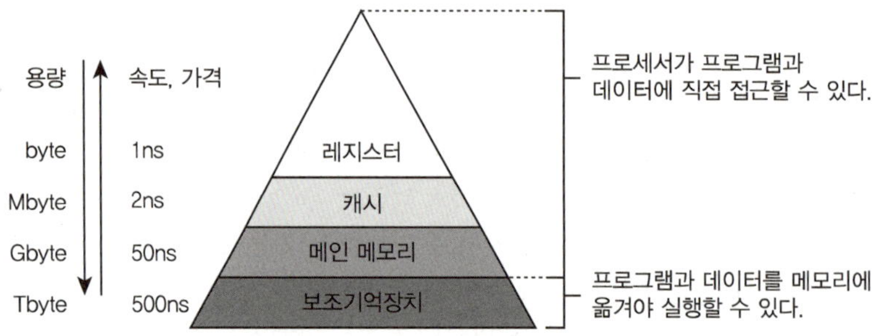

[그림 1-13] 메모리의 계층구조

OX로 점검하자 | 제1장

※ 다음 지문의 내용이 맞으면 O, 틀리면 ×를 체크하시오. [1 ~ 7]

01 디지털 시스템에서의 논리레벨 High와 Low를 나타낼 때 시스템 특성상 전압의 범위는 중복될 수 있다. ( )

>>> 실제 디지털 시스템에서 HIGH 또는 LOW는 규정된 최솟값과 최댓값 사이의 임의의 전압이 될 수 있으며 HIGH와 LOW를 나타내는 전압의 범위는 중복될 수 없다.

02 논리게이트에서 입력(스위치)이 A, B인 논리곱(AND)은 스위치 A, B가 모두 닫혔을 때 전구에 불이 꺼진다. ( )

>>> 논리게이트에서 논리곱(AND)은 스위치 A, B가 모두 닫혔을 때 전구에 불이 켜진다.

03 역사상 컴퓨터 중 마크-1(1944)은 전자 기계식 계산기, ENIAC(1946)은 세계 최초의 전기식 계산기로 등장했다. ( )

>>> 마크-1(1944)은 전기 기계식 계산기, ENIAC(1946)은 세계 최초의 전자식 계산기로 등장했다.

04 트랜지스터의 단점은 부피가 크고 소비전력이 높다는 점이다. 이러한 TR과 동일한 기능을 수행하면서 더 작고 효율적인 소자를 개발한 결과가 진공관이다. ( )

>>> 진공관의 단점은 부피가 크고 소비전력이 높다는 점이다. 이러한 진공관과 동일한 기능을 수행하면서 더 작고 효율적인 소자를 개발한 결과가 트랜지스터이다.

05 디지트(digit : 숫자)는 아라비아 숫자(0~9)로 기수법에서 매 자리마다 쓰여질 수 있는 숫자이고, 비트(bit : binary digit)는 두 개 비트가 0이나 1의 값을 가질 수 있고, 각각은 참, 거짓 혹은 서로 배타적인 상태를 나타낸다. ( )

>>> 비트(bit : binary digit)는 하나의 비트가 0이나 1의 값을 가질 수 있고, 서로 배타적 상태이다.

06 휘발성(Volatile) RAM은 DRAM과 SRAM으로 구분되고, DRAM은 저장된 0와 1의 데이터가 시간이 지나면 사라지므로 일정 시간마다 다시 재생시켜야 한다. ( )

>>> DRAM회로는 시간이 지나면 방전이 되어 데이터가 사라지기 때문에 리프레시(refresh)가 필요하다.

07 메모리의 계층구조가 필요한 이유는 CPU가 데이터에 더 빨리 접근하기 위함이다. ( )

>>> 메모리의 계층구조가 필요한 이유는 CPU가 메모리에 더 빨리 접근하기 위함이다.

정답 1 × 2 × 3 × 4 × 5 × 6 ○ 7 ×

제 1 장 실전예상문제

01 자료의 처리 단위로 가장 작은 것은?

① octet
② nibble
③ word
④ byte

02 4비트로 나타낼 수 있는 정보 단위는?

① octet
② bit
③ nibble
④ byte

03 논리레벨에 대해 잘못 설명한 것은?

① 논리레벨 중에 1은 Low 레벨을 말한다.
② 논리레벨은 1과 0을 표현하기 위해 사용되는 전압이다.
③ High와 Low를 나타내는 전압의 범위는 중복될 수 없다.
④ High레벨과 Low레벨 범위에 있지 않으면 디지털신호 인식이 허용되는 범위가 아니며, 하이임피던스(High-impedance)라고 한다.

01
- octet : 컴퓨팅에서 8개의 비트가 한데 모인 것을 말한다.
- nibble : 1바이트의 절반으로 보통 4비트를 가리킨다.
- word : 2바이트 또는 4바이트를 묶어서 부르는 단위이다.
- byte : 컴퓨터의 기억장치의 크기를 나타내는 단위로 자주 쓰인다(8bit).

02 니블(nibble) : 정보량의 단위로, 4비트의 데이터나 정보를 나타낸다.

03 디지털 시스템에서 두 개의 비트를 표현하기 위해 두 개의 다른 전압레벨이 사용되며, 1은 높은 전압레벨(High)을 의미하며, 0은 낮은 전압레벨(Low)을 의미한다.

정답 01 ② 02 ③ 03 ①

04 논리회로에서 2입력(A, B)에 대한 논리곱의 설명으로 올바른 것은?

① A, B 모두 1이면 출력은 0이 된다.
② A, B 모두 0이면 출력은 1이 된다.
③ A, B 모두 1이면 출력은 1이 된다.
④ A = 1, B = 0이면 출력은 1이 된다.

04

입력		출력
스위치 A	스위치 B	전구
off(0)	off(0)	off(0)
off(0)	on(1)	off(0)
on(1)	off(0)	off(0)
on(1)	on(1)	on(1)

05 논리회로에서 2입력(A, B)에 대한 논리합의 설명으로 올바른 것은?

① A, B 중 하나라도 1이면 출력은 1이 된다.
② A = 0, B = 1이면 출력은 0이 된다.
③ A, B 모두 1이면 출력은 0이 된다.
④ A = 1, B = 0이면 출력은 0이 된다.

05

입력		출력
스위치 A	스위치 B	전구
off	off	off
off	on	on
on	off	on
on	on	on

06 컴퓨터의 역사에서 최초의 전자식 계산기는 무엇인가?

① 마크 - 1
② ENIAC
③ EDVAC
④ UNIVAC

06
- 마크-1(1944) : 전기 기계식 계산기
- ENIAC(1946) : 세계 최초의 전자식 계산기
- EDSAC(1949) : 프로그램 내장 방식을 처음으로 채용한 컴퓨터
- UNIVAC(1950) : 세계 최초의 상업용 컴퓨터
- EDVAC(1951) : 프로그램 내장 방식과 2진법을 채택한 컴퓨터

정답 04 ③ 05 ① 06 ②

07 하버드 아키텍쳐에 대한 설명으로 잘못된 것은?

① 프로그램 데이터와 명령어 데이터를 같은 메모리에 저장하는 프로그램 내장 컴퓨터이다.

② 프로그램과 데이터를 저장하기 위한 별도의 기억 장치들을 지니고 있다.

③ 명령 구조상으로 RISC 구조이다.

④ 명령어와 데이터를 동시에 읽어 들일 수 있으며 명령어 길이가 표준 데이터 크기(워드)로 제한받지 않는다.

07
- 하버드 아키텍쳐 : 폰 노이만 아키텍처의 변형으로서 명령어와 데이터가 서로 다른 메모리 영역을 차지하며 메모리 영역마다 주소 버스, 데이터 버스, 제어 버스가 따로 존재한다. 또한 명령어와 데이터를 동시에 읽어 들일 수 있으며 명령어 길이가 표준 데이터 크기(워드)로 제한받지 않는다. 명령 구조상으로 RISC구조이다.
- 폰 노이만 구조 : 프로그램 데이터와 명령어 데이터를 같은 메모리에 저장하는 프로그램 내장식 컴퓨터이다.

08 아날로그 컴퓨터와 디지털 컴퓨터의 기능을 합쳐 놓은 컴퓨터는 무엇인가?

① 펌웨어 컴퓨터

② 워크스테이션

③ UNIX 컴퓨터

④ 하이브리드 컴퓨터

08 아날로그 컴퓨터는 미분방정식과 같은 수식을 빨리 해결하는 데 적합하나 논리판단 기능이 약하고, 논리판단 · 제어 · 자료의 입 · 출력은 디지털 컴퓨터에 적합하므로, 이 둘의 장점을 따서 설계 · 제작한 것이 하이브리드 컴퓨터이다.

09 사용자가 컴퓨터를 쉽게 다루게 해주는 인터페이스로 하드웨어와 소프트웨어를 관리하는 소프트웨어 전체라고 할 수 있는 컴퓨터 소프트웨어는?

① Operation System

② Application Software

③ Utility

④ Firmware

09
- Application Software : 컴퓨터에 사용하는 목적에 따라 실제로 그 일을 시키기 위한 프로그램으로 대개 외부로부터 제작되어 특정한 응용 분야에 사용하기 위해 개발된 소프트웨어를 말한다.
- Utility : 컴퓨터를 사용하는 것을 보조하는 소위 도우미 프로그램들을 말한다.
- Firmware : 일반적으로 롬(ROM)에 저장된 하드웨어를 제어하는 마이크로프로그램을 의미한다. 프로그램이라는 관점에서는 소프트웨어와 동일하지만 하드웨어와 밀접한 관계를 가지고 있다는 점에서 일반 응용 소프트웨어와 구분된다. 펌웨어는 소프트웨어와 하드웨어의 특성을 모두 가지고 있다.

정답 07 ① 08 ④ 09 ①

10 기억용량 단위가 4니블이면 몇 바이트인가?

① 1바이트
② 2바이트
③ 3바이트
④ 4바이트

10 니블(nibble)은 1바이트의 절반으로 보통 4비트이므로,
4비트 X 4 = 16비트 = 2바이트

11 컴퓨터에서 4KByte는 정확히 얼마인가?

① 1280byte
② 2048byte
③ 4096byte
④ 4000byte

11 1Kbyte = 2^{10} byte = 1024byte이므로, 1024 X 4 = 4096byte

12 다음 중 컴퓨터 메모리에서 한 워드(word)의 길이가 4바이트일 때 64워드는 몇 비트인지 올바르게 나타낸 것은?

① 1024비트
② 2048비트
③ 4096비트
④ 8192비트

12 1word = 4바이트 시스템이라고 하면, 64word = 64 × 4바이트 = 256바이트 = 256 × 8비트 = 2048비트

정답 10 ② 11 ③ 12 ②

13 컴퓨터의 기본 구성에서 주변장치에 해당되지 않는 것은?

① 저장장치
② CPU
③ 입력장치
④ 출력장치

13 컴퓨터는 CPU, 메인메모리, 입・출력장치, 저장장치로 구성된다. 컴퓨터로 하는 작업은 대부분 CPU와 메인메모리의 협업으로 이루어지기 때문에, CPU와 메인메모리는 필수장치로 분류되고 그 외 부품은 주변장치라고 한다.

14 두 숫자의 산술연산과 논리연산을 계산하는 디지털 회로이고, 컴퓨터 중앙처리장치의 기본 설계 블록은 무엇인가?

① 연산논리장치
② 제어장치
③ 주기억장치
④ 출력장치

14 연산논리장치(ALU : arithmetic logic unit)는 두 숫자의 산술연산(덧셈, 뺄셈 등)과 논리연산(배타적 논리합, 논리곱, 논리합 등)을 하는 디지털 회로이다. 연산논리장치는 컴퓨터 중앙처리장치의 기본 설계 블록이다.

15 연산논리장치의 구성에 포함되지 않는 것은?

① 산술연산장치
② 논리연산장치
③ 주기억장치
④ 상태 레지스터

15 ALU의 각 내부 구성요소
- 산술연산장치 : 덧셈, 뺄셈, 곱셈, 나눗셈의 4칙연산을 수행한다.
- 논리연산장치 : AND, OR, XOR, NOT 등의 논리연산을 수행한다.
- 시프트 레지스터 : 비트들을 왼쪽 또는 오른쪽으로 이동시키는 기능을 수행하는 레지스터이다.
- 보수기(complement) : 이진 데이터의 보수를 취하는 회로이다.
- 상태 레지스터 : 연산 결과의 상태를 나타내는 플래그들을 저장한다.

정답 13 ② 14 ① 15 ③

16 컴퓨터 기억장치 중 캐시메모리에 대한 올바른 설명은?

① 반도체 메모리 소자를 말하며, CPU가 현재 작업하는 프로그램 및 데이터를 저장하는 장치이다.
② 컴퓨터 시스템의 성능을 향상시키기 위해 주로 CPU칩 안에 포함되는 빠르고 작고 매우 비싼 메모리이다.
③ 대용량 정보를 저장하기 위한 디스크와 같은 저장장치이다. 순차적인 메모리로서, 저장 위치에 따라 정보 접근에 걸리는 시간이 달라진다.
④ 부족한 주기억장치를 보조기억장치로 확장하여 실제보다 더 많은 메모리를 갖는 것처럼 동작한다.

16
- 주기억장치 : 반도체 메모리 소자를 말하며, CPU가 현재 작업하는 프로그램 및 데이터를 저장하는 장치이다.
- 보조기억장치 : 대용량 정보를 저장하기 위한 디스크와 같은 저장장치이다. 순차적 메모리로, 저장 위치에 따라 정보 접근에 걸리는 시간이 달라진다.
- 가상메모리 : 부족한 주기억장치를 보조기억장치로 확장하여 실제보다 더 많은 메모리를 갖는 것처럼 동작한다.

17 다음 중 어셈블리어에 대한 설명으로 옳지 않은 것은?

① 기계어에 비해 프로그램을 작성하기가 어렵다.
② 고급언어와는 달리 하드웨어에 직접적인 접근을 하기 때문에 수행 속도가 빠르다.
③ 다른 기종의 어셈블리어와 호환되지 않는다.
④ 어셈블리어로 작성된 프로그램은 대개 고급언어로 작성된 프로그램들보다 쓰기, 읽기, 관리하는 측면에서 더 어렵다.

17 어셈블리어는 기계어에 비해 프로그램을 작성하기가 쉽고, 고급언어와는 달리 하드웨어에 직접적인 접근을 하기 때문에 수행 속도가 빠르다는 장점이 있다.

18 접근하려고 하는 자료의 내용을 사용하여, 저장되어 있는 기억 장치로 접근하여, 그 결과로서 주소를 출력으로 하는 방식의 기억장치는 무엇인가?

① 주기억장치
② 가상메모리장치
③ CAM(연관기억장치)
④ 상태 레지스터

18 CAM(Content Addressable Memory, Associative Memory) : 연관기억장치에 대한 설명이다.

정답 16 ② 17 ① 18 ③

19 비휘발성 SRAM으로 외부공급 전원이 없이도 기억내용을 유지할 수 있는 메모리를 총칭하는 것은?

① 주기억장치
② NVRAM
③ CAM(연관기억장치)
④ 상태 레지스터

19 Non-Volatile RAM은 회로 구현을 위해 백업용 배터리가 부가될 수도 있다.

20 PROM의 종류가 아닌 것은?

① EPROM
② Mask ROM
③ EEPROM
④ Flash EEPROM

20 PROM에는 EPROM, EEPROM, Flash-EEPROM이 있다.

21 플래시 메모리의 특징으로 잘못 설명된 것은?

① 비교적 소용량의 데이터 보존에 사용한다.
② 프로그램 설치 및 실행용 공간으로 사용한다.
③ 블록 단위로 내용 전체를 지우거나 재수정할 수 있다.
④ 프로그램 실행 중 세부단위로 변경이 가능하다.

21 플래시 메모리는 프로그램 실행 중 세부단위로 변경이 불가능하다.

22 CPU 내부에 존재하는 메모리는?

① USB메모리
② 보조기억장치
③ 레지스터와 캐시
④ 하드디스크

22 레지스터와 캐시는 CPU 내부에 존재하므로 접근 속도도 매우 빠르다.

정답 19 ② 20 ② 21 ④ 22 ③

23 고집적화가 곤란해서 대용량화는 어려우며 값이 고가이나 DRAM보다 속도가 빠른 메모리는?

① SRAM
② ROM
③ NVRAM
④ EPROM

23
- SRAM(Static RAM) : 고집적화가 곤란해서 대용량화는 어려우며 값이 고가이나 DRAM보다 속도가 빠르므로 주로 L2캐시에 사용된다.
- DRAM(Dynamic RAM) : 보통 RAM이라 하면 바로 DRAM을 가리킨다. 일정 시간이 지나면 기억된 내용이 소멸되어, 재생 동작이 필요하다.

24 사람이 이해하기 쉽게 작성된 프로그래밍 언어로서, 저급 프로그래밍 언어보다 가독성이 높고 다루기 간단하다는 장점인 프로그램 언어는?

① 저급 프로그래밍 언어
② 기계어
③ 고급 프로그래밍 언어
④ 어셈블리어

24 저급 프로그래밍 언어 : 컴퓨터가 이해하기 쉽게 작성된 프로그래밍 언어로, 일반적으로 기계어와 어셈블리어를 말한다.

25 고급 프로그래밍 언어에 해당되지 않는 것은?

① 자바
② 어셈블리어
③ 베이직
④ C언어

25 고급 프로그래밍 언어에는 JAVA, BASIC, C, FORTRAN, COBOL, PASCAL, LISP, Prolog 등이 있다.

26 컴퓨터 바이러스, 웜, 트로얀 등으로 대표되는 나쁜 소프트웨어들로, 품질이 나쁘다는 것이 아니라 제작자가 악의를 가지고 만든 소프트웨어는?

① 유틸리티
② 어셈블리어
③ 악성코드
④ 펌웨어

26 악성코드는 제작자가 악의를 가지고 만든 소프트웨어이다. 21세기 들어 가장 큰 문제가 되고 있는 랜섬웨어 역시 악성코드로, 다른 악성코드와 달리 제작자·유포자에게 경제적 이득을 가져다 줄 가능성이 높기 때문에 그 수가 점점 증가하고 있다.

정답 23 ① 24 ③ 25 ② 26 ③

27 중앙처리장치와 다른 장치들 사이의 데이터 흐름을 제어하는 컴퓨터의 구성요소는?

① 제어장치
② 주기억장치
③ ALU
④ 입・출력장치

27 제어장치 : 프로세서의 조작을 지시하는 컴퓨터 중앙처리장치(CPU)의 한 부품으로 입・출력 장치 간 통신 및 조율을 제어한다.

28 아라비아 숫자(0 ~ 9)로 기수법에서 매 자리마다 쓰여질 수 있는 숫자를 의미하는 자료 처리단위는?

① Bit
② Digit
③ Nibble
④ Byte

28 디지트(Digit : 숫자) : 아라비아 숫자(0~9)로 기수법인 숫자 및 문자 등을 모두 포함하는 경우에는 '알파벳'이라고 칭한다.

29 전기통신 분야에서는 바이트란 용어 대신 쓰이고, 팔중수라고도 불리는 자료 처리단위는?

① Bit
② Octet
③ Byte
④ Nibble

29 옥텟 : 컴퓨팅에서 8개의 비트가 한데 모인 것을 말한다. 초기 컴퓨터들은 1바이트가 꼭 8비트만을 의미하지 않았으므로, 8비트를 명확하게 정의하기 위한 용어로, 전기통신 분야에서는 바이트란 용어 대신 옥텟이란 표현을 사용한다. 팔중수라고도 부른다.

30 하나의 명령어나 연산을 통해 레지스터에 옮겨 놓을 수 있는 데이터 단위는?

① Bit　　② Octet
③ Byte　　④ Word

30 워드 : 전자통신 기기에 따라 2바이트 또는 4바이트를 묶어서 부르는 단위이다. 1바이트로 표현 가능한 문자의 수는 256가지이다.

정답 27 ① 28 ② 29 ② 30 ④

Self Check로 다지기 | 제1장

디지털 시스템: 기본적으로 2진수의 0과 1이라는 2가지의 상태를 가지고 있는 시스템으로, 디지털 정보를 표현하기 위해 2진수 체계를 사용

컴퓨터 발전

① 고대계산기
② **제1세대**: 진공관 시대
③ **제2세대**: 트랜지스터 시대
④ **제3세대**: IC의 시대
⑤ **제4세대**: LSI(고밀도 IC)
⑥ **제5세대**: VLSI(초고밀도 IC)

컴퓨터의 종류: 아날로그 컴퓨터, 디지털 컴퓨터, 하이브리드 컴퓨터

컴퓨터 소프트웨어: 운영체제, 응용 소프트웨어, 유틸리티, 악성코드, 펌웨어

자료의 표현

① **디지트**: 0 ~ 9의 아라비아 숫자
② **비트**: 0이나 1의 값의 참과 거짓, 또는 서로 배타적인 상태
③ **니블**: 1바이트의 절반으로 보통 4비트
④ **바이트**: 기억장치의 크기를 나타내는 단위, 8비트 = 1바이트
⑤ **워드**: 연산을 통해 저장된 장치로부터 레지스터에 옮겨 놓을 수 있는 정보 단위

컴퓨터의 구성

① **중앙처리장치(CPU)**: 연산논리장치(arithmetic logic unit), 제어장치(control unit), 레지스터(register)
② 기억장치
③ 입력장치, 출력장치

ALU 구성: 산술연산장치, 논리연산장치, 시프트 레지스터, 보수기, 상태 레지스터

기억장치: ROM(Mask ROM, PROM, EEPROM, Flash EEPROM), RAM(DRAM, SRAM, NVRAM), 플래시 메모리

메모리 계층구조 : 메모리 구조에서 상층에 속할수록 더 비싸다. 비싼 하드웨어는 꼭 필요한 만큼의 크기만 사용하고, 싼 하드웨어를 넉넉한 크기만큼 사용하기 때문에 메모리 계층구조가 피라미드 모양으로 나타나는 것이다.

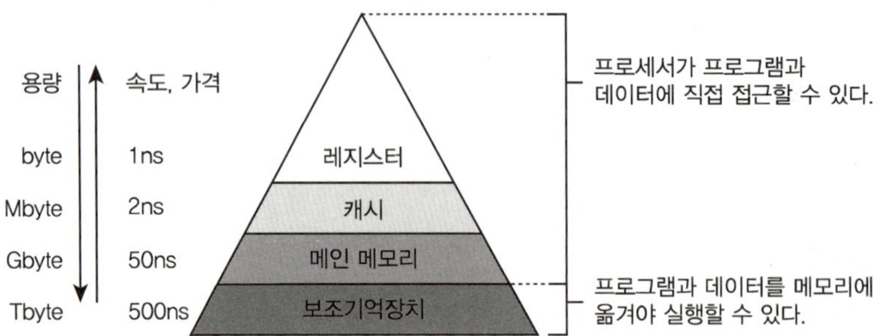

제 2 장

데이터 표현

교육이란 사람이 학교에서 배운 것을 잊어버린 후에 남은 것을 말한다.

– 알버트 아인슈타인 –

제 2 장 데이터 표현

제1절 수치데이터

1 10진수

(1) 기원

① 10진수는 고대 이집트 문명에서 나온 것으로 지구상에서 가장 많이 쓰이는 기수법이다. 이것은 인간의 손가락이 10개인 것과 밀접한 관련이 있는 것으로 추정된다.

② 과거 마야 문명에서는 이십진법이, 바빌로니아 문명에서는 육십진법이 쓰였지만, 현재는 10진법이 세계에서 가장 일반적으로 쓰이는 진법이다.

③ 캘리포니아 토착민인 유키 부족은 팔진법을 썼는데, 그들은 손가락이 아닌 그 사이의 공간으로 수를 셌다고 한다. 미터, 킬로미터 등 많은 단위가 10진법에서 온 것이다.

(2) 10진수의 표현

① 10진수 시스템은 0 ~ 9까지 10개의 숫자로 표현하고, 기수는 10이 된다.

② **가중치(weight) 구조** : $\cdots 10^2 10^1 10^0 . 10^{-1} 10^{-2} \cdots$

예제 2-1

480.52를 가중치 값으로 표현하시오.

해설

$480.52 = (4 \times 10^2) + (8 \times 10^1) + (0 \times 10^0) + (5 \times 10^{-1}) + (2 \times 10^{-2})$

2 2진수 중요

(1) 개념

① 2진수는 두 개의 숫자만을 이용하는 수 체계로, 관습적으로 0과 1의 기호를 쓰며 이들로 이루어진 수를 2진수라고 한다. 이진법은 라이프니츠가 발명하였다.

② 컴퓨터에서는 논리의 조립이 간단하고 내부에 사용되는 소자의 특성상 이진법이 편리하기 때문에 2진수를 사용한다.

③ 디지털 신호는 기본적으로 2진수들의 나열이며, 컴퓨터 내부에서 처리하는 숫자는 기본적으로 2진수를 이용하기 때문에 컴퓨터가 널리 쓰이는 현대에 그 중요성이 커졌다.

(2) 2진수의 표현

① 2진수 시스템은 0과 1의 2개의 숫자로 표현하고, 기수는 2가 된다.

② **가중치(weight) 구조** : $\cdots 2^2 2^1 2^0 . 2^{-1} 2^{-2} \cdots$

예제 2-2

10110.11011_2을 가중치 값으로 표현하시오.

해설

$$10110.11011_2 = (1\times2^4)+(0\times2^3)+(1\times2^2)+(1\times2^1)+(0\times2^0)+(1\times2^{-1})+(1\times2^{-2})$$
$$+(0\times2^{-3})+(1\times2^{-4})+(1\times2^{-5})$$
$$=16+4+2+(1/2)+(1/4)+(1/16)+(1/32)$$
$$=22.84375$$

③ 표에서 가장 큰 10진수 $=2^n-1$(n은 비트수)이고, 2진수의 8비트에서 표현 가능한 가장 큰 수는 $2^8-1=255$가 된다.

10진수		0	1	2	3	4	5	6	7	8	9	10	11	12	13	14	15
2진수	2^3	0	0	0	0	0	0	0	0	1	1	1	1	1	1	1	1
	2^2	0	0	0	0	1	1	1	1	0	0	0	0	1	1	1	1
	2^1	0	0	1	1	0	0	1	1	0	0	1	1	0	0	1	1
	2^0	0	1	0	1	0	1	0	1	0	1	0	1	0	1	0	1

(3) 2진수를 10진수로 변환하는 방법

임의의 2진수를 10진수로 변환하는 것은 비트 0의 가중치를 무시하고 비트 1의 값을 갖는 가중치만을 모두 더함으로써 구한다.

예제 2-3

2진 정수 1101101_2을 10진수로 변환하시오.

해설

가중치 : 2^6 2^5 2^4 2^3 2^2 2^1 2^0

2진수 : 1 1 0 1 1 0 1

$1101101_2 = 2^6 + 2^5 + 2^3 + 2^2 + 2^0 = 109$

예제 2-4

2진 소수 0.1011_2을 10진수로 변환하시오.

해설

가중치 : 2^{-1} 2^{-2} 2^{-3} 2^{-4}

2진수 : 0. 1 0 1 1

$0.1011_2 = 2^{-1} + 2^{-3} + 2^{-4} = 0.5 + 0.125 + 0.0625 = 0.6875$

3 10진수를 2진수로 변환하는 방법 중요

(1) 가중치의 합 방법

2진 가중치의 합으로 표시한다.

예제 2-5

다음 10진수를 2진수로 변환하시오.

① 12 ② 25 ③ 58 ④ 82

해설

① $12 = 8 + 4 = 2^3 + 2^2 = 1100_2$

② $25 = 16 + 8 + 1 = 2^4 + 2^3 + 2^0 = 11001_2$

③ $58 = 32 + 16 + 8 + 2 = 2^5 + 2^4 + 2^3 + 2^1 = 111010_2$

④ $82 = 64 + 16 + 2 = 2^6 + 2^4 + 2^1 = 1010010_2$

(2) 2로 반복하여 나누는 방법

10진수를 2로 나누어 가면서 몫이 0이 될 때까지 반복한다.

예제 2-6

다음 10진수를 2진수로 변환하시오.

① 19　　② 45

해설

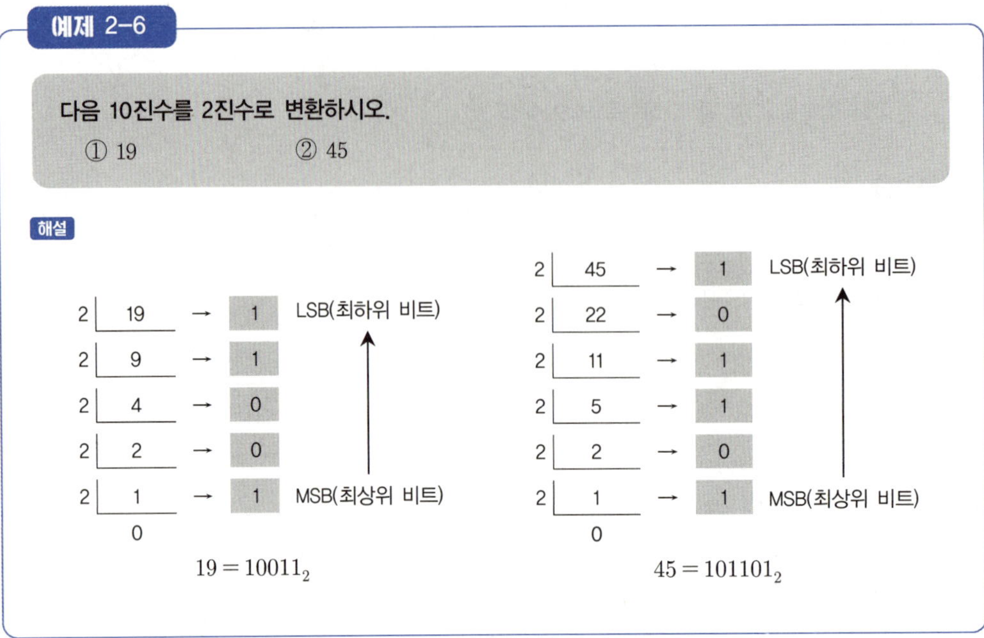

$19 = 10011_2$　　$45 = 101101_2$

(3) 10진 소수를 2진수로 변환하는 방법 중요 기출

① 가중치의 합 방법

예제 2-7

10진 소수 0.625를 2진수로 표현하시오.

해설

$0.625 = 0.5 + 0.125 = 2^{-1} + 2^{-3} \rightarrow 0.101_2$

② **계속 2를 곱하는 방법** : 10진 자릿수에 원하는 수가 나올 때까지 계속 2를 곱하다가 소수 부분이 모두 0이 될 때 정지한다.

예제 2-8

10진 소수 0.3125를 2진수로 표현하시오.

해설

	$0.3125 \times 2 = 0.625$	$0.625 \times 2 = 1.25$	$0.25 \times 2 = 0.5$	$0.5 \times 2 = 1.0$
0.3125	0	1	0	1

$= 0.0101_2$

4 2진수의 산술연산

2진 산술은 모두 디지털 컴퓨터와 여러 많은 형태의 디지털 시스템에서의 필수요소이다. 디지털 시스템을 해석하고 이해하기 위해서는 2진수의 가감승제를 이해해야 한다.

(1) 2진수의 덧셈

2진수의 덧셈에는 다음과 같은 기본 4가지 규칙이 있다. 캐리(carry)는 덧셈 후에 자리 올림이 발생한 경우를 뜻한다.

0 + 0 = 0 (캐리가 0이고 합이 0)
0 + 1 = 1 (캐리가 0이고 합이 1)
1 + 0 = 1 (캐리가 0이고 합이 1)
1 + 1 = 1 0 (캐리가 1이고 합이 0)

예제 2-9

다음 2진수의 합을 구하시오.

① $\begin{array}{r} 11 \\ +\ 11 \\ \hline \end{array} \rightarrow \begin{array}{r} 3 \\ +\ 3 \\ \hline \end{array}$

② $\begin{array}{r} 100 \\ +\ 10 \\ \hline \end{array} \rightarrow \begin{array}{r} 4 \\ +\ 2 \\ \hline \end{array}$

해설

① $\begin{array}{r} 11 \\ +\ 11 \\ \hline 110 \end{array} \rightarrow \begin{array}{r} 3 \\ +\ 3 \\ \hline 6 \end{array}$

② $\begin{array}{r} 100 \\ +\ 10 \\ \hline 110 \end{array} \rightarrow \begin{array}{r} 4 \\ +\ 2 \\ \hline 6 \end{array}$

(2) 2진수의 뺄셈

2진수의 뺄셈에는 다음과 같은 기본 4가지 규칙이 있다. 보로우(borrow)는 뺄셈 전에 자리 내림이 발생한 경우를 뜻한다.

0 − 0 = 0 (자리 내림이 0이고 뺄셈이 0)
0 − 1 = 1 1 (자리 내림이 1이고 뺄셈이 1 : 자리 내림은 0 − 1인 경우에만 필요함)
1 − 0 = 1 (자리 내림이 0이고 뺄셈이 1)
1 − 1 = 0 (자리 내림이 0이고 뺄셈이 0)

예제 2-10

다음 2진수의 뺄셈을 구하시오.

① $\begin{array}{r} 11 \\ -\ 01 \\ \hline \end{array} \rightarrow \begin{array}{r} 3 \\ -\ 1 \\ \hline \end{array}$ ② $\begin{array}{r} 101 \\ -\ 011 \\ \hline \end{array} \rightarrow \begin{array}{r} 5 \\ -\ 3 \\ \hline \end{array}$

해설

① $\begin{array}{r} 11 \\ -\ 01 \\ \hline 10 \end{array} \rightarrow \begin{array}{r} 3 \\ -\ 1 \\ \hline 2 \end{array}$ ② $\begin{array}{r} 101 \\ -\ 011 \\ \hline 010 \end{array} \rightarrow \begin{array}{r} 5 \\ -\ 3 \\ \hline 2 \end{array}$

(3) 2진수의 곱셈

2진수의 곱셈에는 다음과 같은 기본 4가지 규칙이 있다. 10진수의 경우와 같이 부분 곱들을 각각 한 자리씩 좌측으로 이동시킨 후 모두 더해서 계산한다.

$$0 \times 0 = 0$$
$$0 \times 1 = 0$$
$$1 \times 0 = 0$$
$$1 \times 1 = 1$$

예제 2-11

다음 2진수의 곱셈을 구하시오.

① $\begin{array}{r} 11 \\ \times\ 11 \\ \hline \end{array} \rightarrow \begin{array}{r} 3 \\ \times\ 3 \\ \hline \end{array}$ ② $\begin{array}{r} 111 \\ \times\ 101 \\ \hline \end{array} \rightarrow \begin{array}{r} 7 \\ \times\ 5 \\ \hline \end{array}$

해설

① $\begin{array}{r} 11 \\ \times\ 11 \\ \hline 11 \\ +\ 11\ \ \\ \hline 1001 \end{array} \rightarrow \begin{array}{r} 3 \\ \times\ 3 \\ \hline \\ \\ 9 \end{array}$ ② $\begin{array}{r} 111 \\ \times\ 101 \\ \hline 111 \\ 000\ \ \\ +\ 111\ \ \ \ \\ \hline 100011 \end{array} \rightarrow \begin{array}{r} 7 \\ \times\ 5 \\ \hline \\ \\ \\ 35 \end{array}$

(4) 2진수의 나눗셈

2진수의 나눗셈도 10진수와 같은 규칙이 있다.

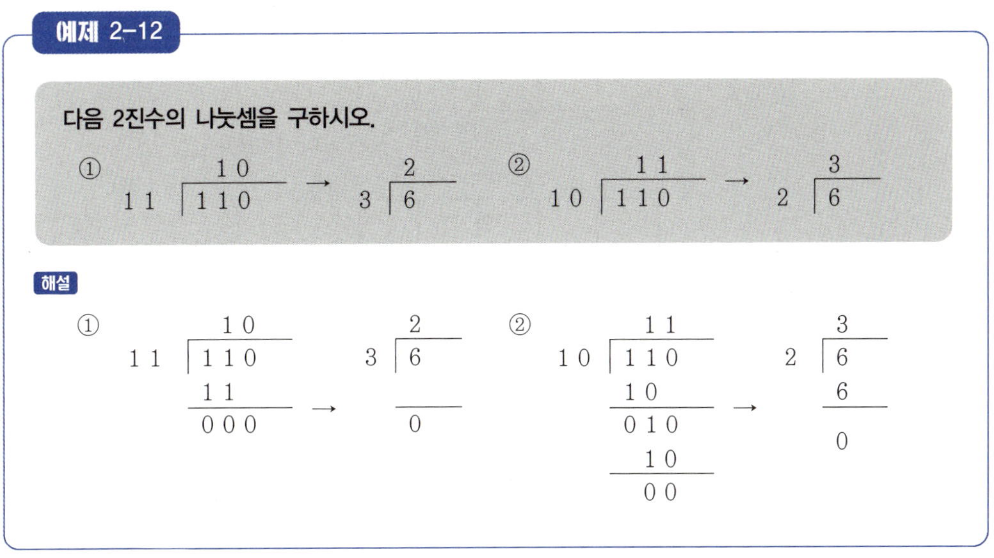

예제 2-12

다음 2진수의 나눗셈을 구하시오.

① 110 ÷ 11 = 10 → 6 ÷ 3 = 2 　　② 110 ÷ 10 = 11 → 6 ÷ 2 = 3

해설

①

```
       1 0              2
 1 1 ) 1 1 0       3 )  6
       1 1      →      ---
       -----            0
       0 0 0
```

②

```
       1 1              3
 1 0 ) 1 1 0       2 )  6
       1 0      →       6
       -----           ---
       0 1 0            0
         1 0
       -----
         0 0
```

5 2진수의 1의 보수와 2의 보수 중요

2진수에서 1의 보수와 2의 보수는 음수를 표현하는 데 매우 유용하게 사용된다. 컴퓨터에서는 음수를 다루기 위해 2의 보수를 이용한 연산방법을 주로 사용한다.

(1) 2진수의 1의 보수(one's complement)

① 2진수의 1의 보수는 모든 1을 0으로, 모든 0을 1로 바꾸면 된다.

```
1  1  0  0  1  1  0  1  (2진수)
↓  ↓  ↓  ↓  ↓  ↓  ↓  ↓
0  0  1  1  0  0  1  0  (1의 보수)
```

② 디지털 회로를 이용한 방법(8비트 병렬 반전기)

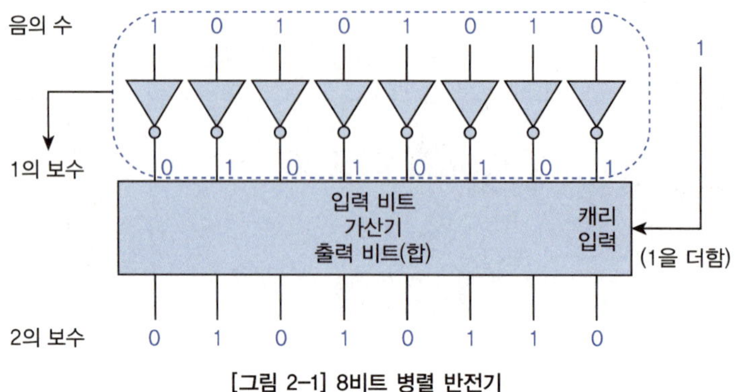

[그림 2-1] 8비트 병렬 반전기

(2) 2진수의 2의 보수(two's complement) 기출

① 컴퓨터(디지털 시스템)에서는 뺄셈(또는 음수 표현)을 위해 2의 보수를 사용한다.

② 2진수에 대한 2의 보수는 1의 보수에 1을 더하면 된다.

```
2의 보수 = 1의 보수 + 1
        1 1 1 0 0 1 0 1 0  (2진수)
        0 0 0 1 1 0 1 0 1  (1의 보수)
 +                      1
 ------------------------
        0 0 0 1 1 0 1 1 0
```

③ 2의 보수를 구할 때 우측에서 가장 첫 번째로 만나는 '1'비트까지는 변경없이 유지하고, 나머지 좌측의 모든 비트들은 1의 보수를 취하게 하는 방법도 있다.

㉠ 가장 우측비트인 LSB부터 시작하여 첫 번째로 만나는 1인 비트까지는 변경이 없다.

㉡ 나머지 비트들은 1의 보수로 변경한다.

1 1 1 0 0 1 0	1 0	(2진수)
1의 보수를 취한다.	보수 변경 없이 그대로 쓴다.	
0 0 0 1 1 0 1	1 0	(2의 보수)

6 부호표시 수 중요

컴퓨터와 같은 디지털 시스템은 음수와 양수를 처리할 수 있고, 2진수에서 부호표시 수는 부호와 크기 정보로 구성되어 있다. 부호는 양수와 음수를 나타내고, 크기는 수의 값으로 나타낸다. 2진수의 부호표시 수의 표현 방법은 가장 많이 사용하는 2의 보수 방법과 1의 보수 방법, 그리고 별로 사용하지 않는 부호-크기 방법이 있으며, 정수가 아닌 매우 작은 수, 매우 큰 수는 부동소수점 소수 형식을 사용한다.

(1) 부호 비트(Sign bit)

2진수의 가장 좌측 비트가 0이면 양수, 1이면 음수로 나타낸다.

예제 2-13

10진수 58을 8비트로 나타내는 부호표시 2진수로 표현하시오.

해설

58 = 0 0111010_2

부호 비트 크기 비트

(2) 부호표시 수의 표현

① 부호-크기 형식

가장 좌측 비트가 부호 비트, 나머지 비트들은 크기 비트로 양수나 음수와 관계없이 크기만을 표시(보수화되지 않은 참 2진수)한다. 10진수 26을 8비트 음수와 양수로 표현하면 다음과 같다.

- +26 = 0 0011010_2
- −26 = 1 0011010_2

② 1의 보수 형식

㉠ 양수표현 : 부호-크기 형식과 같은 방법으로 표현한다.

㉡ 음수표현 : 대응되는 양수의 1의 보수를 취한다.

10진수 26을 8비트 음수와 양수로 표현하면 다음과 같다.

- +26 = 00011010_2
- −26 = 11100101_2(00011010_2의 1의 보수를 취한다)

③ **2의 보수 형식** 중요

㉠ 양수표현 : 부호 – 크기 형식 또는 1의 보수 형식과 같은 방법으로 표현한다.

㉡ 음수표현 : 대응되는 양수의 2의 보수를 취한다.

10진수 26을 8비트 음수와 양수로 표현하면 다음과 같다.

- + 26 = 00011010_2
- – 26 = 11100110_2(00011010_2의 2의 보수를 취한다)

(3) 부호표시 수를 10진 값으로 변환하는 방법

① **부호 – 크기 형식**

㉠ 크기는 크기 비트의 가중치를 모두 합한다.

㉡ 부호는 부호 비트로 결정한다.

예제 2-14

부호-크기 형식으로 표현된 부호표시 2진수 10010011_2을 10진 값으로 변환하시오.

해설

10010011_2 =	1	0	0	1	0	0	1	1
				2^4			2^1	2^0
	–	19						

② **1의 보수 형식**

㉠ MSB(Most Significant Bit : 최상위비트)가 0이면 양수이므로 양수 가중치의 합으로 변환한다.

㉡ MSB가 1이면 음수이므로 음수 가중치의 합으로 변환한 후 1을 더하여 변환한다.

또는 1의 보수를 취한 후 가중치의 합으로 변환한 후 부호를 음수로 표시하면 된다.

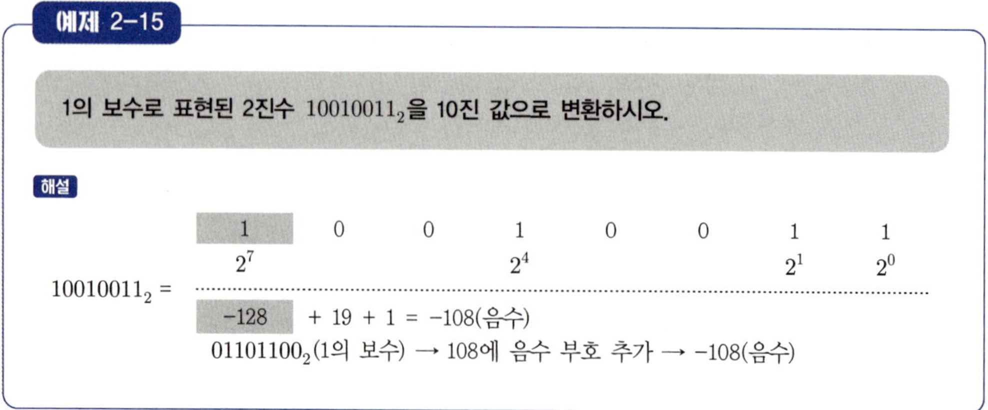

예제 2-15

1의 보수로 표현된 2진수 10010011_2을 10진 값으로 변환하시오.

해설

10010011_2 =	1	0	0	1	0	0	1	1
	2^7			2^4			2^1	2^0
	−128	+ 19 + 1 = −108(음수)						

01101100_2(1의 보수) → 108에 음수 부호 추가 → −108(음수)

③ **2의 보수 형식**

㉠ MSB가 0이면 양수이므로 양수 가중치의 합으로 변환한다.

㉡ MSB가 1이면 음수이므로 음수 가중치의 합으로 변환한다.
또는 2의 보수를 취한 후 가중치의 합으로 변환한 후 부호를 음수로 표시하면 된다.

예제 2-16

2의 보수로 표현된 2진수 10010011_2을 10진 값으로 변환하시오.

해설

	1	0	0	1	0	0	1	1
10010011_2 =	2^7			2^4			2^1	2^0

−128 + 19 = −109(음수)

01101101_2(2의 보수) → 109에 음수 부호 추가 → −109(음수)

(4) 부호표시 수의 표현 범위 중요

대부분 컴퓨터(디지털 시스템)에서는 1바이트(byte) 그룹이 표준으로 표현되고 있으며 8개의 비트(1바이트)를 사용하면 256개의 서로 다른 경우의 수를 표시할 수 있으며, 2바이트(16비트)는 65,536개를 표현할 수 있다.

① **n비트로 표현할 수 있는 수의 조합** : 2^n개

② **n비트로 표현할 수 있는 값의 범위**

㉠ 부호-크기 형식 : $-(2^{n-1}-1) \sim (2^{n-1}-1)$

㉡ 1의 보수 형식 : $-(2^{n-1}-1) \sim (2^{n-1}-1)$

㉢ 2의 보수 형식 : $-(2^{n-1}) \sim (2^{n-1}-1)$, **컴퓨터에서 가장 많이 사용하는 형식**이다.

예제 2-17

2의 보수를 사용한 2진 정수의 표현범위를 표시하시오(4비트, 8비트, 16비트).

해설

n비트로 표시된 2의 보수 형식의 표현범위는 $-(2^{n-1}) \sim (2^{n-1}-1)$이므로

① 4비트 : $-(2^{4-1}) \sim (2^{4-1}-1) = -8 \sim 7$

② 8비트 : $-(2^{8-1}) \sim (2^{8-1}-1) = -128 \sim 127$

③ 16비트 : $-(2^{16-1}) \sim (2^{16-1}-1) = -32,768 \sim 32,767$

7 부호표시 수의 산술연산

부호표시 수를 표현하는 방법은 3가지가 있으며, 이들 수의 가감승제를 할 수 있다. 여기서는 컴퓨터와 디지털 시스템에서 가장 많이 사용되는 2의 보수 형식의 산술연산만을 다룬다.

(1) 덧셈

덧셈에서 사용되는 두 수를 가수(addend)와 피가수(augend)라 하고, 그 결과를 합(sum)이라 한다.

① 8비트를 기준으로 하는 4가지 경우의 덧셈 수행과정

㉠ 두 수 모두 양수인 경우

두 수 모두 양수일 때는 합은 양수가 된다.

```
     0 1 0 0 1 0 1 0  → 74
+    0 0 1 1 0 1 0 1  → 53
----------------------
     0 1 1 1 1 1 1 1    127
```

㉡ 음수보다 크기가 큰 양수인 경우

양수와 양수보다 크기가 작은 음수를 더하면 합은 양수가 된다.

```
     0 1 0 0 1 0 1 0  → 74
+    1 1 1 1 0 1 0 1  → -11
----------------------
   1 0 0 1 1 1 1 1 1    63
발생한 캐리는 무시한다.
```

㉢ 양수보다 크기가 더 큰 음수인 경우

양수와 양수보다 크기가 큰 음수를 더하거나 두 개의 음수를 더하면 합은 음수가 된다.

```
     0 0 0 1 0 0 0 0  → 16
+    1 1 1 0 1 0 0 0  → -24
----------------------
     1 1 1 1 1 0 0 0    -8
```

㉣ 두 수 모두 음수인 경우

대부분 컴퓨터에서 음수는 2의 보수 형식으로 저장된다. 두 수 모두 음수일 때 합은 음수가 되고, 2의 보수 형식으로 표현된다.

```
     1 1 0 0 1 0 1 0  → -54
+    1 1 1 1 0 1 0 1  → -11
----------------------
   1 1 0 1 1 1 1 1 1    -65
발생한 캐리는 무시한다.
```

② **오버플로우(overflow) 조건**

㉠ 두 수를 더할 때 합을 나타내기 위해 필요한 비트의 수가 두 수의 비트 수를 초과하게 되면 오버플로우가 발생하여 부호 비트가 틀리게 된다.

㉡ 오버플로우는 두 수가 모두 양이거나 음일 때만 발생한다.

㉢ 결과의 부호 비트가 더해지는 수의 부호 비트와 다를 경우 오버플로우가 발생한 것으로 본다. 다음 예는 8비트 덧셈의 경우 2의 보수 표현범위에서 오버플로우가 발생한 경우이다. 2의 보수 표현범위는 −128 ~ 127이다.

```
    0 1 0 0 1 0 1 0   → 74
+   0 1 1 1 0 1 0 1   → 117    74 + 117 = 191(?)
-------------------
    1 0 1 1 1 1 1 1    - 65    overflow 발생
```

③ **두 수씩 더해가는 덧셈**

일반적인 컴퓨터에서 한 번에 두 수씩 더해서 여러 수를 더해가는 과정을 알아보자.

[부호표시 2진수의 덧셈 과정]

```
    0 1 0 0 1 0 1 0        0 1 0 0 1 0 1 0   → 74
    0 0 0 1 0 1 0 1      + 0 0 0 1 0 1 0 1   → 21
    0 1 0 1 0 1 0 1        0 1 0 1 1 1 1 1   → 95    부분합
+   0 0 1 1 0 0 0 0      + 0 1 0 1 0 1 0 1   → 85
-------------------
                           1 0 1 1 0 1 0 0   - 76    부분합
                         + 0 0 1 1 0 0 0 0   → 48
                           1 1 1 0 0 1 0 0   - 28    최종합
```

(2) 뺄셈

뺄셈에 사용되는 두 수를 피감수(minuend)와 감수(subtrahend)라 하고, 그 결과를 차(difference)라고 한다. (피감수) − (감수) = (피감수) + (−감수)와 같으므로 감수의 2의 보수를 취하여 덧셈을 하면 되고, 발생하는 캐리는 무시한다. 부호표시 수의 뺄셈을 수행한 예는 다음과 같다.

```
    0 1 0 0 1 0 1 0        0 1 0 0 1 0 1 0   → 74
-   0 0 0 1 0 1 0 1      + 1 1 1 0 1 0 1 1   → 21(21의 2의 보수)
-------------------
                         1 0 0 1 1 0 1 0 1   → 53
                     발생한 캐리는 무시한다
```

(3) 곱셈

곱셈에 사용되는 두 수를 피승수(multiplicand)와 승수(multiplier)라 하고, 그 결과를 곱(product)이라 한다. 곱셈하는 방법으로는 직접 덧셈 방법(direct addition)과 부분 곱 방법(partial product)의 두 가지가 있다.

① **직접 덧셈 방법** : 피승수를 승수의 횟수만큼 더하는 과정으로, 승수가 매우 클 경우 연산이 길어진다는 단점이 있다.

> 예 8(피승수) × 3(승수) = 8 + 8 + 8
> 75 × 100 = 75 + 75 + 75 + ⋯ + 75(75를 100번 더함)

② **부분 곱 방법** : 피승수를 승수의 최하위 숫자부터 곱해 나가는 방법이다. 부분 곱 방법을 수행하는 방법은 다음과 같은 단계로 한다.

㉠ 단계 1 : 피승수와 승수의 부호가 동일한지 여부를 파악한다.
㉡ 단계 2 : 음수는 참 형태(2의 보수)로 변환한다.
㉢ 단계 3 : 승수의 LSB(최하위 비트 : Least Significant Bit)부터 시작하여 부분 곱을 만들고, 부분 곱을 한 비트씩 좌측으로 이동시킨다.
㉣ 단계 4 : 각 부분 곱을 그 이전에 생긴 부분 곱들의 합에 더하여 최종 곱을 구한다.
㉤ 단계 5 : 단계 1의 부호 비트가 음수이면 최종 곱의 2의 보수를 취하고, 양수이면 원래 숫자 그대로 둔다. 부호 비트를 최종 곱의 결과에 부가한다.

예제 2-18

다음 2진수를 직접 덧셈 방법과 부분 곱 방법으로 계산하시오.

① 직접 덧셈 방법 :
$01001010_2 \times 00000100_2$
(피승수)(양수) × (승수)(양수)

② 부분 곱 방법 :
$01010011_2 \times 11000101_2$
(피승수)(양수) × (승수)(음수)

해설

① 직접 덧셈 방법

```
  0 1 0 0 1 0 1 0
× 0 0 0 0 0 1 0 0

    0 1 0 0 1 0 1 0   → 첫 번째 (74)
  + 0 1 0 0 1 0 1 0   → 두 번째 (74)
  -----------------
    1 0 0 1 0 1 0 0   → 부분 합 (148)
  + 0 1 0 0 1 0 1 0   → 세 번째 (74)
  -----------------
    1 1 0 1 1 1 1 0   → 부분 합 (222)
  + 0 1 0 0 1 0 1 0   → 네 번째 (74)
  -----------------
  1 0 0 1 0 1 0 0 0   →      합 (296)
```

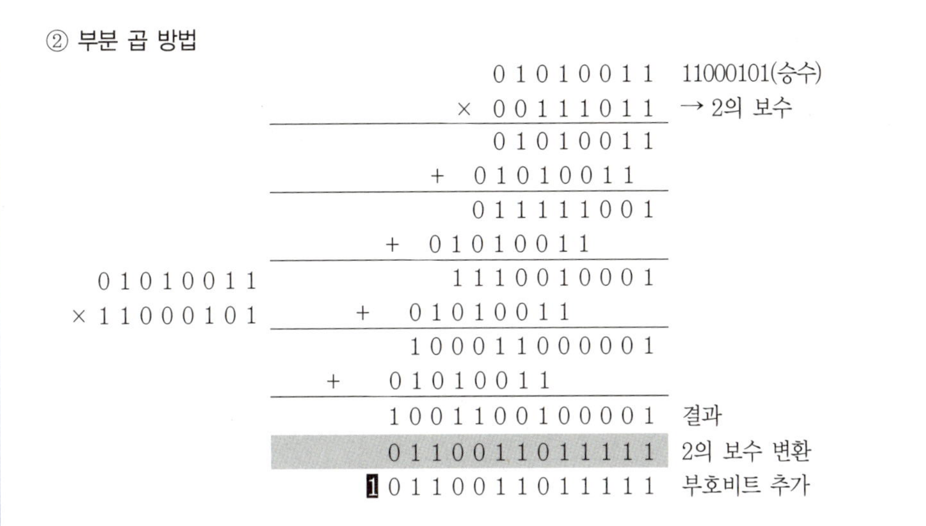

② 부분 곱 방법

```
                                   0 1 0 1 0 0 1 1   11000101(승수)
                                 × 0 0 1 1 1 0 1 1   → 2의 보수
                               -------------------
                                   0 1 0 1 0 0 1 1
                               + 0 1 0 1 0 0 1 1
                               -------------------
                                 0 1 1 1 1 1 0 0 1
                             + 0 1 0 1 0 0 1 1
                               -------------------
 0 1 0 1 0 0 1 1               1 1 1 0 0 1 0 0 0 1
× 1 1 0 0 0 1 0 1          + 0 1 0 1 0 0 1 1
                               -------------------
                           1 0 0 0 1 1 0 0 0 0 0 1
                       + 0 1 0 1 0 0 1 1
                               -------------------
                         1 0 0 1 1 0 0 1 0 0 0 0 1   결과
                         0 1 1 0 0 1 1 0 1 1 1 1 1   2의 보수 변환
                       1 0 1 1 0 0 1 1 0 1 1 1 1 1   부호비트 추가
```

(4) 나눗셈

나눗셈에서 사용되는 수는 피제수(dividend), 제수(divisor), 몫(quotient)으로 정의된다. 컴퓨터에서 나눗셈을 할 경우 직접 뺄셈을 하거나, 부분 나눗셈 방법일 때는 덧셈을 한다.

① **직접 뺄셈 방법** : 나눗셈의 결과인 몫은 피제수에서 제수를 뺄 수 있는 횟수를 의미한다.

예 8(피제수) ÷ 4(제수) ⇒ 8 − 4(첫 번째 부분 나머지) − 4 = 0(나머지 0)

② **부분 나눗셈 방법**

㉠ 단계 1 : 피제수와 제수의 부호가 동일한지 여부를 결정한다.

㉡ 단계 2 : 첫 번째 부분 나머지를 얻기 위해 2의 보수 덧셈을 이용하여 피제수에서 제수를 빼고, 몫에 1을 더한다. 이때 부분 나머지가 양수이면 단계 3으로 진행하고, 0 또는 음수이면 나눗셈을 완료한다.

㉢ 단계 3 : 부분 나머지에서 제수를 빼고, 몫에 1을 더한다. 나머지가 양수이면 다음의 부분 나머지를 계속 구하고, 0 또는 음수이면 나눗셈을 완료한다.

예제 2-19

다음 2진수 $1100100_2 \div 11001_2$을 계산하시오.

해설

• 수가 모두 양수이므로 몫 : 양수, 몫의 초깃값 : 0

```
   0 1 1 0 0 1 0 0             0 1 1 0 0 1 0 0
 ÷ 0 0 0 1 1 0 0 1           + 1 1 1 0 0 1 1 1   2의 보수 덧셈을 이용하여 뺄셈을 수행
 -----------------           -------------------
                             1 0 1 0 0 1 0 1 1   캐리는 몫 1이 된다.

                               0 1 0 0 1 0 1 1
                             + 1 1 1 0 0 1 1 1
                             -------------------
                             1 0 0 1 1 0 0 1 0   몫 1 + 1 = 2가 된다.

                               0 0 1 1 0 0 1 0
                             + 1 1 1 0 0 1 1 1
                             -------------------
                             1 0 0 0 1 1 0 0 1   몫 2 + 1 = 3이 된다.

                               0 0 0 1 1 0 0 1
                             + 1 1 1 0 0 1 1 1
                             -------------------
                             1 0 0 0 0 0 0 0 0   몫 3 + 1 = 4(00000100₂)가 된다.
```

몫 : 00000100_2, 나머지 : 00000000

8 16진수 중요 기출

(1) 16진수(hexadecimal)

16진수 시스템은 16개의 숫자 또는 영문자로 구성되어, 2진수와의 상호변환이 쉽게 되므로 2진수를 간단하게 표현할 때 주로 이용되며 16을 기수(base)로 한다.

10진수	2진수	16진수	10진수	2진수	16진수
0	0000	0	8	1000	8
1	0001	1	9	1001	9
2	0010	2	10	1010	A
3	0011	3	11	1011	B
4	0100	4	12	1100	C
5	0101	5	13	1101	D
6	0110	6	14	1110	E
7	0111	7	15	1111	F

(2) 진수의 변환

① **2진수를 16진수로 변환**: 2진수를 우측부터 4비트씩 구분하여 16진수 기호로 변환한다.

$10001011110011_2 \rightarrow 22F3_{16}$

1 0	/ 0 0 1 0	/ 1 1 1 1	/ 0 0 1 1
2	2	F	3

② **16진수를 2진수로 변환**: 16진 기호를 4비트로 변환하면 된다.

$10D4_{16} \rightarrow 1000011010100_2$

1 /	0 /	D /	4
0001	0000	1101	0100

③ **16진수를 10진수로 변환**

㉠ 16진수를 2진수로 변환하고 이를 다시 10진수로 변환한다.

㉡ 16진수와 가중치를 곱한 결과를 모두 더하는 방법이다.

예제 2-20

다음 16진수를 10진수로 변환하시오.

① $2C_{16}$　　② EA_{16}

해설

① $2C_{16}$

0010 / 1100

$= 2^5 + 2^3 + 2^2 = 32 + 8 + 4 = 44$

② EA_{16}

$= (E \times 16) + (A \times 1) = (14 \times 16) + (10 \times 1) = 234$

④ **10진수를 16진수로 변환**: 10진 정수를 16으로 반복하여 나누는 방법이다. 10진 정수를 2진수로 변환하는 방법과 동일한 방법으로 10진 정수를 16으로 반복적으로 나눌 때 생기는 나머지들이 16진수로 구성되며, 첫 번째 나머지가 최하위 숫자가 된다. 몫에 소수 부분이 있을 경우 이 소수 부분을 제수로 곱해주면 나머지가 된다.

예제 2-21

16으로 반복하여 나누는 방법을 사용하여 10진수 40을 16진수로 변환하시오.

해설

$\frac{40}{16} = 2.5$ → $0.5 \times 16 = 8$ 8 (LSD)

$\frac{2}{16} = 0.125$ → $0.125 \times 16 = 2$ 2 (MSD)

⇑ 읽는 방향

몫이 0일 때 중지한다.

28_{16}

더 알아두기

LSD(Least Significant Digit)/MSD(Most Significant Digit)

1워드(word)의 데이터 중 최하위 자리를 LSD, 최상위 자리를 MSD라고 한다.

(3) 16진수의 산술연산

① 16진수의 덧셈

16진수 숫자 0 ~ 9는 10진수 숫자와 같이 덧셈하고, A ~ F는 10진수 10 ~ 15로 덧셈 연산을 한다. 16진수 덧셈 연산의 규칙은 다음과 같다.

㉠ 각 열의 두 16진 값(0 ~ F)을 10진 값(0 ~ 15)으로 연산한다.

㉡ 두 수의 합이 15 이하이면 16진수로 표시한다.

㉢ 두 수의 합이 15를 초과하면 10진의 16을 추가로 뺀 후, 자리올림 1을 한다.

예제 2-22

다음 16진수의 덧셈을 하시오.

① $24_{16} + 12_{16}$ ② $68_{16} + 22_{16}$

③ $3A_{16} + F5_{16}$ ④ $DA_{16} + AB_{16}$

해설

①
```
   2 4
 + 1 2
 -----
   3 6
```

②
```
   6 8
 + 2 2
 -----
   8 A
```

③
```
   3 A
 + F 5
 -----
 1 2 F
```

④

$$\begin{array}{r} \text{D A} \\ +\ \text{A B} \\ \hline \text{1 8 5} \end{array}$$

$A_{16}+B_{16}=10+11=21, 21-16=5_{16}$, 자리올림 1

$D_{16}+A_{16}+1=13+10+1=24, 24-16=8_{16}$, 자리올림 1

② **16진수의 뺄셈**

2진수의 뺄셈과 같이 2의 보수를 이용한 덧셈으로 계산한다. 16진수를 2의 보수로 치환하는 방법은 다음과 같이 3가지 방법이 있다.

㉠ 방법 1 : 16진수를 2진수로 변환한 후, 2진수의 2의 보수로 치환한 후 다시 16진수로 변환하는 방법으로 가장 쉽고 보편적으로 쓰인다.

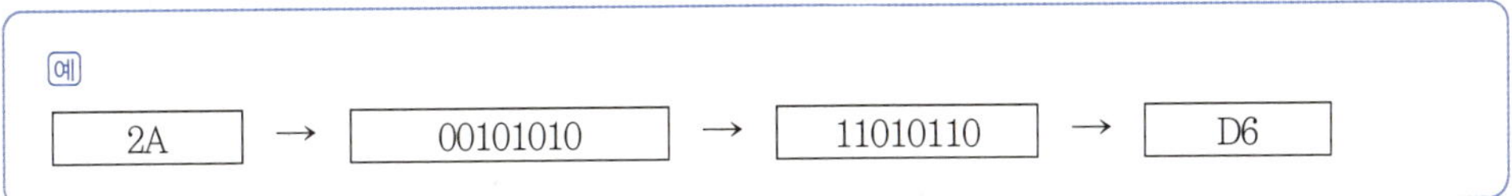

㉡ 방법 2 : 최대 16진수에서 16진수를 뺀 후 1을 더하는 방법으로, 16진수의 최댓값으로부터 빼고, 16진수의 1의 보수에 1을 더하고, 16진수의 2의 보수를 취한다.

예

2A → FF − 2A = D5 → D5 + 1 → D6

㉢ 방법 3 : 16진수의 숫자를 순서대로 나열한 후 반대순서로 나열하면 1의 보수의 관계이므로 이 값에 1을 더하면 2의 보수가 된다.

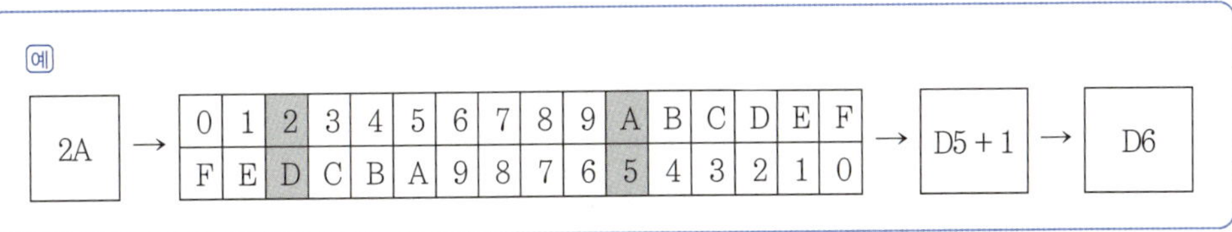

0	1	2	3	4	5	6	7	8	9	A	B	C	D	E	F
F	E	D	C	B	A	9	8	7	6	5	4	3	2	1	0

예제 2-23

다음 16진수의 뺄셈을 하시오.

① $DA_{16}-AB_{16}$　　② $C3_{16}-B_{16}$

해설

①

$$\begin{array}{r} \text{D A} \\ -\ \text{A B} \\ \hline \text{2 F} \end{array} \Rightarrow \begin{array}{r} \text{D A} \\ +\ \text{5 5} \\ \hline \not{1}\ \text{2 F} \end{array}$$

$AB_{16}\rightarrow 10101011_2 \Rightarrow 01010101_2 \rightarrow 55_{16}$

방법1 : 2의 보수로 치환한 후 16진수로 변환

↖ 2의 보수 덧셈처럼 캐리는 무시

②

```
       C  3              C  3
 -        B   =>      +  F  5
 ----------          ---------
       B  8          (1) B  8
```
↖ 2의 보수 덧셈처럼 캐리는 무시

$B_{16} \Rightarrow FF_{16} - B_{16} = F4_{16} \Rightarrow F5_{16}$
방법2 사용

9 8진수 중요

8진수는 16진수와 마찬가지로 2진수와 코드를 나타내는 데 매우 편리하지만, 디지털 시스템에서는 16진수만큼 자주 사용되지는 않는다.

(1) 8진수를 10진수로 변환하는 방법

8진수 시스템은 기수가 8인 가중치를 가진다.

예제 2-24

8진수 1234_8을 10진수로 변환하시오.

해설

가중치 : 8^3 8^2 8^1 8^0
1 2 3 4

$$1234_8 = (1 \times 8^3) + (2 \times 8^2) + (3 \times 8^1) + (4 \times 8^0)$$
$$= 512 + 128 + 24 + 4 = 668$$

(2) 10진수를 8진수로 변환하는 방법

10진수를 2진수, 16진수로 변환하는 방법과 동일하게 8로 반복하여 나누는 방법을 이용한다.

예제 2-25

8로 반복하여 나누는 방법을 사용하여 10진수 40을 8진수로 변환하시오.

해설

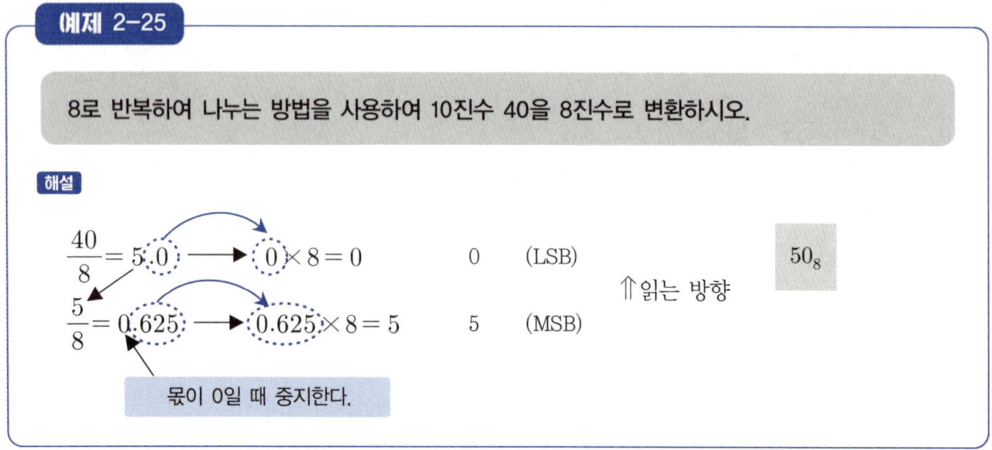

(3) 8진수를 2진수로 변환

각각의 8진 숫자는 3비트의 2진수로 나타낼 수 있다.

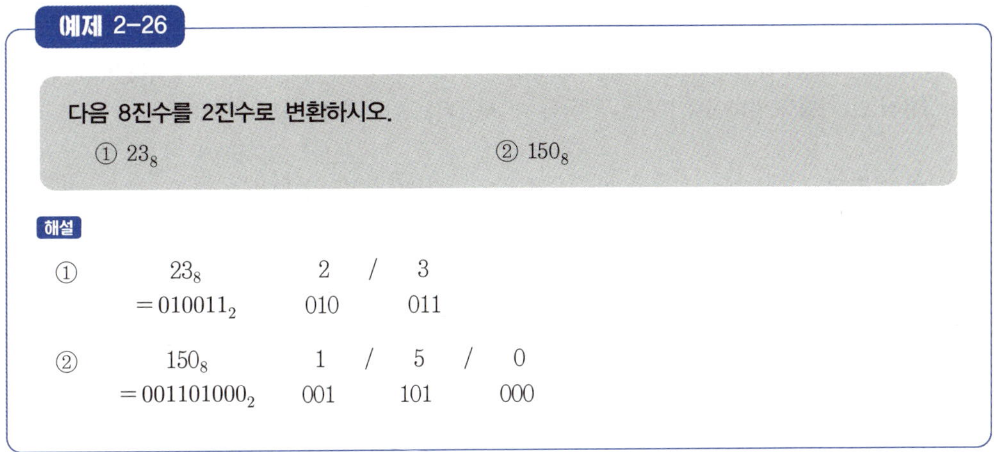

예제 2-26

다음 8진수를 2진수로 변환하시오.

① 23_8 ② 150_8

해설

① 23_8 2 / 3
$= 010011_2$ 010 011

② 150_8 1 / 5 / 0
$= 001101000_2$ 001 101 000

(4) 2진수를 8진수로 변환

8진수를 2진수로 변환하는 과정을 반대로 수행하면 된다. LSB부터 3비트씩 묶은 후 3비트씩 8진수로 변환하면 된다.

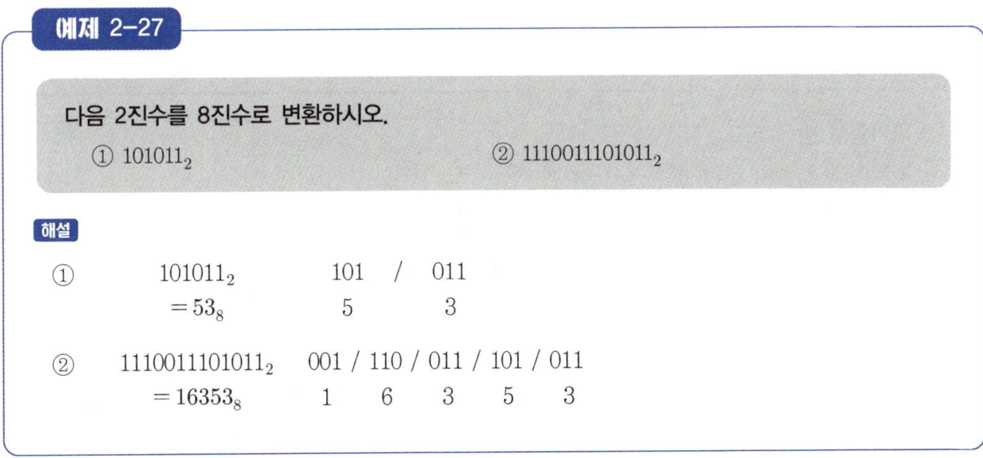

예제 2-27

다음 2진수를 8진수로 변환하시오.

① 101011_2 ② 1110011101011_2

해설

① 101011_2 101 / 011
$= 53_8$ 5 3

② 1110011101011_2 001 / 110 / 011 / 101 / 011
$= 16353_8$ 1 6 3 5 3

제2절 디지털 코드

1 BCD(Binary Coded Decimal : 2진화 10진수) 중요

2진화 10진수는 10진수를 2진 코드로 표현하는 방법으로, 10개의 코드, 즉 0 ~ 9로 표시되는 BCD 시스템에서 쉽게 사용되며, 키패드 입력이나 디지털 판독할 때 제공되는 인터페이스 표현 방법이다.

(1) BCD의 종류

① 가중치 방식 코드

자리마다 가중치(자릿값)를 두어 10진 값을 얻게 하는 코드이다.

10진수	8421 코드	6311 코드	5421 코드	5311 코드	5211 코드	51111 코드
0	0000	0000	0000	0000	0000	00000
1	0001	0001	0001	0001	0001	00001
2	0010	0011	0010	0011	0011	00011
3	0011	0100	0011	0100	0101	00111
4	0100	0101	0100	0101	0111	01111
5	0101	0111	0101	1000	1000	10000
6	0110	1000	0110	1001	1001	11000
7	0111	1001	1010	1011	1100	11100
8	1000	1011	1011	1100	1101	11110
9	1001	1100	1100	1101	1111	11111

② 비가중치 방식 코드

자리마다 가중치 없이 10진 값을 얻게 하는 코드이다.

10진수	8421 코드(예시)	3초과 코드	그레이 코드	2 out of 5 코드
0	0000	0011	0000	00011
1	0001	0100	0001	00101
2	0010	0101	0011	00110
3	0011	0110	0010	01001
4	0100	0111	0110	01010
5	0101	1000	0111	01100
6	0110	1001	0101	10001
7	0111	1010	0100	10010
8	1000	1011	1100	10100
9	1001	1100	1101	11000

③ **EBCDIC 코드**(Extended Binary Coded Decimal Interchange Code)
과거 일부 컴퓨터(IBM 360 계열 컴퓨터) 내부 코드 또는 그들 간의 통신용 코드로, BCD코드를 확장시킨 8비트 코드이다.

(2) 8421 코드

BCD 코드의 일종으로 8421은 4비트의 가중치 2^3, 2^2, 2^1, 2^0을 의미하며, 10진수와의 상호변환이 용이하고, 특별한 언급이 없으면 **BCD는 8421 코드를 의미하는 것으로** 한다.

더 알아두기

무효코드
BCD 코드는 4비트로 표현되는 16개의 숫자 중 0부터 9까지만 표현되므로, 무효코드는 사용하지 않는 코드 1010, 1011, 1100, 1101, 1110, 1111이다.

10진수	0	1	2	3	4	5	6	7	8	9
BCD	0000	0001	0010	0011	0100	0101	0110	0111	1000	1001

예제 2-28

다음 10진수를 BCD 코드로 변환하시오.
① 234　　　② 980

해설

① 234 → 2 / 3 / 4
= 1000110100 → 0010 0011 0100

② 980 → 9 / 8 / 0
= 100110000000 → 1001 1000 0000

예제 2-29

다음 BCD 코드를 10진수로 변환하시오.

① 10100　　② 1001100001110000

해설

① 10100 = 14

0001	0100
1	4

② 1001100001110000 = 9870

1001	1000	0111	0000
9	8	7	0

(3) BCD의 연산

BCD는 숫자 코드이므로 가감승제 연산이 가능하며, 모두 덧셈 연산을 이용하여 계산할 수 있다. BCD 덧셈 방법은 다음 3단계를 거쳐 수행한다.

① **단계 1** : 2진수 덧셈 방법을 이용하여 각 4비트별 BCD 수를 덧셈한다.

② **단계 2** : 4비트 합의 결과가 9 이하이면, 유효한 BCD로 표현한다.

③ **단계 3** : 4비트 합의 결과가 9를 초과하면 무효코드에 해당하므로, 각 4비트 BCD 합의 결과에 0110을 더한다. 만약 앞의 결과에서 캐리가 발생하면 다음에 이어 계산할 4비트 BCD의 수에 더해 계산한다.

예제 2-30

다음 BCD의 수를 더하시오.

① 10＋110　② 10000000＋10010　③ 1001＋10　④ 1100111＋1010011

해설

①
```
  0010          2
+ 0110   ⇒    + 6
------        ----
  1000          8
```

②
```
  1000 0000         80
+ 0001 0010   ⇒   + 12
-----------       ----
  1001 0010         92
```

③
```
     1001           9
   + 0010         + 2
---------        ----
     1011    ⇒    1 1
   + 0110
---------
0001 0001
```

④
```
     0110 0111          6 7
   + 0101 0011        + 5 3
--------------        -----
     1011 1010   ⇒    1 2 0
   + 0110 0110
--------------
0001 0010 0000
```

(4) 3초과 코드 기출

BCD(8421 코드)로 표현된 값에 3을 더해준 값의 코드로, 무효코드 0000, 0001, 0010, 1101, 1110, 1111은 사용하지 않는다.

① 10진수를 3초과 코드로 변환

먼저 각 숫자에 3을 더한 후, 2진수로 변환한다.

예제 2-31

다음 10진수를 3초과 코드로 변환하시오.

① 234　　② 879

해설

①	234 = 10101100111	2 + 3 = 5 0101	/	3 + 3 = 6 0110	/	4 + 3 = 7 0111
②	879 = 101110101100	8 + 3 = 11 1011	/	7 + 3 = 10 1010	/	9 + 3 = 12 1100

② 3초과 코드의 연산

다음과 같이 단계별로 연산을 수행한다.

㉠ 단계 1 : 2진수 덧셈과 같은 방법으로 더한다.

㉡ 단계 2 : 계산 결과의 4비트 군에 자리 올림(carry)이 없으면 6초과 값이 되므로, 3초과 값을 만들기 위해 결과에서 0011(3)을 뺀다.

㉢ 단계 3 : 계산 결과 4비트 군에 자리 올림이 발생하면 2진수 값이 되므로 3초과 값을 만들기 위해 결과에 0011(3)을 더해 준다.

예제 2-32

다음 3초과 코드의 덧셈 연산을 하시오.

①
```
  3 4
+ 1 4
-----
  4 8
```

②
```
  3 6
+ 2 4
-----
  6 0
```

해설

①

```
  3 4          0110    0111    3초과 코드(단계 1)
+ 1 4        + 0100    0111
-----   ⇒   ------------------------------------------
  4 8          1010    1110
             - 0011  - 0011    자리 올림이 없으므로 0011을 뺀다.(단계 2)
             ----------------
               0111    1011    3초과 코드 48
```

②

```
  3 6          0110    1001    3초과 코드(단계 1)
+ 2 4        + 0101    0111
-----   ⇒   ------------------------------------------
  6 0          1100    0000
             - 0011   +0011    하위 4비트에서 자리 올림 발생(단계 3)
             ----------------
               1001    0011    3초과 코드 60
```

(5) 그레이 코드(Gray code) 중요

그레이 코드는 가중치가 없는 코드로 산술용 코드가 아니다. 어떤 코드가 다음 코드로 증가할 때 한 비트만 바뀌는 특징을 가지고 있어, 연속되는 숫자 간에 비트 변환이 많이 발생하여 오류가 생길 수 있는 고속 입·출력 장치와 A/D 변환에서 오류를 줄이기 위해 이용된다.

① 2진수를 그레이 코드로 변환하는 방법

㉠ 그레이 코드의 최상위비트(MSB)와 2진수의 최상위비트는 동일하다.

㉡ 2진수의 MSB와 바로 우측에 있는 비트를 더하고 차례대로 계속 우측의 2진 코드를 더한 값의 결과들이 그레이 코드가 된다. 캐리는 무시된다.

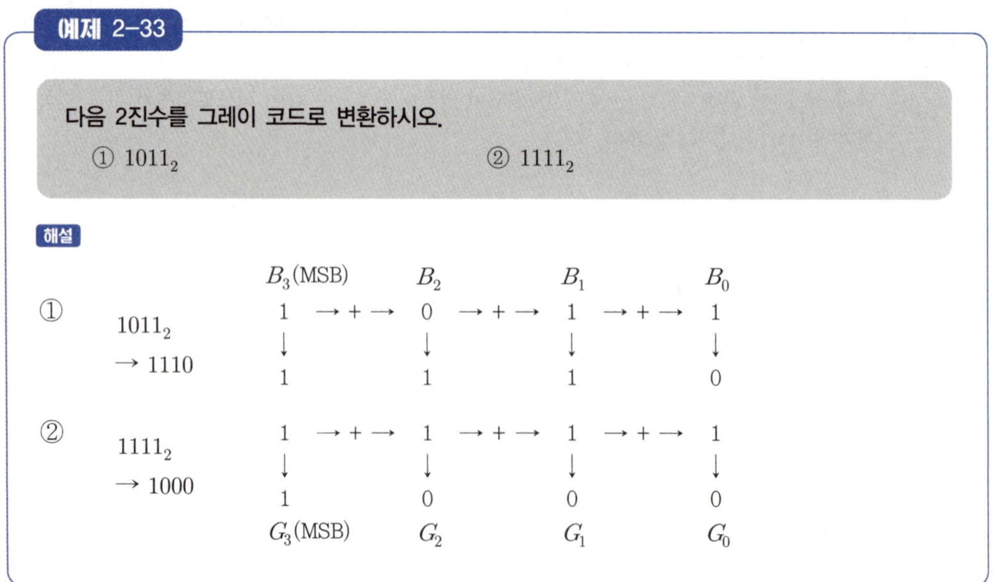

예제 2-33

다음 2진수를 그레이 코드로 변환하시오.

① 1011_2　　　② 1111_2

해설

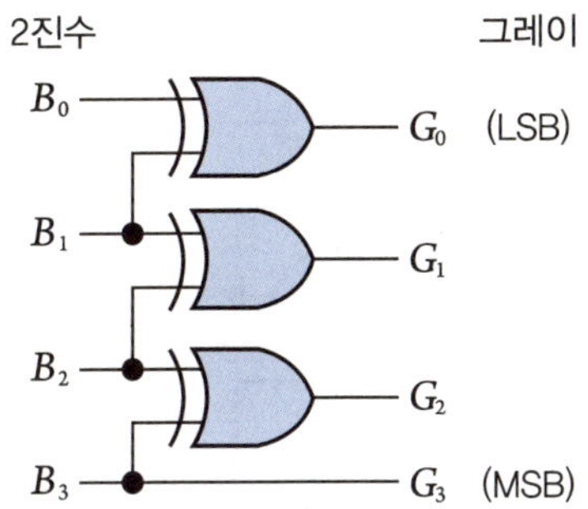

[그림 2-2] 2진수 → 그레이 코드 변환 회로

② **그레이 코드를 2진수로 변환하는 방법**

㉠ 2진 코드의 MSB는 그레이 코드의 MSB와 같다.

㉡ 새로 생긴 2진 코드와 그레이 코드 다음번 우측에 있는 비트의 덧셈 결과를 2진 코드로 한다. 캐리는 무시한다.

예제 2-34

다음 그레이 코드를 2진수로 변환하시오.

① 11101 ② 10000

해설

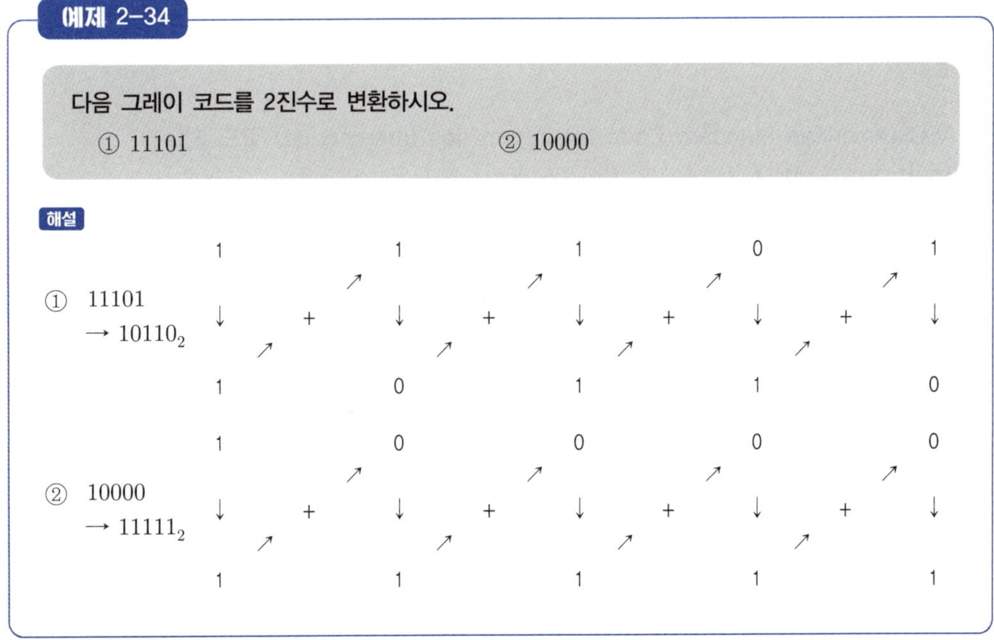

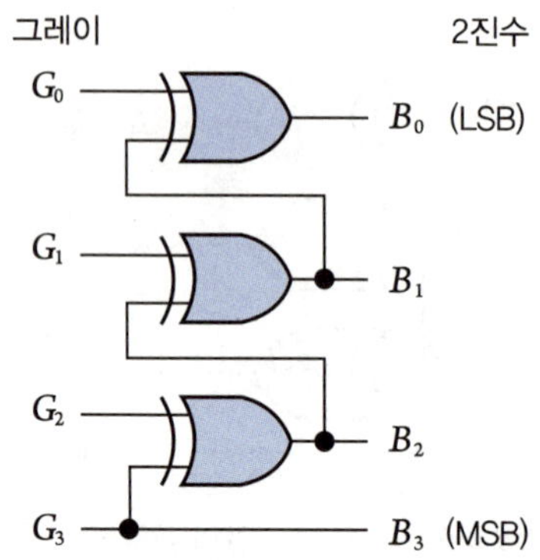

[그림 2-3] 그레이 코드 → 2진수 변환 회로

2 영문-숫자 코드(Alphanumeric code)

의사를 전달하는 방법은 숫자뿐만 아니라 문자와 기호도 필요하고, 영문-숫자 코드는 숫자와 영문자들을 표현하는 코드이다.

(1) ASCII(American Standard Code for Information Interchange) 코드 기출

ASCII 코드는 대부분 컴퓨터나 디지털시스템에서 사용되는 코드이다.

① **7비트 표현방식** : 128개의 문자 조합(코드값 0 ~ 127)으로 이루어진다.

- 영어 대소문자 52개 + 숫자 10개 + 특수문자 33개 + 제어문자 33개 = 128개
- 95개 인쇄 가능 문자(32 ~ 126) + 33개 제어문자(0 ~ 31, 127) = 128개

② **8비트 표현방식** : 256개의 문자 조합(코드값 0 ~ 255)으로 이루어진다.

- 에러 검출 방식으로 사용된다.
- 비영어권에서 문자 표현 확대를 위해 사용하기도 한다.

(2) ASCII의 기능에 따른 문자의 구분

① **그래픽 문자** : 0 ~ 9, a ~ z, A ~ Z, 특수문자 등 정보표현용 문자이다.

② **비 그래픽 문자 또는 제어 문자** : 다음 표의 32개(00 ~ 1F) 코드는 정보표현보다는 화면제어, 장치제어 등을 위한 컴퓨터나 프린터 정보가 데이터를 주고받을 때 통신을 가능하게 하기 위한 제어문자를 나타낸다.

[표 2-1] ASCII 코드

제어 문자		그래픽 심볼					
이름	10진	기호	10진	기호	10진	기호	10진
NUL	0	space	32	@	64	`	96
SOH	1	!	33	A	65	a	97
STX	2	"	34	B	66	b	98
ETX	3	#	35	C	67	c	99
EOT	4	$	36	D	68	d	100
ENQ	5	%	37	E	69	e	101
ACK	6	&	38	F	70	f	102
BEL	7	'	39	G	71	g	103
BS	8	(	40	H	72	h	104
HT	9	)	41	I	73	i	105
LF	10	*	42	J	74	j	106
VT	11	+	43	K	75	k	107
FF	12	,	44	L	76	l	108
CR	13	−	45	M	77	m	109
SO	14	.	46	N	78	n	110
SI	15	/	47	O	79	o	111
DLE	16	0	48	P	80	p	112
DC1	17	1	49	Q	81	q	113
DC2	18	2	50	R	82	r	114
DC3	19	3	51	S	83	s	115
DC4	20	4	52	T	84	t	116
NAK	21	5	53	U	85	u	117
SYN	22	6	54	V	86	v	118
ETB	23	7	55	W	87	w	119
CAN	24	8	56	W	88	x	120
EM	25	9	57	Y	89	y	121
SUB	26	:	58	Z	90	z	122
ESC	27	;	59	[	91	{	123
FS	28	〈	60	\	92	|	124
GS	29	=	61	]	93	}	125
RS	30	〉	62	^	94	~	126
US	31	?	63	_	95	Del	127

(3) 주요 제어 문자별 특성

[표 2-2] 전송 제어문자

제어문자	내용
SOH : Start of Heading	정보 메시지 헤더의 첫 번째 글자로 사용한다.
STX : Start of Text	본문의 개시 및 정보 메시지 헤더의 종료를 표시한다.
ETX : End of Text	본문의 종료를 표시한다.
EOT : End of Transmission	전송의 종료를 표시하며, 데이터 링크를 초기화한다.
ENQ : Enquiry	상대국에 데이터 링크의 설정 및 응답을 요구한다.
ACK : Acknowledge	수신한 정보 메시지에 대하여 긍정으로 응답한다.
DLE : Data Link Escape	뒤따르는 연속된 글자들의 의미를 바꾸기 위해 사용, 주로 보조적 전송제어 기능을 제공한다.
NAK : Negative Acknowledge	수신한 정보 메시지에 대하여 부정으로 응답한다.
SYN : Synchronous Idle	문자를 전송하지 않는 상태에서 동기를 취하거나, 또는 동기를 유지하기 위하여 사용한다.
ETB : End of Transmission Block	전송 블록의 종료를 표시한다.

3 오류 검출 코드(Error detecting code) 중요 기출

(1) 패리티 비트(Parity bit) 기출

일반적인 시스템에서 **비트 오류 검출 방법**으로 패리티 비트를 사용한다. 1비트 오류를 검출할 수 있고, 패리티 비트는 1의 개수가 홀수인지, 짝수인지를 나타낸다. 짝수 패리티 비트는 1의 총 개수를 짝수 개로, 홀수 패리티 비트는 1의 개수를 홀수 개로 만든다.

[표 2-3] 2진 코드에 부가된 패리티 비트

짝수 패리티		홀수 패리티	
패리티 비트	2진수	패리티 비트	2진수
0	1010	1	0101
1	1000	1	0011
1	1011	1	1111
0	0101	1	0000
0	0000	1	1100

(2) 순환 덧붙임 검사(CRC : Cyclic Redundancy Check) 중요

디지털 데이터를 컴퓨터 단말기 간에 또는 디지털 시스템과 디지털 저장장치(CD, DVD 등) 간에 통신하는 과정에서 1～2개의 비트 오류를 검출하는 방법으로 검출 능력이 우수하다.

① 송신단의 CRC 처리 과정

㉠ 임의의 발생 코드를 선택한다.
㉡ 발생 코드의 비트 수와 같도록 데이터 비트에 0을 부가하여 확장한다.
㉢ 확장 데이터를 모듈러-2 연산(XOR)을 사용하여 발생 코드로 나눈다.
㉣ 나머지 = 0, 데이터 비트와 부가된 비트는 그대로 전송된다.
㉤ 나머지 ≠ 0, 나머지가 0이 되도록 부가된 비트는 나머지 비트와 같게 한다.

② 수신단의 CRC 처리 과정

㉠ 데이터 비트 코드에 부가되어 입력되는 코드를 동일한 발생 코드로 나눈다.
㉡ 나머지가 = 0, 오류가 없다.
㉢ 나머지가 ≠ 0, 오류가 발생, 재전송을 요구한다.

예제 2-35

다음 데이터 비트(D = 11010011)와 발생 코드(G = 1010)에 대한 CRC를 구하고, 나머지가 0인지 확인하시오.

해설

① 발생 코드는 4비트이므로 데이터 비트 수를 동일하게 하기 위해 0을 부가한다.
D' = 110100110000
② 확장된 데이터(D')에 모듈러-2 연산(XOR)을 자릿수에 맞게 반복적으로 수행하여, 나머지가 0이 될 때까지 반복한다.
③ 나머지 결과가 0100이므로 나머지 비트 0100을 추가하여 모듈러-2 연산을 반복한다.
④ 나머지 결과가 0000이므로 수신 단말기로 전송한다.

1	1	0	1	0	0	1	1	0	0	0	0	→ 추가된 비트
1	0	1	0	↓	↓	↓	↓					G로 XOR 연산
	1	1	1	0								
	1	0	1	0								G로 XOR 연산
		1	0	0	0							
		1	0	1	0							G로 XOR 연산
				1	0	1	1					
				1	0	1	0					G로 XOR 연산
							1	0	0	0		
							1	0	1	0		G로 XOR 연산
									1	0	0	나머지 결과가 0이 아니다.

↓

1	1	0	1	0	0	1	1	0	1	0	0	→ 추가된 비트
1	0	1	0	↓	↓	↓	↓					G로 XOR 연산
	1	1	1	0								
	1	0	1	0								G로 XOR 연산
		1	0	0	0							
		1	0	1	0							G로 XOR 연산
				1	0	1	1					
				1	0	1	0					G로 XOR 연산
							1	0	1	0		
							1	0	1	0		G로 XOR 연산
									0	0	0	나머지 결과가 0이므로 전송

예제 2-36

확장된 데이터 비트를 전송하는 과정에서 좌측으로부터 2번째 비트에 오류가 발생하였다. 수신된 데이터는 D′ = 100100110100 이다. 이 오류를 검출하기 위해서 위의 예제와 동일한 발생 코드를 사용하여 수신장치의 CRC 처리 과정을 수행하시오.

해설

① 수신된 데이터를 발생 코드로 모듈러-2 연산(XOR)을 한다.
② 나머지 결과가 0100 즉, 0이 아니므로 오류가 발생함을 알 수 있다.

1	0	0	1	0	0	1	1	0	1	0	0	→ 수신된 데이터
1	0	1	0	↓	↓	↓	↓	↓	↓	↓	↓	G로 XOR 연산
		1	1	0	0							
		1	0	1	0							G로 XOR 연산
			1	1	0	1						
			1	0	1	0						G로 XOR 연산
				1	1	1	1					
				1	0	1	0					G로 XOR 연산
					1	0	1	0				
					1	0	1	0				G로 XOR 연산
									1	0	0	나머지 결과 0이 아니다.

(3) 해밍 코드(Hamming code) 중요 기출

컴퓨터 단말기 간 오류를 검출하고, 정정할 수 있는 코드로, 추가적인 비트가 필요하므로 많은 양의 데이터 전달이 필요하다. 해밍 코드는 짝수 패리티 비트를 사용한다.

① 패리티 비트와 데이터 비트의 관계

$2^{p-1}-p+1 \leq d \leq 2^p-p-1$

p : 패리티 비트 수($p \geq 2$), d : 데이터 비트 수

패리티 비트 수 p = 4일 때, $2^{4-1}-4+1 \leq d \leq 2^4-4-1$이므로 d는 $5 \leq d \leq 11$이다.

즉, 데이터 비트 수가 5 ~ 11개일 때 패리티 비트는 4개가 필요하다.

② 패리티 비트의 위치와 데이터 비트의 위치

㉠ 패리티 비트의 위치는 앞에서부터 $2^0, 2^1, 2^2, 2^3, 2^4$, …번째에 위치하게 되고, 패리티 비트의 위치에 따라 P_1, P_2, P_4, P_8, …으로 표시한다.

㉡ 데이터 비트 위치는 나머지 위치에 따라 순서대로 들어간다.

비트 위치	1	2	3	4	5	6	7	8	9	10	11	12
기호	P_1	P_2	D_3	P_4	D_5	D_6	D_7	P_8	D_9	D_{10}	D_{11}	D_{12}
P_1 영역	√		√		√		√		√		√	
P_2 영역		√	√			√	√			√	√	
P_4 영역				√	√	√	√					√
P_8 영역								√	√	√	√	√

$$P_1 = D_3 \oplus D_5 \oplus D_7 \oplus D_9 \oplus D_{11}$$
$$P_2 = D_3 \oplus D_6 \oplus D_7 \oplus D_{10} \oplus D_{11}$$
$$P_4 = D_5 \oplus D_6 \oplus D_7 \oplus D_{12}$$
$$P_8 = D_9 \oplus D_{10} \oplus D_{11} \oplus D_{12}$$

③ 원본데이터가 다음과 같을 때 해밍 코드에서 패리티 비트의 생성과정

비트 위치	1	2	3	4	5	6	7	8	9	10	11	12
기호	P_1	P_2	D_3	P_4	D_5	D_6	D_7	P_8	D_9	D_{10}	D_{11}	D_{12}
원본데이터			0		0	1	0		1	1	1	0
P_1 영역	0		0		0		0		1		1	
P_2 영역		1	0			1	0			1	1	
P_4 영역				1	0	1	0					0
P_8 영역								1	1	1	1	0
생성코드	0	1	0	1	0	1	0	1	1	1	1	0

생성코드의 [ ] 은 생성된 패리티 비트이다.

Data bit = (00101110)

$$P_1 = D_3 \oplus D_5 \oplus D_7 \oplus D_9 \oplus D_{11} = 0 \oplus 0 \oplus 0 \oplus 1 \oplus 1 = 0$$
$$P_2 = D_3 \oplus D_6 \oplus D_7 \oplus D_{10} \oplus D_{11} = 0 \oplus 1 \oplus 0 \oplus 1 \oplus 1 = 1$$
$$P_4 = D_5 \oplus D_6 \oplus D_7 \oplus D_{12} = 0 \oplus 1 \oplus 0 \oplus 0 = 1$$
$$P_8 = D_9 \oplus D_{10} \oplus D_{11} \oplus D_{12} = 1 \oplus 1 \oplus 1 \oplus 0 = 1$$

④ **생성된 해밍 코드가 송신과정에서 에러가 발생했을 때 에러를 검출하여 정정하는 과정**

해밍 코드를 생성할 때와 같은 방법으로 한다.

비트 위치	1	2	3	4	5	6	7	8	9	10	11	12
기호	P_1	P_2	D_3	P_4	D_5	D_6	D_7	P_8	D_9	D_{10}	D_{11}	D_{12}
해밍 코드	0	1	0	1	1	1	0	1	1	1	1	0
P_1 영역	0		0		1		0		1		1	
P_2 영역		1	0			1	0			1	1	
P_4 영역				1	1	1	0					0
P_8 영역								1	1	1	1	0
$P_8P_4P_2P_1$	= 0101 = 5, 5의 의미는 5번 비트에 에러가 발생함을 표시, 1 → 0으로 교정											
해밍 코드 수정	0	1	0	1	0	1	0	1	1	1	1	0

수신된 코드 = (010111011110)

$$P_1 = P_1 \oplus D_3 \oplus D_5 \oplus D_7 \oplus D_9 \oplus D_{11} = 0 \oplus 0 \oplus 1 \oplus 0 \oplus 1 \oplus 1 = 1$$
$$P_2 = P_2 \oplus D_3 \oplus D_6 \oplus D_7 \oplus D_{10} \oplus D_{11} = 1 \oplus 0 \oplus 1 \oplus 0 \oplus 1 \oplus 1 = 0$$
$$P_4 = P_4 \oplus D_5 \oplus D_6 \oplus D_7 \oplus D_{12} = 1 \oplus 1 \oplus 1 \oplus 0 \oplus 0 = 1$$
$$P_8 = P_8 \oplus D_9 \oplus D_{10} \oplus D_{11} \oplus D_{12} = 1 \oplus 1 \oplus 1 \oplus 1 \oplus 0 = 0$$

( )는 전송된 해밍 코드

예제 2-37

다음 수신단에 수신된 해밍 코드 중 에러가 있는지 검사하시오.

해밍코드 : 111101001010

해설

비트 위치	1	2	3	4	5	6	7	8	9	10	11	12
기호	P_1	P_2	D_3	P_4	D_5	D_6	D_7	P_8	D_9	D_{10}	D_{11}	D_{12}
해밍 코드	1	1	1	1	0	1	0	0	1	0	1	0
P_1 영역	1		1		0		0		1		1	
P_2 영역		1	1			1	0			0	1	
P_4 영역				1	0	1	0					0
P_8 영역								0	1	0	1	0
$P_8P_4P_2P_1$	= 0000 = 0, 0의 의미는 에러가 없음											

수신된 코드 = (111101001010)

$$P_1 = P_1 \oplus D_3 \oplus D_5 \oplus D_7 \oplus D_9 \oplus D_{11} = 1 \oplus 1 \oplus 0 \oplus 0 \oplus 1 \oplus 1 = 0$$
$$P_2 = P_2 \oplus D_3 \oplus D_6 \oplus D_7 \oplus D_{10} \oplus D_{11} = 1 \oplus 1 \oplus 1 \oplus 0 \oplus 0 \oplus 1 = 0$$
$$P_4 = P_4 \oplus D_5 \oplus D_6 \oplus D_7 \oplus D_{12} = 1 \oplus 0 \oplus 1 \oplus 0 \oplus 0 = 0$$
$$P_8 = P_8 \oplus D_9 \oplus D_{10} \oplus D_{11} \oplus D_{12} = 0 \oplus 1 \oplus 0 \oplus 1 \oplus 0 = 0$$

○X로 점검하자 | 제2장

※ 다음 지문의 내용이 맞으면 O, 틀리면 ×를 체크하시오. [1 ~ 8]

01 사람은 10진수를 사용하지만, 컴퓨터 내부에서는 데이터를 쉽게 표현하기 위해 16진수를 사용한다. (   )

》》 컴퓨터 내부에선 2진수를 사용하고 나타내지만, 사람이 보기에 적합하지 않으므로 8진수, 16진수로 변환하여 나타낸다.

02 8비트 2진수에서 표현 가능한 가장 큰 수는 256이다. (   )

》》 n비트에서 표현 가능한 가장 큰 수는 $2^n - 1$이므로 8비트 2진수에서 표현 가능한 가장 큰 수는 255이다.

03 10진수 정수 부분을 2진수, 8진수, 16진수 등으로 변환할 때 2, 8, 16 등으로 나눠 몫과 나머지를 계산하고, 몫이 1이 될 때까지 계산한다. (   )

》》 나눈 몫과 나머지로 계산하지만, 몫은 0이 될 때까지 계속하고 몫이 0이 될 때, 나머지를 계산된 순서와 반대로 하면 원하는 진수로 변환된다.

04 10진수 소수 부분을 2진수, 8진수, 16진수 등으로 변환할 때 2, 8, 16 등으로 나눠 소수점 이하의 자리가 0이 될 때까지 계산한다. (   )

》》 변환할 때 2, 8, 16 등을 곱하여 소수점 이하의 자리가 0이 될 때까지 계속한다.

05 2진수의 정수 표현방법은 부호와 절대치(부호-크기 형식), 1의 보수, 2의 보수가 있다. (   )

》》 컴퓨터 시스템에서는 대부분 2의 보수를 사용하고, 양수의 MSB는 0, 음수의 MSB는 1로 표현한다.

06 BCD의 가중치 방식의 코드는 8421, 6311, 5421, 5311 등이 있다. (   )

》》 자리마다 가중치(자릿값)를 두어 10진 값을 얻게 하는 코드로 8421, 6311, 5421, 5311, 5211, 51111 코드가 있다.

07 BCD의 비가중치 방식의 코드는 자리마다 가중치가 없이 10진 값을 얻게 한 코드이다. (   )

》》 BCD(8421 코드)의 3초과 코드, 그레이 코드, 2 out of 5 코드가 있다.

08 패리티 비트 코드는 오류 검출 코드 중의 한 방법이다. (   )

》》 패리티 비트로 1비트 오류를 검출할 수 있고, 패리티 비트는 1의 개수가 홀수인지, 짝수인지를 나타낸다.

정답 1 × 2 × 3 × 4 × 5 ○ 6 ○ 7 ○ 8 ○

제 2 장 | 실전예상문제

01 다음 중 10진수를 한 자릿수로 나타내려면 2진수로 최소 몇 비트가 필요한가?

① 2비트
② 3비트
③ 8비트
④ 4비트

> **01** 10진수 한 자릿수는 0 ~ 9이므로 9의 경우 2진수에서 1001이므로 최소 4비트가 필요하다.

02 다음 중 2진수를 8비트로 표현할 때 가장 큰 10진수는 무엇인가?

① 255
② 256
③ 128
④ 512

> **02** 비트(n)로 표현되는 가장 큰 수는 $2^n - 1$(n : 비트)이므로 $2^8 - 1 = 255$가 된다.

03 다음 중 2진수 11110000_2을 10진수로 바르게 변환한 것은?

① 263
② 300
③ 240
④ 241

> **03**

가중치 :	2^7	2^6	2^5	2^4	2^3	2^2	2^1	2^0
2진수 :	1	1	1	1	0	0	0	0

$11110000_2 = 2^7 + 2^6 + 2^5 + 2^4 = 240$

정답 01 ④ 02 ① 03 ③

04 다음 중 2진 소수 11.01_2을 10진수로 바르게 변환한 것은?

① 3.5

② 5.25

③ 0.25

④ 3.25

05 다음 중 10진수 60을 8비트 2진수로 바르게 변환한 것은?

① 00111110_2

② 10111100_2

③ 01100100_2

④ 00111100_2

06 다음 중 10진 소수 0.6875를 2진수로 바르게 변환한 것은?

① 0.0011_2

② 0.111_2

③ 0.1011_2

④ 0.11_2

---

04 가중치: 2^1 2^0. 2^{-1} 2^{-2}

2진수: 1 1. 0 1

$11.01_2 = 2^1 + 2^0 + 2^{-2}$
$= 2+1+0.25 = 3.25$

05 $60 = 32+16+8+4$
$= 2^5 + 2^4 + 2^3 + 2^2$
$\rightarrow 00111100_2$

2	60	→	0	LSB
2	30	→	0	↑
2	15	→	1	
2	7	→	1	
2	3	→	1	
2	1	→	1	MSB
	0			

표현비트가 8비트이므로 주의한다.
00111100_2가 된다.

06

0.6875	0.6875 × 2 = 1.375	0.375 × 2 = 0.75	0.75 × 2 = 1.5	0.5 × 2 = 1.0
	1	0	1	1
	$= 0.1011_2$			
	$2^{-1} + 2^{-3} + 2^{-4}$ $= 0.5 + 0.125 + 0.0625$ $\Rightarrow 0.1011_2$			

정답 04 ④ 05 ④ 06 ③

07 다음 중 2진수 01010111_2의 1의 보수는 무엇인가?

① 10101000_2

② 10101001_2

③ 10101011_2

④ 10101010_2

07 1의 보수의 경우 1은 0으로, 0은 1로 변환한다.

08 다음 중 2진수 10110011_2의 2의 보수는 무엇인가?

① 11001101_2

② 01001111_2

③ 01001100_2

④ 01001101_2

08 2의 보수는 1의 보수에서 + 1을 하거나, 우측에서 가장 첫 번째로 만나는 '1'비트까지는 변경없이 유지하고, 나머지 좌측의 모든 비트를 1의 보수로 변경하는 방법으로 변환한다.

09 다음 중 부호표시 수의 부호-크기 형식으로 10진수 30을 음수와 양수를 포함한 8비트 2진수로 바르게 표현한 것은?

① +30 : 00011110_2, −30 : 11100010_2

② +30 : 00011110_2, −30 : 10011110_2

③ +30 : 00011110_2, −30 : 11100011_2

④ +30 : 00011110_2, −30 : 11100001_2

09 가장 좌측 비트가 부호 비트, 나머지 비트들은 크기 비트들로 크기 비트들은 양수나 음수에 관계없이 크기만을 표시한다.

정답 07 ① 08 ④ 09 ②

10 다음 중 부호표시 수의 1의 보수 형식으로 10진수 99를 음수와 양수로 8비트 2진수로 옳게 표현한 것은?

① $+99$: 01100011_2, -99 : 10011101_2

② $+99$: 01100011_2, -99 : 10011100_2

③ $+99$: 01100010_2, -99 : 11100010_2

④ $+99$: 01100011_2, -99 : 11011100_2

10 양수는 부호-크기 시스템과 같이 크기로 표시하고, 음수는 양수의 1의 보수가 된다.

11 다음 중 부호표시 수의 2의 보수 형식으로 10진수 78을 음수와 양수로 8비트 2진수로 바르게 표현한 것은?

① $+78$: 01001110_2, -78 : 10110011_2

② $+78$: 01001110_2, -78 : 10110010_2

③ $+78$: 01001111_2, -78 : 11001111_2

④ $+78$: 01001110_2, -78 : 10110001_2

11 양수는 부호-크기 시스템과 같이 크기로 표시하고, 음수는 양수의 2의 보수가 된다.

12 다음 중 부호-크기 형식으로 표현된 부호표시 2진수 11110011_2을 10진 값으로 바르게 변환한 것은?

① 115

② −114

③ −115

④ −13

12 크기는 크기 비트 가중치를 모두 합하고, 부호는 부호 비트로 결정한다.

1(부호비트) 1110011_2
$= 1\times2^6 + 1\times2^5 + 1\times2^4$
$+ 1\times2^1 + 1\times2^0$
$= (-)64 + 32 + 16 + 2 + 1$
$= -115$

정답 10 ② 11 ② 12 ③

13 다음 중 1의 보수로 표현된 부호표시 2진수 11000011_2을 10진 값으로 바르게 변환한 것은?

① 195
② −60
③ −61
④ 60

13

11000011_2	1	1 0 0 0 0 1 1
	2^7	2^6 2^1 2^0
	−128	+ 67 + 1 = −60(음수)
	00111100_2(1의 보수) → 60에 음수 부호 추가 → −60(음수)	

14 다음 중 2의 보수로 표현된 부호표시 2진수 10011111_2을 10진 값으로 바르게 변환한 것은?

① 160
② 97
③ 159
④ −97

14

10011111_2	1	0 0 1 1 1 1 1
	2^7	2^4 2^3 2^2 2^1 2^0
	−128	+ 16 + 8 + 4 + 2 + 1 = −97(음수)
	01100001_2(2의 보수) → 97에 음수 부호 추가 → −97(음수)	

15 다음 중 일반적으로 부호화된 2의 보수표시에서 표시 가능한 수의 범위로 옳은 것은? (단, $k=n-1$이고, n은 레지스터 비트 수임)

① $-(2^k) \sim (2^{k-1}-1)$
② $-(2^{k-1}-1) \sim (2^k-1)$
③ $-(2^{k-1}-1) \sim (2^{k-1}-1)$
④ $-(2^k) \sim (2^k-1)$

15 부호표시 수의 표현범위는

- 부호-크기 형식 : $-(2^{n-1}-1) \sim (2^{n-1}-1)$
- 1의 보수 형식 : $-(2^{n-1}-1) \sim (2^{n-1}-1)$
- 2의 보수 형식 : $-(2^{n-1}) \sim (2^{n-1}-1)$

정답 13 ② 14 ④ 15 ④

16 다음 중 2의 보수 형식으로 4비트 2진 정수를 나타낼 때 그 표현범위로 옳은 것은?

① $-7 \sim 8$
② $0 \sim 15$
③ $-128 \sim 127$
④ $-8 \sim 7$

17 다음 중 정수를 기억시키기 위하여 8비트 레지스터를 사용하는데 이때 MSB를 부호 비트로 사용할 때 기억시킬 수 있는 최댓값으로 옳은 것은?

① 125
② 127
③ 128
④ 126

18 다음 중 32비트를 2의 보수법을 사용하여 표현할 때 최대로 표현할 수 있는 양의 정수는 얼마인가?

① $2^{31}-1$
② 2^{32}
③ 2^{31}
④ $2^{32}-1$

16 15번 해설을 참조하면 2의 보수 형식의 표현범위는 $-(2^{n-1}) \sim (2^{n-1}-1)$이므로 $-(2^{4-1}) \sim (2^{4-1}-1) = -8 \sim 7$가 된다.

17 15번 해설을 참조하여 n비트 부호-크기 형식의 표현범위는 $-(2^{n-1}-1) \sim (2^{n-1}-1)$이므로 $-(2^7-1) \sim (2^7-1) = -127 \sim 127$가 된다.

18 15번 해설을 참조하여 32비트에 대한 2의 보수 형식의 표현범위는 $-(2^{31}) \sim (2^{31}-1)$이므로 가장 큰 수는 $2^{31}-1$이 된다.

정답 16 ④ 17 ② 18 ①

19 **다음 중 2의 보수 표현이 1의 보수 표현보다 더 널리 사용되고 있는 주요 이유는?**

① 음수 표현이 가능하다.
② 10진수 변환이 더 용이하다.
③ 보수 변환이 더 편리하다.
④ 표현할 수 있는 수의 개수가 하나 더 많다.

19 2의 보수 표현범위가 $-(2^{n-1}) \sim (2^{n-1}-1)$, 1의 보수 표현범위가 $-(2^{n-1}-1) \sim (2^{n-1}-1)$ 이므로, 2의 보수의 표현범위가 하나 더 많다.

20 **다음 중 컴퓨터와 같은 디지털 시스템에서 음수를 표현하는 방법으로 옳지 않은 것은?**

① 부호와 절댓값 표시
② 부호화된 1의 보수표시
③ 부호화된 16의 보수표시
④ 부호화된 2의 보수표시

20 음수를 표현하는 방법에는 부호와 절댓값 표시(부호-크기 표현), 부호화된 1의 보수표시, 부호화된 2의 보수표시 방법이 있다.

21 **다음 중 8비트 2진수 00111100_2 + 11001100_2의 결과로 옳은 것은?**

① 264
② 8
③ 9
④ 265

21

$$
\begin{array}{rrr}
 & 00111100 & \rightarrow 60 \\
+ & 11001100 & \rightarrow -52 \\
\hline
 & \boxed{1}00001000 & 8
\end{array}
$$

발생한 캐리는 무시한다.

정답 19 ④ 20 ③ 21 ②

22 다음 중 부호를 포함하여 6비트로 수를 표현할 때 오버플로우가 발생하는 경우는?

① 0 + 31
② −31 + 30
③ 15 + 18
④ 30 − 15

22 부호-크기 표현범위는 $-(2^5-1) \sim (2^5-1) = -31 \sim 31$ 가 된다.

23 다음 중 1의 보수로 음수를 표현하는 방식과 비교해 2의 보수로 음수를 표현하는 방식의 특징으로 옳은 것은?

① 디지털 시스템에서 음수화 구현이 어렵다.
② 0이 2개이다.
③ 연산과정이 간단하고 표현범위가 하나 더 많다.
④ 4비트로 수를 표현하면 −7 ~ 7이다.

22 2의 보수 표현이 계산이 더 간단하고, 1의 보수보다 표현범위가 하나 더 많다.

24 다음 중 일반적으로 마이크로프로세서가 사용하는 수 체계는 무엇인가?

① 2의 보수
② 1의 보수
③ 부호-크기 표시
④ 부호-숫자 표기

24 대부분 컴퓨터에서 사용되는 수 체계는 2의 보수로 연산한다.

정답 22 ③ 23 ③ 24 ①

25 다음 중 16진수 $3A_{16}$ + $2F_{16}$의 결과로 옳은 것은?

① 69_{16}
② $6C_{16}$
③ 36_{16}
④ $5E_{16}$

26 다음 중 비가중치 코드로 맞는 것은?

① 5211 코드
② 6311 코드
③ 그레이 코드
④ 8421 코드

27 다음 2진코드 중 10진수로 변환한 값이 다른 것은?

① 1100(5211 코드)
② 1001(6311 코드)
③ 1011(5421 코드)
④ 0111(8421 코드)

10진수	8421 코드	6311 코드	5421 코드	5311 코드	5211 코드	51111 코드
0	0000	0000	0000	0000	0000	00000
1	0001	0001	0001	0001	0001	00001
2	0010	0011	0010	0011	0011	00011
3	0011	0100	0011	0100	0101	00111
4	0100	0101	0100	0101	0111	01111
5	0101	0111	0101	1000	1000	10000
6	0110	1000	0110	1001	1001	11000
7	0111	1001	1010	1011	1100	11100
8	1000	1011	1011	1100	1101	11110
9	1001	1100	1100	1101	1111	11111

25
$$\begin{array}{r} 3\ A \\ +\ 2\ F \\ \hline 6\ 9 \end{array}$$
$A_{16} + F_{16} = 10 + 15$
$= 25$,
$25 - 16 = 9 = 9_{16}$,
자리올림 1
$3_{16} + 2_{16} + 1 = 6 = 6_{16}$

- 각 열의 두 16진 값(0 ~ F)을 10진 값(0 ~ 15)으로 연산한다.
- 두 수의 합이 15 이하이면 16진수로 표시한다.
- 두 수의 합이 15를 초과하면 10진 16을 추가로 뺀 후, 자리올림 1을 한다.

26 비가중치 코드 : 자리마다 가중치 없이 10진 값을 얻게 하는 코드
- 3초과 코드, 그레이 코드, 2 out of 5 코드

27 가중치방식 코드는 자리마다 가중치를 두어 10진 값을 얻게 하는 코드이다. 주어진 2진코드의 10진수는 7이다.
[문제 하단의 표 내용 참고]

정답 25 ① 26 ③ 27 ③

28 다음 중 디지털 코드에 대한 설명으로 틀린 것은?

① 그레이 코드는 대표적인 가중치가 있는 코드로, 인접한 코드의 비트가 1비트만 변하여 산술연산에 적합하다.
② 10진 자기 보수화 코드로는 8421 코드, 3초과 코드 등이 대표적이다.
③ 3초과 코드는 8421 코드에 10진수 3을 더한 코드로, 코드 내에 하나 이상의 1이 반드시 포함되어 있어 0과 무신호를 구분하기 위한 코드이다.
④ 수치 코드에 자릿값을 가지고 있는 가중 코드와 자릿값이 없는 비가중 코드로 구분할 수 있다.

29 다음 중 BCD 코드(8421 code)에서 사용하지 않는 무효수는?

① 0101
② 1001
③ 1100
④ 0111

30 다음 중 10진수 80을 BCD로 표현한 것은?

① 10101111
② 10001000
③ 10000000
④ 01010000

28 그레이 코드는 가중치가 없는 코드로 산술용 코드가 아니다. 어떤 코드로부터 다음 코드로 증가할 때 한 비트만 바뀌는 특징을 가지고 있어, 연속되는 숫자 간에 비트 변환이 많이 발생하여 오류가 발생될 우려가 있는 고속 입・출력 장치와 A/D 변환에서 오류를 줄이기 위해 이용된다.

29 BCD(8421 code)는 0 ~ 9까지 표현되고, 표현되지 않는 무효수는 1010, 1011, 1100, 1101, 1110, 1111이다.

30

8	/	0
1000		0000

정답 28 ① 29 ③ 30 ③

31 다음 중 BCD(8421 code) 011010010111을 10진수로 표현한 것은?

① 697
② 1687
③ 3227
④ 698

32 다음 중 BCD의 연산 결과로 틀린 것은?

①
```
  0011
+ 0110
------
  1001
```

②
```
  1000 0001
+ 0001 0010
-----------
  1001 0011
```

③
```
       1001
     + 0110
-----------
  0001 0101
```

④
```
  0110 0111
+ 0101 0010
-----------
  1011 1011
```

33 다음 중 10진수 435를 3초과 코드로 바르게 변환한 것은?

① 1111001111
② 10000110101
③ 11101101000
④ 110110011

31
```
0110 / 1001 / 0111
  6      9      7
```

32
①
```
  0011         3
+ 0110  ⇒    + 6
------       ---
  1001         9
```
②
```
  1000 0001        81
+ 0001 0010  ⇒   + 12
-----------      ----
  1001 0011        93
```
③
```
       1001         9
     + 0110       + 6
-----------       ---
       1111  ⇒    1 5
     + 0110
-----------
  0001 0101
```
④
```
       0110 0111       6 7
     + 0101 0010     + 5 2
----------------     -----
       1011 1001  ⇒  1 1 9
     + 0110
----------------
  0001 0001 1001
```

33
```
4 + 3  /  3 + 3  /  5 + 3
= 7       = 6       = 8
0111      0110      1000
```

34 다음 중 3초과 코드 55 + 14 연산의 결과로 옳은 것은?

① 10011100
② 10000110101
③ 11101101000
④ 110110011

35 다음 중 3초과 코드 79 + 2 연산의 결과로 옳은 것은?

① 10011100
② 10110100
③ 1010001
④ 10010011

36 다음 중 A/D 변환기나 입・출력 장치 코드로 주로 사용되는 코드는 무엇인가?

① 8421 코드
② 3초과 코드
③ BCD 코드
④ 그레이 코드

34

5 5		1000	1000	3초과 코드
+ 1 4		+ 0100	0111	
	⇒	1100	1111	자리올림이 없으
6 9		− 0011	− 0011	므로 0011을 뺀다.
		1001	1100	3초과 코드 69

35

7 9		1010	1100	3초과 코드
+ 2		+ 0000	0101	
8 1	⇒	1011	0001	하위 4비트에서
			+ 0011	자리올림 발생
		1011	0100	3초과 코드 81

36 그레이 코드는 가중치가 없는 코드로 산술용 코드가 아니다. 어떤 코드로부터 다음 코드로 증가할 때 한 비트만 바뀌는 특징을 가지고 있어, 연속되는 숫자 간에 비트 변환이 많이 발생하여 오류가 발생될 우려가 있는 고속 입・출력 장치와 A/D 변환에서 오류를 줄이기 위해 이용된다.

정답 34 ① 35 ② 36 ④

37 다음 중 2진수를 그레이 코드로 변환하는 회로에 들어가는 논리 게이트 소자는?

① XOR게이트
② XNOR게이트
③ NAND게이트
④ NOR게이트

37
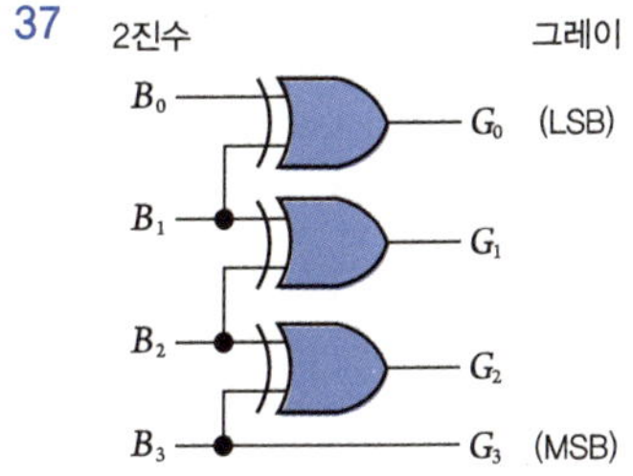

38 다음 중 2진수 10101_2을 그레이 코드로 변환한 것으로 옳은 것은?

① 11111
② 10101
③ 11001
④ 11010

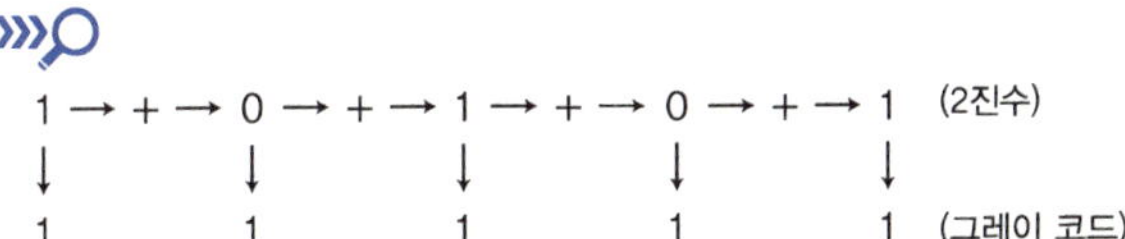

38 [문제 하단의 도표 참고]
㉠ 그레이 코드의 MSB와 2진수의 MSB는 동일하다.
㉡ 2진수의 MSB의 우측 이웃한 bit를 덧셈한 결과가 각 bit의 그레이 코드가 된다.
㉢ 캐리는 무시한다.

39 다음 중 그레이 코드 10101을 2진수로 변환해서 나오는 수로 옳은 것은?

① 10110_2
② 10001_2
③ 11011_2
④ 11001_2

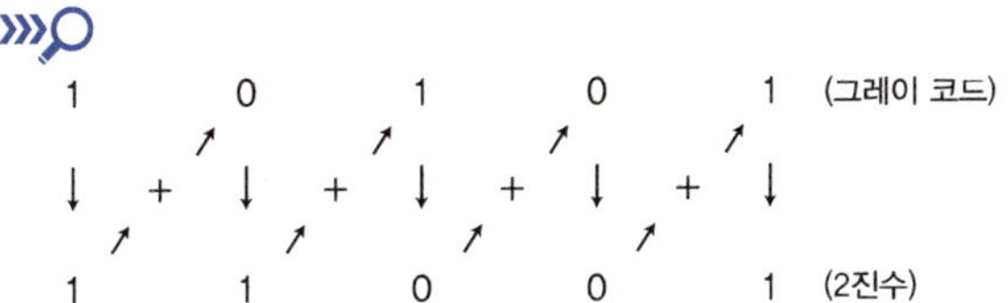

39 [문제 하단의 도표 참고]
㉠ 2진수의 MSB와 그레이 코드의 MSB는 동일하다.
㉡ 새로 생긴 2진수와 그레이 코드 다음번 우측에 있는 비트의 덧셈 결과를 2진수로 한다.
㉢ 캐리는 무시한다.

정답 

40 다음 중 자료의 외부적 표현방식인 확장된 2진화 10진 코드(EBCDIC)로 나타낼 수 있는 최대 문자 수로 옳은 것은?

① 255개
② 127개
③ 256개
④ 128개

40 확장된 2진화 10진 코드(EBCDIC)는 주로 대형 컴퓨터와 IBM 계열 컴퓨터에서 많이 사용되는 8비트 코드로 패리티 비트 체크용 1비트를 추가해서 총 9비트로 구성되며, 256가지 문자 코드를 표현할 수 있다.

41 다음 중 패리티 비트 검사를 하는 이유로 적절한 것은?

① 전송할 부호의 오류를 검출하기 위해
② 수신된 부호의 오류를 검출하기 위해
③ 기억장치의 오류를 검출하기 위해
④ 전송된 부호의 속도를 제어하기 위해

41 일반적인 시스템에서 비트 오류 검출 방법으로 패리티 비트를 사용하는데, 전송단에서는 전송할 부호에 추가되는 패리티 비트를 패리티 비트 발생기로 생성하여 전송부호와 함께 전송하고, 수신단에서는 패리티 비트와 함께 받은 부호를 비교하기 위해 패리티 비트 검출기를 통해 검출한다.

정답 40 ③ 41 ②

Self Check로 다지기 | 제2장

- 2진수는 가중치를 가진 수로서 정수 부분의 가중치는 2의 양의 누승이고, 소수 부분의 가중치는 2의 음의 누승이다. 정수의 가중치는 우측에서 좌측으로 증가한다.
- 2진수의 값 중에 1로 되어 있는 부분의 가중치를 더하면 10진수로 쉽게 변환할 수 있다.
- 10진 정수는 가중치의 합 또는 2로 반복하여 나누는 방법을 이용하여 2진수로 변환할 수 있다.
- 10진 소수는 가중치의 합 또는 2로 반복하여 곱하는 방법을 이용하여 2진수로 변환할 수 있다.
- 2진수의 1의 보수는 1을 0으로, 0을 1로 변환하고, 2의 보수는 1의 보수에 1을 더한다.
- 2진수의 뺄셈은 1의 보수나 2의 보수방법을 이용하여 덧셈으로 계산할 수 있다.
- 부호 비트가 0이면 양의 2진수, 1이면 음의 2진수이다.
- 덧셈 연산에서, 두 수가 모두 양이거나 음일 때 오버플로우가 발생할 수 있다. 합의 부호 비트가 다를 경우, 오버플로우가 발생한 것을 의미한다.
- 16진수 시스템은 16개의 수로 구성되어 있으며, 이는 10개의 숫자(0 ~ 9)와 6개의 영문자(A ~ F)로 구성되어 있다.
- 각각의 16개 숫자는 4비트 2진수를 나타내며, 비트 형태를 단순화시켜 더욱 읽기 쉽게 만드는 것이 16진수의 주된 목적이다.
- 10진의 정수는 16으로 반복하여 나누는 방법을 이용하여 16진수로 변환할 수 있다.
- 8진수 시스템은 8개의 숫자(0 ~ 7)로 구성되어 있다.
- 8진수의 2진수 변환은 각 8진 숫자를 등가의 3비트 2진수로 대체함으로써 이루어지며, 2진수에서 8진수 변환과정은 이 과정과 반대이다.
- 10진수의 각 숫자를 4비트 2진 코드로 대체하면 BCD로 변환된다.

- ASCII 코드는 7비트 문자-숫자 코드로서 컴퓨터 시스템에서 정보의 입·출력에 널리 이용되고 있다.

- 패리티 비트는 코드에서 오류를 검출하기 위해 사용된다.

- CRC(Cyclic Redundancy Check)는 모듈러-2연산(XOR)을 사용한 다항식 나눗셈을 한다.

- 해밍 코드는 컴퓨터 단말기 간 오류를 검출하고 정정할 수 있는 코드로, 추가적인 비트가 필요하므로 많은 양의 데이터 전달이 필요하다. 해밍 코드는 짝수 패리티 비트를 사용한다.

제 3 장

부울대수와 논리게이트

우리 인생의 가장 큰 영광은 결코 넘어지지 않는 데 있는 것이 아니라
넘어질 때마다 일어서는 데 있다.

– 넬슨 만델라 –

제 3 장 부울대수와 논리게이트

제1절 논리연산과 논리게이트

1 NOT게이트 중요

반전기(NOT게이트)는 입력 한 개와 출력 한 개가 있는 게이트이며, **논리 부정 또는 보수화**라 불리는 연산을 수행한다. 2진수의 논리 반전으로 변환되므로 입력의 반대로 출력한다. 즉, 입력이 1(on)이면 0(off)으로 출력하고, 입력이 0(off)이면 출력은 1(on)로 출력한다. 따라서 NOT게이트를 인버터(inverter)라고도 한다.

(1) 반전기 기호표시

다음 그림과 같이 입력 혹은 출력에 버블이 있을 경우 이는 반전기 혹은 보수화를 의미한다. 일반적으로 논리기호의 왼쪽은 입력, 오른쪽은 출력을 나타내며, 버블이 입력에 있는 경우는 0이 액티브(active)로 입력된 상태로서 액티브-Low입력으로 부른다. 버블이 출력에 있는 경우 출력은 액티브-Low출력으로 부른다. 즉, 버블의 위치에 따라 구분은 하지만 입력에 대한 반전(보수화)을 출력으로 한다.

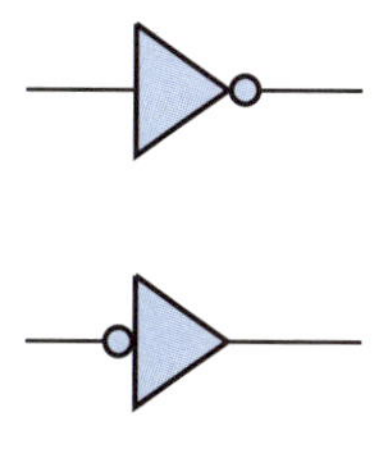

[그림 3-1] 반전기 기호

(2) 반전기의 진리표

반전기의 입력에 1(High, on)레벨이 입력되면 출력은 0(Low, off)레벨이 나타나고, 입력에 0(Low, off)레벨이 입력되면 출력은 1(High, on)레벨이 나타난다. 이 입력과 출력을 표로 요약하면 다음 [표 3-1]과 같고 이를 진리표(truth table)라고 한다.

[표 3-1] 반전기의 진리표

입력	출력
0(off, Low)	1(on, High)
1(on, High)	0(off, Low)

(3) 반전기의 동작특성과 타이밍도

펄스 입력에 대한 반전기의 출력을 나타내면 [그림 3-2]와 같다. 타이밍도는 두 개 이상의 파형에 대한 상호 시간 관계를 나타낸 것으로 반전기의 입력 펄스와 출력 펄스에 대응되는 시점을 타이밍도로 알 수 있다.

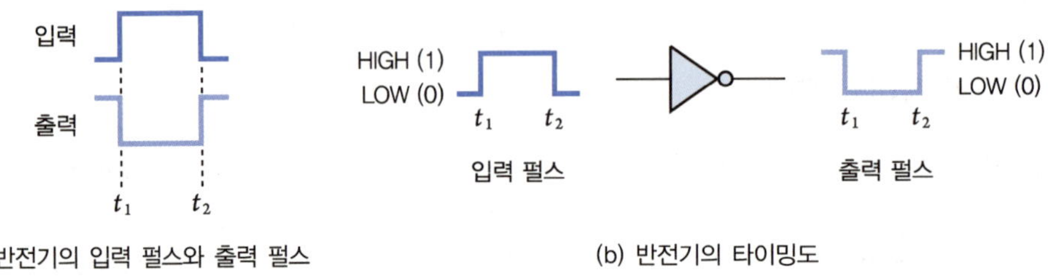

(a) 반전기의 입력 펄스와 출력 펄스 (b) 반전기의 타이밍도

[그림 3-2] 반전기의 타이밍도

(4) 반전기의 논리식

부울대수(Boolean algebra)는 논리회로를 기술하기 위해 변수와 연산자를 사용하는 것으로, 모든 변수는 하나 또는 그 이상의 문자로 표현되며, 영문자를 사용하여 부울대수식을 나타낸다. 변수의 보수(complement)는 문자 위에 바(bar)를 붙여 나타낸다. 입력변수는 A, 출력변수는 X라고 할 때 반전기의 연산은 다음과 같이 표현한다.

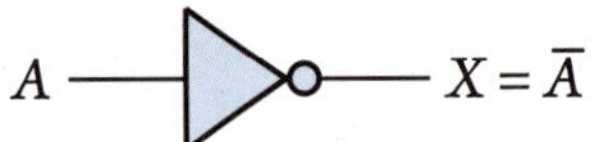

[그림 3-3] 반전기의 입력과 출력(부울대수로 표현)

(5) 반전기의 스위칭 회로 표현과 IC 핀 배치도 및 TR 회로

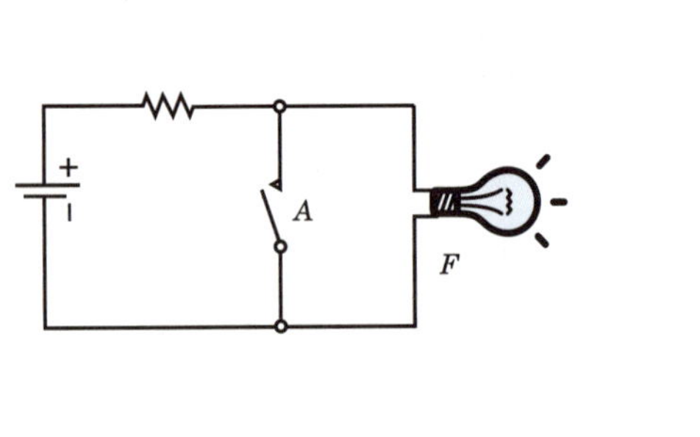

(a) 스위칭 회로

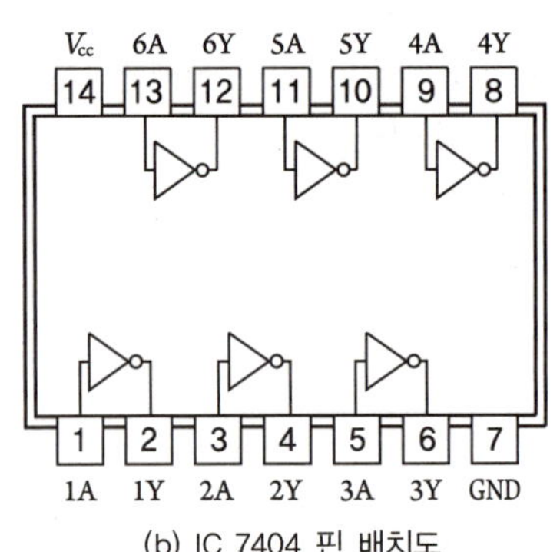

(b) IC 7404 핀 배치도

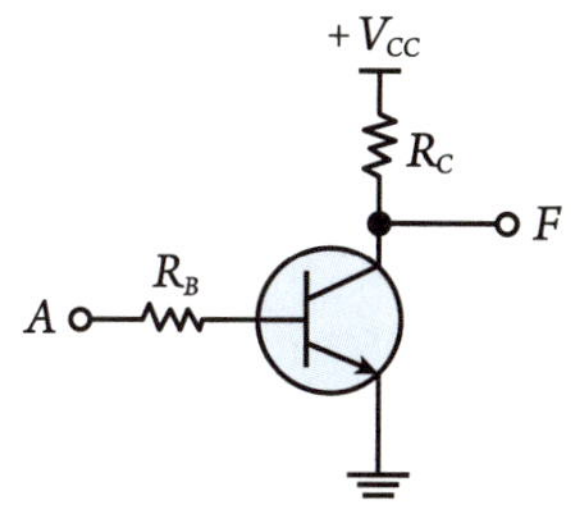

(c) 트랜지스터 회로

[그림 3-4] 반전기의 다른 표현과 핀 배치도

더 알아두기

TR회로의 입력 A에 0V가 인가되면 베이스가 스위칭 동작으로 off가 되어 베이스전류가 흐르지 않아 TR이 차단되어 V_{CC}전압이 출력으로 나오게 되어 출력 F는 5V가 된다. 또 입력 A에 5V를 인가하면 베이스가 스위칭 동작으로 on이 되어 TR이 단락되어 출력으로 접지(0V)에 가까운 전압이 되어 출력 F는 0V가 된다.

예제 3-1

다음과 같은 회로의 입력 A에 구형파를 인가하였다. X와 Y의 파형을 그리시오.

[그림 3-5] 2개의 NOT게이트가 직렬로 연결된 회로

해설

첫 번째 출력 X는 입력 A의 반전이 되고, 다시 출력 X가 두 번째 반전기에 입력되어 두 번째 출력 Y는 X의 반전이 된다. 결국 입력된 A 파형과 같게 된다.

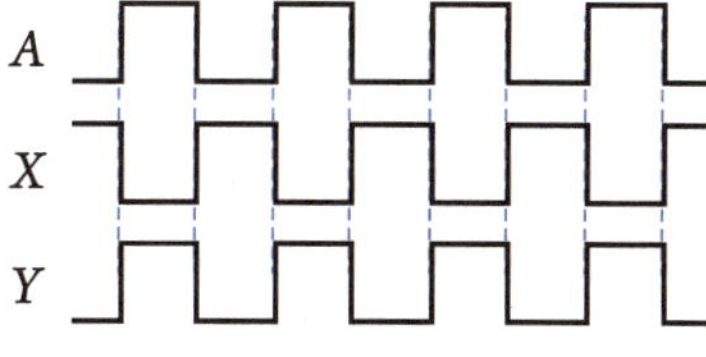

[그림 3-6] 두 개의 반전기의 출력파형

2 AND게이트 중요

AND게이트는 2개 또는 그 이상의 입력과 하나의 출력으로 구성되는 게이트로, **논리곱(logical product)**이라고 한다.

(1) AND게이트 기호표시

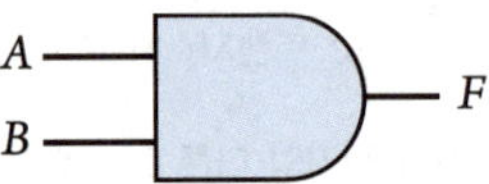

[그림 3-7] AND게이트 기호

(2) AND게이트의 진리표

게이트의 논리동작은 모든 입력 조합과 이에 대응되는 출력을 나열한 진리표로 표현할 수 있다. AND게이트에 대한 진리표는 다음 표와 같다. 입력이 더 많을 경우에도 확장될 수 있다. **모든 입력이 1일 때에만 게이트의 출력이 1이 된다.**

[표 3-2] 2입력 AND게이트 진리표

입력		출력
A	B	F
0(off, 0V)	0(off, 0V)	0(off, 0V)
0(off, 0V)	1(on, 5V)	0(off, 0V)
1(on, 5V)	0(off, 0V)	0(off, 0V)
1(on, 5V)	1(on, 5V)	1(on, 5V)

(3) AND게이트의 동작특성과 타이밍도

모든 입력이 HIGH일 때만 출력이 HIGH로 되고, **한 개의 입력이라도 LOW면 출력은 LOW로 된다.** AND게이트는 어떤 조건들이 동시에 참인 경우(즉, 모든 입력이 HIGH레벨일 때) 출력 신호를 HIGH로 만들기 위한 목적으로 사용된다.

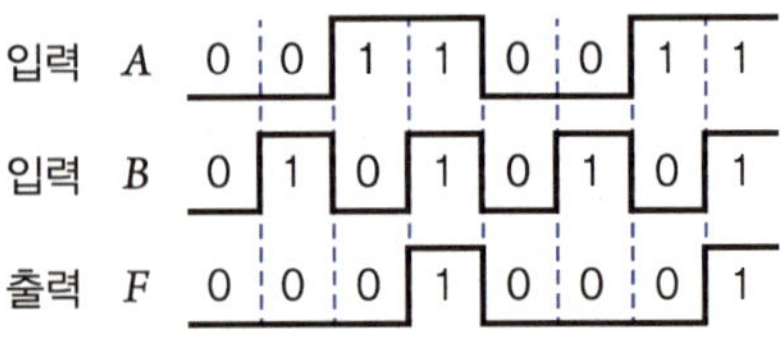

[그림 3-8] AND게이트 타이밍도

예제 3-2

AND게이트에서 두 입력 A, B에 대한 출력파형을 구하시오.

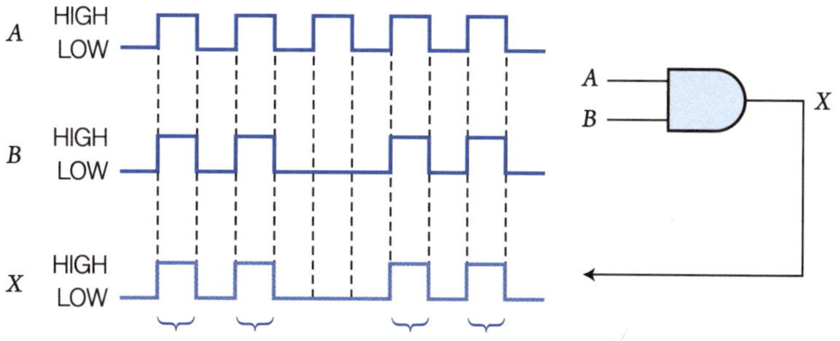

[그림 3-9]

해설

타이밍도와 같이 출력파형 X는 A와 B가 모두 HIGH일 때만 HIGH가 된다.

예제 3-3

그림과 같이 3입력 AND게이트에서 입력에 대한 출력파형을 구하시오.

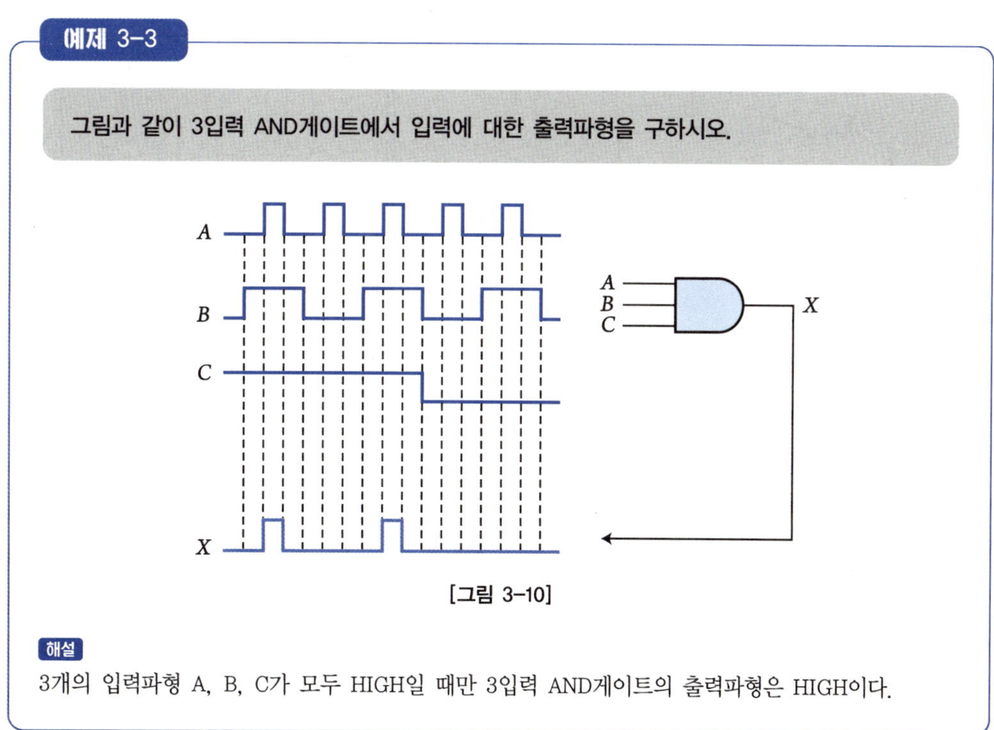

[그림 3-10]

해설

3개의 입력파형 A, B, C가 모두 HIGH일 때만 3입력 AND게이트의 출력파형은 HIGH이다.

(4) AND게이트의 논리식

입력 변수 A와 B는 부울 곱셈(Boolean multiplication)으로 다음과 같은 곱셈의 기본 규칙에 따라 정의되고 표현된다. 즉, 부울 곱셈은 AND기능과 같다.

$$0 \cdot 0 = 0$$
$$0 \cdot 1 = 0$$
$$1 \cdot 0 = 0$$
$$1 \cdot 1 = 1$$

$$F = A \cdot B = AB$$

2입력, 3입력, 4입력 AND게이트에 대한 논리식과 게이트 표현은 다음 그림과 같다.

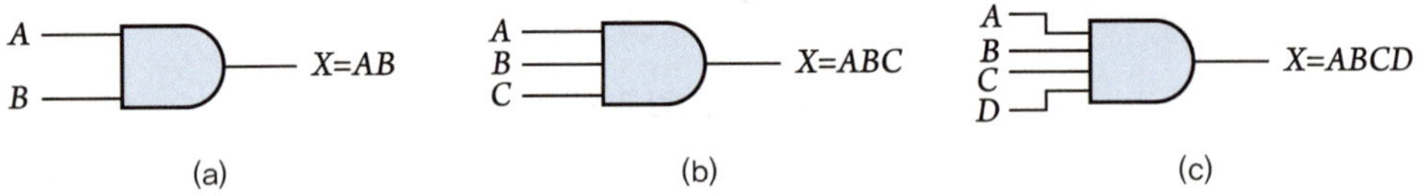

[그림 3-11] 입력 2개, 3개, 4개를 갖는 AND게이트 논리식

(5) AND게이트의 스위칭 회로 표현과 IC 핀 배치도 및 TR회로

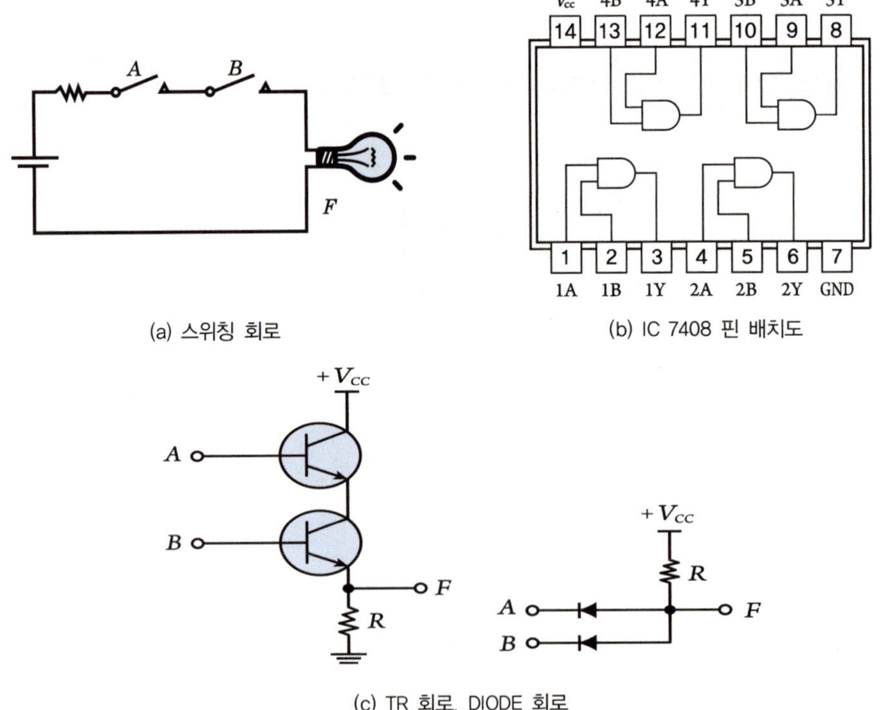

[그림 3-12] AND게이트의 다른 표현과 핀 배치도

더 알아두기

- TR의 입력 A, B 중 어느 하나라도 0V가 인가되면 TR이 off되어 0V전압이 출력으로 나오게 된다. 또한 입력 A, B에 5V를 인가하면 베이스가 스위칭 동작으로 on이 되고, TR이 단락되어 출력은 V_{CC}(5V)전압이 되어 출력 F는 5V가 된다.
- DIODE 회로의 입력 A, B 중 어느 하나라도 0V가 인가되면 DIODE가 도통되어 0V전압이 출력으로 나오게 된다. 또 입력 A, B에 5V를 인가하면 DIODE는 차단되어 출력은 V_{CC}(5V)전압이 되어 출력 F는 5V가 된다.

(6) 응용

자동차의 좌석벨트 경보 시스템에 사용되는 AND게이트 회로는 점화스위치가 켜지고 좌석벨트가 풀려 있는 상태를 감지한다. 점화스위치가 켜지면 AND게이트의 입력 A는 HIGH가 되고, 좌석벨트가 채워지지 않았을 경우 AND게이트의 입력 B도 HIGH가 된다. 또한 점화스위치가 입력되면 타이머가 동작하여 30초 동안 HIGH가 유지된다. 점화스위치가 켜지고 좌석벨트가 풀려 있고 타이머가 작동하는 3가지 조건하에서 AND게이트의 출력은 HIGH가 되며, 운전자에게 환기시키는 경보음이 울리게 된다.

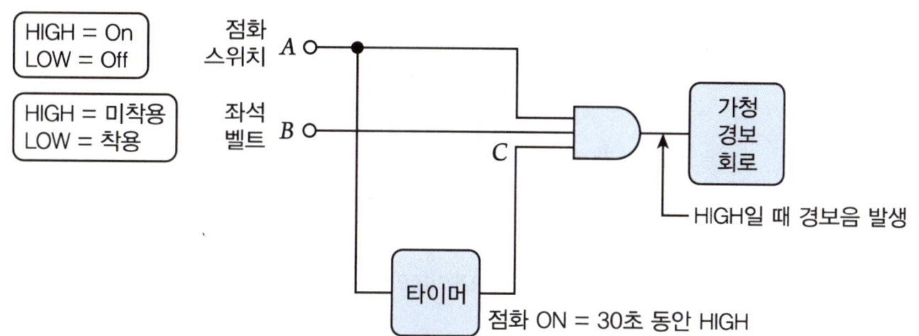

[그림 3-13] AND게이트를 이용한 좌석벨트 경보 시스템

3 OR게이트 중요

OR게이트는 2개 이상의 입력과 1개의 출력을 가지며, **논리합(logical sum)**이라고 한다.

(1) OR게이트 기호표시

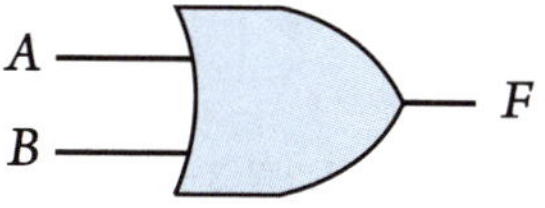

[그림 3-14] OR게이트 기호

(2) OR게이트의 진리표

2입력 OR게이트에 대한 논리 동작을 다음 표에 나타내었다. 임의의 수의 입력에 대해서도 확장될 수 있고 입력의 수에 관계없이 입력 중 하나 또는 그 이상이 HIGH이면 출력이 HIGH가 된다.

[표 3-3] 2입력 OR게이트 진리표

입력		출력
A	B	F
0(off, 0V)	0(off, 0V)	0(off, 0V)
0(off, 0V)	1(on, 5V)	1(on, 5V)
1(on, 5V)	0(off, 0V)	1(on, 5V)
1(on, 5V)	1(on, 5V)	1(on, 5V)

(3) OR게이트의 동작특성과 타이밍도

OR게이트는 입력 중 어느 하나라도 HIGH가 되면 출력은 HIGH로 되고, 입력이 모두 LOW일 때만 출력은 LOW가 된다. 하나 또는 그 이상의 입력이 HIGH인 경우에 출력신호를 HIGH로 만들기 위한 목적으로 사용된다.

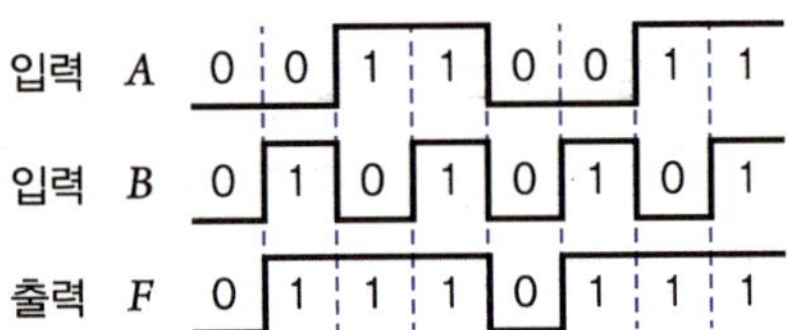

[그림 3-15] OR게이트의 타이밍도

예제 3-4

두 입력파형 A, B를 OR게이트에 다음과 같이 인가할 때 출력파형을 구하시오.

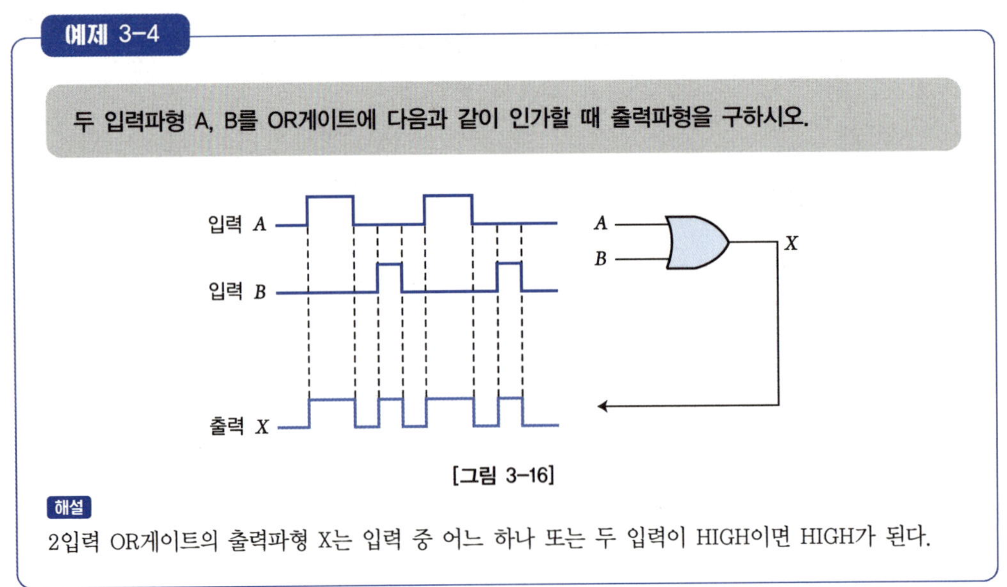

[그림 3-16]

해설

2입력 OR게이트의 출력파형 X는 입력 중 어느 하나 또는 두 입력이 HIGH이면 HIGH가 된다.

예제 3-5

두 입력파형 A, B를 OR게이트에 다음과 같이 인가할 때 출력파형을 구하시오.

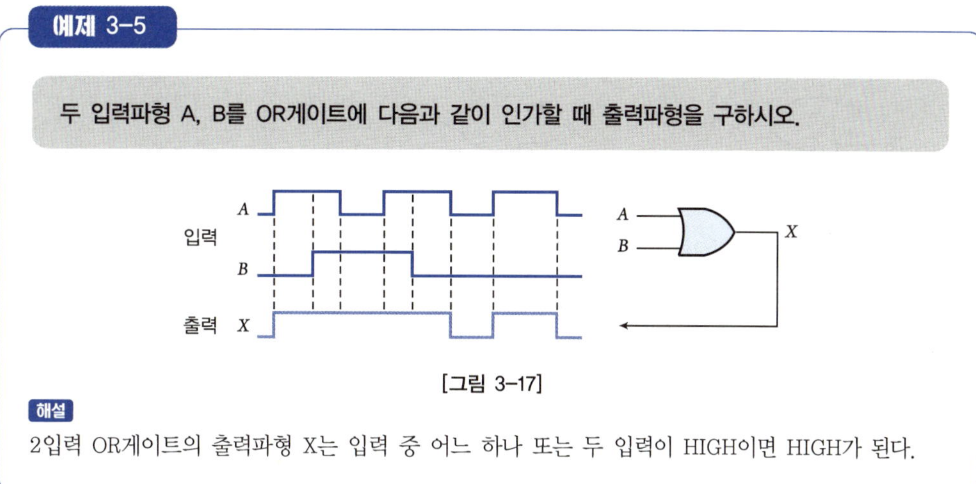

[그림 3-17]

해설

2입력 OR게이트의 출력파형 X는 입력 중 어느 하나 또는 두 입력이 HIGH이면 HIGH가 된다.

예제 3-6

3입력 OR게이트에서 입력에 대한 출력파형을 구하시오.

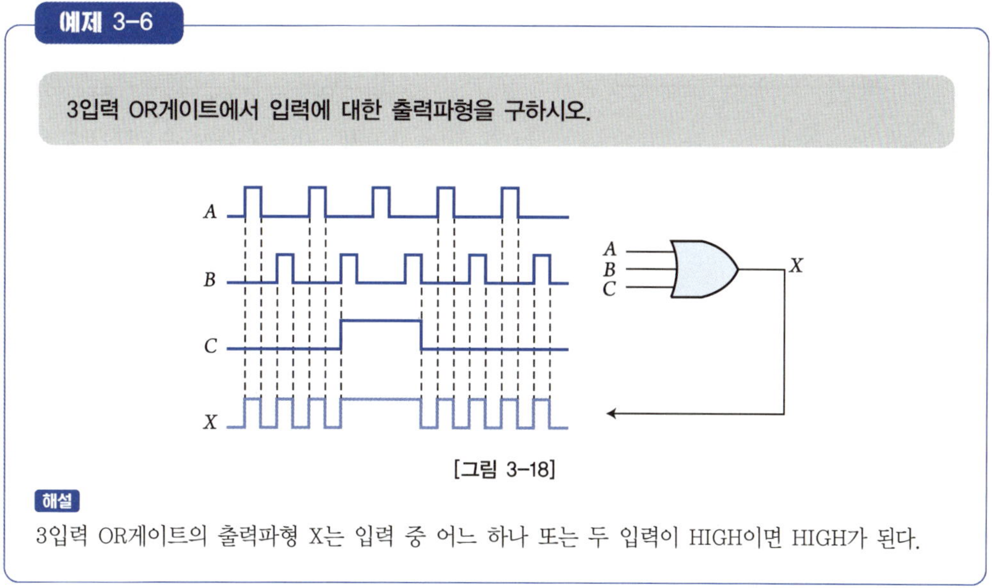

[그림 3-18]

해설

3입력 OR게이트의 출력파형 X는 입력 중 어느 하나 또는 두 입력이 HIGH이면 HIGH가 된다.

(4) OR게이트의 논리식

두 변수의 논리적 OR함수는 수학적으로 두 변수 사이에 '+'를 써서 A + B로 표현하며 OR로 읽는다. 입력 변수 A와 B는 부울 덧셈(Boolean addition)으로 다음과 같은 덧셈의 기본 규칙에 따라 정의되고 표현된다. 즉, 부울 덧셈은 OR기능과 같다.

$$0 + 0 = 0$$
$$0 + 1 = 1$$
$$1 + 0 = 1$$
$$1 + 1 = 1$$

$$F = A + B$$

2입력, 3입력, 4입력 OR게이트에 대한 논리식과 게이트 표현은 다음 그림과 같다.

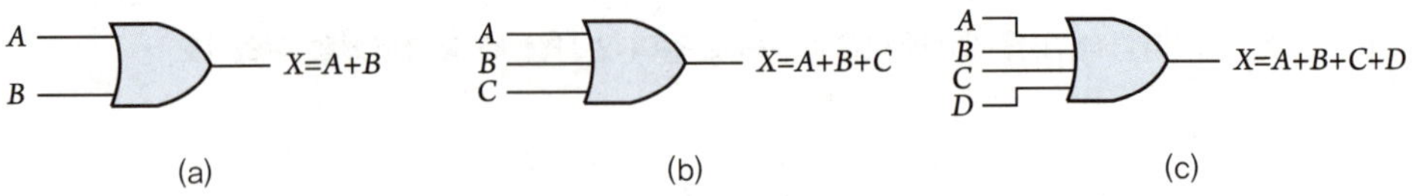

[그림 3-19] 입력 2개, 3개, 4개를 갖는 OR게이트 논리식

(5) OR게이트의 스위칭 회로 표현과 IC 핀 배치도 및 TR 회로

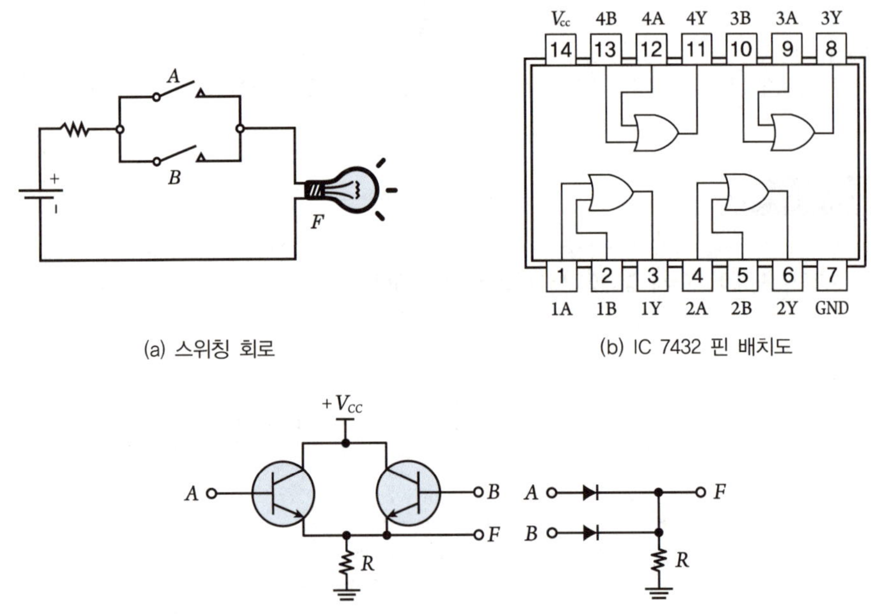

(c) TR 회로, DIODE 회로

[그림 3-20] OR게이트의 다른 표현과 핀 배치도

더 알아두기

- TR 회로의 입력 A, B에 모두 0V가 인가되면 베이스가 스위칭 동작으로 off가 되어 베이스전류가 흐르지 않아 TR이 차단되어 0V전압이 출력으로 나오게 되어 출력 F는 0V가 된다. 또한 입력 A, B 중 어느 하나라도 5V가 인가되면 TR이 on이 되어 5V전압이 출력으로 나오게 된다.
- DIODE 회로의 입력 A, B 중 어느 하나라도 5V가 인가되면 DIODE가 도통되어 5V전압이 출력으로 나오게 된다. 또 입력 A, B에 0V를 인가하면 DIODE는 차단되어 출력이 0V가 된다.

(6) 응용

침입탐지 시스템은 창문 2개와 문 1개가 있는 일반 가정에서 적용할 수 있고, 이 시스템에 사용되는 각각의 센서는 자기(magnetic) 스위치로 문이 열려 있을 때 HIGH, 닫혀 있을 때 LOW를 출력한다. 창문과 문이 닫혀 있을 때에 스위치가 닫혀 있으며, OR게이트의 세 개의 입력은 LOW가 된다. 창문과 문 중에 하나라도 열려 있으면 HIGH출력이 되어 경보음이 울리게 된다.

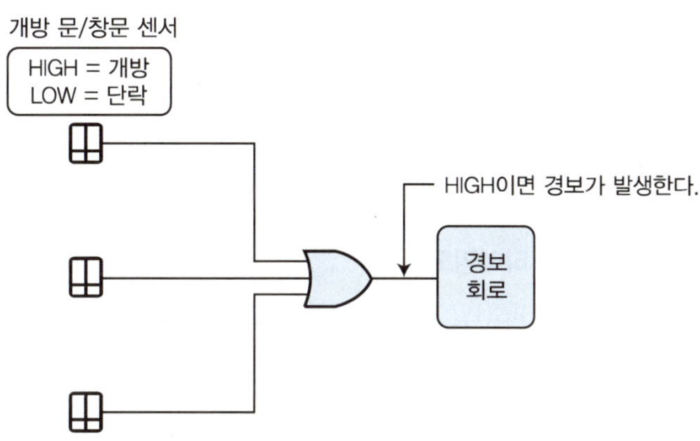

[그림 3-21] OR게이트를 이용한 침입탐지 시스템

4 NAND게이트 중요 기출

NAND게이트는 범용게이트로 사용될 수 있어서 매우 유용한 논리소자로 사용된다. AND게이트와 반대로 동작하여, NOT-AND의 의미로 쓰이고, AND게이트 바로 뒤에 NOT게이트가 이어지는 것과 같이 동작한다.

(1) NAND게이트 기호표시

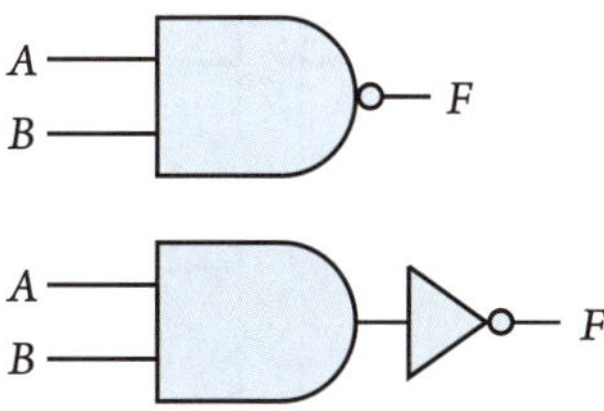

[그림 3-22] NAND게이트 기호표시

(2) NAND게이트의 진리표

2입력 NAND게이트에 대한 논리 동작을 다음 표에서 나타낸다.

[표 3-4] 2입력 NAND게이트 진리표

입력		출력
A	B	F
0(off, 0V)	0(off, 0V)	1(on, 5V)
0(off, 0V)	1(on, 5V)	1(on, 5V)
1(on, 5V)	0(off, 0V)	1(on, 5V)
1(on, 5V)	1(on, 5V)	0(off, 0V)

(3) NAND게이트의 동작특성과 타이밍도

NAND게이트는 모든 입력이 HIGH일 때만 LOW가 되고, 입력 중 어느 하나라도 LOW가 되면 출력은 HIGH가 된다. AND게이트의 반전으로 출력된다.

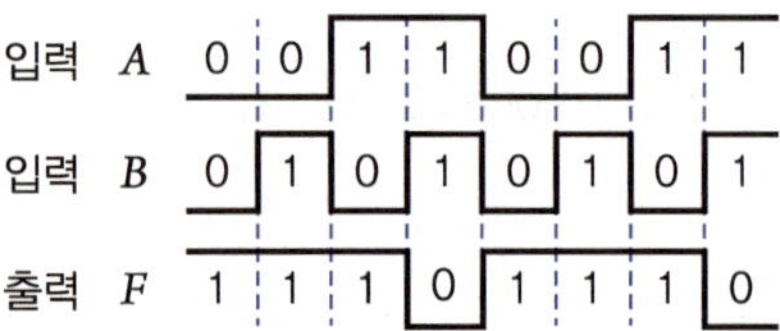

[그림 3-23] NAND게이트의 타이밍도

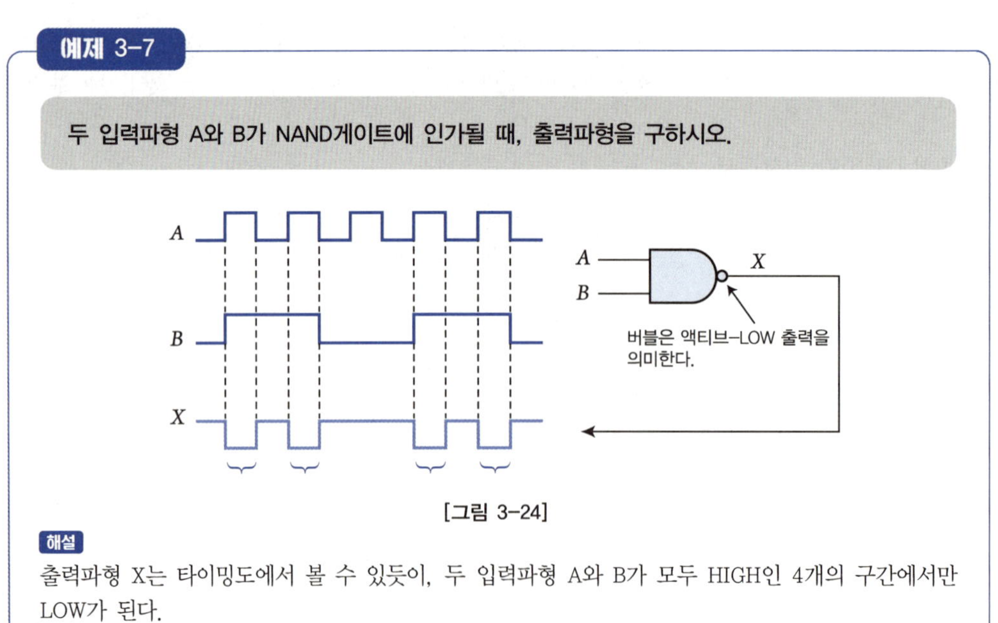

예제 3-7

두 입력파형 A와 B가 NAND게이트에 인가될 때, 출력파형을 구하시오.

[그림 3-24]

해설

출력파형 X는 타이밍도에서 볼 수 있듯이, 두 입력파형 A와 B가 모두 HIGH인 4개의 구간에서만 LOW가 된다.

(4) NAND게이트의 논리식

2입력 NAND게이트는 입력 변수의 AND 위에 바(bar)로 표현되듯이, 두 입력 변수 A, B를 먼저 AND한 후에 보수를 취한 것을 의미한다. 두 입력 변수의 가능한 모든 값들에 대한 계산결과는 다음 표와 같다.

$$\overline{0 \cdot 0} = \overline{0} = 1$$
$$\overline{0 \cdot 1} = \overline{0} = 1$$
$$\overline{1 \cdot 0} = \overline{0} = 1$$
$$\overline{1 \cdot 1} = \overline{1} = 0$$

$$F = \overline{A \cdot B} = \overline{AB}$$

(5) NAND게이트의 IC 핀 배치도 및 TR회로

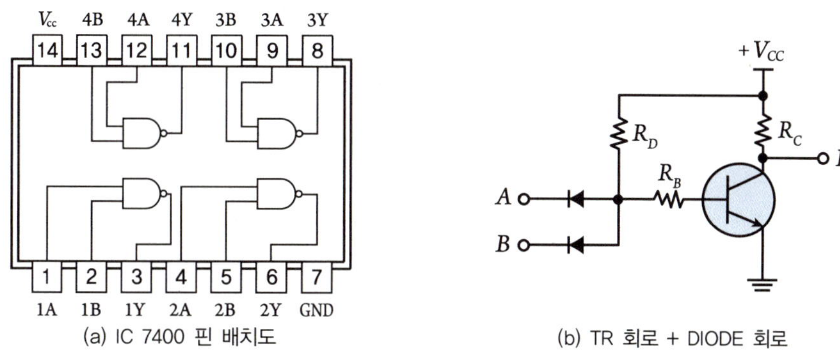

(a) IC 7400 핀 배치도

(b) TR 회로 + DIODE 회로

[그림 3-25] NAND게이트의 다른 표현과 핀 배치도

(6) 3입력 NAND게이트의 개념

① 논리기호와 진리표 및 타이밍도

[표 3-5] 3입력 NAND게이트 진리표

입력			출력
A	B	C	F
0	0	0	1
0	0	1	1
0	1	0	1
0	1	1	1
1	0	0	1
1	0	1	1
1	1	0	1
1	1	1	0

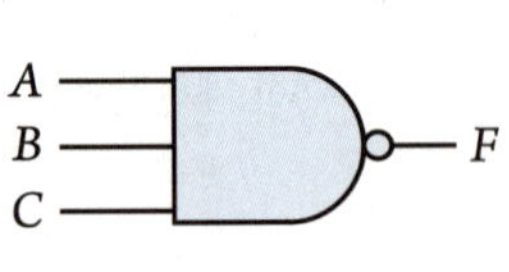

[그림 3-26] 논리기호

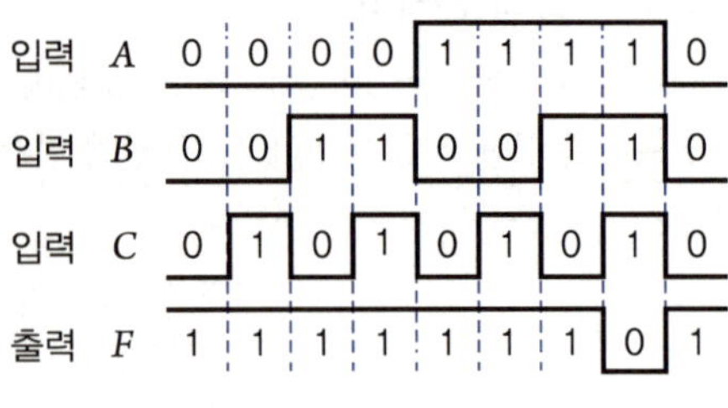

[그림 3-27] 타이밍도

② IC 7410 핀 배치도

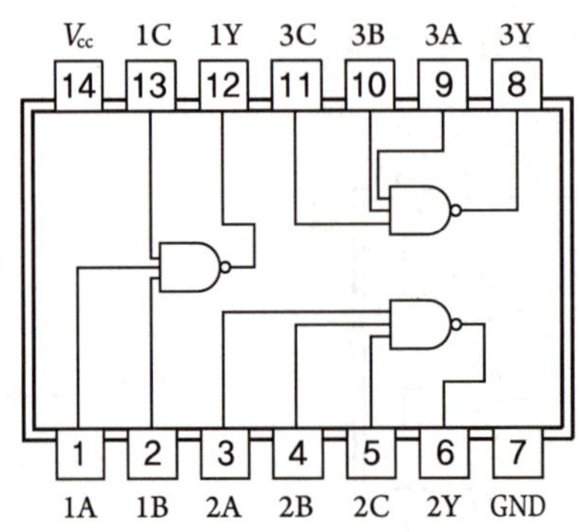

[그림 3-28] IC 7410 핀 배치도

예제 3-8

3입력 NAND게이트에서 입력에 대한 출력파형을 구하시오.

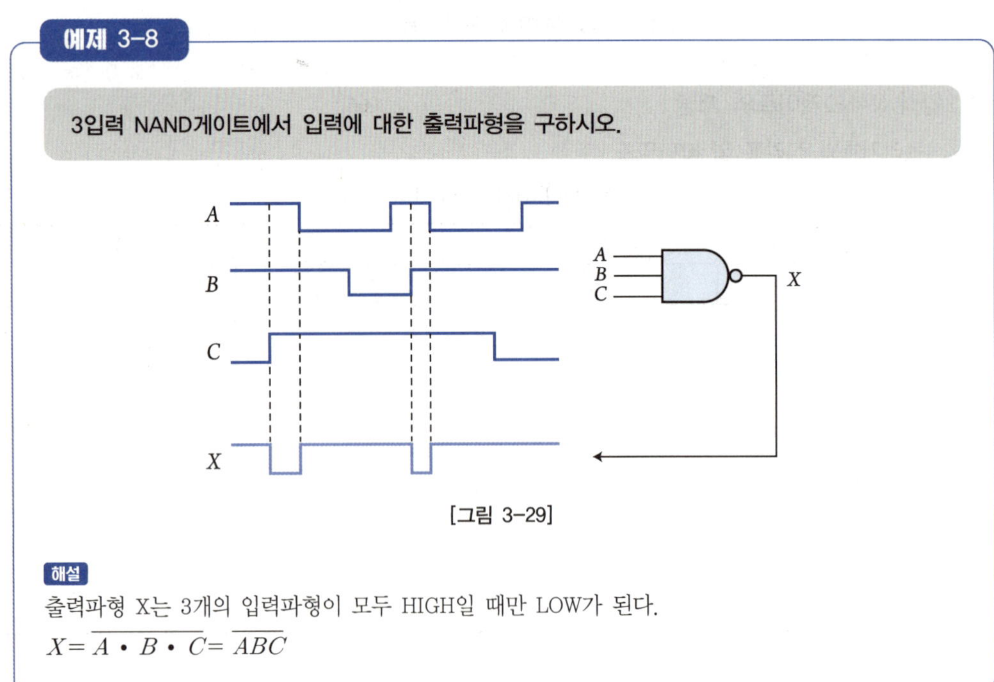

[그림 3-29]

해설

출력파형 X는 3개의 입력파형이 모두 HIGH일 때만 LOW가 된다.

$X=\overline{A \cdot B \cdot C}=\overline{ABC}$

5 NOR게이트 중요

NAND게이트와 같이 NOR게이트도 범용게이트로 사용될 수 있는 유용한 논리소자이다. OR게이트와 반대로 동작하여, NOT-OR의 의미로 쓰이고, OR게이트 바로 뒤에 NOT게이트가 이어지는 것과 같이 동작한다.

(1) NOR게이트 기호표시

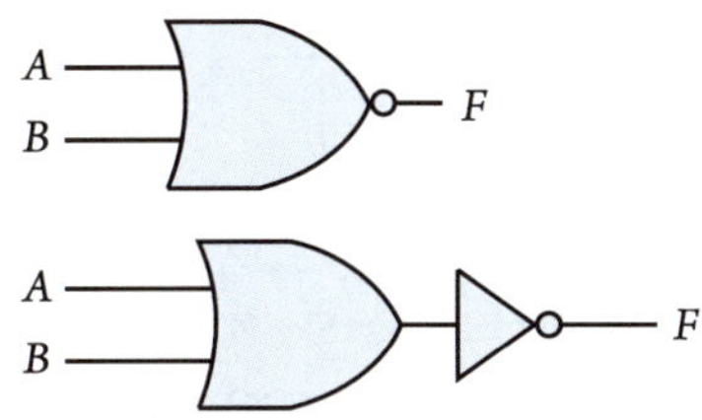

[그림 3-30] NOR게이트 기호표시

(2) NOR게이트의 진리표

2입력 NOR게이트에 대한 논리 동작을 다음 표에서 나타낸다.

[표 3-6] 2입력 NOR게이트 진리표

입력		출력
A	B	F
0(off, 0V)	0(off, 0V)	1(on, 5V)
0(off, 0V)	1(on, 5V)	0(off, 0V)
1(on, 5V)	0(off, 0V)	0(off, 0V)
1(on, 5V)	1(on, 5V)	0(off, 0V)

(3) NOR게이트의 동작특성과 타이밍도

NOR게이트는 모든 입력이 LOW일 때만 HIGH가 되고, 입력 중 어느 하나라도 HIGH가 되면 출력은 LOW가 된다. OR게이트의 반전으로 출력된다.

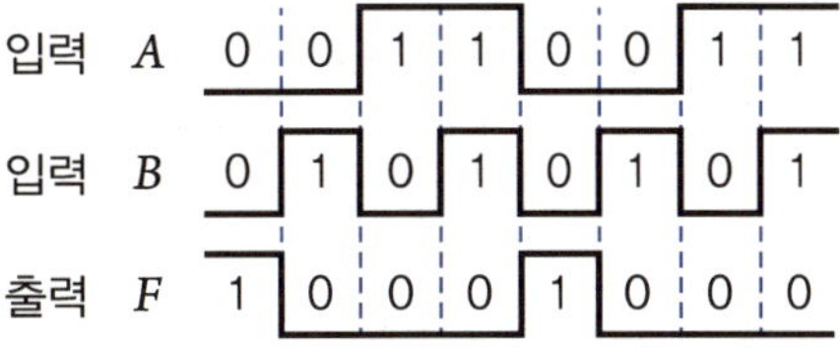

[그림 3-31] NOR게이트의 타이밍도

예제 3-9

두 입력파형 A와 B가 NOR게이트에 인가될 때, 출력파형을 구하시오.

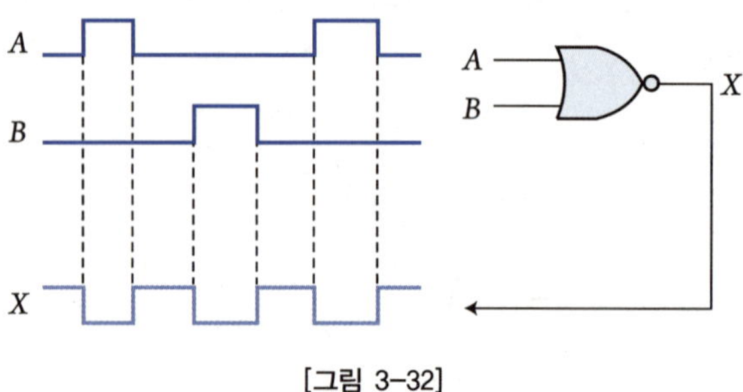

[그림 3-32]

해설

출력파형 X는 타이밍도에서 볼 수 있듯이, 두 입력파형 A와 B 중 하나라도 HIGH면 출력은 LOW가 된다. 즉, NOR게이트의 동작은 어느 입력이라도 HIGH가 되면 출력은 LOW가 된다.

(4) NOR게이트의 논리식

2입력 NOR게이트는 입력 변수의 OR 위에 바(bar)로 표현되듯이, 두 입력 변수 A, B를 먼저 OR한 후에 보수를 취한 것을 의미한다. 두 입력 변수의 가능한 모든 값들에 대한 계산결과는 다음 표와 같다.

$$\overline{0+0} = \overline{0} = 1$$
$$\overline{0+1} = \overline{1} = 0$$
$$\overline{1+0} = \overline{1} = 0$$
$$\overline{1+1} = \overline{1} = 0$$

$$F = \overline{A+B}$$

(5) NOR게이트의 IC 핀 배치도 및 TR 회로

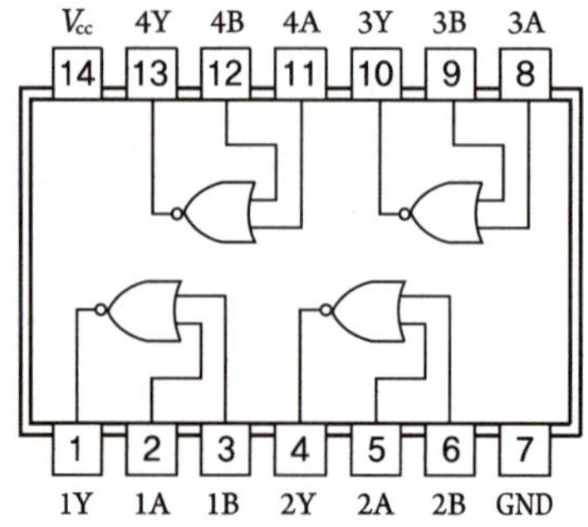

(a) IC 7402 핀 배치도

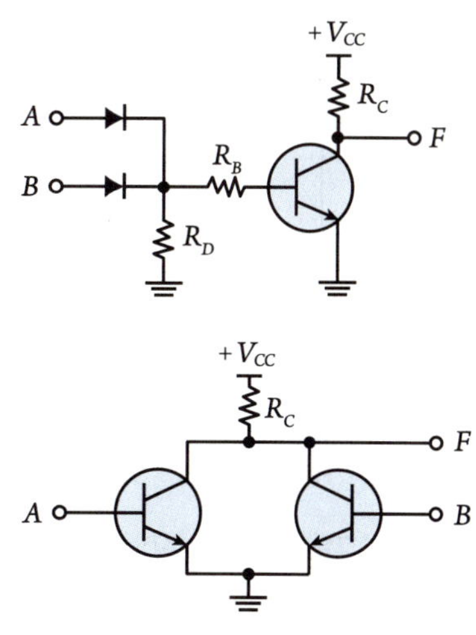

(b) TR 회로 + DIODE 회로

[그림 3-33] NOR게이트의 다른 표현

(6) 3입력 NOR게이트의 개념

① 논리기호와 진리표 및 타이밍도

[표 3-7] 3입력 NOR게이트 진리표

입력			출력
A	B	C	F
0	0	0	1
0	0	1	0
0	1	0	0
0	1	1	0
1	0	0	0
1	0	1	0
1	1	0	0
1	1	1	0

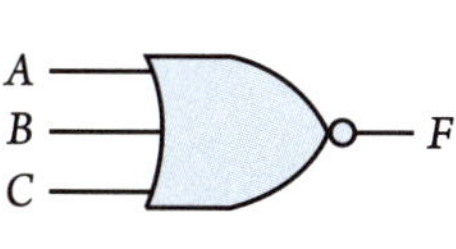

[그림 3-34] 논리기호

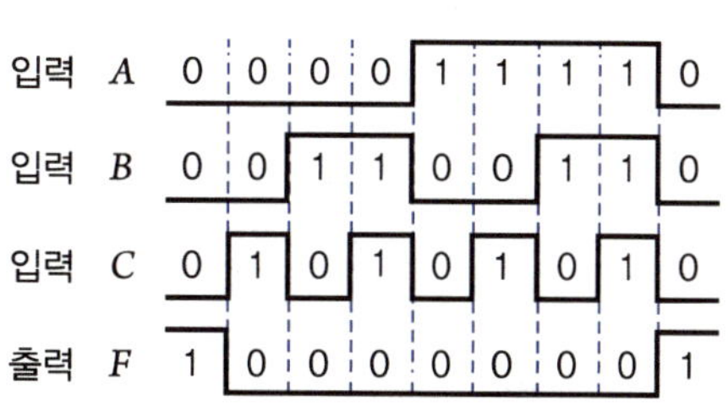

[그림 3-35] 타이밍도

② IC 7411 핀 배치도

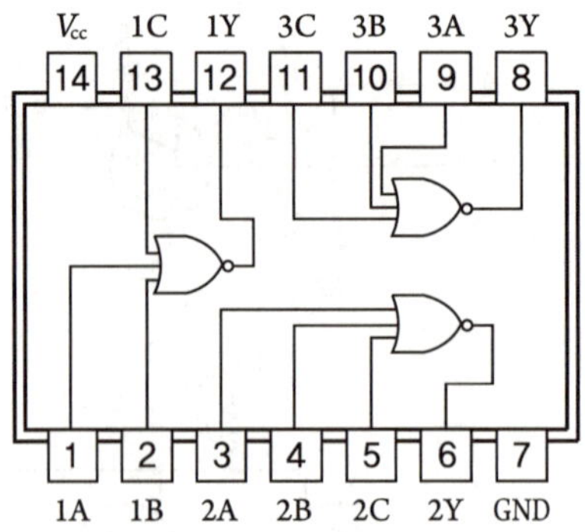

[그림 3-36] IC 7411 핀 배치도

예제 3-10

3입력 NOR게이트에서 입력에 대한 출력파형을 그리시오.

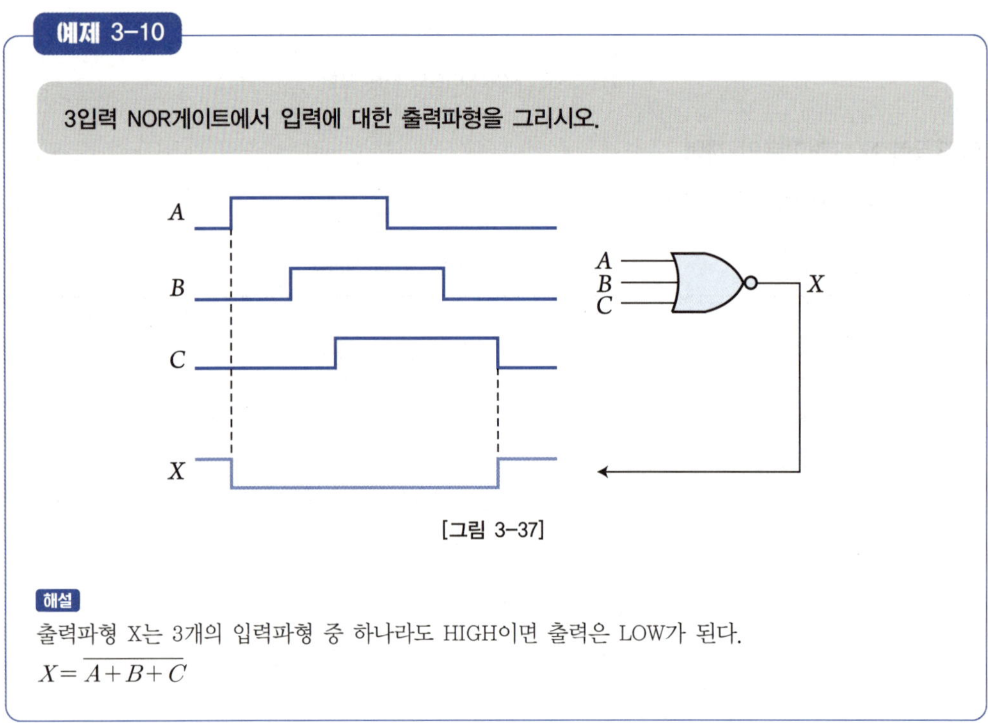

[그림 3-37]

해설

출력파형 X는 3개의 입력파형 중 하나라도 HIGH이면 출력은 LOW가 된다.

$X=\overline{A+B+C}$

6 XOR게이트와 XNOR게이트

(1) XOR게이트 중요

기본 배타적-OR게이트(exclusive-OR gate)는 두 개의 입력과 한 개의 출력을 가지고 있다. 홀수 개의 1(HIGH)이 입력되면 출력이 1(HIGH)이 된다. 또한 모듈로(modulo)-2 덧셈을 수행한다.

① XOR게이트 기호표시

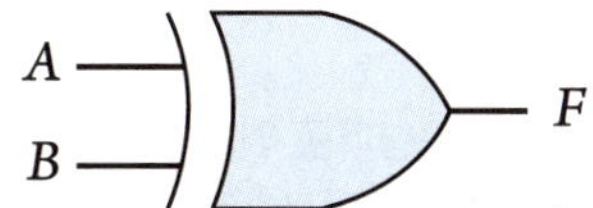

[그림 3-38] 기본 XOR게이트 기호표시

② XOR게이트의 진리표

2입력 XOR게이트에 대한 논리 동작을 다음 표에서 나타낸다.

[표 3-8] 2입력 XOR게이트 진리표

입력		출력
A	B	F
0	0	0
0	1	1
1	0	1
1	1	0

③ XOR게이트의 동작특성과 타이밍도

기본 배타적-OR게이트의 연산에서 입력 A, B의 입력이 다른 경우 즉, A = 0(LOW), B = 1(HIGH) 또는 A = 1(HIGH), B = 0(LOW)인 경우 출력은 1(HIGH)이 된다. 또 두 입력이 같은 경우 즉, A = 0(LOW), B = 0(LOW) 또는 A = 1(HIGH), B = 1(HIGH)인 경우 출력은 0(LOW)이 된다.

또 다른 표현은 입력된 1(HIGH)의 개수가 홀수이면 출력은 1(HIGH)이 되고, 그렇지 않고 입력된 1(HIGH)의 개수가 짝수이면 출력은 0(LOW)이 된다. 즉, **입력된 1의 개수를 출력과 함께 짝수로 만들어 주는 특성**이 있다.

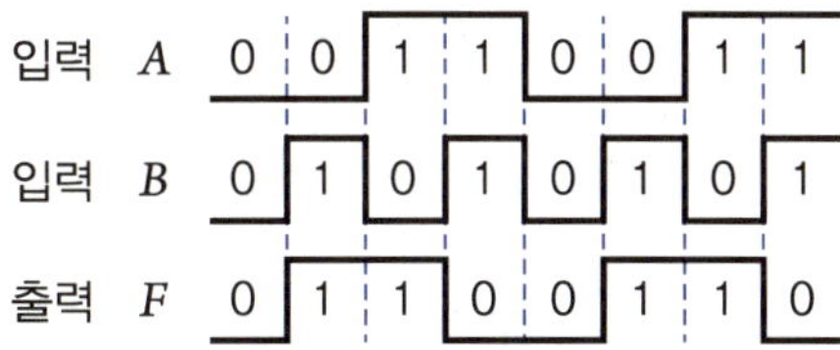

[그림 3-39] XOR게이트의 타이밍도

예제 3-11

2입력 XOR게이트의 한 입력 A에 구형파를 인가하였다. 다른 입력인 B에 0을 인가한 경우와 1을 입력한 경우 각각의 출력파형을 대략적으로 표현하시오.

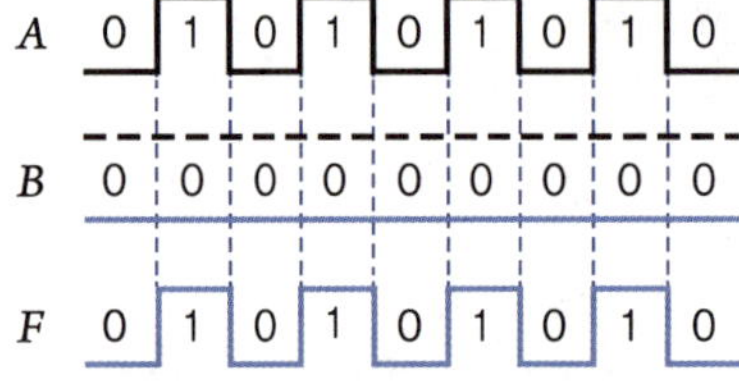

(a) B입력에 0을 입력했을 경우

(b) B입력에 1을 입력했을 경우

[그림 3-40]

해설

(a) 입력 B = 0으로 하면 A와 B가 서로 다른 값인 경우에만 F = 1이 되어 입력 A파형과 같은 출력파형이 보이고,

(b) 입력 B = 1로 하면 A와 B가 서로 다른 값인 경우에만 F = 1이 되므로 입력파형의 반전된 파형이 출력된다.

④ XOR게이트의 논리식

XOR게이트의 출력에 대한 부울대수는 2개의 AND, 한 개의 OR, 두 개의 NOT게이트의 조합으로 표현할 수 있다. 이 표현은 다음 [그림 3-41]과 같이 할 수 있다.

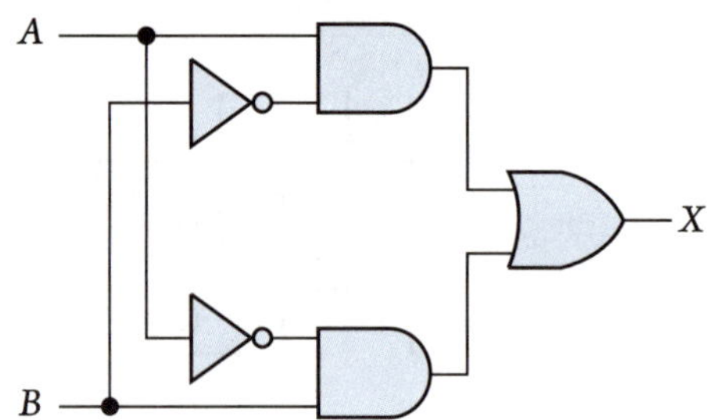

[그림 3-41] XOR게이트의 AND, OR, NOT표현

위의 회로에 대한 출력식은 다음과 같다.

$$X = A\overline{B} + \overline{A}B = A \oplus B$$

⑤ **XOR게이트의 IC 핀 배치도**

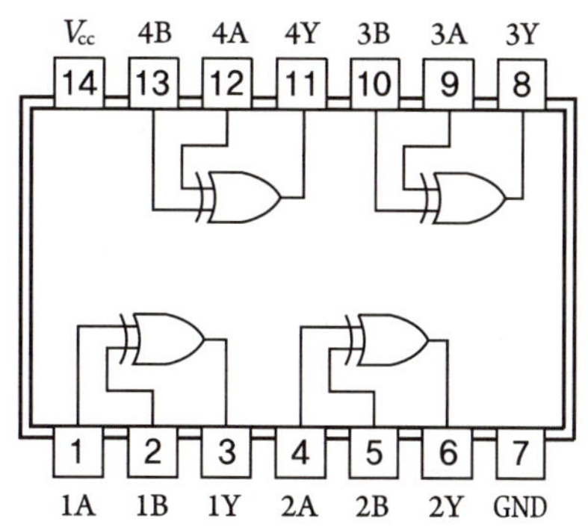

[그림 3-42] IC 7486 핀 배치도

⑥ **3입력 XOR게이트의 개념**

㉠ 논리기호와 진리표 및 타이밍도

[표 3-9] 3입력 XOR게이트 진리표

입력			출력
A	B	C	F
0	0	0	0
0	0	1	1
0	1	0	1
0	1	1	0
1	0	0	1
1	0	1	0
1	1	0	0
1	1	1	1

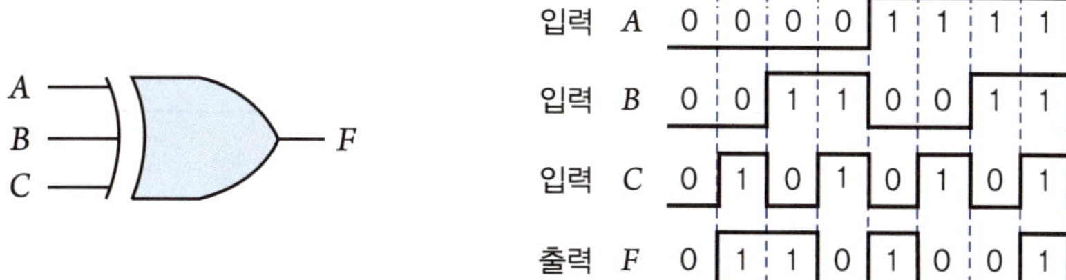

[그림 3-43] 논리기호와 타이밍도

예제 3-12

2입력 XOR게이트 2개를 사용하여 3입력 XOR게이트를 구성한 경우, 이를 진리표를 이용하여 확인해보시오.

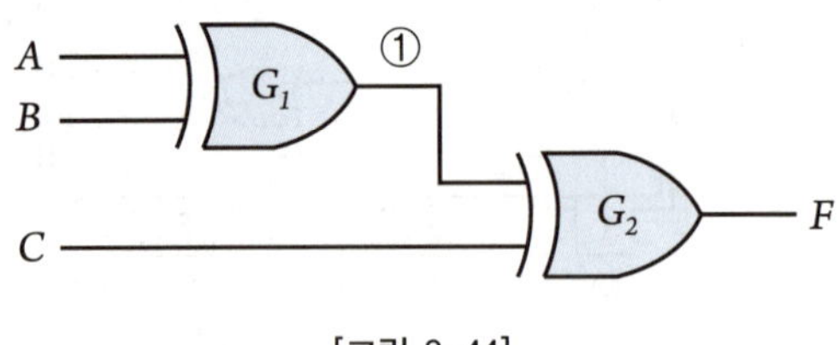

[그림 3-44]

$$F=(A\oplus B)\oplus C=A\oplus B\oplus C$$

해설

입력 A와 B는 XOR(G1)로 들어가 출력 ①로 나오며, 다시 입력 C와 XOR(G2)에서 출력 F로 나온 것이 되므로 이 순서대로 진리표를 작성하면 된다. 입력된 1의 개수를 짝수로 만들기 위한 값을 출력으로 하면 된다. 1이 없는 경우는 1의 개수를 짝수로 본다.

[표 3-10]

입력			출력	
A	B	C	①	F
0	0	0	0	0
0	0	1	0	1
0	1	0	1	1
0	1	1	1	0
1	0	0	1	1
1	0	1	1	0
1	1	0	0	0
1	1	1	0	1

(2) XNOR게이트 중요

기본 배타적-NOR게이트(exclusive-NOR gate)는 두 개의 입력과 한 개의 출력을 가지고 있다. 짝수 개의 1(HIGH)이 입력되면 출력이 1(HIGH)이 되고, 1(HIGH)입력이 없는 0(LOW)만 입력되어도 1의 개수는 짝수로 출력은 1(HIGH)이 된다.

① XNOR게이트 기호표시

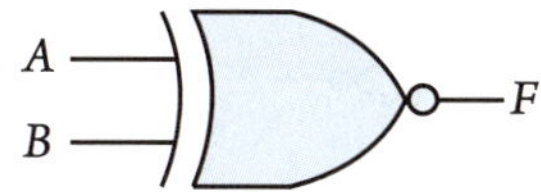

[그림 3-45] 기본 XNOR게이트 기호표시

② XNOR게이트의 진리표

2입력 XNOR게이트에 대한 논리 동작을 다음 표에서 나타낸다.

[표 3-11] 2입력 XNOR게이트 진리표

입력		출력
A	B	F
0	0	1
0	1	0
1	0	0
1	1	1

③ XNOR게이트의 동작특성과 타이밍도

기본 배타적-NOR게이트의 연산에서 입력 A, B의 입력이 같은 경우 즉, A = 0(LOW), B = 0(HIGH) 또는 A = 1(HIGH), B = 1(LOW)인 경우 출력은 1(HIGH)이 된다. 또 두 입력이 다른 경우 즉, A = 0(LOW), B = 1(HIGH) 또는 A = 1(HIGH), B = 0(LOW)인 경우 출력은 0(LOW)이 된다. 또 다른 표현은 입력된 1(HIGH)의 개수가 짝수이면 출력은 1(HIGH)이 되고, 그렇지 않고 입력된 1(HIGH)의 개수가 홀수이면 출력은 0(LOW)이 된다. 즉, **입력된 1의 개수를 출력과 함께 홀수로 만들어 주는 특성**이 있다.

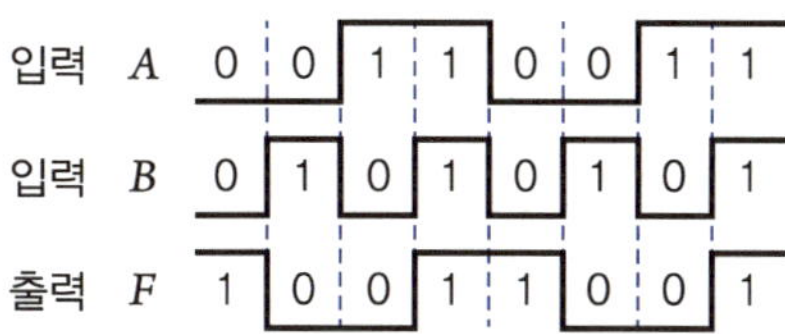

[그림 3-46] XNOR게이트의 타이밍도

④ **XNOR게이트의 논리식**

XNOR게이트의 출력에 대한 부울대수는 2개의 AND, 한 개의 OR, 두 개의 NOT게이트의 조합으로 표현할 수 있다. 이 표현은 다음 [그림 3-47]과 같이 할 수 있다.

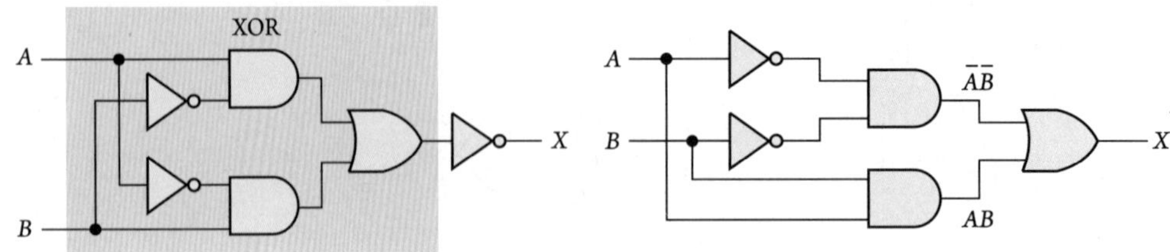

[그림 3-47] XNOR게이트의 XOR, AND, OR, NOT 표현

위의 회로에 대한 출력식은 다음과 같다.

$$X=\overline{A\oplus B}=\overline{A\overline{B}+\overline{A}B}=\overline{(A\overline{B})}\cdot\overline{(\overline{A}B)}=(\overline{A}+B)(A+\overline{B})=\overline{A}A+B\overline{B}+\overline{A}\overline{B}+AB$$
$$=\overline{A}\overline{B}+AB=A\odot B$$

XNOR는 XOR의 반전 개념으로 생각하면 더 쉽게 이해할 수 있다.

⑤ **XNOR게이트의 IC 핀 배치도**

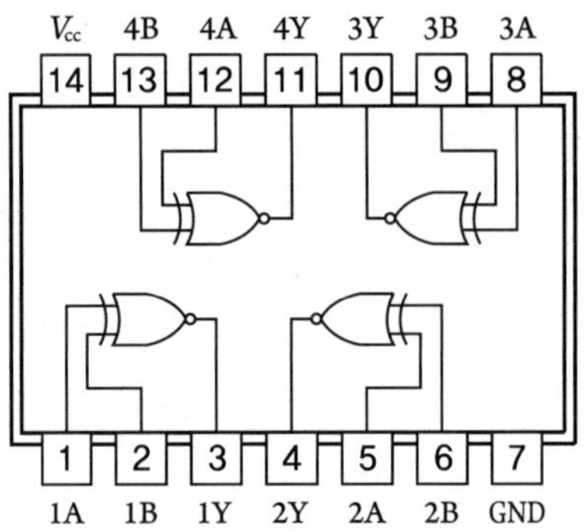

[그림 3-48] IC 74266 핀 배치도

⑥ **3입력 XNOR게이트의 개념**

㉠ 논리기호와 진리표 및 타이밍도

[표 3-12] 3입력 XNOR게이트 진리표

입력			출력
A	B	C	F
0	0	0	1
0	0	1	0
0	1	0	0
0	1	1	1
1	0	0	0
1	0	1	1
1	1	0	1
1	1	1	0

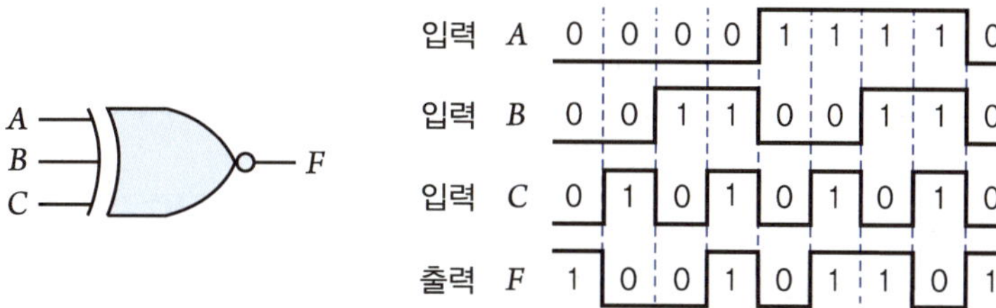

[그림 3-49] 논리기호와 타이밍도

예제 3-13

2입력 XOR게이트와 2입력 XNOR게이트로 구성된 경우, 이를 진리표를 이용하여 확인하시오.

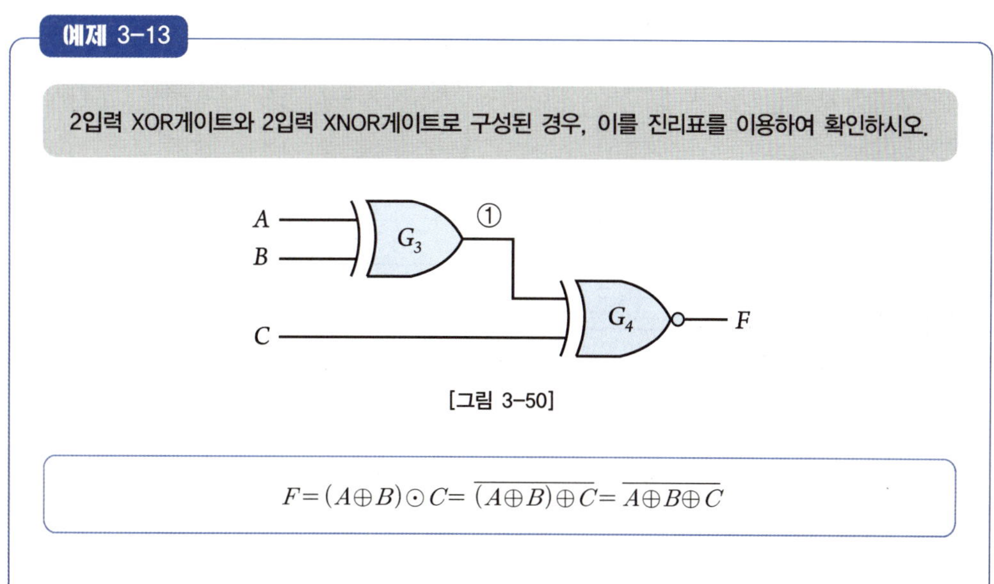

[그림 3-50]

$$F=(A\oplus B)\odot C=\overline{(A\oplus B)\oplus C}=\overline{A\oplus B\oplus C}$$

해설

입력 A와 B는 XOR(G3)으로 들어가 출력 ①로 나오며, 다시 입력 C와 XNOR(G4)에서 출력 F로 나오게 되므로 이 순서대로 진리표를 작성하면 된다. 입력된 1의 개수를 홀수로 만들기 위한 값을 출력으로 하면 된다. 1이 없는 경우는 1의 개수를 짝수로 본다.

[표 3-13]

입력			출력	
A	B	C	①	F
0	0	0	0	1
0	0	1	0	0
0	1	0	1	0
0	1	1	1	1
1	0	0	1	0
1	0	1	1	1
1	1	0	0	1
1	1	1	0	0

더 알아두기

위의 그림과 같이 3입력 XNOR의 경우 3입력 XOR과 다르게 2입력게이트로 표현할 때 주의하기 바란다. 즉, XNOR게이트는 XOR출력의 반전(보수)결과와 같음을 잊지 않도록 한다. 이는 NAND와 NOR도 마찬가지이므로 다음 회로를 보고 숙지하기 바란다.

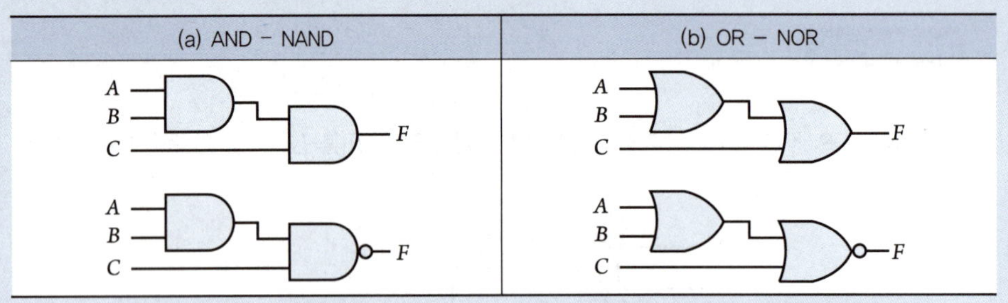

[그림 3-51] 3입력게이트의 2입력게이트 표현

예제 3-14

주어진 입력파형 A와 B에 대해 XOR게이트와 XNOR게이트의 출력파형을 구하시오.

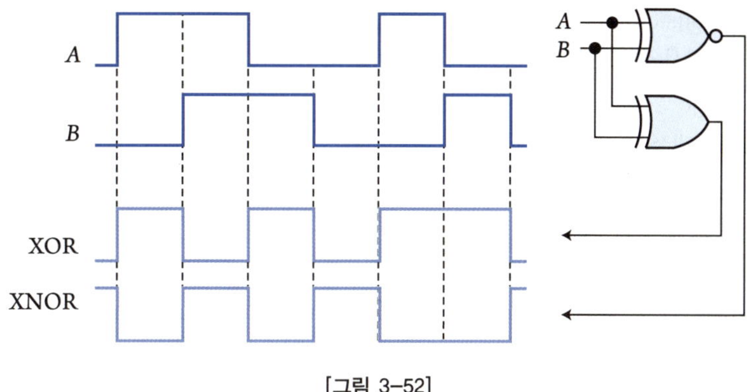

[그림 3-52]

해설

출력파형은 XOR출력과 XNOR출력이 서로 반전됨에 유의하기 바란다.

더 알아두기

XOR게이트는 2비트 모듈로-2 가산기로 사용될 수 있다.

2진 덧셈의 기본규칙은 0 + 0 = 0, 0 + 1 = 1, 1 + 0 = 1, 1 + 1 = 10로 알 수 있고, 두 입력이 모두 1일 경우 출력(합)은 0, 캐리는 무시된다.

입력비트		출력(합)
A	B	Σ
0	0	0
0	1	1
1	0	1
1	1	0(캐리는 무시)

제2절 부울대수

1 부울연산과 부울식

부울대수(boolean algebra)는 1854년 영국의 수학자 조지 부울(George Boole)이 논리계산을 형식화하여 도입한 대수계로, 논리식을 간소화하기 위해 부울대수를 이용하여 논리식을 표현할 수 있다.

(1) 기본적인 부울대수식 표현

AND, OR, NOT을 이용하여 표현한다. AND식은 곱셈의 형식으로 표현하고, OR식은 덧셈의 형식으로 NOT식은 $\overline{A}$ 또는 A'로 표현한다.

(2) 부울 덧셈과 곱셈

완전한 논리식은 입력항목의 상태에 따른 출력을 결정하는 식을 말하며, 다음과 같은 경우로 설명할 수 있다.

① A = 0 and B = 1일 때 출력을 1로 만들려는 경우, 출력 논리식: $F=\overline{A}B$
② A = 0 or B = 1일 때 출력을 1로 만들려는 경우, 출력 논리식: $F=\overline{A}+B$
③ (A = 0 and B = 1) or (A = 1 and B = 0)일 때 출력을 1로 만들려는 경우, 출력 논리식:
$F=\overline{A}B+A\overline{B}$

[표 3-14] 1입력 논리식

입력	출력
A	F
0	$\overline{A}$
1	A

[표 3-15] 2입력 논리식

입력		출력
A	B	F
0	0	$\overline{A}\overline{B}$
0	1	$\overline{A}B$
1	0	$A\overline{B}$
1	1	AB

[표 3-16] 3입력 논리식

입력			출력
A	B	C	F
0	0	0	$\overline{A}\overline{B}\overline{C}$
0	0	1	$\overline{A}\overline{B}C$
0	1	0	$\overline{A}B\overline{C}$
0	1	1	$\overline{A}BC$
1	0	0	$A\overline{B}\overline{C}$
1	0	1	$A\overline{B}C$
1	1	0	$AB\overline{C}$
1	1	1	ABC

예제 3-15

다음 부울대수의 합항 $A+\overline{B}+C+\overline{D}=0$일 때 A, B, C, D의 값을 구하시오.

해설

합항이 0이 되기 위해서 합항에 포함되어 있는 모든 변수들이 0이어야 하므로 $A=0$, $\overline{B}=0$이므로 $B=1$, $C=0$, $\overline{D}=0$이므로 $D=1$이 된다.

$A+\overline{B}+C+\overline{D}=0+\overline{1}+0+\overline{1}=0$

예제 3-16

다음 부울대수 곱항 $A\overline{B}C\overline{D}=1$일 때 A, B, C, D의 값을 구하시오.

해설

항이 1이 되기 위해서는 그 항의 모든 변수들이 1이어야 하므로 $A=1$, $\overline{B}=1$이므로 $B=0$, $C=1$, $\overline{D}=1$이므로 $D=0$이 된다.

$A \cdot \overline{B} \cdot C \cdot \overline{D}=1 \cdot \overline{0} \cdot 1 \cdot \overline{0}=1$

예제 3-17

논리식 $F=A+\overline{B}C$의 진리표를 만드시오.

해설

식 $A=1$이거나 $B=0$이고 $C=1$일 때 원하는 출력($F=1$)을 얻는다.

[표 3-17]

입력			과정				출력
A	B	C	A=1(A)	B=0($\overline{B}$)	C=1(C)	$\overline{B}C$	$F=A+\overline{B}C$
0	0	0		1			0
0	0	1		1	1	1	1
0	1	0					0
0	1	1			1		0
1	0	0	1	1			1
1	0	1	1	1	1	1	1
1	1	0	1				1
1	1	1	1		1		1

2 부울대수의 법칙과 규칙

부울대수의 기본법칙은 덧셈과 곱셈의 교환법칙, 덧셈과 곱셈의 결합법칙과 분배법칙으로 일반 대수학과 같으며, 이 부분에서 각 법칙은 변수의 수에는 제한 없이 적용 가능하다.

(1) 부울대수의 법칙 중요

① 교환법칙

㉠ 덧셈의 교환법칙(commutative law of addition) : 2개의 변수에 대한 덧셈의 교환법칙에서 변수들의 OR연산 순서는 바뀌어도 상관없다.

$$A+B=B+A$$

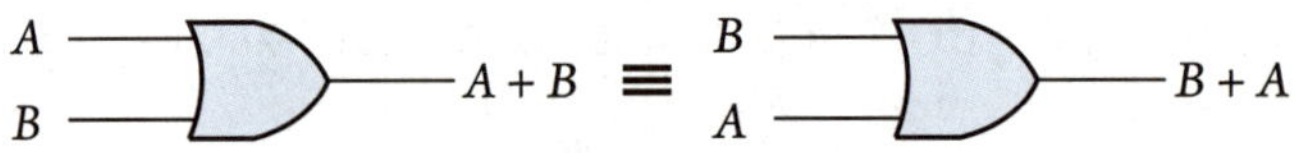

[그림 3-53] 덧셈의 교환법칙

㉡ 곱셈의 교환법칙(commutative law of multiplication) : 2개의 변수에 대한 곱셈의 교환법칙에서 변수들의 AND연산 순서는 바뀌어도 상관없다.

$$A \cdot B=B \cdot A$$

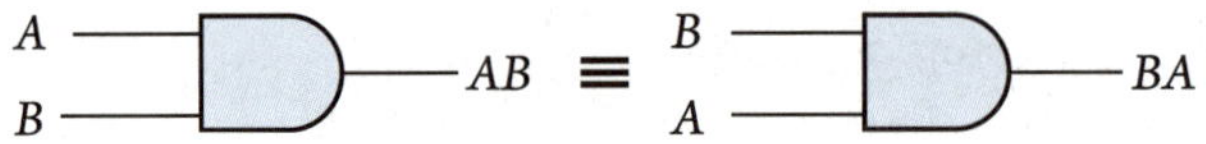

[그림 3-54] 곱셈의 교환법칙

② 결합법칙

㉠ 덧셈의 결합법칙 : 3개 이상의 변수들을 OR하는 경우 변수를 묶는 방법이나 순서에 상관없이 결과는 같다. 2입력 OR게이트에 적용하여 설명하면 다음 그림과 같다.

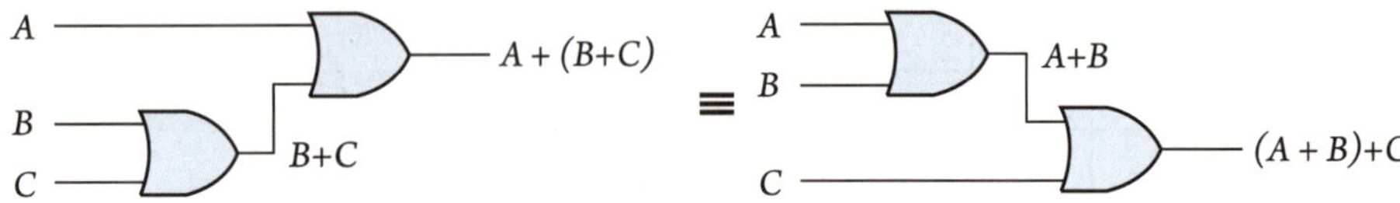

[그림 3-55] 덧셈의 결합법칙

㉡ 곱셈의 결합법칙 : 3개 이상의 변수들을 AND하는 경우 변수를 묶는 방법이나 순서에 상관없이 결과는 같다. 2입력 AND게이트에 적용하여 설명하면 다음 그림과 같다.

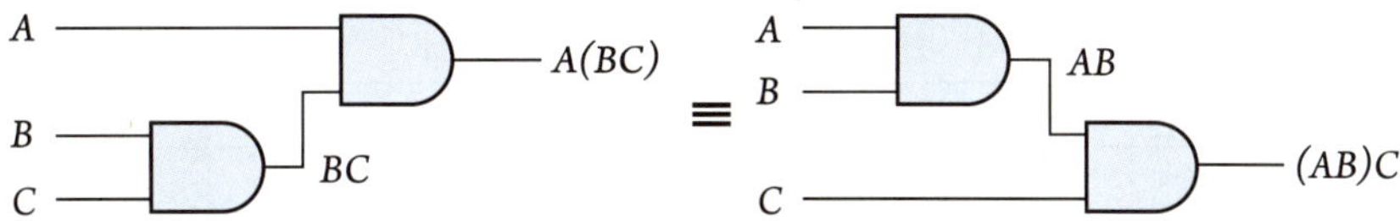

[그림 3-56] 곱셈의 결합법칙

③ **분배법칙** : 3개의 변수의 분배법칙의 경우

$$A(B+C)=AB+AC$$

2개 이상의 변수를 OR하여 다시 단일 변수와 AND한 것은 단일 변수를 각각의 변수와 AND한 후 모든 곱항들을 OR한 것과 같다.

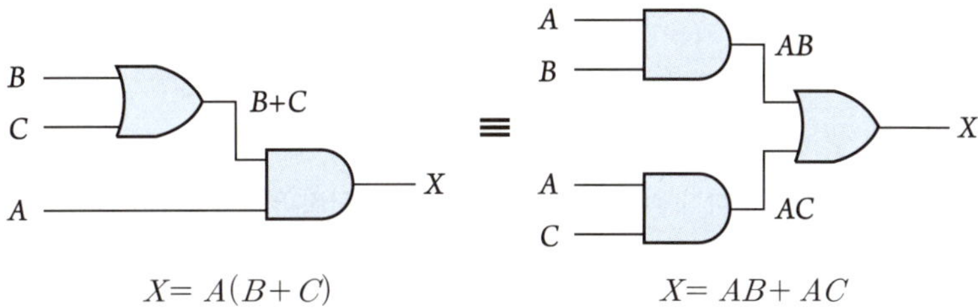

[그림 3-57] 분배법칙

예제 3-18

다음 부울대수식을 진리표를 이용하여 증명하시오.

$A+B \cdot C=(A+B)(A+C)$

해설

우변을 정리하면

$(A+B)(A+C)=AA+AC+AB+BC$
$=A+AC+AB+BC=A(1+C+B)+BC$
$=A+BC$

[표 3-18]

입력			좌측항		우측항		
A	B	C	$B \cdot C$	$A+B \cdot C$	$A+B$	$A+C$	$(A+B)(A+C)$
0	0	0	0	0	0	0	0
0	0	1	0	0	0	1	0
0	1	0	0	0	1	0	0
0	1	1	1	1	1	1	1
1	0	0	0	1	1	1	1
1	0	1	0	1	1	1	1
1	1	0	0	1	1	1	1
1	1	1	1	1	1	1	1

(2) 부울대수의 규칙 중요 기출

부울식을 계산하고 간략화하는 데 유용하게 사용할 수 있는 기본공리를 일반공식으로 나타내는 방법 및 부울대수의 기본법칙을 다음 표에 정리하였다.

더 알아두기

공리

공리는 논리적 체계를 구성하기 위해 가장 기본이 되는 몇 가지 명제들을 증명없이 받아들이기로 하고 사용하는 것을 말한다.

1	$A+0=A$		12	$(A+B)+C=A+(B+C)$	결합법칙
2	$A+1=1$		13	$A \cdot B=B \cdot A$	
3	$A \cdot 0=0$		14	$A \cdot (B+C)=A \cdot B+A \cdot C$	분배법칙
4	$A \cdot 1=A$		15	$A+B \cdot C=(A+B) \cdot (A+C)$	
5	$A+A=A$		16	$\overline{A+B}=\overline{A} \cdot \overline{B}$	드모르간의 정리
6	$A+\overline{A}=1$		17	$\overline{A \cdot B}=\overline{A}+\overline{B}$	
7	$A \cdot A=A$		18	$A+A \cdot B=A$	흡수법칙
8	$A \cdot \overline{A}=0$		19	$A \cdot (A+B)=A$	
9	$\overline{\overline{A}}=A$		20	$AB+BC+\overline{A}C=AB+\overline{A}C$	합의 정리
10	$A+B=B+A$	교환법칙	21	$(A+B)(B+C)(\overline{A}+C)$ $=(A+B)(\overline{A}+C)$	
11	$A \cdot B=B \cdot A$				

1	$A+0=A$	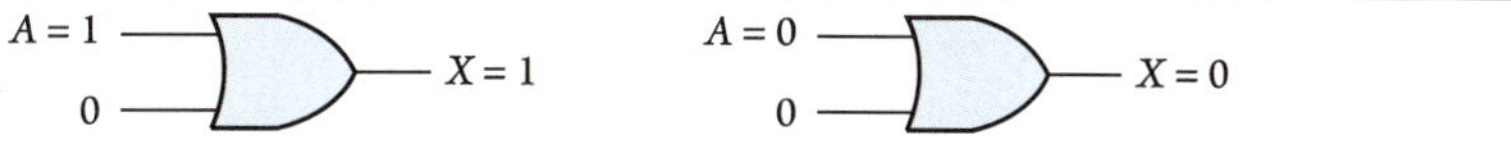 $A=1$, 0 → $X=1$	$A=0$, 0 → $X=0$
2	$A+1=1$	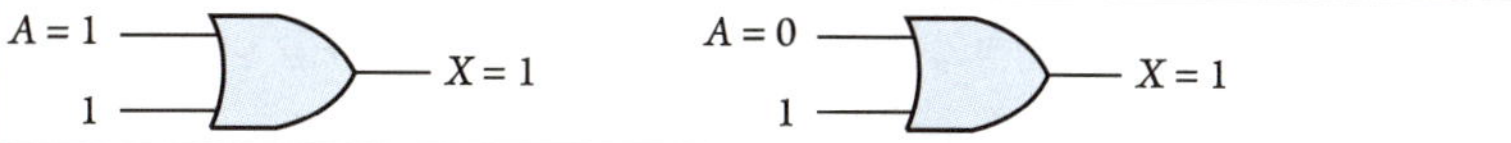 $A=1$, 1 → $X=1$	$A=0$, 1 → $X=1$
3	$A \cdot 0=0$	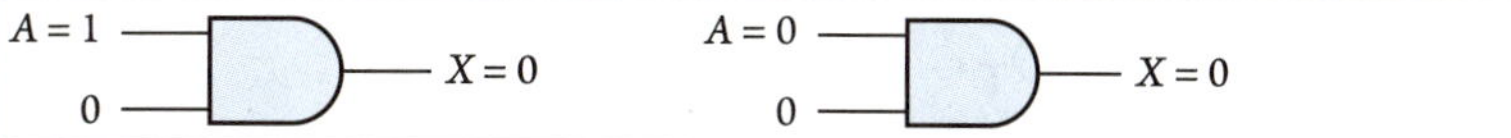 $A=1$, 0 → $X=0$	$A=0$, 0 → $X=0$
4	$A \cdot 1=A$	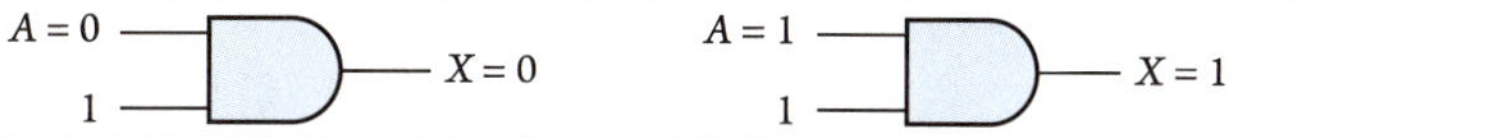 $A=0$, 1 → $X=0$	$A=1$, 1 → $X=1$
5	$A+A=A$	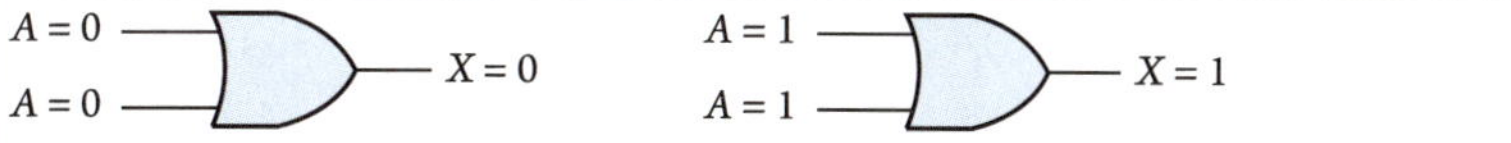 $A=0$, $A=0$ → $X=0$	$A=1$, $A=1$ → $X=1$
6	$A+\overline{A}=1$	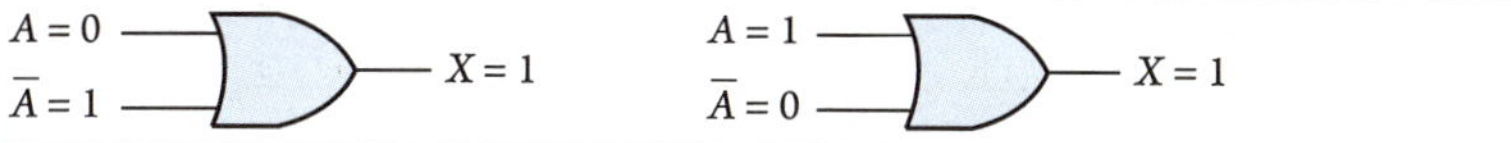 $A=0$, $\overline{A}=1$ → $X=1$	$A=1$, $\overline{A}=0$ → $X=1$
7	$A \cdot A=A$	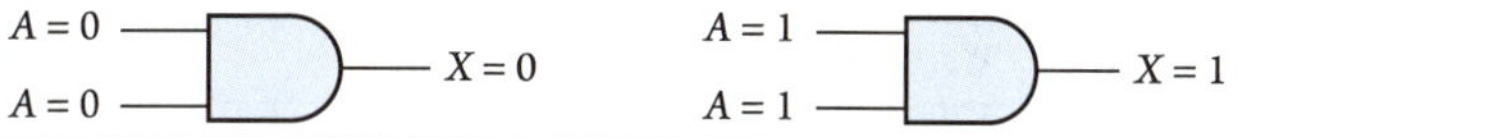 $A=0$, $A=0$ → $X=0$	$A=1$, $A=1$ → $X=1$
8	$A \cdot \overline{A}=0$	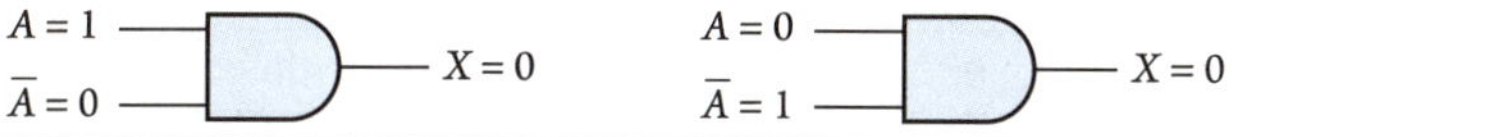 $A=1$, $\overline{A}=0$ → $X=0$	$A=0$, $\overline{A}=1$ → $X=0$
9	$\overline{\overline{A}}=A$	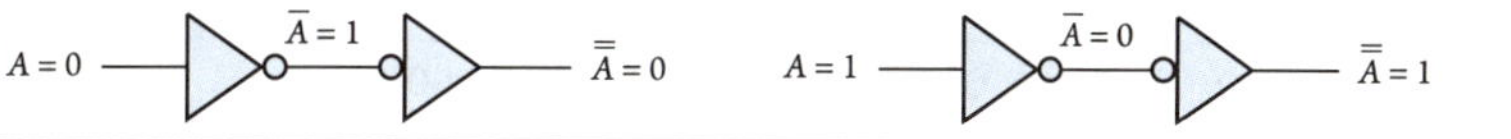 $A=0$ → $\overline{A}=1$ → $\overline{\overline{A}}=0$	$A=1$ → $\overline{A}=0$ → $\overline{\overline{A}}=1$

10 $A+A \cdot B = A$

$A+A \cdot B = A \cdot 1 + AB = A(1+B) = A \cdot 1 = A$

A	B	AB	$A+AB$
0	0	0	0
0	1	0	0
1	0	0	1
1	1	1	1

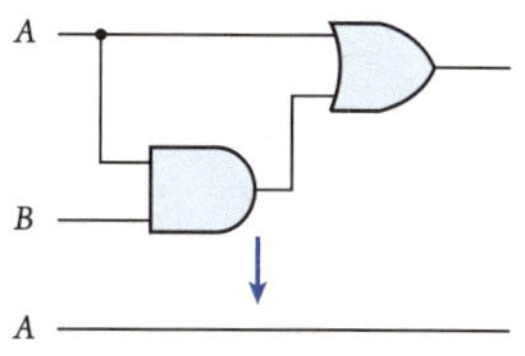

A, B → A

[A신호 직접연결]

11 $A+\overline{A}B = A+B$

$A+\overline{A}B = (A+AB)+\overline{A}B = (AA+AB)+\overline{A}B$
$= AA+AB+A\overline{A}+\overline{A}B = (A+\overline{A})(A+B) = 1 \cdot (A+B)$
$= A+B$

[표 3-19]

A	B	$\overline{A}B$	$A+\overline{A}B$	$A+B$
0	0	0	0	0
0	1	1	1	1
1	0	0	1	1
1	1	0	1	1

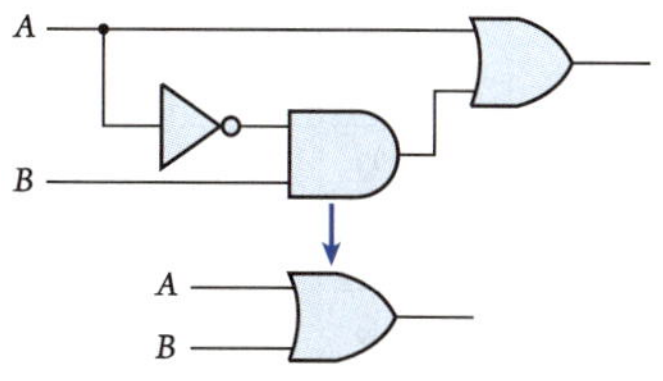

A, B → A, B

예제 3-19

부울대수의 기본법칙의 합의 정리를 기본법칙과 진리표를 이용하여 증명하시오.

(1) $AB+BC+\overline{A}C=AB+\overline{A}C$

(2) $(A+B)(B+C)(\overline{A}+C)=(A+B)(\overline{A}+C)$

해설

(1) $AB+BC+\overline{A}C=AB+(A+\overline{A})BC+\overline{A}C=AB+ABC+\overline{A}BC+\overline{A}C$
$=A(B\cdot 1+BC)+\overline{A}(C\cdot 1+BC)=AB(1+C)+\overline{A}C(1+B)$
$=AB+\overline{A}C$

입력			좌측항식				우측항식		
A	B	C	AB	BC	$\overline{A}C$	$AB+BC+\overline{A}C$	AB	$\overline{A}C$	$AB+\overline{A}C$
0	0	0	0	0	0	0	0	0	0
0	0	1	0	0	1	1	0	1	1
0	1	0	0	0	0	0	0	0	0
0	1	1	0	1	1	1	0	1	1
1	0	0	0	0	0	0	0	0	0
1	0	1	0	0	0	0	0	0	0
1	1	0	1	0	0	1	1	0	1
1	1	1	1	1	0	1	1	0	1

(2) $(A+B)(B+C)(\overline{A}+C)=(A+B)(A\overline{A}+B+C)(\overline{A}+C)$
$=(A+B+0)(A+B+C)(\overline{A}+B+C)(\overline{A}+0+C)$
$=(A+B+0\cdot C)(\overline{A}+0\cdot B+C)$
$=(A+B)(\overline{A}+C)$

입력			좌측항식				우측항식		
A	B	C	$A+B$	$B+C$	$\overline{A}+C$	$(A+B)(B+C)(\overline{A}+C)$	$A+B$	$\overline{A}+C$	$(A+B)(\overline{A}+C)$
0	0	0	0	0	1	0	0	1	0
0	0	1	0	1	1	0	0	1	0
0	1	0	1	1	1	1	1	1	1
0	1	1	1	1	1	1	1	1	1
1	0	0	1	0	0	0	1	0	0
1	0	1	1	1	1	1	1	1	1
1	1	0	1	1	0	0	1	0	0
1	1	1	1	1	1	1	1	1	1

더 알아두기

쌍대성

쌍대성(Duality)은 부울대수 공리나 기본법칙에서 좌우 한 쌍에서 0과 1을 서로 바꾸고 동시에 '·'와 '+'를 서로 바꾸면 다른 한 쪽이 얻어지는 성질이다. 한 쪽을 다른 쪽의 쌍대라고 한다.

(3) 드모르간의 정리 중요

드모르간(De Morgan)은 부울의 절친한 수학자로 부울대수에서 중요한 역할을 하는 두 가지 정리를 제안하였다. 실제적인 의미로 드모르간의 정리는 NAND와 Negative-OR게이트의 등가성과 NOR과 Negative-AND게이트의 등가성을 수학적으로 증명한 것이다.

① **변수들의 곱의 보수는 보수화된 변수의 합과 같음**

드모르간의 정리를 적용하여 변수의 곱항 위에 있는 바(bar)를 나누고 AND를 OR로 교체할 수 있다. 두 개 이상의 변수를 AND한 결과의 보수는 각각의 변수의 보수들을 OR한 것과 같다.

$$\overline{XY} = \overline{X} + \overline{Y}$$

[그림 3-58] 드모르간의 정리(NAND와 Negative-OR)

[표 3-20] NAND와 Negative-OR의 진리표

입력		출력	
X	Y	$\overline{XY}$	$\overline{X}+\overline{Y}$
0	0	1	1
0	1	1	1
1	0	1	1
1	1	0	0

② **변수들의 합의 보수는 보수화된 변수의 곱과 같음**

두 개 이상의 변수를 OR한 결과의 보수는 각각의 변수의 보수들을 AND한 것과 같다.

$$\overline{X+Y} = \overline{X}\,\overline{Y}$$

[그림 3-59] 드모르간의 정리(NOR과 Negative-AND)

[표 3-21] NOR과 Negative-AND의 진리표

입력		출력	
X	Y	$\overline{X+Y}$	$\overline{X}\,\overline{Y}$
0	0	1	1
0	1	0	0
1	0	0	0
1	1	0	0

③ **드모르간의 정리의 일반식** : 항의 개수가 많아도 다음 표와 같이 적용할 수 있다.

[표 3-22] 드모르간의 정리의 일반식

3항 드모르간의 정리	$\overline{A+B+C} = \overline{A}\cdot\overline{B}\cdot\overline{C}$, $\overline{ABC} = \overline{A}+\overline{B}+\overline{C}$
4항 드모르간의 정리	$\overline{A+B+C+D} = \overline{A}\cdot\overline{B}\cdot\overline{C}\cdot\overline{D}$ $\overline{ABCD} = \overline{A}+\overline{B}+\overline{C}+\overline{D}$
일반식	$\overline{A_1+A_2+A_3+\ldots+A_n} = \overline{A_1}\cdot\overline{A_2}\cdot\overline{A_3}\cdot\ldots\cdot\overline{A_n}$ $\overline{A_1\cdot A_2\cdot A_3\cdot\ldots\cdot A_n} = \overline{A_1}+\overline{A_2}+\overline{A_3}+\ldots+\overline{A_n}$

예제 3-20

다음의 식에 대해 드모르간의 정리를 적용하여 정리하시오.

(1) $\overline{(A+B)D}$ (2) $\overline{ABC+DE}$

(3) $\overline{\overline{(A+B)}+C}$ (4) $\overline{(\overline{A}+B)+\overline{C}}$

해설

(1) $\overline{(A+B)D} = \overline{(A+B)}+\overline{D} = \overline{A}\,\overline{B}+\overline{D}$

(2) $\overline{ABC+DE} = \overline{ABC}\cdot\overline{DE} = (\overline{A}+\overline{B}+\overline{C})(\overline{D}+\overline{E})$

(3) $\overline{\overline{(A+B)}+C} = \overline{\overline{(A+B)}}\cdot\overline{C} = (A+B)\overline{C}$

(4) $\overline{(\overline{A}+B)+\overline{C}} = \overline{(\overline{A}+B)}\cdot\overline{\overline{C}} = (\overline{\overline{A}}\cdot\overline{B})C = A\overline{B}C$

(4) 논리회로의 부울 분석

부울대수는 논리게이트의 조합으로 이루어진 논리회로의 연산을 표현하는 간결한 방법을 제공하여 다양한 입력 값의 조합에 대한 출력을 쉽게 나타낼 수 있다.

① 논리회로에 대한 부울식

주어진 조합논리회로의 부울식을 유도하기 위해 가장 좌측(입력 쪽)으로부터 최종 우측(출력 쪽)으로 각 게이트에 대한 식을 차례로 표현한다.

예제 3-21

다음 회로에 대한 부울식을 단계별로 구하시오.

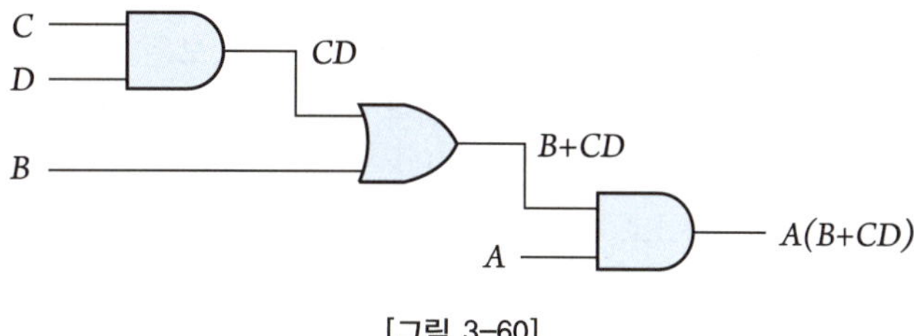

[그림 3-60]

해설

① 입력 C, D를 가진 좌측의 AND게이트에 대한 식 : CD

② OR게이트의 입력 중의 하나는 좌측 AND게이트의 출력, 다른 입력은 B로 OR게이트에 대한 식 : $B+CD$

③ 가장 우측 AND게이트의 입력은 OR게이트의 출력, 다른 입력은 A로 최총 우측 게이트인 AND게이트에 대한 식 : $A(B+CD)$가 최종 출력식이다.

예제 3-22

다음 논리회로의 논리식을 구하시오.

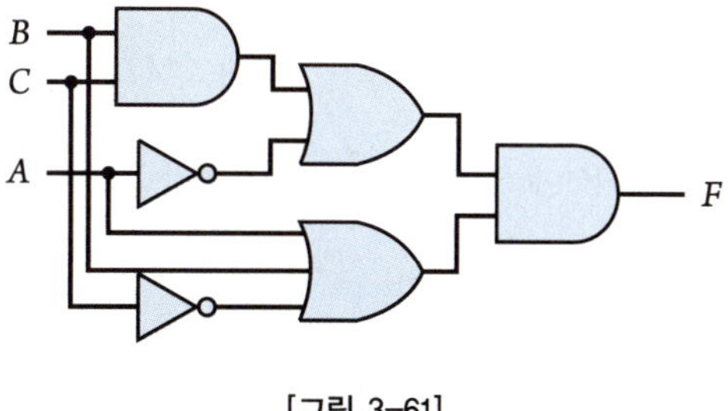

[그림 3-61]

해설

입력단에서부터 출력단으로 게이트를 거칠 때마다 논리식을 하나씩 적어 나가면서 최종단을 결정한다.

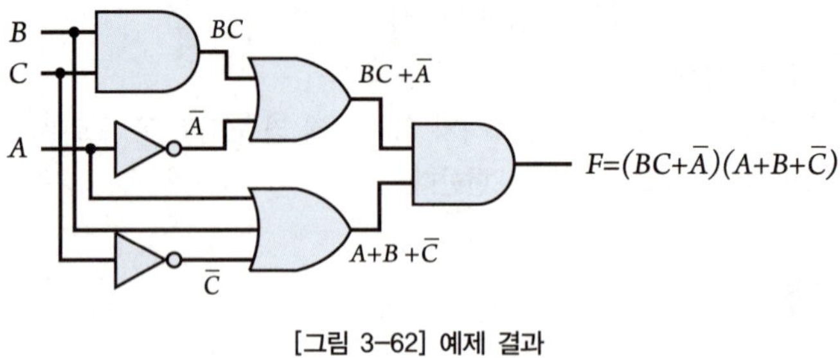

[그림 3-62] 예제 결과

② **논리회로에 대한 진리표 작성**

주어진 조합논리회로에 대한 부울식이 결정되면, 입력 변수의 모든 가능한 값에 대한 출력을 나타내는 진리표를 만들 수 있다. 이 과정을 통해 입력 변수의 모든 가능한 조합에 대한 부울식 계산을 하여 입력 변수에 따라 변수의 조합을 결정한다.

㉠ 식의 계산 : 출력 결과를 1로 만드는 변수를 찾는다.

㉡ 진리표를 작성 : 출력 결과 1을 제외하고 모두 0을 기입한다.

예제 3-23

[그림 3-60] 회로의 진리표를 작성하시오.

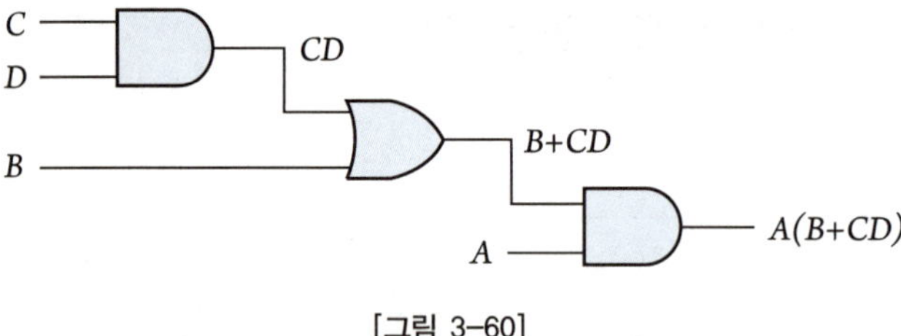

[그림 3-60]

해설

① 식의 계산 : 결과를 1로 만드는 변수를 찾는다.

- $A(B+CD)$ 의 결과를 1로 만드는 경우 : $A=1$이고, $(B+CD)=1$이다.
  $A(B+CD)=1 \cdot 1=1$
- $B+CD$의 결과가 1로 되어야 하는 경우 : $B=1$이거나 $CD=1$ 또는 B와 CD가 모두 1일 때 1이 된다.
  $B+CD=1+0=1, 0+1=1, 1+1=1$
- CD항은 $C=1$이고 $D=1$일 때만 1이다.
- 식 $A(B+CD)$은 C와 D의 값에 관계없이 $A=1, B=1$일 경우 또한 B의 값에 관계없이 $A=1, C=1, D=1$일 때 1이다. 그 외의 모든 다른 조합에 대해서는 모두 0이 된다.

② 진리표 작성

[표 3-23] [그림 3-60] 회로에 대한 진리표

입력				출력
A	B	C	D	$A(B+CD)$
0	0	0	0	0
0	0	0	1	0
0	0	1	0	0
0	0	1	1	0
0	1	0	0	0
0	1	0	1	0
0	1	1	0	0
0	1	1	1	0
1	0	0	0	0
1	0	0	1	0
1	0	1	0	0
1	0	1	1	1
1	1	0	0	1
1	1	0	1	1
1	1	1	0	1
1	1	1	1	1

(5) 부울대수를 이용한 간략화 중요

부울대수를 적용하는 대부분의 경우에 식을 가장 효과적(간략화된 형태)으로 구현할 수 있도록 특정식을 가장 간략한 형태로 하거나 또는 편리한 형태로 표현해야 한다. 부울식을 조작하여 간략화하기 위해 부울대수의 기본법칙, 규칙과 정리를 적용한다. 간략화는 같은 기능에 대해 게이트를 적게 사용하는 것을 의미한다.

예제 3-24

부울대수를 사용하여 다음 식을 간략화하시오.

$AB+A(B+C)+B(B+C)$

해설

다음과 같은 단계를 간략화하는 과정을 참조하기 바란다.

① 분배법칙을 적용하여 식을 정리 : $AB+AB+AC+BB+BC$

② $BB=B$로 정리 : $AB+AB+AC+B+BC$

③ $AB+AB=AB$로 정리 : $AB+AC+B+BC$

④ $B+BC=B$로 정리 : $AB+AC+B$

⑤ $AB+B=B$로 정리 : $B+AC$(최종 간략화)

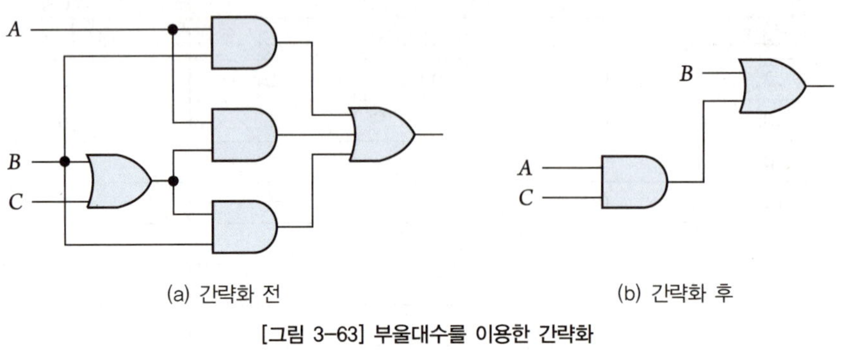

(a) 간략화 전 (b) 간략화 후

[그림 3-63] 부울대수를 이용한 간략화

예제 3-25

다음 부울식을 간략화하시오.

$[A\overline{B}(C+BD)+\overline{A}\,\overline{B}]C$

해설

다음과 같이 단계를 간략화하는 과정을 참조하기 바란다.

① 대괄호 항을 분배법칙으로 정리 : $(A\overline{B}C+A\overline{B}BD+\overline{A}\,\overline{B})C$

② $\overline{B}B=0$로 정리 : $(A\overline{B}C+\overline{A}\,\overline{B})C$

③ 괄호를 분배법칙으로 정리 : $A\overline{B}CC+\overline{A}\,\overline{B}C$

④ $CC=C$로 정리 : $A\overline{B}C+\overline{A}\,\overline{B}C$

⑤ $\overline{B}C$로 묶어 정리 : $\overline{B}C(A+\overline{A})$

⑥ $A+\overline{A}=1$로 정리 : $\overline{B}C$

예제 3-26

다음 부울식을 간략화하시오.

$\overline{AB+AC}+\overline{A}\,\overline{B}C$

해설

다음과 같이 단계를 간략화하는 과정을 참조하기 바란다.

① 드모르간의 정리 : $(\overline{AB})(\overline{AC})+\overline{A}\,\overline{B}C$

② 괄호안의 드모르간의 정리 : $(\overline{A}+\overline{B})(\overline{A}+\overline{C})+\overline{A}\,\overline{B}C$

③ 분배법칙으로 정리 : $\overline{A}\,\overline{A}+\overline{A}\,\overline{B}+\overline{A}\,\overline{C}+\overline{B}\,\overline{C}+\overline{A}\,\overline{B}C$
④ $\overline{A}\,\overline{A}=\overline{A}$으로 정리 : $\overline{A}+\overline{A}\,\overline{B}+\overline{A}\,\overline{C}+\overline{B}\,\overline{C}+\overline{A}\,\overline{B}C$
⑤ $\overline{A}\,\overline{B}$항을 묶음 정리 : $\overline{A}+\overline{A}\,\overline{B}(1+C)+\overline{A}\,\overline{C}+\overline{B}\,\overline{C}=\overline{A}+\overline{A}\,\overline{B}+\overline{A}\,\overline{C}+\overline{B}\,\overline{C}$
⑥ $\overline{A}(1+\overline{B}+\overline{C})$로 정리 : $\overline{A}(1+\overline{B}+\overline{C})+\overline{B}\,\overline{C}$
⑦ $1+\overline{B}+\overline{C}=1$로 정리 : $\overline{A}+\overline{B}\,\overline{C}$

제3절 부울함수의 표준형

모든 부울식은 두 가지 표준형의 곱의 합(SOP : Sum-Of-Product) 또는 합의 곱(POS : Product-Of-Sum) 형태 중의 하나로 변환될 수 있고, 표준형으로 표현할 경우 부울식을 계산하고 간략화하고 구현하는 과정을 보다 더 조직적으로 쉽게 할 수 있다.

1 곱의 합형(SOP : Sum-Of-Product) 중요

곱항은 변수들의 곱으로 구성하는 항으로 **2개 이상의 곱항이 부울 덧셈에 의해 더해질 때**, 결과식을 곱의 합이라고 한다.

(1) SOP식의 AND/OR 구현

SOP식의 구현은 2개 이상의 AND게이트 출력을 단순히 OR하면 된다. 곱항은 AND연산에 의해 이루어지고, 2개 이상의 곱항의 덧셈은 OR연산에 의해 표현되는 AND-OR논리에 의해 구현될 수 있다.

[SOP의 여러 가지 예]

$F=\overline{A}BC+\overline{A}\,\overline{B}CD+\overline{C}D$
$F=AB+BC+CD$
$F=A+B+C+D$
$F=A\overline{D}$
$F=D$

① **일반식을 SOP형으로 변환**

모든 논리식은 부울대수 기법을 적용하여 SOP형으로 변환할 수 있다.

예제 3-27

다음 부울식을 SOP형으로 변환하시오.

(1) $AB+B(A+D)$ (2) $(A+B)(A+C)$ (3) $\overline{\overline{(A+B)}+CD}$

해설

(1) $AB+B(A+D)=AB+AB+BD=AB+BD$

(2) $(A+B)(A+C)=AA+AC+AB+BC=A+AC+AB+BC$

(3) $\overline{\overline{(A+B)}+CD}=\overline{\overline{A+B}}\cdot\overline{CD}=(A+B)(\overline{C}+\overline{D})=A\overline{C}+A\overline{D}+B\overline{C}+B\overline{D}$

② 표준 SOP형

일반적으로 보았던 SOP의 곱항에는 모든 변수들을 포함하지 않을 수도 있지만, 표준 SOP식은 모든 변수를 포함하는 SOP형으로 나타내는 식이다. 표준 SOP형으로 표현하는 것은 카르노맵 간략화방법에서 매우 중요한 역할을 하며 비표준 SOP식을 부울대수를 이용하여 표준형으로 변환할 수 있다.

㉠ 곱항을 표준 SOP형으로의 변환

SOP식에서 모든 변수들을 포함하지 않는 각 곱항들은 모든 변수나 보수를 포함하는 표준형으로 확장할 수 있고 다음과 같은 과정을 통해 변환할 수 있다.

- 각 비표준 곱항에 빠진 변수와 그 변수의 보수의 합으로 이루어진 항을 곱한다.
- 모든 곱항의 모든 변수, 보수형 또는 비보수형을 포함할 때까지 이전 과정을 반복한다.

즉, 여기에서 보수형과 비보수형이란 예를 들면, A에 대한 보수형은 $\overline{A}$이다. 다시 말하면, 표준 SOP형태로 만들기 위해 빠져 있는 변수를 추가하는 방법으로 다음 예제에서 확인하기 바란다.

예제 3-28

다음 부울식을 표준 SOP형으로 변환하시오.

$A\overline{B}C+\overline{A}\,\overline{B}+AB\overline{C}D$

해설

표준 SOP형으로 표현되기 위해서는 모든 변수들이 보수형이든, 비보수형이든 나타나야 하며, 그 만드는 과정은 다음과 같다. 또한 빠져 있는 항들에 대한 추가작업은 부울대수 간략화 과정을 통해 생략될 수 있는 항들이므로 표준 SOP형으로 만들기 위한 과정이라고 생각하면 된다.

그러므로 빠져있는 변수 항과 보수의 합을 추가하면

① $A\overline{B}C=A\overline{B}C(D+\overline{D})=A\overline{B}CD+A\overline{B}C\overline{D}$

② $\overline{A}\,\overline{B}=\overline{A}\,\overline{B}(C+\overline{C})=\overline{A}\,\overline{B}C+\overline{A}\,\overline{B}\,\overline{C}$

③ $\overline{A}\,\overline{B}C=\overline{A}\,\overline{B}C(D+\overline{D})=\overline{A}\,\overline{B}CD+\overline{A}\,\overline{B}C\overline{D}$

④ $\overline{A}\,\overline{B}\,\overline{C}=\overline{A}\,\overline{B}\,\overline{C}(D+\overline{D})=\overline{A}\,\overline{B}\,\overline{C}D+\overline{A}\,\overline{B}\,\overline{C}\,\overline{D}$

$A\overline{B}C + \overline{A}\,\overline{B} + AB\overline{C}D$
$= A\overline{B}CD + A\overline{B}C\overline{D} + \overline{A}\,\overline{B}CD + \overline{A}\,\overline{B}C\overline{D} + \overline{A}\,\overline{B}\,\overline{C}D + \overline{A}\,\overline{B}\,\overline{C}\,\overline{D} + AB\overline{C}D$

ⓛ 표준 곱항의 2진수 표현

표준 곱항은 변수 값의 여러 조합 중 한 가지 경우에 대해서만 1이 된다. 또한 AND게이트로 구현되며 모든 입력이 1일 때만 출력이 1이 되고, 필요한 경우 반전기는 변수의 보수를 만들기 위해 사용된다.

예제 3-29

다음의 표준 SOP식이 1일 때 2진수 값을 구하시오.

$ABCD + A\overline{B}\,\overline{C}D + \overline{A}\,\overline{B}\,\overline{C}\,\overline{D}$

해설

SOP식은 식에 모든 곱항이 1일 때만 1이다.

① $ABCD = 1 \cdot 1 \cdot 1 \cdot 1 = 1$

② $A\overline{B}\,\overline{C}D = 1 \cdot \overline{0} \cdot \overline{0} \cdot 1 = 1 \cdot 1 \cdot 1 \cdot 1 = 1$

③ $\overline{A}\,\overline{B}\,\overline{C}\,\overline{D} = \overline{0} \cdot \overline{0} \cdot \overline{0} \cdot \overline{0} = 1 \cdot 1 \cdot 1 \cdot 1 = 1$

(2) 최소항(Minterm) 중요 기출

표준 곱의 항을 최소항이라고 한다. 예를 들어 함수에서 A, B, C, D 네 변수를 사용할 때, $ABCD$, $A\overline{B}\,\overline{C}D$, $\overline{A}\,\overline{B}\,\overline{C}\,\overline{D}$는 최소항(표준 곱의 항)이지만 $A\overline{B}\,\overline{C}$는 3개 변수만 있으므로 최소항이 아니다. 이와 같이 최소항은 SOP이지만 모든 SOP가 최소항은 아니다.

① 2변수 최소항의 표현방법

변수 2개를 사용하므로 입력의 경우의 수는 모두 $4(=2^2)$개이며, 최소항을 나타내는 기호는 소문자 m을 사용하고, 기호 m의 아래첨자로 표기된 숫자는 각 항을 10진수로 표현한 값이다. 최소항들의 합의 형태이므로 수학기호 $\sum$를 사용하여 나타낸다.

[표 3-24] 2변수 최소항의 표현방법

입력		최소항	기호
A	B		
0	0	$\overline{A}\,\overline{B}$	m_0
0	1	$\overline{A}B$	m_1
1	0	$A\overline{B}$	m_2
1	1	AB	m_3

예제 3-30

다음 진리표를 보고 F와 $\overline{F}$를 최소항식으로 표현하시오.

해설

입력		출력
A	B	F
0	0	0
0	1	1
1	0	0
1	1	1

입력		최소항	기호	출력	
A	B			F	$\overline{F}$
0	0	$\overline{A}\overline{B}$	m_0	0	1
0	1	$\overline{A}B$	m_1	1	0
1	0	$A\overline{B}$	m_2	0	1
1	1	AB	m_3	1	0

- $F(A,B) = \overline{A}B + AB$
  $= m_1 + m_3$
  $= \sum m(1,3)$
- $\overline{F}(A,B) = \overline{A}\overline{B} + A\overline{B}$
  $= m_0 + m_2$
  $= \sum m(0,2)$

② **3변수 최소항의 표현방법**

변수 3개를 사용하므로 입력의 경우의 수는 모두 $8(=2^3)$개다.

[표 3-25] 3변수 최소항의 표현방법

입력			최소항	기호
A	B	C		
0	0	0	$\overline{A}\overline{B}\overline{C}$	m_0
0	0	1	$\overline{A}\overline{B}C$	m_1
0	1	0	$\overline{A}B\overline{C}$	m_2
0	1	1	$\overline{A}BC$	m_3
1	0	0	$A\overline{B}\overline{C}$	m_4
1	0	1	$A\overline{B}C$	m_5
1	1	0	$AB\overline{C}$	m_6
1	1	1	ABC	m_7

예제 3-31

다음 진리표를 보고 F 와 $\overline{F}$ 를 최소항식으로 표현하시오.

해설

입력			최소항	기호	출력	
A	B	C			F	$\overline{F}$
0	0	0	$\overline{A}\overline{B}\overline{C}$	m_0	1	0
0	0	1	$\overline{A}\overline{B}C$	m_1	1	0
0	1	0	$\overline{A}B\overline{C}$	m_2	0	1
0	1	1	$\overline{A}BC$	m_3	1	0
1	0	0	$A\overline{B}\overline{C}$	m_4	0	1
1	0	1	$A\overline{B}C$	m_5	1	0
1	1	0	$AB\overline{C}$	m_6	0	1
1	1	1	ABC	m_7	1	0

• $F(A,B,C) = \sum m(0,1,3,5,7)$
$= m_0 + m_1 + m_3 + m_5 + m_7$
$= \overline{A}\overline{B}\overline{C} + \overline{A}\overline{B}C + \overline{A}BC + A\overline{B}C + ABC$
$= \overline{\overline{F}} = \overline{\sum m(2,4,6)}$
$= \overline{\overline{A}B\overline{C} + A\overline{B}\overline{C} + AB\overline{C}}$

• $\overline{F}(A,B,C) = \sum m(2,4,6)$
$= m_2 + m_4 + m_6$
$= \overline{A}B\overline{C} + A\overline{B}\overline{C} + AB\overline{C}$
$= \overline{\sum m(0,1,3,5,7)}$
$= \overline{\overline{A}\overline{B}\overline{C} + \overline{A}\overline{B}C + \overline{A}BC + A\overline{B}C + ABC}$

③ 4변수 최소항의 표현방법

변수 4개를 사용하므로 입력의 경우의 수는 모두 $16(=2^4)$개다.

[표 3-26] 4변수 최소항의 표현방법

입력				최소항	기호
A	B	C	D		
0	0	0	0	$\overline{A}\overline{B}\overline{C}\overline{D}$	m_0
0	0	0	1	$\overline{A}\overline{B}\overline{C}D$	m_1
0	0	1	0	$\overline{A}\overline{B}C\overline{D}$	m_2
0	0	1	1	$\overline{A}\overline{B}CD$	m_3
0	1	0	0	$\overline{A}B\overline{C}\overline{D}$	m_4
0	1	0	1	$\overline{A}B\overline{C}D$	m_5
0	1	1	0	$\overline{A}BC\overline{D}$	m_6
0	1	1	1	$\overline{A}BCD$	m_7

입력				최소항	기호
A	B	C	D		
1	0	0	0	$A\overline{B}\overline{C}\overline{D}$	m_8
1	0	0	1	$A\overline{B}\overline{C}D$	m_9
1	0	1	0	$A\overline{B}C\overline{D}$	m_{10}
1	0	1	1	$A\overline{B}CD$	m_{11}
1	1	0	0	$AB\overline{C}\overline{D}$	m_{12}
1	1	0	1	$AB\overline{C}D$	m_{13}
1	1	1	0	$ABC\overline{D}$	m_{14}
1	1	1	1	$ABCD$	m_{15}

예제 3-32

다음 진리표를 보고 F와 $\overline{F}$를 최소항식으로 표현하시오.

해설

입력				최소항	기호	출력		입력				최소항	기호	출력	
A	B	C	D			F	$\overline{F}$	A	B	C	D			F	$\overline{F}$
0	0	0	0	$\overline{A}\overline{B}\overline{C}\overline{D}$	m_0	1	0	1	0	0	0	$A\overline{B}\overline{C}\overline{D}$	m_8	0	1
0	0	0	1	$\overline{A}\overline{B}\overline{C}D$	m_1	0	1	1	0	0	1	$A\overline{B}\overline{C}D$	m_9	0	1
0	0	1	0	$\overline{A}\overline{B}C\overline{D}$	m_2	0	1	1	0	1	0	$A\overline{B}C\overline{D}$	m_{10}	0	1
0	0	1	1	$\overline{A}\overline{B}CD$	m_3	0	1	1	0	1	1	$A\overline{B}CD$	m_{11}	1	0
0	1	0	0	$\overline{A}B\overline{C}\overline{D}$	m_4	1	0	1	1	0	0	$AB\overline{C}\overline{D}$	m_{12}	0	1
0	1	0	1	$\overline{A}B\overline{C}D$	m_5	0	1	1	1	0	1	$AB\overline{C}D$	m_{13}	0	1
0	1	1	0	$\overline{A}BC\overline{D}$	m_6	0	1	1	1	1	0	$ABC\overline{D}$	m_{14}	0	1
0	1	1	1	$\overline{A}BCD$	m_7	1	0	1	1	1	1	$ABCD$	m_{15}	1	0

- $F(A,B,C,D) = \sum m(0,4,7,11,15)$
  $= m_0 + m_4 + m_7 + m_{11} + m_{15}$
  $= \overline{A}\overline{B}\overline{C}\overline{D} + \overline{A}B\overline{C}\overline{D} + \overline{A}BCD + A\overline{B}CD + ABCD$
  $= \overline{\overline{F}} = \overline{\sum m(1,2,3,5,6,8,9,10,12,13,14)}$

- $\overline{F}(A,B,C,D) = \sum m(1,2,3,5,6,8,9,10,12,13,14)$
  $= m_1 + m_2 + m_3 + m_5 + m_6 + m_8 + m_9 + m_{10} + m_{12} + m_{13} + m_{14}$
  $= \overline{A}\overline{B}\overline{C}D + \overline{A}\overline{B}C\overline{D} + \overline{A}\overline{B}CD + \overline{A}B\overline{C}D$
  $+ \overline{A}BC\overline{D} + A\overline{B}\overline{C}\overline{D} + A\overline{B}\overline{C}D + A\overline{B}C\overline{D}$
  $+ AB\overline{C}\overline{D} + AB\overline{C}D + ABC\overline{D}$
  $= \overline{\sum m(0,4,7,11,15)}$

2 합의 곱형(POS : Product-Of-Sum) 중요

합항은 변수들의 합으로 구성하는 항으로 2개 이상의 합항이 부울 곱셈에 의해 곱해질 때, 결과식을 합의 곱이라고 한다.

(1) POS식의 OR/AND 구현

POS식의 구현은 2개 이상의 OR게이트 출력을 단순히 AND하면 된다. 합항은 OR연산에 의해 이루어지고, 2개 이상의 합항의 곱셈은 AND연산에 의해 표현되는 OR-AND논리에 의해 구현될 수 있다.

[POS의 여러 가지 예]

$F=(\overline{A}+B+C)(\overline{A}+\overline{B}+C+D)(\overline{C}+D)$
$F=(A+B)(B+C)(C+D)$
$F=A+B+C+D$
$F=(A+\overline{D})C$
$F=D$

① 표준 POS형

일반적으로 보았던 POS의 합항에는 모든 변수들을 포함하지 않을 수도 있지만, 표준 POS식은 모든 변수를 포함하는 POS형으로 나타내는 식이다.

㉠ 합항을 표준 POS형으로의 변환

POS식에서 모든 변수들을 포함하지 않는 각 합항들은 모든 변수나 보수를 포함하는 표준형으로 변환할 수 있고 다음과 같은 과정을 통해 변환할 수 있다.

- 각 비표준 합항에 빠진 변수와 그 변수의 보수의 곱으로 이루어진 항을 더한다.
- 모든 합항의 모든 변수, 보수형 또는 비보수형을 포함할 때까지 이전 과정을 반복한다.

예제 3-33

다음 부울식을 표준 POS형으로 변환하시오.

$(A+\overline{B}+C)(\overline{A}+\overline{B}+D)(A+B+\overline{C}+D)$

해설

표준 POS형으로 표현되기 위해서는 모든 변수들이 보수형이든, 비보수형이든 나타나야 하며, 그 만드는 과정은 다음과 같다. 또한 빠져 있는 항들에 대한 추가작업은 부울대수 간략화 과정을 통해 생략될 수 있는 항들이므로 표준 POS형으로 만들기 위한 과정이라고 생각하면 된다. 그러므로 빠져있는 변수 항과 그 보수의 곱을 추가하면

① $A+\overline{B}+C=A+\overline{B}+C+D\overline{D}$
② $\overline{A}+\overline{B}+D=\overline{A}+\overline{B}+C\overline{C}+D$

$(A+\overline{B}+C)(\overline{A}+\overline{B}+D)(A+B+\overline{C}+D)$
$=(A+\overline{B}+C+D)(A+\overline{B}+C+\overline{D})(\overline{A}+\overline{B}+C+D)(\overline{A}+\overline{B}+\overline{C}+D)(A+B+\overline{C}+D)$

㉡ 표준 합항의 2진수 표현

표준 합항은 변수 값의 여러 조합 중 한 가지 경우에 대해서만 0이 된다. 또한 OR게이트로 구현되며 모든 입력이 0일 때만 출력이 0이 되고, 필요한 경우 반전기는 변수의 보수를 만들기 위해 사용된다.

예제 3-34

다음의 표준 POS식이 0일 때 2진수 값을 구하시오.

$(A+B+C+D)(A+\overline{B}+\overline{C}+D)(\overline{A}+\overline{B}+\overline{C}+\overline{D})$

해설

POS식은 식에 모든 합항이 0일 때만 0이다.

① $A+B+C+D=0+0+0+0=0$

② $A+\overline{B}+\overline{C}+D=0+\overline{1}+\overline{1}+0=0$

③ $\overline{A}+\overline{B}+\overline{C}+\overline{D}=\overline{1}+\overline{1}+\overline{1}+\overline{1}=0$

(2) 최대항(Maxterm) 중요 기출

표준 합의 항을 최대항이라고 한다. 예를 들어 함수에서 A, B, C, D 네 변수를 사용할 때, $A+B+C+D$, $A+\overline{B}+\overline{C}+D$, $\overline{A}+\overline{B}+\overline{C}+\overline{D}$는 최대항(표준 합의 항)이지만 $A+\overline{B}+\overline{C}$는 3개 변수만 있으므로 최대항이 아니다. 이와 같이 최대항은 POS이지만 모든 POS가 최대항은 아니다.

① 2변수 최대항의 표현방법

변수 2개를 사용하므로 입력의 경우의 수는 모두 $4(=2^2)$개이며, 최대항을 나타내는 기호는 대문자 M을 사용하고, 기호 M의 아래첨자로 표기된 숫자는 각 항을 10진수로 표현한 값이다. 최대항들의 곱의 형태이므로 수학기호 $\prod$를 사용하여 나타낸다.

[표 3-27] 2변수 최대항의 표현방법

입력		최대항	기호
A	B		
0	0	$A+B$	M_0
0	1	$A+\overline{B}$	M_1
1	0	$\overline{A}+B$	M_2
1	1	$\overline{A}+\overline{B}$	M_3

예제 3-35

다음 진리표를 보고 F와 $\overline{F}$를 최대항식으로 표현하시오.

해설

입력		최대항	기호	출력	
A	B			F	$\overline{F}$
0	0	$A+B$	M_0	1	0
0	1	$A+\overline{B}$	M_1	0	1
1	0	$\overline{A}+B$	M_2	1	0
1	1	$\overline{A}+\overline{B}$	M_3	0	1

- $F(A,B)=(A+\overline{B})(\overline{A}+\overline{B})$
  $=M_1 \cdot M_3$
  $=\prod M(1,3)$

- $\overline{F}(A,B)=(A+B)(\overline{A}+B)$
  $=M_0 \cdot M_2$
  $=\prod M(0,2)$

② **3변수 최대항의 표현방법**

변수 3개를 사용하므로 입력의 경우의 수는 모두 $8(=2^3)$개다.

[표 3-28] 3변수 최대항의 표현방법

입력			최대항	기호
A	B	C		
0	0	0	$A+B+C$	M_0
0	0	1	$A+B+\overline{C}$	M_1
0	1	0	$A+\overline{B}+C$	M_2
0	1	1	$A+\overline{B}+\overline{C}$	M_3
1	0	0	$\overline{A}+B+C$	M_4
1	0	1	$\overline{A}+B+\overline{C}$	M_5
1	1	0	$\overline{A}+\overline{B}+C$	M_6
1	1	1	$\overline{A}+\overline{B}+\overline{C}$	M_7

예제 3-36

다음 진리표를 보고 F와 $\overline{F}$를 최대항식으로 표현하시오.

해설

입력			최대항	기호	출력	
A	B	C			F	$\overline{F}$
0	0	0	$A+B+C$	M_0	0	1
0	0	1	$A+B+\overline{C}$	M_1	0	1
0	1	0	$A+\overline{B}+C$	M_2	1	0
0	1	1	$A+\overline{B}+\overline{C}$	M_3	0	1
1	0	0	$\overline{A}+B+C$	M_4	1	0
1	0	1	$\overline{A}+B+\overline{C}$	M_5	0	1
1	1	0	$\overline{A}+\overline{B}+C$	M_6	1	0
1	1	1	$\overline{A}+\overline{B}+\overline{C}$	M_7	0	1

- $F(A,B,C)=\prod M(0,1,3,5,7)$
  $=M_0 \cdot M_1 \cdot M_3 \cdot M_5 \cdot M_7$
  $=(A+B+C)(A+B+\overline{C})(A+\overline{B}+\overline{C})$
  $(\overline{A}+B+\overline{C})(\overline{A}+\overline{B}+\overline{C})$
  $=\overline{\overline{F}}=\overline{\prod M(2,4,6)}$

- $\overline{F}(A,B,C)=\prod M(2,4,6)$
  $=M_2 \cdot M_4 \cdot M_6$
  $=(A+\overline{B}+C)(\overline{A}+B+C)(\overline{A}+\overline{B}+C)$
  $=\overline{\overline{\overline{F}}}=\overline{\prod M(0,1,3,5,7)}$

③ **4변수 최대항의 표현방법**

변수 4개를 사용하므로 입력의 경우의 수는 모두 $16(=2^4)$개다.

[표 3-29] 4변수 최대항의 표현방법

입력				최대항	기호	입력				최대항	기호
A	B	C	D			A	B	C	D		
0	0	0	0	$A+B+C+D$	M_0	1	0	0	0	$\overline{A}+B+C+D$	M_8
0	0	0	1	$A+B+C+\overline{D}$	M_1	1	0	0	1	$\overline{A}+B+C+\overline{D}$	M_9
0	0	1	0	$A+B+\overline{C}+D$	M_2	1	0	1	0	$\overline{A}+B+\overline{C}+D$	M_{10}
0	0	1	1	$A+B+\overline{C}+\overline{D}$	M_3	1	0	1	1	$\overline{A}+B+\overline{C}+\overline{D}$	M_{11}
0	1	0	0	$A+\overline{B}+C+D$	M_4	1	1	0	0	$\overline{A}+\overline{B}+C+D$	M_{12}
0	1	0	1	$A+\overline{B}+C+\overline{D}$	M_5	1	1	0	1	$\overline{A}+\overline{B}+C+\overline{D}$	M_{13}
0	1	1	0	$A+\overline{B}+\overline{C}+D$	M_6	1	1	1	0	$\overline{A}+\overline{B}+\overline{C}+D$	M_{14}
0	1	1	1	$A+\overline{B}+\overline{C}+\overline{D}$	M_7	1	1	1	1	$\overline{A}+\overline{B}+\overline{C}+\overline{D}$	M_{15}

④ **최소항과 최대항과의 관계**

㉠ 최소항은 출력이 1인 항을 SOP로 나타낸 것이고,

㉡ 최대항은 출력이 0인 항을 POS로 나타낸 것이다.

㉢ 최소항과 최대항은 상호 보수의 성질을 가진다.

[표 3-30] 최소항과 최대항과의 관계

입력			최소항	기호	최대항	기호	관계
A	B	C					
0	0	0	$\overline{A}\overline{B}\overline{C}$	m_0	$A+B+C$	M_0	$M_0=\overline{m_0}$
0	0	1	$\overline{A}\overline{B}C$	m_1	$A+B+\overline{C}$	M_1	$M_1=\overline{m_1}$
0	1	0	$\overline{A}B\overline{C}$	m_2	$A+\overline{B}+C$	M_2	$M_2=\overline{m_2}$
0	1	1	$\overline{A}BC$	m_3	$A+\overline{B}+\overline{C}$	M_3	$M_3=\overline{m_3}$
1	0	0	$A\overline{B}\overline{C}$	m_4	$\overline{A}+B+C$	M_4	$M_4=\overline{m_4}$
1	0	1	$A\overline{B}C$	m_5	$\overline{A}+B+\overline{C}$	M_5	$M_5=\overline{m_5}$
1	1	0	$AB\overline{C}$	m_6	$\overline{A}+\overline{B}+C$	M_6	$M_6=\overline{m_6}$
1	1	1	ABC	m_7	$\overline{A}+\overline{B}+\overline{C}$	M_7	$M_7=\overline{m_7}$

예제 3-37

다음 최대항식을 최소항식으로 바꾸어 나타내고, 부정도 최소항식과 최대항식으로 나타내시오.

$$F(A,B,C)=\prod M(0,2,3,7)$$

해설

- $F(A,B,C)=\prod M(0,2,3,7)$
  $=(A+B+C)(A+\overline{B}+C)(A+\overline{B}+\overline{C})(\overline{A}+\overline{B}+\overline{C})$
  $=\overline{\overline{(A+B+C)(A+\overline{B}+C)(A+\overline{B}+\overline{C})(\overline{A}+\overline{B}+\overline{C})}}$
  $=\overline{\overline{A}\overline{B}\overline{C}+\overline{A}B\overline{C}+\overline{A}BC+ABC}$
  $=\overline{\sum m(0,2,3,7)}$
  $=\overline{\prod M(1,4,5,6)}=\sum m(1,4,5,6)$
  $=\overline{A}\overline{B}C+A\overline{B}\overline{C}+A\overline{B}C+AB\overline{C}$

- $\overline{F}(A,B,C)=\overline{\prod M(0,2,3,7)}=\sum m(0,2,3,7)=\overline{\sum m(1,4,5,6)}=\prod M(1,4,5,6)$

제4절 집적회로

논리게이트는 일반적으로 세 가지의 디지털 집적회로(IC)기술에 의해 구현되고 있으며, 그 중에 CMOS와 바이폴라(TTL)기술이 가장 보편적으로 사용되고 있다. BiCMOS기술은 CMOS와 TTL을 결합한 회로기술이다. NOT, AND, OR, NAND, NOR, XOR의 논리연산기능은 IC 기술에 관계없이 동일하다. 즉, AND게이트는 CMOS 또는 TTL로 구현되었던 간에 동일한 논리기능을 갖는다.

(1) 논리패밀리

디지털 논리회로의 세 가지 패밀리는 CMOS(Complementary Metal Oxide Semiconductor), 바이폴라(TTL : Transistor-Transistor Logic), BiCMOS(Bipolar CMOS)이다. 논리기능을 구현하기 위해 내부적으로 사용되는 회로 구성부품의 형태에 따라 구분된다.

CMOS는 전계효과 트랜지스터로 구현되고, 바이폴라(Bipola : TTL)는 바이폴라 트랜지스터를 사용하고, BiCMOS는 두 가지를 결합하여 사용한다. CMOS는 기본적인 논리연산이 아니라, 스위칭속도(전파지연), 전력소비, 잡음 내성과 같은 동작 파라미터에서 차이가 있다.

① **CMOS**

논리패밀리 중에 CMOS가 가장 탁월하게 많이 사용되고 있으며, TTL은 점점 사용이 저조해지고 있다. BiCMOS는 제한된 용도로 사용되고 있다. CMOS패밀리 내에서도 공급전압, 전력소모, 스위칭속도와 다른 파라미터 등에 따라 여러 가지 형태로 다시 구분되며 회로구현방법과 최적화 공급전압에 따라 세분하여 사용된다.

[표 3-31] CMOS 논리의 종류

약자	설명	공급전압
AC	개선된 CMOS	5.0V
ACT	TTL 호환 입력을 갖는 개선된 CMOS	5.0V
AHC	개선된 고속 CMOS	5.0V
AHCT	TTL 호환 입력을 갖는 개선된 고속 CMOS	5.0V
ALVC	개선된 저전압 CMOS	3.3V
AUC	개선된 초저(ultra-low)전압 CMOS	1.8V
AUP	개선된 초저(ultra-low)전력 CMOS	3.3V
AVC	개선된 초저(very-low)전력 CMOS	2.5V
CD4000	표준 CMOS	5.0V
FCT	FAST CMOS	5.0V
HC	고속 CMOS	5.0V
HCT	TTL 호환 입력을 갖는 고속 CMOS	5.0V
LV-A	개선된 저전압 CMOS	3.3V
LV-AT	TTL 호환 입력을 갖는 개선된 저전압 CMOS	5.0V
LVC	저전압 CMOS	3.3V

② **바이폴라**

CMOS와 같이 바이폴라 논리패밀리도 파라미터에 따라 여러 종류로 구분된다. TTL IC의 종류에 상관없이 대부분 5V의 전원 전압으로 동작한다.

[표 3-32] TTL 논리의 종류

약자	설명
ALS	개선된 저전력 쇼트키
AS	개선된 쇼트키
F	FAST
LS	저전력 쇼트키
S	쇼트키
None	표준 TTL

③ **BiCMOS**

BiCMOS 논리패밀리는 대부분 5V의 전원 전압으로 동작한다.

[표 3-33] BiCMOS 논리의 종류

약자	설명
ABT	개선된 BiCMOS
ALB	개선된 저전력 BiCMOS
BCT	표준 BiCMOS
LVT	저전력 BiCMOS

④ **TTL과 CMOS 특성비교와 패밀리 이름 규칙**

[표 3-34] TTL과 CMOS 특성비교

구분		TTL	CMOS
전원전압		4.75 ~ 5.25V	종래형 : 3 ~ 8V, 고속형 : 2 ~ 6V
논리레벨 전압	Low	0 ~ 0.8V	1 ~ 1/3VDD
	High	2.4 ~ 5.0V	2/3 ~ VDD
Fan-out		10개	50개
소비전력		10mW	10μW
최대 동작주파수		LS형 : 45MHz, ALS형 : 100MHz	종래형 : 2MHz, 고속형 : 45MHz
형태		74LSxx, 74ALSxx, 74Fxx, 74ASxx	40xxx, 14xxx, 74HCxxx
잡음여유도(V)		2.4V	3V
장 · 단점		• 전파지연시간이 짧다. • 소비전력이 크다. • 잡음여유도가 작다. • 온도에 따라 threshold 전압을 크게 한다.	• 소비전력이 작다. • 낮은 전압에서 동작한다. • 잡음여유도가 크다. • 구조가 간단, 집적화가 쉽다. • 전원 전압 범위가 넓다. • 정전 파괴가 쉽다.

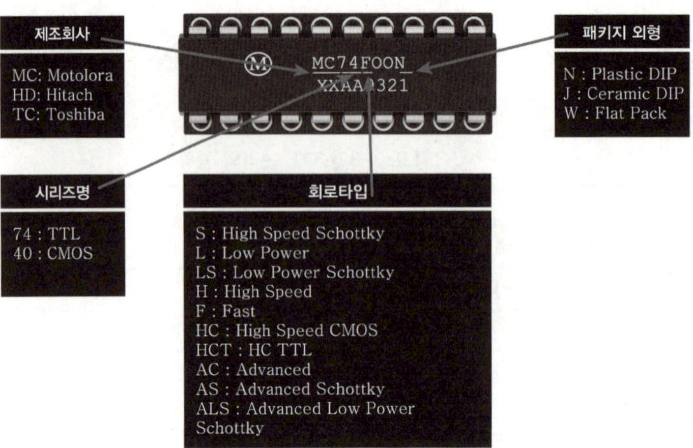

[그림 3-64] TTL/CMOS 패밀리 이름 규칙

(2) IC 패키지

모든 74계열의 CMOS형과 바이폴라형은 같은 동작을 하는 종류의 소자와 핀이 호환된다. 예를 들면 하나의 IC 패키지 내에 4조의 2입력 NAND게이트가 들어있는 CMOS형의 디지털 IC인 74HC00과 같은 TTL소자와 비교하면, 동일한 패키지와 동일한 핀 번호의 입력과 출력을 갖고 있다. 대표적인 IC게이트 패키지로는 [그림 3-65]와 같이 삽입 장착형과 표면 장착형 패키지가 대표적이고, 경우에 따라서는 다른 형태의 패키지로 사용될 수 있다.

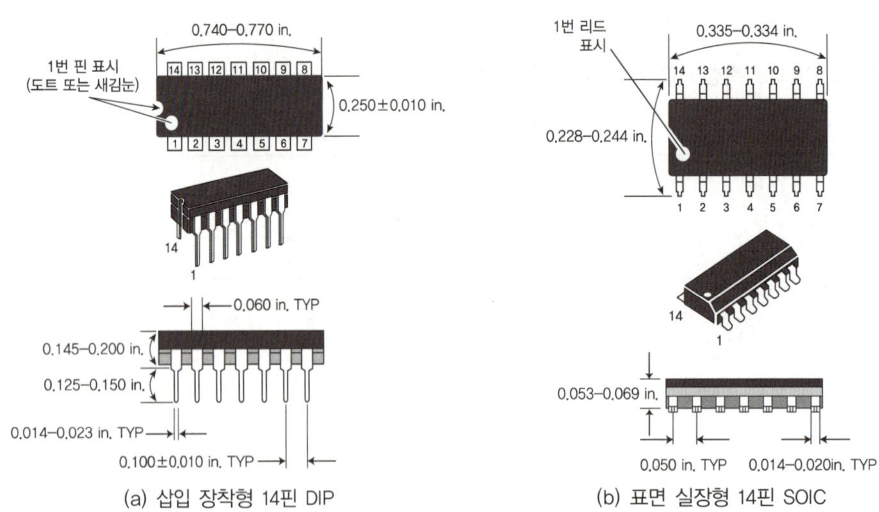

(a) 삽입 장착형 14핀 DIP (b) 표면 실장형 14핀 SOIC

[그림 3-65] DIP와 SOIC의 핀 번호

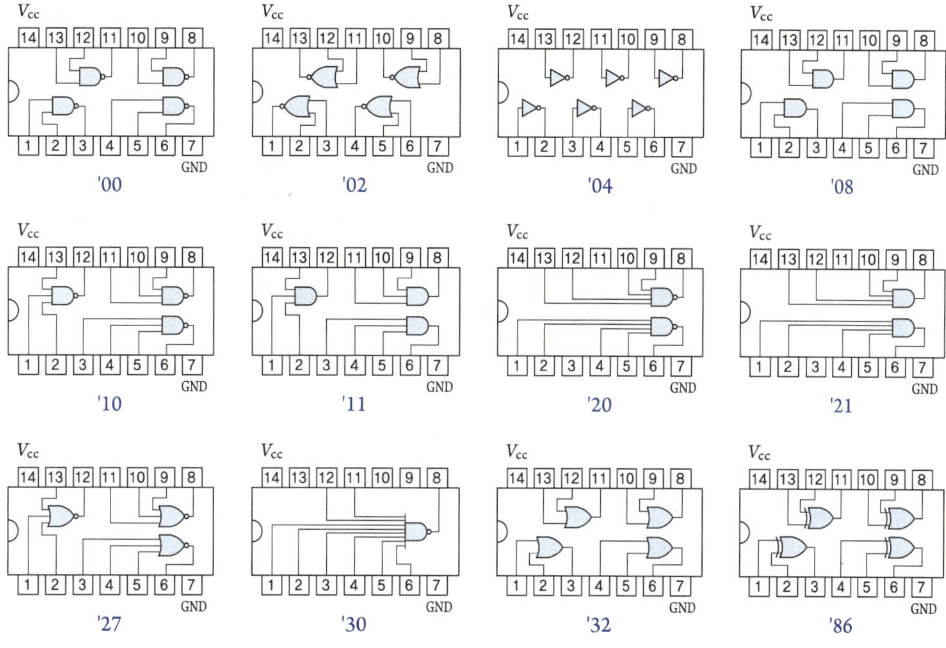

[그림 3-66] 일반적인 게이트의 핀 구성도

① 패키징 방식에 따른 IC 칩의 종류

PCB(Printed Circuit Board)에 장착하는 방법에 따라 삽입 장착(through-hole mounted)형과 표면 실장(surface-mounted)형으로 구분된다.

㉠ 듀얼 인-라인 패키지(Dual In-line Package : DIP) : PCB보드의 구멍에 끼우는 핀을 가지고 있어 뒷면의 도체에 납땜으로 연결할 수 있으며, DIP형태를 갖는다.

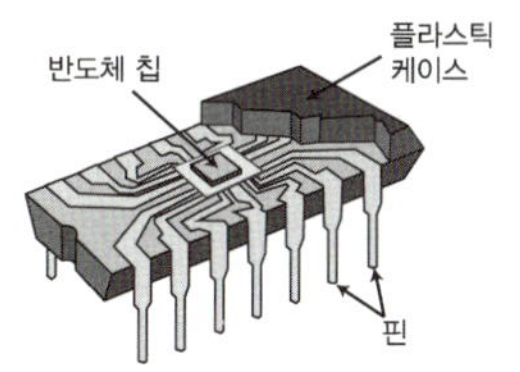

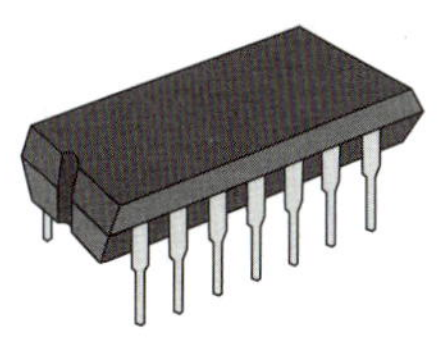

[그림 3-67] DIP

㉡ 표면 실장 기술(Surface-Mount Technology : SMT) : PCB표면의 금속 처리된 곳에 직접 납땜 처리하는 형태를 갖는다.

[그림 3-68] SMT

② **회로 집적도에 따른 IC 분류** 기출

㉠ 소규모 집적회로(SSI : Small Scale IC) : 기본적인 디지털 논리게이트를 포함하고, 소자 수가 1~100개 이하의 게이트를 사용한다. NAND, NOR, AND, OR, NOT회로를 구현한다.

㉡ 중규모 집적회로(MSI : Medium Scale IC) : 덧셈기, 레지스터, 카운터, 해독기, 멀티플렉서, 조합/순서 논리회로 포함, 소자 수는 100~1k개 정도의 게이트를 사용한다.

㉢ 대규모 집적회로(LSI : Large Scale IC) : 8비트-Microprocessor, 반도체기억장치 등, 1k~10k개 정도의 게이트를 사용한다.

㉣ 초대규모 집적회로(VLSI : Very Large Scale IC) : 16비트 이상의 Microprocessor, 대용량 반도체기억장치 등, 10k~1M개 정도의 게이트를 사용한다.

㉤ 극초대규모 집적회로(ULSI : Ultra Large Scale IC) : 32비트 이상의 Microprocessor, 대용량 반도체기억장치 등, 1M개 이상의 게이트를 사용한다.

(3) 논리IC의 전기적 특성 중요

TTL계열은 NAND, ECL계열은 NOR, CMOS는 인버터(inverter)게이트들에 사용되며, 다음과 같은 4가지 특성에 따라 평가된다.

- 전파지연시간 : 신호가 입력되고 출력될 때까지의 시간을 말하고, 게이트의 동작속도를 나타낸다.
- 전력소모 : 게이트가 동작할 때 소모되는 전력량을 말한다.
- 잡음여유도 : 디지털회로에서 데이터의 값에 변경을 주지 않는 범위 내에서 최대로 허용된 잡음마진을 나타낸다.
- 팬-아웃 : 한 게이트의 출력으로부터 다른 여러 개의 입력으로 공급되는 전류를 말하며, 정상적인 동작으로 한 출력이 최대 몇 개의 입력으로 연결되는가를 나타낸다.

① **전파지연시간**

이 파라미터는 논리회로가 동작할 수 있는 스위칭 속도 또는 주파수를 제한한다. 논리회로에서 저속(Low speed)과 고속(High speed)이라는 용어는 전파지연시간에 관계가 있으며, **전파지연이 짧을수록 회로의 속도는 빨라지고 동작주파수는 높아진다.**

논리게이트에 신호가 입력되어 출력될 때까지 걸리는 시간을 전파지연시간(gate propagation delay time)이라고 하며, 게이트의 동작속도를 나타낸다.

㉠ t_{PLH}(propagation delay time from low to high) : 출력이 0에서 1로 변할 때의 전파지연시간

㉡ t_{PHL}(propagation delay time from high to low) : 출력이 1에서 0으로 변할 때의 전파지연시간

t_{PLH}와 t_{PHL}은 입력이 50%가 될 때부터 출력이 50%가 될 때까지를 측정한다. 다음 그림은 인버터에 입력신호와 출력신호에 대한 전파지연시간을 나타낸 것으로 게이트마다 그리고 IC를 제조하는 방법에 따라 조금씩 차이가 있다.

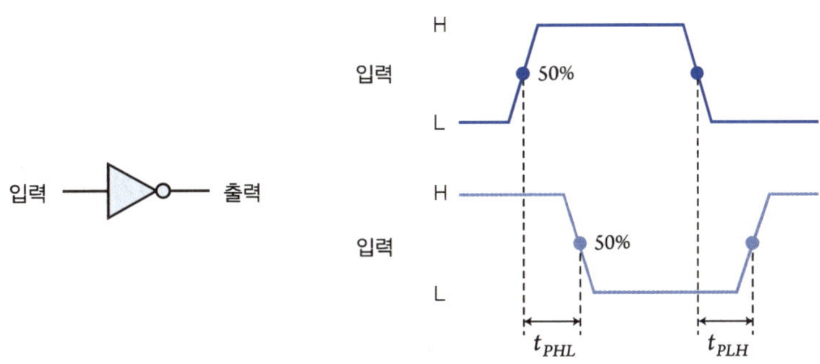

[그림 3-69] 전파지연시간

예제 3-38

게이트 A의 t_{PHL}는 $5ns$ 이고, t_{PLH}는 $4.5ns$ 이다. 게이트 B의 t_{PHL}는 $8ns$ 이고, t_{PLH}는 $7.5ns$ 이다. 각 게이트의 전파지연시간을 계산하고, 어느 게이트가 더 높은 주파수에서 동작하는지 설명하시오.

해설

① 각 게이트의 전파지연시간은
게이트 A의 전파지연시간은 $5ns + 4.5ns = 9.5ns$
게이트 B의 전파지연시간은 $8ns + 7.5ns = 15.5ns$ 이다.

② 동작 가능한 최대 주파수는 전파지연시간의 역수이므로
게이트 A의 최대 동작주파수는 $1/9.5ns = 105.26MHz$
게이트 B의 최대 동작주파수는 $1/15.5ns = 64.52MHz$ 이다.
그러므로 게이트 A가 더 높은 주파수에서 동작함을 알 수 있다.

② **전력소모**

전력소모(power dissipation)는 공급전압(V_{CC})과 공급전류(I_{CC})의 곱으로 나타낸다.

$$P_{CC} = V_{CC}\left(\frac{I_{CCH} + I_{CCL}}{2}\right) = V_{CC} \times I_{CC}$$

I_{CCL} : Low 출력상태의 공급전류

I_{CCH} : High 출력상태의 공급전류

공급전압과 공급전류는 각 제조사와 IC의 특성에 따라 다르며, IC의 공급사에서 제공하는 데이터시트를 보면 알 수 있다.

예제 3-39

어떤 논리게이트가 +5V DC 전압에서 동작하며 평균 4mA의 전류가 흐른다면 전력소모는 얼마인지 구하시오.

해설

$P_{CC} = V_{CC} \times I_{CC}$이므로, $5 \times 4 \times 10^{-3} = 20 \times 10^{-3} = 20m[W]$

예제 3-40

어떤 논리게이트가 공급전압이 +5V DC 전압에서 동작하며 $I_{CCH} = 1mA$ 이고, $I_{CCL} = 2.5mA$ 전류가 흐른다면 전력소모는 얼마인지 구하시오.

해설

$P_{CC} = V_{CC}\left(\frac{I_{CCH} + I_{CCL}}{2}\right) = 5 \times \left(\frac{1m + 2.5m}{2}\right) = 8.75m[W]$이다.

③ **잡음여유도**

잡음여유도(noise margin)는 **입력과 출력 사이에 존재하는 인식 가능한 전압의 차이 값**을 말한다. 입력신호에 어느 정도의 잡음이 있을 경우에도 신호를 인식 가능하도록 한다.

㉠ 잡음내성(noise immunity) : 회로의 출력상태에 영향을 주지 않는 입력전압의 변동 허용량 또는 회로가 감내할 수 있는 입력전압의 변화량을 말한다.

㉡ 잡음여유도 : 잡음내성을 나타내는 수치적 척도이고, 단위는 Volt이다.

논리상태별 전압 레벨이 이상적인 경우는 '1', '0'으로 명확하게 전압레벨이 표현되는 경우이고, 실제적인 출력의 경우는 $V_{OH(\min)}$ 이상은 '1', $V_{OL(\max)}$ 이하는 '0'으로 표현하고 그 중간 범위의 전압은 나타나면 안 된다. 또 입력의 경우는 $V_{IH(\min)}$ 이상은 '1', $V_{IL(\max)}$ 이하는 '0'으로 표현하고 그 중간 범위의 전압은 나타나면 안 된다. 다음 그림으로 잡음여유도를 살펴보자.

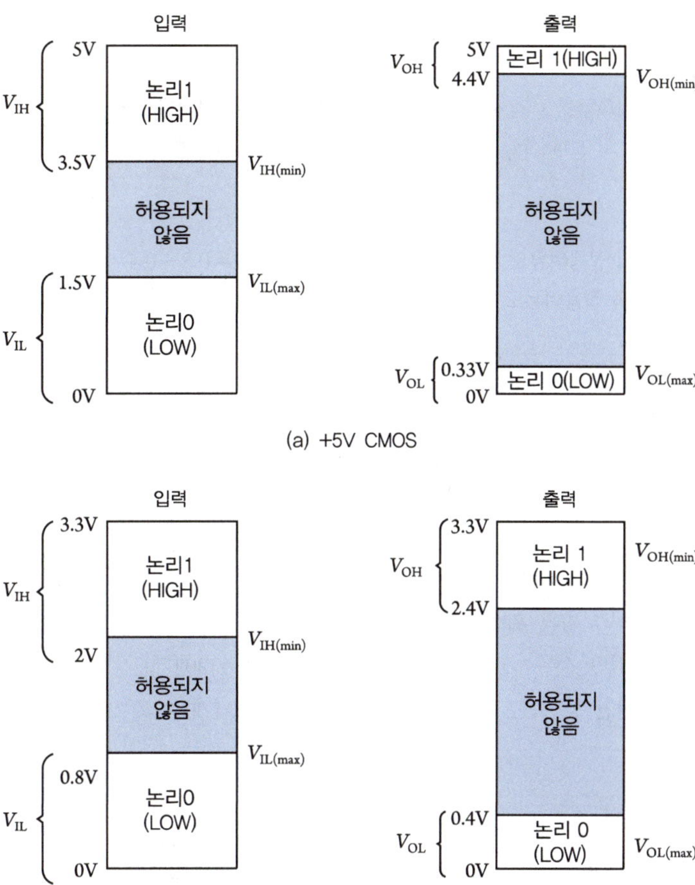

[그림 3-70] CMOS 잡음여유도

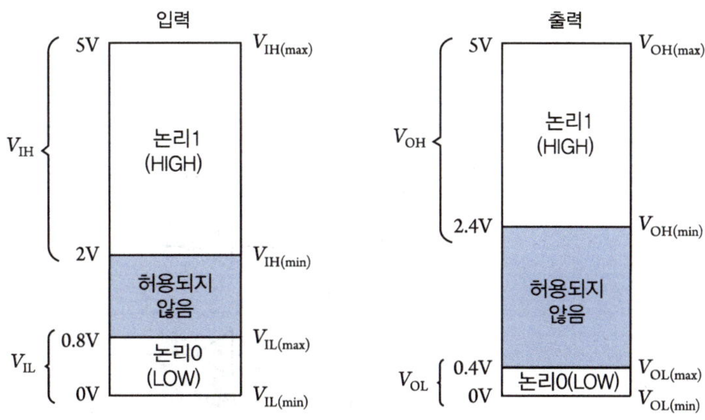

[그림 3-71] TTL 잡음여유도

예제 3-41

주어진 파라미터를 이용하여 다음 IC의 잡음여유도를 계산하시오.

$V_{IH(\min)} = 2.0\,V,\ V_{IL(\max)} = 0.8\,V,\ V_{OH(\min)} = 2.7\,V,\ V_{OL(\max)} = 0.4\,V$

해설

① Low 레벨의 잡음여유도 : $V_L = V_{IL(\max)} - V_{OL(\max)} = 0.8 - 0.4 = 0.4(V)$

② High 레벨의 잡음여유도 : $V_H = V_{OH(\min)} - V_{IH(\min)} = 2.7 - 2.0 = 0.7(V)$

④ 팬-인과 팬-아웃

㉠ 팬-인(Fan-in) : 한 개의 게이트 입력에 접속할 수 있는 최대 입력단의 수를 의미하며, 예를 들어 TTL NAND 게이트의 경우에는 입력 개수가 2, 3, 4, 8개인 것들이 있고, 더 많은 입력을 원할 때는 게이트를 여러 개 사용한다.

㉡ 팬-아웃(Fan-out) : 정상적인 동작에 영향을 주지 않고, 한 게이트에서 다른 게이트로의 입력으로 연결할 수 있는 최대 출력단의 수를 말한다.

- High레벨인 경우 : $I_{OH(\max)}/I_{IH(\max)} = 0.4/0.02 = 20$ (개)
- Low레벨인 경우 : $I_{OL(\max)}/I_{IL(\max)} = 8/0.4 = 20$ (개)

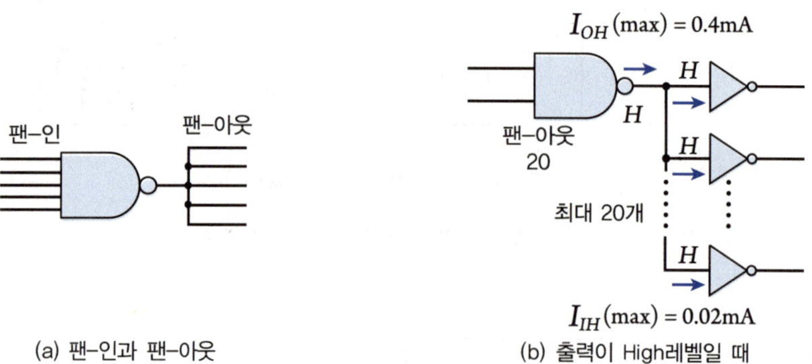

(a) 팬-인과 팬-아웃

(b) 출력이 High레벨일 때

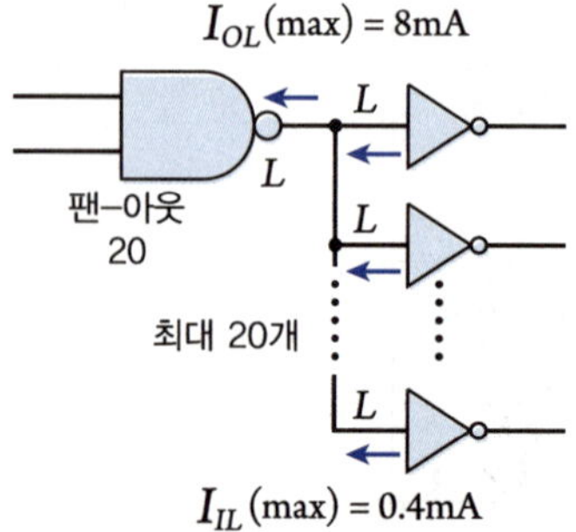

(c) 출력이 Low레벨일 때

[그림 3-72] TTL의 팬-아웃

OX로 점검하자 | 제3장

※ 다음 지문의 내용이 맞으면 O, 틀리면 ×를 체크하시오. [1 ~ 18]

01 반전기는 NOR연산을 수행한다. (   )

>>> 반전기는 인버터 또는 1의 보수의 연산을 수행한다.

02 AND게이트는 단지 두 개의 입력만을 갖는다. (   )

>>> 표준 AND게이트는 입력이 2개이지만, 설계과정에 따라 입력 게이트 수는 2개 이상의 것을 사용해도 된다.

03 OR의 임의의 입력이 1이면, 출력은 1이다. (   )

>>> OR 게이트는 어느 입력이라도 1이면 출력은 1이다.

04 AND게이트의 모든 입력이 1이면 출력은 0이다. (   )

>>> 모든 입력이 1이면 출력이 0로 동작하는 게이트는 NAND게이트이다.

05 NAND게이트는 AND게이트의 출력과 반대인 출력을 갖는다. (   )

>>> NAND게이트와 AND게이트는 서로 보수의 관계가 있다.

06 NOR게이트는 반전기가 연결된 OR게이트로 고려될 수 있다. (   )

>>> $F=A+B$의 출력에 반전기를 통과하면 $\overline{F}=\overline{A+B}$가 되어 NOR게이트가 된다.

07 XOR의 출력은 입력이 반대이면 0이다. (   )

>>> 배타적-OR는 서로 입력이 다른 경우에 출력이 1이 된다.

08 변수, 보수, 문자는 부울대수에서 모두 사용되는 용어이다. (   )

>>> 부울대수는 변수의 1 또는 0의 값으로 표현되고, 보수는 부울대수의 역함수로 표현된다. 문자는 입력 변수를 대신해서 사용된다.

09 부울대수에서 덧셈은 OR함수와 등가이다. (   )

>>> 부울대수의 덧셈은 논리합으로 표현된다.

정답 1 × 2 × 3 O 4 × 5 O 6 O 7 × 8 O 9 O

10 부울대수에서 곱셈은 NAND함수와 등가이다. ( )

»» 부울대수의 곱셈은 논리곱(AND)으로 표현된다.

11 교환법칙, 결합법칙, 분배법칙은 부울대수에서 모두 사용되는 법칙이다. ( )

»» 부울식을 계산하고 간략화하는 데 유용하게 사용할 수 있는 기본법칙(교환법칙, 결합법칙, 분배법칙)과 9가지의 부울규칙이 있다.

12 어떤 부울 변수가 자기의 보수와 곱해지면 결과는 변수이다. ( )

»» $A \cdot \overline{A} = 0$, $A + A = A$가 된다.

13 고정기능의 논리집적회로의 두 종류는 바이폴라와 NMOS이다. ( )

»» 고정기능의 집적회로의 일반적인 종류는 바이폴라(TTL)와 CMOS이고, BiCMOS(TTL+CMOS)는 CMOS와 TTL을 결합한 회로기술이다.

14 팬-아웃은 주어진 게이트가 구동할 수 있는 비슷한 게이트의 수이다. ( )

»» 한 게이트에서 다른 게이트의 입력으로 연결할 수 있는 최대 출력단의 수를 말하며, 정상적인 동작으로 한 출력이 최대 몇 개의 입력으로 연결되는가를 나타낸다.

15 논리게이트의 팬-아웃은 IC 패키지 내에 있는 게이트 수와 같다. ( )

»» 팬-아웃은 주어진 게이트가 구동할 수 있는 비슷한 게이트의 수이다.

16 TTL의 DC공급전압은 일반적으로 +5V이다. ( )

»» TTL IC의 종류에 상관없이 대부분 5V의 전원전압으로 동작한다.

17 전파지연시간은 논리게이트의 속도에 대한 척도이다. ( )

»» 전파지연시간은 신호가 입력되고 출력될 때까지의 시간으로 게이트의 동작속도를 나타낸다.

18 CMOS는 가장 뛰어난 디지털 IC 기술이다. ( )

»» 논리패밀리 중에 CMOS가 가장 탁월하게 많이 사용되고 있으며, CMOS 패밀리 내에서도 공급전압, 전력소모, 스위칭 속도와 다른 파라미터 등에 따라 여러 가지 형태로 다시 구분된다.

정답 10 × 11 ○ 12 × 13 × 14 ○ 15 × 16 ○ 17 ○ 18 ○

제 3 장 실전예상문제

01 기본적인 논리연산에 사용되는 연산자가 아닌 것은?

① Shift Register
② AND
③ OR
④ NOT

01 기본적인 논리연산은 AND(논리곱), OR(논리곱), NOT(부정)이 있고, 이는 기본게이트의 동작으로 이용된다.

02 NOT게이트에 대한 설명으로 옳은 것은?

① 두 입력 중 하나라도 1이면 출력은 0이다.
② 하나의 입력이라도 0이면 출력은 1이다.
③ 두 입력 모두 다르면 출력은 1이다.
④ 입력이 1일 때 출력이 0으로, 반전기 동작을 한다.

02
- AND게이트 : 입력 중 하나라도 0이면 출력은 0이다.
- OR게이트 : 입력 중 하나라도 1이면 출력은 1이다.
- NOT게이트 : 입력이 1일 때 출력은 0이다. 입력된 비트의 1의 보수를 출력한다.
- NAND게이트 : AND게이트의 반전으로 동작한다.
- NOR게이트 : OR게이트의 반전으로 동작한다.
- XOR게이트 : 두 입력이 서로 다를 때 출력은 1이다. 또는 입력된 1의 개수를 짝수로 만들어 준다.
- XNOR게이트 : 두 입력이 서로 같을 때 출력은 1이다. 또는 입력된 1의 개수를 홀수로 만들어 준다.

정답 01 ① 02 ④

03 입력된 2진수의 비트 정보를 1의 보수로 변환하는 데 사용되는 게이트는 무엇인가?

① XNOR
② NOT
③ AND
④ NOR

03 [문제 2번 해설 참조]
NOT게이트는 반전기 또는 보수화표현에 사용된다.

04 다음 그림과 같은 3개의 인버터를 연결했을 때의 출력은?

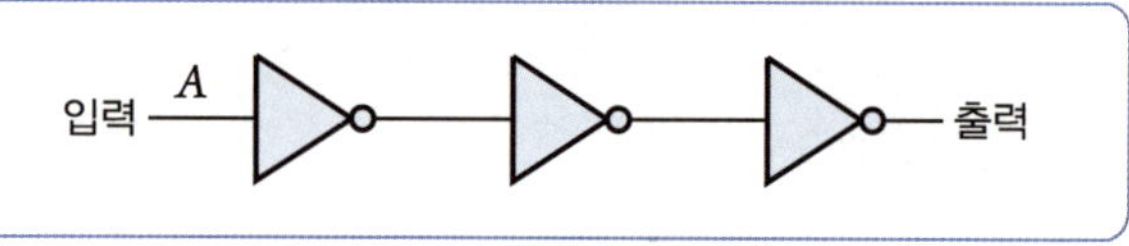

① A
② $\overline{A}$
③ 1
④ $\overline{\overline{A}}$

04 $A \Rightarrow \overline{A} \Rightarrow \overline{\overline{A}}\,(=A) \Rightarrow \overline{\overline{\overline{A}}}\,(=\overline{A})$

05 특정 비트 또는 특정 문자를 삭제하기 위해 필요한 연산은?

① XOR
② AND
③ OR
④ NOT

	제거비트		제거비트		
	1011	1100	1100	1110	1010
AND	0000	1111	0000	1111	1111
결과	0000	1100	0000	1110	1010

05 특정비트를 삭제하기 위해 마스크처리하는 방법으로 다음과 같이 제거하고자 하는 특정비트에는 0으로, 남겨둘 비트를 1로 AND연산을 한다. 예를 들면, 컴퓨터 네트워크에서 네트워크의 논리적 분할을 위해 AND 비트 연산에 의해 씌우는 마스크를 서브넷 마스크라 하는데, 이때 C클래스에서 일반적으로 255.255.255.0를 사용한다.
[문제 하단의 표 내용 참고]

정답 03 ② 04 ② 05 ②

06 그림의 TR회로는 어떤 게이트를 나타내는가?

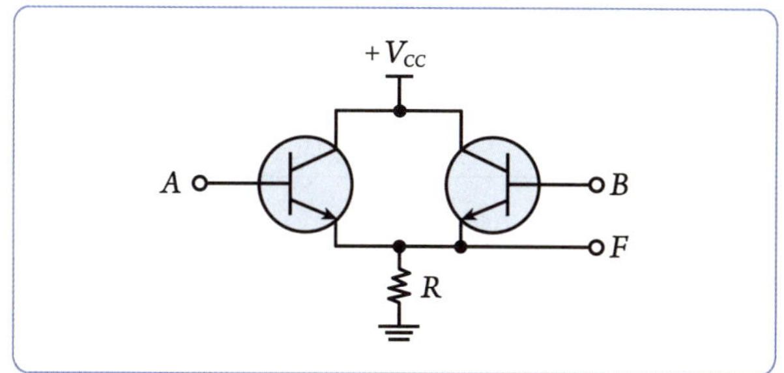

① OR ② AND
③ XOR ④ NOT

06 TR회로의 입력 A, B에 모두 0V가 인가되면 베이스가 스위칭 동작으로 off가 되어 베이스전류가 흐르지 않아 TR이 차단되어 0V전압이 출력으로 나오게 되어 출력 F는 0V가 된다. 또는 입력 A, B 중 어느 하나라도 5V가 인가되면 TR이 on이 되어 5V전압이 출력으로 나오게 된다.

07 그림의 DIODE 회로는 어떤 게이트를 나타내는가? [단, 정논리(postitve logic)인 경우]

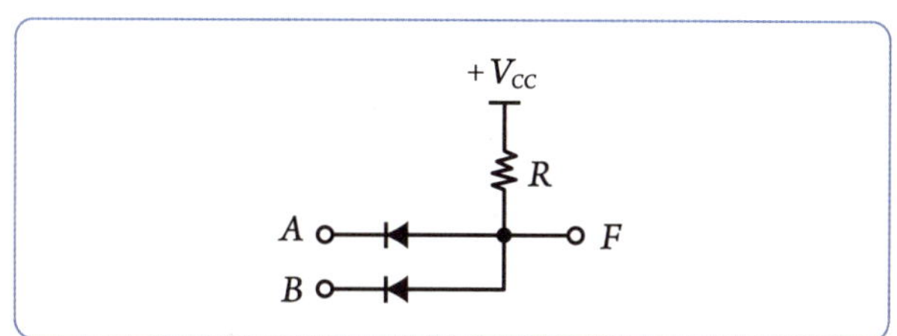

① OR ② AND
③ XOR ④ NOT

07 DIODE회로의 입력 A, B 중 어느 하나라도 0V가 인가되면, DIODE가 도통되어 0V전압이 출력으로 나오게 된다. 또 입력 A, B에 5V를 인가하면 DIODE는 차단되어 출력으로 V_{CC}(5V)전압이 되어 출력 F는 5V가 된다.

08 다음 진리표에 대한 논리게이트는?

A	B	$F(A,B)$
0	0	1
0	1	1
1	0	1
1	1	0

① OR ② AND
③ NAND ④ NOR

08 입력이 모두 1인 경우에 0이 출력되고 두 입력 중에 0이 하나라도 있으면 1이 출력된다. 즉, NAND게이트의 동작특성을 갖는다.

정답 06 ① 07 ② 08 ③

09 다음 진리표는 XOR게이트를 나타낸 것이다. 출력 값을 올바르게 표현한 것은?

A	B	$F(A, B)$
0	0	$F_0(LSB)$
0	1	F_1
1	0	F_2
1	1	$F_3(MSB)$

① 1001 ② 0110
③ 0101 ④ 1010

09 XOR게이트의 동작특성은 입력 값이 서로 다른 경우 출력 1이 되며, 또는 입력된 1의 개수를 짝수로 만들어 준다.

10 다음 그림의 입력 A, B에 대한 출력 F가 표현되는 게이트는?

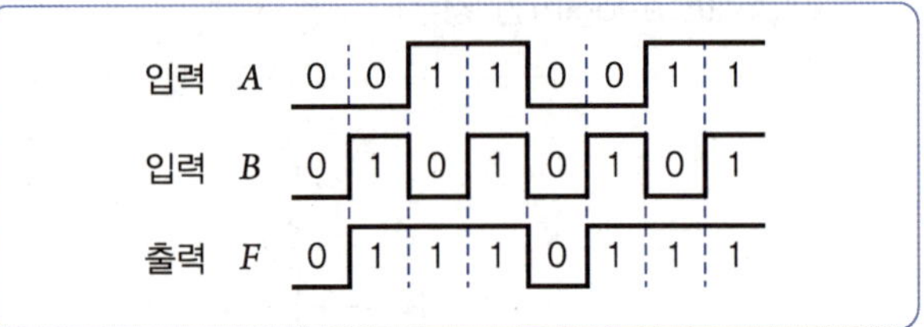

① NOR ② AND
③ NAND ④ OR

10 입력된 A, B 값에 대한 출력 F는 어느 하나라도 1이면 1이 된다.

11 다음 그림의 입력 A, B, C에 대한 출력 F가 표현되는 게이트는?

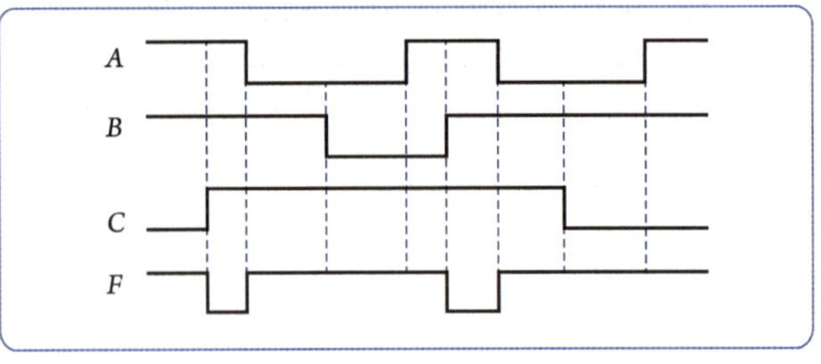

① NOR ② AND
③ XOR ④ NAND

11 입력 중 어느 하나라도 0이면 출력은 1이 나온다.

정답 09 ② 10 ④ 11 ④

12 **입력이 모두 '1'일 때만 출력이 '0'이고, 그 외에는 '1'인 게이트는?**

① NOR
② NAND
③ XOR
④ XNOR

13 **다음 중 NOR함수를 나타내는 논리식은?**

① $F(A,B)=A+B$
② $F(A,B)=\overline{A+B}$
③ $F(A,B)=\overline{A}+\overline{B}$
④ $F(A,B)=A\oplus B$

14 **입력된 1의 개수가 짝수일 때 출력은 1이 되는 범용 게이트는?**

① XOR
② NAND
③ XNOR
④ NOR

12 AND게이트는 어느 입력이라도 0이면 출력은 0이 되고, 모든 입력이 1인 경우에만 출력이 1이 된다. 그러므로 이 출력에 반대되는 동작 특성이 NAND게이트를 의미한다.

13 NOR의 표현은 $F(A,B)=\overline{A+B}=\overline{A}\,\overline{B}$ 이다.

14 다음 표는 XNOR게이트의 진리표로 입력된 1의 개수가 짝수일 때 출력은 1이 된다. 즉, 출력되는 1의 개수까지 포함해서 1의 개수를 홀수로 만들어 주는 특징이 있다. 1의 개수가 없는 경우는 1의 개수를 짝수로 본다.

입력			출력
A	B	C	F
0	0	0	1
0	0	1	0
0	1	0	0
0	1	1	1
1	0	0	0
1	0	1	1
1	1	0	1
1	1	1	0

정답 12 ② 13 ② 14 ③

15 다음 표는 XOR의 진리표이다. 모듈러-2 덧셈 연산은 XOR게이트로 구현 가능하다.

입력		출력
A	B	F
0	0	0
0	1	1
1	0	1
1	1	0

16 XOR의 논리식을 의미한다. [문제 15번 해설 참조]

17 각 비트별 XOR연산을 수행하면 다음과 같다.

	0	0	1	1
⊕	1	1	0	0
	1	1	1	1

정답 15 ③ 16 ① 17 ②

15 배타적-OR게이트에 대한 설명으로 올바르지 않은 것은?

① Mod(모듈러)-2 덧셈 연산을 할 수 있다.
② 입력이 서로 다를 때 출력이 1이다.
③ 입력된 1의 개수가 홀수일 때 출력은 0이다.
④ 입력된 1의 개수가 짝수일 때 출력은 0이다.

16 다음 회로에서 출력 X는 어떤 논리식과 같은가?

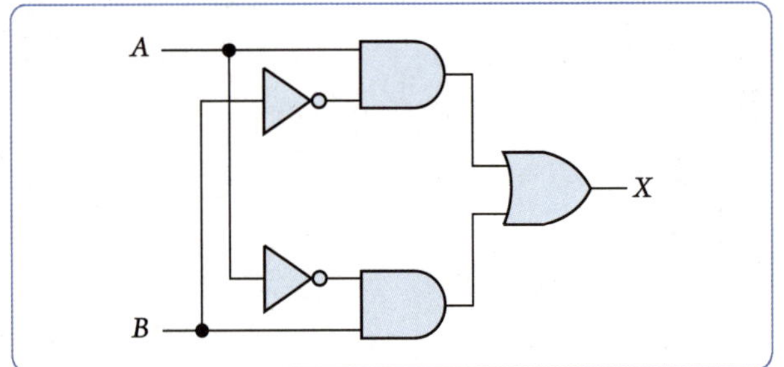

① $X = A\overline{B} + \overline{A}B$
② $X = AB + \overline{AB}$
③ $X = AB + \overline{A}\,\overline{B}$
④ $X = A \odot B$

17 다음 $0011 \oplus 1100$ 연산의 결과는?

① 0001
② 1111
③ 1010
④ 0101

18 보수기를 구성하는 데 필요한 게이트는?

① AND ② NAND
③ NOT ④ XOR

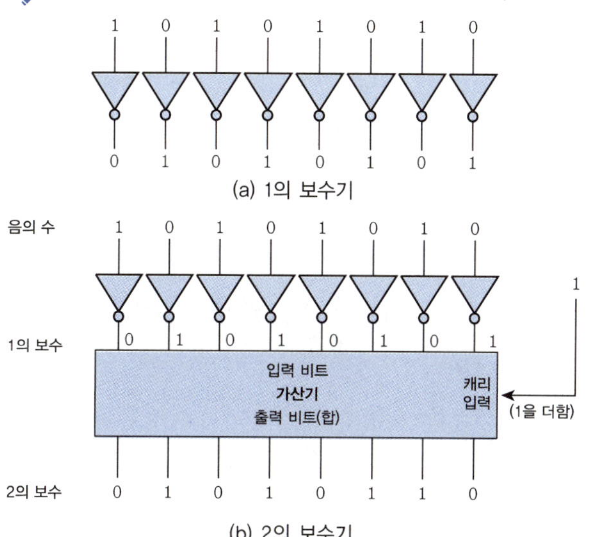

(a) 1의 보수기

(b) 2의 보수기

18 보수기는 인버터(NOT)를 이용하여 구현이 가능하고, 다음 그림은 8비트 1의 보수기와 2의 보수기 회로를 나타낸다.
[문제 하단의 그림 참조]

19 두 입력이 같을 때만 1을 출력하는 게이트는?

① AND ② NAND
③ NOT ④ XNOR

19 XNOR은 두 입력이 같은 경우에만 출력 1이 나타난다.

20 다음 논리가 $1 \oplus A$인 결과는?

① 0 ② 1
③ A ④ $\overline{A}$

20 입력된 값의 반전 값이 출력된다.

$$\begin{array}{rcl} & 1\ 1\ 1\ 1\ 1\ 1\ 1\ 1 & 1 \\ \oplus & 0\ 1\ 0\ 0\ 0\ 0\ 0\ 1 & \Rightarrow A \\ \hline & 1\ 0\ 1\ 1\ 1\ 1\ 1\ 0 & \overline{A} \end{array}$$

정답 18 ③ 19 ④ 20 ④

21 $A=1, B=1, C=0, D=1$일 때 논리 값이 1이 되는 것은?

① $\overline{A}\,\overline{B}C\overline{D}$

② $AB\overline{C}\,\overline{D}$

③ $A\overline{B}\,\overline{C}D$

④ $AB\overline{C}D$

21 일반식의 SOP형으로 나타내는 것이며 표준 곱항의 2진수 표현을 한 것으로 $1 \cdot 1 \cdot \overline{0} \cdot 1 = 1 \Rightarrow AB\overline{C}D$로 표현할 수 있다.

22 $A=1, B=1, C=0, D=1$일 때 논리식이 1이 아닌 것은?

① $AB+\overline{C}D$

② $A+B+\overline{C}D$

③ $\overline{A}+B\overline{C}D$

④ $\overline{A}B+CD$

22 $AB+\overline{C}D=1 \cdot 1+\overline{0} \cdot 1=1$

$A+B+\overline{C}D=1+1+\overline{0}+1=1$

$\overline{A}+B\overline{C}D=\overline{1}+1 \cdot \overline{0} \cdot 1=1$

$\overline{A}B+CD=0 \cdot 1+0 \cdot 1=0$

23 그림과 같이 A, B 2개의 레지스터에 있는 자료에 대해 ALU가 OR연산을 행할 때 그 결과인 출력 레지스터 C의 내용은?

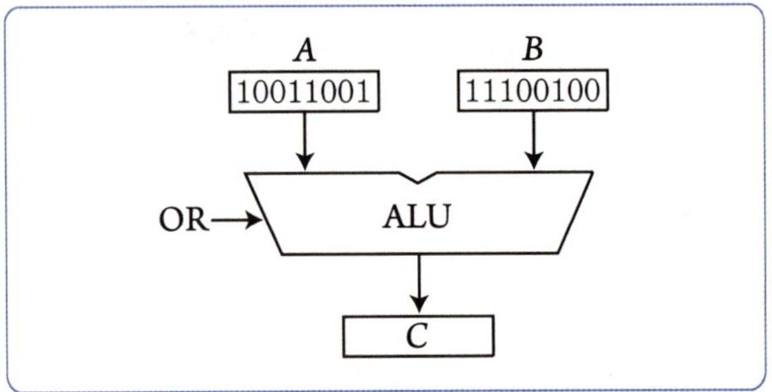

① 11111000 ② 11111101

③ 10011101 ④ 11110101

23

	1	0	0	1	1	0	0	1
OR	1	1	1	0	0	1	0	0
	1	1	1	1	1	1	0	1

정답 21 ④ 22 ④ 23 ②

24 2개 이상의 자료를 섞을 때(문자삽입 등)의 사용에 편리한 연산자는?

① 보수연산
② AND연산
③ OR연산
④ NAND연산

25 다음 회로의 논리식은?

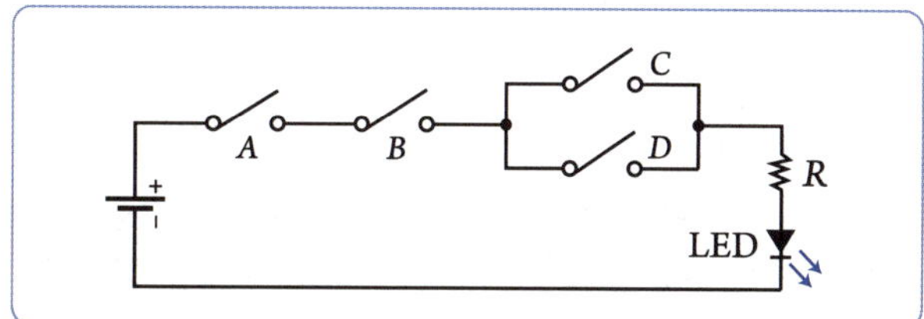

① $(A+B)CD$
② $(A+B)+CD$
③ $AB(C+D)$
④ $(A+B)+(C+D)$

26 다음 그림과 같은 정논리회로에서 A, B, C를 입력, Y를 출력이라고 하면 이는 어떤 논리게이트인가?

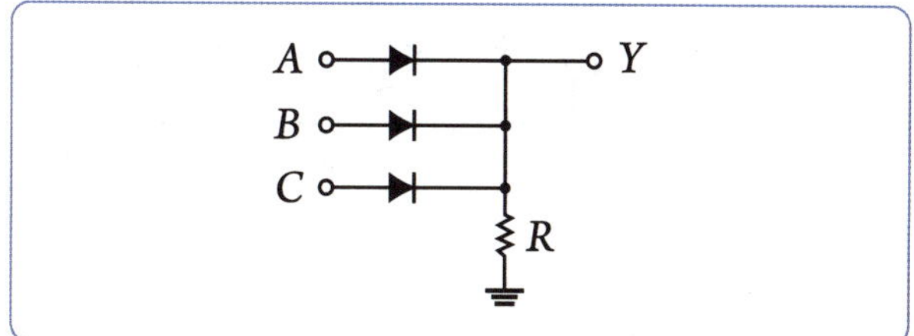

① AND게이트
② OR게이트
③ NOT게이트
④ XOR게이트

24 2개의 데이터를 섞을 때 OR연산을 사용한다. 예를 들어, 8비트 데이터 1000 1010의 상위 4비트는 그대로 두고 하위 4비트를 1111로 만들려는 경우 데이터 1000 1010을 0000 1111과 OR연산하면 원하는 결과를 얻을 수 있다.

25

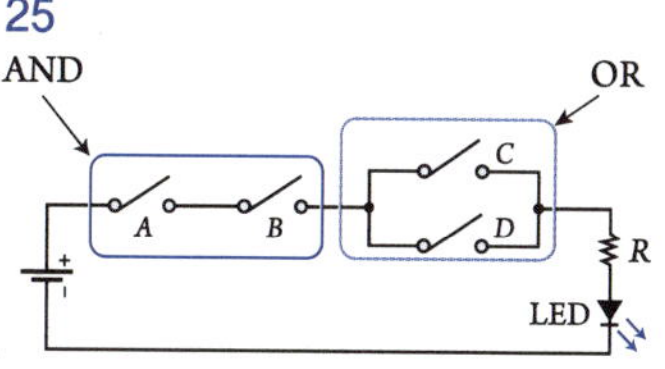

26 다이오드를 이용한 OR게이트로, 입력 중 어느 한 쪽이 5V이면 다이오드는 on되어 출력은 약 5V, 즉 1이 된다. 그러나 입력이 모두 0V이면 다이오드는 off되어 출력은 0V, 즉 0이 된다.

정답 24 ③ 25 ③ 26 ②

27 XNOR는 입력 중 1의 개수가 짝수이면 출력은 1이 된다. 즉, 입력된 1의 개수가 짝수이면 출력이 1이 되어 모든 1의 개수를 홀수로 만들어 준다.

28 트랜지스터를 이용한 NOR게이트는 입력 중 어느 한 쪽이 5V이면 트랜지스터는 on되어 출력은 약 0V, 즉 논리 0이 된다. 그러나 입력이 모두 0V이면 트랜지스터는 off되어 출력은 5V, 즉 논리 1이 된다.

정답 27 ① 28 ②

27 다음의 진리표에 대한 논리 기호로 옳은 것은?

입력			출력
X	Y	Z	
0	0	0	1
0	0	1	0
0	1	0	0
0	1	1	1
1	0	0	0
1	0	1	1
1	1	0	1
1	1	1	0

① 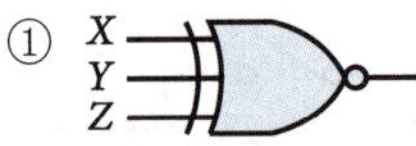

② 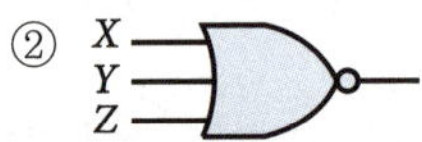

③ 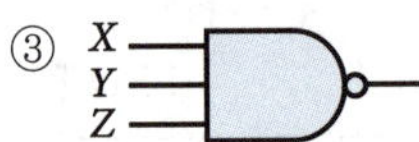

④ 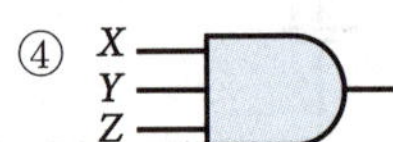

28 다음 회로가 수행할 수 있는 논리 기능은?

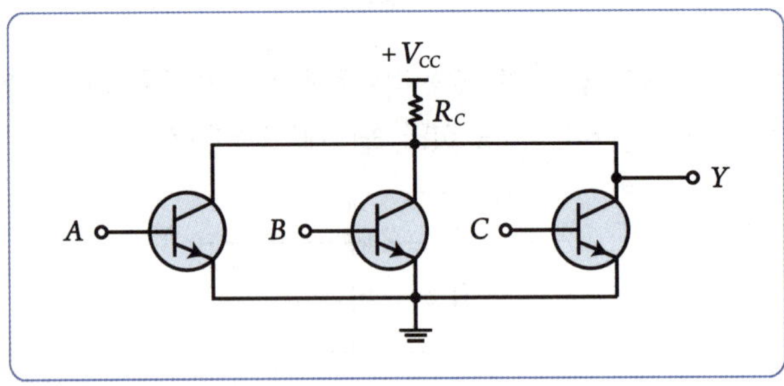

① AND게이트
② NOR게이트
③ NOT게이트
④ XOR게이트

29 NOR게이트인 다음 그림의 논리회로 기호와 동일한 것은?

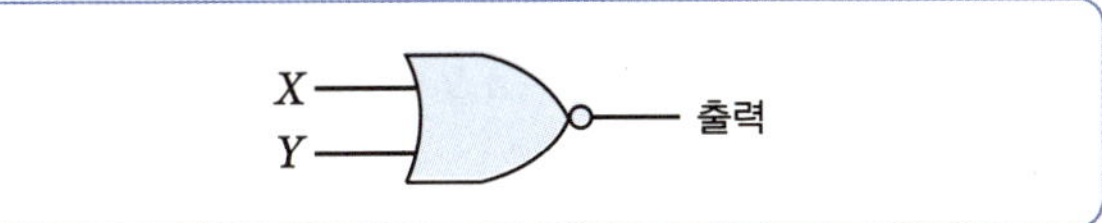

① X Y 출력

② X Y 출력

③ X Y 출력

④ X Y 출력

> 29 ① NOR게이트
> ② AND게이트
> ③ NAND게이트
> ④ OR게이트

30 두 개의 입력파형 A, B에 대하여 출력파형 Y가 그림과 같을 때 어떤 게이트의 동작인가?

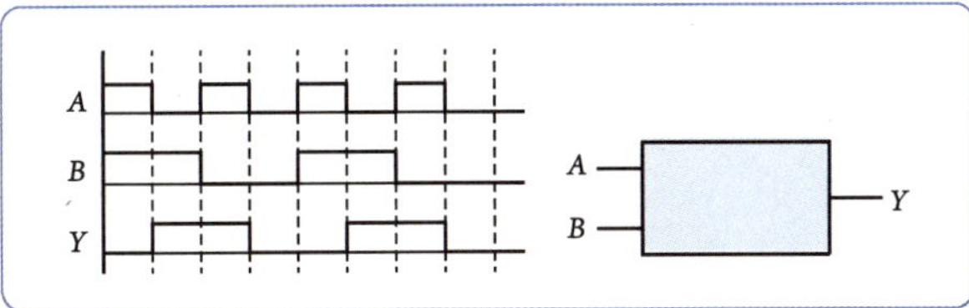

① AND게이트
② NOR게이트
③ NOT게이트
④ XOR게이트

> 30 입력 A, B의 파형이 서로 다를 때 출력 Y의 파형이 발생한다(XOR게이트).

정답 29 ① 30 ④

31 다음 중 논리식을 만족하는 조건으로 옳지 않은 것은?

$$\overline{A}\,\overline{B}+AB=1$$

① $A=0, B=0$
② $A=1, B=0$
③ $A=1, B=1$
④ $\overline{A}=1, \overline{B}=1$

32 다음과 같은 특성을 갖고 있는 게이트에 입력이 $A=B=\overline{S}=1$일 때 출력은?

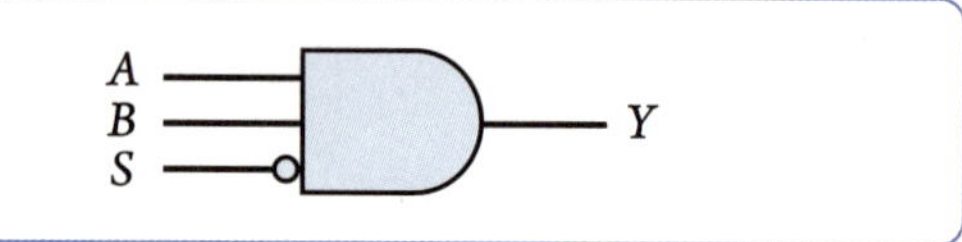

① 0
② 1
③ S
④ $\overline{A}$

33 다음과 같은 논리회로에서 출력 X, Y의 값으로 옳은 것은?

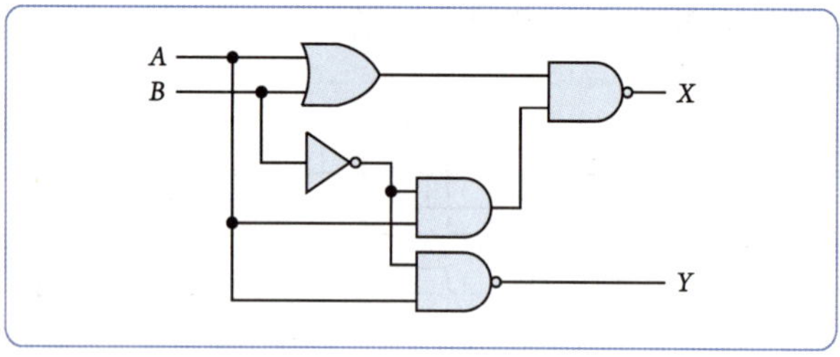

① $A=1, B=0$일 때 $X=0, Y=0$
② $A=1, B=0$일 때 $X=1, Y=0$
③ $A=1, B=0$일 때 $X=0, Y=1$
④ $A=1, B=0$일 때 $X=1, Y=1$

31 주어진 논리식은 XNOR이므로 서로 입력이 같을 때 출력 1이 된다.

32 $Y=AB\overline{S}=1\cdot 1\cdot \overline{0}=1$

33 $X=\overline{(A+B)(A\overline{B})}=\overline{AA\overline{B}+AB\overline{B}}$
$=\overline{A\overline{B}+0}=\overline{A\overline{B}}$
$=\overline{A}+B=\overline{1}+0=0$
$Y=\overline{A\overline{B}}=\overline{A}+B=\overline{1}+0=0$

정답 31 ② 32 ② 33 ①

34 다음 주어진 회로의 출력 값이 1이 되기 위한 입력 값이 아닌 것은?

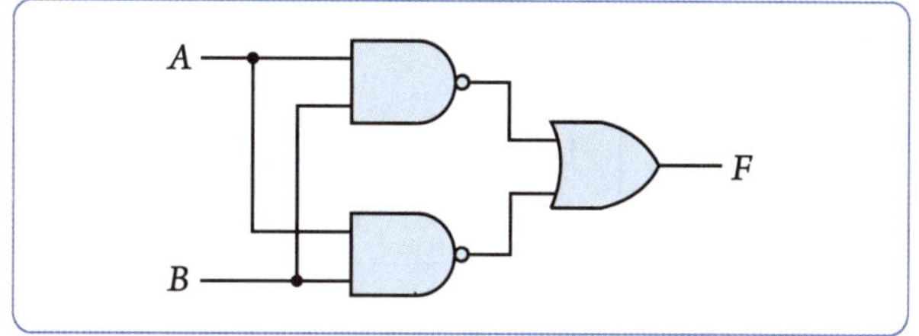

① $A=0, B=0$　　② $A=1, B=0$
③ $A=0, B=1$　　④ $A=1, B=1$

35 다음 주어진 회로의 출력 값이 1이 되기 위한 입력 값이 아닌 것은?

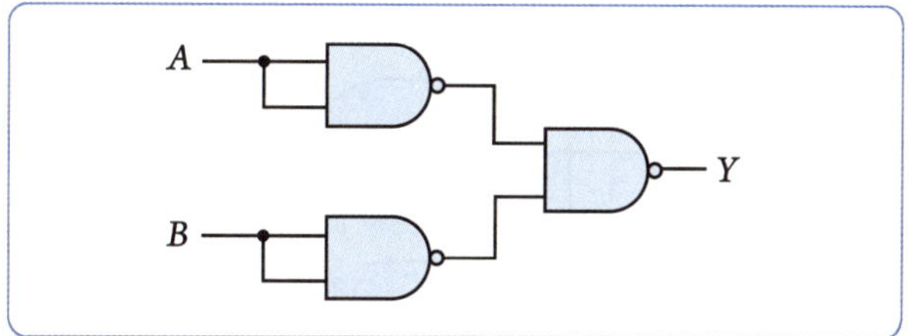

① $A=0, B=0$　　② $A=1, B=0$
③ $A=0, B=1$　　④ $A=1, B=1$

36 다음 논리회로에서 $A=1101, B=0101$일 때 출력 값은?

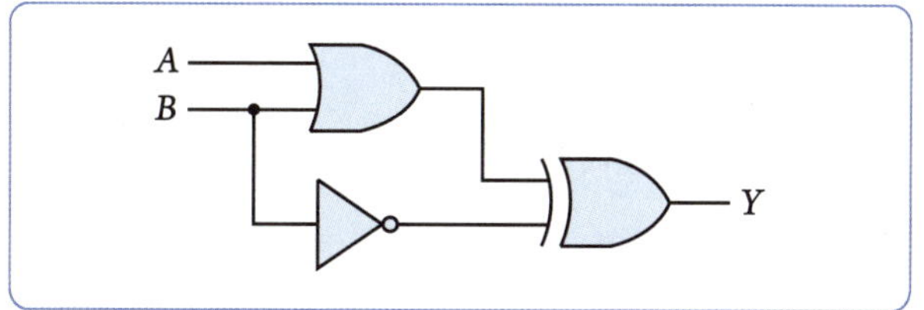

① 1000　　② 1010
③ 0111　　④ 1111

34 회로는 NAND로 동작한다.
$F=\overline{AB}+\overline{AB}=\overline{AB}=\overline{A}+\overline{B}$

35 회로는 OR로 동작한다.
$Y=\overline{\overline{A}\cdot\overline{B}}=\overline{\overline{A}}+\overline{\overline{B}}=A+B$

36

A	B	$A+B$	$\overline{B}$	$(A+B)\oplus\overline{B}$
1	0	1	1	0
1	1	1	0	1
0	0	0	1	1
1	1	1	0	1

정답 34 ④ 35 ① 36 ③

37 다음 논리회로에서 $A=1001, B=1101$ 일 때 출력 값은?

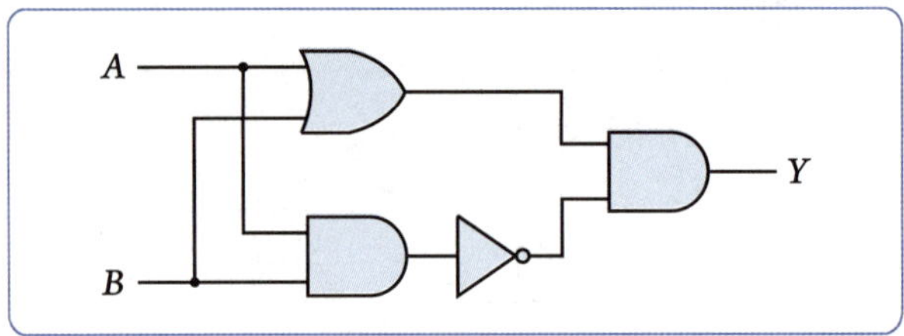

① 0100 ② 1010
③ 0111 ④ 1111

38 다음 논리회로에서 $A=1111, B=1000$ 일 때 출력 값은?

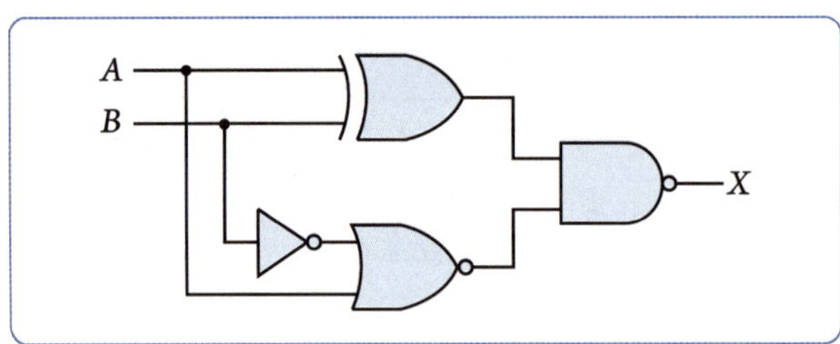

① 1011 ② 1010
③ 0111 ④ 1111

39 다음 중 부울대수 법칙이 성립되지 <u>않는</u> 것은?

① $A \cdot \overline{A}=0$
② $X+X+1=1$
③ $A+B+0=0$
④ $X+\overline{X}+A\overline{A}=1$

---

37 회로의 부울대수를 정리해보면

$$\begin{aligned} Y &= (A+B)(\overline{AB}) \\ &= (A+B)(\overline{A}+\overline{B}) \\ &= A\overline{A}+A\overline{B}+\overline{A}B+B\overline{B} \\ &= A\overline{B}+\overline{A}B \\ &= A\oplus B \end{aligned}$$

가 되므로 XOR의 동작이 된다. 그리고 4비트 입력에 대한 4비트 출력임을 주의하기 바란다.

	A	B	$A+B$	$\overline{AB}$	$Y=(A+B)\overline{AB}$
MSB	1	1	1	0	0
	0	1	1	1	1
	0	0	0	1	0
LSB	1	1	1	0	0

38

A	B	$W=A\oplus B$	$Y=\overline{\overline{A}+\overline{B}}$	$X=\overline{W\cdot Y}$
1	1	0	0	1
1	0	1	0	1
1	0	1	0	1
1	0	1	0	1

39 $A+B+0=A+B$

정답 37 ① 38 ④ 39 ③

40 다음 부울대수의 관계식이 옳은 것은?

① $A(A+B)=B$

② $\overline{AB}=\overline{A}+\overline{B}$

③ $\overline{\overline{A}+\overline{B}}=\overline{A}\cdot\overline{B}$

④ $X+\overline{X}=X$

40 $A(A+B)=A+AB$
$=A(1+B)=A$,
$\overline{\overline{A}+\overline{B}}=\overline{\overline{A}}\cdot\overline{\overline{B}}=AB$,
$X+\overline{X}=1$

41 부울대수가 옳지 <u>않은</u> 것은?

① $A+\overline{A}B=A$

② $\overline{AB}=\overline{A}+\overline{B}$

③ $A+A\overline{B}=A$

④ $A(A+B)=A$

41 $A+\overline{A}B=A(\overline{B}+B)+\overline{A}B$
$=A\overline{B}+AB+\overline{A}B$
$=A\overline{B}+AB+\overline{A}B+AB$
$=A(\overline{B}+B)+B(\overline{A}+A)$
$=A+B$
$A+A\overline{B}=A(1+\overline{B})=A$

42 부울대수가 옳지 <u>않은</u> 것은?

① $A+\overline{A}=1$

② $AB+A\overline{B}=B$

③ $(A+B)(A+\overline{B})=A$

④ $B(A+B)=B$

42 $AB+A\overline{B}=A(B+\overline{B})=A$
$(A+B)(A+\overline{B})$
$=AA+AB+A\overline{B}+B\overline{B}$
$=A+AB+A\overline{B}$
$=A(1+B+\overline{B})=A$
$B(A+B)=AB+B=B$

정답 40 ② 41 ① 42 ②

43 부울대수가 옳지 않은 것은?

① $\overline{A}\overline{B}+AB=A\oplus B$

② $\overline{A}B+A\overline{B}=A\oplus B$

③ $(A+B)(A+C)=A+BC$

④ $A(A+B)=A$

44 논리식 $B(A+B)=B$에 적용되는 부울대수 정리는?

① 결합법칙

② 흡수법칙

③ 교환법칙

④ 분배법칙

45 드모르간의 정리로 표현한 것은?

① $\overline{A+B}=\overline{A}\cdot\overline{B}$

② $AB+A=A$

③ $(A+B)A=A$

④ $B(A+B)=B$

---

43 $\overline{A}\overline{B}+AB=A\odot B$
$(A+B)(A+C)$
$=AA+AB+AC+BC$
$=A(1+B+C)+BC=A+BC$

44 $B(A+B)=AB+BB$
$=B(A+1)=B$

45 드모르간의 정리
$\overline{A+B}=\overline{A}\cdot\overline{B}$,
$\overline{A\cdot B}=\overline{A}+\overline{B}$

정답 43 ① 44 ② 45 ①

46 다음 부울대수 $\overline{A+B}$를 드모르간의 정리에 의해 올바르게 변환시킨 회로는?

① 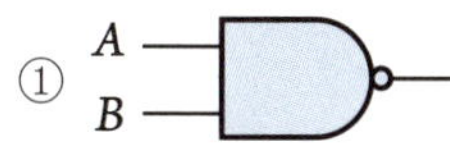

② 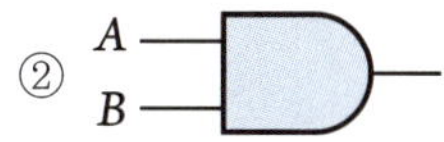

③ 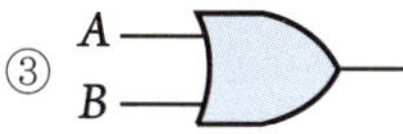

④ 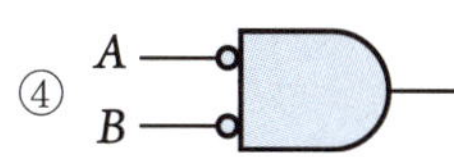

46 $\overline{A+B} = \overline{A} \cdot \overline{B}$

A, B ≡ A, B

47 다음 부울대수 $\overline{A \cdot B}$를 드모르간의 정리에 의해 올바르게 변환시킨 회로는?

① 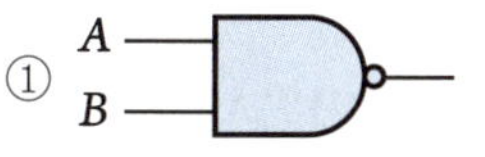

② 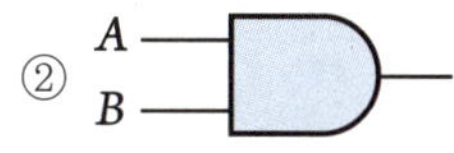

③ 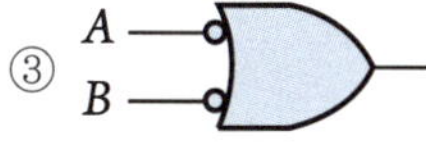

④ 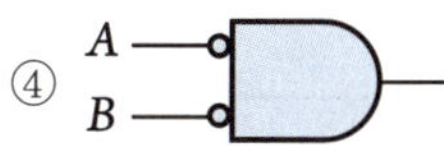

47 $\overline{A \cdot B} = \overline{A} + \overline{B}$

A, B ≡ A, B

48 논리식 $F = AB + ABC$를 간략히 한 것은?

① $\overline{A}\overline{B}C$　　② AB

③ A　　④ $A\overline{B}C$

48 $F = AB(1+C) = AB$

정답 

49 논리식 $A\overline{B}+A\overline{B}C+A\overline{B}$를 간략히 한 것은?

① $\overline{A}\,\overline{B}C$

② $\overline{A}B$

③ $A\overline{B}$

④ $A\overline{B}(C+B)$

49 $A\overline{B}+A\overline{B}C+A\overline{B}$
$=A\overline{B}(1+C)+A\overline{B}$
$=A\overline{B}+A\overline{B}=A\overline{B}$

50 다음 논리식을 만족시키는 회로는?

$$F(X,Y,Z)=(X+Y+XY)(X+Z)$$

①
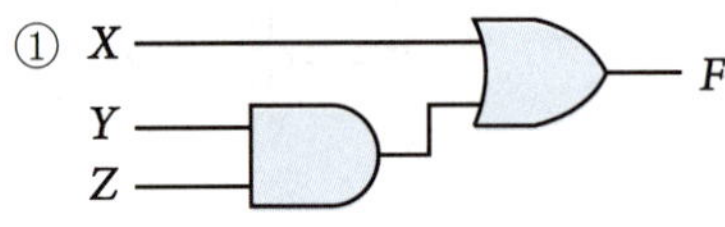

②
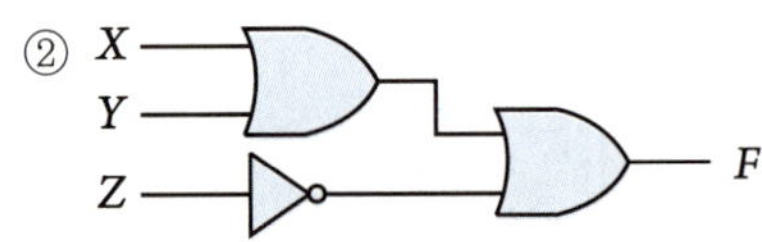

③
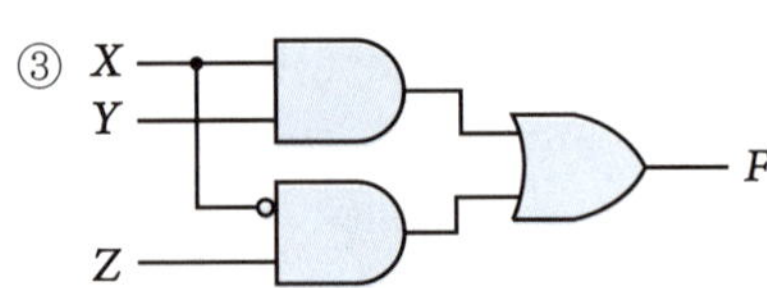

④
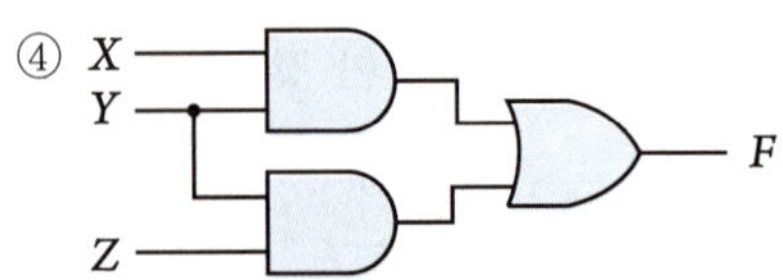

50 $F(X,Y,Z)$
$=(X+Y+XY)(X+Z)$
$=(X(1+Y)+Y)(X+Z)$
$=(X+Y)(X+Z)$
$=X+XY+XZ+YZ$
$=X(1+Y+Z)+YZ$
$=X+YZ$

정답 49 ③ 50 ①

51 다음 논리회로의 논리식은?

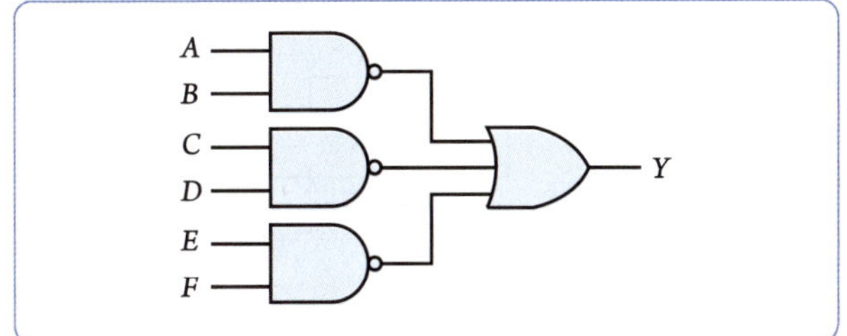

① $Y = AB + CD + E$

② $Y = \overline{A+B} + \overline{C+D} + \overline{E+F}$

③ $Y = \overline{AB} + \overline{CD} + \overline{EF}$

④ $Y = \overline{AB} \cdot \overline{CD} \cdot \overline{EF}$

52 입력 A, B로 구성된 논리함수의 최소항에 포함되지 않는 것은?

① $\overline{AB}$

② AB

③ $A\overline{B}$

④ $\overline{A}B$

51 $Y = \overline{AB} + \overline{CD} + \overline{EF}$
$= \overline{A} + \overline{B} + \overline{C} + \overline{D} + \overline{E} + \overline{F}$
$= \overline{AB \cdot CD \cdot EF}$

52 두 개의 입력에 대한 최소항 표현

입력		최소항	기호
A	B		
0	0	$\overline{A}\,\overline{B}$	m_0
0	1	$\overline{A}B$	m_1
1	0	$A\overline{B}$	m_2
1	1	AB	m_3

정답 51 ③ 52 ①

53 다음 논리회로에 대한 올바른 진리표 표현은?

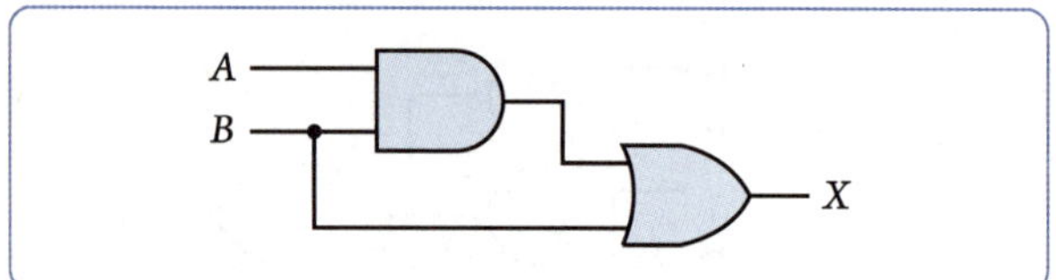

①

입력		X
A	B	
0	0	1
0	1	0
1	0	1
1	1	0

②

입력		X
A	B	
0	0	0
0	1	0
1	0	0
1	1	0

③

입력		X
A	B	
0	0	1
0	1	1
1	0	1
1	1	0

④

입력		X
A	B	
0	0	0
0	1	1
1	0	0
1	1	1

53 $X=AB+B=B$

54 다음 논리식 $F=ABC+\overline{A}\,\overline{B}\,\overline{C}$를 보수화한 것은?

① $\overline{F}=(\overline{A}+B+\overline{C})(A+B+C)$

② $\overline{F}=(\overline{A}+\overline{B}+\overline{C})(A+B+C)$

③ $\overline{F}=(\overline{A}+\overline{B}+\overline{C})(\overline{A}+B+C)$

④ $\overline{F}=(\overline{A}+\overline{B}+\overline{C})(A+\overline{B}+\overline{C})$

54 $F=ABC+\overline{A}\,\overline{B}\,\overline{C}$

$\overline{F}=\overline{ABC+\overline{A}\,\overline{B}\,\overline{C}}$

$=\overline{ABC}\cdot\overline{\overline{A}\,\overline{B}\,\overline{C}}$

$=(\overline{A}+\overline{B}+\overline{C})(\overline{\overline{A}}+\overline{\overline{B}}+\overline{\overline{C}})$

$=(\overline{A}+\overline{B}+\overline{C})(A+B+C)$

정답 53 ④ 54 ②

55 **부울대수 $F = A + \overline{B}C$ 를 최소항의 합으로 바르게 표시한 것은?**

① $F(A,B,C) = \sum m(1,4,5,6,7)$

② $F(A,B,C) = \sum m(0,2,3)$

③ $F(A,B,C) = \sum m(1,6,7)$

④ $F(A,B,C) = \sum m(1,4,5,7)$

56 **논리함수 $F(A,B,C) = \sum m(1,2,3,4)$ 를 최대항의 곱으로 표시한 것은?**

① $F(A,B,C) = \prod M(0,2,4,6)$

② $F(A,B,C) = \prod M(1,2,3,4)$

③ $F(A,B,C) = \prod M(1,3,5,7)$

④ $F(A,B,C) = \prod M(0,5,6,7)$

»»

입력			출력		최소항	기호	최대항	기호	관계
A	B	C	F	$\overline{F}$					
0	0	0	0	1	$\overline{A}\overline{B}\overline{C}$	m_0	$A+B+C$	M_0	$M_0 = \overline{m_0}$
0	0	1	1	0	$\overline{A}\overline{B}C$	m_1	$A+B+\overline{C}$	M_1	$M_1 = \overline{m_1}$
0	1	0	1	0	$\overline{A}B\overline{C}$	m_2	$A+\overline{B}+C$	M_2	$M_2 = \overline{m_2}$
0	1	1	1	0	$\overline{A}BC$	m_3	$A+\overline{B}+\overline{C}$	M_3	$M_3 = \overline{m_3}$
1	0	0	1	0	$A\overline{B}\overline{C}$	m_4	$\overline{A}+B+C$	M_4	$M_4 = \overline{m_4}$
1	0	1	0	1	$A\overline{B}C$	m_5	$\overline{A}+B+\overline{C}$	M_5	$M_5 = \overline{m_5}$
1	1	0	0	1	$AB\overline{C}$	m_6	$\overline{A}+\overline{B}+C$	M_6	$M_6 = \overline{m_6}$
1	1	1	0	1	ABC	m_7	$\overline{A}+\overline{B}+\overline{C}$	M_7	$M_7 = \overline{m_7}$

55 표준화된 최소항으로 표현하면

입력			최소항	기호
A	B	C		
0	0	0	$\overline{A}\overline{B}\overline{C}$	m_0
0	0	1	$\overline{A}\overline{B}C$	m_1
0	1	0	$\overline{A}B\overline{C}$	m_2
0	1	1	$\overline{A}BC$	m_3
1	0	0	$A\overline{B}\overline{C}$	m_4
1	0	1	$A\overline{B}C$	m_5
1	1	0	$AB\overline{C}$	m_6
1	1	1	ABC	m_7

$$
\begin{aligned}
F &= A + \overline{B}C \\
&= A(B+\overline{B})(C+\overline{C}) + (A+\overline{A})\overline{B}C \\
&= ABC + AB\overline{C} + A\overline{B}C + A\overline{B}\overline{C} + A\overline{B}C + \overline{A}\overline{B}C \\
&= ABC + AB\overline{C} + A\overline{B}C + A\overline{B}\overline{C} + \overline{A}\overline{B}C \\
&= m_1 + m_4 + m_5 + m_6 + m_7 \\
&= \sum m(1,4,5,6,7)
\end{aligned}
$$

56 최소항과 최대항은 상호 보수의 성질을 가진다.

$$
\begin{aligned}
F(A,B,C) &= \sum m(1,2,3,4) \\
&= \overline{\prod M(1,2,3,4)} \\
&= \prod M(0,5,6,7)
\end{aligned}
$$

정답 55 ① 56 ④

57 다음 중 게이트당 소비전력이 가장 적은 소자는?

① RTL ② TTL
③ ECL ④ CMOS

57 CMOS는 TTL보다 소비전력이 적고 사용전압의 범위가 넓다는 장점이 있으나, 속도가 TTL보다 떨어진다는 단점이 있다. 그러나 최근에는 고속의 CMOS IC가 개발되어 TTL과 비슷한 보급 성향을 보이고 있다.

58 TTL과 비교하여 CMOS 집적회로의 특징이 아닌 것은?

① 소비전력이 적다.
② 잡음여유도가 높다.
③ 동작속도가 빠르다.
④ 폭넓은 전원 전압에서 동작이 가능하다.

58 [문제 아래의 표 내용 참고]

	TTL	CMOS
장·단점	• 전파지연시간이 짧다. • 소비전력이 크다. • 잡음 여유도가 작다. • 온도에 따라 문턱전압이 크게 변한다.	• 소비전력이 적다. • 저전압에서 동작이 가능하다. • 잡음여유도가 크다. • 구조가 간단하여 집적화가 쉽다. • 전원 전압 범위가 넓다. • 정전 파괴가 쉽다.

59 하나의 논리게이트 출력이 정상적인 동작상태를 유지하면서 구동할 수 있는 표준 부하의 수를 의미하는 것은?

① 잡음여유도(noise margin)
② 팬-아웃(fan-out)
③ 전력소모(power dissipation)
④ 전파지연시간(propagation delay time)

59 ① 잡음여유도 : 디지털 회로에서 데이터의 값에 변경을 주지 않는 범위 내에서 최대로 허용된 잡음 마진을 나타낸다.
② 팬-아웃 : 한 게이트의 출력으로부터 다른 여러 개의 입력으로 공급되는 전류를 말하며, 정상적인 동작으로 한 출력이 최대 몇 개의 입력으로 연결되는가를 나타낸다.
③ 전력소모 : 게이트가 동작할 때 소모되는 전력량을 말한다.
④ 전파지연시간 : 신호가 입력되어서 출력될 때까지의 시간을 말하며, 게이트의 동작 속도를 나타낸다.

정답 57 ④ 58 ③ 59 ②

60 디지털 IC 계열에 대한 특성이 다음 표와 같다면, 논리장치인 chip의 전력 소모를 줄이기 위하여 가장 낮은 전력을 소모하는 것은 어느 것인가?

종류	7400	74LS00	74S00	74AC00
공급전압[V]	2	2	2	3.15
공급전류[mA]	16	8	20	75

① 7400　　② 74LS00
③ 74S00　　④ 74AC00

61 논리게이트의 성능을 평가하는 요소가 <u>아닌</u> 것은?

① propagation delay
② fan-out
③ turn-around time
④ power-dissipation

62 5개의 디지털소자가 공급전압 $+5\text{V}$ 에서 동작하고 각각 전류가 25mA 가 흐른다면 전력소모량은?

① 25mW
② 1250mW
③ 625mW
④ 125mW

60 ① 7400 : $P = V_{CC} \times I_{CC} = 2 \times 16 = 32[\text{mW}]$
② 74LS00 : $P = V_{CC} \times I_{CC} = 2 \times 8 = 16[\text{mW}]$
③ 74S00 : $P = V_{CC} \times I_{CC} = 2 \times 20 = 40[\text{mW}]$
④ 74AC00 : $P = V_{CC} \times I_{CC} = 3.15 \times 75 = 236.25[\text{mW}]$

61 turn-around time은 응답시간에 대한 것으로 컴퓨터 시스템의 성능평가 요소이며, 게이트 레벨에서는 적용되지 않는다.

62 • 소자당 전력소모는
$P = V_{CC} \times I_{CC} = 5 \times 25 = 125[\text{mW}]$
• 소자 5개의 전력소모는
$125 \times 5 = 625[\text{mW}]$

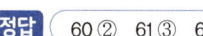

정답 
60 ②　61 ③　62 ③

Self Check로 다지기 | 제3장

- 반전기 출력은 입력의 보수이다.
- AND게이트 출력은 모든 입력이 HIGH(1)일 때만 HIGH(1)이다.
- OR게이트 출력은 입력 중 어느 하나라도 HIGH(1)이면 HIGH(1)이다.
- NAND게이트 출력은 모든 입력이 HIGH(1)일 때만 LOW(0)이다.
- NAND게이트는 입력 중 어느 하나라도 LOW(0)이면 출력이 HIGH(1)인 Negative-OR게이트로 표현할 수 있다.
- NOR게이트 출력은 입력 중의 어느 하나라도 HIGH(1)이면 LOW(0)이다.
- NOR게이트는 모든 입력이 LOW(0)일 때만 출력이 HIGH(1)인 Negative-AND게이트로 표현할 수 있다.
- XOR게이트 출력은 입력이 서로 같지 않을 때 HIGH(1)이다.
- XNOR게이트 출력은 입력이 서로 같지 않을 때 LOW(0)이다.
- 논리게이트를 평가하는 기준인 파라미터는 전파지연시간, 전력소모, 잡음여유도, 팬-아웃이 있다.
- 전파지연시간은 신호가 입력되고 출력될 때까지의 시간으로 게이트의 동작속도를 나타낸다.
- 전력소모는 게이트가 동작할 때 소모되는 전력량을 말한다.

> • $P_{CC} = V_{CC} \times I_{CC}$, 전력소모
>
> • $I_{CC} = \dfrac{I_{CCH} + I_{CCL}}{2}$, 평균 DC 공급 전류

- 잡음여유도는 디지털 회로에서 데이터의 값에 변경을 주지 않는 범위 내에서 최대로 허용된 잡음마진을 나타낸다.

> • HIGH-레벨 잡음여유도 : $V_H = V_{OH(\min)} - V_{IH(\min)}$
>
> • LOW-레벨 잡음여유도 : $V_L = V_{IL(\max)} - V_{OL(\max)}$

- 팬-아웃 : 한 게이트의 출력으로부터 다음 여러 개의 입력으로 공급되는 전류를 말한다. 정상적인 동작으로 한 출력이 최대 몇 개의 입력으로 연결되는가를 나타낸다.

제 4 장

부울함수의 간소화 및 구현

얼마나 많은 사람들이 책 한 권을 읽음으로써 인생에 새로운 전기를 맞이했던가.

– 헨리 데이비드 소로 –

제 4 장 | 부울함수의 간소화 및 구현

제1절 부울함수의 간소화(간략화) 중요

부울함수(논리함수)의 간략화는 사용하게 될 논리게이트의 수를 줄여 보다 간단한 회로를 설계하기 위한 필수 사항이다. 즉, 논리게이트 수를 줄임으로써 게이트(IC)의 경제적 **비용 감소**, **기판 면적의 축소**로 인한 디지털 시스템의 **소형화**와 논리게이트를 통과하는 **지연시간의 감소**, **전력소모의 감소**, **공급전압의 감소** 등의 효과를 가져올 수 있다.

간소화하는 방법으로는 부울대수를 이용한 방법과 카르노맵(Karnaugh map), 그리고 퀸-맥클러스키(Quine-McCluskey) 방법이 있다. 부울대수를 이용한 간략화 방법은 복잡하며 실수할 확률도 높고, 간소화되었는지 검증하기도 어렵다. 그래서 빠른 간소화 방법으로 도표방법인 카르노맵과 퀸-맥클러스키 방법을 사용한다. 본 교재에서는 카르노맵만을 다루기로 한다.

1 부울대수 법칙을 이용한 논리식의 간소화 중요

부울대수를 적용하는 대부분의 경우에 식을 가장 효과적(간략화된 형태)으로 구현할 수 있도록 특정식을 가장 간략한 형태로 하거나 또는 편리한 형태로 표현해야 한다. 최소항으로 표현된 부울대수식은 모든 항들을 최소화하지 않고 표현되어 있을 수도 있으며, 이 부울대수식들은 간소화할 부분이 남아 있다는 것을 의미한다. 부울대수식을 조작하여 간략화하기 위해 부울대수의 기본법칙 및 규칙과 정리를 적용한다.

예제 4-1

부울대수의 법칙과 규칙을 사용하여 다음 식을 간략화하시오.

$AB+A(B+C)+B(B+C)$

해설

다음과 같은 단계를 간략화하는 과정을 참조하기 바란다.

① 분배법칙을 적용하여 식을 정리 : $AB+AB+AC+BB+BC$

② $BB=B$로 정리 : $AB+AB+AC+B+BC$

③ $AB+AB=AB$로 정리 : $AB+AC+B+BC$

④ $B+BC=B$로 정리 : $AB+AC+B$

⑤ $AB+B=B$로 정리 : $B+AC$(최종 간략화)

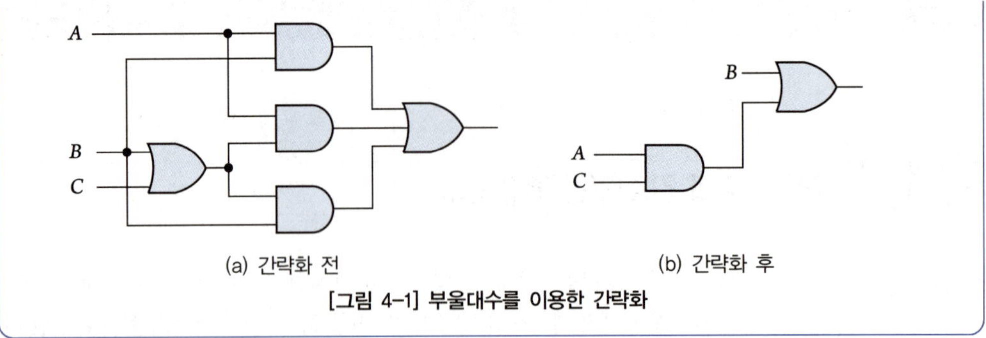

(a) 간략화 전　　(b) 간략화 후

[그림 4-1] 부울대수를 이용한 간략화

예제 4-2

다음 부울식을 간략화하시오.

$[A\overline{B}(C+BD)+\overline{A}\overline{B}]C$

해설

다음과 같은 단계를 간략화하는 과정을 참조하기 바란다.

① 대괄호 항을 분배법칙으로 정리 : $(A\overline{B}C+A\overline{B}BD+\overline{A}\overline{B})C$

② $\overline{B}B=0$로 정리 : $(A\overline{B}C+\overline{A}\overline{B})C$

③ 괄호를 분배법칙으로 정리 : $A\overline{B}CC+\overline{A}\overline{B}C$

④ $CC=C$로 정리 : $A\overline{B}C+\overline{A}\overline{B}C$

⑤ $\overline{B}C$로 묶어 정리 : $\overline{B}C(A+\overline{A})$

⑥ $A+\overline{A}=1$로 정리 : $\overline{B}C$

예제 4-3

다음 부울식을 간략화하시오.

$\overline{AB+AC}+\overline{A}\overline{B}C$

해설

다음과 같은 단계를 간략화하는 과정을 참조하기 바란다.

① 드모르간의 정리 : $(\overline{AB})(\overline{AC})+\overline{A}\overline{B}C$

② 괄호 안의 드모르간의 정리 : $(\overline{A}+\overline{B})(\overline{A}+\overline{C})+\overline{A}\overline{B}C$

③ 분배법칙으로 정리 : $\overline{A}\overline{A}+\overline{A}\overline{B}+\overline{A}\overline{C}+\overline{B}\overline{C}+\overline{A}\overline{B}C$

④ $\overline{A}\overline{A}=\overline{A}$으로 정리 : $\overline{A}+\overline{A}\overline{B}+\overline{A}\overline{C}+\overline{B}\overline{C}+\overline{A}\overline{B}C$

⑤ $\overline{A}\overline{B}$ 항을 묶음 정리 : $\overline{A}+\overline{A}\overline{B}(1+C)+\overline{A}\overline{C}+\overline{B}\overline{C}=\overline{A}+\overline{A}\overline{B}+\overline{A}\overline{C}+\overline{B}\overline{C}$

⑥ $\overline{A}(1+\overline{B}+\overline{C})$로 정리 : $\overline{A}(1+\overline{B}+\overline{C})+\overline{B}\overline{C}$

⑦ $1+\overline{B}+\overline{C}=1$로 정리 : $\overline{A}+\overline{B}\overline{C}$

예제 4-4

다음 부울식을 간략화하시오.

$\overline{A}B\overline{C}+\overline{A}BC+A\overline{B}\overline{C}+A\overline{B}C+ABC$

해설

간략화하는 방법을 참조하기 바란다.

- 방법1 : $\overline{A}B(\overline{C}+C)+A\overline{B}(\overline{C}+C)+ABC=\overline{A}B+A\overline{B}+ABC \Rightarrow$ 더 줄일 수 있는 방법?
- 방법2 : 같은 항이 여러 개 있어도 부울대수식의 논리 값에는 아무런 변화가 없다.$(A+A=A)$

  $\Rightarrow A\overline{B}C$ 추가

  $\overline{A}B\overline{C}+\overline{A}BC+A\overline{B}\overline{C}+A\overline{B}C+ABC+A\overline{B}C$

  $=\overline{A}B(\overline{C}+C)+A\overline{B}(\overline{C}+C)+AC(B+\overline{B})$

  $=\overline{A}B+A\overline{B}+AC$: 최소화 완료
- 방법3 : $\overline{A}BC$ 추가

  $\overline{A}B\overline{C}+\overline{A}BC+A\overline{B}\overline{C}+A\overline{B}C+ABC+\overline{A}BC$

  $=\overline{A}B(\overline{C}+C)+A\overline{B}(\overline{C}+C)+BC(A+\overline{A})$

  $=\overline{A}B+A\overline{B}+BC$: 최소화 완료

방법2과 방법3은 간략화된 부울식은 표현은 다르지만 같은 출력임을 알 수 있다. 즉, 결과는 같지만 표현이 다른 논리식은 여러 개가 될 수 있음을 알 수 있다. 방법1은 더 이상 간략화할 수 없을까? 다음과 같은 조작으로 더 간소화해 보면

- 조작근거1 : $A+\overline{A}B=(A+\overline{A})(A+B)=AA+AB+A\overline{A}+\overline{A}B=A+B$
- 조작근거2 : $A(\overline{A}+B)=A\overline{A}+AB=AB$
- 조작1: $\overline{A}B+A\overline{B}+ABC=\overline{A}B+A(\overline{B}+BC)=\overline{A}B+A(\overline{B}+B)(\overline{B}+C)$

  $=\overline{A}B+A(\overline{B}+C)=\overline{A}B+A\overline{B}+AC$
- 조작2 : $\overline{A}B+A\overline{B}+ABC=A\overline{B}+B(\overline{A}+AC)=A\overline{B}+B(\overline{A}+A)(\overline{A}+C)$

  $=A\overline{B}+B(\overline{A}+C)=A\overline{B}+\overline{A}B+BC$

조작(규칙)을 어느 항에 적용하는지에 따라 부울식의 간소화는 달라질 수 있다.

예제 4-5

다음 최소항 F와 $\overline{F}$를 최소화하시오.

$F(A,B,C)=\sum m(0,1,3,5,7)$, $\overline{F}(A,B,C)=\overline{\sum m(0,1,3,5,7)}$

해설

$$
\begin{aligned}
F(A,B,C) &= \sum m(0,1,3,5,7) \\
&= \overline{A}\,\overline{B}\,\overline{C}+\overline{A}\,\overline{B}C+\overline{A}BC+A\overline{B}C+ABC+(\text{추가}:\overline{A}\,\overline{B}C) \\
&= \overline{A}\,\overline{B}(\overline{C}+C)+\overline{A}C(\overline{B}+B)+AC(B+\overline{B}) \\
&= \overline{A}\,\overline{B}+\overline{A}C+AC \\
&= \overline{A}\,\overline{B}+C(\overline{A}+A) \\
&= \overline{A}\,\overline{B}+C
\end{aligned}
$$

$$
\begin{aligned}
\overline{F}(A,B,C) &= \overline{\sum m(0,1,3,5,7)}=\sum m(2,4,6) \\
&= \overline{A}B\overline{C}+A\overline{B}\,\overline{C}+AB\overline{C}+(\text{추가}:AB\overline{C}) \\
&= A\overline{C}(\overline{B}+B)+B\overline{C}(\overline{A}+A) \\
&= A\overline{C}+B\overline{C}
\end{aligned}
$$

F와 $\overline{F}$를 진리표로 확인을 해보면 다음과 같다.

입력변수			최소항	F	$\overline{F}$
A	B	C			
0	0	0	m_0	1	0
0	0	1	m_1	1	0
0	1	0	m_2	0	1
0	1	1	m_3	1	0
1	0	0	m_4	0	1
1	0	1	m_5	1	0
1	1	0	m_6	0	1
1	1	1	m_7	1	0

F와 $\overline{F}$의 관계는 서로 보수의 관계이기는 하지만, $\overline{F}$를 최소항으로 표현할 수 있다. 즉, 여기서 $\overline{F}(A,B,C)$를 F의 보수관계로 생각하지 말고 또 하나의 출력($\overline{F}=X$)에 대한 결과로 생각하면 더 쉽게 이해가 되리라 본다. X를 최소항으로 표현한 것이다.

예제 4-6

다음 진리표에서 논리식을 구하고, 부울대수 법칙을 이용하여 최소화하시오.

입력변수			F	$\overline{F}$
A	B	C		
0	0	0	0	1
0	0	1	1	0
0	1	0	1	0
0	1	1	1	0
1	0	0	1	0
1	0	1	1	0
1	1	0	0	1
1	1	1	0	1

해설

$F(A,B,C)=\sum m(1,2,3,4,5)$, $\overline{F}(A,B,C)=\overline{\sum m(1,2,3,4,5)}=\sum m(0,6,7)$ 이므로,

$$\begin{aligned}F(A,B,C)&=\sum m(1,2,3,4,5)\\&=\overline{A}\,\overline{B}C+\overline{A}B\overline{C}+\overline{A}BC+A\overline{B}\,\overline{C}+A\overline{B}C+(\text{추가}: A\overline{B}C)\\&=\overline{A}B(\overline{C}+C)+\overline{B}C(\overline{A}+A)+A\overline{B}(\overline{C}+C)\\&=\overline{A}B+\overline{B}C+A\overline{B}\end{aligned}$$

$$\begin{aligned}\overline{F}(A,B,C)&=\overline{\sum m(1,2,3,4,5)}=\sum m(0,6,7)\\&=\overline{A}\,\overline{B}\,\overline{C}+AB\overline{C}+ABC\\&=\overline{A}\,\overline{B}\,\overline{C}+AB(\overline{C}+C)\\&=\overline{A}\,\overline{B}\,\overline{C}+AB\end{aligned}$$

2 표준 곱항(SOP)과 표준 합항(POS)간의 변환

(1) 표준 SOP를 표준 POS로 변환

주어진 표준 SOP식에서 곱항의 2진수 값은 등가의 표준 POS식에 보이지 않고, SOP식에 보이지 않는 2진수 값은 등가의 POS식에 보인다. 즉, 표준 SOP로 표현된 2진수 값은 1이고, 이때 표현되지 않은 수는 0으로 채워지며 채워진 0값으로 표준 POS식이 표현된다. 그러므로 2진 값으로 표준 SOP식을 표준 POS식으로 변환하는 과정은 다음과 같다.

단계 1 : SOP식의 각 곱항에 나타나는 2진수를 계산한다.
단계 2 : 단계 1의 계산에서 포함되지 않는 모든 2진수를 구한다.
단계 3 : 단계 2의 각 2진수에 대해 등가의 합항을 구하고 POS형태로 표현한다.

예제 4-7

다음 SOP식을 표준 POS식으로 변환하시오.

$$F = \overline{A}\,\overline{B}\,\overline{C} + \overline{A}\,\overline{B}C + \overline{A}BC + A\overline{B}C + ABC$$

해설

- 단계 1 : 000 + 001 + 011 + 101 + 111
- 단계 2 : 변수가 3개이므로 8개의 조합 중 보이지 않는 3개의 조합은 010, 100, 110이다.
- 단계 3 : 2진수에 대한 표준 합항을 구하면 $(A + \overline{B} + C)(\overline{A} + B + C)(\overline{A} + \overline{B} + C)$가 된다.

(2) 표준 POS를 표준 SOP로 변환

주어진 표준 POS식에서 합항의 2진수 값은 등가의 표준 SOP식에 보이지 않고, POS식에 보이지 않는 2진수 값은 등가의 SOP식에 보인다. 즉, 표준 POS로 표현된 2진수 값은 0이고, 이때 표현되지 않은 수는 1로 채워지며 채워진 1값으로 표준 SOP식이 표현된다. 그러므로 2진 값으로 표준 POS식을 표준 SOP식으로 변환하는 과정은 다음과 같다.

단계 1 : POS식의 각 합항에 나타나는 2진수를 계산한다. 즉, 표준 POS로 표현된 2진수 값은 0이고, 이때 표현되지 않은 수는 1로 채워지므로, 표준 SOP식에서 표현된다.
단계 2 : 단계 1의 계산에서 포함되지 않은 모든 2진수를 구한다.
단계 3 : 단계 2의 각 2진수에 대해 등가의 곱항을 구하고 SOP형태로 표현한다.

예제 4-8

다음 POS식을 표준 SOP식으로 변환하시오.

$$F = (\overline{A} + B + \overline{C})(\overline{A} + B + C)(A + \overline{B} + C)(A + B + C)$$

해설

- 단계 1 : (1 + 0 + 1)(1 + 0 + 0)(0 + 1 + 0)(0 + 0 + 0)
- 단계 2 : 변수가 3개이므로 8개의 조합 중 보이지 않는 4개의 조합은 001, 011, 110, 111이다.
- 단계 3 : 2진수에 대한 표준 곱항을 구하면 $\overline{A}\,\overline{B}C + \overline{A}BC + AB\overline{C} + ABC$가 된다.

3 부울식과 진리표로의 변환 중요

모든 표준 부울식은 부울식에서의 각 항에 대한 2진수 값을 이용하여 진리표 형태로 쉽게 변환할 수 있으며, 진리표는 회로의 논리연산을 간단한 형태로 표현하는 일반적인 방법이다. 표준 SOP형태와 표준 POS형태는 진리표에서 쉽게 구할 수 있다. 또한 진리표는 디지털IC회로의 동작과 관련된 각 부품(device)의 데이터시트에서 많이 볼 수 있다.

(1) SOP식의 진리표로의 변환

SOP식은 곱항 중에 적어도 하나 이상의 항이 1이면 출력은 1이 된다. 진리표의 작성 과정은 다음과 같은 단계로 진행된다.

단계 1 : 부울대수식에 나타난 변수들의 가능한 모든 2진수 값을 나열한다.
단계 2 : SOP의 비표준 형태는 표준 형태로 변환한다.
단계 3 : 표준 SOP식을 1로 만드는 2진수 값의 출력을 1로 정하고, 그 외는 0으로 한다.

예제 4-9

표준 SOP식 $\overline{A}\overline{B}\overline{C}+A\overline{B}C+\overline{A}BC+ABC$에 대한 진리표를 작성하시오.

해설

- 단계 1 : $\overline{A}\overline{B}\overline{C}$(000), $A\overline{B}C$(101), $\overline{A}BC$(011), ABC(111)
- 단계 2 : 모든 항이 표준 SOP 형태이다.
- 단계 3 : 단계 1에 나타난 2진 값을 표에 출력 1로 정하고, 그 외는 0으로 한다.

입력변수			F	SOP식
A	B	C		
0	0	0	1	$\overline{A}\overline{B}\overline{C}$
0	0	1	0	
0	1	0	0	
0	1	1	1	$\overline{A}BC$
1	0	0	0	
1	0	1	1	$A\overline{B}C$
1	1	0	0	
1	1	1	1	ABC

(2) POS식의 진리표로의 변환

POS식은 합항 중에 적어도 하나 이상의 항이 0이면 출력은 0이 된다. 진리표의 작성 과정은 다음과 같은 단계로 진행된다.

단계1 : 부울대수식에 나타난 변수들의 가능한 모든 2진수 값을 나열한다.
단계2 : POS의 비표준 형태는 표준 형태로 변환한다.
단계3 : 표준 POS식을 0으로 만드는 2진수 값의 출력을 0으로 정하고, 그 외는 1로 한다.

예제 4-10

다음 표준 POS식에 대한 진리표를 작성하시오.

$$F = (\overline{A}+\overline{B}+\overline{C})(A+B+\overline{C})(\overline{A}+\overline{B}+C)(A+\overline{B}+C)(A+\overline{B}+\overline{C})$$

해설

- 단계1 : $\overline{A}+\overline{B}+\overline{C}$(111), $A+B+\overline{C}$(001), $\overline{A}+\overline{B}+C$(110), $A+\overline{B}+C$(010), $A+\overline{B}+\overline{C}$(011)
- 단계2 : 모든 항이 표준 POS 형태이다.
- 단계3 : 단계1에 나타난 2진 값을 표에 출력 0으로 정하고, 그 외는 1로 한다.

입력변수			F	POS항
A	B	C		
0	0	0	1	
0	0	1	0	$A+B+\overline{C}$
0	1	0	0	$A+\overline{B}+C$
0	1	1	0	$A+\overline{B}+\overline{C}$
1	0	0	1	
1	0	1	1	
1	1	0	0	$\overline{A}+\overline{B}+C$
1	1	1	0	$\overline{A}+\overline{B}+\overline{C}$

(3) 진리표로부터 표준식을 유도

진리표로 표현된 표준 SOP식을 구하기 위해 출력이 1인 입력 변수의 2진수 값을 나열하고, 각 2진수 값에 대해서는 1은 해당 변수로, 0은 해당 변수의 보수로 나타내고, 나열된 각 2진수 값은 곱항으로 열거하면 된다. 또 진리표로 표현된 표준 POS식을 구하기 위해 출력이 0인 입력 변수의 2진수 값을 나열하고, 각 2진수 값에 대해서는 0은 해당 변수로, 1은 해당 변수의 보수로 나타내고, 나열된 각 2진 값은 합항으로 열거하면 된다.

예제 4-11

다음 진리표로부터 표준 SOP식과 등가 표준 POS식을 구하시오.

입력변수				F	SOP항	POS항
A	B	C	D			
0	0	0	0	0		$A+B+C+D$
0	0	0	1	0		$A+B+C+\overline{D}$
0	0	1	0	0		$A+B+\overline{C}+D$
0	0	1	1	1	$\overline{A}\overline{B}CD$	
0	1	0	0	1	$\overline{A}B\overline{C}\overline{D}$	
0	1	0	1	1	$\overline{A}B\overline{C}D$	
0	1	1	0	1	$\overline{A}BC\overline{D}$	
0	1	1	1	0		$A+\overline{B}+\overline{C}+\overline{D}$
1	0	0	0	0		$\overline{A}+B+C+D$
1	0	0	1	0		$\overline{A}+B+C+\overline{D}$
1	0	1	0	0		$\overline{A}+B+\overline{C}+D$
1	0	1	1	1	$A\overline{B}CD$	
1	1	0	0	0		$\overline{A}+\overline{B}+C+D$
1	1	0	1	1	$AB\overline{C}D$	
1	1	1	0	1	$ABC\overline{D}$	
1	1	1	1	1	$ABCD$	

해설

$F=\overline{A}\overline{B}CD+\overline{A}B\overline{C}\overline{D}+\overline{A}B\overline{C}D+\overline{A}BC\overline{D}+A\overline{B}CD+AB\overline{C}D+ABC\overline{D}+ABCD$

$\overline{F}=(A+B+C+D)(A+B+C+\overline{D})(A+B+\overline{C}+D)(A+\overline{B}+\overline{C}+\overline{D})(\overline{A}+B+C+D)$
$(\overline{A}+B+C+\overline{D})(\overline{A}+B+\overline{C}+D)(\overline{A}+\overline{B}+C+D)$

더 알아두기

한 부울대수식으로부터 표현된 SOP항과 POS항은 보수의 관계에 있다. 위의 관계에서 F와 $\overline{F}$는 다음과 같이 나타낼 수 있다.

① $F \neq \overline{F}$

② $F = \overline{A}\overline{B}CD + \overline{A}B\overline{C}\overline{D} + \overline{A}B\overline{C}D + \overline{A}BC\overline{D} + A\overline{B}CD + AB\overline{C}D + ABC\overline{D} + ABCD$

$\overline{F} = \overline{\overline{A}\overline{B}CD + \overline{A}B\overline{C}\overline{D} + \overline{A}B\overline{C}D + \overline{A}BC\overline{D} + A\overline{B}CD + AB\overline{C}D + ABC\overline{D} + ABCD}$

③ $\overline{F} = (\overline{A}+\overline{B}+\overline{C}+\overline{D})(\overline{A}+\overline{B}+\overline{C}+D)(\overline{A}+\overline{B}+C+\overline{D})(\overline{A}+B+C+D)(A+\overline{B}+\overline{C}+\overline{D})$
$(A+\overline{B}+\overline{C}+D)(A+\overline{B}+C+\overline{D})(A+B+\overline{C}+\overline{D})$

$\overline{\overline{F}} = \overline{(\overline{A}+\overline{B}+\overline{C}+\overline{D})(\overline{A}+\overline{B}+\overline{C}+D)(\overline{A}+\overline{B}+C+\overline{D})(\overline{A}+B+C+D)(A+\overline{B}+\overline{C}+\overline{D})}$
$\overline{(A+\overline{B}+\overline{C}+D)(A+\overline{B}+C+\overline{D})(A+B+\overline{C}+\overline{D})}$

제2절 도표방법 중요

빠른 간소화 방법인 카르노맵은 1953년 모리스 카르노(Maurice Karnaugh)가 소개하였고, 함수에서 사용할 최소항들을 각 칸 안에 넣어서 표로 만들었다. 퀸-맥클러스키 간소화 방법은 퀸(Willard Orman Quine)과 맥클러스키(Edward J. McCluskey)가 1956년에 개발하였으며 많은 변수에 대해서도 쉽게 간소화 할 수 있다. **카르노맵**은 설계 시 주어진 입력변수의 가능한 모든 값과 그 값에 대한 출력결과를 진리표와 유사하게 표현한다. 입력변수의 2진 값을 나타내는 셀(cell)들의 배열로 구성되며, 입력에 대한 출력을 셀에 정렬하여 적절히 **묶음(Combine)**으로써 부울대수식의 간략화를 할 수 있다. 2변수일 때는 $4(=2^2)$개, 3변수일 때는 $8(=2^3)$개, 4변수일 때는 $16(=2^4)$개의 칸이 필요하다. 또한 5변수 이상인 경우에도 가능하지만 맵이 3차원적인 구성이 되므로 약간 복잡하다.

1 2변수 카르노맵

입력변수가 2개인 맵 표현으로 4개의 셀 배열로 이루어지며, 입력변수명은 임의로 정의하여 다음과 같이 3가지 유형으로 사용하고 나타낼 수 있다.

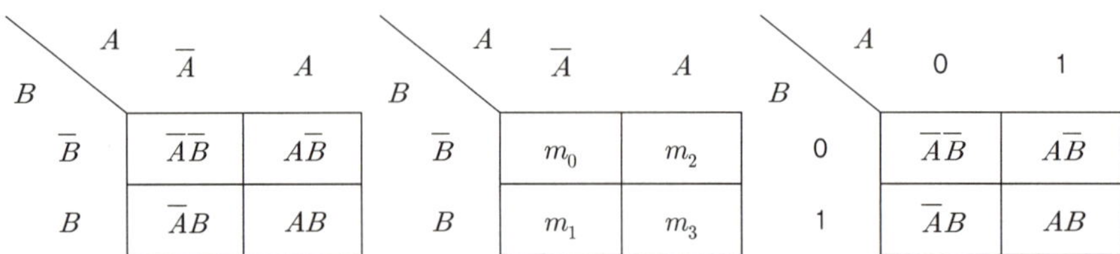

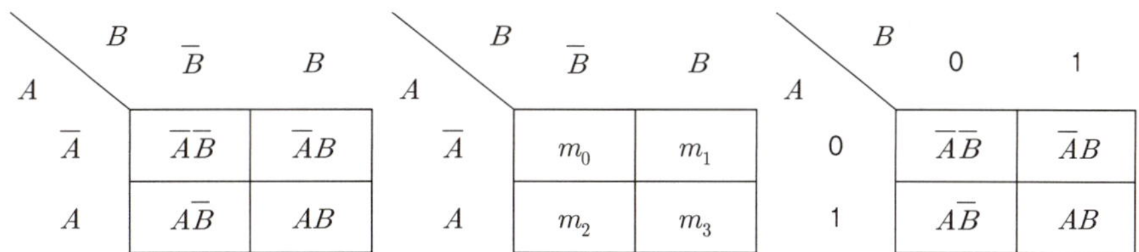

[그림 4-2] 2변수 카르노맵 표현방법

(1) 카르노맵 사용 방법

① 함수의 출력이 1이 되는 최소항을 셀에 순서대로 넣는다.

② 1 이외의 빈 곳은 0으로 채우거나 비워도 상관없다.

③ 무관(Don't care)항인 경우에는 X나 d로 표시한다.

(2) 카르노맵에서 일반항과 무관항의 표현

무관항은 입력 값이 0 또는 1이어도 출력에 전혀 영향을 미치지 않은 최소항을 말한다. 다음과 같이 최소항식을 카르노맵으로 나타낼 수 있다.

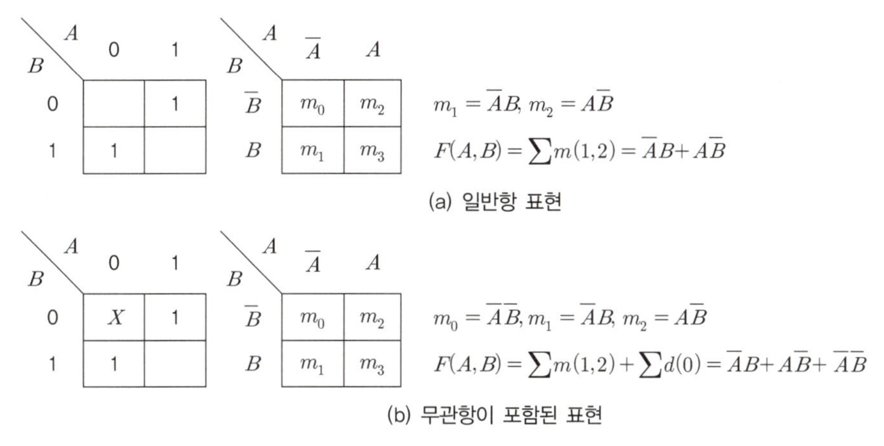

[그림 4-3] 2변수 카르노맵에서 일반항과 무관항 표현

위 (b)그림으로 표현된 부울대수를 간략화하면 다음과 같이 표현된다.

$$F(A,B) = \sum m(1,2) + \sum d(0) = \bar{A}B + A\bar{B} + \bar{A}\bar{B} = \bar{A}B + A\bar{B} + \bar{A}\bar{B} + \bar{A}\bar{B}$$

$$= \bar{A}(B + \bar{B}) + \bar{B}(A + \bar{A}) = \bar{A} + \bar{B}$$

2 3변수 카르노맵

3변수 카르노맵은 입력변수가 3개인 맵 표현으로 8개의 셀 배열로 이루어지며, 일반적인 입력변수 A, B, C 중 2개의 변수는 왼쪽 또는 위쪽에 있고, 나머지 1개의 변수는 위쪽 또는 왼쪽에 놓을 수 있다. 행과 열은 바뀌어도 상관없고 설계자가 선호하는 방법으로 선택하도록 한다.

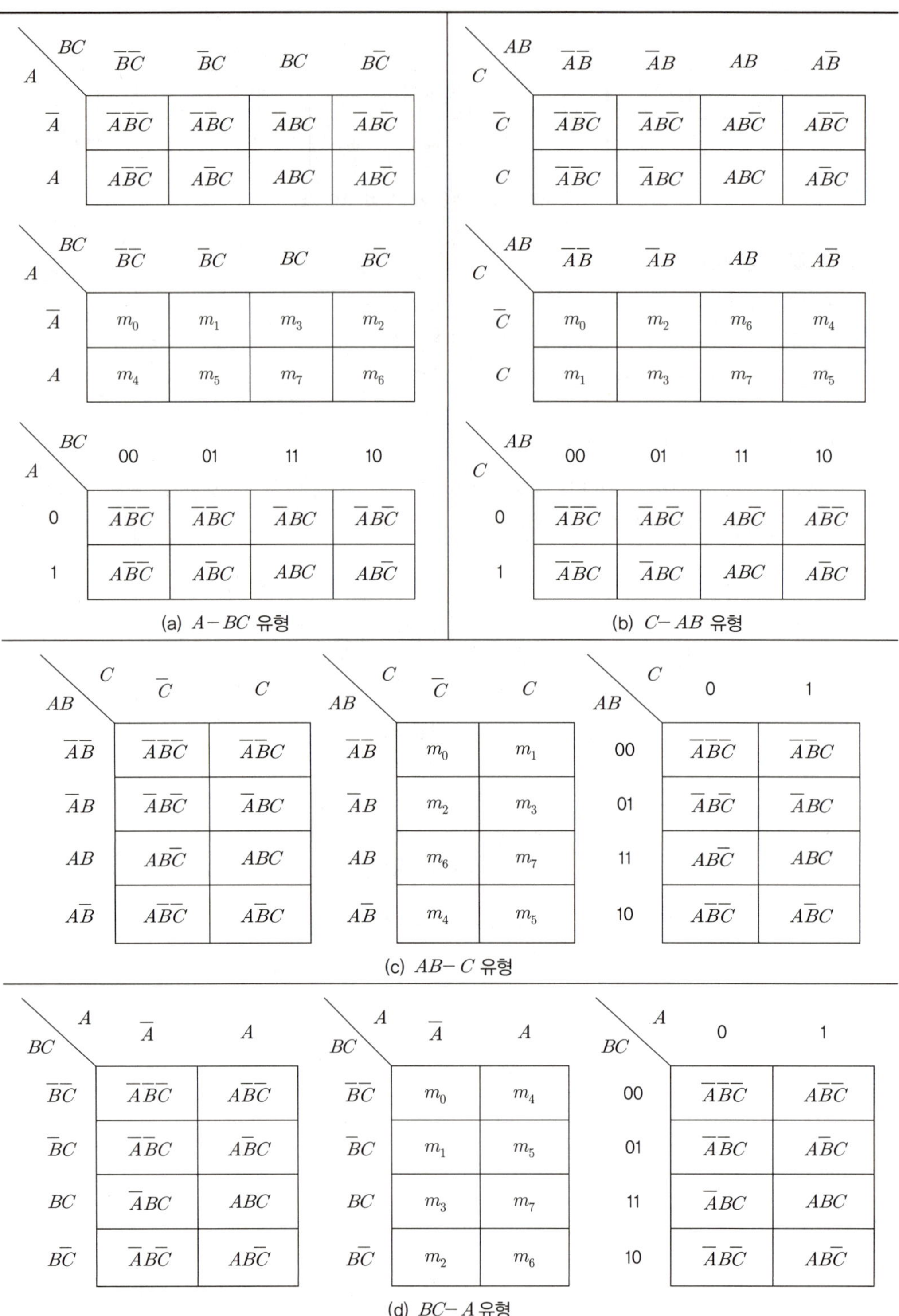

$A \backslash BC$	$\overline{B}\,\overline{C}$	$\overline{B}C$	BC	$B\overline{C}$
$\overline{A}$	$\overline{A}\,\overline{B}\,\overline{C}$	$\overline{A}\,\overline{B}C$	$\overline{A}BC$	$\overline{A}B\overline{C}$
A	$A\overline{B}\,\overline{C}$	$A\overline{B}C$	ABC	$AB\overline{C}$

$A \backslash BC$	$\overline{B}\,\overline{C}$	$\overline{B}C$	BC	$B\overline{C}$
$\overline{A}$	m_0	m_1	m_3	m_2
A	m_4	m_5	m_7	m_6

$A \backslash BC$	00	01	11	10
0	$\overline{A}\,\overline{B}\,\overline{C}$	$\overline{A}\,\overline{B}C$	$\overline{A}BC$	$\overline{A}B\overline{C}$
1	$A\overline{B}\,\overline{C}$	$A\overline{B}C$	ABC	$AB\overline{C}$

(a) $A-BC$ 유형

$C \backslash AB$	$\overline{A}\,\overline{B}$	$\overline{A}B$	AB	$A\overline{B}$
$\overline{C}$	$\overline{A}\,\overline{B}\,\overline{C}$	$\overline{A}B\overline{C}$	$AB\overline{C}$	$A\overline{B}\,\overline{C}$
C	$\overline{A}\,\overline{B}C$	$\overline{A}BC$	ABC	$A\overline{B}C$

$C \backslash AB$	$\overline{A}\,\overline{B}$	$\overline{A}B$	AB	$A\overline{B}$
$\overline{C}$	m_0	m_2	m_6	m_4
C	m_1	m_3	m_7	m_5

$C \backslash AB$	00	01	11	10
0	$\overline{A}\,\overline{B}\,\overline{C}$	$\overline{A}B\overline{C}$	$AB\overline{C}$	$A\overline{B}\,\overline{C}$
1	$\overline{A}\,\overline{B}C$	$\overline{A}BC$	ABC	$A\overline{B}C$

(b) $C-AB$ 유형

$AB \backslash C$	$\overline{C}$	C
$\overline{A}\,\overline{B}$	$\overline{A}\,\overline{B}\,\overline{C}$	$\overline{A}\,\overline{B}C$
$\overline{A}B$	$\overline{A}B\overline{C}$	$\overline{A}BC$
AB	$AB\overline{C}$	ABC
$A\overline{B}$	$A\overline{B}\,\overline{C}$	$A\overline{B}C$

$AB \backslash C$	$\overline{C}$	C
$\overline{A}\,\overline{B}$	m_0	m_1
$\overline{A}B$	m_2	m_3
AB	m_6	m_7
$A\overline{B}$	m_4	m_5

$AB \backslash C$	0	1
00	$\overline{A}\,\overline{B}\,\overline{C}$	$\overline{A}\,\overline{B}C$
01	$\overline{A}B\overline{C}$	$\overline{A}BC$
11	$AB\overline{C}$	ABC
10	$A\overline{B}\,\overline{C}$	$A\overline{B}C$

(c) $AB-C$ 유형

$BC \backslash A$	$\overline{A}$	A
$\overline{B}\,\overline{C}$	$\overline{A}\,\overline{B}\,\overline{C}$	$A\overline{B}\,\overline{C}$
$\overline{B}C$	$\overline{A}\,\overline{B}C$	$A\overline{B}C$
BC	$\overline{A}BC$	ABC
$B\overline{C}$	$\overline{A}B\overline{C}$	$AB\overline{C}$

$BC \backslash A$	$\overline{A}$	A
$\overline{B}\,\overline{C}$	m_0	m_4
$\overline{B}C$	m_1	m_5
BC	m_3	m_7
$B\overline{C}$	m_2	m_6

$BC \backslash A$	0	1
00	$\overline{A}\,\overline{B}\,\overline{C}$	$A\overline{B}\,\overline{C}$
01	$\overline{A}\,\overline{B}C$	$A\overline{B}C$
11	$\overline{A}BC$	ABC
10	$\overline{A}B\overline{C}$	$AB\overline{C}$

(d) $BC-A$ 유형

[그림 4-4] 3변수 카르노맵 표현 방법

3 4변수 카르노맵

4변수 카르노맵은 입력변수가 4개인 맵 표현으로 16개의 셀의 배열로 이루어지며, 일반적인 입력변수 A, B, C, D 중 2개의 변수는 왼쪽 또는 위쪽에 있고, 나머지 2개의 변수는 위쪽 또는 왼쪽에 놓을 수 있다.

$AB \backslash CD$	$\overline{C}\,\overline{D}$	$\overline{C}D$	CD	$C\overline{D}$
$\overline{A}\,\overline{B}$	$\overline{A}\,\overline{B}\,\overline{C}\,\overline{D}$	$\overline{A}\,\overline{B}\,\overline{C}D$	$\overline{A}\,\overline{B}CD$	$\overline{A}\,\overline{B}C\overline{D}$
$\overline{A}B$	$\overline{A}B\overline{C}\,\overline{D}$	$\overline{A}B\overline{C}D$	$\overline{A}BCD$	$\overline{A}BC\overline{D}$
AB	$AB\overline{C}\,\overline{D}$	$AB\overline{C}D$	$ABCD$	$ABC\overline{D}$
$A\overline{B}$	$A\overline{B}\,\overline{C}\,\overline{D}$	$A\overline{B}\,\overline{C}D$	$A\overline{B}CD$	$A\overline{B}C\overline{D}$

$AB \backslash CD$	$\overline{C}\,\overline{D}$	$\overline{C}D$	CD	$C\overline{D}$
$\overline{A}\,\overline{B}$	m_0	m_1	m_3	m_2
$\overline{A}B$	m_4	m_5	m_7	m_6
AB	m_{12}	m_{13}	m_{15}	m_{14}
$A\overline{B}$	m_8	m_9	m_{11}	m_{10}

$AB \backslash CD$	00	01	11	10
00	$\overline{A}\,\overline{B}\,\overline{C}\,\overline{D}$	$\overline{A}\,\overline{B}\,\overline{C}D$	$\overline{A}\,\overline{B}CD$	$\overline{A}\,\overline{B}C\overline{D}$
01	$\overline{A}B\overline{C}\,\overline{D}$	$\overline{A}B\overline{C}D$	$\overline{A}BCD$	$\overline{A}BC\overline{D}$
11	$AB\overline{C}\,\overline{D}$	$AB\overline{C}D$	$ABCD$	$ABC\overline{D}$
10	$A\overline{B}\,\overline{C}\,\overline{D}$	$A\overline{B}\,\overline{C}D$	$A\overline{B}CD$	$A\overline{B}C\overline{D}$

[그림 4-5] 4변수 카르노맵 표현 방법

4 셀의 인접

카르노맵에서 인접(adjacency)이란 임의의 셀에서 바로 옆 또는 위/아래에 위치하여, 단지 입력변수 중 하나의 변수만 다른 것을 의미한다. 각 셀은 바로 다음 셀인 4면의 어느 하나에 인접해 있고, 대각선으로 인접한 셀들은 서로 인접하고 있지 않다. 그리고 가장 위쪽 행의 셀들은 가장 아래쪽 행에 대응되어 인접하고, 양쪽 끝 열의 셀들도 인접해있다. 이는 마치 원통형으로 만드는 것과 같아 '둘러싸인(wrap-around)인접'이라고 한다. 다음 그림들은 3변수, 4변수 카르노맵에서 셀 인접을 화살표로 표시하고 있다.

$A \backslash BC$	00	01	11	10
0	000	001	011	010
1	100	101	111	110

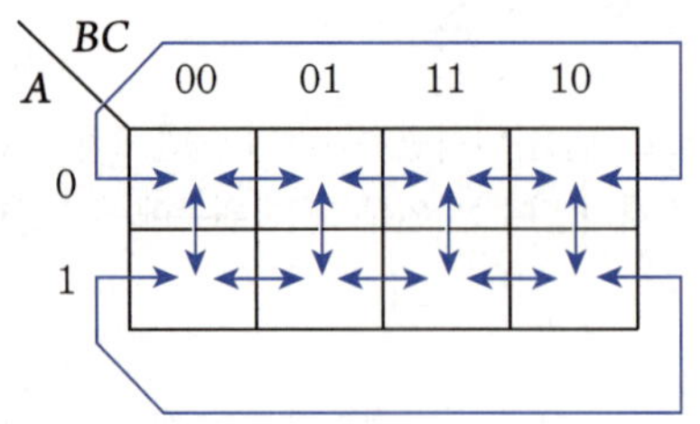

(a) 3변수 카르노맵에서의 인접 관계

$AB \backslash CD$	00	01	11	10
00	0000	0001	0011	0010
01	0100	0101	0111	0110
11	1100	1101	1111	1110
10	1000	1001	1011	1010

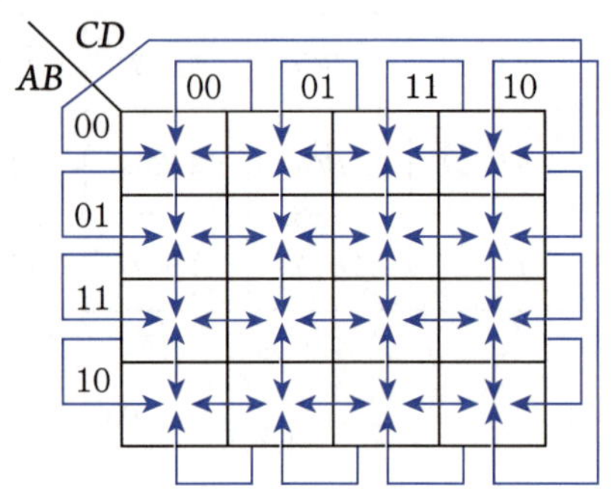

(b) 4변수 카르노맵에서의 인접 관계

[그림 4-6] 3, 4변수 카르노맵에서의 인접 관계

인접의 중요성은 부울대수식의 간략화에서 설명하겠지만, 1로 채워진 인접한 셀들을 많이 그룹화할수록 부울대수식은 간단해진다.

5 부울대수식에 대한 카르노맵 작성 중요 기출

(1) 표준 SOP식에 대한 카르노맵 작성

표준 SOP식은 입력변수의 개수만큼의 변수들이 모두 곱항으로 표현되어 출력을 1로 나타낸 것이다. 즉, 곱항의 값에 해당되는 셀에 1을 넣는다. SOP식을 맵에 작성하면 맵의 1의 개수와 표준 SOP의 곱항의 수가 동일하며, 1로 표시되지 않은 셀은 모두 0으로 한다. 맵 작성 과정은 다음과 같다.

> 단계 1 : 표준 SOP식의 각 곱항에 대한 2진수 값을 구한다.
> 단계 2 : 구해진 각 곱항의 2진값에 대응하는 맵의 셀에 1을 넣는다.

$$\overline{A}\,\overline{B}\,\overline{C}+A\overline{B}C+\overline{A}BC+AB\overline{C}$$

(000) (101) (011) (110)

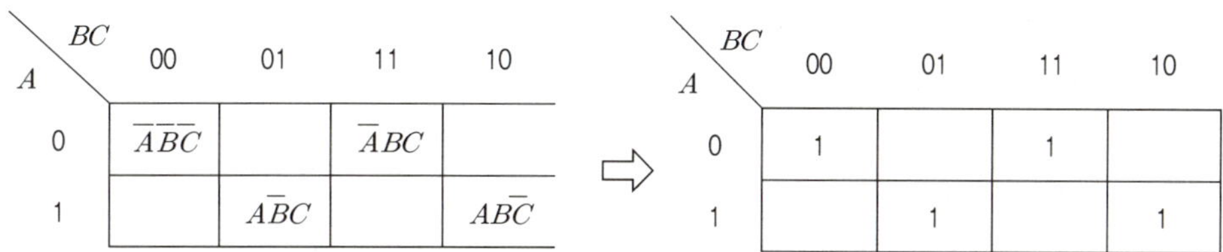

[그림 4-7] 표준 SOP식의 맵 작성 예

예제 4-12

다음의 표준 SOP식에 대한 카르노맵을 작성하시오.

$\overline{A}\,\overline{B}C + A\overline{B}\,\overline{C} + ABC + \overline{A}B\overline{C}$

해설

- 단계 1 : 2진값을 구한다. 001 + 100 + 111 + 010
- 단계 2 : 2진값에 대응하는 맵의 셀에 1을 넣는다.

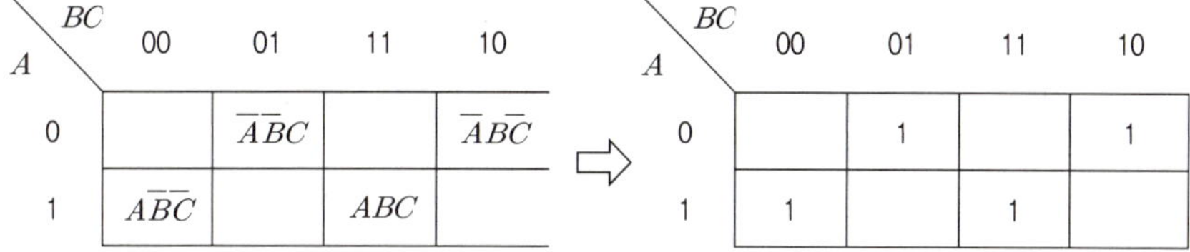

예제 4-13

다음의 표준 SOP식에 대한 카르노맵을 작성하시오.

$A\overline{B}CD + A\overline{B}C\overline{D} + \overline{A}\,\overline{B}CD + \overline{A}\,\overline{B}C\overline{D} + \overline{A}\,\overline{B}\,\overline{C}D + \overline{A}\,\overline{B}\,\overline{C}\,\overline{D} + AB\overline{C}D$

해설

- 단계 1 : 2진값을 구한다. 1011 + 1010 + 0011 + 0010 + 0001 + 0000 + 1101
- 단계 2 : 2진값에 대응하는 맵의 셀에 1을 넣는다.

AB \ CD	00	01	11	10
00	$\overline{A}\,\overline{B}\,\overline{C}\,\overline{D}$	$\overline{A}\,\overline{B}\,\overline{C}D$	$\overline{A}\,\overline{B}CD$	$\overline{A}\,\overline{B}C\overline{D}$
01				
11		$AB\overline{C}D$		
10			$A\overline{B}CD$	$A\overline{B}C\overline{D}$

⇨

AB \ CD	00	01	11	10
00	1	1	1	1
01	0	0	0	0
11	0	1	0	0
10	0	0	1	1

(2) 일반 SOP식에 대한 카르노맵 작성 중요

일반 SOP식을 카르노맵으로 작성하기 전에 표준 SOP형으로 먼저 변환해야 한다. 그 변환방법에는 3장에서 배운 '일반 SOP식을 표준 SOP식으로 변환'방법이나 '수치 확장'방법이 있으며, 이를 이용하여 표준형으로 변환해야 한다.

① 일반 SOP식의 수치 확장 방법에서 일반 SOP식은 입력된 변수의 개수보다 적은 개수로 표현된 곱항식을 의미한다.

② **3변수 SOP의 $\overline{A}B$인 경우**

㉠ 빠져있는 변수 C, $\overline{C}$의 2진 값을 각각 붙인다. $\overline{A}B$에 추가하면 011, 010

㉡ 추가된 2진 값을 표준 SOP항으로 표현하면 $\overline{A}BC$, $\overline{A}B\overline{C}$가 된다.

㉢ 결과적으로 $\overline{A}B = \overline{A}BC + \overline{A}B\overline{C}$가 된다. 즉, $\overline{A}B = \overline{A}BC + \overline{A}B\overline{C} = \overline{A}B(C + \overline{C})$이다.

③ **3변수 SOP의 C인 경우**

㉠ 빠져있는 변수 $\overline{A}\overline{B}$, $\overline{A}B$, $A\overline{B}$, AB의 2진 값을 각각 붙인다.
C에 추가하면 001, 011, 101, 111

㉡ 추가된 2진 값을 표준 SOP항으로 표현하면 $\overline{A}\overline{B}C$, $\overline{A}BC$, $A\overline{B}C$, ABC

㉢ 결과적으로 $C = \overline{A}\overline{B}C + \overline{A}BC + A\overline{B}C + ABC$가 된다.
즉, $C = \overline{A}\overline{B}C + \overline{A}BC + A\overline{B}C + ABC = \overline{A}C(\overline{B} + B) + AC(\overline{B} + B)$
$= \overline{A}C + AC = C(\overline{A} + A)$이다.

이렇게 일반 SOP식을 표준 SOP식으로 변환 후 카르노맵의 해당 셀에 1을 넣는다.

예제 4-14

다음의 SOP식에 대한 카르노맵을 작성하시오.

$A + AB + \overline{A}B + \overline{A}B\overline{C} + ABC$

해설

위 부울대수식은 3변수 일반 SOP식으로 모든 곱항을 표현하고 있지 않으므로 표준 SOP식으로 변환해야 한다.

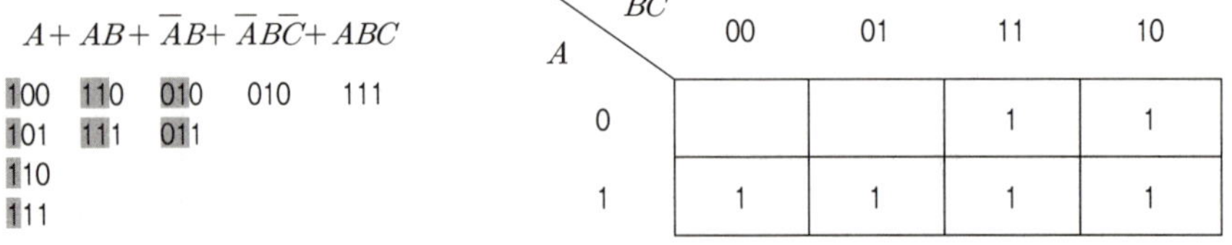

A \ BC	00	01	11	10
0			1	1
1	1	1	1	1

수치 확장된 곱항들은 최소화되기 전의 항들로 중복이 일어날 수 있고, 맵에 표시할 때 중복되더라도 해당 셀에 표시하면 된다.

예제 4-15

다음의 SOP식에 대한 카르노맵을 작성하시오.

$\overline{A}C+\overline{B}C+A\overline{B}+ABCD+\overline{A}B\overline{C}D$

해설

위 부울대수식은 4변수 일반 SOP식으로 모든 곱항을 표현하고 있지 않으므로 표준 SOP식으로 변환해야 한다.

$\overline{A}C+\overline{B}C+A\overline{B}+ABCD+\overline{A}B\overline{C}D$

$\overline{A}C$	$\overline{B}C$	$A\overline{B}$	$ABCD$	$\overline{A}B\overline{C}D$
0010	0010	1000	1111	0101
0011	0011	1001		
0110	1010	1010		
0111	1011	1011		

AB \ CD	00	01	11	10
00			1	1
01		1	1	1
11			1	
10	1	1	1	1

수치 확장 시 SOP식으로 표현되지 않는 곱항들은 식을 간소화하는 과정에서 모두 제거된다. 즉, 위의 예를 보면 일반 SOP식 $\overline{A}C$를 표준 SOP형으로 표현하면 $\overline{A}\overline{B}C\overline{D}+\overline{A}\overline{B}CD+\overline{A}BC\overline{D}+\overline{A}BCD$가 되고, 결과적으로 이 항들을 최소화한 결과가 $\overline{A}C$가 된다.

(3) 진리표로부터 카르노맵 작성 중요

진리표는 임의의 입력변수의 가능한 모든 조합에 대한 부울식의 출력을 나타낸 것이다. 진리표의 출력이 1인 입력 변수 조합에 대하여 카르노맵의 대응되는 셀에 직접 1을 써넣어 맵을 작성한다.

입력		최소항	기호	출력
A	B			
0	0	$\overline{A}\overline{B}$	m_0	0
0	1	$\overline{A}B$	m_1	1
1	0	$A\overline{B}$	m_2	0
1	1	AB	m_3	1

⇨

B \ A	$\overline{A}$	A
$\overline{B}$	0	0
B	1	1

$$F(A,B)=\overline{A}B+AB$$
$$=m_1+m_3$$
$$=\sum m(1,3)$$

(a) 2변수 진리표로부터 카르노맵을 작성하는 예

입력			최소항	기호	출력
A	B	C			
0	0	0	$\overline{A}\,\overline{B}\,\overline{C}$	m_0	1
0	0	1	$\overline{A}\,\overline{B}C$	m_1	1
0	1	0	$\overline{A}B\overline{C}$	m_2	0
0	1	1	$\overline{A}BC$	m_3	1
1	0	0	$A\overline{B}\,\overline{C}$	m_4	0
1	0	1	$A\overline{B}C$	m_5	1
1	1	0	$AB\overline{C}$	m_6	0
1	1	1	ABC	m_7	1

⇨

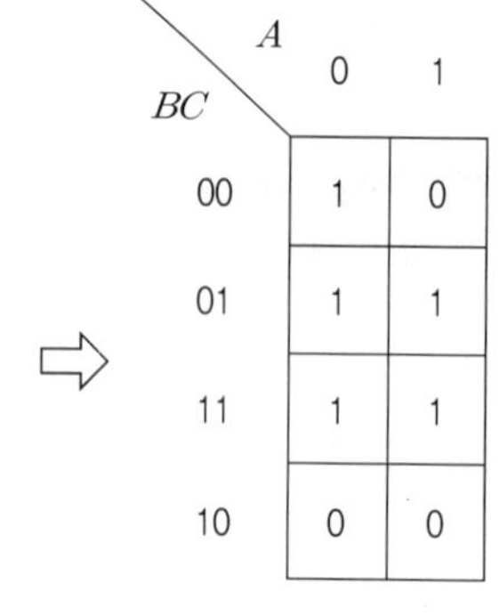

$$F(A,B,C)=\sum m(0,1,3,5,7)$$
$$=m_0+m_1+m_3+m_5+m_7$$
$$=\overline{A}\,\overline{B}\,\overline{C}+\overline{A}\,\overline{B}C+\overline{A}BC+A\overline{B}C+ABC$$

(b) 3변수 진리표로부터 카르노맵을 작성하는 예

입력				최소항	기호	출력
A	B	C	D			
0	0	0	0	$\overline{A}\,\overline{B}\,\overline{C}\,\overline{D}$	m_0	1
0	0	0	1	$\overline{A}\,\overline{B}\,\overline{C}D$	m_1	0
0	0	1	0	$\overline{A}\,\overline{B}C\overline{D}$	m_2	0
0	0	1	1	$\overline{A}\,\overline{B}CD$	m_3	0
0	1	0	0	$\overline{A}B\overline{C}\,\overline{D}$	m_4	1
0	1	0	1	$\overline{A}B\overline{C}D$	m_5	0
0	1	1	0	$\overline{A}BC\overline{D}$	m_6	0
0	1	1	1	$\overline{A}BCD$	m_7	1
1	0	0	0	$A\overline{B}\,\overline{C}\,\overline{D}$	m_8	0
1	0	0	1	$A\overline{B}\,\overline{C}D$	m_9	0
1	0	1	0	$A\overline{B}C\overline{D}$	m_{10}	0
1	0	1	1	$A\overline{B}CD$	m_{11}	1
1	1	0	0	$AB\overline{C}\,\overline{D}$	m_{12}	0
1	1	0	1	$AB\overline{C}D$	m_{13}	0
1	1	1	0	$ABC\overline{D}$	m_{14}	0
1	1	1	1	$ABCD$	m_{15}	1

⇨

AB \ CD	00	01	11	10
00	1	0	0	0
01	1	0	1	0
11	0	0	1	0
10	0	0	1	0

$$F(A,B,C,D)=\sum m(0,4,7,11,15)$$
$$=m_0+m_4+m_7+m_{11}+m_{15}$$
$$=\overline{A}\,\overline{B}\,\overline{C}\,\overline{D}+\overline{A}B\overline{C}\,\overline{D}+\overline{A}BCD+A\overline{B}CD+ABCD$$

(c) 4변수 진리표로부터 카르노맵을 작성하는 예

[그림 4-8] 진리표로부터 카르노맵을 작성

6 카르노맵에서 SOP식 최소(간략)화 중요 기출

카르노맵은 부울식을 최소의 형태로 간략화시키는 데 사용되고, 최소화된 SOP식은 가능한 최소한의 항만 포함한다. 또한 각 항도 최소한의 변수로만 구성된다. 일반적으로 최소 SOP식은 표준 SOP보다 더 적은 수의 게이트로 구현될 수 있다.
주어진 부울대수식을 최소화한 변수를 사용하여 최소한의 항을 갖는 식으로 간략화시키는 과정을 **최소화**(minimization)라고 한다. 표준 SOP식으로 맵이 작성된 후 최소한의 SOP식은 셀에 1들을 그룹화(combine)하고 그 그룹의 수를 최소로 만드는 것이다.

(1) 1의 그룹화(묶는) 과정

① 출력이 같은 항을 1, 2, 4, 8, 16개로 그룹을 지어 묶는다.
- 1을 묶는 개수를 의미하고, 입력변수 개수가 5개면 32개, 6개이면 64개까지도 묶을 수 있다.

② 바로 이웃한 항들끼리 묶는다.
- 인접한 셀끼리 묶는다.

③ 반드시 직사각형이나 정사각형의 형태로 묶어야 한다.
- 인접한 셀들을 그룹화할 때 셀들의 모양을 의미한다.

④ 최대한 크게 묶는다.
- 크게 묶는 의미는 변수의 개수를 줄이는 것과 같다.

⑤ 중복하여 묶어서 간소화된다면 중복하여 묶는다.

⑥ 무관항의 경우 간소화될 수 있으면 묶어 주고, 그렇지 않으면 묶지 않는다.

예제 4-16

각 카르노맵에서 1을 그룹화하시오.

B \ A	$\overline{A}$	A
$\overline{B}$	0	0
B	1	1

B \ A	$\overline{A}$	A
$\overline{B}$	1	0
B	1	1

BC \ A	0	1
00	1	0
01	1	1
11	1	1
10	1	0

BC \ A	0	1
00	1	1
01	1	1
11	0	0
10	1	0

BC \ A	0	1
00	1	1
01	1	1
11	0	0
10	1	1

AB \ CD	00	01	11	10
00	1	1	0	0
01	0	0	1	0
11	0	1	1	1
10	0	0	1	1

AB \ CD	00	01	11	10
00	1	1	0	1
01	0	1	1	0
11	0	1	1	0
10	1	0	0	1

AB \ CD	00	01	11	10
00	0	1	1	0
01	1	0	0	1
11	1	0	0	1
10	0	1	1	0

해설

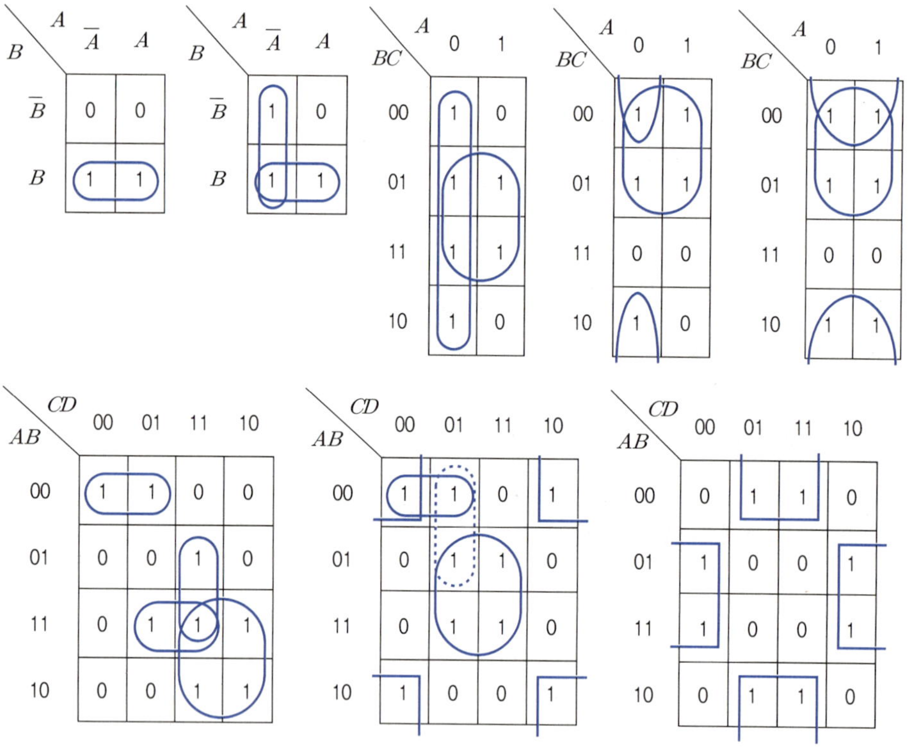

B \ A	$\overline{A}$	A
$\overline{B}$	0	0
B	1	1

B \ A	$\overline{A}$	A
$\overline{B}$	1	0
B	1	1

BC \ A	0	1
00	1	0
01	1	1
11	1	1
10	1	0

BC \ A	0	1
00	1	1
01	1	1
11	0	0
10	1	0

BC \ A	0	1
00	1	1
01	1	1
11	0	0
10	1	1

AB \ CD	00	01	11	10
00	1	1	0	0
01	0	0	1	0
11	0	1	1	1
10	0	0	1	1

AB \ CD	00	01	11	10
00	1	1	0	1
01	0	1	1	0
11	0	1	1	0
10	1	0	0	1

AB \ CD	00	01	11	10
00	0	1	1	0
01	1	0	0	1
11	1	0	0	1
10	0	1	1	0

(2) 맵으로부터 최소 SOP식을 결정

논리 부울대수식에 표준 SOP식을 나타내는 모든 1에 대한 카르노맵을 작성하고, 그룹화가 완료되면, 최소 SOP식을 구할 수 있으며 다음과 같은 규칙들은 최소 곱항과 최소 SOP식을 찾는 데 적용된다.

① 1이 있는 셀들을 그룹화한다. 각 그룹마다 그룹 내에서 단지 하나의 형태(비보수 또는 보수)로만 나타나는 모든 변수로 구성된 하나의 곱항을 만든다. 그룹 내에서 보수와 비보수가 모두 나타나는 변수는 제거된다. 이것들을 상반된 변수들이라고 한다.

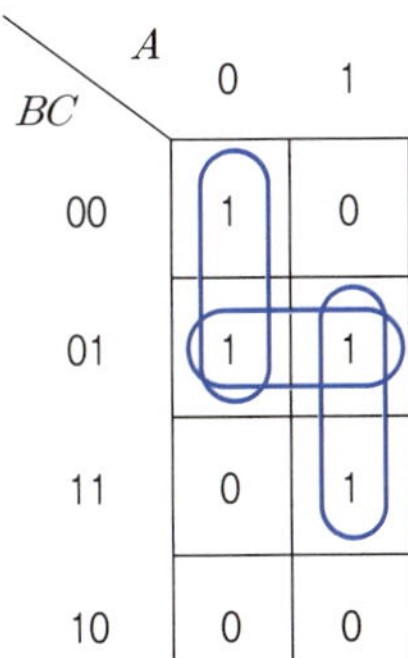

• $\overline{A}$를 기준으로 $\overline{B}\overline{C}+\overline{B}C=\overline{B}(\overline{C}+C)=\overline{B}$, $\overline{C}$와 C는 보수, 비보수관계(상반된 변수)로 제거된다.

• $\overline{B}C$를 기준으로 $\overline{A}+A=1$ 이므로 제거된다.

• A를 기준으로 $\overline{B}C+BC=C(\overline{B}+B)=C$, $\overline{B}$와 B는 보수, 비보수관계(상반된 변수)로 제거된다.

• 여기서 $\overline{B}C$항은 필요 없는 그룹화이므로 최소 SOP항은 $F=\overline{A}\overline{B}+AC$

[그림 4-9] 맵에서 1의 그룹화

② 각 그룹에 대한 최소 곱항을 구한다.

㉠ 3변수 맵

- 1의 셀을 그룹화할 수 있는 개수는 1, 2, 4, 8이다.
- 1개의 셀을 그룹화하면 나타나는 변수는 3변수 곱항이 만들어진다.
- 2개의 셀을 그룹화하면 나타나는 변수는 2변수 곱항이 만들어진다.
- 4개의 셀을 그룹화하면 나타나는 변수는 1변수 곱항이 만들어진다.
- 8개의 셀을 그룹화하면 입력값에 상관없이 출력은 1이 된다.

㉡ 4변수 맵

- 1의 셀을 그룹화할 수 있는 개수는 1, 2, 4, 8, 16이다.
- 1개의 셀을 그룹화하면 나타나는 변수는 4변수 곱항이 만들어진다.
- 2개의 셀을 그룹화하면 나타나는 변수는 3변수 곱항이 만들어진다.
- 4개의 셀을 그룹화하면 나타나는 변수는 2변수 곱항이 만들어진다.
- 8개의 셀을 그룹화하면 나타나는 변수는 1변수 곱항이 만들어진다.
- 16개의 셀을 그룹화하면 입력값에 상관없이 출력은 1이 된다.

㉢ 최소 SOP식을 나타내기 위해 그룹화는 중복으로 가능하지만 최소 개수로 한다.

③ 모든 최소 곱항들이 더해져서 최소 SOP식이 된다.

예제 4-17

[예제 4-16]의 카르노맵에 대한 곱항을 구하고, 최소 SOP식을 구하시오.

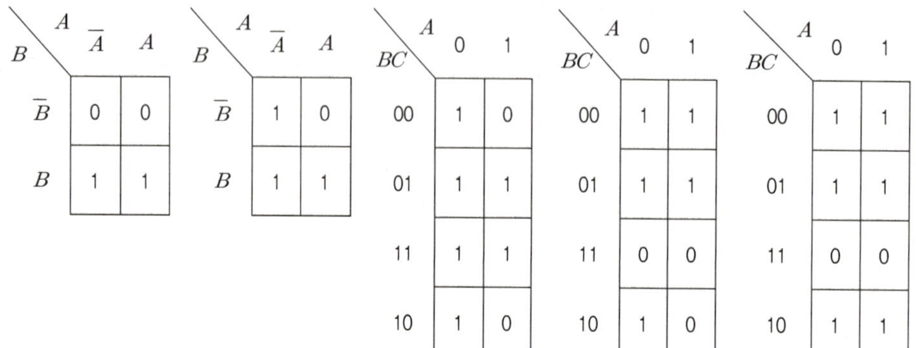

B \ A	$\overline{A}$	A
$\overline{B}$	0	0
B	1	1

B \ A	$\overline{A}$	A
$\overline{B}$	1	0
B	1	1

BC \ A	0	1
00	1	0
01	1	1
11	1	1
10	1	0

BC \ A	0	1
00	1	1
01	1	1
11	0	0
10	1	0

BC \ A	0	1
00	1	1
01	1	1
11	0	0
10	1	1

AB \ CD	00	01	11	10
00	1	1	0	0
01	0	0	1	0
11	0	1	1	1
10	0	0	1	1

AB \ CD	00	01	11	10
00	1	1	0	1
01	0	1	1	0
11	0	1	1	0
10	1	0	0	1

AB \ CD	00	01	11	10
00	0	1	1	0
01	1	0	0	1
11	1	0	0	1
10	0	1	1	0

해설

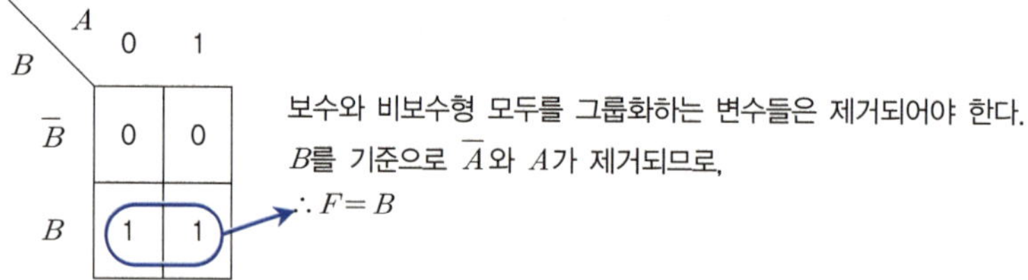

B \ A	0	1
$\overline{B}$	0	0
B	1	1

보수와 비보수형 모두를 그룹화하는 변수들은 제거되어야 한다.

B를 기준으로 $\overline{A}$와 A가 제거되므로,

$\therefore F=B$

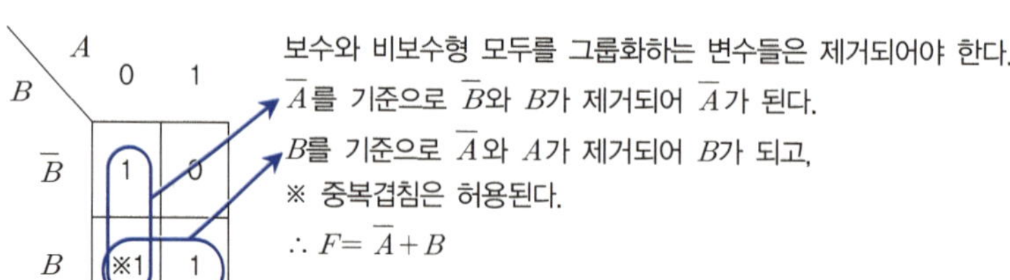

B \ A	0	1
$\overline{B}$	1	0
B	※1	1

보수와 비보수형 모두를 그룹화하는 변수들은 제거되어야 한다.

$\overline{A}$를 기준으로 $\overline{B}$와 B가 제거되어 $\overline{A}$가 된다.

B를 기준으로 $\overline{A}$와 A가 제거되어 B가 되고,

※ 중복겹침은 허용된다.

$\therefore F=\overline{A}+B$

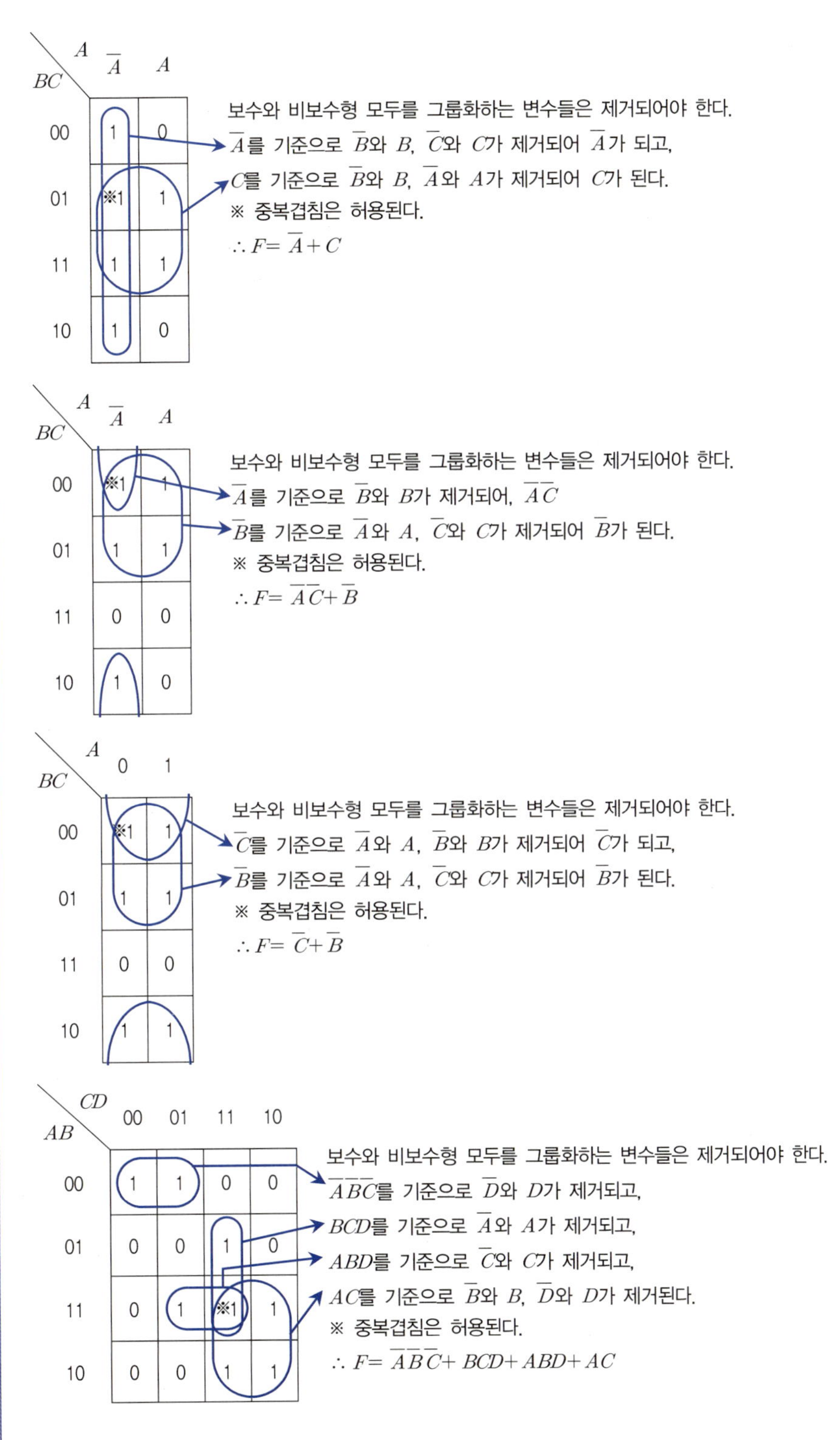

보수와 비보수형 모두를 그룹화하는 변수들은 제거되어야 한다.
$\overline{A}$를 기준으로 $\overline{B}$와 B, $\overline{C}$와 C가 제거되어 $\overline{A}$가 되고,
C를 기준으로 $\overline{B}$와 B, $\overline{A}$와 A가 제거되어 C가 된다.
※ 중복겹침은 허용된다.
$\therefore F = \overline{A} + C$

보수와 비보수형 모두를 그룹화하는 변수들은 제거되어야 한다.
$\overline{A}$를 기준으로 $\overline{B}$와 B가 제거되어, $\overline{A}\,\overline{C}$
$\overline{B}$를 기준으로 $\overline{A}$와 A, $\overline{C}$와 C가 제거되어 $\overline{B}$가 된다.
※ 중복겹침은 허용된다.
$\therefore F = \overline{A}\,\overline{C} + \overline{B}$

보수와 비보수형 모두를 그룹화하는 변수들은 제거되어야 한다.
$\overline{C}$를 기준으로 $\overline{A}$와 A, $\overline{B}$와 B가 제거되어 $\overline{C}$가 되고,
$\overline{B}$를 기준으로 $\overline{A}$와 A, $\overline{C}$와 C가 제거되어 $\overline{B}$가 된다.
※ 중복겹침은 허용된다.
$\therefore F = \overline{C} + \overline{B}$

보수와 비보수형 모두를 그룹화하는 변수들은 제거되어야 한다.
$\overline{A}\,\overline{B}\,\overline{C}$를 기준으로 $\overline{D}$와 D가 제거되고,
BCD를 기준으로 $\overline{A}$와 A가 제거되고,
ABD를 기준으로 $\overline{C}$와 C가 제거되고,
AC를 기준으로 $\overline{B}$와 B, $\overline{D}$와 D가 제거된다.
※ 중복겹침은 허용된다.
$\therefore F = \overline{A}\,\overline{B}\,\overline{C} + BCD + ABD + AC$

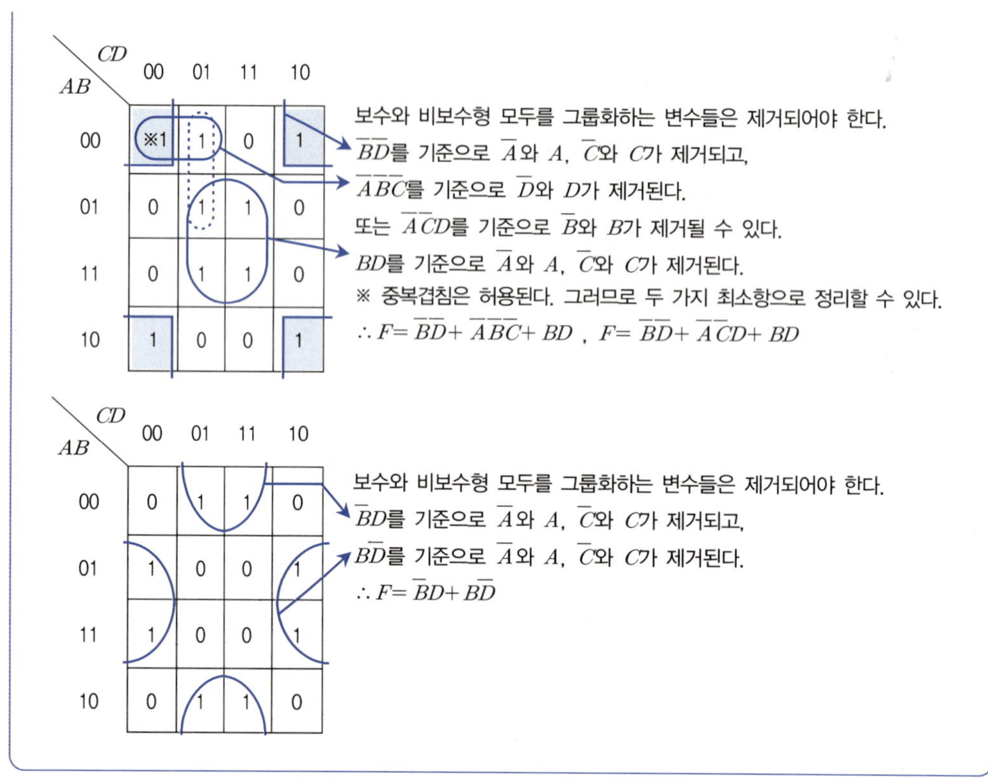

보수와 비보수형 모두를 그룹화하는 변수들은 제거되어야 한다.
$\overline{B}\overline{D}$를 기준으로 $\overline{A}$와 A, $\overline{C}$와 C가 제거되고,
$\overline{A}\overline{B}\overline{C}$를 기준으로 $\overline{D}$와 D가 제거된다.
또는 $\overline{A}\overline{C}D$를 기준으로 $\overline{B}$와 B가 제거될 수 있다.
BD를 기준으로 $\overline{A}$와 A, $\overline{C}$와 C가 제거된다.
※ 중복겹침은 허용된다. 그러므로 두 가지 최소항으로 정리할 수 있다.
$\therefore F = \overline{B}\overline{D} + \overline{A}\overline{B}\overline{C} + BD$, $F = \overline{B}\overline{D} + \overline{A}\overline{C}D + BD$

보수와 비보수형 모두를 그룹화하는 변수들은 제거되어야 한다.
$\overline{B}D$를 기준으로 $\overline{A}$와 A, $\overline{C}$와 C가 제거되고,
$B\overline{D}$를 기준으로 $\overline{A}$와 A, $\overline{C}$와 C가 제거된다.
$\therefore F = \overline{B}D + B\overline{D}$

예제 4-18

카르노맵에 대한 곱항을 구하고, 최소 SOP식을 구하시오.

해설

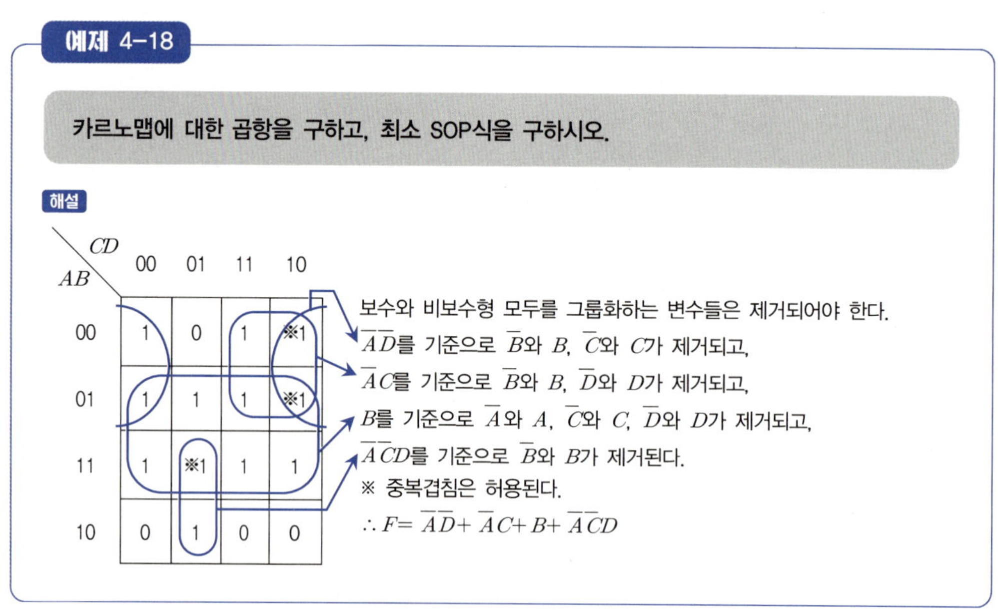

보수와 비보수형 모두를 그룹화하는 변수들은 제거되어야 한다.
$\overline{A}\overline{D}$를 기준으로 $\overline{B}$와 B, $\overline{C}$와 C가 제거되고,
$\overline{A}C$를 기준으로 $\overline{B}$와 B, $\overline{D}$와 D가 제거되고,
B를 기준으로 $\overline{A}$와 A, $\overline{C}$와 C, $\overline{D}$와 D가 제거되고,
$A\overline{C}D$를 기준으로 $\overline{B}$와 B가 제거된다.
※ 중복겹침은 허용된다.
$\therefore F = \overline{A}\overline{D} + \overline{A}C + B + A\overline{C}D$

예제 4-19

카르노맵을 사용하여 다음 표준 SOP식을 최소화하시오.

$A\overline{B}\overline{C}+ABC+\overline{A}B\overline{C}+AB\overline{C}$

해설

주어진 식의 2진 값은 다음과 같이 100 + 111 + 010 + 110으로 표현할 수 있고, 이 표현을 맵에 다음과 같이 작성할 수 있다.

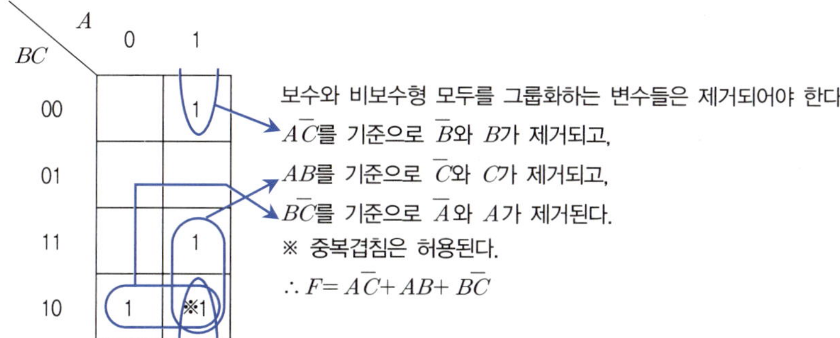

예제 4-20

카르노맵을 사용하여 다음 SOP식을 최소화하시오.

$AB+\overline{A}B+\overline{A}B\overline{C}+ABC$

해설

카르노맵을 작성하기 위해 일반 SOP식을 수치 확장 방법으로 표준 SOP식으로 변환한다. 그 후에 맵을 작성한다.

① 수치 확장 방법

$AB+\overline{A}B+\overline{A}B\overline{C}+ABC$

110 010 010 111

111 011

② 일반 SOP식의 부울대수 확장

㉠ AB : $AB\overline{C}+ABC$

㉡ $\overline{A}B$: $\overline{A}BC+\overline{A}B\overline{C}$

㉢ $\overline{A}B\overline{C}$

㉣ ABC

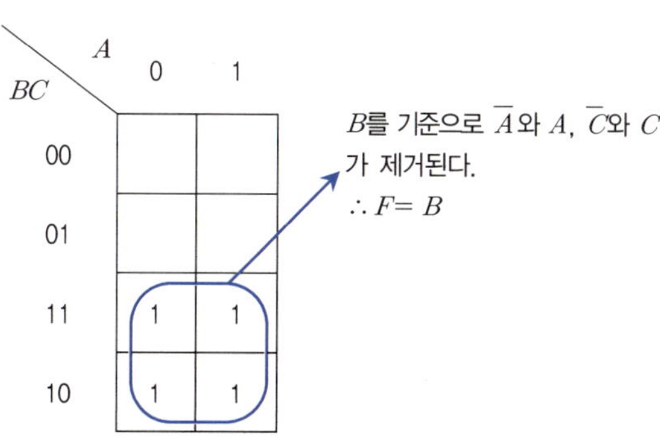

예제 4-21

카르노맵을 사용하여 다음 SOP식을 최소화하시오.

$A\overline{B}C + AC\overline{D} + \overline{A}\overline{B}CD + \overline{A}\overline{B}C + \overline{A}\overline{B}D + \overline{A}\overline{B} + A$

해설

카르노맵을 작성하기 위해 일반 SOP식을 수치 확장 방법으로 표준 SOP식으로 변환한다. 그 후에 맵을 작성한다.

① 수치 확장 방법

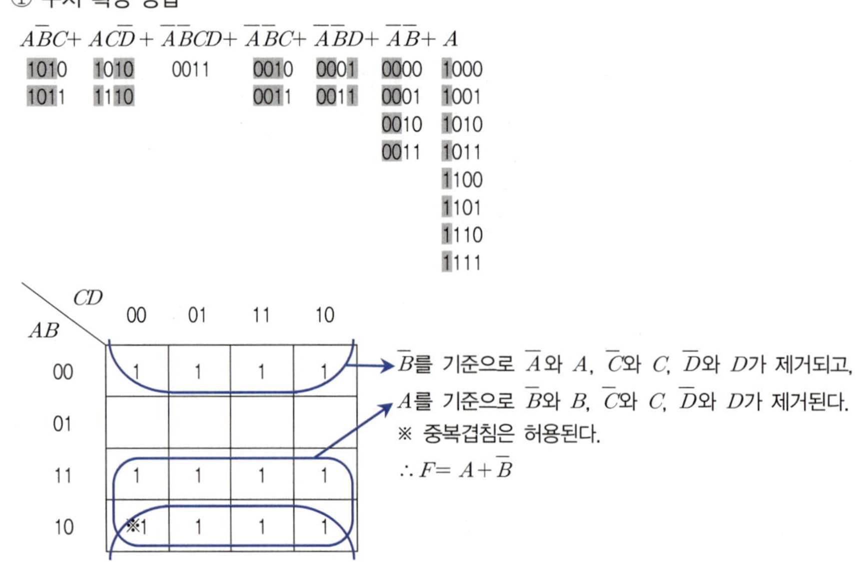

(3) 무정의(Don't care) 조건 중요

설계조건에 따라 어떤 입력변수 조합이 허용되지 않는 상황이 발생한다. 예를 들면 BCD코드에는 6개의 유효하지 않는 조합 1010, 1011, 1100, 1101, 1110, 1111이 있다. 이러한 허용되지 않는 상태는 BCD코드와 관련된 응용에서 결코 사용하지도, 발생하지도 않아야 하므로 **출력에 전혀 상관없는 무정의(Don't care)**로 처리된다. 또 무정의항에 대해서는 1 또는 0이 출력으로 할당될 수 있으며, 유효하지 않은 조합이 절대로 발생되지 않기 때문에 문제가 되지 않는다.

무정의항은 카르노맵을 작성할 때 매우 유용하게 사용되며, 'X' 또는 'd'로 표시할 수 있다. 1을 그룹화할 때 더 큰 그룹을 만들기 위해 무정의항인 'X'를 1로 취급할 수 있으며, 도움이 되지 않으면 0으로 취급한다. 즉, 더 큰 그룹을 만들기 위해, 더 간단한 항을 만들기 위해 사용한다.

예제 4-22

다음 무정의 조건을 고려한 진리표로부터 SOP식을 최소화하시오.

입력				출력
A	B	C	D	
0	0	0	0	1
0	0	0	1	X
0	0	1	0	1
0	0	1	1	X
0	1	0	0	0
0	1	0	1	0
0	1	1	0	0
0	1	1	1	0
1	0	0	0	0
1	0	0	1	1
1	0	1	0	0
1	0	1	1	1
1	1	0	0	X
1	1	0	1	1
1	1	1	0	X
1	1	1	1	1

해설

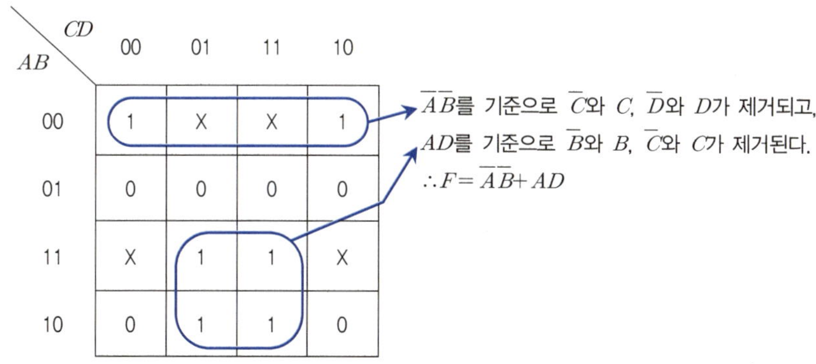

예제 4-23

다음 무정의 조건을 고려하여 SOP식을 최소화하시오.

(1) $F(A,B,C,D) = \sum m(0,2,3,4,5,11) + \sum d(1,7,9,15)$

(2) $F(A,B,C,D) = \sum m(1,2,3,4,6,8,10) + \sum d(0,12,14)$

(3) $F(A,B,C,D) = \sum m(0,2,3,4,8,9,11) + \sum d(1,5,6,7,10,12)$

해설

(1) $F(A,B,C,D) = \sum m(0,2,3,4,5,11) + \sum d(1,7,9,15)$

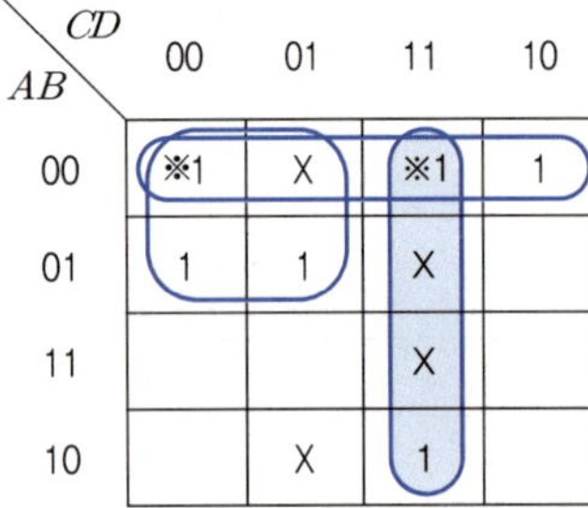

$\overline{A}\,\overline{B}$를 기준으로 $\overline{C}$와 C, $\overline{D}$와 D가 제거되고,
$\overline{A}\,\overline{C}$를 기준으로 $\overline{B}$와 B, $\overline{D}$와 D가 제거되고,
CD를 기준으로 $\overline{A}$와 A, $\overline{B}$와 B가 제거된다.
※ 중복겹침은 허용된다.
$\therefore F = \overline{A}\,\overline{B} + \overline{A}\,\overline{C} + CD$

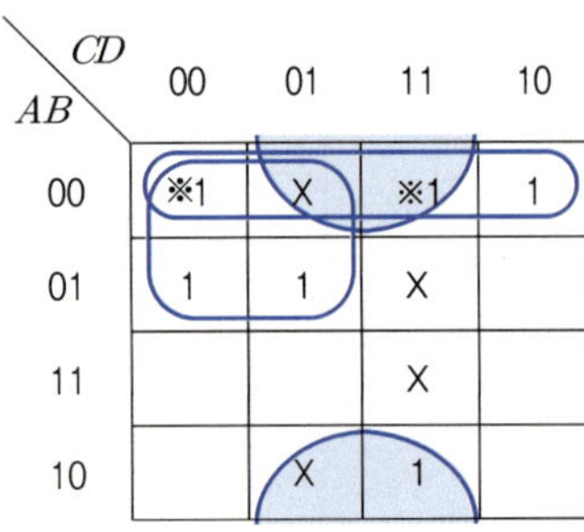

$\overline{A}\,\overline{B}$를 기준으로 $\overline{C}$와 C, $\overline{D}$와 D가 제거되고,
$\overline{A}\,\overline{C}$를 기준으로 $\overline{B}$와 B, $\overline{D}$와 D가 제거되고,
$\overline{B}D$를 기준으로 $\overline{A}$와 A, $\overline{C}$와 C가 제거된다.
※ 중복겹침은 허용된다.
$\therefore F = \overline{A}\,\overline{B} + \overline{A}\,\overline{C} + \overline{B}D$ 로 다르게 표현할 수 있다.

(2) $F(A,B,C,D) = \sum m(1,2,3,4,6,8,10) + \sum d(0,12,14)$

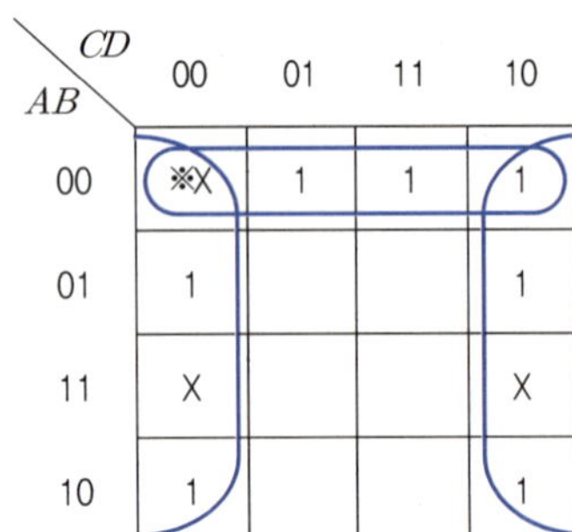

$\overline{A}\,\overline{B}$를 기준으로 $\overline{C}$와 C, $\overline{D}$와 D가 제거되고,
$\overline{D}$를 기준으로 $\overline{A}$와 A, $\overline{B}$와 B, $\overline{C}$와 C가 제거된다.
※ 중복겹침은 허용된다.
$\therefore F = \overline{A}\,\overline{B} + \overline{D}$

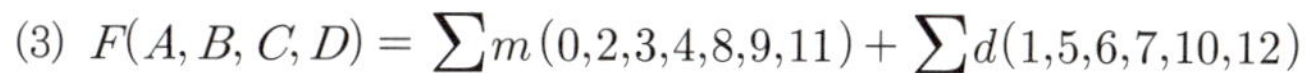

(3) $F(A, B, C, D) = \sum m(0,2,3,4,8,9,11) + \sum d(1,5,6,7,10,12)$

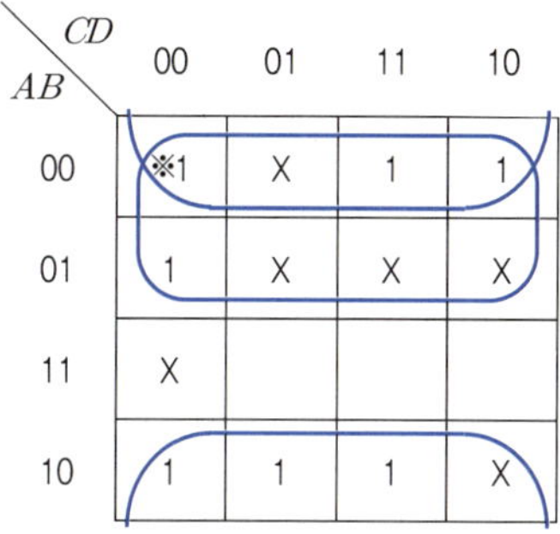

$\overline{A}$를 기준으로 $\overline{B}$와 B, $\overline{C}$와 C, $\overline{D}$와 D가 제거되고,
$\overline{B}$를 기준으로 $\overline{A}$와 A, $\overline{C}$와 C, $\overline{D}$와 D가 제거된다.
※ 중복겹침은 허용된다.
$\therefore F = \overline{A} + \overline{B}$

(4) 선택적 카르노맵의 작성 중요

카르노맵에서 선택적으로 1의 그룹화를 하는 방법을 다음 예제들을 통해 확인해보자.

예제 4-24

카르노맵을 사용하여 SOP식을 최소화하시오.

해설

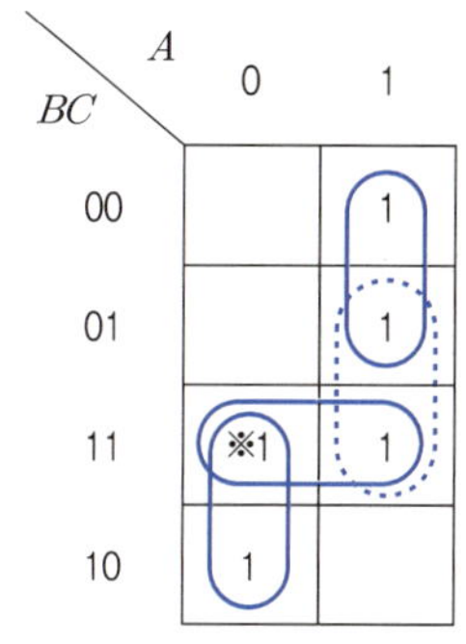

$A\overline{B}$를 기준으로 $\overline{C}$와 C가 제거되고,
BC를 기준으로 $\overline{A}$와 A가 제거되고,
$\overline{A}B$를 기준으로 $\overline{C}$와 C가 제거된다.
※ 중복겹침은 허용된다.
$\therefore F = A\overline{B} + \overline{A}B + BC$
점선 그룹은 이미 그룹화하여 최소화되었으므로 중복겹침을 허용하지 않는다. 만약 중복을 허용하면 다음과 같이 필요 없는 항이 나타나게 된다.

$F = A\overline{B} + \overline{A}B + BC + AC$

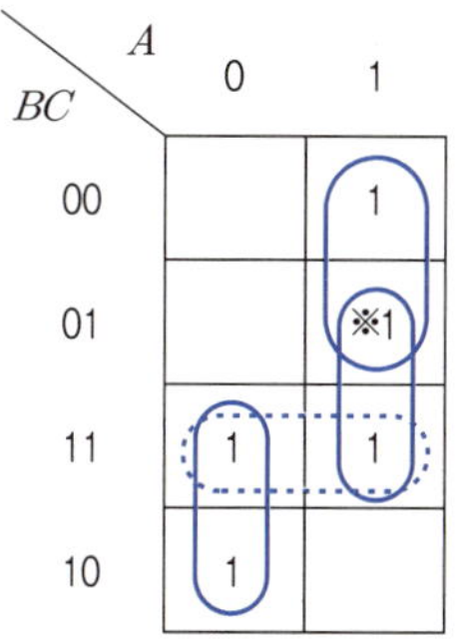

$A\overline{B}$를 기준으로 $\overline{C}$와 C가 제거되고,
$\overline{A}B$를 기준으로 $\overline{C}$와 C가 제거되고,
AC를 기준으로 $\overline{B}$와 B가 제거된다.
※ 중복겹침은 허용된다.
$\therefore F = A\overline{B} + \overline{A}B + AC$
$F = A\overline{B} + \overline{A}B + AC + BC$ (불필요한 항 발생)

위와 같이 두 가지의 그룹화 하는 방법이 있으며, 입력에 대한 출력 결과는 동일하다.
중복겹침은 최소로 하는 조건으로 SOP식을 나타내어야 한다.
① 중복겹침을 모두 한 경우 : $F = A\overline{B} + \overline{A}B + AC + BC$
② 중복겹침을 최소한으로 한 경우 : $F = A\overline{B} + \overline{A}B + BC$, $F = A\overline{B} + \overline{A}B + AC$

예제 4-25

카르노맵을 사용하여 SOP식을 최소화하시오.

해설

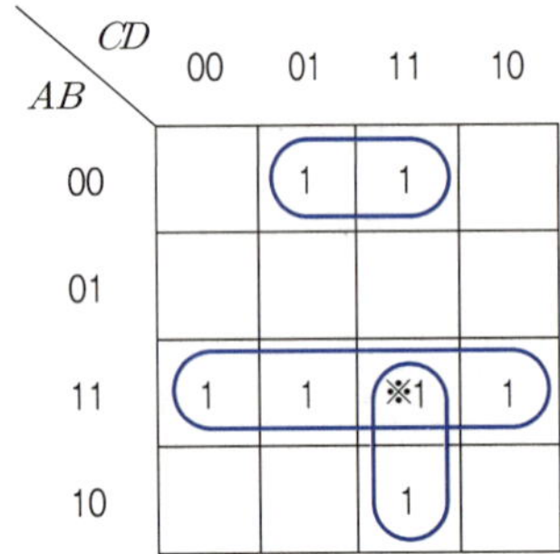

$\overline{A}\,\overline{B}D$를 기준으로 $\overline{C}$와 C가 제거되고,
AB를 기준으로 $\overline{C}$와 C, $\overline{D}$와 D가 제거되고,
ACD를 기준으로 $\overline{B}$와 B가 제거된다.
※ 중복겹침은 허용된다.
$\therefore F = \overline{A}\,\overline{B}D + AB + ACD$

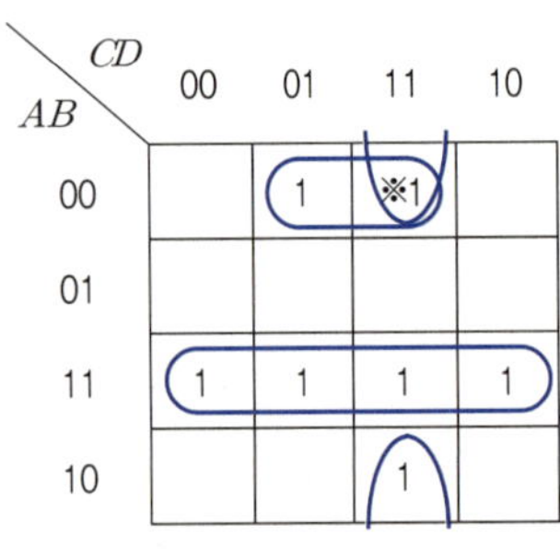

$\overline{A}\,\overline{B}D$를 기준으로 $\overline{C}$와 C가 제거되고,
AB를 기준으로 $\overline{C}$와 C, $\overline{D}$와 D가 제거되고,
$\overline{B}CD$를 기준으로 $\overline{A}$와 A가 제거된다.
※ 중복겹침은 허용된다.
$\therefore F = \overline{A}\,\overline{B}D + AB + \overline{B}CD$

예제 4-26

다음 무정의 조건을 고려한 카르노맵을 사용하여 SOP식을 최소화하시오.

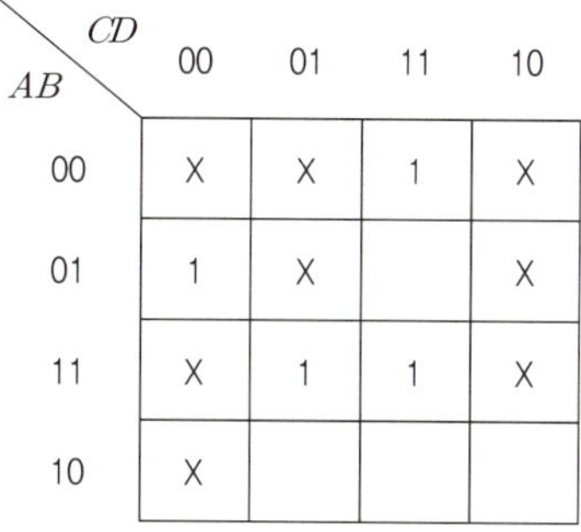

AB \ CD	00	01	11	10
00	X	X	1	X
01	1	X		X
11	X	1	1	X
10	X			

해설

① 경우

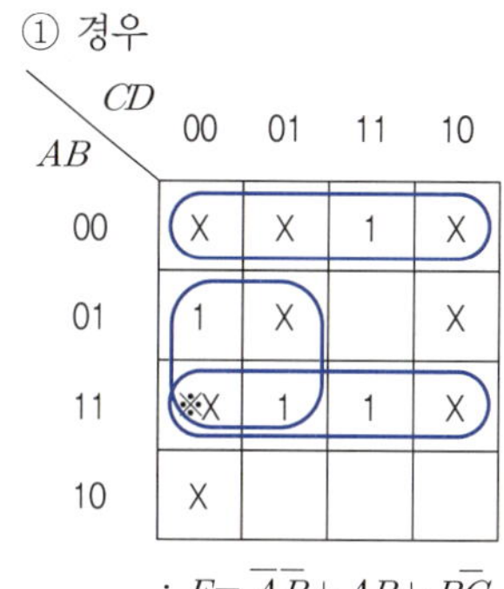

AB \ CD	00	01	11	10
00	X	X	1	X
01	1	X		X
11	※X	1	1	X
10	X			

$\therefore F=\overline{A}\,\overline{B}+AB+B\overline{C}$

② 경우

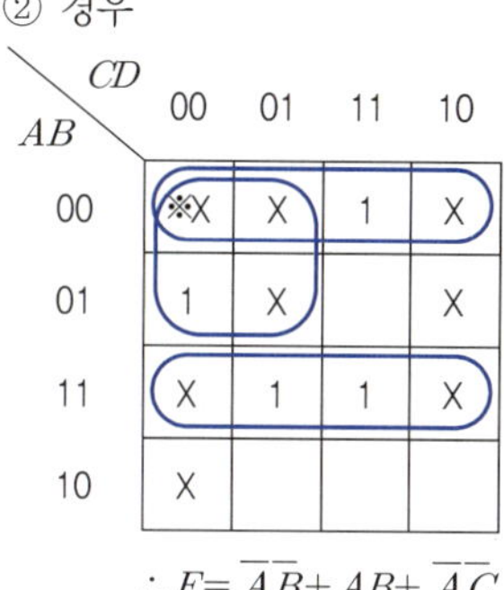

AB \ CD	00	01	11	10
00	※X	X	1	X
01	1	X		X
11	X	1	1	X
10	X			

$\therefore F=\overline{A}\,\overline{B}+AB+\overline{A}\,\overline{C}$

③ 경우

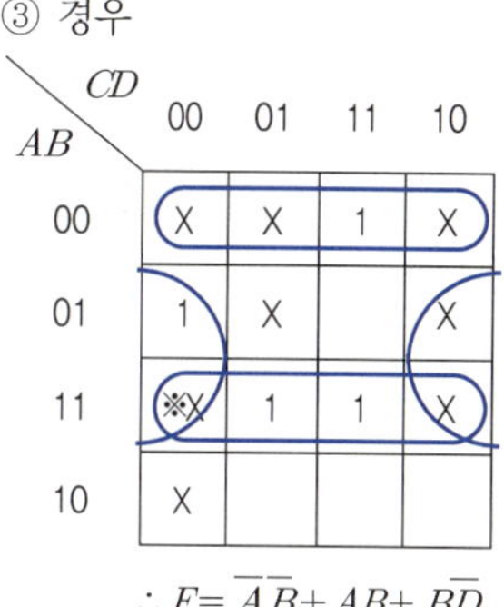

AB \ CD	00	01	11	10
00	X	X	1	X
01	1	X		X
11	※X	1	1	X
10	X			

$\therefore F=\overline{A}\,\overline{B}+AB+B\overline{D}$

④ 경우

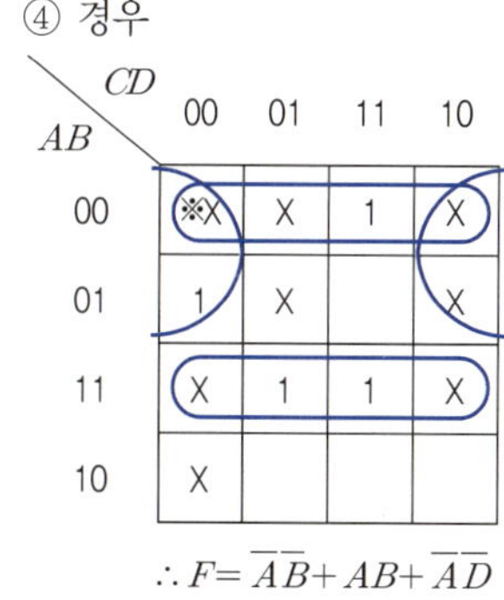

AB \ CD	00	01	11	10
00	※X	X	1	X
01	1	X		X
11	X	1	1	X
10	X			

$\therefore F=\overline{A}\,\overline{B}+AB+\overline{A}\,\overline{D}$

⑤ 경우

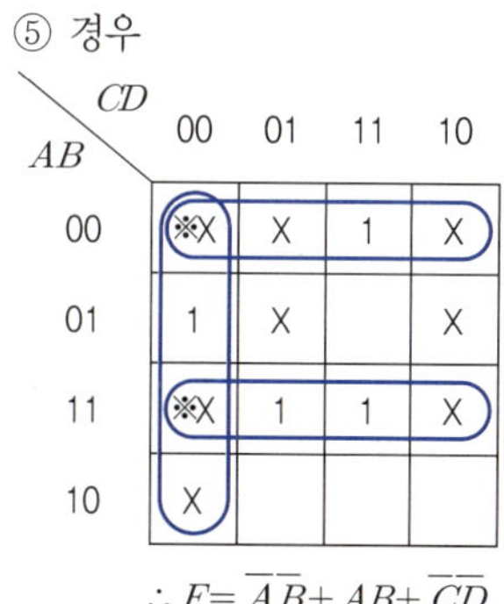

AB \ CD	00	01	11	10
00	※X	X	1	X
01	1	X		X
11	※X	1	1	X
10	X			

$\therefore F=\overline{A}\,\overline{B}+AB+\overline{C}\,\overline{D}$

(5) 논리식을 최소항식으로 전개하지 않고 카르노맵을 작성하여 SOP식을 간소화하는 방법

지금까지 논리식을 카르노맵으로 작성하려면 표준 SOP식으로 바꾸어야 했다. 카르노맵을 이용하여 논리식을 간소화하는 방법을 완전히 숙지하였다면 표준 최소항으로 바꿀 필요는 없다. 다음 예제를 통해 익혀보자.

예제 4-27

다음 논리식을 최소항으로 전개하지 않고 카르노맵으로 작성하여 SOP식을 간소화하시오.

$F = AB + \overline{A}C + \overline{A}B + A\overline{B}\overline{C}$

해설

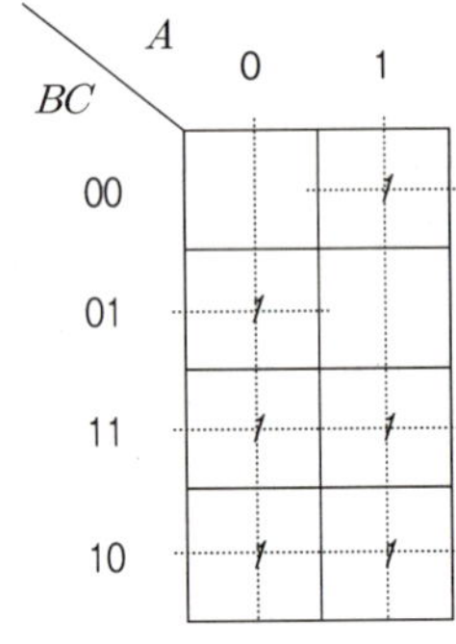

① AB 식에 해당되는 A열과 B행을 점선으로 표시하여 교차되는 셀에 1을 채운다.

② $\overline{A}C$ 식에 해당되는 $\overline{A}$열과 C행을 점선으로 표시하여 교차되는 셀에 1을 채운다.

③ $\overline{A}B$ 식에 해당되는 $\overline{A}$열과 B행을 점선으로 표시하여 교차되는 셀에 1을 채운다.

④ $A\overline{B}\overline{C}$ 식에 해당되는 A열과 $\overline{B}\overline{C}$행을 점선으로 표시하여 교차되는 셀에 1을 채운다.

⑤ 교차표시는 중복되어도 상관없다.

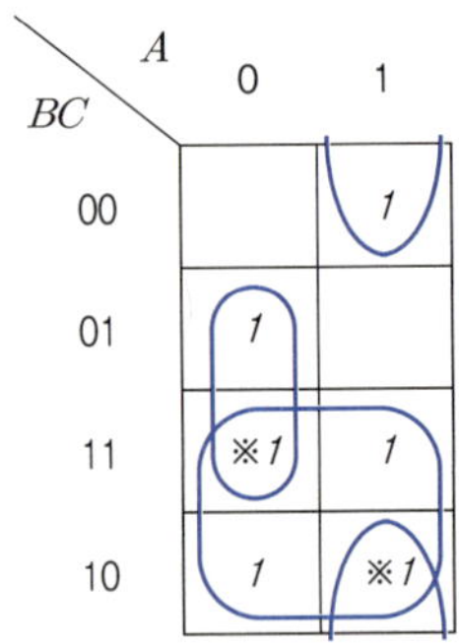

$F = A\overline{C} + \overline{A}C + B$

예제 4-28

다음 변수 4개로 구성된 논리식은 모든 항이 이미 어느 정도 간소화된 상태이다. 더 간소화할 수 있는지 카르노맵을 이용하여 확인하시오.

$$F = AB + \overline{B}C + ACD + AB\overline{D} + AC\overline{D}$$

해설

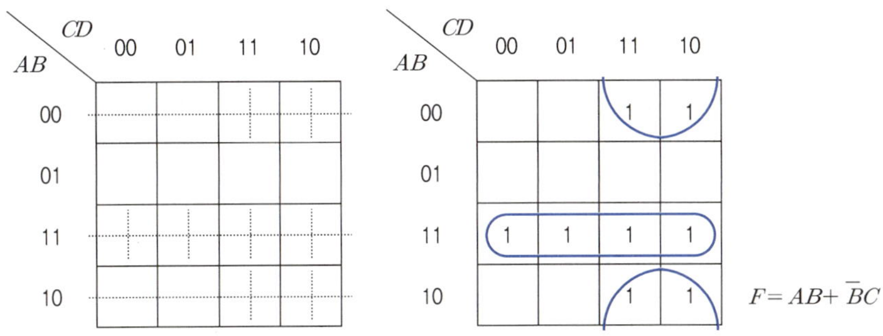

① AB 식에 해당되는 AB행을 점선으로 표시하고, CD변수가 모두 제거되었으므로 CD변수에 해당되는 열을 점선으로 표시하여 교차되는 셀에 1을 채운다.
② $\overline{B}C$ 식에 해당되는 $\overline{B}$행, C열을 점선으로 표시하여 교차되는 셀에 1을 채운다.
③ ACD 식에 해당되는 A행, CD열을 점선으로 표시하여 교차되는 셀에 1을 채운다.
④ $AB\overline{D}$ 식에 해당되는 AB행, $\overline{D}$열을 점선으로 표시하여 교차되는 셀에 1을 채운다.
⑤ $AC\overline{D}$ 식에 해당되는 A행, $C\overline{D}$열을 점선으로 표시하여 교차되는 셀에 1을 채운다.
⑥ 교차표시는 중복되어도 상관없다.

7 5변수, 6변수 카르노맵

카르노맵은 논리식의 간소화하는 방법으로 매우 유용하게 사용할 수 있다. 그러나 입력변수가 늘어나면 간단하지 않을 수 있다. 입력변수가 5개, 6개인 경우에 대해서 알아보도록 하자.

(1) 5변수 카르노맵

5변수란 입력변수가 5개인 것으로 $2^5 = 32$가지의 경우가 있다. 먼저 $A, \overline{A}$를 제외한 4변수($BCDE$)를 기준으로 작성한 후 다음 그림과 같이 점선으로 연결하여 4변수 카르노맵과 같은 방법으로 간소화한다.

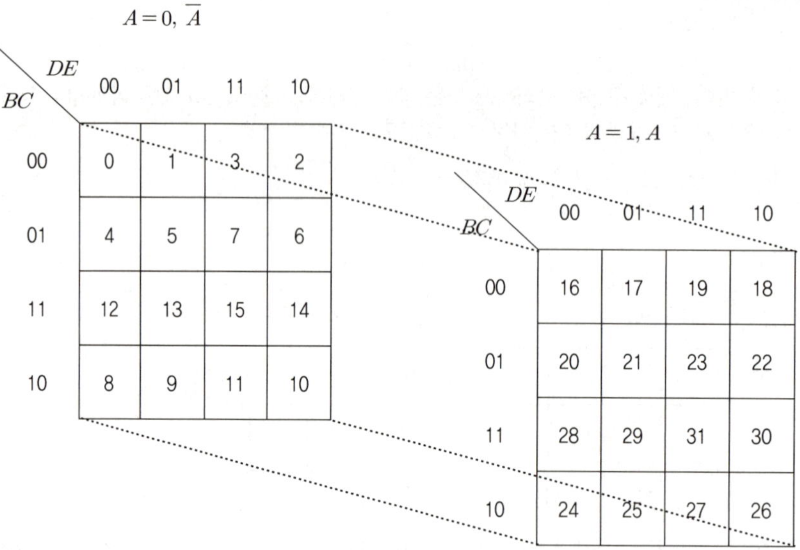

[그림 4-10] 5변수 카르노맵

예제 4-29

다음 5변수 논리함수를 카르노맵을 이용하여 간소화하시오.

$$F=(A,B,C,D,E)=\sum m(4,5,6,7,9,11,13,15,16,18,27,28,31)$$

해설

① 최소항에 해당되는 셀에 1을 채워 넣는다.

② $A=0(\overline{A})$면과 $A=1(A)$면이 서로 연결되어 있다고 생각하고, 1의 그룹에 4변수 카르노맵과 같은 방법을 사용하면 된다.

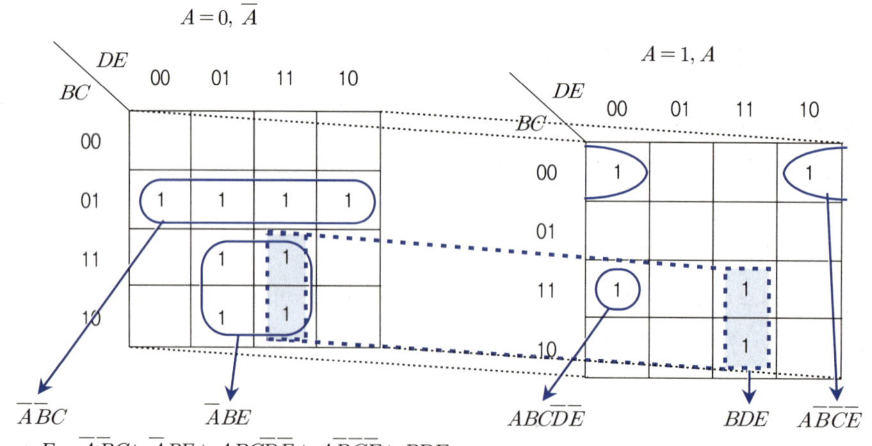

$\therefore F=\overline{A}\overline{B}C+\overline{A}BE+ABC\overline{D}\overline{E}+A\overline{B}\overline{C}\overline{E}+BDE$

(2) 6변수 카르노맵

6변수란 입력변수가 6개인 것으로 $2^6 = 64$가지의 경우가 있다. 먼저 $\overline{A}\overline{B}, \overline{A}B, A\overline{B}, AB$를 제외한 4변수($CDEF$)를 기준으로 작성한 후 다음 그림과 같이 점선으로 연결하여 4변수 카르노맵과 같은 방법으로 간소화한다.

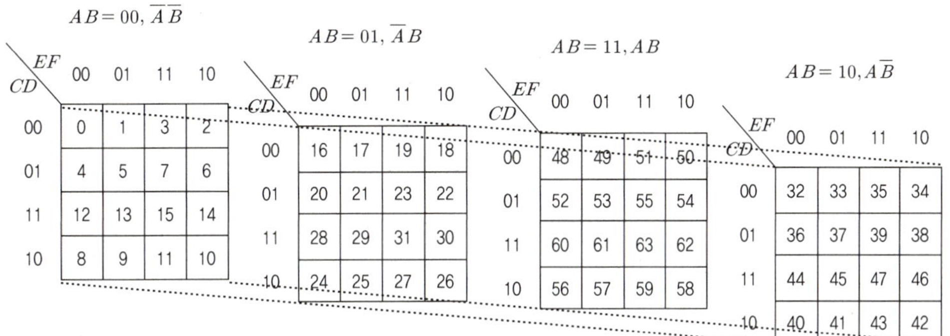

[그림 4-11] 6변수 카르노맵

예제 4-30

다음 6변수 논리함수를 카르노맵을 이용하여 간소화하시오.

$$F = (A, B, C, D, E, F) \\ = \sum m(1,3,6,8,9,13,14,17,19,24,25,29,32,33,34,35,38,40,46,49,51,53,55,56,61,63)$$

해설

① 최소항에 해당되는 셀에 1을 채워 넣는다.

② $\overline{A}\overline{B}, \overline{A}B, A\overline{B}, AB$면이 서로 연결되어 있다고 생각하고, 1의 그룹에 4변수 카르노맵과 같은 방법을 사용하면 된다.

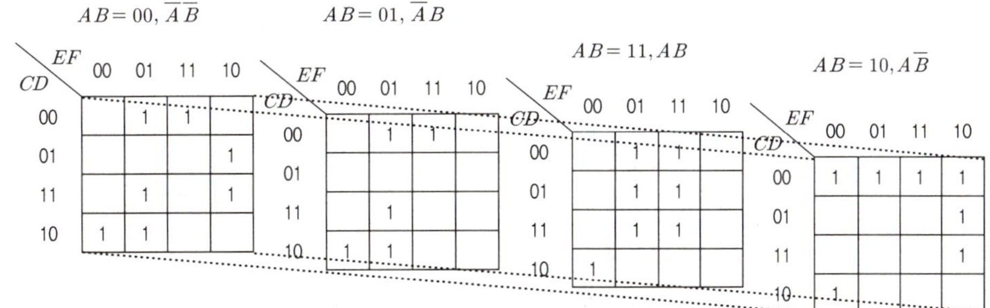

③ 한 번에 1의 그룹을 지어 묶기에는 복잡하므로 나누어 하는 것이 좋다.

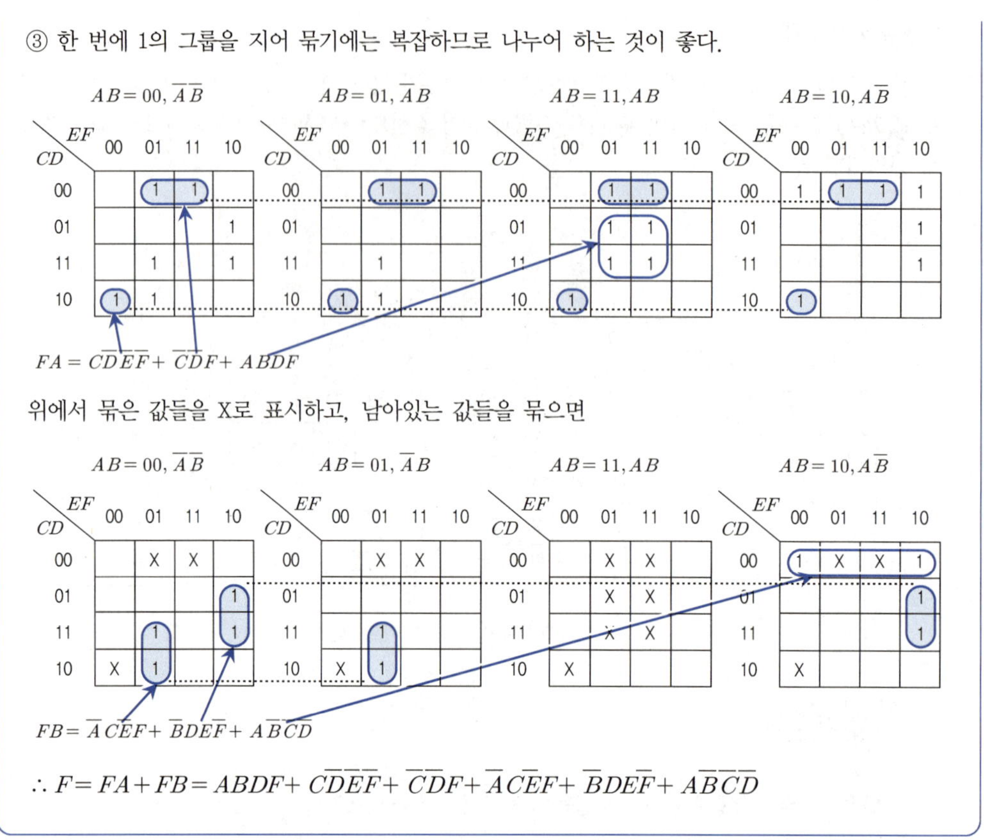

$\therefore F=FA+FB=ABDF+C\overline{D}\,\overline{E}\,\overline{F}+\overline{C}\,\overline{D}F+\overline{A}C\overline{E}F+\overline{B}DE\overline{F}+A\overline{B}\,\overline{C}\,\overline{D}$

8 여러 개의 출력 함수 중요

실제 디지털 시스템에서는 설계자의 의도에 따라 출력이 여러 개 필요한 경우가 많다. 입력에 대한 여러 개의 출력을 서로 분리된 시스템으로 설계할 수는 있으나 하나의 시스템으로 통합하는 것도 가능하다. 또 공유할 수 있는 논리게이트를 공유하여 경제적으로 좋은 시스템을 구현할 수 있다.

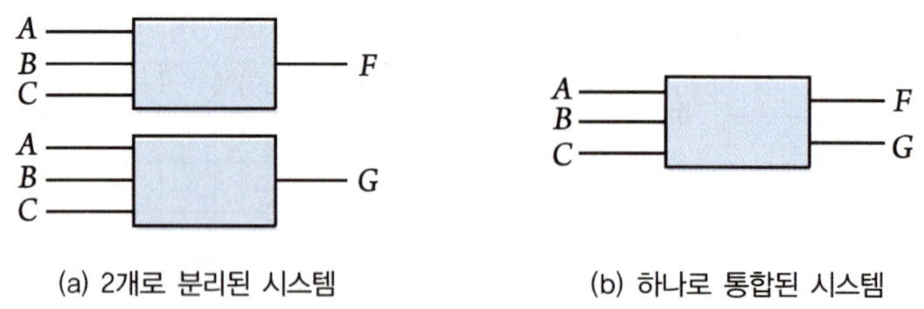

[그림 4-12] 여러 개의 출력함수를 갖는 디지털 시스템

예제 4-31

다음 두 개의 논리함수를 하나의 시스템으로 통합하여 회로를 구성하시오(단, 논리식은 최소화된 표준 SOP로 표현한다).

$F(A,B,C) = \sum m(0,2,6,7)$ $G(A,B,C) = \sum m(1,3,6,7)$

해설

① 각각의 출력을 카르노맵으로 작성한다.

$F(A,B,C) = \sum m(0,2,6,7)$

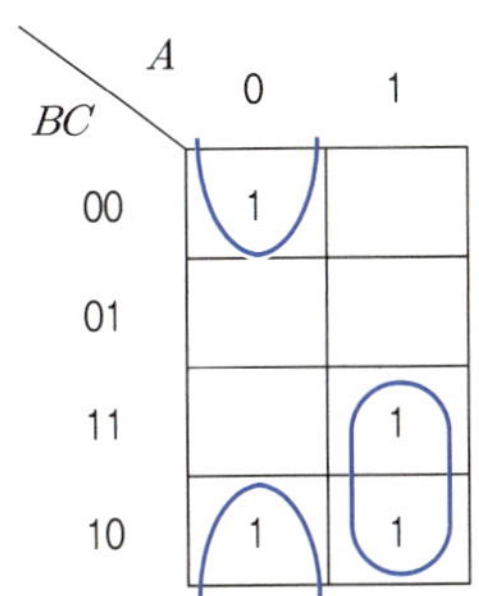

$F = \overline{A}\,\overline{C} + AB$

$G(A,B,C) = \sum m(1,3,6,7)$

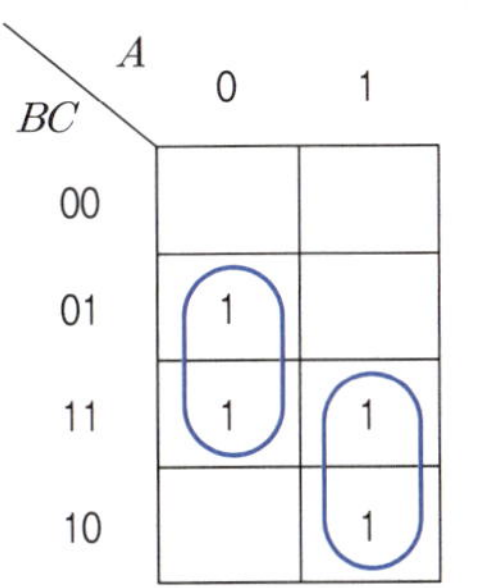

$G = \overline{A}C + AB$

② 각각의 출력에 대한 논리회로를 작성한다.
논리회로 작성 후 공유할 수 있는 논리게이트가 있는지 검사를 해본다.

$F = \overline{A}\,\overline{C} + AB$
사용된 게이트 수 : OR gate – 1개,
AND gate – 2개,
NOT gate – 2개

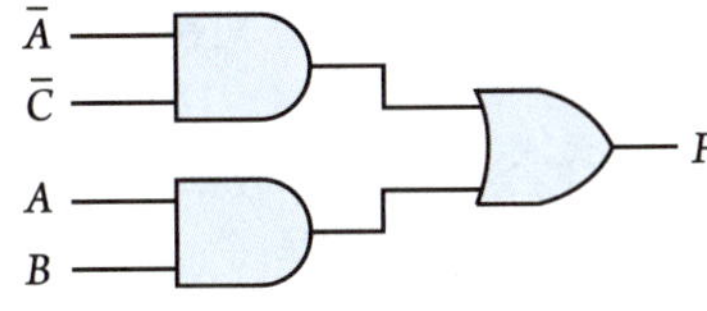

$G = \overline{A}C + AB$
사용된 게이트 수 : OR gate – 1개,
AND gate – 2개,
NOT gate – 1개

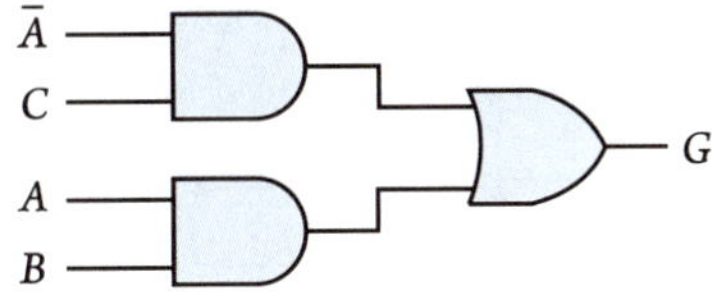

$\overline{A}$, $\overline{C}$는 NOT gate를 통과한 결과로 본다.

③ 공유할 수 있는 게이트를 통합하여 결합한 논리회로를 작성한다.

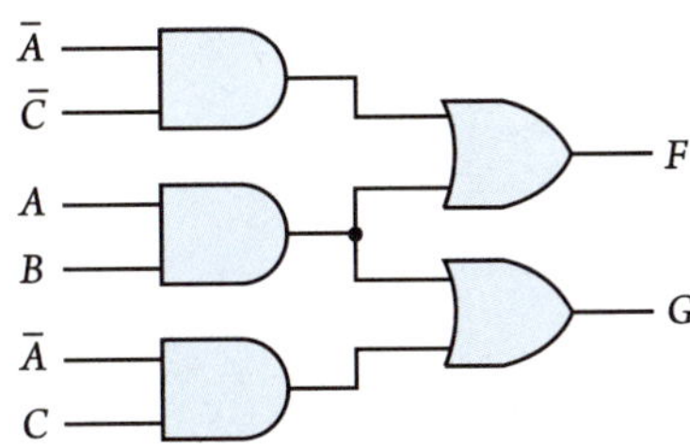

AB항을 공유할 수 있으므로 결합한 논리회로에서 사용된 게이트 수 :
OR gate – 2개,
AND gate – 3개,
NOT gate – 2개

예제 4-32

다음 두 개의 논리함수를 하나의 시스템으로 통합하여 회로를 구성하시오.

$F=\overline{A}\,\overline{B}\,\overline{C}+AB\overline{C}+\overline{A}\,\overline{B}C,\qquad G=\overline{A}BC+\overline{A}B\overline{C}+AB\overline{C}$

해설

① 각각의 출력을 카르노맵으로 작성한다.

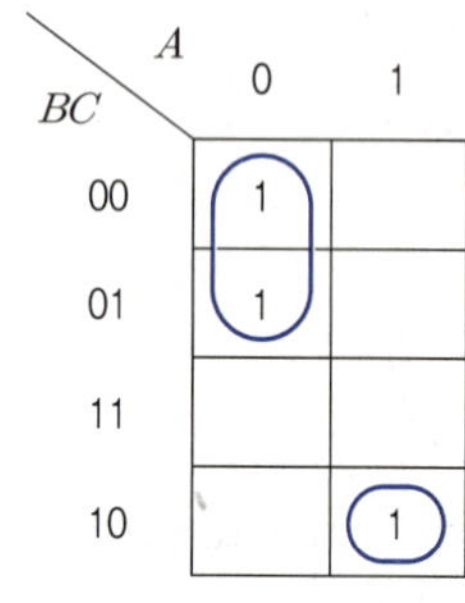

$F=\overline{A}\,\overline{B}+AB\overline{C}$

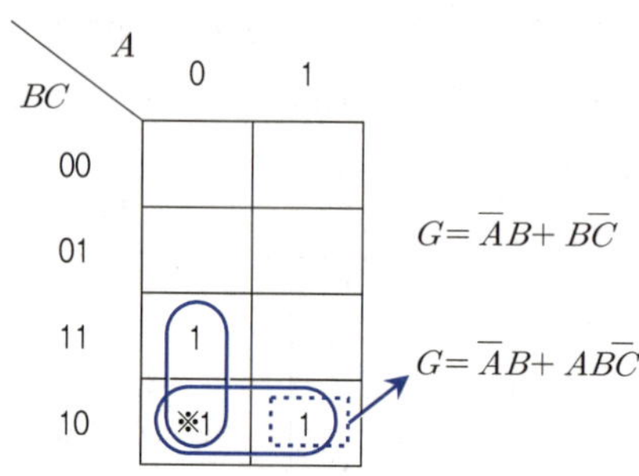

② 공유할 수 있는 논리게이트가 있는지 검사를 해본다.
각각의 출력을 최소화된 표준 SOP식으로 표현하면 공유할 논리게이트는 없다.

$F=\overline{A}\,\overline{B}+AB\overline{C}$
사용된 게이트 수 : OR gate – 1개,
AND gate – 3개,
NOT gate – 3개

$G=\overline{A}B+B\overline{C}$
사용된 게이트 수 : OR gate – 1개,
AND gate – 2개,
NOT gate – 2개

③ 논리게이트 수를 공유하지 않는 것보다 공유하는 것이 게이트 수를 줄일 수 있으므로 출력 G의 맵의 점선으로 그룹화한 부분 즉, $AB\overline{C}$로 그룹화하여 공유할 부분을 만든다.

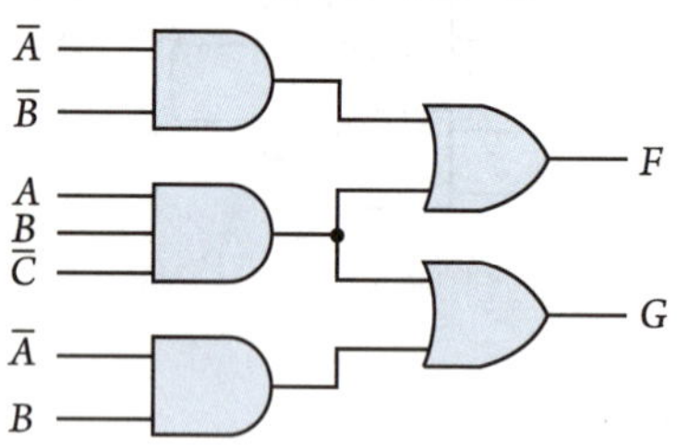

$AB\overline{C}$항을 공유할 수 있으므로 결합한 논리회로에서 사용된 게이트 수 :
OR gate – 2개,
AND gate – 3개,
NOT gate – 3개

예제 4-33

다음과 같은 4변수를 가지는 두 개의 논리함수를 하나의 시스템으로 통합하여 회로를 구성하시오.

$$F(A,B,C,D) = \sum m(4,5,6,8,12,13),$$
$$G(A,B,C,D) = \sum m(0,2,5,6,7,13,14,15)$$

해설

① 각각의 출력을 카르노맵으로 작성한다.

$F(A,B,C,D) = \sum m(4,5,6,8,12,13)$

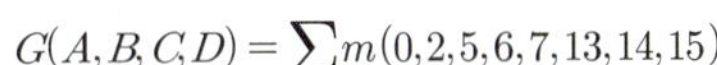
$G(A,B,C,D) = \sum m(0,2,5,6,7,13,14,15)$

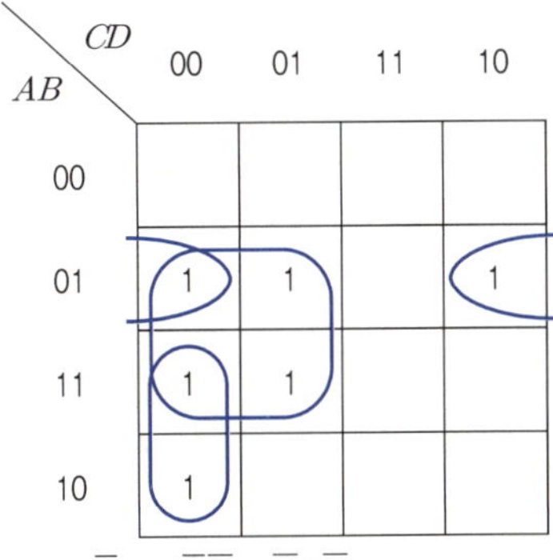

$F = B\overline{C} + A\overline{C}\,\overline{D} + \overline{A}B\overline{D}$

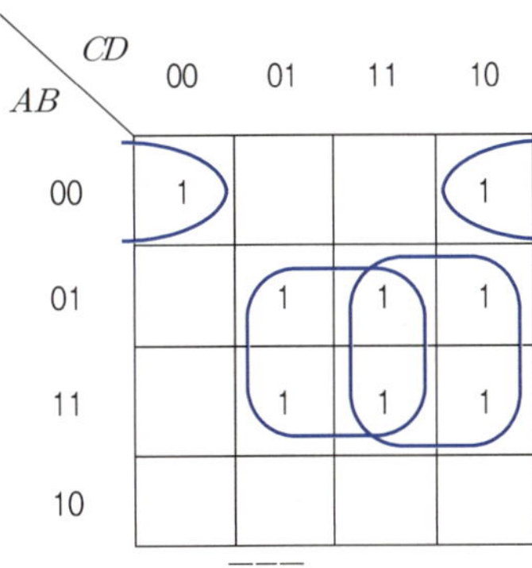

$G = BD + BC + \overline{A}\,\overline{B}\,\overline{D}$

② 공유할 수 있는 논리게이트가 있는지 검사를 해본다.

㉠ 먼저 한쪽 함수에만 있는 1을 찾고 하나의 그룹에만 속하는 것을 묶으면 다음과 같다. 한쪽에만 있는 경우는 **1**로 표시해보자.

AB \ CD	00	01	11	10
00				
01	**1**	1		1
11	**1**	1		
10	**1**			

AB \ CD	00	01	11	10
00	**1**			**1**
01		1	**1**	1
11		1	**1**	**1**
10				

㉡ 다음에는 묶여지지 않는 부분 중에서 공통으로 만들 수 있는 부분을 묶은 뒤 나머지 부분을 묶는다.

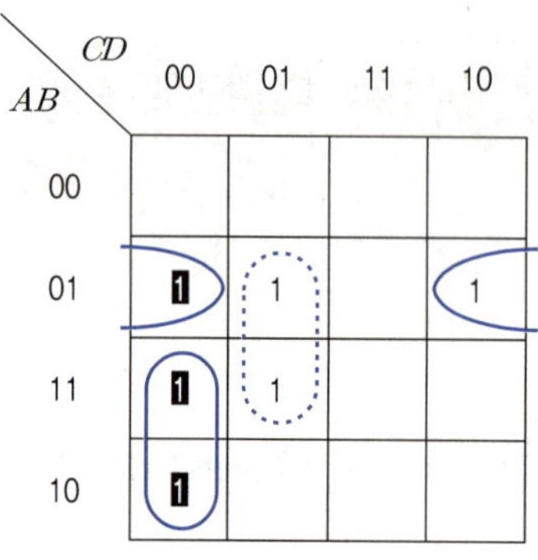

$F=\overline{A}B\overline{D}+A\overline{C}\overline{D}+B\overline{C}D$

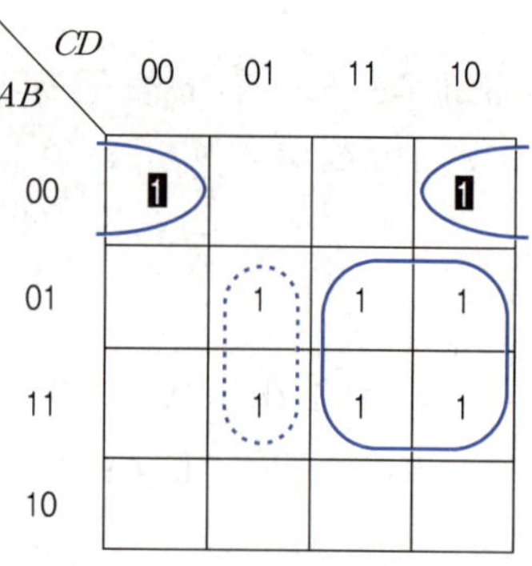

$G=\overline{A}\overline{B}\overline{D}+B\overline{C}D+BC$

③ 공통으로 사용되는 부분을 병합한 논리회로는 다음과 같다.

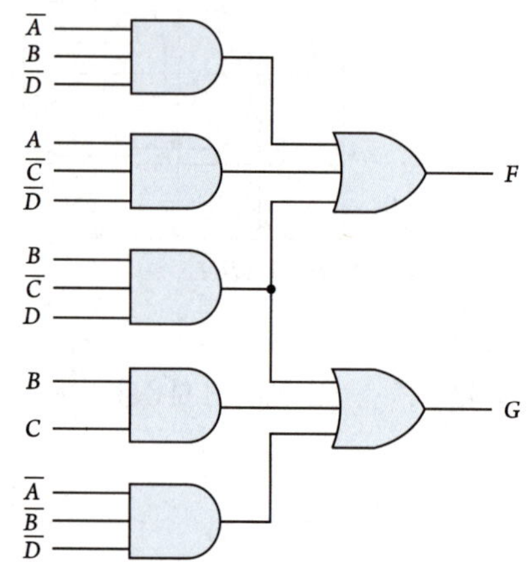

$B\overline{C}D$항을 공유할 수 있으므로 결합한 논리회로에서 사용된 게이트 수

3입력-OR gate - 2개,

3입력-AND gate - 4개

2입력-AND gate - 1개,

NOT gate - 4개

예제 4-34

다음과 같은 4변수를 가지는 세 개의 논리함수를 하나의 시스템으로 통합하여 논리식을 구성하시오.

$X(A,B,C,D) = \sum m(0,2,6,10,11,14,15)$,
$Y(A,B,C,D) = \sum m(0,3,6,7,8,9,12,13,14,15)$
$Z(A,B,C,D) = \sum m(0,3,4,5,7,10,11,12,13,14,15)$

해설

① 각각의 출력을 카르노맵으로 작성한다.

㉠ $X(A,B,C,D)$
$= \sum m(0,2,6,10,11,14,15)$
$= AC + C\overline{D} + \overline{A}\overline{B}\overline{D}$

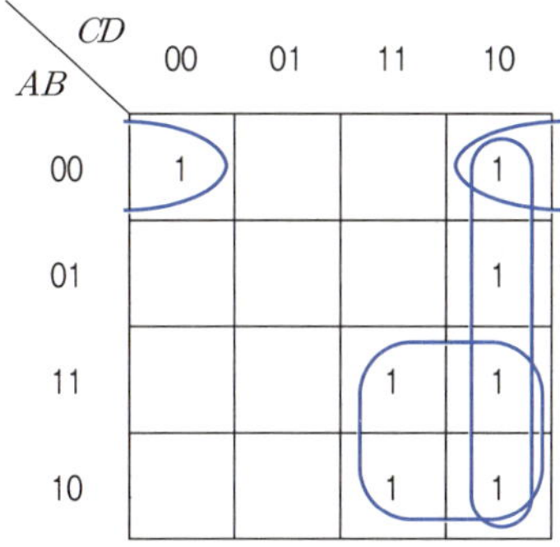

㉡ $Y(A,B,C,D)$
$= \sum m(0,3,6,7,8,9,12,13,14,15)$
$= A\overline{C} + BC + \overline{A}CD + \overline{B}\overline{C}\overline{D}$

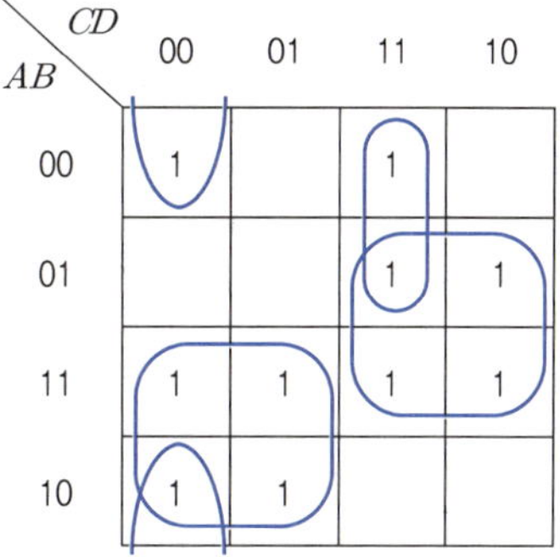

㉢ $Z(A,B,C,D)$
$= \sum m(0,3,4,5,7,10,11,12,13,14,15)$
$= B\overline{C} + CD + AC + \overline{A}\overline{C}\overline{D}$

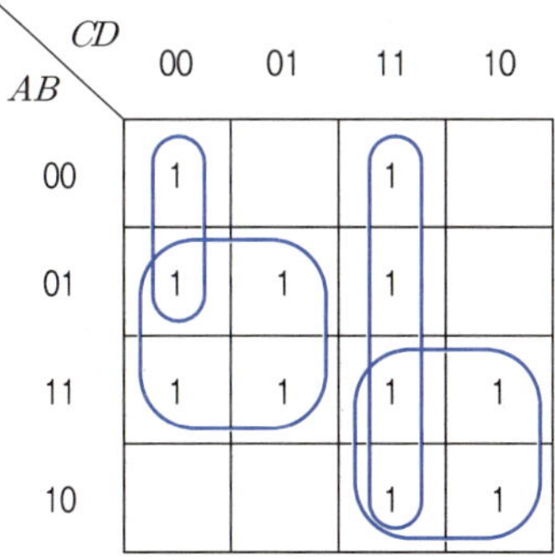

② 먼저 세 함수에서 서로 독립된 부분 ■과 두 개의 함수에서 같은 영역 중 크게 묶을 수 있는 영역을 찾는다. 나머지 부분에서 공통된 부분과 독립된 부분을 찾는다.

㉠ $X(A,B,C,D)$

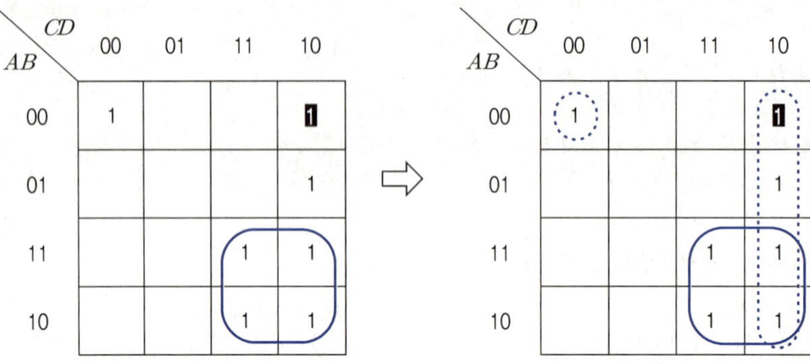

㉡ $Y(A,B,C,D)$

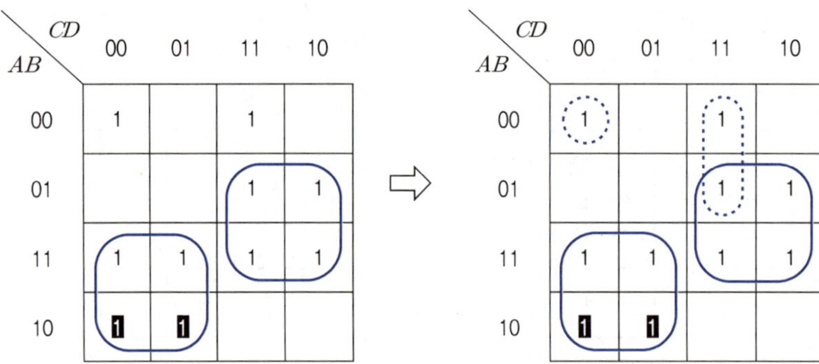

㉢ $Z(A,B,C,D)$

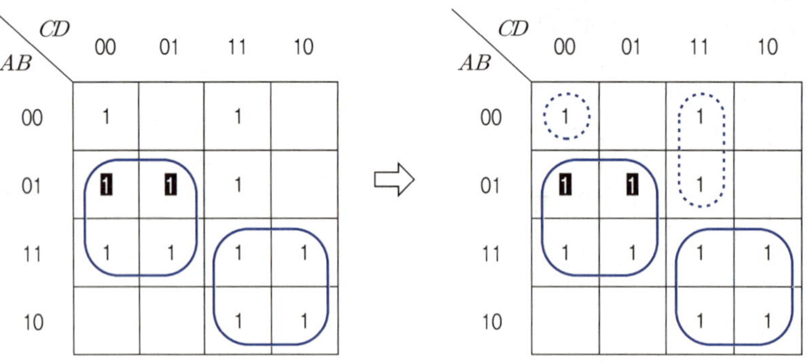

③ $AC, \overline{A}CD, \overline{A}\,\overline{B}\,\overline{C}\,\overline{D}$항을 공유할 수 있으므로 논리게이트 수를 줄일 수 있는 각 출력에 대한 부울 대수는 다음과 같다.

$X(A,B,C,D) = AC + C\overline{D} + \overline{A}\,\overline{B}\,\overline{C}\,\overline{D}$
$Y(A,B,C,D) = A\overline{C} + BC + \overline{A}CD + \overline{A}\,\overline{B}\,\overline{C}\,\overline{D}$
$Z(A,B,C,D) = B\overline{C} + AC + \overline{A}CD + \overline{A}\,\overline{B}\,\overline{C}\,\overline{D}$

예제 4-35

다음과 같은 4변수를 가지는 두 개의 논리함수가 무관항을 갖고 있을 때 하나의 시스템으로 통합하여 논리식을 구성하시오.

$$X(A,B,C,D)=\sum m(2,3,4,6,9,11,12)+\sum d(0,1,14,15)$$
$$Y(A,B,C,D)=\sum m(2,6,10,11,12)+\sum d(0,1,14,15)$$

해설

① 각각의 출력을 카르노맵으로 작성한다.

㉠ $X(A,B,C,D)$
$=\sum m(2,3,4,6,9,11,12)$
$+\sum d(0,1,14,15)$
$=\overline{A}\,\overline{B}+\overline{B}D+B\overline{D}$

㉡ $Y(A,B,C,D)$
$=\sum m(2,6,10,11,12)$
$+\sum d(0,1,14,15)$
$=AB\overline{D}+AC+C\overline{D}$

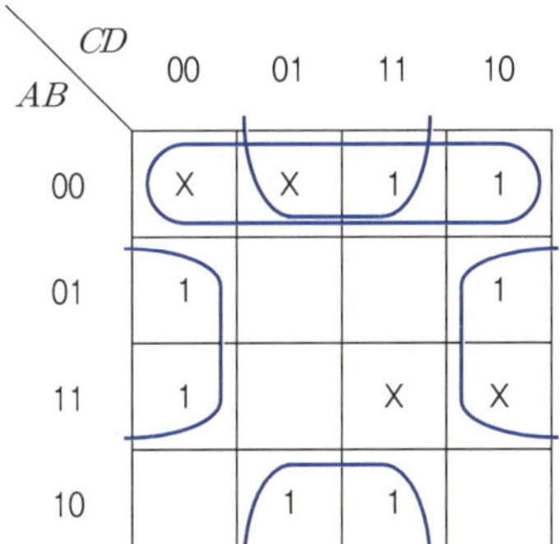

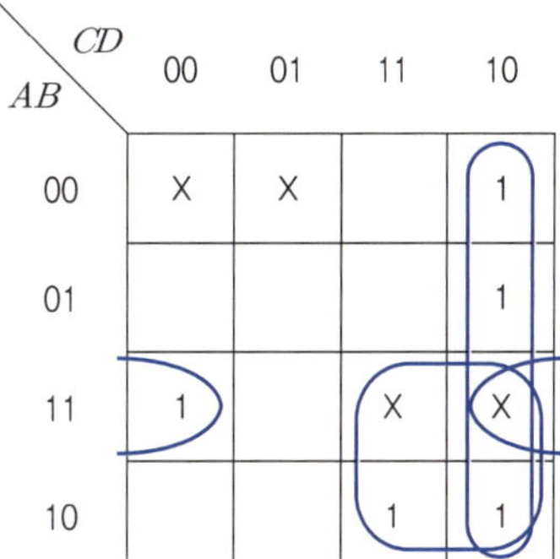

② 서로 독립된 영역을 찾아내고, 선택되지 않은 부분을 찾아서 나머지를 묶는다.

㉠ $X(A,B,C,D)$

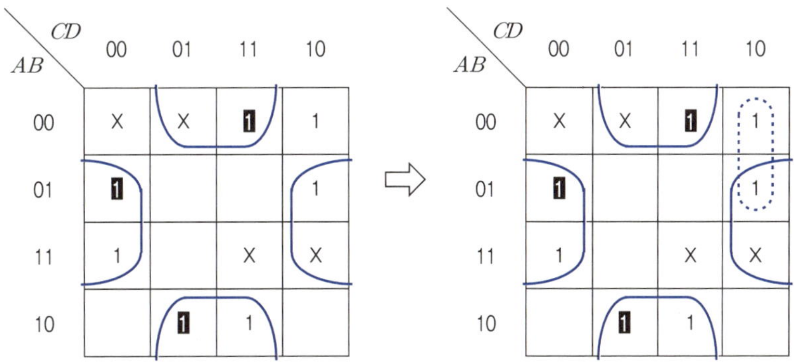

ⓛ $Y(A,B,C,D)$

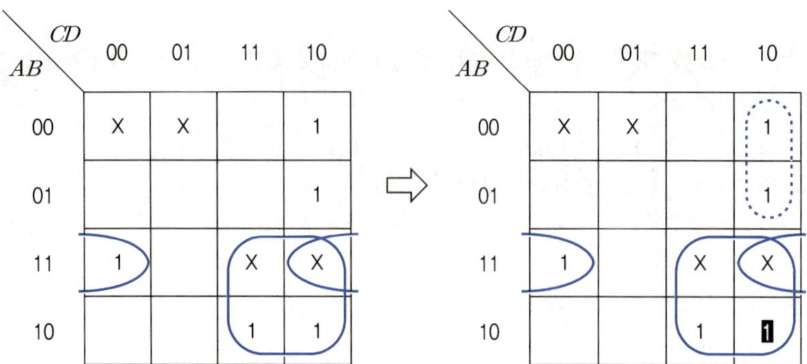

③ $\overline{A}C\overline{D}$항을 공유할 수 있으므로 논리게이트 수를 줄일 수 있는 각 출력에 대한 부울대수는 다음과 같다.

$X(A,B,C,D) = B\overline{D} + \overline{B}D + \overline{A}C\overline{D}$
$Y(A,B,C,D) = AC + AB\overline{D} + \overline{A}C\overline{D}$

제3절 NAND게이트와 NOR게이트로의 변환

회로를 설계할 때 NAND게이트와 NOR게이트만으로 모든 회로를 만들 수 있으므로, 기본게이트를 NAND게이트와 NOR게이트로 변환할 수 있어야 한다. NAND게이트와 NOR게이트로 다른 어떤 종류의 게이트라도 구성할 수 있으므로 만능게이트(universal gate)라고 불린다.

1 드모르간의 정리를 이용한 NAND와 NOR식 변환 중요 기출

다음 표와 같이 드모르간의 정리를 이용하면 모든 게이트를 NAND게이트, NOR게이트로 표시할 수 있다.

[표 4-1] 드모르간의 정리를 이용한 기본게이트의 NAND와 NOR식 표현

기본게이트	드모르간의 정리를 이용한 식 표현
NOT	$\overline{A} = \overline{A+A} = \overline{A \cdot A}$
AND	$AB = \overline{\overline{AB}} = \overline{\overline{A}+\overline{B}}$
OR	$A+B = \overline{\overline{A+B}} = \overline{\overline{A} \cdot \overline{B}}$
NAND	$\overline{AB} = \overline{\overline{\overline{AB}}} = \overline{\overline{\overline{A}+\overline{B}}}$
NOR	$\overline{A+B} = \overline{\overline{\overline{A+B}}} = \overline{\overline{\overline{A} \cdot \overline{B}}}$
XOR	$\overline{A}B+A\overline{B} = \overline{\overline{\overline{A}B+A\overline{B}}} = \overline{\overline{\overline{A}B}} \cdot \overline{\overline{A\overline{B}}} = \overline{(\overline{\overline{A}}+\overline{B})(\overline{A}+\overline{\overline{B}})} = \overline{(A+\overline{B})(\overline{A}+B)}$ $= \overline{(A+\overline{B})} + \overline{(\overline{A}+B)} = \overline{\overline{\overline{(A+\overline{B})} + \overline{(\overline{A}+B)}}}$

2 기본게이트를 NAND게이트와 NOR게이트로 변환 중요

(1) NOT게이트

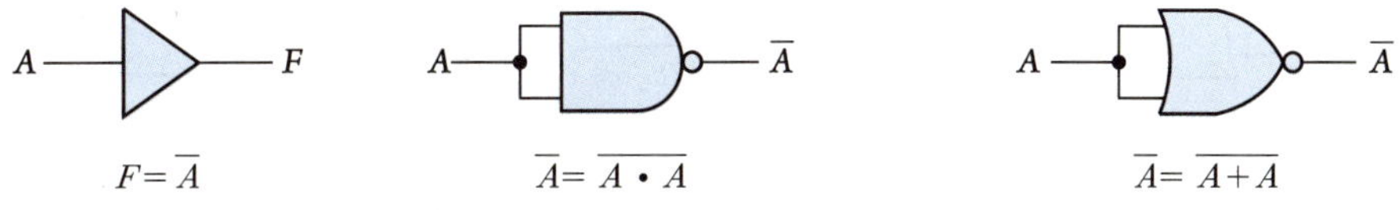

[그림 4-13] NOT게이트를 NAND게이트와 NOR게이트로 변환

(2) AND게이트

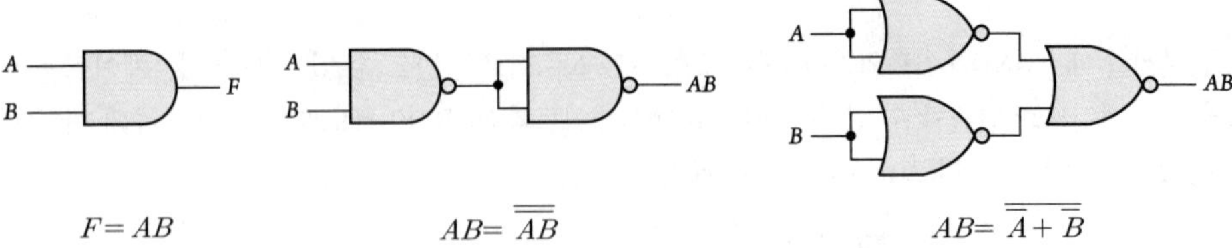

$F = AB$　　$AB = \overline{\overline{AB}}$　　$AB = \overline{\overline{A} + \overline{B}}$

[그림 4-14] AND게이트를 NAND게이트와 NOR게이트로 변환

(3) OR게이트

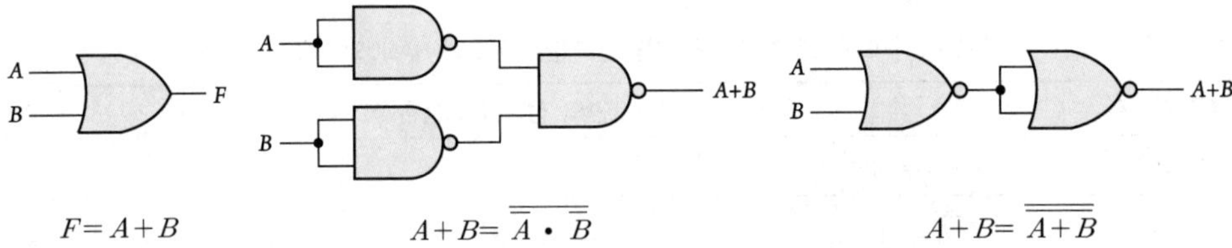

$F = A + B$　　$A + B = \overline{\overline{A} \cdot \overline{B}}$　　$A + B = \overline{\overline{A + B}}$

[그림 4-15] OR게이트를 NAND게이트와 NOR게이트로 변환

(4) NAND게이트

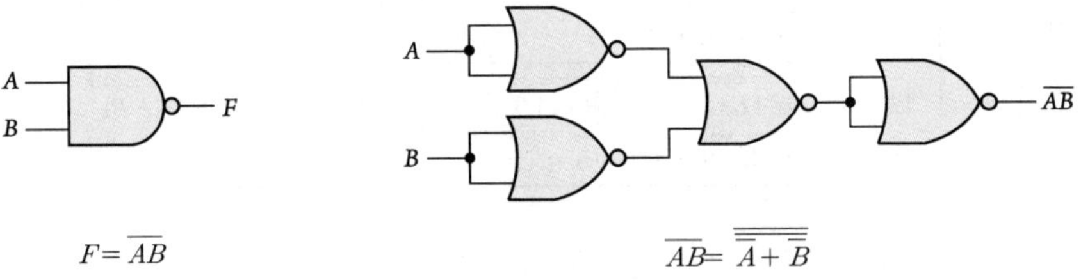

$F = \overline{AB}$　　$\overline{AB} = \overline{\overline{\overline{\overline{A} + \overline{B}}}}$

[그림 4-16] NAND게이트를 NOR게이트로 변환

(5) NOR게이트

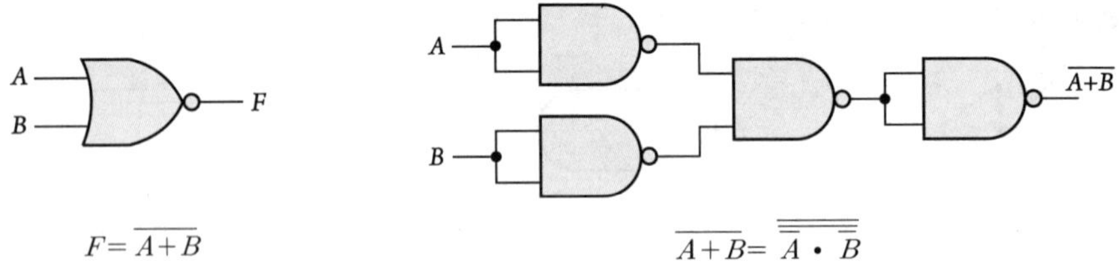

$F = \overline{A + B}$　　$\overline{A + B} = \overline{\overline{\overline{\overline{A} \cdot \overline{B}}}}$

[그림 4-17] NOR게이트를 NAND게이트로 변환

(6) XOR게이트

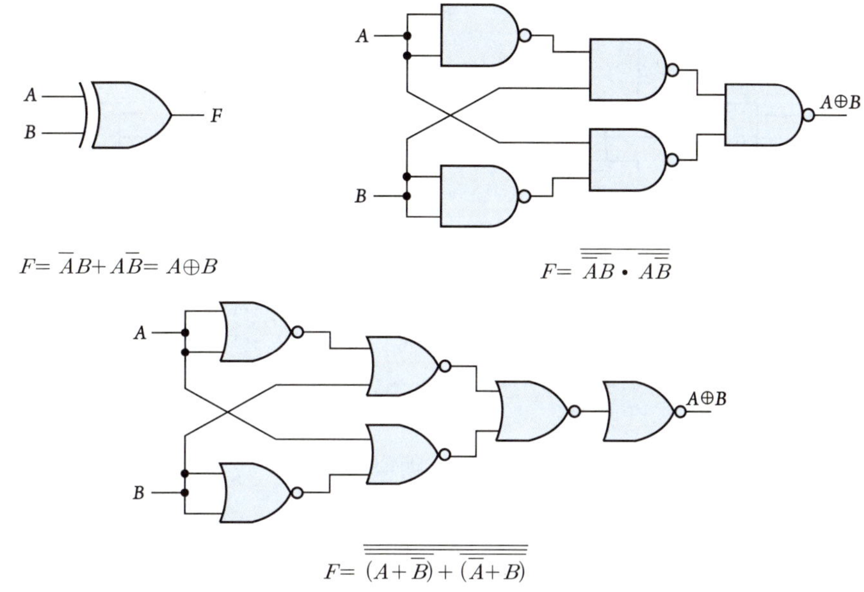

$F=\overline{A}B+A\overline{B}=A\oplus B$

$F=\overline{\overline{\overline{A}B}\cdot\overline{A\overline{B}}}$

$F=\overline{\overline{(A+\overline{B})}+\overline{(\overline{A}+B)}}$

[그림 4-18] XOR게이트를 NAND게이트와 NOR게이트로 변환

예제 4-36

다음 카르노맵으로 최소화한 식을 NAND게이트로만 나타내시오.

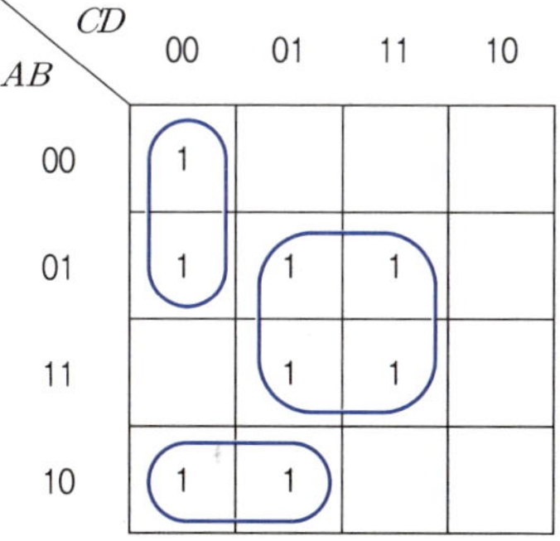

AB \ CD	00	01	11	10
00	1			
01	1	1	1	
11		1	1	
10	1	1		

해설

① 최소항식으로 나타내고, NAND식으로 변환한다.

$$F=\overline{A}\,\overline{C}\,\overline{D}+A\overline{B}\,\overline{C}+BD=\overline{\overline{\overline{A}\,\overline{C}\,\overline{D}+A\overline{B}\,\overline{C}+BD}}=\overline{\overline{\overline{A}\,\overline{C}\,\overline{D}}\cdot\overline{A\overline{B}\,\overline{C}}\cdot\overline{BD}}$$

② 최소항식으로 나타낸 논리회로를 NAND게이트로만 구성한다.

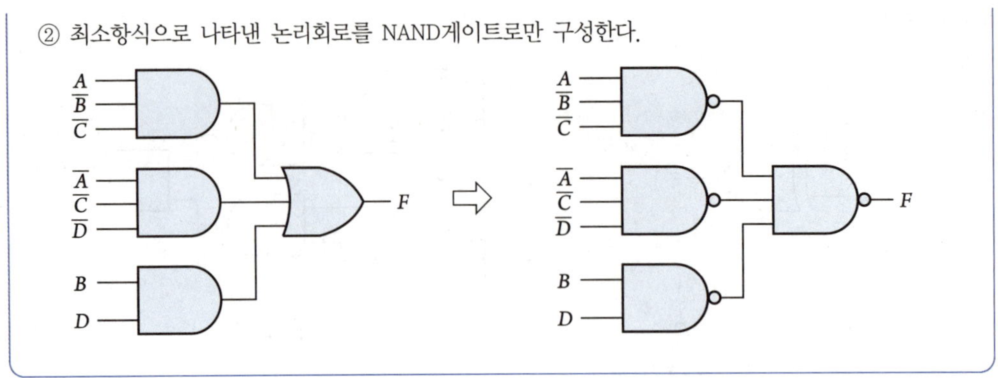

3 이중 부정을 사용한 NAND게이트 변환

AND게이트 뒤쪽에 NOT(bubble)을 2개 붙여 이중 부정을 하는 방법으로, [예제 4-36]의 NAND게이트 출력은 부정 입력 3개를 갖는 OR게이트로 변환할 수 있다.

(1) NAND게이트를 부정 입력을 갖는 OR게이트로 변환

$$\overline{ABC} = \overline{A} + \overline{B} + \overline{C}$$

[그림 4-19] NAND게이트를 이중 부정 입력 3개를 갖는 OR게이트로 변환

(2) [예제 4-36]의 NAND게이트 출력을 부정 입력 3개를 갖는 OR게이트로 변환

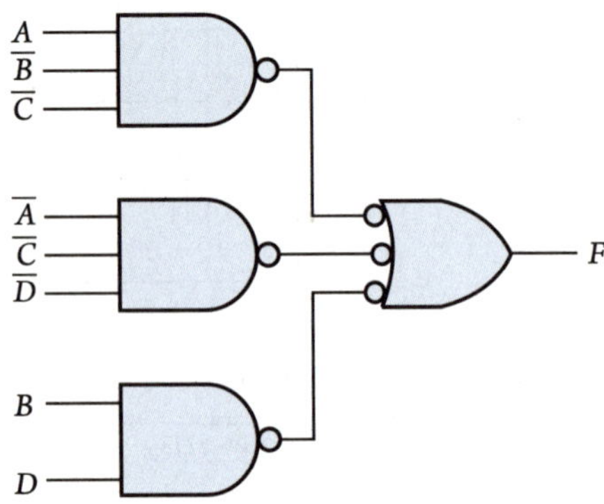

[그림 4-20] NAND게이트 출력을 부정입력 3개를 갖는 OR게이트로 변환

(3) [예제 4-36]의 $F=\overline{A}\overline{C}\overline{D}+A\overline{B}\overline{C}+BD$를 2입력 논리식과 논리회로로 변환해보자.

① **2입력 논리식으로 변환**

$F=\overline{A}\overline{C}\overline{D}+A\overline{B}\overline{C}+BD=\overline{C}(\overline{A}\overline{D}+A\overline{B})+BD$

② **2입력 논리회로로 변환**

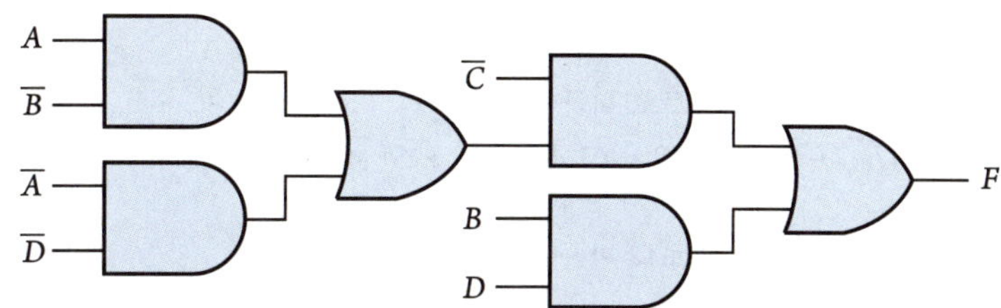

[그림 4-21] $F=\overline{A}\overline{C}\overline{D}+A\overline{B}\overline{C}+BD$를 $\overline{C}(\overline{A}\overline{D}+A\overline{B})+BD$의 2입력 논리회로로 변환

③ **2입력 AND게이트 출력을 이중 부정한 회로로 변환**

AND게이트 뒤에 버블을 2개를 붙이면 이중 부정하게 되어 원래의 값으로 된다. 그러므로 OR게이트의 입력 2개 모두 부정이 되어 NAND게이트와 같은 회로가 된다.

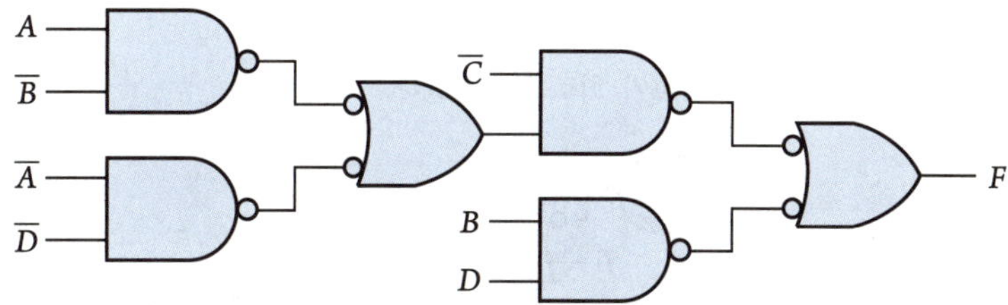

[그림 4-22] AND게이트 출력을 이중 부정한 회로로 변환

④ **부정입력 OR게이트를 NAND게이트로 변환**

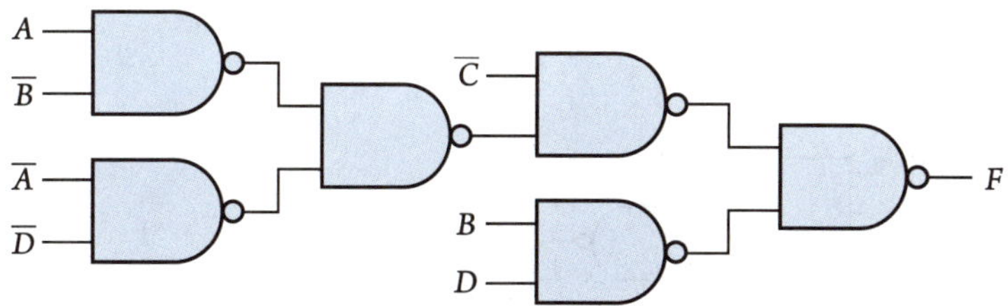

[그림 4-23] NAND게이트만으로 변환된 회로

예제 4-37

다음 논리식을 2입력 NAND게이트로만 구성하시오.

$F=\overline{A}C+AB\overline{C}+\overline{B}C+\overline{C}\overline{D}$

해설

① 주어진 논리식을 2입력 게이트로 바꾼다.

$F=\overline{A}C+AB\overline{C}+\overline{B}C+\overline{C}\overline{D}=\overline{C}(AB+\overline{D})+C(\overline{A}+\overline{B})$

② 2입력 게이트로만 표현된 회로로 바꾼다.

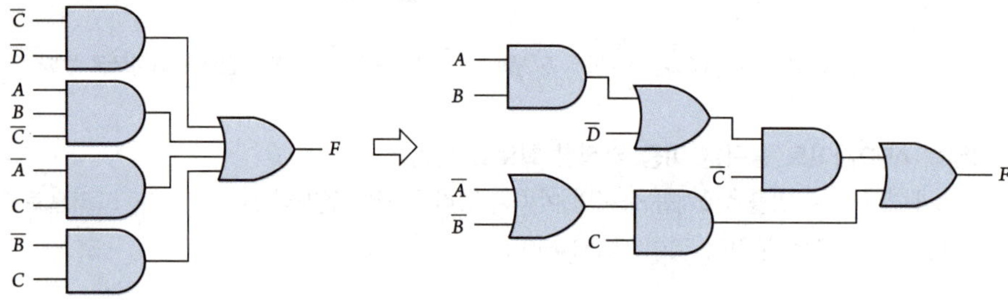

③ AND게이트 뒤에 이중 부정하여 회로를 구성한다.

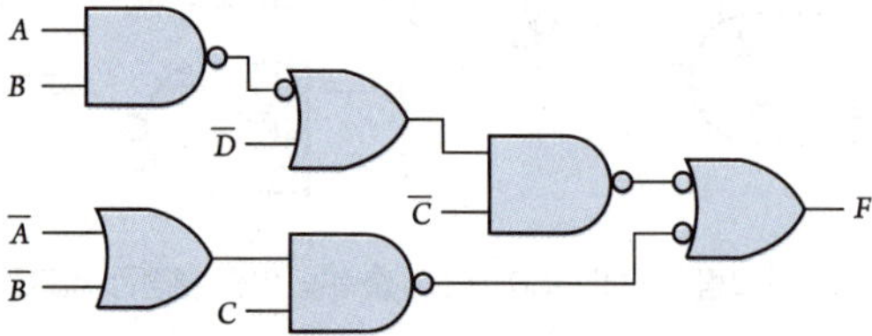

OR게이트 입력에 $\overline{A},\overline{B},\overline{D}$가 모두 부정이 붙어 있으므로 NAND게이트로 변환하면 된다.

④ NAND게이트로만 나타낸 회로로 변환하여 구성한다.

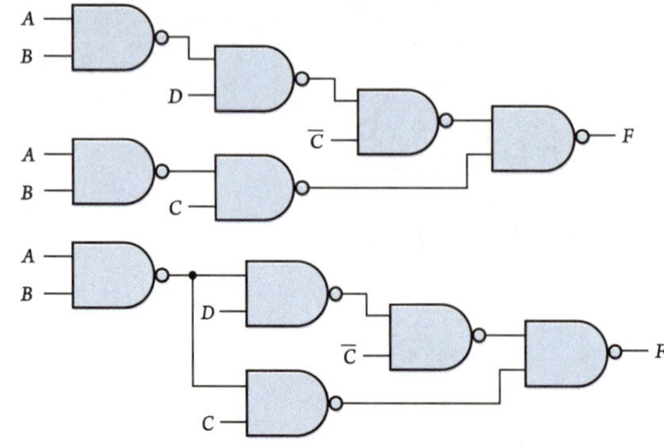

- NAND게이트로만 구성된 회로
  - $\overline{AB}$를 공통으로 사용할 수 있으므로 간소화된 NAND게이트로만 구성한 것이다.

4 논리식을 NOR게이트만으로 변환

논리식을 NOR게이트만으로 변환하기 위해서 일반적인 SOP로 나타낸 논리식을 최대항으로 변환하여 POS 식으로 표현하면 된다. [예제 4-36]의 SOP로 나타낸 논리식을 NOR게이트만으로 변환해 보자.

(1) 카르노맵을 최대항으로 나타낸다.

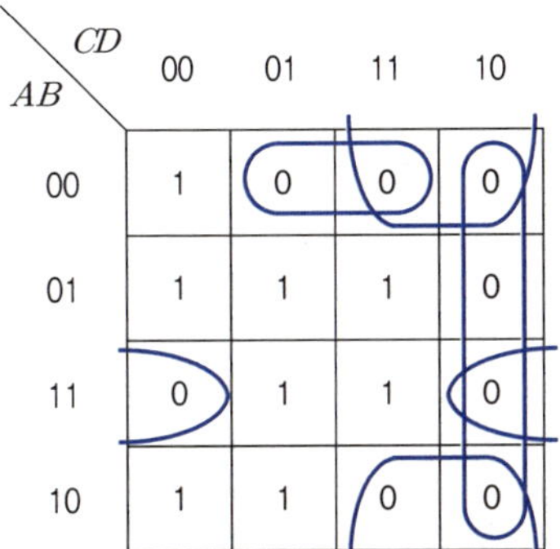

최대항으로 표현하기 위해 1이 아닌 0으로 그룹화하면 된다.
0으로 묶어서 SOP식으로 나타내면 $\overline{F}$을 만들 수 있다.
$\overline{F}=AB\overline{D}+\overline{A}\overline{B}D+\overline{B}C+C\overline{D}$

(2) POS식으로 변환한다.

$$\overline{\overline{F}}=F=\overline{AB\overline{D}+\overline{A}\overline{B}D+\overline{B}C+C\overline{D}}=\overline{AB\overline{D}}\cdot\overline{\overline{A}\overline{B}D}\cdot\overline{\overline{B}C}\cdot\overline{C\overline{D}}$$
$$=(A+B+\overline{D})(\overline{A}+\overline{B}+D)(B+\overline{C})(\overline{C}+D)$$

0으로 묶이는 그룹을 SOP와 반대로 나타내므로 카르노맵을 보고 직관적으로 POS항으로 변환할 수 있다.

(3) POS식을 논리회로로 표현하고, OR게이트 뒤에 이중 부정을 하면 NOR게이트회로만으로 나타낼 수 있다.

$$\overline{\overline{F}}=\overline{\overline{(A+B+\overline{D})(\overline{A}+\overline{B}+D)(B+\overline{C})(\overline{C}+D)}}$$
$$=\overline{\overline{(A+B+\overline{D})}+\overline{(\overline{A}+\overline{B}+D)}+\overline{(B+\overline{C})}+\overline{(\overline{C}+D)}}$$

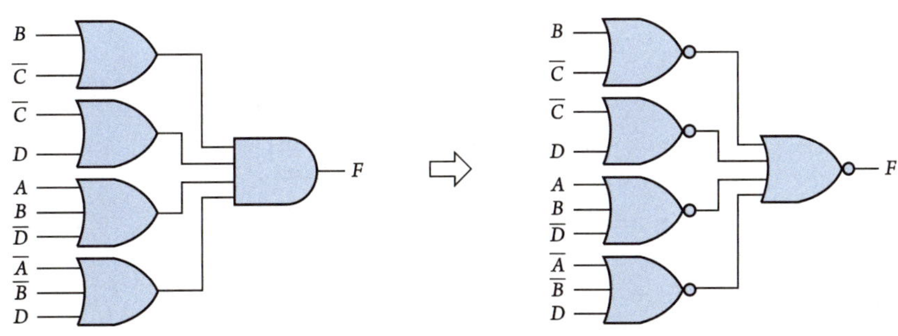

[그림 4-24] 논리회로 표현 및 이중 부정하여 NOR게이트로 표현한 회로

(4) OR게이트의 출력에 이중 부정한 회로

OR게이트 뒤에 버블을 2개 붙여서 나타내어 AND게이트의 앞쪽에 모두 버블이 붙어 있으므로 NOR게이트와 같다.

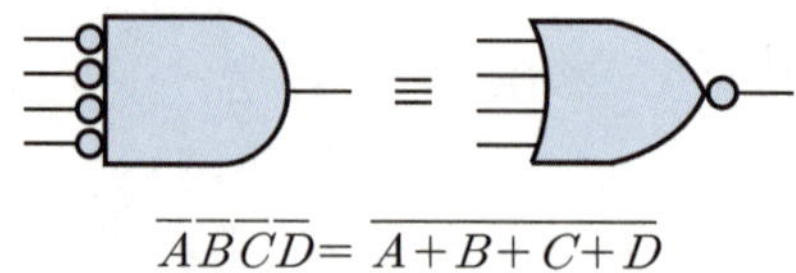

[그림 4-25] 4개의 버블 입력 AND게이트를 NOR게이트로 변환

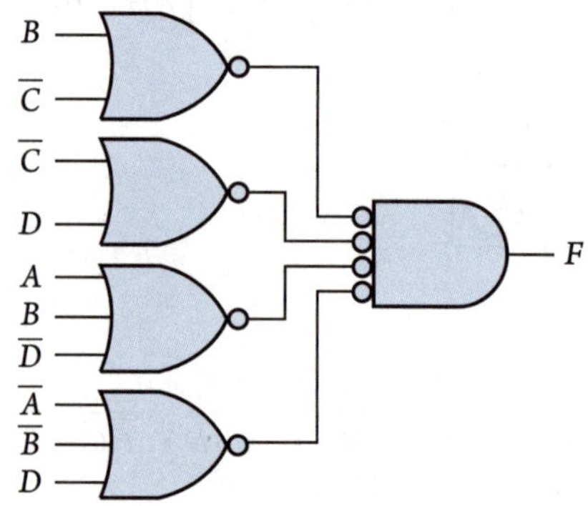

[그림 4-26] OR게이트의 출력에 이중 부정한 회로

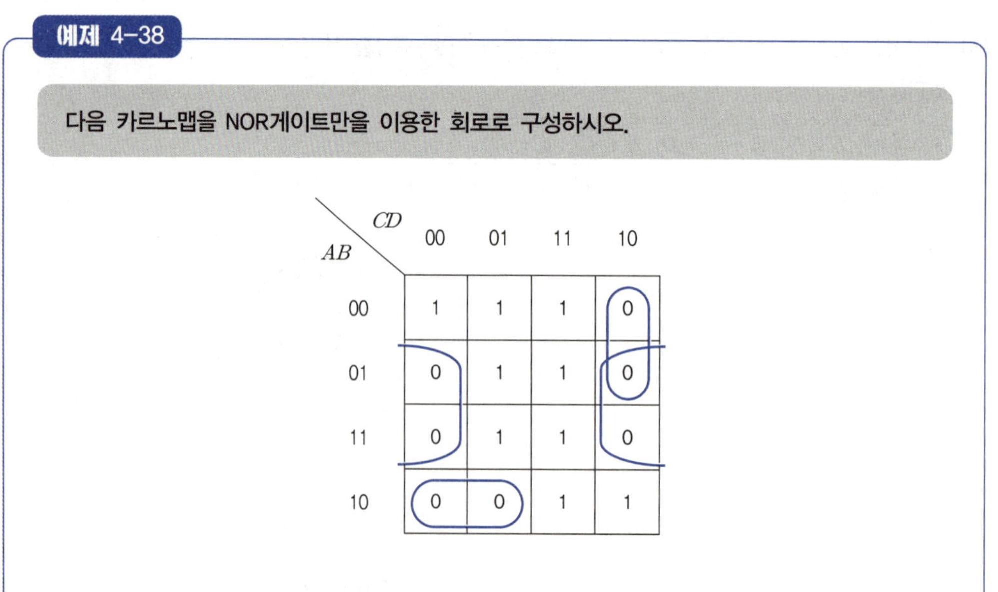

예제 4-38

다음 카르노맵을 NOR게이트만을 이용한 회로로 구성하시오.

AB \ CD	00	01	11	10
00	1	1	1	0
01	0	1	1	0
11	0	1	1	0
10	0	0	1	1

① POS식으로 나타내고, 회로를 구성한다.

$F = (\overline{B} + D)(\overline{A} + B + C)(A + \overline{C} + D)$

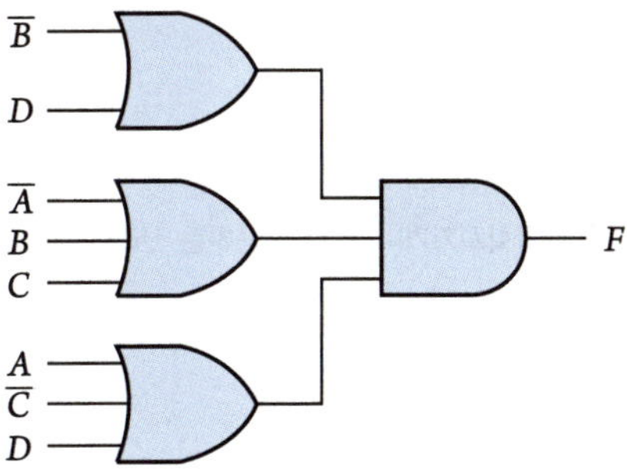

② OR출력에 이중 부정하고, AND부정입력을 NOR로 대체한다.

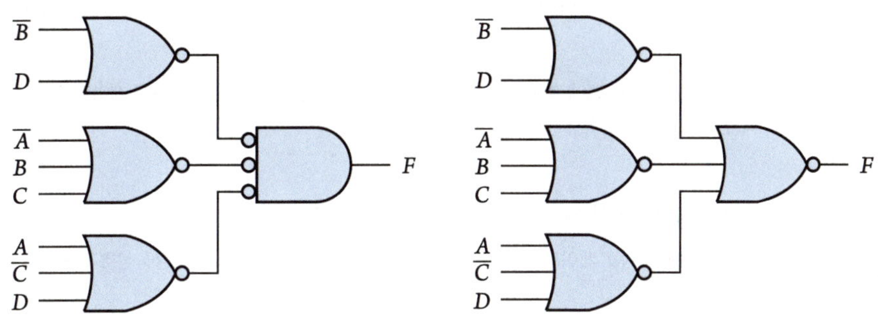

OX로 점검하자 | 제4장

※ 다음 지문의 내용이 맞으면 O, 틀리면 ×를 체크하시오. [1 ~ 7]

01 카르노맵은 부울식을 간략화하기 위해 사용된다. ( )

카르노맵은 부울식으로 표현된 조합 논리식을 간략화시키거나, 이에 대응하는 진리표를 간단한 논리회로로 바꾸는 데 쓰이는 도식적인 방법이다.

02 4변수 카르노맵은 8개의 셀을 갖는다. ( )

카르노맵의 셀의 개수는 2^n 이다. n=변수의 개수

03 하나의 디지털 시스템에 출력함수가 여러 개 있는 경우에 출력 논리식은 독립적으로 회로를 구성해야 한다. ( )

하나의 디지털 시스템에 출력함수가 여러 개 있는 경우에 공유할 수 있는 논리게이트가 있으면 전체 회로를 더 간소화할 수 있다.

04 AND게이트의 출력을 이중 부정하면 NAND게이트가 된다. ( )

이중 부정이란 NOT게이트를 두 번 통과하는 것으로 부정의 부정으로 긍정신호가 된다.

05 3변수, 4변수 카르노맵을 선택적으로 그룹화할 수 없다. ( )

카르노맵을 선택적으로 그룹화 할 수 있는 경우 여러 가지 방법으로 출력을 표현할 수 있다.

06 카르노맵은 입력이 2변수, 3변수, 4변수인 경우에만 사용할 수 있는 방법이다. ( )

카르노맵은 4변수 이상의 경우에도 사용할 수 있으나, 적용하기 어렵기 때문에 그 외 컴퓨터 알고리즘 방법으로 구현하기도 한다.

07 무정의(don't care)항은 카르노맵에서 1을 그룹화할 때 더 큰 그룹을 만들기 위해 사용되고, 그룹화에 도움이 되지 않으면 0으로 취급할 수도 있다. ( )

무정의 조건은 출력값이 0이 오든 1이 오든 상관없는 경우로서 인접값끼리 묶을 때 같이 묶어줄 수 있다.

정답 1 O 2 × 3 × 4 × 5 × 6 × 7 O

제 4 장 실전예상문제

01 입력변수가 5개이면 카르노맵에서 몇 개의 셀이 필요한가?

① 32개 ② 4개
③ 8개 ④ 1개

01 입력변수가 n개일 때 카르노맵의 셀의 개수는 2^n 개이다. 셀의 개수는 진리표를 표현할 때의 경우의 수와 같다.

02 다음 진리표의 카르노맵을 작성한 것 중 옳은 것은?

입력			출력
A	B	C	
0	0	0	1
0	0	1	0
0	1	0	0
0	1	1	1
1	0	0	0
1	0	1	0
1	1	0	0
1	1	1	1

①

BC \ A	0	1
00	1	0
01	1	0
11	0	0
10	0	1

②

BC \ A	0	1
00	0	1
01	0	1
11	0	0
10	1	0

③

BC \ A	0	1
00	0	0
01	0	0
11	0	1
10	1	1

④

BC \ A	0	1
00	1	0
01	0	0
11	1	1
10	0	0

02 진리표를 카르노맵으로 전개하면 다음과 같다.
[문제 하단의 표 참고]

정답 01 ① 02 ④

입력			기호	출력
A	B	C		
0	0	0	m_0	1
0	0	1	m_1	0
0	1	0	m_2	0
0	1	1	m_3	1
1	0	0	m_4	0
1	0	1	m_5	0
1	1	0	m_6	0
1	1	1	m_7	1

⇨

BC \ A	$\overline{A}$	A
$\overline{B}\overline{C}$	m_0	m_4
$\overline{B}C$	m_1	m_5
BC	m_3	m_7
$B\overline{C}$	m_2	m_6

BC \ A	0	1
00	1	0
01	0	0
11	1	1
10	0	0

03 [문제 하단의 표 참고]

03 다음 진리표의 카르노맵을 작성한 것 중 옳은 것은?

입력				출력
A	B	C	D	
0	0	0	0	1
0	0	0	1	1
0	0	1	0	1
0	0	1	1	0
0	1	0	0	0
0	1	0	1	0
0	1	1	0	1
0	1	1	1	0

입력				출력
A	B	C	D	
1	0	0	0	0
1	0	0	1	1
1	0	1	0	0
1	0	1	1	1
1	1	0	0	1
1	1	0	1	1
1	1	1	0	0
1	1	1	1	1

①

AB \ CD	00	01	11	10
00	1	0	1	0
01	1	0	1	1
11	0	0	0	1
10	1	1	1	0

②

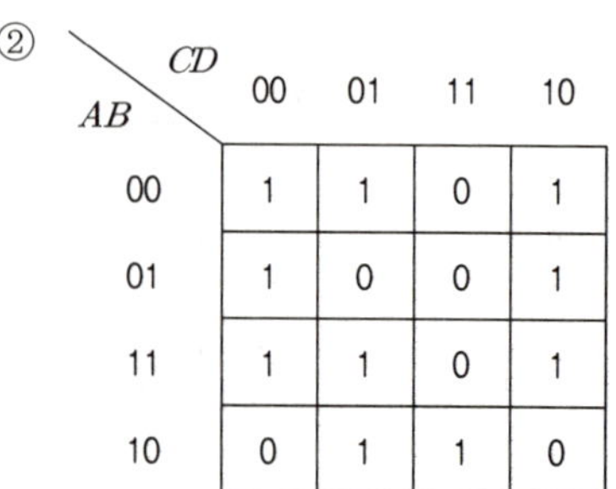

AB \ CD	00	01	11	10
00	1	1	0	1
01	1	0	0	1
11	1	1	0	1
10	0	1	1	0

정답 03 ④

③

AB \ CD	00	01	11	10
00	1	1	0	1
01	0	0	1	1
11	1	1	1	1
10	0	1	1	0

④

AB \ CD	00	01	11	10
00	1	1	0	1
01	0	0	0	1
11	1	1	1	0
10	0	1	1	0

»

입력				기호	출력
A	B	C	D		
0	0	0	0	m_0	1
0	0	0	1	m_1	1
0	0	1	0	m_2	1
0	0	1	1	m_3	0
0	1	0	0	m_4	0
0	1	0	1	m_5	0
0	1	1	0	m_6	1
0	1	1	1	m_7	0
1	0	0	0	m_8	0
1	0	0	1	m_9	1
1	0	1	0	m_{10}	0
1	0	1	1	m_{11}	1
1	1	0	0	m_{12}	1
1	1	0	1	m_{13}	1
1	1	1	0	m_{14}	0
1	1	1	1	m_{15}	1

⇨

AB \ CD	$\overline{C}\overline{D}$	$\overline{C}D$	CD	$C\overline{D}$
$\overline{A}\overline{B}$	m_0	m_1	m_3	m_2
$\overline{A}B$	m_4	m_5	m_7	m_6
AB	m_{12}	m_{13}	m_{15}	m_{14}
$A\overline{B}$	m_8	m_9	m_{11}	m_{10}

AB \ CD	00	01	11	10
00	1	1	0	1
01	0	0	0	1
11	1	1	1	0
10	0	1	1	0

04

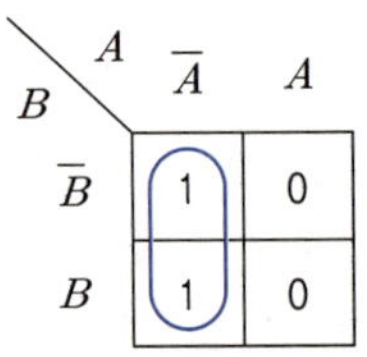

$\overline{A}$를 기준으로 B, $\overline{B}$가 제거된다. 그러므로 최소화된 출력은 $\overline{A}$가 된다.

05

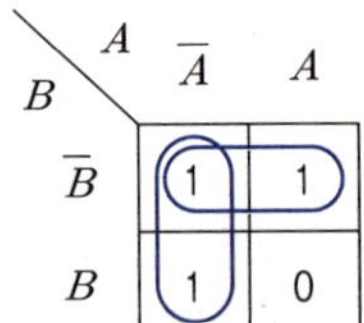

$\overline{A}$를 기준으로 B, $\overline{B}$가 제거되고, $\overline{B}$를 기준으로 A, $\overline{A}$가 제거된다. 그러므로 최소화된 출력은 $\overline{A}+\overline{B}$가 된다. 카르노맵의 셀값은 $\overline{A}\,\overline{B}$, $A\overline{B}$, $\overline{A}B$로 표현된다.

정답 04 ② 05 ③

04 다음 카르노맵을 최소화한 것은?

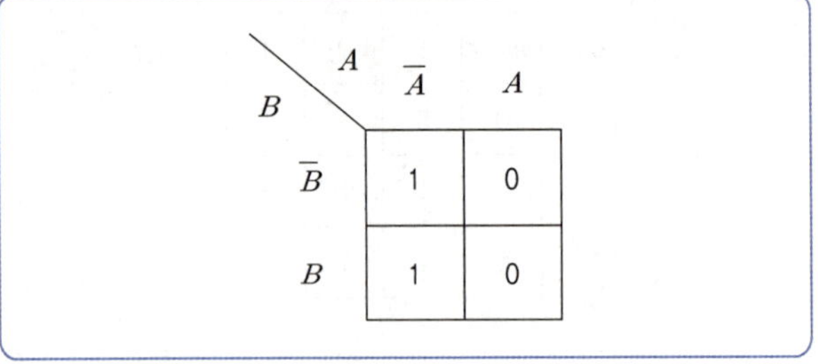

① A

② $\overline{A}$

③ AB

④ $\overline{B}$

05 다음 카르노맵에서 표현되지 않는 부울대수식은?

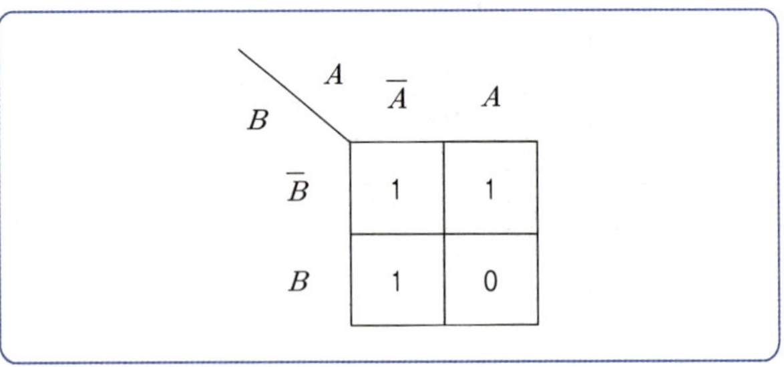

① $\overline{A}$

② $\overline{A}+\overline{B}$

③ AB

④ $A\overline{B}$

06 다음의 논리식이 카르노맵으로 올바르게 작성된 것은?

$$F = ABC + \overline{A}BC + \overline{A}\,\overline{B}C + \overline{A}\,\overline{B}\,\overline{C}$$

①

BC \ A	0	1
00	0	1
01	0	1
11	1	1
10	0	0

②

BC \ A	0	1
00	1	0
01	1	0
11	1	1
10	0	0

③

BC \ A	0	1
00	0	0
01	0	0
11	1	1
10	0	1

④

BC \ A	0	1
00	1	0
01	1	1
11	1	1
10	0	0

07 다음 카르노맵을 최소화한 것은?

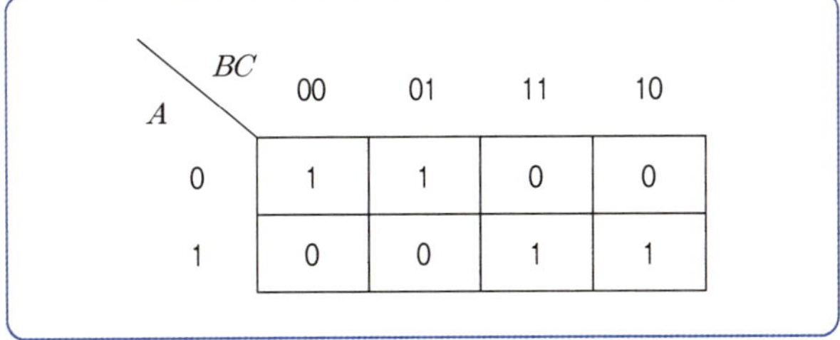

A \ BC	00	01	11	10
0	1	1	0	0
1	0	0	1	1

① $\overline{A} + B$

② $\overline{A}B + A\overline{B}$

③ $\overline{A}\,\overline{B} + AB$

④ $A\overline{B} + ABC$

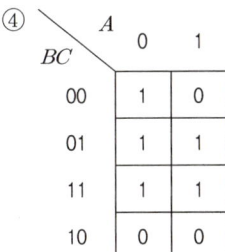

06 $F = ABC + \overline{A}BC + \overline{A}\,\overline{B}C + \overline{A}\,\overline{B}\,\overline{C}$ 를 2진수 표현으로 바꾸면, $F = 111 + 011 + 001 + 000$이므로 카르노맵을 작성한다.

07

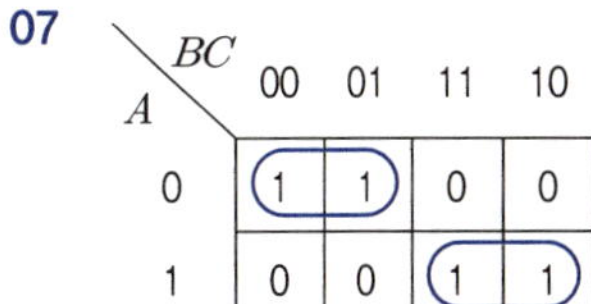

A \ BC	00	01	11	10
0	1	1	0	0
1	0	0	1	1

$\overline{A}\,\overline{B}$를 기준으로 C, $\overline{C}$가 제거되고, AB를 기준으로 C, $\overline{C}$가 제거된다. 그러므로 최소화된 출력은 $\overline{A}\,\overline{B} + AB$가 된다.

정답 06 ② 07 ③

08 다음 카르노맵을 최소화한 것은?

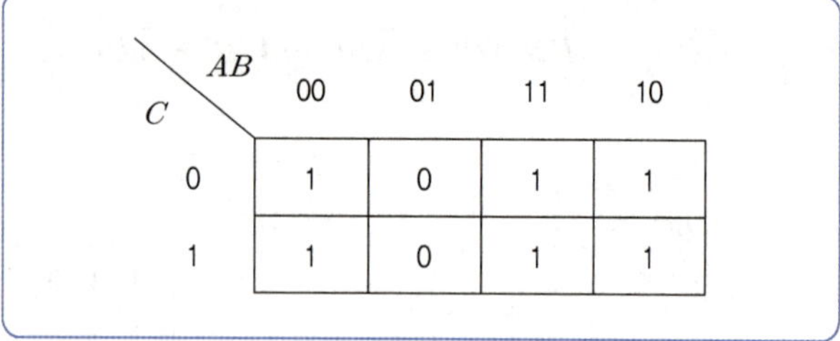

C \ AB	00	01	11	10
0	1	0	1	1
1	1	0	1	1

① $A+\overline{B}$

② $\overline{A}+\overline{B}$

③ $A+B$

④ $A\overline{B}+BC$

08

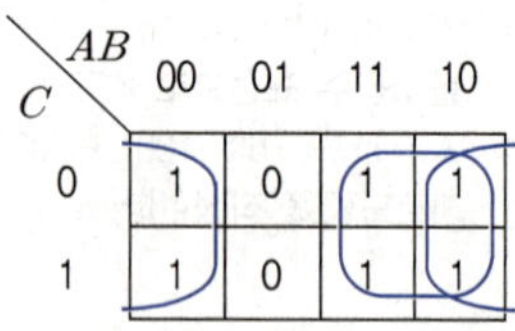

C \ AB	00	01	11	10
0	1	0	1	1
1	1	0	1	1

$\overline{B}$를 기준으로 $A, \overline{A}, C, \overline{C}$가 제거되고, A를 기준으로 $B, \overline{B}, C, \overline{C}$가 제거된다. 그러므로 최소화된 출력은 $A+\overline{B}$가 된다.

09 다음 카르노맵을 최소화한 것은?

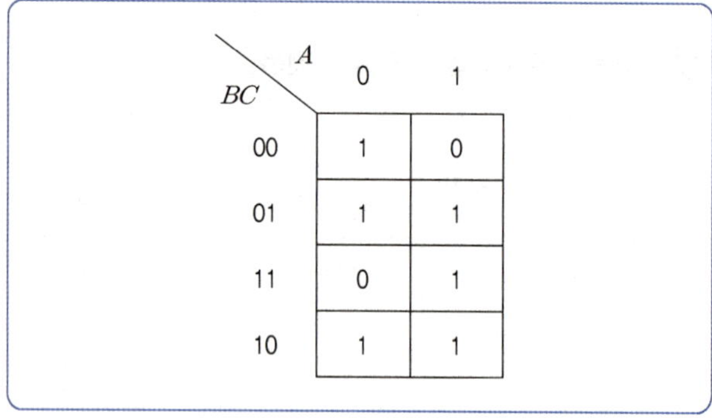

BC \ A	0	1
00	1	0
01	1	1
11	0	1
10	1	1

① $\overline{A}B+AC+B\overline{C}, A\overline{C}+\overline{B}C+AB$

② $\overline{A}\overline{B}+C+B\overline{C}, \overline{A}\overline{C}+\overline{B}C+B$

③ $\overline{A}\overline{B}+AC+B\overline{C}, \overline{A}\overline{C}+\overline{B}C+AB$

④ $\overline{A}\overline{B}+AC+\overline{B}\overline{C}, \overline{A}\overline{C}+\overline{B}\overline{C}+AB$

09

BC \ A	$\overline{A}$	A
00	1	0
01	1	1
11	0	1
10	1	1

BC \ A	$\overline{A}$	A
00	1	0
01	1	1
11	0	1
10	1	1

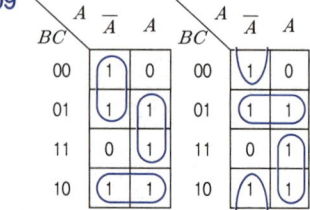

선택적 맵을 구성할 수 있으므로 두 가지의 최소화된 출력을 얻을 수 있다.

$\overline{A}\overline{B}+AC+B\overline{C}$,

$\overline{A}\overline{C}+\overline{B}C+AB$

정답 08 ① 09 ③

10 다음 진리표에서 출력을 최소화한 것은?

입력			출력
A	B	C	
0	0	0	1
0	0	1	0
0	1	0	1
0	1	1	0
1	0	0	1
1	0	1	1
1	1	0	1
1	1	1	1

① $B+\overline{C}$
② $A+B$
③ $B+C$
④ $A+\overline{C}$

11 다음 카르노맵을 최소화한 것은?

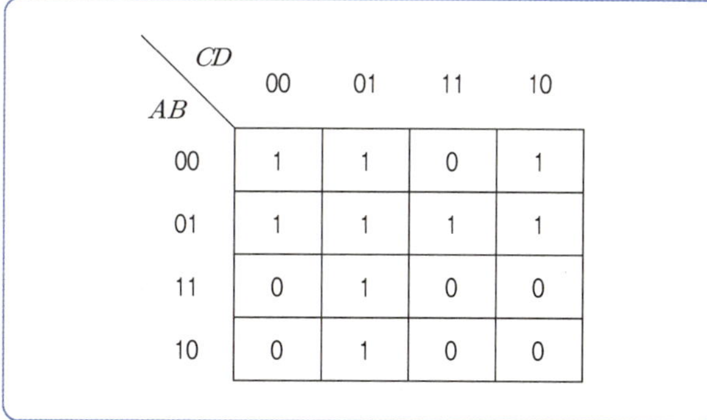

AB \ CD	00	01	11	10
00	1	1	0	1
01	1	1	1	1
11	0	1	0	0
10	0	1	0	0

① $\overline{A}\,\overline{D}+\overline{A}B+D$
② $\overline{A}\,\overline{D}+\overline{A}B+\overline{C}D$
③ $\overline{A}\,\overline{D}+B+\overline{C}D$
④ $\overline{A}C\overline{D}+\overline{A}BC+\overline{C}D$

10

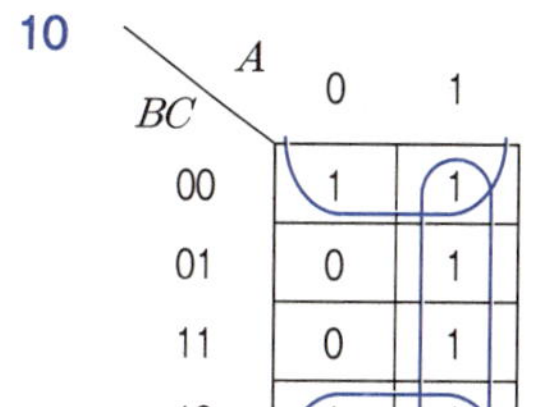

BC \ A	0	1
00	1	1
01	0	1
11	0	1
10	1	1

A를 기준으로 $B, \overline{B}, C, \overline{C}$가 제거되고, $\overline{C}$를 기준으로 $A, \overline{A}, B, \overline{B}$가 제거된다. 그러므로 최소화된 출력은 $A+\overline{C}$

11

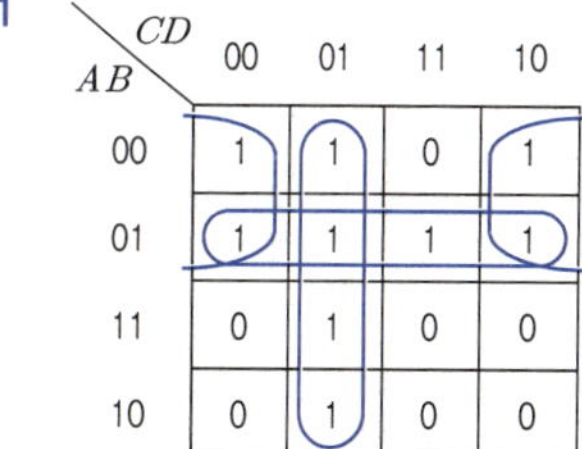

AB \ CD	00	01	11	10
00	1	1	0	1
01	1	1	1	1
11	0	1	0	0
10	0	1	0	0

$\overline{A}\,\overline{D}$를 기준으로 $B, \overline{B}, C, \overline{C}$가 제거되고, $\overline{A}B$를 기준으로 $C, \overline{C}, D, \overline{D}$가 제거되고, $\overline{C}D$를 기준으로 $A, \overline{A}, B, \overline{B}$가 제거된다. 그러므로 최소화된 출력은 $\overline{A}\,\overline{D}+\overline{A}B+\overline{C}D$가 된다.

정답 10 ④ 11 ②

12 다음 카르노맵을 최소화한 것은?

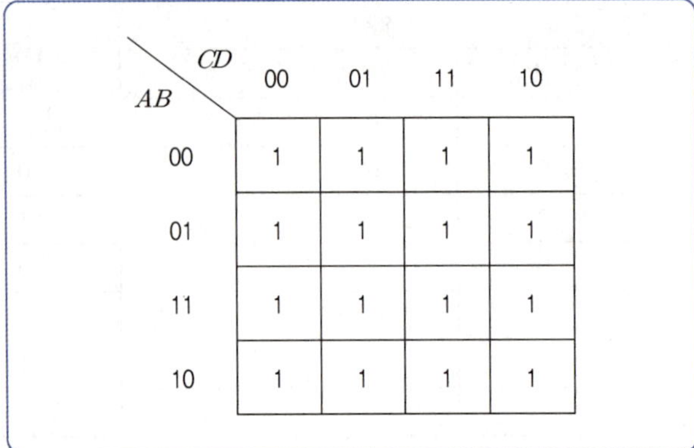

AB \ CD	00	01	11	10
00	1	1	1	1
01	1	1	1	1
11	1	1	1	1
10	1	1	1	1

① D　　② $\overline{A}B + \overline{C}D$

③ 0　　④ 1

12 모든 셀이 1로 채워지면 입력변수에 상관없이 출력은 항상 1이 된다.

13 다음 카르노맵을 최소화한 것은?

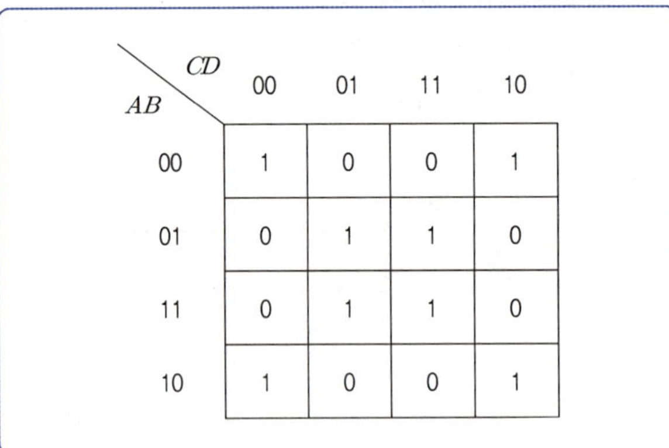

AB \ CD	00	01	11	10
00	1	0	0	1
01	0	1	1	0
11	0	1	1	0
10	1	0	0	1

① BD

② $\overline{B}D + B\overline{D}$

③ $\overline{B}D + \overline{B}\overline{D}$

④ $BD + \overline{B}\overline{D}$

13

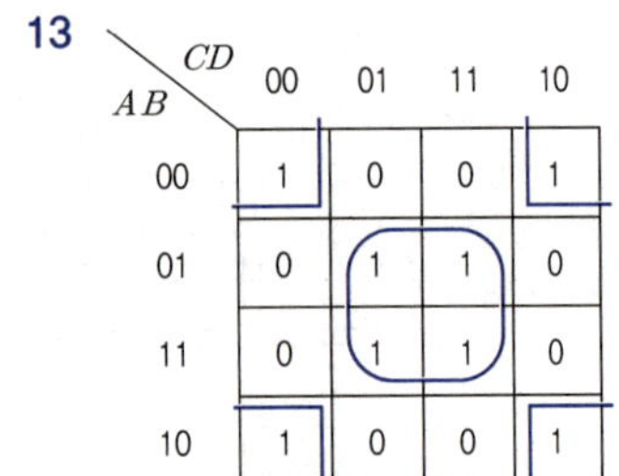

AB \ CD	00	01	11	10
00	1	0	0	1
01	0	1	1	0
11	0	1	1	0
10	1	0	0	1

BD를 기준으로 $A, \overline{A}, C, \overline{C}$가 제거되고, $\overline{B}\overline{D}$를 기준으로 $A, \overline{A}, C, \overline{C}$가 제거된다. 그러므로 최소화된 출력은 $BD+\overline{B}\overline{D}$가 된다.

정답 12 ④ 13 ④

14 다음 카르노맵을 최소화한 것은?

AB \ CD	00	01	11	10
00	0	1	1	0
01	1	0	0	1
11	1	0	0	1
10	0	1	1	0

① $B\overline{D}+\overline{B}D$　② $\overline{B}\overline{D}+B\overline{D}$
③ $\overline{B}D+\overline{B}\overline{D}$　④ $BD+\overline{B}\overline{D}$

15 다음 카르노맵을 최소화한 것은?

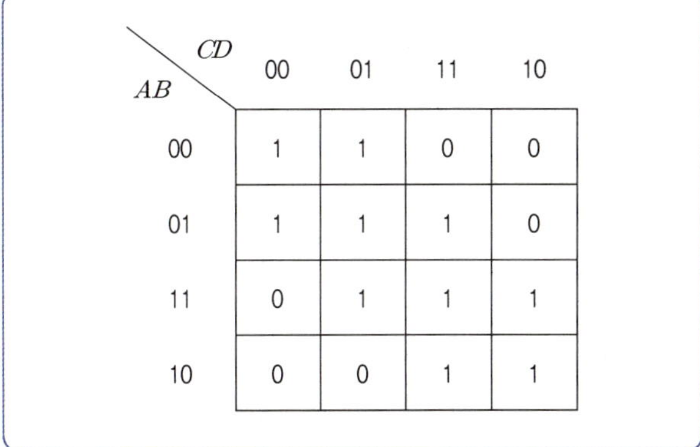

AB \ CD	00	01	11	10
00	1	1	0	0
01	1	1	1	0
11	0	1	1	1
10	0	0	1	1

① $\overline{A}\overline{D}+BD+AD$
② $\overline{A}\overline{D}+BD+AC$
③ $\overline{A}\overline{C}+BD+AC$
④ $\overline{A}\overline{C}+AC$

14

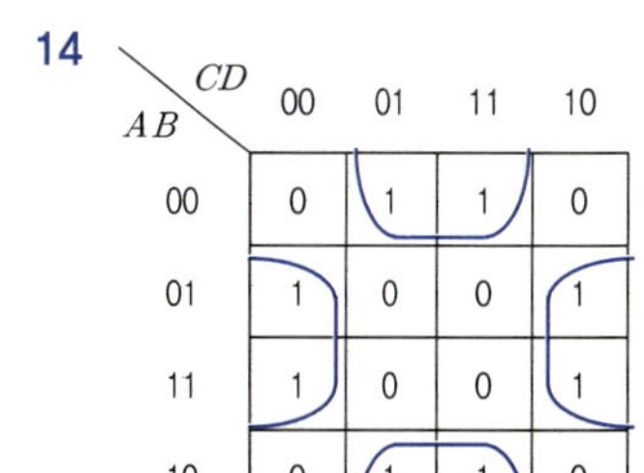

AB \ CD	00	01	11	10
00	0	1	1	0
01	1	0	0	1
11	1	0	0	1
10	0	1	1	0

$B\overline{D}$를 기준으로 $A, \overline{A}, C, \overline{C}$가 제거되고, $\overline{B}D$를 기준으로 $A, \overline{A}, C, \overline{C}$가 제거된다. 그러므로 최소화된 출력은 $B\overline{D}+\overline{B}D$가 된다.

15

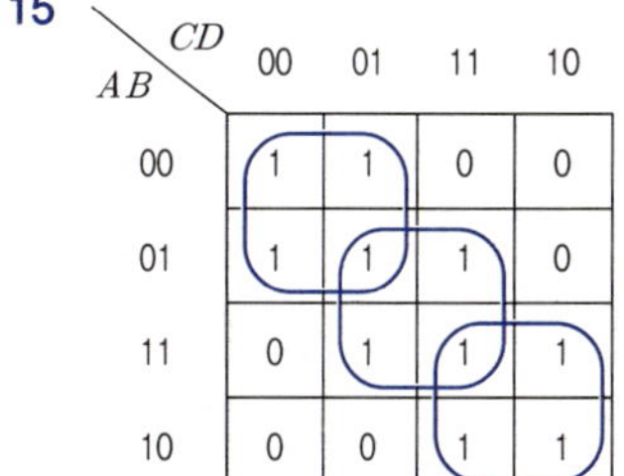

AB \ CD	00	01	11	10
00	1	1	0	0
01	1	1	1	0
11	0	1	1	1
10	0	0	1	1

$\overline{A}\overline{C}$를 기준으로 $B, \overline{B}, D, \overline{D}$가 제거되고, BD를 기준으로 $A, \overline{A}, C, \overline{C}$가 제거되고, AC를 기준으로 $B, \overline{B}, D, \overline{D}$가 제거된다. 그러므로 최소화된 출력은 $\overline{A}\overline{C}+BD+AC$가 된다.

정답 14 ① 15 ③

16

AB \ CD	00	01	11	10
00	0	1	0	1
01	1	0	1	0
11	0	1	0	1
10	1	0	1	0

그룹화할 묶음이 없으므로

$\overline{A}\overline{B}\overline{C}D + \overline{A}\overline{B}C\overline{D} + AB\overline{C}D + ABC\overline{D}$
$+ \overline{A}B\overline{C}\overline{D} + \overline{A}BCD + A\overline{B}\overline{C}\overline{D} + A\overline{B}CD$
$= \overline{A}\overline{B}(\overline{C}D + C\overline{D}) + AB(\overline{C}D + C\overline{D})$
$+ \overline{A}B(\overline{C}\overline{D} + CD) + A\overline{B}(\overline{C}\overline{D} + CD)$

★ $C \oplus D = \overline{C}D + C\overline{D} = X,$
$C \odot D = \overline{C \oplus D} = \overline{C}\overline{D} + CD = \overline{X}$
$\Rightarrow \overline{A}\overline{B}X + ABX + \overline{A}B\overline{X} + A\overline{B}\overline{X}$

★ $A \oplus B = \overline{A}B + A\overline{B} = Y,$
$A \odot B = \overline{A \oplus B} = \overline{A}\overline{B} + AB = \overline{Y}$
$\Rightarrow X(\overline{A}\overline{B} + AB) + \overline{X}(\overline{A}B + A\overline{B})$
$= X\overline{Y} + \overline{X}Y = X \oplus Y = A \oplus B \oplus C \oplus D$

17

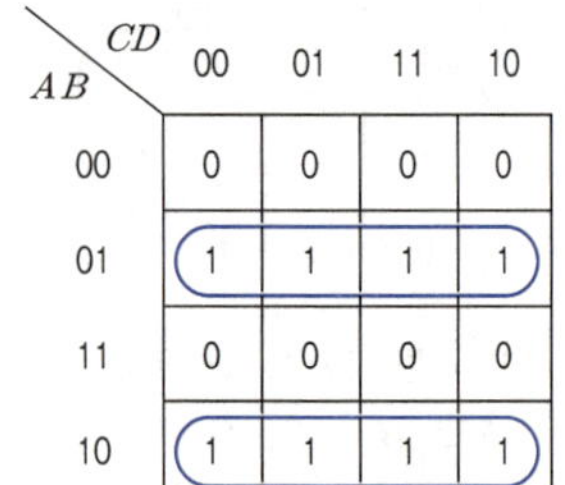

$\overline{A}B$를 기준으로 $C, \overline{C}, D, \overline{D}$가 제거되고, $A\overline{B}$를 기준으로 $C, \overline{C}, D, \overline{D}$가 제거된다. 그러므로 최소화된 출력 $\overline{A}B + A\overline{B} = A \oplus B$가 된다.

정답 16 ② 17 ③

16 다음 카르노맵이 표현하는 부울대수식의 올바른 표현은?

AB \ CD	00	01	11	10
00	0	1	0	1
01	1	0	1	0
11	0	1	0	1
10	1	0	1	0

① $A \oplus B \odot C \oplus D$
② $A \oplus B \oplus C \oplus D$
③ $A \odot B \otimes C \odot D$
④ $A \odot B \oplus C \odot D$

17 다음 카르노맵을 간소화한 출력과 일치하는 논리게이트는?

AB \ CD	00	01	11	10
00	0	0	0	0
01	1	1	1	1
11	0	0	0	0
10	1	1	1	1

① $A \otimes B$ ② $A \odot B$
③ $A \oplus B$ ④ AB

18 논리식 $A+\overline{A}B$를 간략화한 것으로 옳은 것은?

① $B+\overline{C}$

② $AB+\overline{B}$

③ $A+B$

④ $A+\overline{C}$

19 논리식 $B(A+B)$를 간략화한 것으로 옳은 것은?

① B

② $AB+\overline{B}$

③ $A+B$

④ A

20 논리식 $\overline{A}B+AB+\overline{A}\,\overline{B}$를 간략화한 것으로 옳은 것은?

① $\overline{A}+\overline{B}$

② $AB+\overline{B}$

③ $A+\overline{B}$

④ $\overline{A}+B$

18
$$\begin{aligned} A+\overline{A}B &= (A+AB)+\overline{A}B \\ &= (AA+AB)+\overline{A}B \\ &= AA+AB+A\overline{A}+\overline{A}B \\ &= (A+\overline{A})(A+B) \\ &= A+B \end{aligned}$$

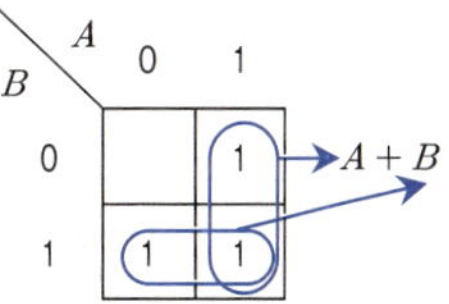

19
$$\begin{aligned} B(A+B) &= AB+BB \\ &= AB+B \\ &= B(A+1) \\ &= B \end{aligned}$$

직관적으로 부울규칙을 사용한 간략화 방법과 카르노맵을 사용한 방법을 선택해서 간소화한다.

20
$$\begin{aligned} &\overline{A}B+AB+\overline{A}\,\overline{B} \\ &= \overline{A}(B+\overline{B})+AB \\ &= \overline{A}+AB = (\overline{A}+\overline{A}B)+AB \\ &= (\overline{A}\,\overline{A}+\overline{A}B)+AB \\ &= \overline{A}\,\overline{A}+\overline{A}B+AB+A\overline{A} \\ &= (\overline{A}+A)(\overline{A}+B) = \overline{A}+B \end{aligned}$$

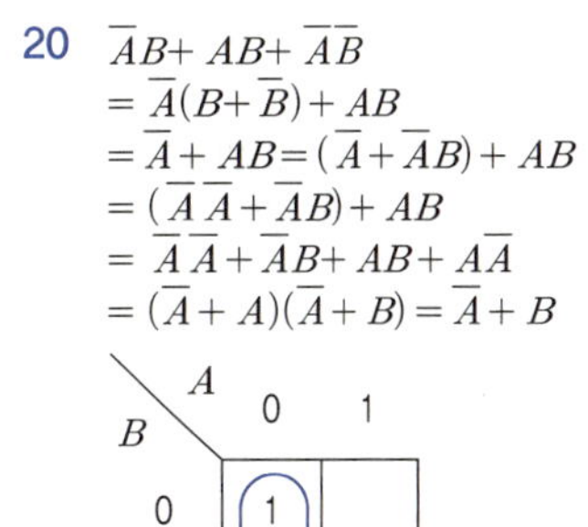

카르노맵을 이용한 방법으로 간략화를 하면 어려운 부울대수 규칙으로 인한 실수를 완전히 줄일 수 있다. $\overline{A}B+AB+\overline{A}\,\overline{B}$를 2진수로 표현한 01 + 11 + 00을 맵의 셀에 채우면 된다. 2변수 카르노맵을 이용하면 간단히 간략화할 수 있다.

$\overline{A}+B$

정답 18 ③ 19 ① 20 ④

21 논리식 $\overline{A}+\overline{B}+AB$를 간략화한 것으로 옳은 것은?

① $\overline{A}$

② 1

③ 0

④ B

22 논리식 $A(A+B+C)$를 간략화한 것으로 옳은 것은?

① $\overline{A}$

② A

③ 0

④ 1

23 논리식 $AB+AC+A\overline{B}\,\overline{C}$를 간략화한 것으로 옳은 것은?

① $\overline{A}$

② 1

③ 0

④ A

21 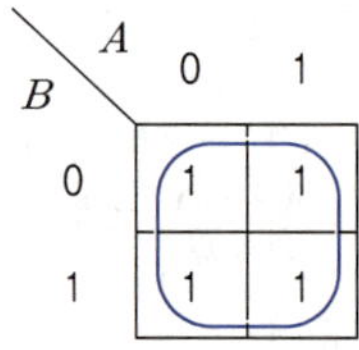

표준 SOP식으로 변환하면

$\overline{A}(B+\overline{B})+\overline{B}(A+\overline{A})+AB$

$=\overline{A}B+\overline{A}\,\overline{B}+A\overline{B}+\overline{A}\,\overline{B}+AB$

$=\overline{A}B+A\overline{B}+\overline{A}\,\overline{B}+AB$

2진수로 표현한 01 + 10 + 00 + 11을 맵의 셀에 채우면 모든 셀이 1로 채워진다. 그러므로 출력은 입력변수의 값에 상관없이 1이 된다.

22 $A(A+B+C)$

$=AA+AB+AC$

$=A+AB+AC$

$=A(1+B+C)=A$

23
- 표준 SOP식으로 변환하여 2진수로 표시한 후 맵의 셀에 1을 채우는 방법

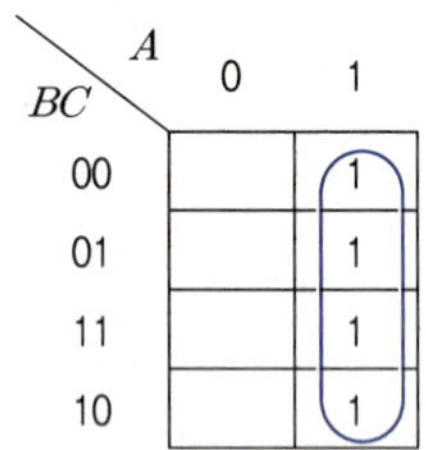

- 직관적으로 비보수와 보수의 관계를 이해한 후 셀에 1을 채우는 방법
  - AB를 기준으로 C변수가 제거되고, AC를 기준으로 B변수가 제거되었다.
  - $A\overline{B}\,\overline{C}$ 표시

  그러므로 최소화한 출력은 A이다.

정답 21 ② 22 ② 23 ④

24 논리식 $\overline{A}\,\overline{B}\,\overline{C}+\overline{B}C\overline{D}+A\overline{B}\,\overline{C}$를 간략화한 것으로 옳은 것은?

① $\overline{B}\,\overline{C}+\overline{B}\,\overline{D}$

② $\overline{B}\,\overline{D}+\overline{B}\,\overline{C}+\overline{B}C\overline{D}$

③ $\overline{A}\,\overline{D}+\overline{A}\,\overline{C}+\overline{B}C\overline{D}$

④ $\overline{B}\,\overline{D}+\overline{B}\,\overline{C}+\overline{B}C\overline{D}$

25 논리식 $\overline{A}\,\overline{C}+\overline{B}C+A\overline{B}+ABCD$를 간략화한 것으로 옳은 것은?

① $\overline{A}\,\overline{C}+\overline{B}C+BC$

② $\overline{A}\,\overline{C}+\overline{B}+ACD$

③ $\overline{A}\,\overline{C}+\overline{B}C+AC$

④ $\overline{B}\,\overline{C}+\overline{B}C+ABC$

24

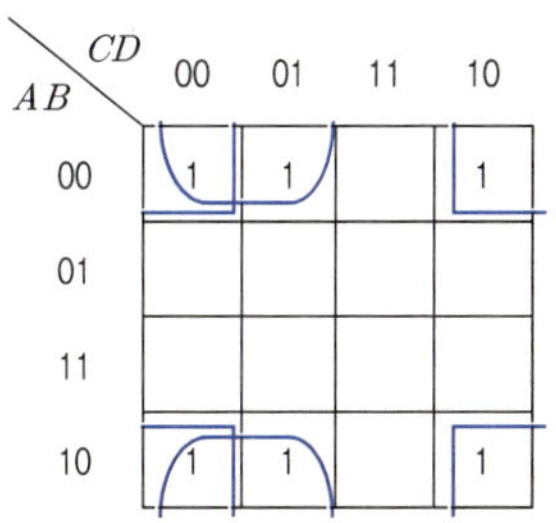

• 직관적으로 비보수와 보수의 관계를 이해한 후 셀에 1을 채우는 방법
- $\overline{B}\,\overline{D}$를 기준으로 A, C 변수가 제거되고,
- $\overline{B}\,\overline{C}$를 기준으로 A, D 변수가 제거된다.

최소화하면 $\overline{B}\,\overline{D}+\overline{B}\,\overline{C}$가 된다.

25

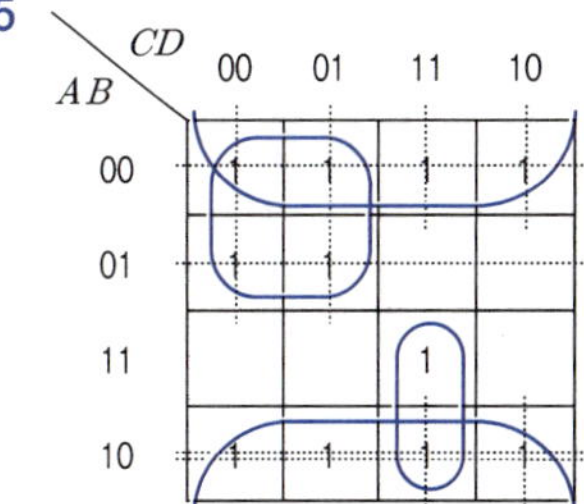

• 직관적으로 비보수와 보수의 관계를 이해한 후 셀에 1을 채우는 방법
- $\overline{A}$, $\overline{C}$를 기준으로 점선이 교차되는 셀에 1을 채우고, $\overline{B}$, C를 기준으로 점선이 교차되는 셀에 1을 채우고, $A\overline{B}$를 기준으로 점선이 교차되는 셀에 1을 채운다.
- $ABCD$ 셀에 1을 채운다.

최소화하면 $\overline{A}\,\overline{C}+\overline{B}+ACD$가 된다.

정답 24 ① 25 ②

26 [문제 하단의 박스 참고]

26 $F(A,B,C) = \sum m(0,2,4,6)$ **의 최소항으로 표시된 논리식의 간소화로 올바른 것은?**

① C ② A

③ $\overline{C}$ ④ B

입력			기호	출력
A	B	C		
0	0	0	m_0	1
0	0	1	m_1	
0	1	0	m_2	1
0	1	1	m_3	
1	0	0	m_4	1
1	0	1	m_5	
1	1	0	m_6	1
1	1	1	m_7	

⇨

BC \ A	0	1
00	1	1
01		
11		
10	1	1

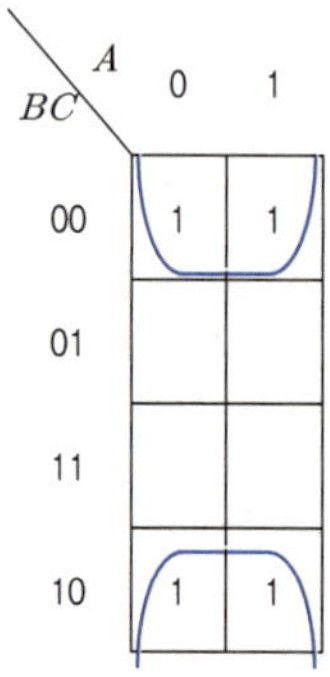

최소화된 출력은 $\overline{C}$

27 [문제 하단의 박스 참고]

27 $F(A,B,C) = \sum m(0,2,4,6,7) + \sum d(1,3)$ **의 최소항으로 표시된 논리식의 간소화로 올바른 것은?**

① $B+\overline{C}$ ② $\overline{A}+C$

③ $A+\overline{C}$ ④ $A+C$

입력			기호	출력
A	B	C		
0	0	0	m_0	1
0	0	1	m_1	X
0	1	0	m_2	1
0	1	1	m_3	X
1	0	0	m_4	1
1	0	1	m_5	
1	1	0	m_6	1
1	1	1	m_7	1

⇨

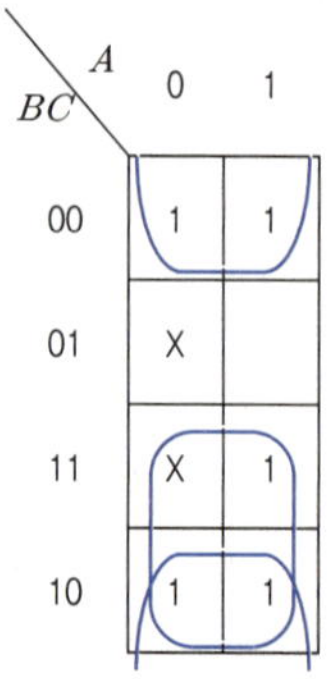

BC \ A	0	1
00	1	1
01	X	
11	X	1
10	1	1

최소화된 출력은 $B+\overline{C}$

정답 26 ③ 27 ①

28 $F(A,B,C,D)=\sum m(0,2,4,6,7,10,11,12,13)$ **의 최소항으로 표시된 논리식의 간소화로 올바른 것은?**

① $\overline{A}D+AB\overline{C}+\overline{A}BC+A\overline{B}C$

② $AD+AB\overline{C}+\overline{A}BC+A\overline{B}C$

③ $\overline{A}\,\overline{D}+AB\overline{C}+\overline{A}BC+A\overline{B}$

④ $\overline{A}\,\overline{D}+AB\overline{C}+\overline{A}BC+A\overline{B}C$

»»

입력				기호	출력
A	B	C	D		
0	0	0	0	m_0	1
0	0	0	1	m_1	0
0	0	1	0	m_2	1
0	0	1	1	m_3	0
0	1	0	0	m_4	1
0	1	0	1	m_5	0
0	1	1	0	m_6	1
0	1	1	1	m_7	1
1	0	0	0	m_8	0
1	0	0	1	m_9	0
1	0	1	0	m_{10}	1
1	0	1	1	m_{11}	1
1	1	0	0	m_{12}	1
1	1	0	1	m_{13}	1
1	1	1	0	m_{14}	0
1	1	1	1	m_{15}	0

⇨

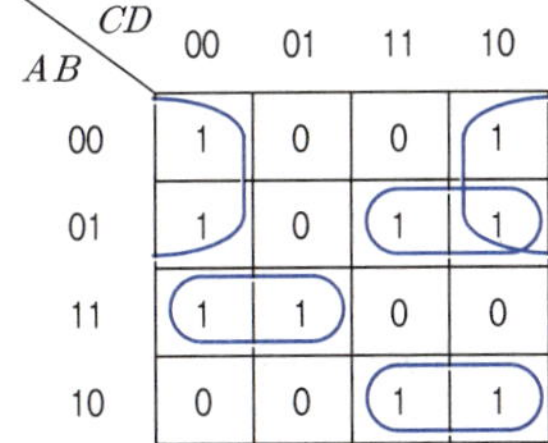

CD
AB
00 01 11 10
00 1 0 0 1
01 1 0 1 1
11 1 1 0 0
10 0 0 1 1

최소화된 출력은
$\overline{A}\,\overline{D}+AB\overline{C}$
$+\overline{A}BC+A\overline{B}C$

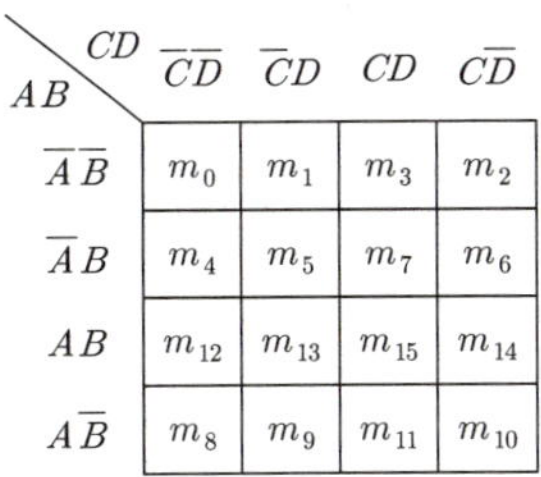

CD
AB
$\overline{C}\,\overline{D}$ $\overline{C}D$ CD $C\overline{D}$
$\overline{A}\,\overline{B}$ m_0 m_1 m_3 m_2
$\overline{A}B$ m_4 m_5 m_7 m_6
AB m_{12} m_{13} m_{15} m_{14}
$A\overline{B}$ m_8 m_9 m_{11} m_{10}

28 [문제 하단의 박스 참고]

정답 28 ④

29 [문제 하단의 박스 참고]

29 $F(A,B,C) = \sum m(0,1,4,5,7)$ **로 주어질 때, 간소화하여 논리회로를 구성한 것으로 올바른 것은?**

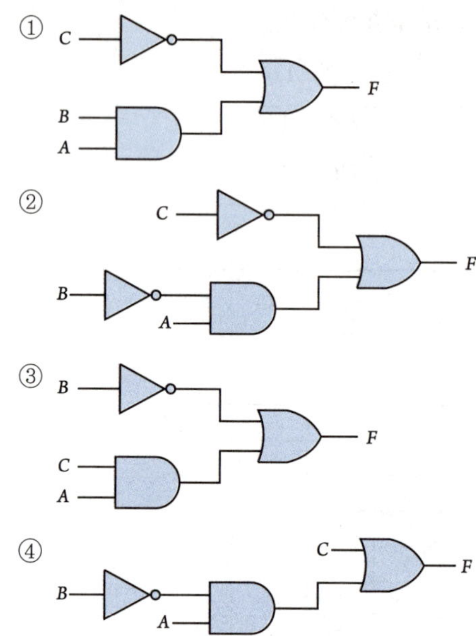

입력			기호	출력
A	B	C		
0	0	0	m_0	1
0	0	1	m_1	1
0	1	0	m_2	0
0	1	1	m_3	0
1	0	0	m_4	1
1	0	1	m_5	1
1	1	0	m_6	0
1	1	1	m_7	1

⇨

BC \ A	0	1
00	1	1
01	1	1
11	0	1
10	0	0

최소화된 출력은
$\overline{B} + AC$

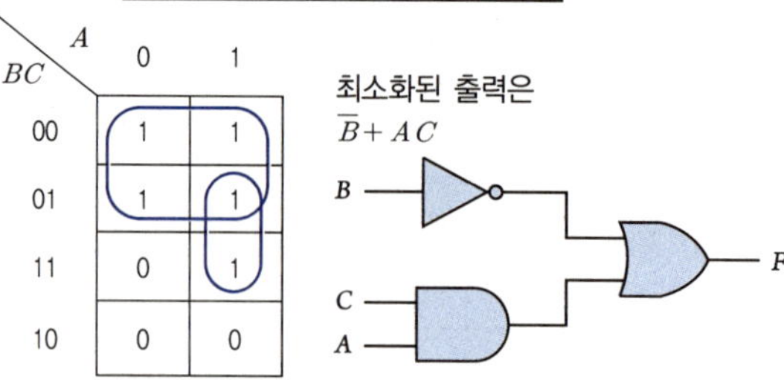

정답 29 ③

30 A와 B가 입력, F가 출력일 때 다음 회로의 구성은?

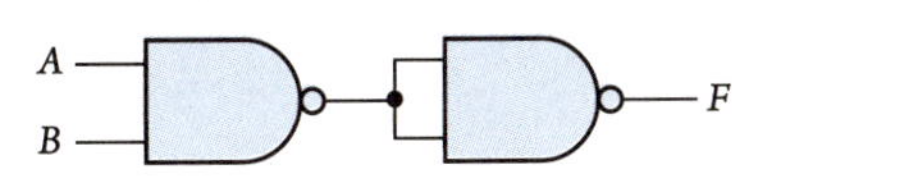

① NAND게이트를 사용한 AND게이트이다.
② NAND게이트를 사용한 XOR게이트이다.
③ NAND게이트를 사용한 OR게이트이다.
④ NAND게이트를 사용한 XNOR게이트이다.

30 NOT게이트를 NAND게이트와 NOR게이트로 구성하면 다음 그림과 같으므로, $\overline{AB}$의 출력에 NAND게이트로 구성된 NOT을 연결한 것과 같다.

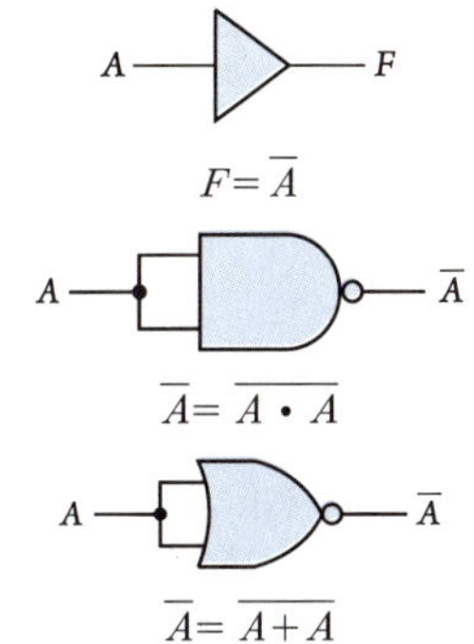

31 논리식 $F=(A+B)(C+D)$를 NOR게이트만을 사용하여 표현할 때 몇 개의 NOR게이트가 필요한가?

① 3	② 4
③ 5	④ 6

»»

- 논리식을 회로로 구현하면 다음과 같다.

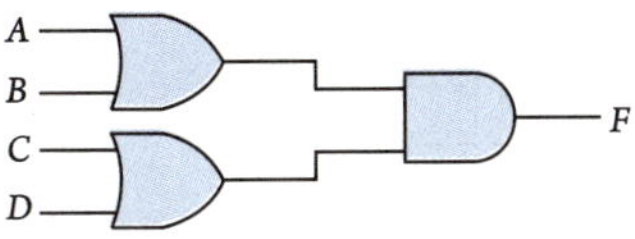

- NOR게이트로만 표현하기 위한 변환과정은 다음과 같다.
  - OR게이트는 이중 부정을 사용하고, AND게이트는 OR로 변환하기 위해 '각각의 입력단에 NOT, 출력단에 NOT, AND게이트를 OR로 바꾼다.'

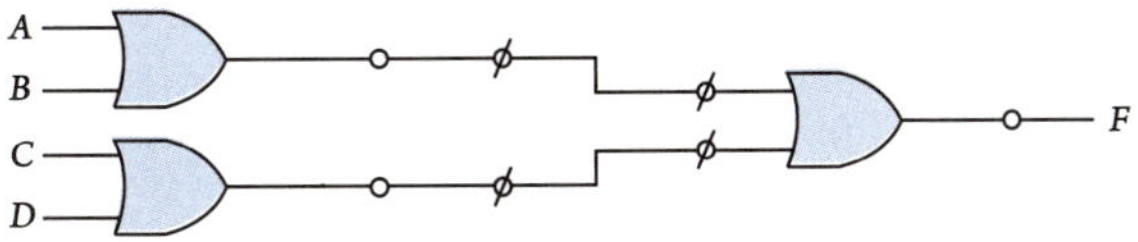

  - 그리고 NOR게이트로 구성하면 된다.

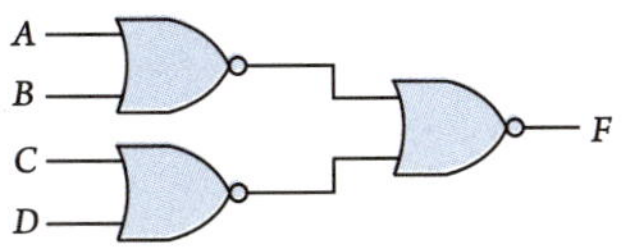

31 [문제 하단의 설명 참고]

정답 30 ① 31 ①

32 [문제 하단의 설명 참고]

32 논리식 $F=\overline{A}B+\overline{B}C+ABC$를 NAND게이트만을 사용하여 표현할 때 몇 개의 NAND게이트가 필요한가?

① 5　　② 6
③ 10　　④ 13

• 논리식을 회로로 구현하면 다음과 같다.

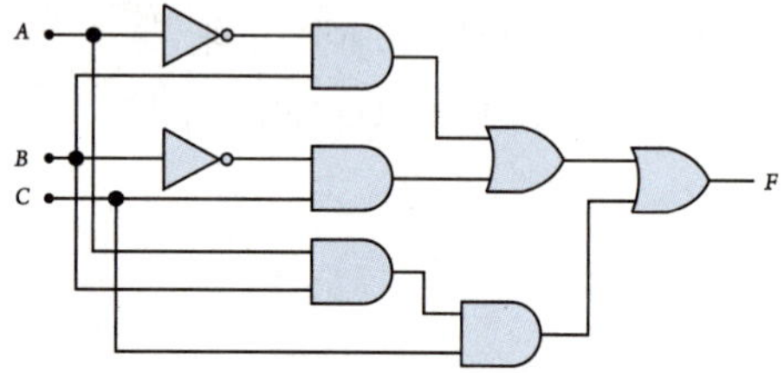

- AND게이트는 이중 부정을 사용하고, OR게이트는 AND게이트로 변환하기 위해 '각각의 입력단에 NOT, 출력단에 NOT, OR게이트를 AND게이트로 바꾼다.'

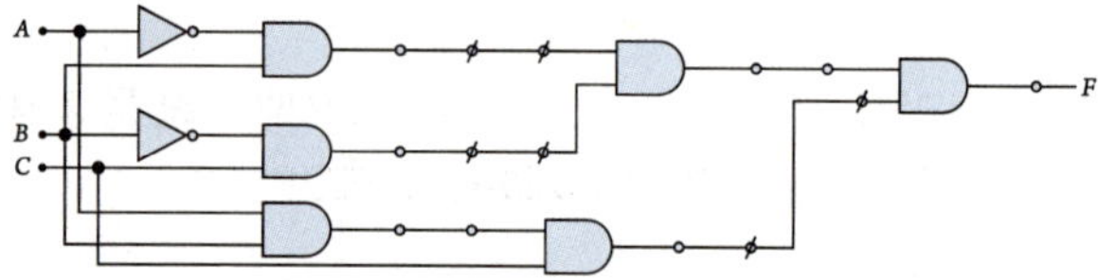

- 그리고 AND + NOT을 NAND게이트, NOT을 NAND게이트로 구성하면 된다.

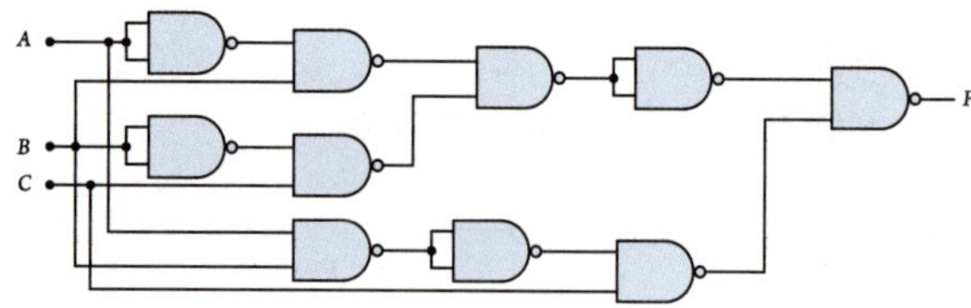

정답 32 ③

33 그림과 같은 논리회로에서 F는 어떻게 표시되는가?

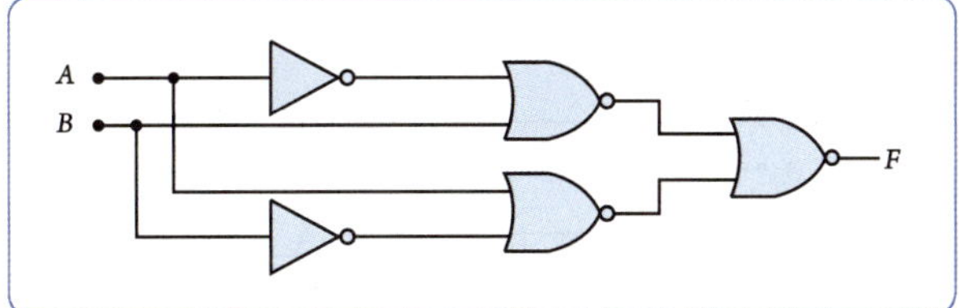

① $F=\overline{A}B+A\overline{B}$

② $F=\overline{A}+\overline{B}$

③ $F=A+B$

④ $F=\overline{A}\,\overline{B}+AB$

33

$$\begin{aligned} F &= \overline{\overline{\overline{A}+B}+\overline{A+\overline{B}}} \\ &= \overline{\overline{\overline{A}+B}}\cdot\overline{\overline{A+\overline{B}}} \\ &= (\overline{A}+B)(A+\overline{B}) \\ &= A\overline{A}+\overline{A}\,\overline{B}+AB+B\overline{B} \\ &= \overline{A}\,\overline{B}+AB \end{aligned}$$

34 그림과 같은 논리회로에서 F는 어떻게 표시되는가?

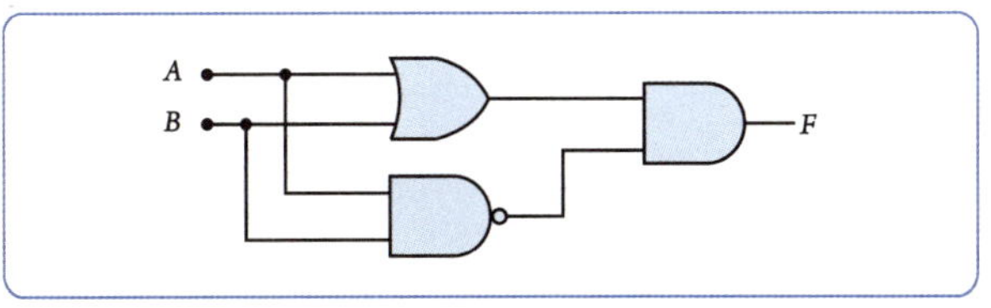

① $F=\overline{AB}$

② $F=A\oplus B$

③ $F=A\odot B$

④ $F=\overline{A+B}$

34

$$\begin{aligned} F &= (A+B)\overline{(AB)} \\ &= (A+B)(\overline{A}+\overline{B}) \\ &= A\overline{A}+A\overline{B}+\overline{A}B+B\overline{B} \\ &= A\overline{B}+\overline{A}B=A\oplus B \end{aligned}$$

정답 33 ④ 34 ②

35 다음 그림과 같은 논리회로에서 각 출력에 대한 최소화식을 옳게 나타낸 것은?

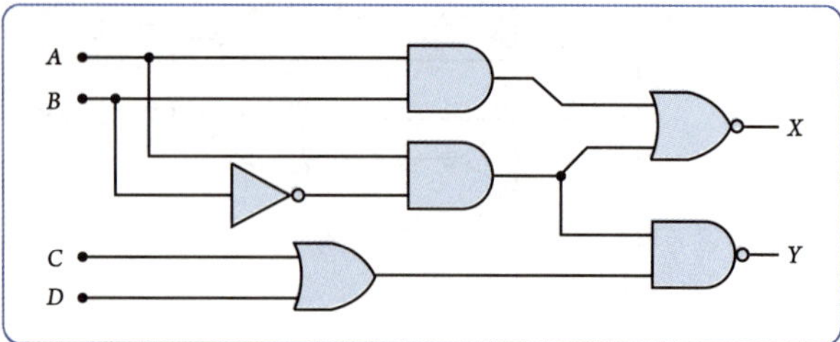

① $X=\overline{A}+B,\ Y=\overline{A}+B+\overline{C}\,\overline{D}$

② $X=\overline{A}\,\overline{B},\ Y=B+\overline{C}\,\overline{D}$

③ $X=\overline{A},\ Y=\overline{A}+B+\overline{C}\,\overline{D}$

④ $X=\overline{A}+\overline{B}+D,\ Y=\overline{A}+B$

35 회로구성에 대한 각 출력 X, Y에 대한 일반적인 논리식을 표시한다.

$X=\overline{AB+A\overline{B}},\ Y=\overline{A\overline{B}(C+D)}$

SOP식으로 다시 정리하면 다음과 같다.

$$\begin{aligned}X&=\overline{AB+A\overline{B}}=(\overline{AB})(\overline{A\overline{B}})\\&=(\overline{A}+\overline{B})(\overline{A}+B)\\&=\overline{A}\,\overline{A}+\overline{A}B+\overline{A}\,\overline{B}+B\overline{B}\\&=\overline{A}\,\overline{A}+\overline{A}B+\overline{A}\,\overline{B}\\&=\overline{A}(1+B+\overline{B})=\overline{A}\end{aligned}$$

$$\begin{aligned}Y&=\overline{A\overline{B}(C+D)}\\&=\overline{A\overline{B}}+\overline{C+D}\\&=\overline{A}+B+\overline{C}\,\overline{D}\end{aligned}$$

정답 35 ③

Self Check로 다지기 | 제4장

- 2변수, 3변수, 4변수 카르노맵을 이용하여 간소화하는 방법은 다음과 같다.
  ① 출력이 1이 되는 항들을 카르노맵의 해당하는 위치에 표시한다.
  ② 1, 2, 4, 8, 16개로 그룹화하며, 직사각형이나 정사각형으로 그룹화하면 된다.
  ③ 가능한 1의 개수를 많이 그룹화하면 최소화할 수 있다.
  ④ 카르노맵의 상하좌우 끝의 셀은 인접하여 연결되어 있다.

- 하나의 디지털 시스템에 출력함수가 여러 개 있는 경우 공유할 수 있는 논리게이트가 있으면 전체 회로를 더 간소화할 수 있다.

- 모든 회로는 드모르간의 정리와 이중 부정을 적당히 이용하여 NAND게이트와 NOR게이트만으로 표현할 수 있다.

- 3변수, 4변수 카르노맵을 선택적으로 그룹화하면 출력을 여러 가지 방법으로 표현할 수 있다.

- 논리식을 최소항으로 전개하지 않고 카르노맵으로 작성하여 간소화할 수 있다.

- 5변수 카르노맵은 $A=0$인 면과 $A=1$인 면을 그룹화한 후 4변수 카르노맵과 같은 방법으로 최소화한다.

- 6변수 카르노맵은 $AB=00, AB=01, AB=10, AB=11$인 면을 그룹화한 후 4변수 카르노맵과 같은 방법으로 최소화한다.

- NOT게이트를 간단하게 표현하는 동그라미 모양의 기호를 버블이라고 한다.

- 기본게이트를 NAND게이트, NOR게이트로 변환하면 다음과 같다.
  변환하는 방법은 '각 입력단에 NOT게이트, 출력단에 NOT게이트, 바꾸고자 하는 게이트로 변환'하면 된다. 이때 NOT게이트도 NAND게이트, NOR게이트로 구현가능하다.

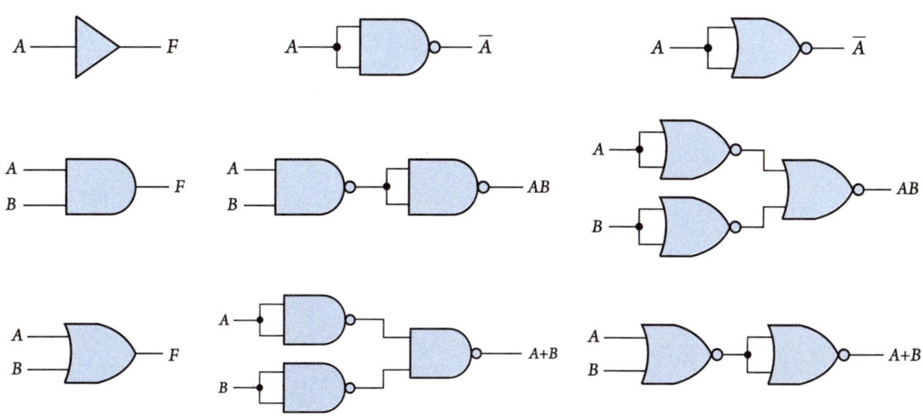

지식에 대한 투자가 가장 이윤이 많이 남는 법이다.

– 벤자민 프랭클린 –

제 5 장

조합논리회로

행운이란 100%의 노력 뒤에 남는 것이다.

– 랭스턴 콜먼 –

제 5 장 조합논리회로

제1절 조합논리회로의 개요

조합논리회로(combinational circuit)는 논리곱(AND), 논리합(OR), 논리부정(NOT)의 3가지 기본 논리회로의 조합으로 이루어지며, 입력신호와 논리게이트 및 출력신호로 구성된다. 설계된 논리게이트는 입력된 신호를 받아 출력신호를 생성하고, 이 과정에서 2진 데이터를 조합하여 원하는 2진 출력을 생성하게 된다.
조합논리회로는 **현재의 입력값들만 이용하여 출력값을 결정하는 회로**로서, 입력 신호들을 받는 즉시 조합(combine)하여 최종 출력을 발생하게 한다.
순서(순차)논리회로(sequential circuit)는 현재의 입력들뿐만 아니라 과거의 입력 혹은 출력값도 함께 고려하여 현재의 출력값을 결정하는 회로로서, 조합회로에 기억소자(memory element)를 추가하여 구성한다. 순서논리회로는 6장에서 알아보기로 하자.

1 조합논리회로의 기본구조

[그림 5-1]은 다수의 입력신호들 n개를 받아서, 출력 m개를 생성하는 조합논리회로의 블록도를 나타낸 것이다. n개의 입력신호는 2^n개의 입력신호의 조합이 가능하고, 이들 조합의 경우의 수에 따라 각 출력신호가 결정된다. 입력신호 n개의 조합을 진리표로 나타내고, 출력함수를 만든다. 서로 다른 m개의 출력을 생성하기 위해서는 m개의 설계된 논리함수가 필요하다.

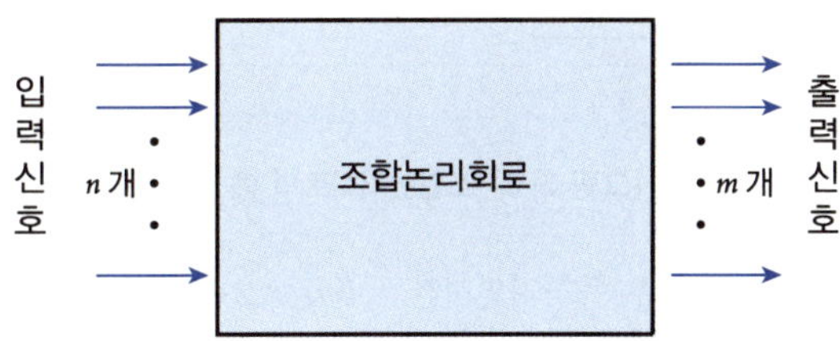

[그림 5-1] 조합논리회로의 블록도

조합논리회로의 기본이 되는 **가산기(adder)**, **비교기(comparator)**, **디코더(decoder)**, **인코더(encoder)**, **멀티플렉서(multiplexer)**, **디멀티플렉서(demultiplexer)**, **코드변환기(code converter)** 등의 회로 설계방법과 이들 회로를 이용하는 방법을 알아보자.

2 조합논리회로는 부울함수를 게이트만을 이용하여 구현

[비교] 순서논리회로는 기억소자(플립-플롭)들과 게이트들을 이용하여 구현한다.

예 F = AB + CD를 구현한 4입력 1출력 조합논리회로

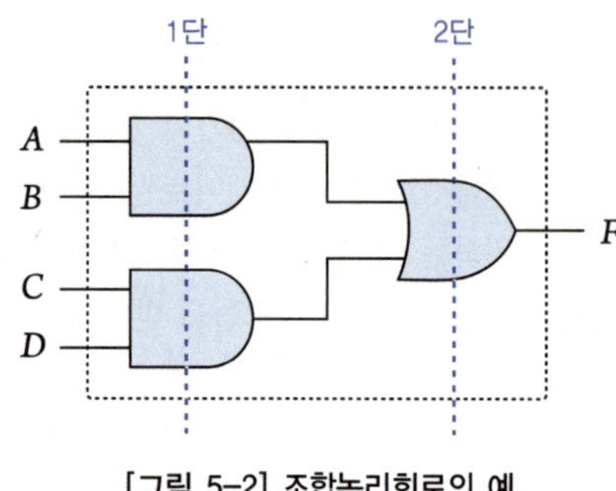

[그림 5-2] 조합논리회로의 예

조건 각 게이트지연이 $5nsec$일 경우
동작지연시간 = $5ns \times 2 = 10ns$
AB입력과 CD입력이 1단의 게이트지연($5ns$) 후에 출력되고, $AB+CD$입력이 2단의 게이트지연($5ns$) 후에 최종출력된다. 즉, 입력부터 최종출력까지 $10ns$의 동작지연시간이 소비된다.

예 3입력 2출력 조합논리회로

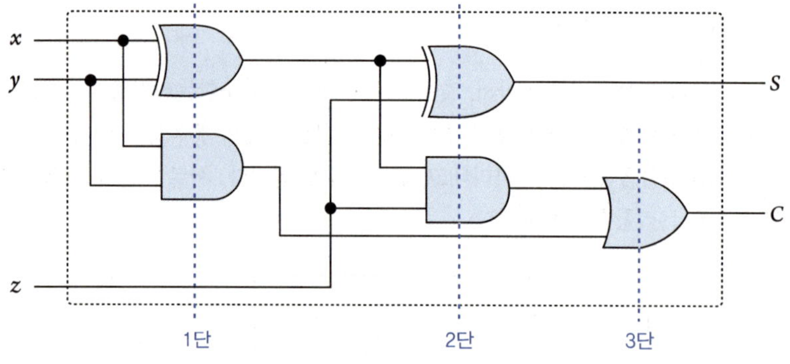

[그림 5-3] 조합논리회로의 예

조건 각 게이트지연이 $5nsec$일 경우 동작지연시간 = $5ns \times 3 = 15ns$

① x, y입력의 결과가 1단 후에 발생되고,
② z는 1단의 출력이 나올 때까지 대기한 후 2단에 입력되어 $5ns \times 2 = 10ns$ 후에 S로 출력된다.
③ 1단의 출력 중에 xy는 2단의 출력이 나올 때까지 대기한 후 3단에 입력되어 $5ns \times 3 = 15ns$ 후에 C로 출력된다.
④ 그러므로 위 설계된 조합논리회로는 입력에 대한 출력이 각 단계별로 최종 출력단까지 진행되는 것을 알 수 있다.

제2절 조합논리회로의 분석과 설계 중요

1 조합논리회로의 분석방법

설계되어 주어진 조합논리회로의 동작특성을 분석하는 방법에는 부울대수식(부울함수)을 이용한 분석방법, 진리표를 이용한 분석방법, 입・출력 신호 파형을 이용한 분석방법이 있다.

(1) 부울대수식을 이용한 분석

모든 부울대수식은 논리회로로 표현되고, 모든 논리회로는 부울대수식으로 표현된다.

① 논리회로의 게이트 출력들에 변수를 할당한다(이때 게이트 출력에 대한 변수명은 분석을 위하여 임시적으로 배정하는 것이므로, 조합회로의 입력들 및 최종 출력 변수명과는 다른 유형의 기호들을 이용해야 혼동을 방지할 수 있다).

② 각 게이트의 입력변수들을 이용하여 게이트 출력에 대한 부울함수를 구한다.

③ ②번 과정을 최종 출력에 도달할 때까지 반복한다.

④ 임시 변수들에 대한 표현을 대입함으로써, 최종 출력변수에 대한 완전한 부울함수를 구한다.

예제 5-1

다음 조합논리회로를 부울대수식을 이용하여 분석하시오.

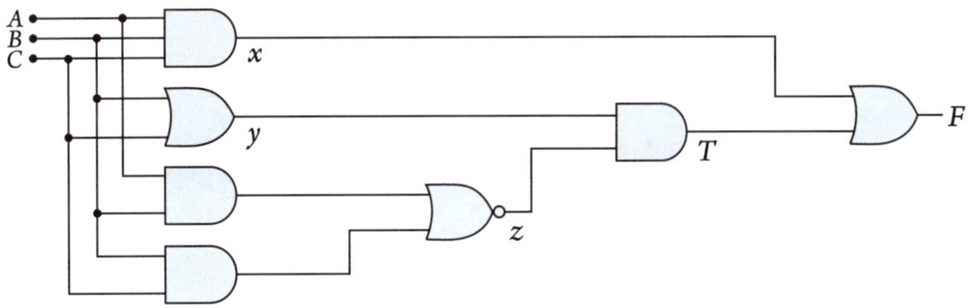

해설

① 입력변수를 각각 할당하고, 각 게이트단별 출력변수를 임의로 설정한다.

② $x = ABC, y = B + C, z = \overline{AB + BC}$,
$T = yz = (B + C)(\overline{AB + BC})$,
$F = x + T = ABC + (B + C)(\overline{AB + BC})$

③ 간략화된 부울대수식으로 변환한다.

$z = \overline{AB + BC} = \overline{AB} \cdot \overline{BC} = (\overline{A} + \overline{B})(\overline{B} + \overline{C}) = \overline{A}\,\overline{B} + \overline{A}\,\overline{C} + \overline{B}\,\overline{B} + \overline{B}\,\overline{C}$
$= \overline{A}\,\overline{B} + \overline{A}\,\overline{C} + \overline{B} + \overline{B}\,\overline{C} = \overline{B}(\overline{A} + 1 + \overline{C}) + \overline{A}\,\overline{C} = \overline{B} + \overline{A}\,\overline{C}$

$T = yz = (B + C)(\overline{B} + \overline{A}\,\overline{C}) = B\overline{B} + \overline{A}B\overline{C} + \overline{B}C + \overline{A}C\overline{C} = \overline{A}B\overline{C} + \overline{B}C$

최종출력 : $F = x + T = ABC + \overline{A}B\overline{C} + \overline{B}C = \overline{A}B\overline{C} + C(\overline{B} + AB) = \overline{A}B\overline{C} + C(A + \overline{B})$
$= \overline{A}B\overline{C} + AC + \overline{B}C$

예제 5-2

다음 부울대수식으로부터 논리회로를 구현하여 분석하시오.

① $X = AB(C\overline{D} + EF)$　　② $X = ABC\overline{D} + ABEF$

해설

① $X = AB(C\overline{D} + EF)$

필요한 논리게이트

$\overline{D}$: NOT게이트 1개

$C\overline{D}$, EF : 2입력 AND게이트 2개

$C\overline{D} + EF$: 2입력 OR게이트 1개

X : 3입력 AND게이트 1개

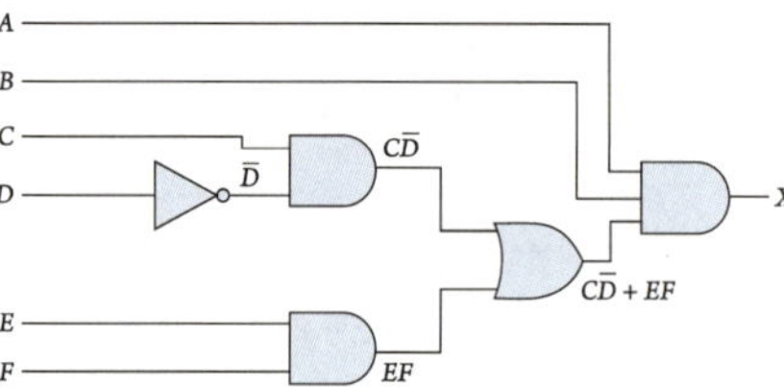

입력과 출력 사이에 게이트가 많을 경우 전파 지연시간은 더 길어진다.

② $X = ABC\overline{D} + ABEF$

필요한 논리게이트

$\overline{D}$: NOT게이트 1개

$ABC\overline{D}$, $ABEF$: 4입력 AND게이트 2개

X : 2입력 OR게이트 1개

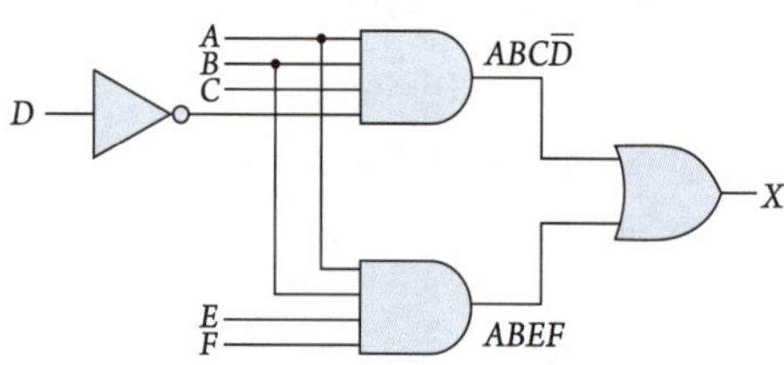

전파지연시간을 최소화하기 위해 SOP형태로 간략화한다.

예제 5-3

다음 논리회로를 최소형태로 간략화하시오.

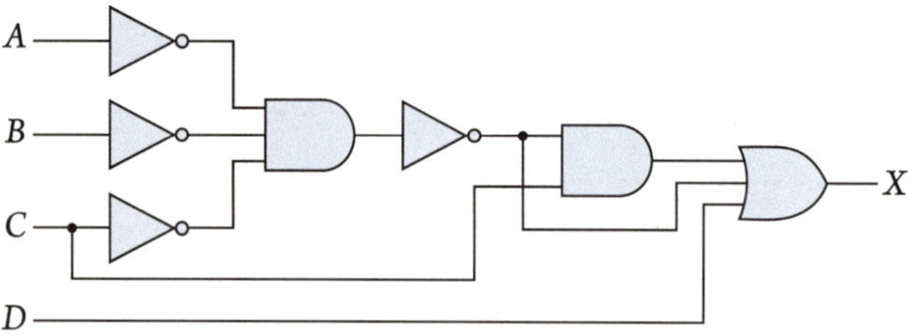

해설

① 회로의 출력식은 다음과 같다.

$$X = \overline{\overline{A}\,\overline{B}\,\overline{C}} \cdot C + \overline{\overline{A}\,\overline{B}\,\overline{C}} + D$$

② 드모르간의 정리와 부울대수를 적용하면 다음과 같다.

$$\begin{aligned} X &= \overline{\overline{A}\,\overline{B}\,\overline{C}} \cdot C + \overline{\overline{A}\,\overline{B}\,\overline{C}} + D = (\overline{\overline{A}} + \overline{\overline{B}} + \overline{\overline{C}})C + \overline{\overline{A}} + \overline{\overline{B}} + \overline{\overline{C}} + D \\ &= AC + BC + C + A + B + C + D \\ &= C(A + B + 1) + A + B + D = A + B + C + D \end{aligned}$$

③ 4입력 OR게이트로 간략화된다.

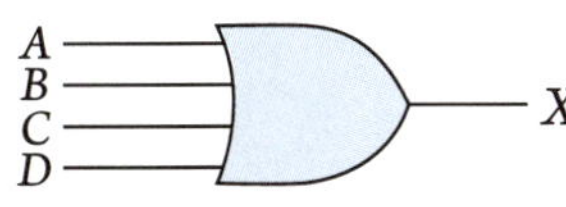

(2) 진리표를 이용한 분석

각 게이트의 출력값을 단계적으로 구하여 최종출력을 결정한다.

예제 5-4

[예제 5-1]의 회로를 진리표를 이용하여 분석하시오.

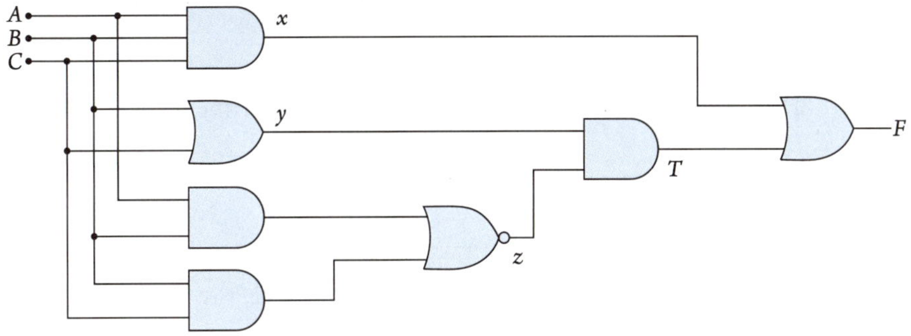

[예제 5-1] 회로

해설

① 각 게이트의 출력값을 단계적으로 진리표에 다음과 같이 작성한다.

입력 변수			단계별 출력						최종출력
A	B	C	x	y	AB	BC	z	T	F
0	0	0	0	0	0	0	1	0	0
0	0	1	0	1	0	0	1	1	1
0	1	0	0	1	0	0	1	1	1
0	1	1	0	1	0	1	0	0	0
1	0	0	0	0	0	0	1	0	0
1	0	1	0	1	0	0	1	1	1
1	1	0	0	1	1	0	0	0	0
1	1	1	1	1	1	1	0	0	1

② 최종출력 F를 카르노맵을 이용하여 최소화한 SOP식으로 표현한다.

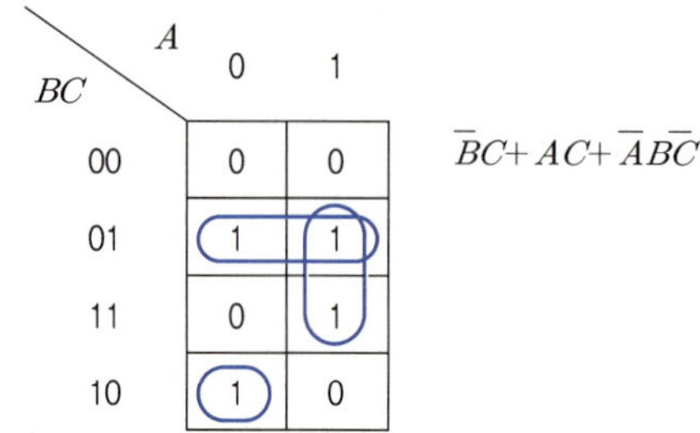

$\overline{B}C + AC + \overline{A}B\overline{C}$

예제 5-5

4개의 입력변수 중에 3개의 입력변수가 1일 때만, 출력이 1이 되는 논리회로를 설계하시오.

해설

4변수의 가능한 조합 16가지 중에 3개의 입력이 1인 상태와 이에 해당하는 곱항을 진리표의 일부로 나타내면 다음과 같다.

A	B	C	D	곱항
0	1	1	1	$\overline{A}BCD$
1	0	1	1	$A\overline{B}CD$
1	1	0	1	$AB\overline{C}D$
1	1	1	0	$ABC\overline{D}$

$$X = \overline{A}BCD + A\overline{B}CD + AB\overline{C}D + ABC\overline{D}$$

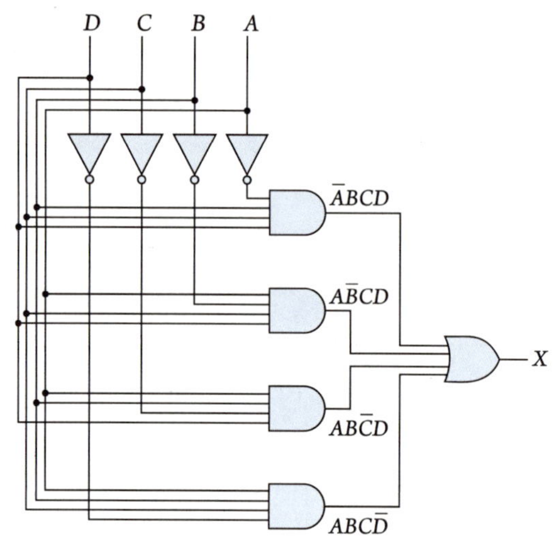

예제 5-6

다음 그림의 논리회로를 간략화하시오(그림의 입력변수의 보수를 표현하기 위한 반전기는 나타나 있지 않다).

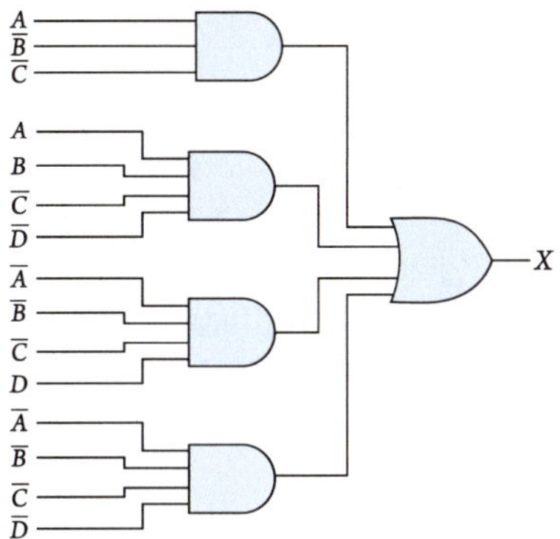

해설

① 회로의 출력식은 다음과 같다.

$X = A\bar{B}\bar{C} + AB\bar{C}\bar{D} + \bar{A}\bar{B}\bar{C}D + \bar{A}\bar{B}\bar{C}\bar{D}$

② 표준SOP식으로 표시해서 카르노맵을 작성해도 되고, 보수항과 비보수항의 제거방식으로 카르노맵을 쉽게 작성해도 된다.

• 표준SOP식으로 변환하기

$$X = A\bar{B}\bar{C}(D+\bar{D}) + AB\bar{C}\bar{D} + \bar{A}\bar{B}\bar{C}D + \bar{A}\bar{B}\bar{C}\bar{D}$$
$$= A\bar{B}\bar{C}D + A\bar{B}\bar{C}\bar{D} + AB\bar{C}\bar{D} + \bar{A}\bar{B}\bar{C}D + \bar{A}\bar{B}\bar{C}\bar{D}$$
$$X = 1001 + 1000 + 1100 + 0001 + 0000$$

• 보수항과 비보수항의 제거방식으로 맵 작성하기

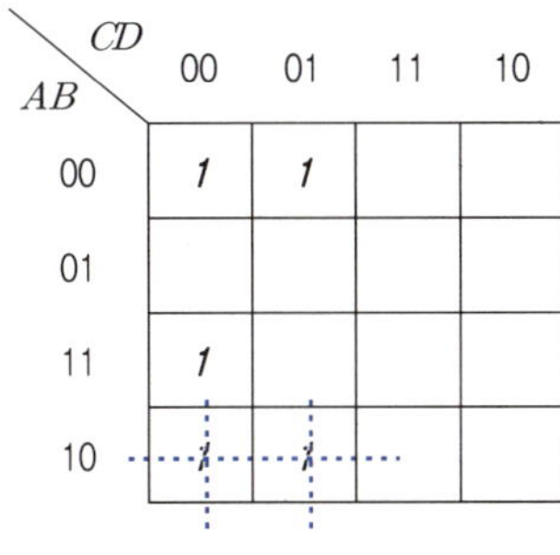

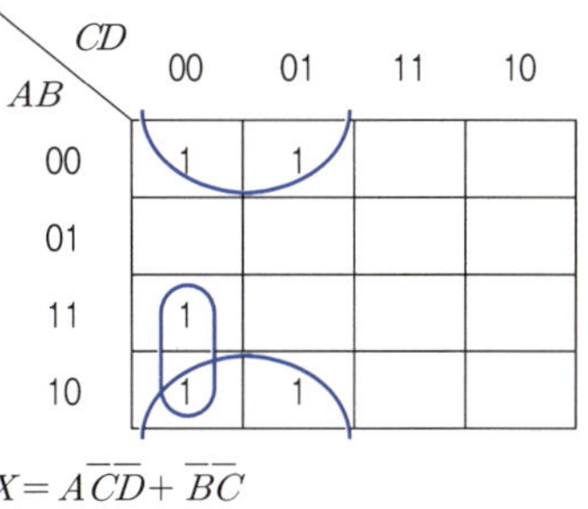

$X = A\bar{C}\bar{D} + \bar{B}\bar{C}$

③ 간략화한 식

$X = A\bar{C}\bar{D} + \bar{B}\bar{C}$

④ 간략화된 회로

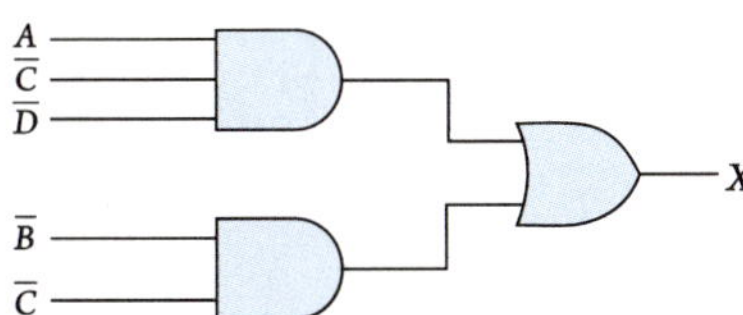

(3) 입 · 출력 신호 파형을 이용한 분석

펄스파형 입력에 대한 일반적인 조합논리회로의 동작에 대해 분석해보자. 각 게이트의 논리연산은 일정 레벨의 입력을 인가한 것이나, 펄스파형을 인가한 것이나 동일함을 기억하자. 임의의 시간에서 논리회로의 출력은 그 시간에서의 입력에 따라 결정되므로, 시간에 따라 변하는 입력의 상호관계는 매우 중요하다. 펄스파형 입력을 갖는 조합논리회로를 분석하는 데 사용되는 각 게이트의 연산을 다시 정리하면 다음과 같다.

① AND게이트의 출력은 모든 입력이 동시에 HIGH일 때만 HIGH이다.
② OR게이트의 출력은 적어도 하나의 입력이 HIGH일 때만 HIGH이다.
③ NAND게이트의 출력은 모든 입력이 동시에 HIGH일 때만 LOW이다.
④ NOR게이트의 출력은 적어도 하나의 입력이 HIGH일 때만 LOW이다.

예제 5-7

다음 회로에 입력파형 A, B, C가 인가될 때, 출력파형 X를 구하시오.

$X = \overline{A(B+C)} = \overline{AB+AC}$

해설

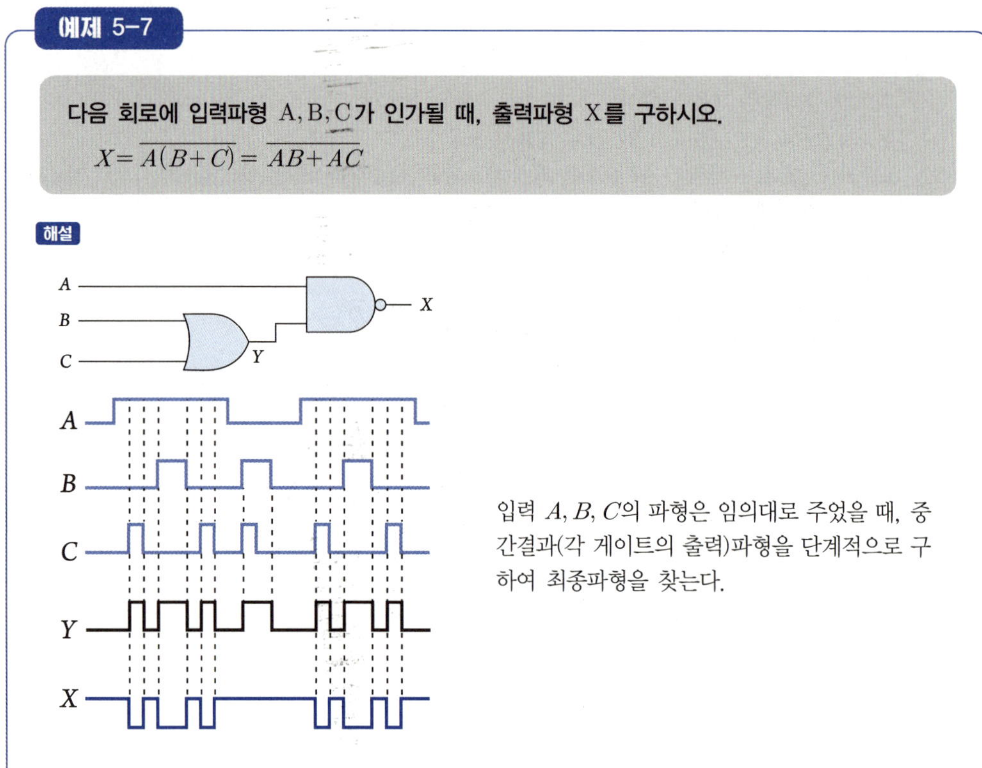

입력 A, B, C의 파형은 임의대로 주었을 때, 중간결과(각 게이트의 출력)파형을 단계적으로 구하여 최종파형을 찾는다.

예제 5-8

다음 회로에 입력파형 A, B 가 인가될 때, G_1, G_2, G_3 의 출력파형을 나타내는 타이밍도를 그리시오.

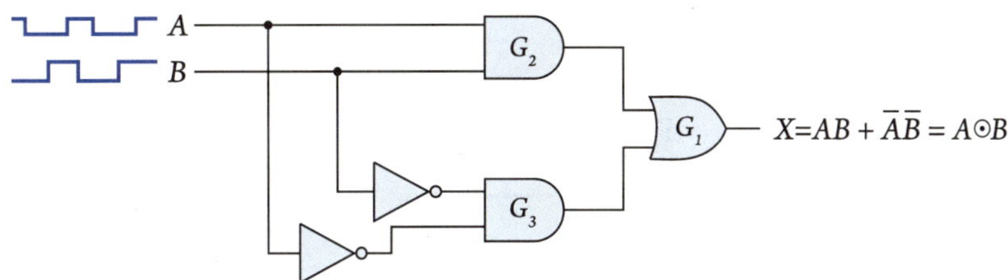

해설

두 입력이 같을 때(두 입력이 모두 HIGH이거나 LOW인 경우), 출력 X는 HIGH가 된다. 즉, XNOR이 되며, 게이트 G_2와 G_3의 중간출력도 표시한다. G_3은 NOR게이트가 된다.

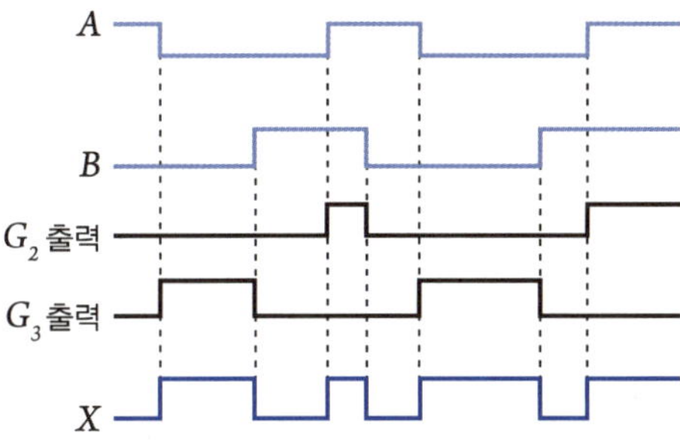

예제 5-9

주어진 입력파형이 논리회로에 인가되었을 때, 회로에서 먼저 각 점 Y_1, Y_2, Y_3, Y_4 에서의 중간 출력파형을 구하고, 이를 이용하여 출력파형 X를 구하시오.

논리회로

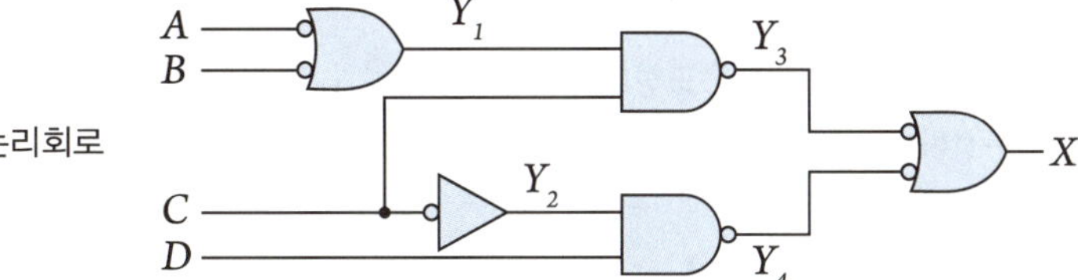

Y_1과 X는 NAND게이트가 된다.

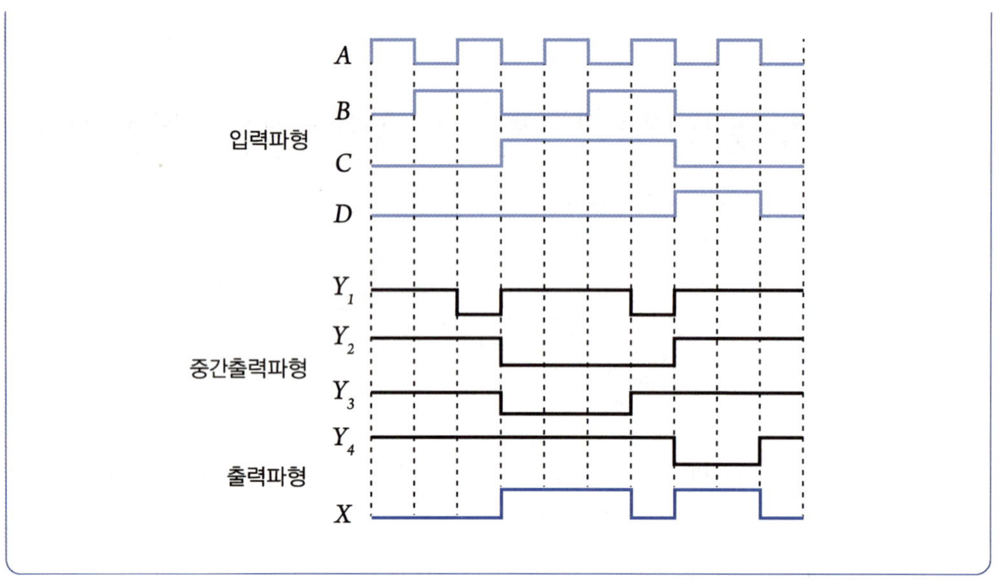

2 조합논리회로의 설계

(1) 조합논리회로 설계의 목표

조합논리회로 설계의 목표는 **논리함수의 간략화**의 목적과 동일하다.

① 설계 시 게이트의 사용개수를 최소로 하여 소비되는 경제적 비용을 최소로 할 수 있다.

② 간단한 회로를 설계하여 기판공간면적을 최소화할 수 있다.

③ 공간을 최소로 하면 적은 수의 단계를 거치도록 설계하여 전송지연을 최소화하여 고속으로 동작시킬 수 있다.

(2) 조합논리회로 설계의 절차 중요

① 설계자가 구현하고자 하는 기능을 블록도 같은 개념으로 표현하고, 입력 및 출력 변수를 결정한다.

② 입·출력 관계를 분석하여 진리표를 작성한다.

③ 카르노맵을 이용하여 간략화된 부울식을 유도한다.

④ 유도된 식으로 회로를 구성한다.

예제 5-10

다수결 회로(Majority Circuit)를 설계하시오.

해설

① 회로의 기능을 정의

세 명의 위원들이 스위치를 한 개씩 배당받아서, 의사결정과정에서 찬성한다면 투표 스위치를 누르고(출력 = 1), 반대한다면 누르지 않는다(출력 = 0). 만약 두 개 이상의 스위치가 눌러진다면, 출력 램프가 켜진다.

② 변수 결정

세 명의 위원들에게 배정된 투표 스위치들을 통하여 회로로 들어오는 입력신호들에 2진 변수 A, B, C를 각각 배정한다. 그리고 출력 램프의 on/off를 구동하는 출력변수로는 F를 배정한다.

③ 진리표 작성

A위원이 반대하더라도 B위원과 C위원이 찬성하거나, A위원이 찬성하고 B 혹은 C위원 중의 한 명이 찬성하거나, 모든 위원들이 찬성한다면, 출력 F = 1이 되어 램프가 켜지게 된다.

입력변수			최종출력
A	B	C	F
0	0	0	0
0	0	1	0
0	1	0	0
0	1	1	1
1	0	0	0
1	0	1	1
1	1	0	1
1	1	1	1

$$F = \overline{A}BC + A\overline{B}C + AB\overline{C} + ABC$$

④ 카르노맵을 작성하여 부울함수를 최소화

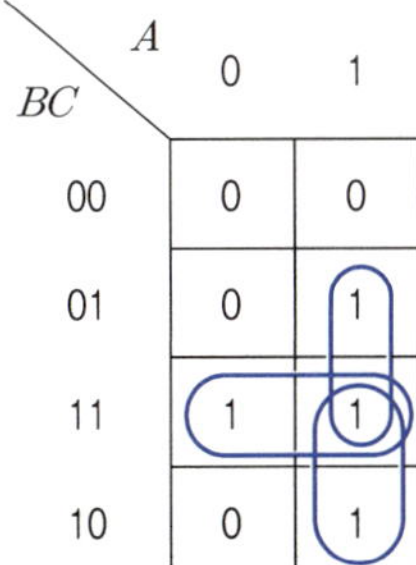

$$F = AB + AC + BC$$

⑤ 다수결 회로의 구성

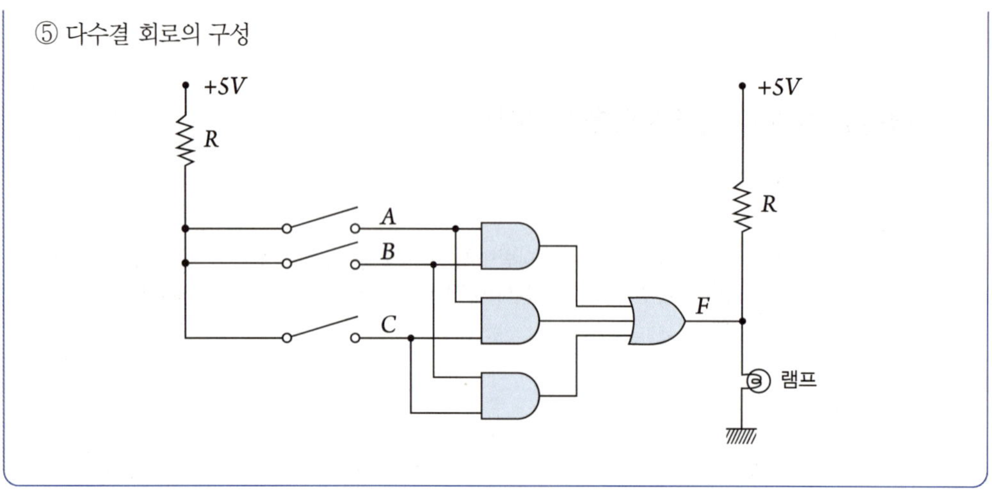

제3절 기본 연산회로

1 가산기 중요

가산기는 컴퓨터에서뿐만 아니라 수치데이터를 처리하는 디지털 시스템에서 매우 중요한 요소이다. 가산기의 기본동작을 이해하는 것은 디지털 시스템을 공부하는 데 중요한 기초가 된다.

(1) 반가산기(Half-Adder) 기출

반가산기는 두 개의 2진자리를 입력받아 합의 비트(sum)와 올림수비트(carry)를 발생하는 회로이다. 2진수의 덧셈의 기본법칙과 논리기호는 다음과 같다.

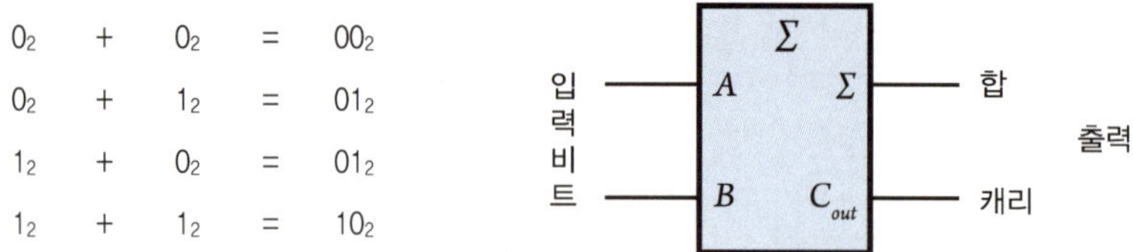

[그림 5-4] 반가산기의 덧셈 기본법칙과 논리기호

① **반가산기의 논리**
반가산기의 덧셈 기본법칙을 이용하여 진리표에 반가산기 연산으로부터의 합과 출력캐리를 입력의 함수로 유도하여 작성한다.

[표 5-1] 반가산기 진리표

입력		출력	
A	B	$Carry$	Sum
0	0	0	0
0	1	0	1
1	0	0	1
1	1	1	0

② **반가산기의 부울대수식** : 각 출력에 대한 카르노맵으로 작성한다.

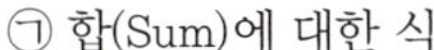

㉠ 합(Sum)에 대한 식

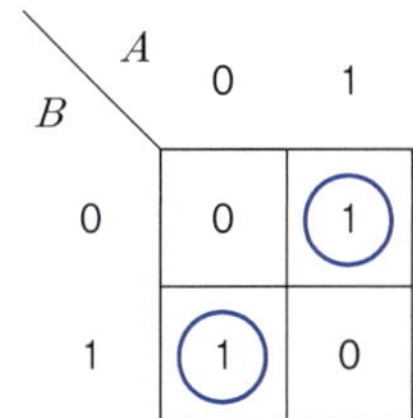

$A\overline{B}+\overline{A}B=A\oplus B$

㉡ 올림수(Carry)에 대한 식

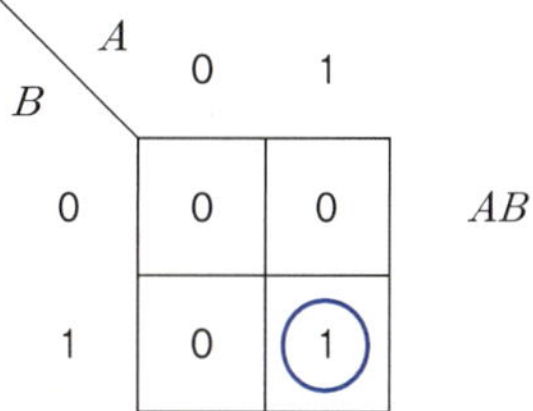

AB

③ **반가산기의 논리회로**

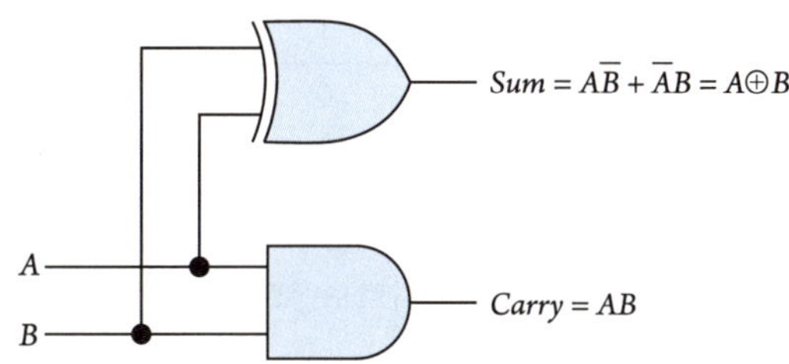

[그림 5-5] 반가산기 논리회로

(2) 전가산기(Full-Adder) 기출

전가산기는 두 개의 입력비트와 입력캐리를 입력받아 합의 출력과 출력캐리를 생성한다. 전가산기와 반가산기의 차이점은 전가산기는 **입력캐리**가 있다는 것이다.

0	0	0	0	1	1	1	1
0	0	1	1	0	0	1	1
+ 0	+ 1	+ 0	+ 1	+ 0	+ 1	+ 0	+ 1
0 0	0 1	0 1	1 0	0 1	1 0	1 0	1 1

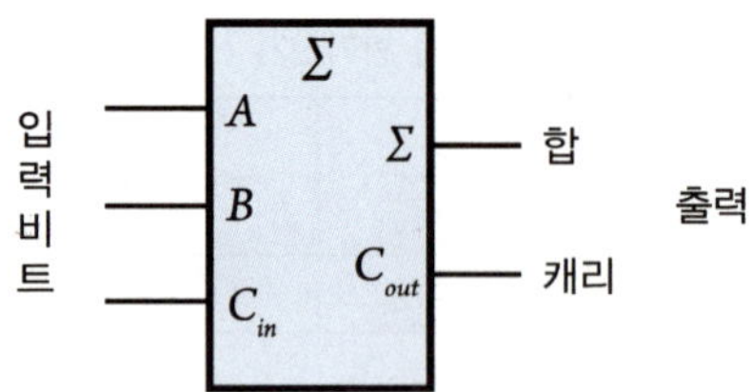

[그림 5-6] 전가산기의 덧셈 기본법칙과 논리기호

① **전가산기의 논리**

전가산기의 덧셈 기본법칙을 이용하여 진리표에 전가산기 연산으로부터의 합과 출력캐리를 입력의 함수로 유도하여 작성한다.

[표 5-2] 전가산기 진리표

입력			출력	
A	B	C_{IN}	C_{OUT}	Sum
0	0	0	0	0
0	0	1	0	1
0	1	0	0	1
0	1	1	1	0
1	0	0	0	1
1	0	1	1	0
1	1	0	1	0
1	1	1	1	1

② **전가산기의 부울대수식** : 각 출력에 대한 카르노맵으로 작성한다.

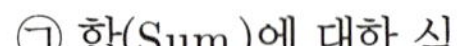
㉠ 합(Sum)에 대한 식

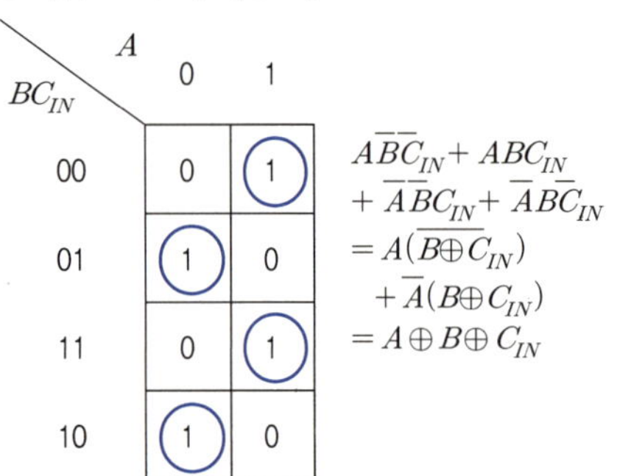

A
BC_{IN}
0 1
00 0 1
01 1 0
11 0 1
10 1 0
$A\overline{B}\overline{C}_{IN} + ABC_{IN}$
$+ \overline{A}\overline{B}C_{IN} + \overline{A}B\overline{C}_{IN}$
$= A(\overline{B \oplus C_{IN}})$
$+ \overline{A}(B \oplus C_{IN})$
$= A \oplus B \oplus C_{IN}$

㉡ 올림수(C_{OUT})에 대한 식

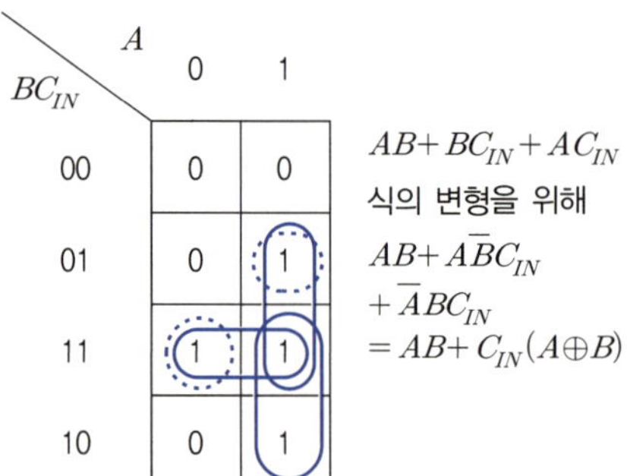

A
BC_{IN}
0 1
00 0 0
01 0 1
11 1 1
10 0 1
$AB + BC_{IN} + AC_{IN}$
식의 변형을 위해
$AB + A\overline{B}C_{IN}$
$+ \overline{A}BC_{IN}$
$= AB + C_{IN}(A \oplus B)$

③ **전가산기의 논리회로**

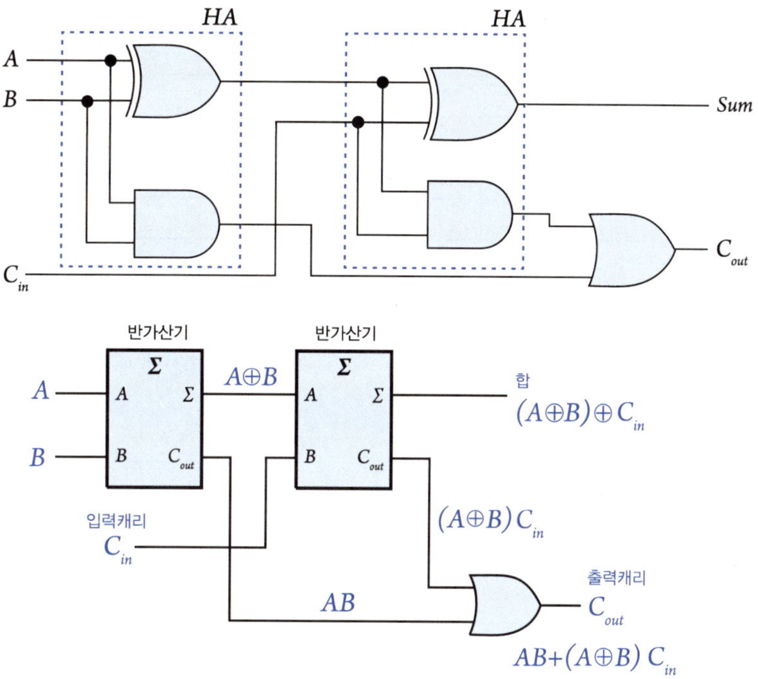

[그림 5-7] 반가산기로 구현되는 전가산기

2 감산기(Subtracter) 중요

(1) 반감산기(Half-Subtracter)

반감산기는 두 개의 2진자리를 입력받아 뺄셈(Difference)의 비트(D)와 자리빌림(Borrow)의 비트(B_o)를 발생하는 회로이다. 2진수의 뺄셈의 기본법칙과 논리기호는 다음과 같다.

[표 5-3] 반감산기의 뺄셈 기본법칙

0_2	−	0_2	=	00_2
0_2	−	1_2	=	11_2
1_2	−	0_2	=	01_2
1_2	−	1_2	=	00_2

① **반감산기의 논리**

반감산기의 뺄셈 기본법칙을 이용하여 진리표에 반감산기 연산으로부터의 뺄셈과 자리빌림을 입력의 함수로 유도하여 작성한다.

[표 5-4] 반가산기 진리표

입력		출력	
A	B	B_0	D
0	0	0	0
0	1	1	1
1	0	0	1
1	1	0	0

② **반감산기의 부울대수식** : 각 출력에 대한 카르노맵으로 작성한다.

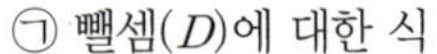
㉠ 뺄셈(D)에 대한 식

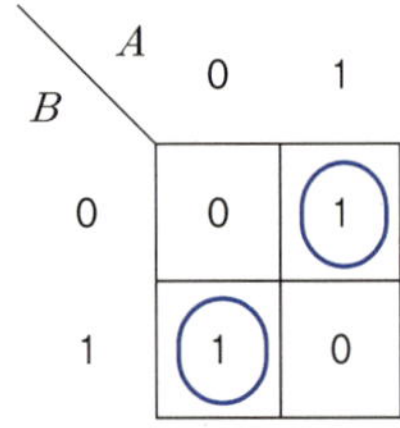

$A\overline{B}+\overline{A}B=A\oplus B$

㉡ 자리빌림(B_o)에 대한 식

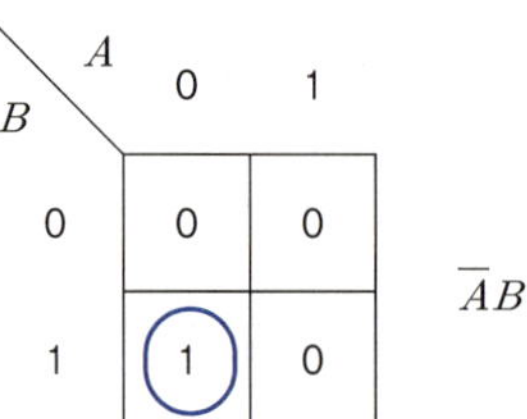

$\overline{A}B$

③ **반감산기의 논리회로**

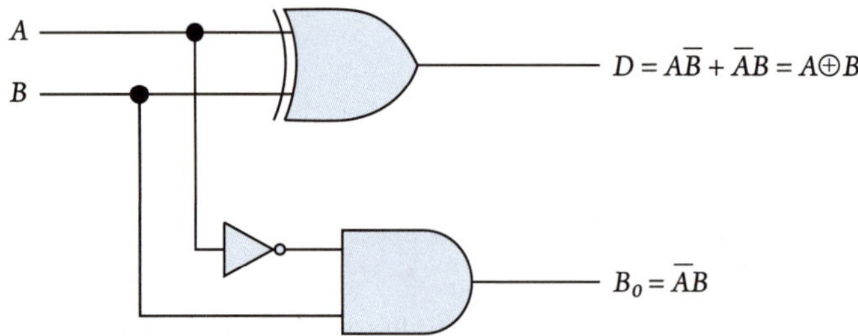

[그림 5-8] 반감산기 논리회로

(2) 전감산기(Full-Subtracter)

전감산기는 두 개의 입력비트와 아랫자리의 자리빌림를 입력받아 뺄셈의 출력과 윗자리 자리빌림을 생성한다. 윗자리로부터 빌려온 값을 포함해서 3비트의 뺄셈을 할 수 있는 회로를 의미한다. 전감산기와 반감산기의 차이점은 전감산기는 아랫자리 자리빌림이 있다는 것이다.

[표 5-5] 전감산기의 뺄셈 기본법칙

0	0	0	0	1	1	1	1
0	0	1	1	0	0	1	1
− 0	− 1	− 0	− 1	− 0	− 1	− 0	− 1
0 0	1 1	1 1	1 0	0 1	0 0	0 0	1 1

① **전감산기의 논리**

전감산기의 빼셈 기본법칙을 이용하여 진리표에 전감산기 연산으로부터의 빼셈과 윗자리 자리빌림을 입력의 함수로 유도하여 작성한다.

[표 5-6] 전감산기 진리표

입력			출력	
A	B	B_i	B_o	D
0	0	0	0	0
0	0	1	1	1
0	1	0	1	1
0	1	1	1	0
1	0	0	0	1
1	0	1	0	0
1	1	0	0	0
1	1	1	1	1

② **전감산기의 부울대수식** : 각 출력에 대한 카르노맵으로 작성한다.

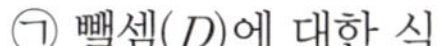
㉠ 빼셈(D)에 대한 식

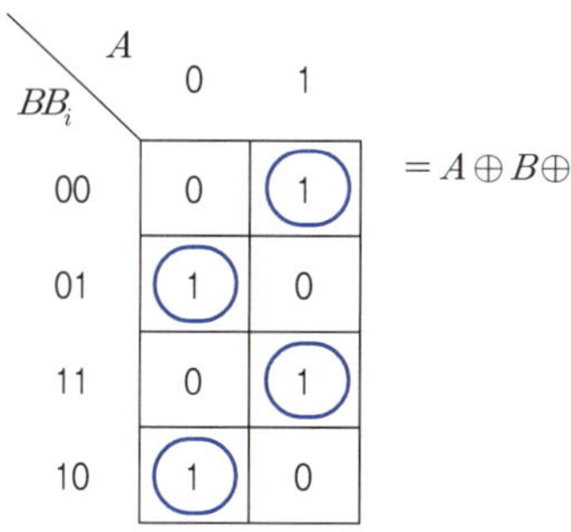

㉡ 윗자리 자리빌림(B_o)에 대한 식

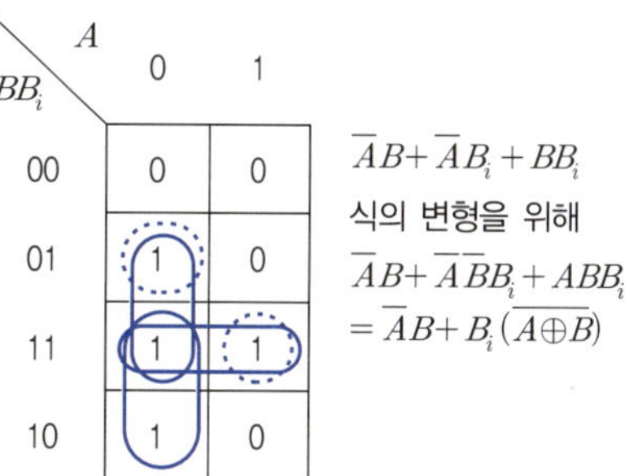

③ **전감산기의 논리회로**

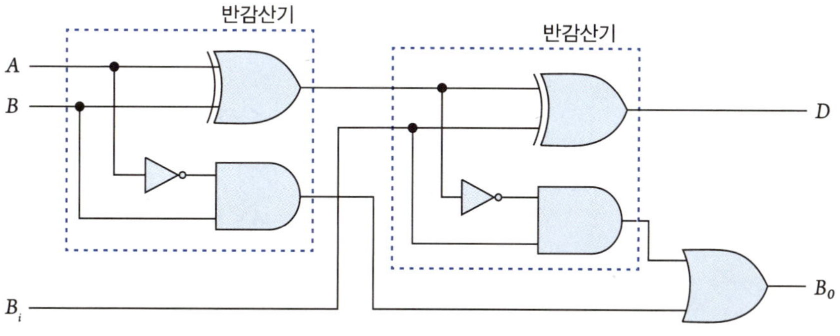

[그림 5-9] 전감산기 논리회로

제4절 여러 가지 조합논리회로

1 비교기(Comparator) 중요

2진 비교기의 기본적인 기능은 두 2진수 값의 크고 작음을 결정하기 위해 그 두 수의 크기를 비교하는 회로이다. XNOR을 이용하여 두 수의 일치 판정을 할 수 있다.

(1) 1비트 비교기

입력받은 1비트 2진수의 크기를 비교하는 것으로, 값이 같거나 같지 않거나 크거나 작음을 비교하는 회로이다.

① **1비트 비교기의 진리표 작성**

[표 5-7] 1비트 비교기의 진리표

입력		F_1	F_2	F_3	F_4
A	B	$A=B$	$A \neq B$	$A>B$	$A<B$
0	0	1	0	0	0
0	1	0	1	0	1
1	0	0	1	1	0
1	1	1	0	0	0

② **논리식 작성**

$F_1 = A \odot B = \overline{A \oplus B}$, $F_2 = A \oplus B$, $F_3 = A\overline{B}$, $F_4 = \overline{A}B$

③ **논리회로 작성**

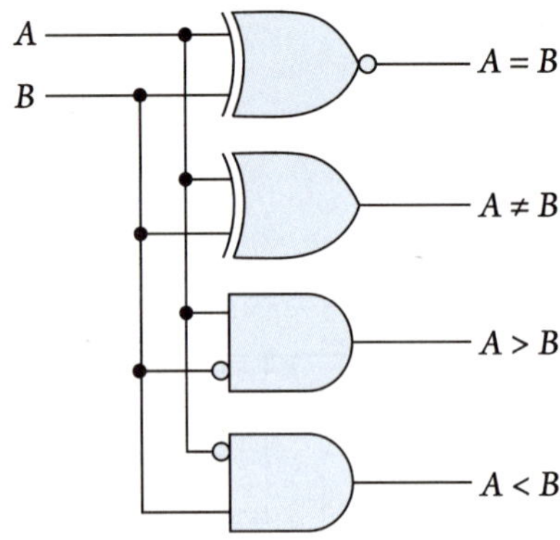

[그림 5-10] 1비트 비교기 논리회로

(2) 2비트 비교기

입력받은 2비트 2진수의 크기를 비교하는 것으로, 값이 같거나 같지 않거나 크거나 작음을 비교하는 회로이다.

① 2비트 비교기의 진리표 작성

[표 5-8] 2비트 비교기의 진리표

입력				F_1	F_2	F_3	F_4
A_2	A_1	B_2	B_1	$A=B$	$A \neq B$	$A>B$	$A<B$
0	0	0	0	1	0	0	0
0	0	0	1	0	1	0	1
0	0	1	0	0	1	0	1
0	0	1	1	0	1	0	1
0	1	0	0	0	1	1	0
0	1	0	1	1	0	0	0
0	1	1	0	0	1	0	1
0	1	1	1	0	1	0	1
1	0	0	0	0	1	1	0
1	0	0	1	0	1	1	0
1	0	1	0	1	0	0	0
1	0	1	1	0	1	0	1
1	1	0	0	0	1	1	0
1	1	0	1	0	1	1	0
1	1	1	0	0	1	1	0
1	1	1	1	1	0	0	0

② 각 출력에 대한 논리식 작성

㉠ $F_1(A=B)$에 대한 식

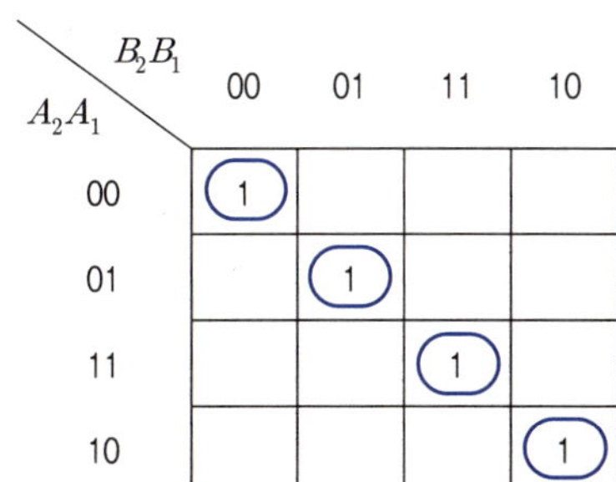

$$
\begin{aligned}
&\overline{A_2}\,\overline{A_1}\,\overline{B_2}\,\overline{B_1} + \overline{A_2}A_1\overline{B_2}B_1 + A_2A_1B_2B_1 + A_2\overline{A_1}B_2\overline{B_1} \\
&= \overline{A_2}\,\overline{B_2}(\overline{A_1}\,\overline{B_1} + A_1B_1) + A_2B_2(A_1B_1 + \overline{A_1}\,\overline{B_1}) \\
&= \overline{A_2}\,\overline{B_2}(\overline{A_1 \oplus B_1}) + A_2B_2(\overline{A_1 \oplus B_1}) \\
&= (\overline{A_2 \oplus B_2})(\overline{A_1 \oplus B_1})
\end{aligned}
$$

㉡ $F_2 = (A \neq B)$에 대한 식

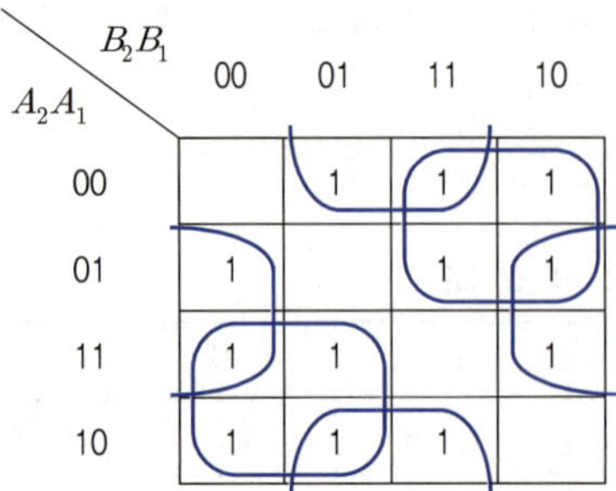

$$A_1\overline{B_1} + \overline{A_1}B_1 + A_2\overline{B_2} + \overline{A_2}B_2 = A_1 \oplus B_1 + A_2 \oplus B_2$$

㉢ $F_3 = (A > B)$에 대한 식

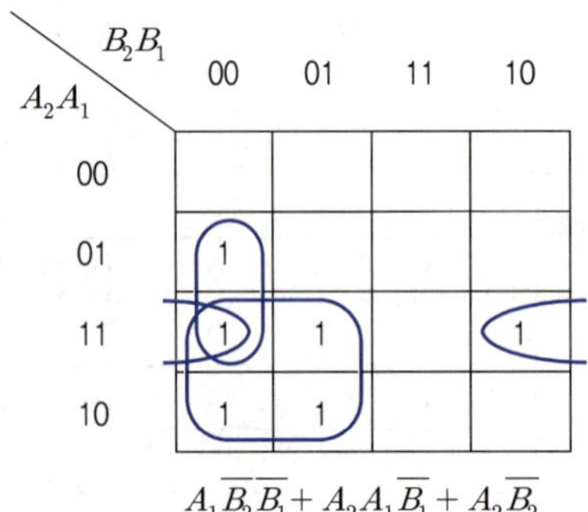

$$A_1\overline{B_2}\,\overline{B_1} + A_2A_1\overline{B_1} + A_2\overline{B_2}$$

㉣ $F_4 = (A < B)$에 대한 식

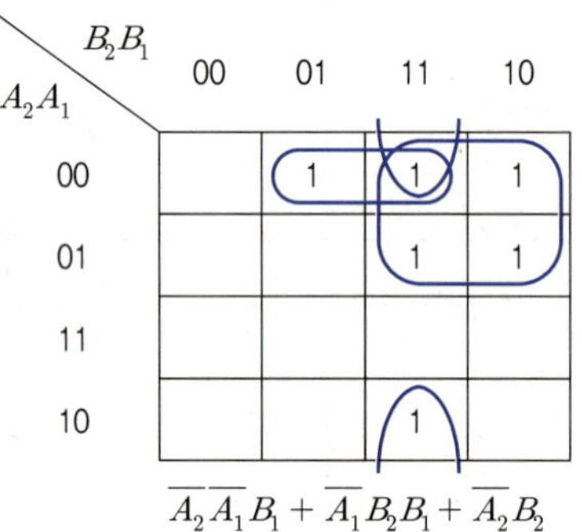

$$\overline{A_2}\,\overline{A_1}B_1 + \overline{A_1}B_2B_1 + \overline{A_2}B_2$$

③ **2비트 비교기 회로도 작성**

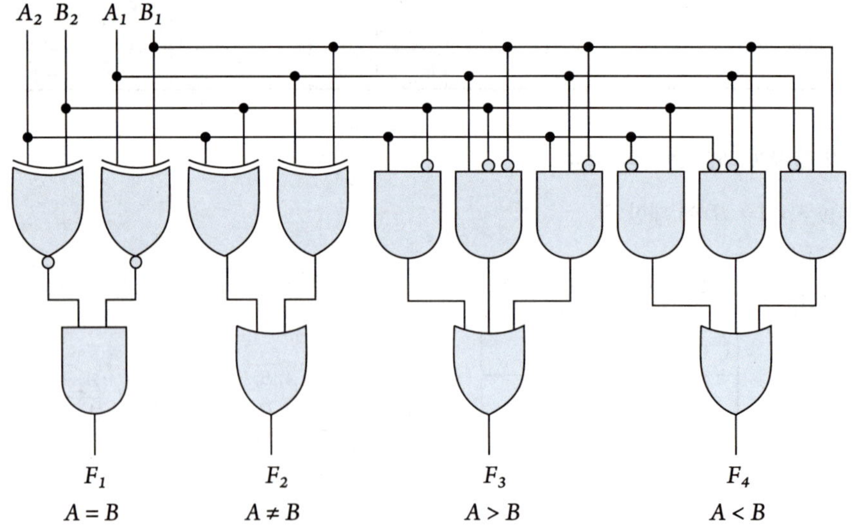

[그림 5-11] 2비트 비교기 논리회로

2 디코더(Decoder) 중요

디코더는 지정된 비트조합(코드)이 입력되는가를 검출하여 그 코드의 존재를 지정된 출력 레벨로 표현하는 디지털 회로이고, **2진 코드를 숫자나 문자로 변환해주는 회로**이다. 디코더의 일반적인 형태를 보면 n비트를 처리하기 위해 n개의 **입력선**과 1-비트 또는 n-비트 조합이 입력됨을 표시할 수 있도록 $1 \sim 2^n$개의 **출력선**을 갖는다. 기본적인 원리는 다른 형태의 디코더로 확장될 수 있다.

(1) 기본적인 2비트 디코더

2진 코드 1001이 디지털회로로 입력되는 것을 검출할 필요가 있다고 가정하자. AND게이트는 모든 입력이 HIGH일 때만 출력이 HIGH(액티브-HIGH)가 되므로 기본적인 디코딩 요소로 이용될 수 있다.

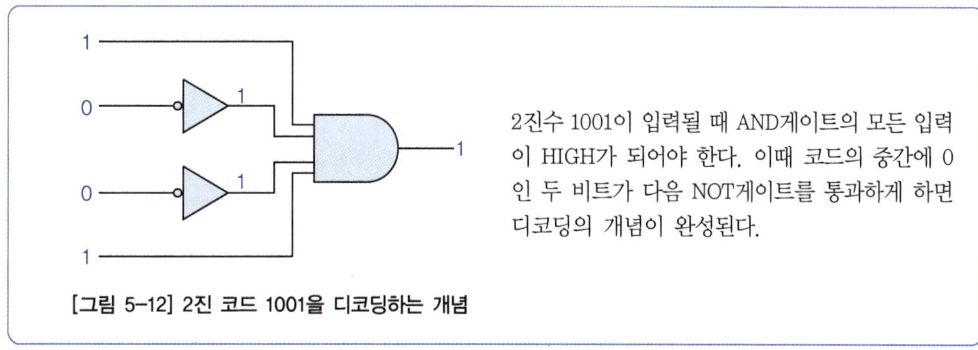

1
0
1
0
1
1
1
2진수 1001이 입력될 때 AND게이트의 모든 입력이 HIGH가 되어야 한다. 이때 코드의 중간에 0인 두 비트가 다음 NOT게이트를 통과하게 하면 디코딩의 개념이 완성된다.

[그림 5-12] 2진 코드 1001을 디코딩하는 개념

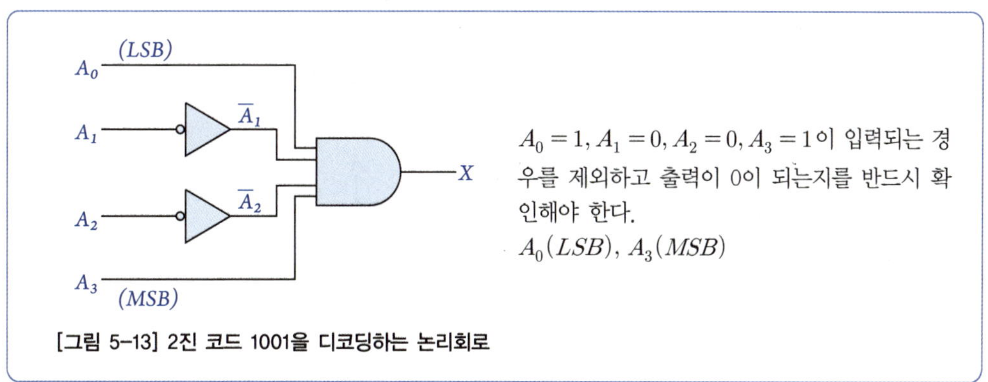

(LSB)
A0
A1
A2
A3
(MSB)
X
$A_0 = 1, A_1 = 0, A_2 = 0, A_3 = 1$이 입력되는 경우를 제외하고 출력이 0이 되는지를 반드시 확인해야 한다.
$A_0(LSB)$, $A_3(MSB)$

[그림 5-13] 2진 코드 1001을 디코딩하는 논리회로

예제 5-11

2진수 1011을 디코딩하여 액티브-HIGH로 출력되는 논리회로를 작성하시오.

해설

디코딩 함수는 입력 2진수에서 0인 비트만 보수를 취하여 다음과 같이 구할 수 있다.

$X = A_3\overline{A}_2A_1A_0$(1011)

이 함수는 A_2는 부정하여 AND게이트에 입력하고, A_3, A_1, A_0는 그대로 AND게이트에 입력되도록 해야한다.

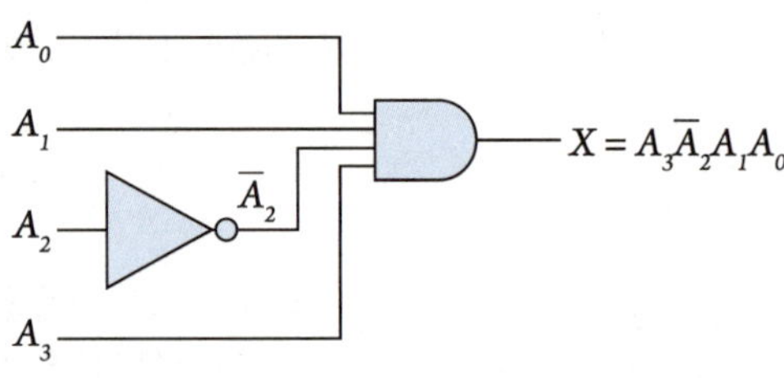

① 1×2 **디코더** : 1개의 입력으로 2개의 출력 중 하나를 선택할 수 있는 기본적인 디코더이다. 예를 들면 $A=0, A=1$은 1비트로 표시되는 수의 범위를 0, 1로 할 수 있다. $A=0$일 때, 출력 Y_0을 Active HIGH로 표시하고, $A=1$일 때, 출력 Y_1을 Active HIGH로 표시한다. 다음 표와 그림은 1×2 디코더의 개념을 진리표와 논리식, 논리회로로 나타내었다.

㉠ 1×2 디코더 진리표 작성

입력	출력	
A	Y_1	Y_0
0	0	1
1	1	0

㉡ 논리식 : $Y_1 = A, Y_0 = \overline{A}$

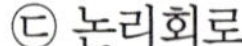

㉢ 논리회로

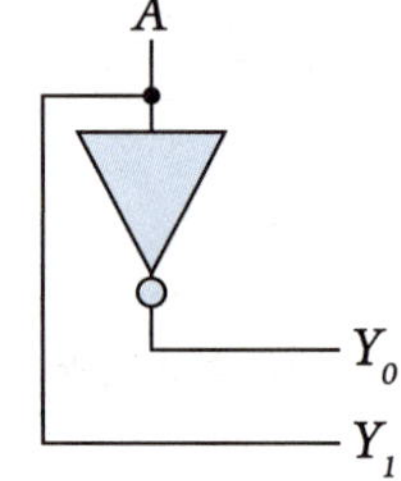

② 2×4 **디코더** : 2개의 입력으로 4개의 출력 중 하나를 선택할 수 있는 디코더이다. $A=0, B=0$일 때, 출력 Y_0을 Active HIGH로 표시하고, $A=1, B=0$일 때, 출력 Y_1을 Active HIGH로 표시한다. $A=0, B=1$일 때, 출력 Y_2을 Active HIGH로, $A=1, B=1$일 때, 출력 Y_3을 Active HIGH로 표시한다. 즉, 2비트 2진수의 값을 4개로 나눠 출력하여 2진수 코드를 복호화하여 나타낼 수 있다.

㉠ 2×4 디코더 진리표 작성

입력		출력			
B	A	Y_3	Y_2	Y_1	Y_0
0	0	0	0	0	1
0	1	0	0	1	0
1	0	0	1	0	0
1	1	1	0	0	0

㉡ 논리식 : $Y_0 = \overline{B}\overline{A}$, $Y_1 = \overline{B}A$,

$Y_2 = B\overline{A}$, $Y_3 = BA$

㉢ 논리회로

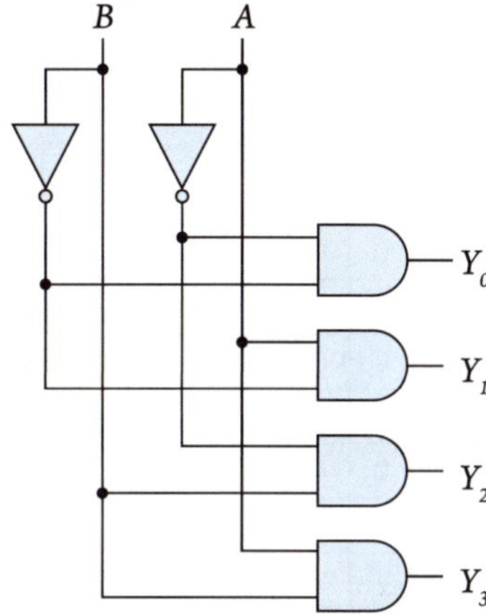

③ 2×4 **NAND 디코더** : 실제 IC(74139)로 제작된 2×4 디코더는 NAND게이트로 구성되어 있다. NAND게이트는 모든 입력이 HIGH일 때만 출력이 LOW(엑티브-LOW)가 되도록 한다.

㉠ 2×4 NAND 디코더 진리표 작성

입력		출력			
B	A	Y_3	Y_2	Y_1	Y_0
0	0	1	1	1	0
0	1	1	1	0	1
1	0	1	0	1	1
1	1	0	1	1	1

㉡ 논리식 : $Y_0 = \overline{\overline{B}\overline{A}}$, $Y_1 = \overline{\overline{B}A}$,

$Y_2 = \overline{B\overline{A}}$, $Y_3 = \overline{BA}$

㉢ 논리회로

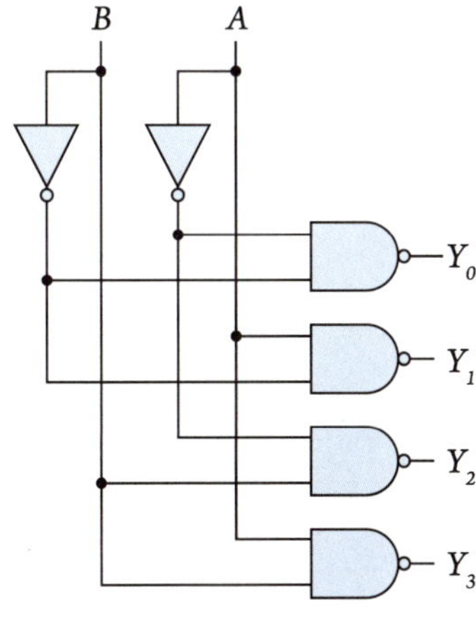

㉣ IC 74139 구성도

Enable 있는 2×4 NAND 디코더 2개

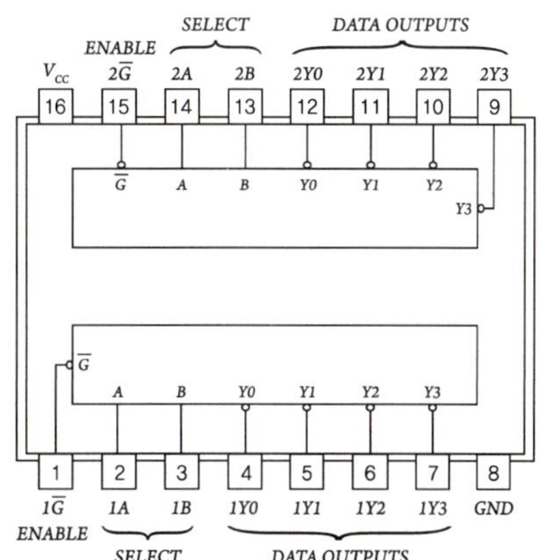

(2) 3비트(3×8) 디코더

3×8 디코더는 입력 3개와 출력 8(2^3)개로 구성되고, 3입력에 따라 출력 8개 중 하나가 선택된다. 즉, 2진수를 8진수로 해독하는 회로이다.

① 3×8 **디코더 진리표 작성**

입력			출력							
C	B	A	Y_7	Y_6	Y_5	Y_4	Y_3	Y_2	Y_1	Y_0
0	0	0	0	0	0	0	0	0	0	1
0	0	1	0	0	0	0	0	0	1	0
0	1	0	0	0	0	0	0	1	0	0
0	1	1	0	0	0	0	1	0	0	0
1	0	0	0	0	0	1	0	0	0	0
1	0	1	0	0	1	0	0	0	0	0
1	1	0	0	1	0	0	0	0	0	0
1	1	1	1	0	0	0	0	0	0	0

② **논리식**

$Y_0 = \overline{C}\overline{B}\overline{A}$, $Y_1 = \overline{C}\overline{B}A$, $Y_2 = \overline{C}B\overline{A}$,

$Y_3 = \overline{C}BA$, $Y_4 = C\overline{B}\overline{A}$, $Y_5 = C\overline{B}A$,

$Y_6 = CB\overline{A}$, $Y_7 = CBA$

③ **논리회로**

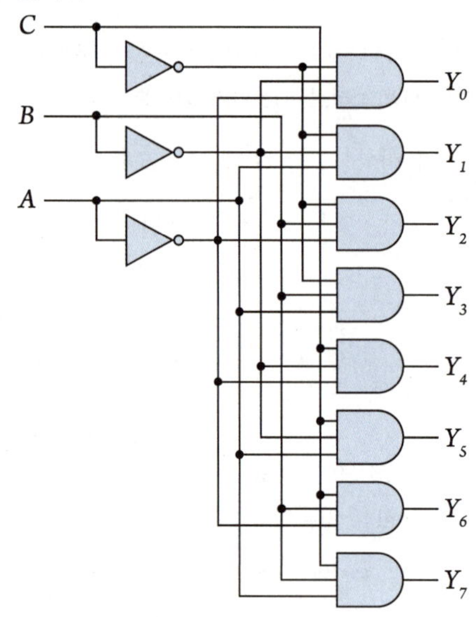

④ **IC 74138 구성도**

3개의 Enable 단자가 있는 3×8 디코더

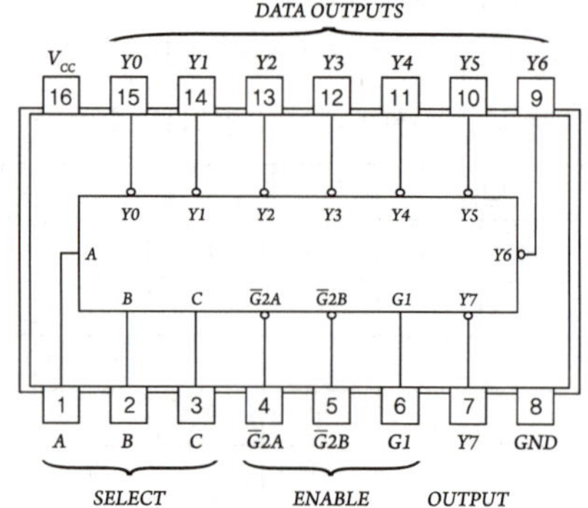

예제 5-12

[설계예제] 지하 1층, 지상 7층으로 이루어진 8층 건물에 설치된 엘리베이터에서 현재 층을 가리키는 램프를 켜주는 회로를 구성하려고 한다. 엘리베이터가 위치한 층을 표시하는 디스플레이는 B, 1, 2, 3, 4, 5, 6, 7로 배열된 글자판이 있으며, 각 글자 뒤에 있는 램프가 켜지면 해당 글자판이 밝게 비추어져 층을 표시한다고 가정한다. 또한 회로의 입력으로는 각 층의 센서로부터 해당 층을 나타내는 3비트 2진수(000 : 지하층, 001 : 1층, 010 : 2층, 011 : 3층, 100 : 4층, 101 : 5층, 110 : 6층, 111 : 7층)가 입력된다고 가정한다.

해설

㉠ 엘리베이터 층 표시 개념도 및 회로도

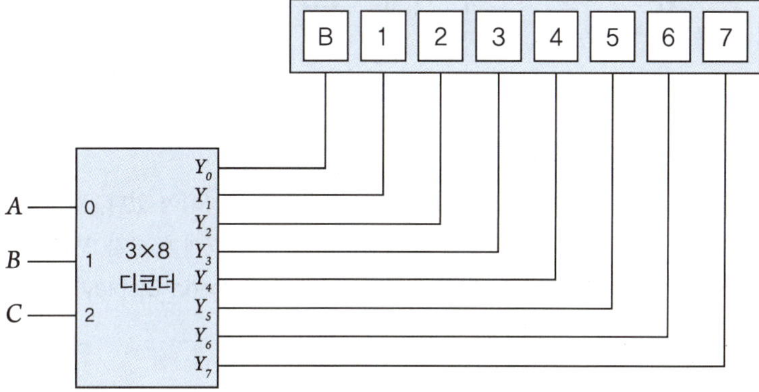

㉡ 현재 위치를 나타내는 2진수를 3×8 디코더로 입력시켜 보자.

㉢ 디코더 Y_0 출력을 디스플레이 글자 B의 램프에 연결한다.

㉣ $Y_1 \rightarrow 1$, $Y_2 \rightarrow 2$, $Y_3 \rightarrow 3$, $Y_4 \rightarrow 4$, $Y_5 \rightarrow 5$, $Y_6 \rightarrow 6$, $Y_7 \rightarrow 7$ 로 연결하면 된다.

㉤ 예를 들면 6층에 있으면 3×8 디코더의 입력으로 110이 되고, Y_6만이 선택된다.

더 알아두기

디코더의 활용

컴퓨터가 명령 코드의 의미를 결정하기 위한 내부 동작으로 번지(address)를 식별하고, 해석 루틴이나 몇몇 서브루틴에서 루틴 내부 변수의 의미를 결정하는 데 사용한다. 프로그래밍 언어를 명확하게 번역하는 데도 사용한다. 또한, 작은 디코더를 여러 개 결합하여 큰 규모의 디코더를 구성할 수 있다. 예를 들면 4개의 3×8 디코더와 1개의 2×4 디코더로 5×32 디코더를 설계할 수 있다.

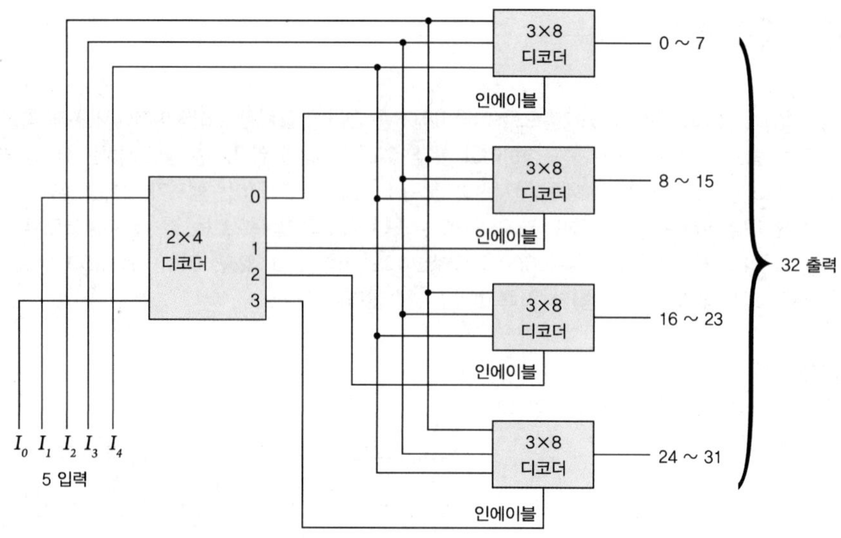

(3) BCD-7-세그먼트 디코더 중요

7-세그먼트는 숫자를 표시하기 위해 막대모양의 LED 7개로 구성되어 있다. 탁상용 전자계산기나 디지털 시계 등 간단한 정보를 확인하기 위한 출력장치이다. LED 7개를 숫자 모양으로 배열하여 하나의 소자로 만들어 놓은 것이다. 7-세그먼트는 FND(Flexible Numeric Display)라고 표현하기도 한다.

① 7-세그먼트의 구성 및 디코더와의 연결

㉠ 7-세그먼트 구성

7-세그먼트 표시 장치는 7개의 선분(획)으로 구성되어 있으며, 위와 아래에 사각형 모양으로 두 개의 가로 획과 두 개의 세로 획이 배치되어 있고, 위쪽 사각형의 아래 획과 아래쪽 사각형의 위쪽 획이 합쳐진 모양이다. 가독성을 위해 종종 사각형을 기울여서 표시하기도 한다. 7개의 획은 각각 꺼지거나 켜질 수 있으며 이를 통해 아라비아 숫자를 표시할 수 있다. 몇몇 숫자(0, 6, 7, 9)는 둘 이상의 다른 방법으로 표시가 가능하다.

7-세그먼트 표시 장치의 각 획은 맨 위쪽 가로 획부터 시계 방향으로, 그리고 마지막 가운데 가로 획까지 각각 a부터 g까지의 이름으로 불린다. 소수를 나타내기 위해서 숫자의 오른쪽 아래에 소수점(DP)이 붙는 경우도 있다. [그림 5-14] (a) 7-세그먼트의 구성과 같다.

㉡ 7-세그먼트의 종류

7-세그먼트에는 Common-Anode Type과 Common-Cathode Type이 있다. [그림 5-14] (b) 7-세그먼트 종류를 보면 두 종류의 회로를 확인할 수 있다. Common-Anode Type은 Common Pin에 VCC를 연결하고 각각의 Pin의 디코더의 출력에 0을 내보내면 LED가 켜진다. 이와 반대로 Common-Cathode Type은 Common Pin에 GND를 연결하고 각각의 Pin의 디코더의 출력에 1을 내보내면 LED가 켜지게 된다.

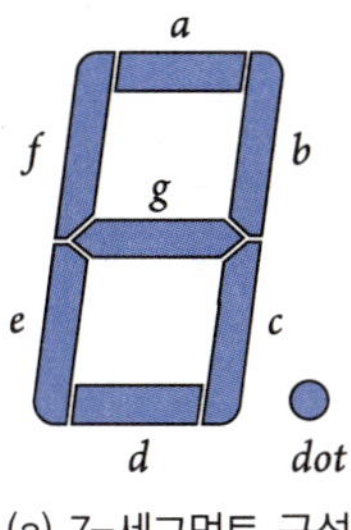

(a) 7-세그먼트 구성

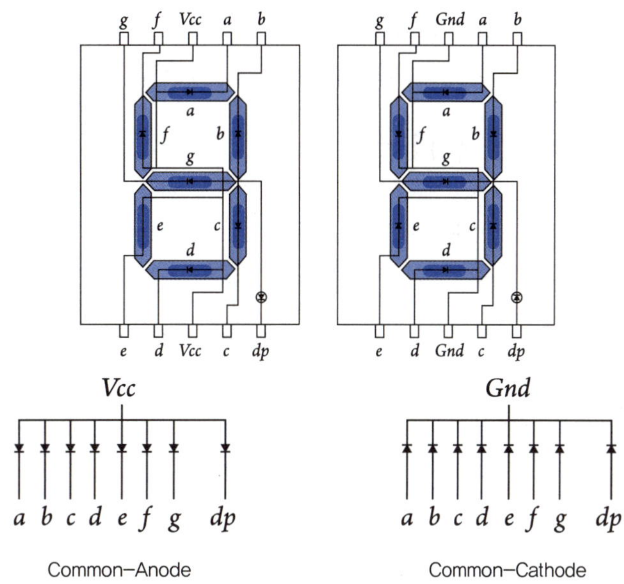

(b) 7-세그먼트 종류

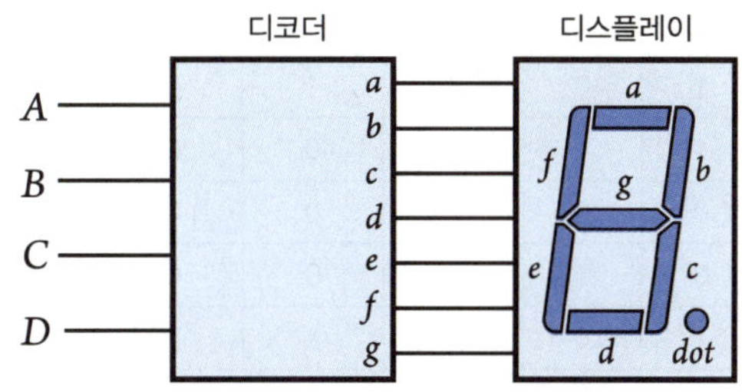

(c) 7-세그먼트와 디코더의 연결

[그림 5-14] 7-세그먼트의 구성과 종류 및 디코더와의 연결

② 일반적으로 각 숫자에 해당하는 7-세그먼트 표시장치의 모습

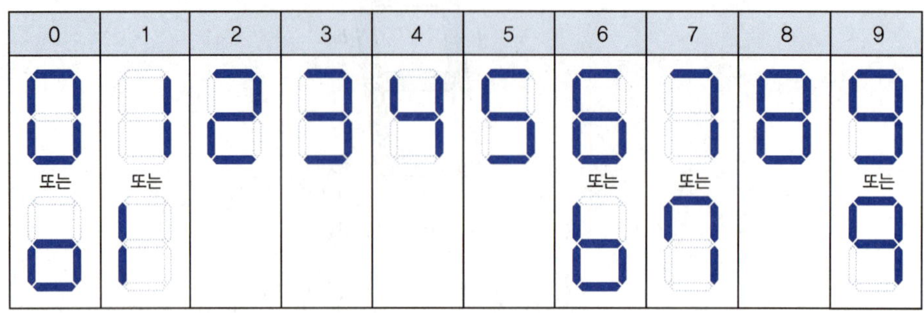

[그림 5-15] 7-세그먼트의 숫자표시

③ **7-세그먼트 디코더 동작 진리표 작성**

설계 시 조건은 Common-Anode type의 7-세그먼트를 사용하고, [그림 5-15] 7-세그먼트의 숫자 표시의 윗부분(6과 9는 아랫부분)으로 표시한다. 즉, 디코더는 0일 때 동작하는 액티브-LOW로 한다. dot LED는 필요가 없으므로 사용하지 않는다.

[표 5-9] 7-세그먼트 디코더 진리표

입력				출력						
D	C	B	A	$\bar{a}$	$\bar{b}$	$\bar{c}$	$\bar{d}$	$\bar{e}$	$\bar{f}$	$\bar{g}$
0	0	0	0	0	0	0	0	0	0	1
0	0	0	1	1	0	0	1	1	1	1
0	0	1	0	0	0	1	0	0	1	0
0	0	1	1	0	0	0	0	1	1	0
0	1	0	0	1	0	0	1	1	0	0
0	1	0	1	0	1	0	0	1	0	0
0	1	1	0	1	1	0	0	0	0	0
0	1	1	1	0	0	0	1	1	1	1
1	0	0	0	0	0	0	0	0	0	0
1	0	0	1	0	0	0	1	1	0	0
1	0	1	0	X	X	X	X	X	X	X
1	0	1	1	X	X	X	X	X	X	X
1	1	0	0	X	X	X	X	X	X	X
1	1	0	1	X	X	X	X	X	X	X
1	1	1	0	X	X	X	X	X	X	X
1	1	1	1	X	X	X	X	X	X	X

BCD 코드는 0 ~ 9까지 10가지 숫자만 표시하고, 나머지 6가지의 입력의 경우는 무정의항(don't care)으로 정의한다.

④ 각각의 7-세그먼트에 표시하기 위해 카르노맵을 사용하여 논리식을 완성한다.

㉠ $\overline{a} = \overline{D}\overline{C}\overline{B}A + C\overline{A}$

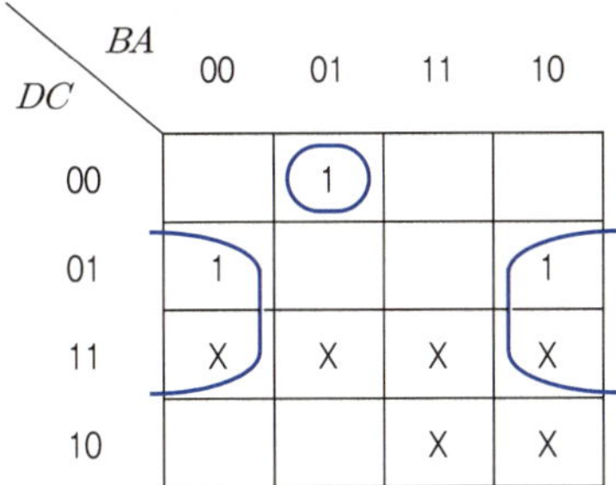

DC \ BA	00	01	11	10
00		1		
01	1			1
11	X	X	X	X
10			X	X

㉡ $\overline{b} = C\overline{B}A + CB\overline{A} = C(B \oplus A)$

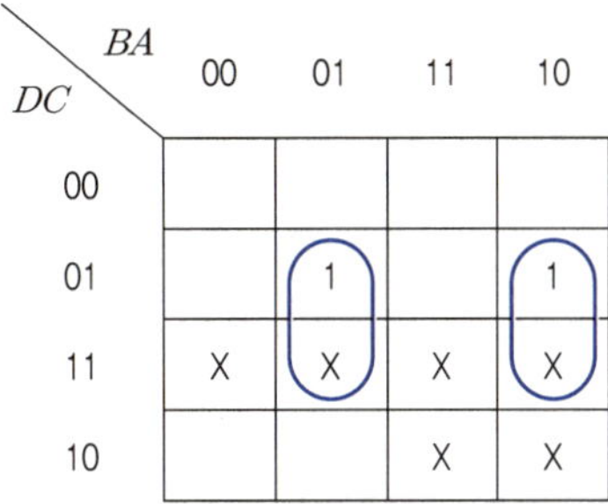

DC \ BA	00	01	11	10
00				
01		1		1
11	X	X	X	X
10			X	X

㉢ $\overline{c} = \overline{C}B\overline{A}$

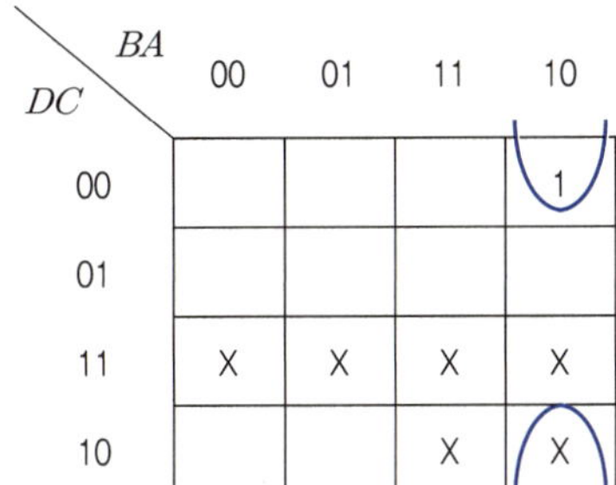

DC \ BA	00	01	11	10
00				1
01				
11	X	X	X	X
10			X	X

㉣ $\overline{d} = \overline{C}\overline{B}A + C\overline{B}\overline{A} + CBA$

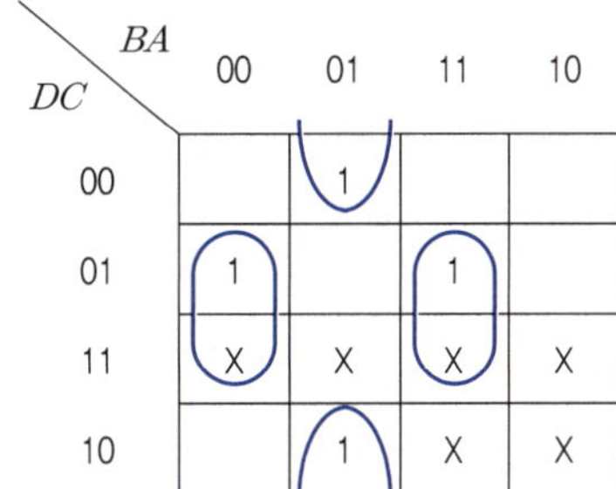

DC \ BA	00	01	11	10
00		1		
01	1		1	
11	X	X	X	X
10		1	X	X

여기서 $\overline{d} = \overline{C}\overline{B}A + C(\overline{B \oplus A})$ 는
게이트레벨이 늘어나므로 사용하지 않는다.

㉤ $\overline{e} = A + C\overline{B}$

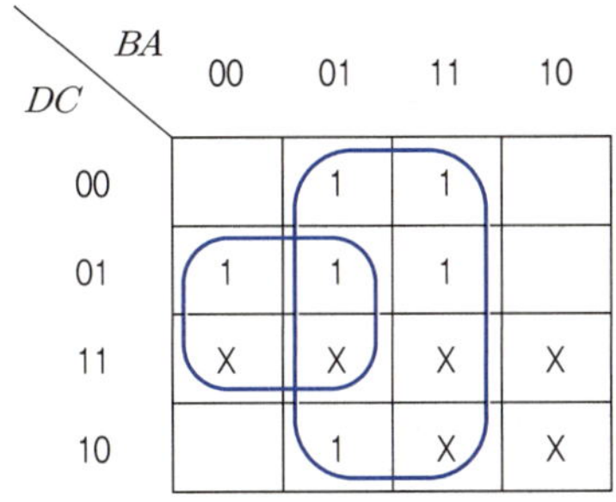

DC \ BA	00	01	11	10
00		1	1	
01	1	1	1	
11	X	X	X	X
10		1	X	X

㉥ $\overline{f} = BA + \overline{C}B + \overline{D}\overline{C}A$

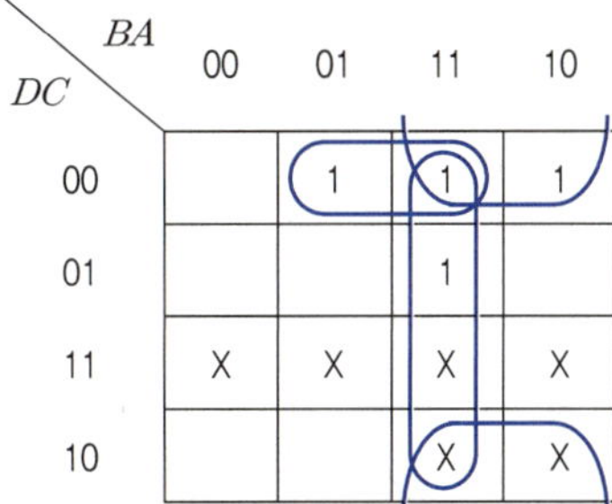

DC \ BA	00	01	11	10
00		1	1	1
01			1	
11	X	X	X	X
10			X	X

ⓢ $\overline{g} = \overline{D}\,\overline{C}\,\overline{B} + CBA$

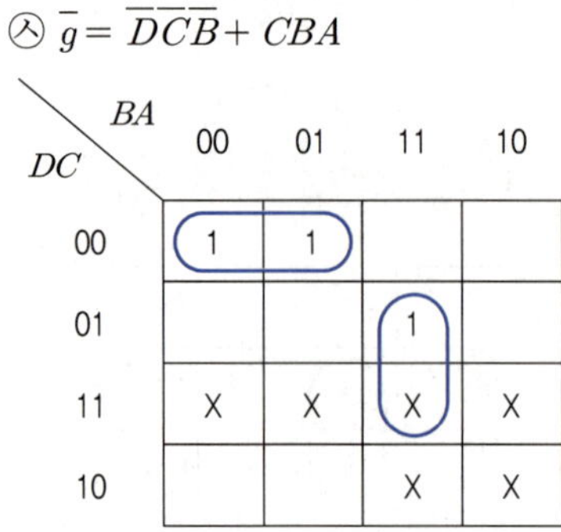

DC \ BA	00	01	11	10
00	1	1		
01			1	
11	X	X	X	X
10			X	X

⑤ 7-세그먼트 디코더 회로를 작성한다.

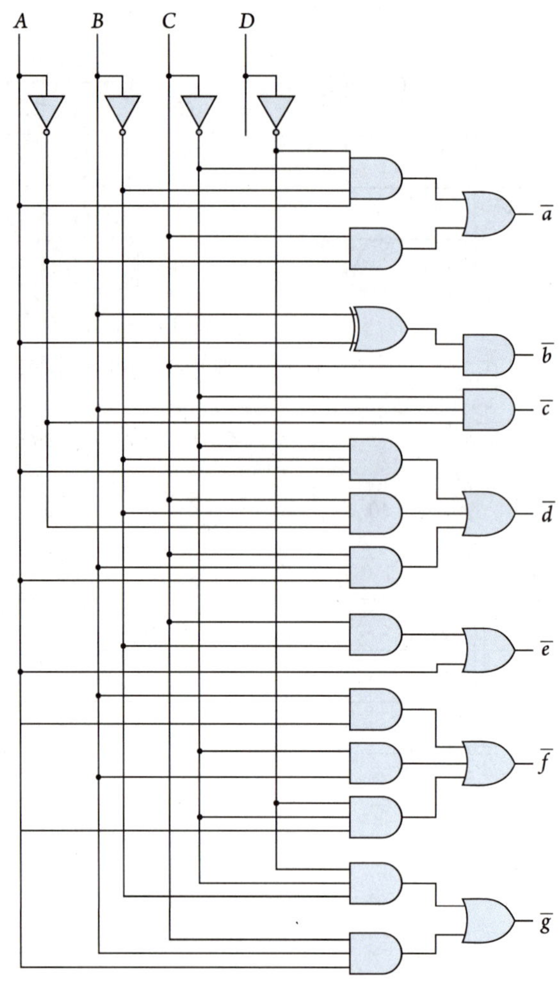

[그림 5-16] 7-세그먼트 디코더 회로

3 인코더(Encoder)

인코더는 디코더의 기능을 역으로 수행하는 조합논리회로이다. **10진수 또는 8진수 등의 숫자를 의미하는 액티브 상태의 입력이 인가되면, 이를 BCD, 2진 코드화된 출력으로 변환한다. 신호 2^n개를 입력받아 출력신호 n개를 만든다.** 인코더는 2^n개 중 활성화된 1비트 입력신호를 받아서 그 숫자에 해당하는 n비트 2진 정보를 출력한다. 입력의 개수에 따라 인코더는 4×2 인코더, 8×3 인코더와 같이 나타낸다.
인코더의 응용은 10진수를 2진수로 변환하는 장치, 정보전송을 일정한 규칙에 따라 암호로 변환하는 장치, 컴퓨터 모니터에서 사용되는 VGA 등과 같은 RGB 정보를 TV에서 수신할 수 있는 NTSC 방식의 신호로 변환하여 주는 장치이며, 이 과정을 인코딩(Encoding)이라고 한다.

(1) 기본적인 2×1 인코더

2×1 인코더는 입력 $2(=2^1)$개와 출력 1개를 가지며, 입력신호에 따라 0 또는 1을 출력한다.

① 2×1 **인코더 진리표 작성**

입력		출력
D_1	D_0	B_0
0	1	0
1	0	1

② **논리식** : $B_0 = D_1$

③ **논리회로도**

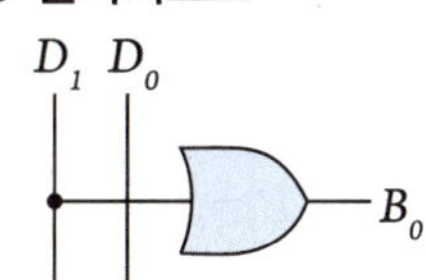

(2) 4×2 인코더

4×2 인코더는 입력 $4(=2^2)$개와 출력 2개를 가지며, 입력신호에 따라 2개의 2진 조합으로 출력한다.

① 4×2 **인코더 진리표 작성**

입력				출력	
D_3	D_2	D_1	D_0	B_1	B_0
0	0	0	1	0	0
0	0	1	0	0	1
0	1	0	0	1	0
1	0	0	0	1	1

② **논리식**

$B_0 = D_1 + D_3,\ B_1 = D_2 + D_3$

③ **논리회로도**

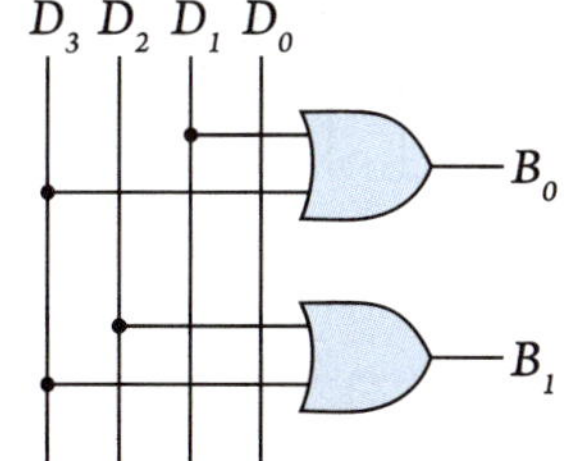

(3) 8×3 인코더

8×3 인코더는 입력 8(=2^3)개와 출력 3개를 가지며, 입력신호에 따라 3개의 2진 조합으로 출력한다.

① 8×3 **인코더 진리표 작성**

입력								출력		
D_7	D_6	D_5	D_4	D_3	D_2	D_1	D_0	B_2	B_1	B_0
0	0	0	0	0	0	0	1	0	0	0
0	0	0	0	0	0	1	0	0	0	1
0	0	0	0	0	1	0	0	0	1	0
0	0	0	0	1	0	0	0	0	1	1
0	0	0	1	0	0	0	0	1	0	0
0	0	1	0	0	0	0	0	1	0	1
0	1	0	0	0	0	0	0	1	1	0
1	0	0	0	0	0	0	0	1	1	1

② **논리식**

$B_0 = D_1 + D_3 + D_5 + D_7$, $B_1 = D_2 + D_3 + D_6 + D_7$, $B_2 = D_4 + D_5 + D_6 + D_7$

③ **논리회로**

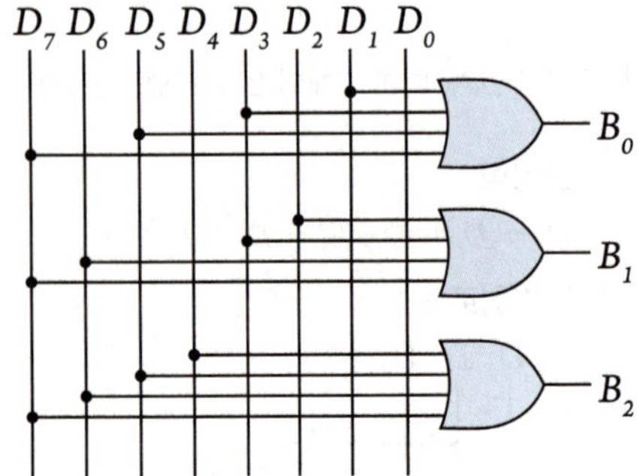

4 코드변환기

디지털 시스템들은 동일한 정보에 대해 다양한 코드를 사용하므로 시스템 간의 상호 호환성을 유지하기 위해 코드를 변환하는 기능이 필요하다. 임의의 코드를 다른 코드로 변환하는 조합논리회로를 알아보자.

(1) 2진수를 그레이코드로 변환하기 중요

2진수의 그레이코드변환은 2장에서 다루었는데, 이 변환과정은 XOR게이트를 이용하여 할 수 있다.

① 4비트 2진수-그레이코드 변환 진리표

2진 입력				그레이코드 출력				2진 입력				그레이코드 출력			
B_3	B_2	B_1	B_0	G_3	G_2	G_1	G_0	B_3	B_2	B_1	B_0	G_3	G_2	G_1	G_0
0	0	0	0	0	0	0	0	1	0	0	0	1	1	0	0
0	0	0	1	0	0	0	1	1	0	0	1	1	1	0	1
0	0	1	0	0	0	1	1	1	0	1	0	1	1	1	1
0	0	1	1	0	0	1	0	1	0	1	1	1	1	1	0
0	1	0	0	0	1	1	0	1	1	0	0	1	0	1	0
0	1	0	1	0	1	1	1	1	1	0	1	1	0	1	1
0	1	1	0	0	1	0	1	1	1	1	0	1	0	0	1
0	1	1	1	0	1	0	0	1	1	1	1	1	0	0	0

② 그레이코드 출력의 각 비트별 논리식을 카르노맵을 이용하여 작성한다.

㉠ $G_3 = B_3$

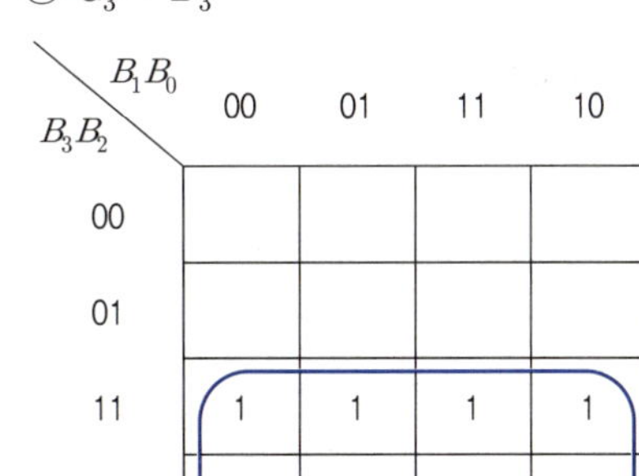

B_1B_0
B_3B_2
00
01
11
10
00
01
11
10
1 1 1 1
1 1 1 1

㉡ $G_2 = \overline{B_3}B_2 + B_3\overline{B_2} = B_3 \oplus B_2$

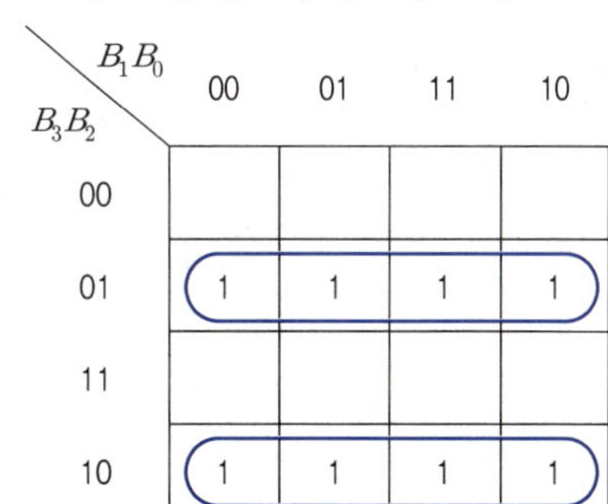

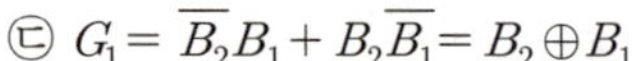

ⓒ $G_1 = \overline{B_2}B_1 + B_2\overline{B_1} = B_2 \oplus B_1$

ⓓ $G_0 = \overline{B_1}B_0 + B_1\overline{B_0} = B_1 \oplus B_0$

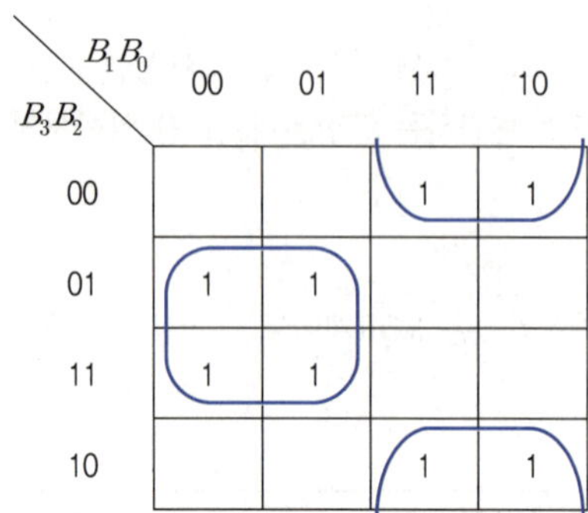

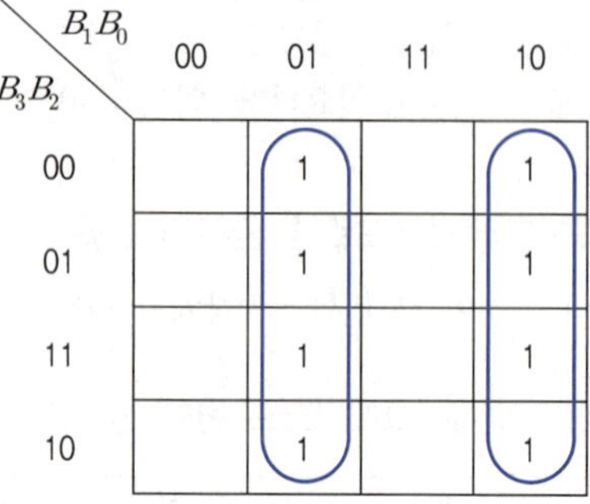

③ 논리회로도를 작성한다.

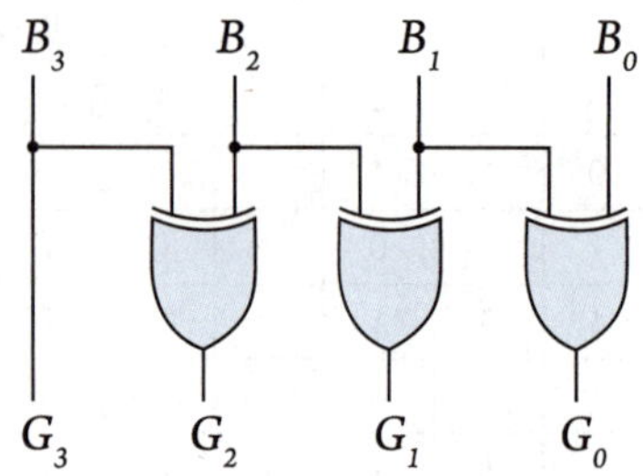

(2) 그레이코드를 2진수로 변환하기

① 4비트 그레이코드-2진수 변환 진리표

그레이코드 입력				2진 출력				그레이코드 입력				2진 출력			
G_3	G_2	G_1	G_0	B_3	B_2	B_1	B_0	G_3	G_2	G_1	G_0	B_3	B_2	B_1	B_0
0	0	0	0	0	0	0	0	1	0	0	0	1	1	1	1
0	0	0	1	0	0	0	1	1	0	0	1	1	1	1	0
0	0	1	0	0	0	1	1	1	0	1	0	1	1	0	0
0	0	1	1	0	0	1	0	1	0	1	1	1	1	0	1
0	1	0	0	0	1	1	1	1	1	0	0	1	0	0	0
0	1	0	1	0	1	1	0	1	1	0	1	1	0	0	1
0	1	1	0	0	1	0	0	1	1	1	0	1	0	1	1
0	1	1	1	0	1	0	1	1	1	1	1	1	0	1	0

② 2진 출력의 각 비트별 논리식을 카르노맵을 이용하여 작성한다.

㉠ $B_3 = G_3$

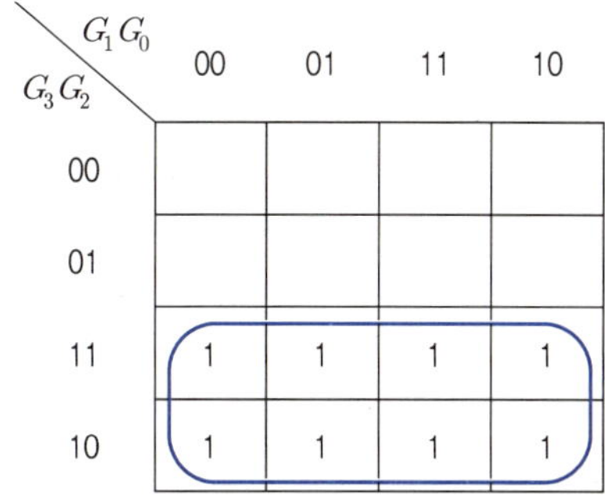

G_3G_2 \ G_1G_0	00	01	11	10
00				
01				
11	1	1	1	1
10	1	1	1	1

㉡ $B_2 = \overline{G_3}G_2 + G_3\overline{G_2} = G_3 \oplus G_2$
$= B_3 \oplus G_2$

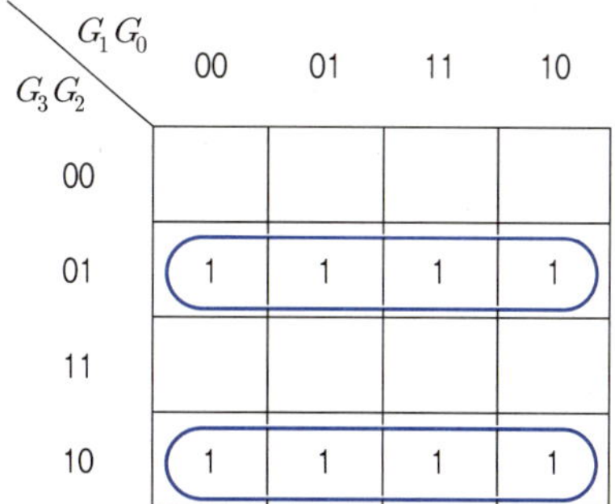

G_3G_2 \ G_1G_0	00	01	11	10
00				
01	1	1	1	1
11				
10	1	1	1	1

㉢ $B_1 = G_3 \oplus G_2 \oplus G_1 = B_2 \oplus G_1$

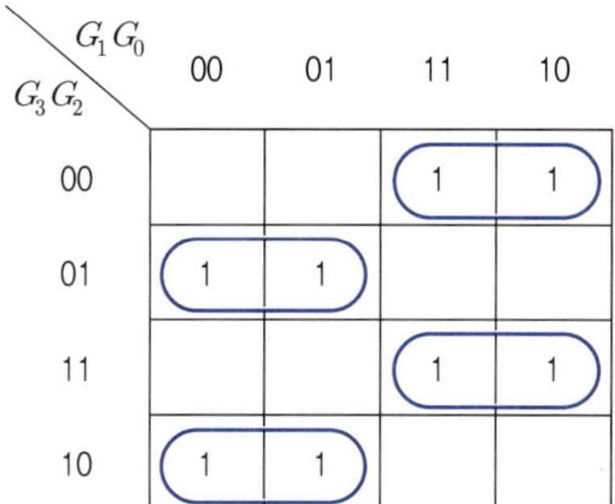

G_3G_2 \ G_1G_0	00	01	11	10
00			1	1
01	1	1		
11			1	1
10	1	1		

㉣ $B_0 = G_3 \oplus G_2 \oplus G_1 \oplus G_0 = B_1 \oplus G_0$

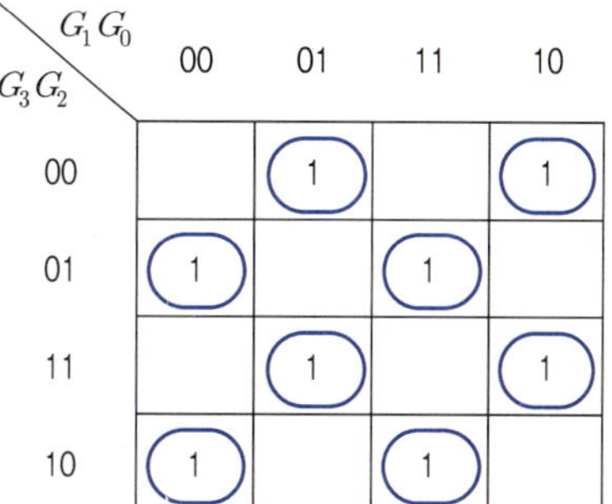

G_3G_2 \ G_1G_0	00	01	11	10
00		1		1
01	1		1	
11		1		1
10	1		1	

③ 논리회로도를 작성한다.

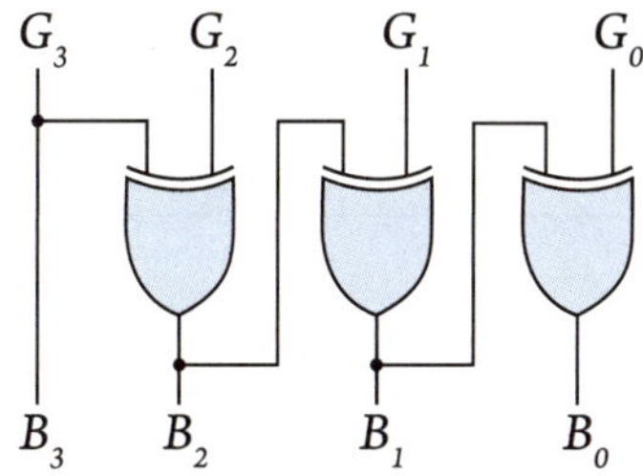

(3) BCD 코드-3초과 코드 변환

BCD-3초과 코드는 BCD(8421코드)로 표현된 값에 3을 더해준 값의 코드로 무효코드 0000, 0001, 0010, 1101, 1110, 1111는 입력으로 사용될 수 없기 때문에 무관항으로 처리한다. 무관항이 있으므로 회로를 설계하는 데 유용하게 사용할 수 있다.

① BCD 코드-3초과 코드 변환 진리표

BCD 코드 입력				3초과 코드 출력				BCD 코드 입력				3초과 코드 출력			
B_3	B_2	B_1	B_0	E_3	E_2	E_1	E_0	B_3	B_2	B_1	B_0	E_3	E_2	E_1	E_0
0	0	0	0	0	0	1	1	1	0	0	0	1	0	1	1
0	0	0	1	0	1	0	0	1	0	0	1	1	1	0	0
0	0	1	0	0	1	0	1	1	0	1	0	X	X	X	X
0	0	1	1	0	1	1	0	1	0	1	1	X	X	X	X
0	1	0	0	0	1	1	1	1	1	0	0	X	X	X	X
0	1	0	1	1	0	0	0	1	1	0	1	X	X	X	X
0	1	1	0	1	0	0	1	1	1	1	0	X	X	X	X
0	1	1	1	1	0	1	0	1	1	1	1	X	X	X	X

② 3초과 코드 출력의 각 비트별 논리식을 카르노맵을 이용하여 작성한다.

㉠ $E_3 = B_3 + B_2B_1 + B_2B_0$

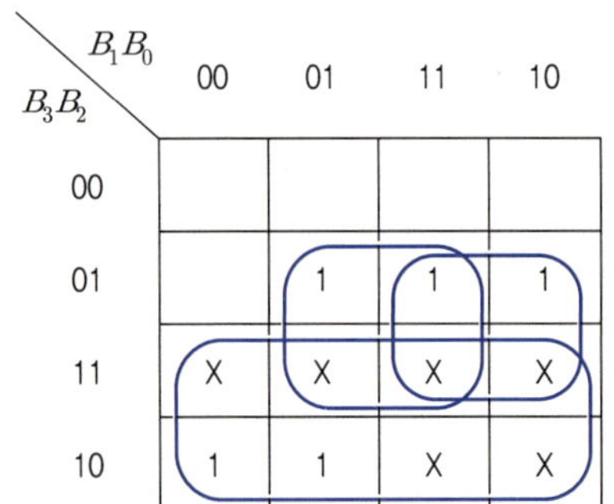

㉡ $E_2 = \overline{B}_2B_1 + \overline{B}_2B_0 + B_2\overline{B}_1\overline{B}_0$

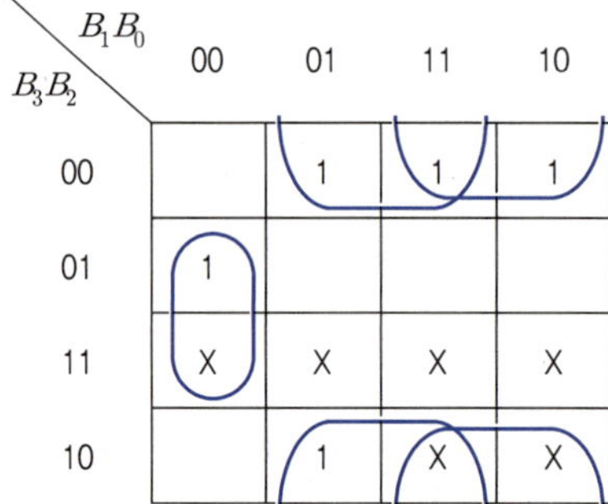

㉢ $E_1 = \overline{B}_1\overline{B}_0 + B_1B_0 = \overline{B_1 \oplus B_0}$

B_3B_2 \ B_1B_0	00	01	11	10
00	1		1	
01	1		1	
11	X	X	X	X
10	1		X	X

㉣ $E_0 = \overline{B}_0$

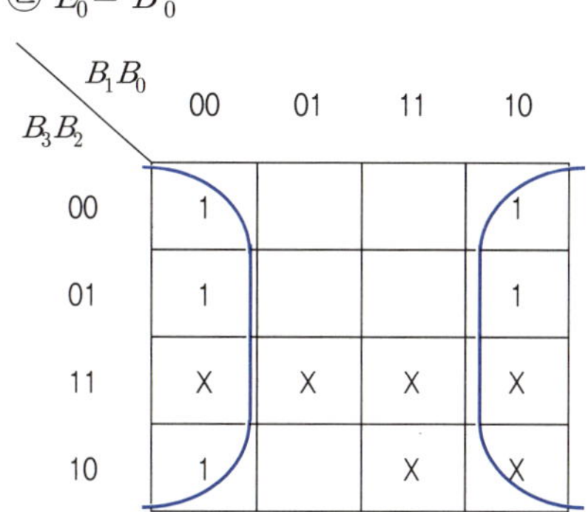

③ 논리회로도를 작성한다.

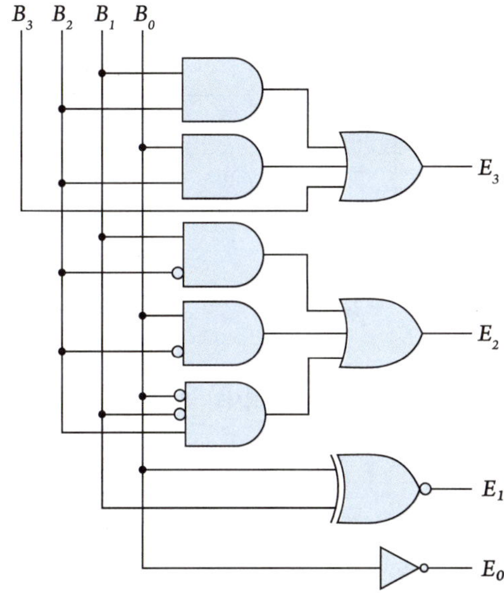

5 멀티플렉서(데이터 선택기) 중요 기출

멀티플렉서(Multiplexer, MUX)는 여러 개의 데이터 소스로부터 입력되는 디지털 정보들을 하나의 출력단을 통해 목적지로 전송하는 회로이다. 기본적인 멀티플렉서는 다수의 입력선과 하나의 출력선과 여러 디지털 입력 데이터 중에서 어떤 데이터를 출력할 것인지 선택하는 **데이터 선택 입력**을 갖고 있다. 이러한 의미에서 **데이터 선택기**라고도 한다. MUX는 일반적으로 2^n개의 입력선과 n개의 선택으로 구성되며, 이때 n개의 선택선의 비트 조합에 따라 입력 중 하나를 선택한다.

디멀티플렉서(DeMultiplexer, DEMUX)는 멀티플렉서와 반대로 정보를 한 채널로 받아 2^n개의 가능한 출력선들 중 하나를 선택하여 받은 정보를 전송하는 회로이다. 디멀티플렉서는 n개의 선택선의 값에 따라 출력선 한 개를 선택한다.

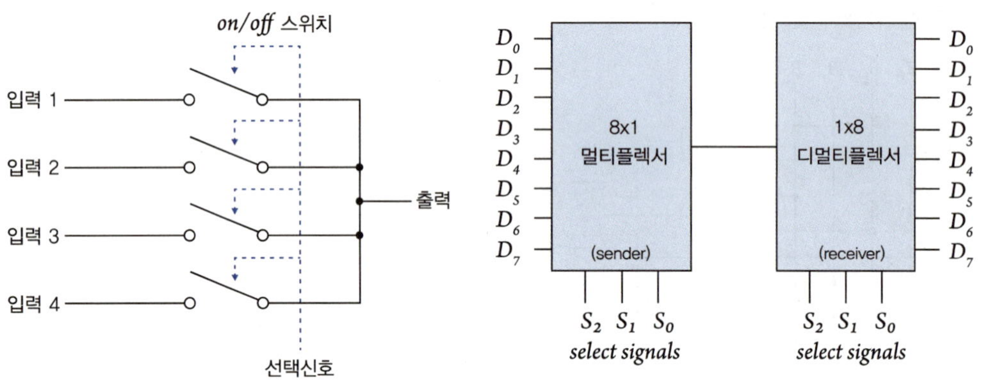

[그림 5-17] 멀티플렉서의 개념도과 멀티플렉서와 디멀티플렉서의 역할

(1) 2×1 멀티플렉서

2×1 멀티플렉서는 $2(=2^1)$개의 입력 중의 하나를 선택선(S)에 입력된 값에 따라 출력으로 보내주는 조합회로이다. 데이터 선택선 코드는 어느 입력 데이터를 데이터 출력으로 통과시킬 것인지를 선택하는 비트로, $S=0$이라면 D_0이 선택되어 출력되고, $S=1$이라면 D_1이 출력된다.

① 2×1 **멀티플렉서 진리표 작성**

선택선	출력
S	F
0	D_0
1	D_1

② **논리식** : $F=\overline{S}D_0+SD_1$

③ 논리회로도

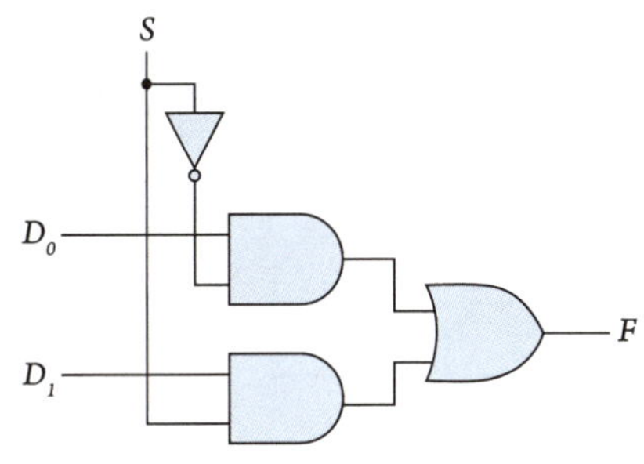

④ 74HC157(4개조 2-입력 MUX)

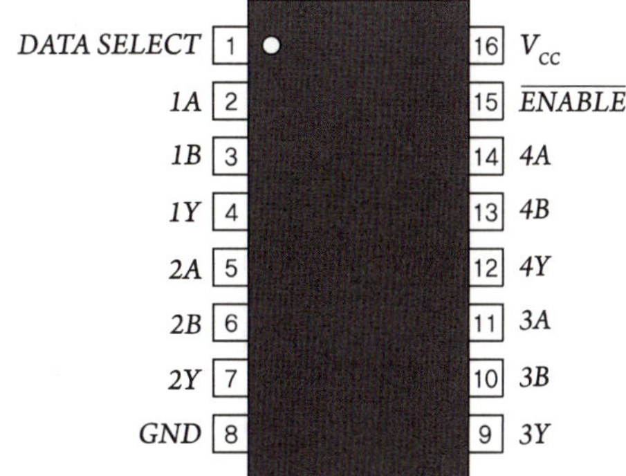

(2) 4×1 멀티플렉서

4×1 멀티플렉서는 $4(=2^2)$개의 입력 중의 하나를 선택선 S_0과 S_1에 입력된 값에 따라 출력으로 보내주는 조합회로이다. 데이터 선택 입력이 2진수 $0(S_1=0, S_0=0)$이라면 D_0이 출력되고, 2진수 1 $(S_1=0, S_0=1)$이라면 D_1이 출력되고, 2진수 $2(S_1=1, S_0=0)$이라면 D_2가 출력되고, 2진수 3 $(S_1=1, S_0=1)$이라면 D_3이 출력된다.

① 4×1 멀티플렉서 진리표 작성

선택선		출력
S_1	S_0	F
0	0	D_0
0	1	D_1
1	0	D_2
1	1	D_3

② 논리식

$S_1 = 0, S_0 = 0$이면 출력 : $F = D_0\overline{S}_1\overline{S}_0$

$S_1 = 0, S_0 = 1$이면 출력 : $F = D_1\overline{S}_1S_0$

$S_1 = 1, S_0 = 0$이면 출력 : $F = D_2S_1\overline{S}_0$

$S_1 = 1, S_0 = 1$이면 출력 : $F = D_3S_1S_0$

선택단자에 의해 D(데이터)가 선택된다.

$\therefore F = D_0\overline{S}_1\overline{S}_0 + D_1\overline{S}_1S_0 + D_2S_1\overline{S}_0 + D_3S_1S_0$

③ 논리회로도

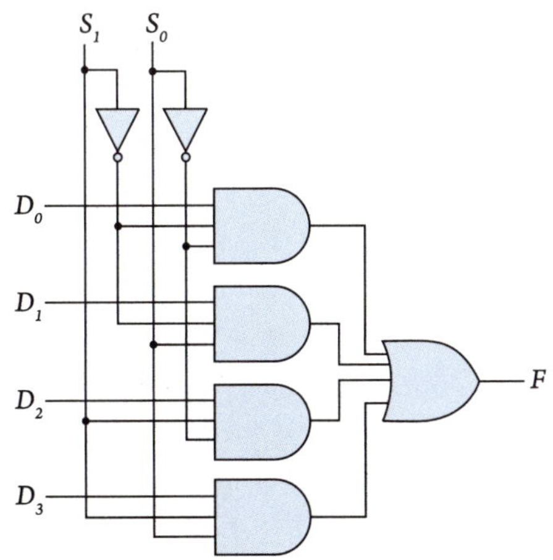

예제 5-13

다음 그림과 같이 데이터 입력과 데이터 선택 파형이 4×1 MUX에 입력될 때 출력파형을 그리시오.

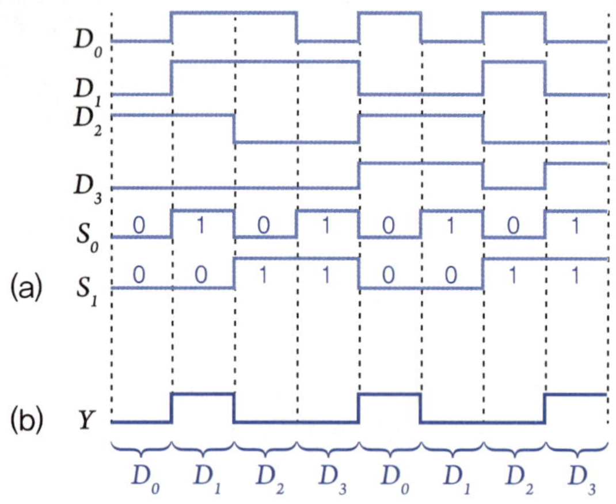

해설

각 시간 구간에 해당되는 데이터 선택 입력 값에 따라 어느 입력 데이터를 선택하여 출력할 것인가가 결정된다. 데이터 선택선이 (a)와 같이 주어질 때,

$S_1=0, S_0=0$이면 (b) Y에 D_0이 선택되어 출력되고,
$S_1=0, S_0=1$이면 (b) Y에 D_1이 선택되어 출력되고,
$S_1=1, S_0=0$이면 (b) Y에 D_2가 선택되어 출력되고,
$S_1=1, S_0=1$이면 (b) Y에 D_3이 선택되어 출력된다.

즉, 선택선이 (a)와 같이 반복해서 순환되어지면, 전체 출력 Y는 각 선택선의 신호에 따라 (b)처럼 출력된다.

(3) 8×1 멀티플렉서

8×1 멀티플렉서는 8(= 2^3)개의 입력 중의 하나를 선택선 S_2와 S_1 그리고 S_0에 입력된 값에 따라 출력으로 보내주는 조합회로이다.

① 8×1 **멀티플렉서 진리표 작성**

선택선			데이터	출력
S_2	S_1	S_0		F
0	0	0	D_0	$F=D_0\overline{S}_2\overline{S}_1\overline{S}_0$
0	0	1	D_1	$F=D_1\overline{S}_2\overline{S}_1S_0$
0	1	0	D_2	$F=D_2\overline{S}_2S_1\overline{S}_0$
0	1	1	D_3	$F=D_3\overline{S}_2S_1S_0$
1	0	0	D_4	$F=D_4S_2\overline{S}_1\overline{S}_0$
1	0	1	D_5	$F=D_5S_2\overline{S}_1S_0$
1	1	0	D_6	$F=D_6S_2S_1\overline{S}_0$
1	1	1	D_7	$F=D_7S_2S_1S_0$

② **논리식**

$$\therefore F=D_0\overline{S}_2\overline{S}_1\overline{S}_0+D_1\overline{S}_2\overline{S}_1S_0+D_2\overline{S}_2S_1\overline{S}_0+D_3\overline{S}_2S_1S_0+D_4S_2\overline{S}_1\overline{S}_0+D_5S_2\overline{S}_1S_0$$
$$+D_6S_2S_1\overline{S}_0+D_7S_2S_1S_0$$

③ **논리회로도**

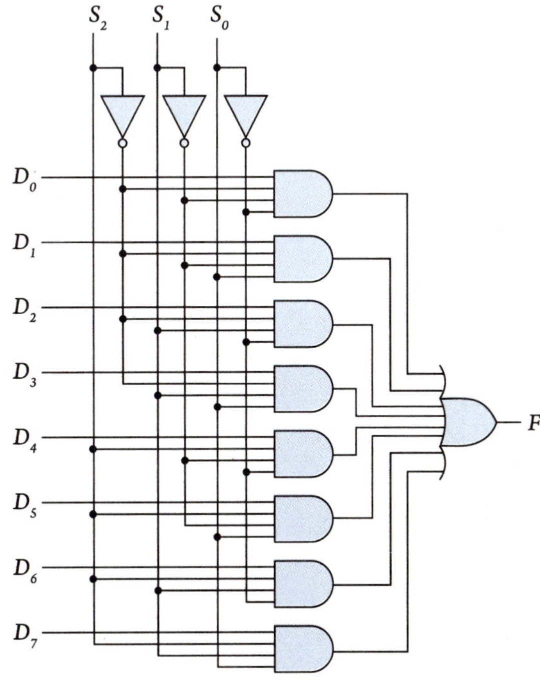

6 디멀티플렉서 중요

디멀티플렉서(Demultiplexer, DEMUX)는 기본적으로 멀티플렉서와 반대의 기능을 한다. 즉, **하나의 선으로 디지털 정보를 받아서 여러 출력선으로 분배**한다. 이런 이유로 디멀티플렉서를 **데이터 분배기**라고도 한다. 일반적으로 인에이블 입력 1개를 가지고 있는 디코더를 디멀티플렉서로 이용할 수 있다. 다음 그림과 같이 디코더와 디멀티플렉서는 사실상 같은 기능을 한다고 볼 수 있다. 다만 A, B, E선에 입력되는 데이터에 따라 디코더로 동작할 수도 있고, 디멀티플렉서로도 동작할 수 있다.

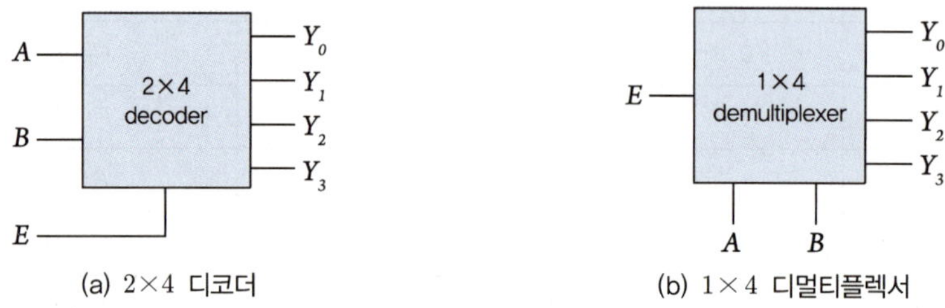

[그림 5-18] 디코더와 디멀티플렉서 비교

(1) 1×4 디멀티플렉서

데이터 입력선은 모든 AND게이트에 연결되어 있고 두 개의 데이터 선택선은 한 번에 한 게이트만 활성화한다. 따라서 데이터 입력선에 들어오는 데이터는 선택된 게이트를 통하여 해당 데이터 출력선으로 전달된다.

① 1×4 **디멀티플렉서 진리표 작성**

DATA	선택선		출력			
	S_1	S_0	D_3	D_2	D_1	D_0
D	0	0	0	0	0	1
	0	1	0	0	1	0
	1	0	0	1	0	0
	1	1	1	0	0	0

② **논리식** :

$D_0 = D\overline{S_1}\,\overline{S_0}$, $D_1 = D\overline{S_1}S_0$,

$D_2 = DS_1\overline{S_0}$, $D_3 = DS_1S_0$

③ **논리회로도**

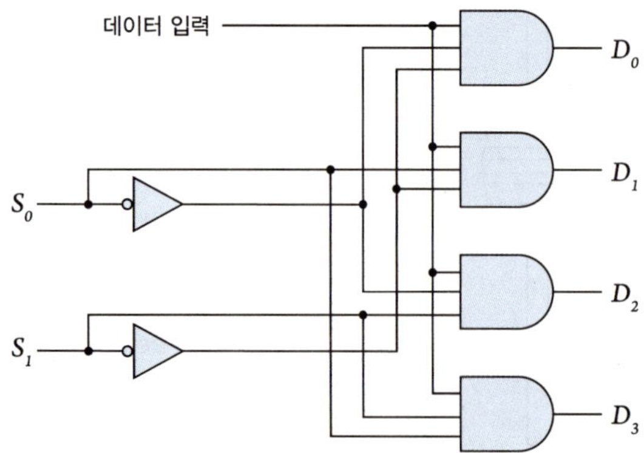

예제 5-14

디멀티플렉서에서 다음 그림과 같이 데이터 입력과 데이터 선택 파형이 입력될 때 데이터 출력 파형을 그리시오.

해설

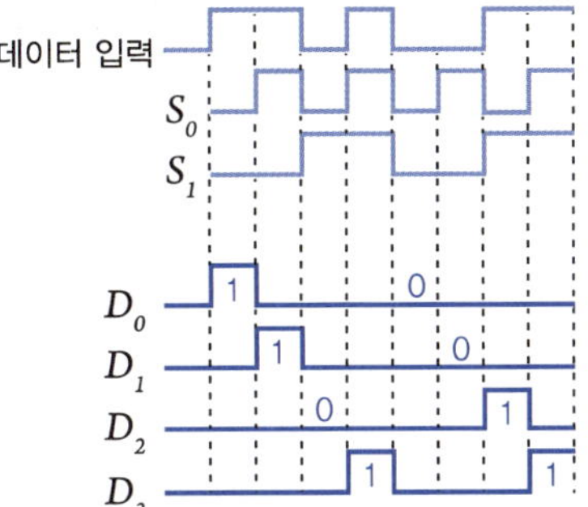

데이터 선택 입력은 2진수의 순서($S_1S_0 = 00, 01$ $10, 11$)로 반복되므로 데이터 출력은 $D_0, D_1, D_2,$ D_3 순서로 차례로 연결된다.

7 패리티 발생회로 중요

디지털 시스템 간의 디지털 코드를 전송할 때 오류가 발생할 수 있다. 오류는 코드정보를 구성하는 비트 값들이 원하지 않는 상태로 변하는 것으로, 전송되는 동안에 시스템 구성 요소의 기능 장애나 전기적 잡음에 의해 1이 0으로 또는 0이 1로 바뀌는 것이다. 대부분의 디지털 시스템에서 한 비트가 오류일 확률은 매우 낮으며 하나 이상의 비트가 오류일 가능성은 더욱 낮다. 그럼에도 불구하고 오류 발생이 검출되지 않으면 디지털 시스템에 심각한 문제가 발생할 수 있다. 전체 1의 개수가 홀수 또는 짝수가 되도록 하기 위해 패리티비트(parity bit)를 정보비트에 덧붙여서 오류를 검출하는 패리티방식은 2장에서 설명하였다.

(1) 기본적인 패리티비트의 논리

주어진 코드에서 적합한 패리티를 체크하거나 발생시키기 위해 다음과 같은 기본적인 원칙이 적용된다. '1의 개수를 짝수로 맞추면 짝수 패리티비트, 홀수로 맞추면 홀수 패리티비트'가 된다. 또 패리티비트 발생 및 검출회로로 **XOR게이트를 사용하면 짝수 패리티비트를, XNOR게이트를 사용하면 홀수 패리티비트**를 발생시킨다.

(2) 3비트 기수(odd)/우수(even) 패리티비트 발생회로

우수 패리티비트는 주어진 코드의 1의 개수가 홀수이면 출력되는 값까지 포함해서 짝수로 만들어 주는 회로이다. 1이 없는 것도 짝수로 본다. 이와 반대로 기수 패리티비트는 주어진 코드의 1의 개수가 짝수이면 출력되는 값까지 포함해서 홀수로 만들어 주는 회로이다. 즉, 우수(짝수) 패리티비트는 전체 비트에서 1의 개수가 짝수이면 되고, 기수(홀수) 패리티비트는 전체 비트에서 1의 개수가 홀수이면 된다.

① 패리티비트 회로 진리표

주어진 3비트 코드			생성 패리티비트	
A	B	C	기수	우수
0	0	0	1	0
0	0	1	0	1
0	1	0	0	1
0	1	1	1	0
1	0	0	0	1
1	0	1	1	0
1	1	0	1	0
1	1	1	0	1

② 카르노맵을 사용하여 논리식 작성

㉠ 짝수(우수) 패리티비트 회로

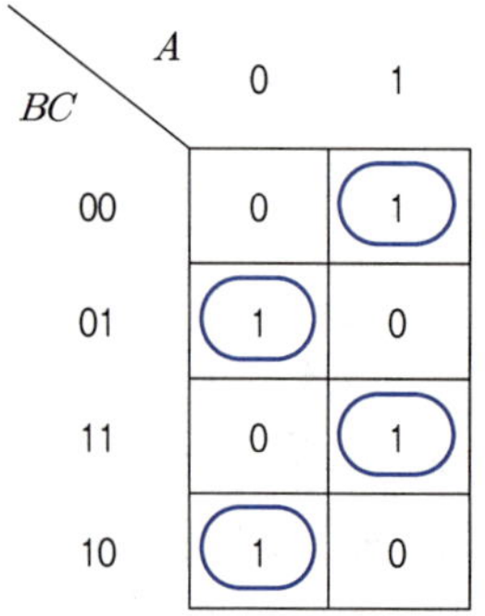

$$\begin{aligned}P &= A\overline{B}\,\overline{C} + ABC + \overline{A}\,\overline{B}C + \overline{A}B\overline{C} \\ &= A(\overline{B}\,\overline{C} + BC) + \overline{A}(\overline{B}C + B\overline{C}) \\ &= A(\overline{B \oplus C}) + \overline{A}(B \oplus C) \\ &= A \oplus B \oplus C\end{aligned}$$

㉡ 홀수(기수) 패리티비트 회로

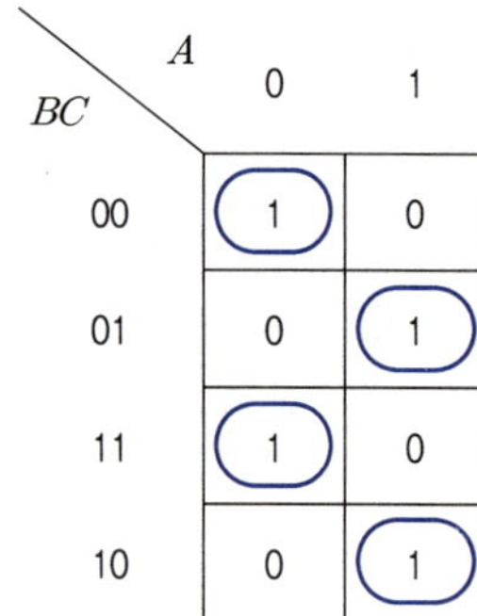

$$\begin{aligned}P &= \overline{A}\,\overline{B}\,\overline{C} + \overline{A}BC + A\overline{B}C + AB\overline{C} \\ &= \overline{A}(\overline{B}\,\overline{C} + BC) + A(\overline{B}C + B\overline{C}) \\ &= \overline{A}(\overline{B \oplus C}) + A(B \oplus C) \\ &= \overline{A \oplus B \oplus C}\end{aligned}$$

③ 논리회로

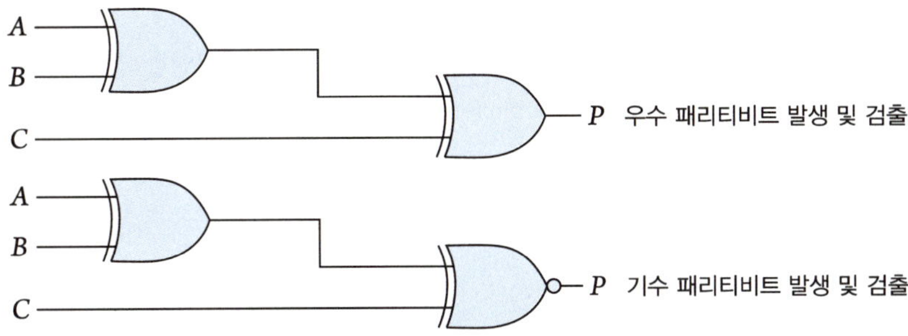

더 알아두기

우수 패리티 회로와 기수 패리티 회로는 다음과 같이 다시 그릴 수 있다.

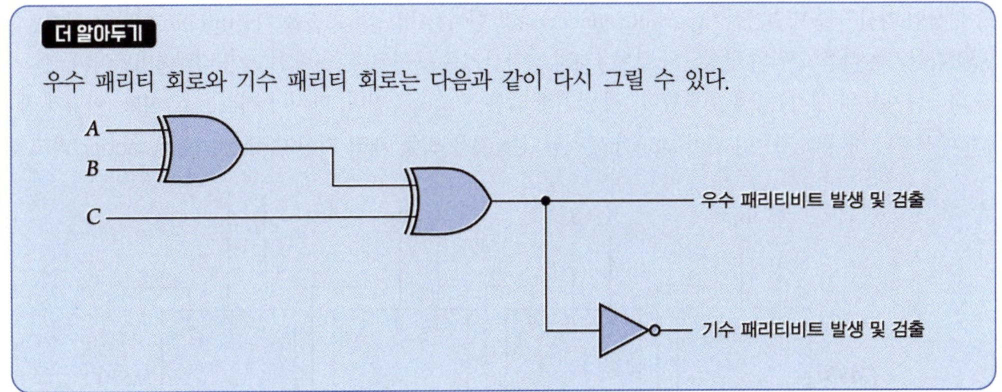

(3) 8비트 기수(odd)/우수(even) 패리티비트 발생회로

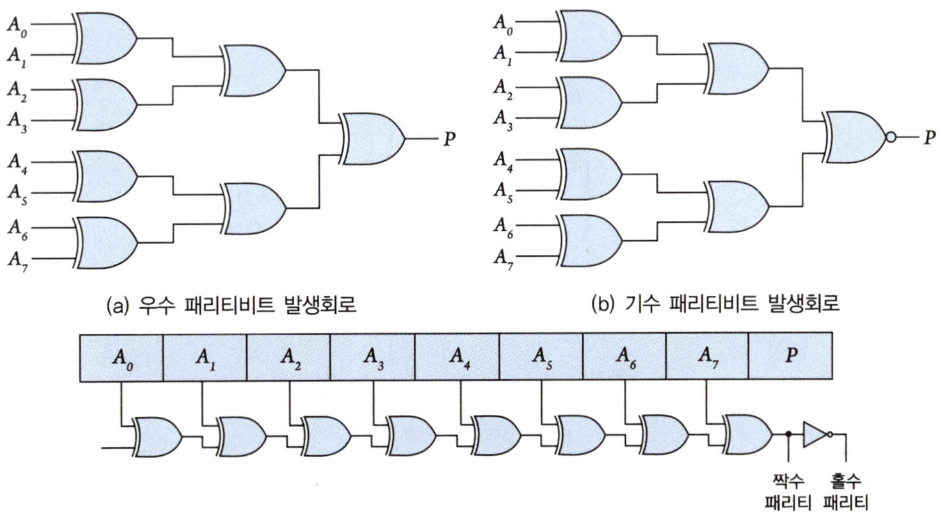

[그림 5-19] 8비트 직렬회로에서의 기수/우수 패리티 발생회로

제5절 MSI를 이용한 조합논리회로

MSI(Medium Scale Integrated circuit)는 하나의 입력에 수십 개의 gate를 구현한 집적회로로 adder, subtractor, comparator, decoder, encoder, multiplexer, demultiplexer, ROM, PLA를 구현할 수 있다. 이번 절에서는 병렬 가감산기에 대해서 알아보자.

1 4비트 병렬 2진 가산기 중요

병렬 2진 가산기는 2개 혹은 그 이상의 전가산기로 구성되며, 전가산기 여러 개를 병렬로 연결하여 입력이 2비트 이상인 가산기를 병렬가산기(parallel-adder)라고 한다. 4비트의 그룹을 니블(nibble)이라고 한다. 4비트 병렬 가산기는 다음 그림의 구성도와 같이 4개의 전가산기로 구성된다. 입력 A, B가 각각 4비트이며, 전가산기의 최하위 비트의 캐리는 0을 입력한다. 계산 결과 합은 $S_4S_3S_2S_1$이며, 마지막 캐리는 C_4이다. 이렇게 캐리가 LSB에서부터 하나씩 계산이 되어 MSB까지 전달되는 것을 **리플 캐리 가산기(ripple carry adder)**라고 한다.

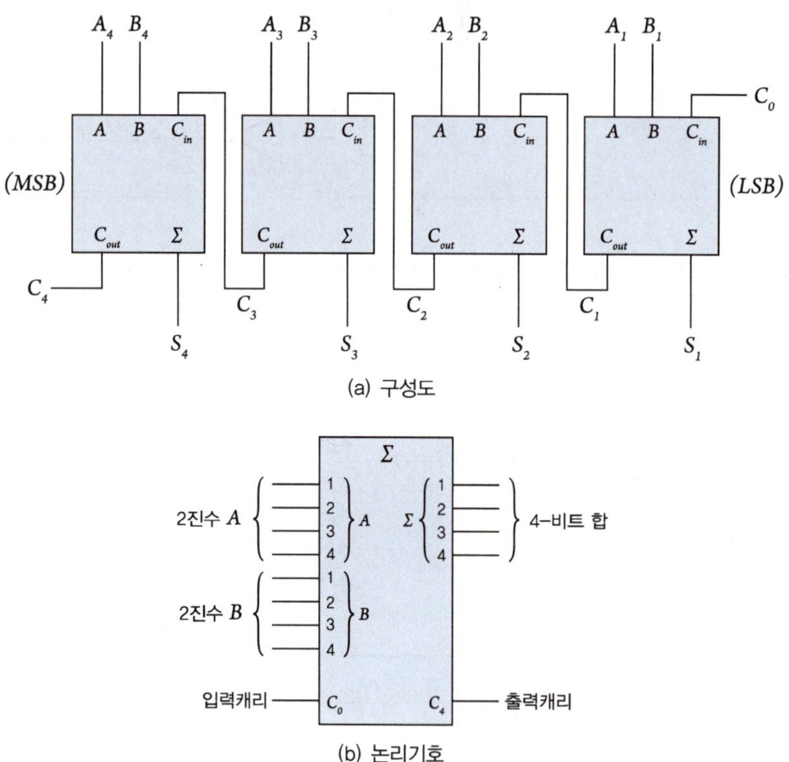

[그림 5-20] 4비트 병렬 가산기 구성도와 논리기호

① 4비트 병렬 가산기 진리표

입력			출력	
C_{n-1}	A_n	B_n	C_n	S_n
0	0	0	0	0
0	0	1	0	1
0	1	0	0	1
0	1	1	1	0
1	0	0	0	1
1	0	1	1	0
1	1	0	1	0
1	1	1	1	1

② 74LS283 4비트 병렬 가산기

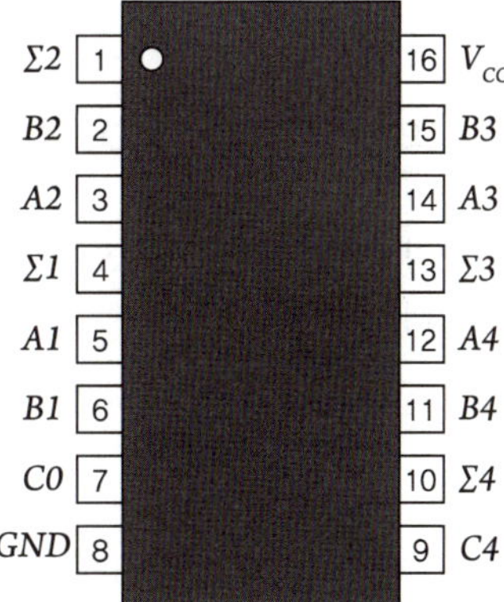

2 4비트 병렬 가감산기 중요

병렬가산기의 B입력을 부호 S(sign)와 XOR하여 전가산기의 입력으로 사용하면 덧셈과 뺄셈이 모두 가능하다. 즉, 덧셈을 할 때는 S에 0을 가하여 B의 값이 그대로 4개의 전가산기로 입력되고, 뺄셈을 할 때는 S에 1을 가하여 B의 값이 반전(1의 보수)이 되어 입력된다. 뺄셈의 경우 맨 오른쪽(LSB) 전가산기의 캐리 입력이 1이 되어 결과적으로 B의 1의 보수에 1이 더해져 B의 2의 보수가 된다.

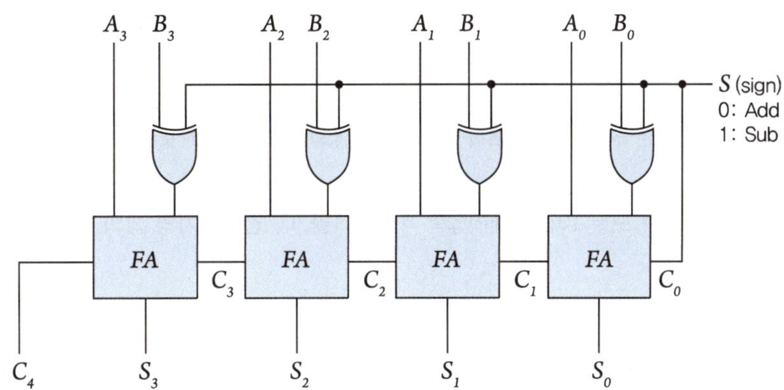

[그림 5-21] 4비트 병렬 가감산기

OX로 점검하자 | 제5장

※ 다음 지문의 내용이 맞으면 O, 틀리면 ×를 체크하시오. [1 ~ 13]

01 조합논리회로는 3가지 기본논리회로의 조합으로 입력신호, 논리게이트 및 출력신호, 기억 소자로 구성된다. ( )

>>> 조합논리회로는 현재의 입력값들만을 이용하여 출력값을 결정하는 회로로서, 입력신호들을 받는 즉시 그들을 조합하여 최종 출력을 발생하게 하는 회로이다. 기억소자는 순서논리회로에서 사용된다.

02 반가산기는 두 개의 2진 비트를 더한다. ( )

>>> 반가산기는 두 개의 2진자리를 입력받아 합의 비트(sum)와 올림수비트(carry)를 발생하는 회로이다.

03 반가산기는 합의 결과만 출력한다. ( )

>>> 반가산기는 두 개의 2진자리를 입력받아 합의 비트(sum)와 올림수비트(carry)를 발생하는 회로이다.

04 두 개의 전가산기를 이용하여 4비트 2진수를 덧셈할 수 있다. ( )

>>> 4비트 2진 가산기는 4개의 전가산기가 필요하다.

05 2비트 2진 병렬가산기는 2개의 전가산기를 이용한다. ( )

>>> 2비트 2진 병렬가산기는 2개의 전가산기를 이용하여 A_2A_1, B_2B_1의 덧셈을 한다.

06 전가산기는 3비트를 더하여 출력은 두 개다. ( )

>>> 전가산기는 두 개의 입력비트와 입력캐리를 입력받아 합의 출력과 출력캐리를 생성한다.

07 두 입력 비트가 모두 1이고, 캐리입력 비트가 1일 때, 전가산기의 합의 출력은 0이다. ( )

>>>

0	0	0	0	1	1	1	1
0	0	1	1	0	0	1	1
+ 0	+ 1	+ 0	+ 1	+ 0	+ 1	+ 0	+ 1
0 0	0 1	0 1	1 0	0 1	1 0	1 0	1 1

정답 1 × 2 ○ 3 × 4 × 5 ○ 6 ○ 7 ×

08 비교기는 두 2진수가 같은지를 결정한다. (   )

»»🔍 비교기에서 XNOR 게이트를 이용하여 두 2진수 값이 같은지를 결정한다.

09 디코더는 정의된 조합의 비트가 입력되는지 검출한다. (   )

»»🔍 코드화된 정보를 다른 코드화되지 않은 친숙한 형태로 변환하는 디지털회로이다.

10 인코더는 디코더의 역동작을 한다. (   )

»»🔍 인코더는 정보를 코드화된 형태로 변환하는 디지털 회로이다.

11 멀티플렉서는 단일 신호원으로부터 입력되는 디지털정보를 여러 출력 중의 하나로 연결해준다. (   )

»»🔍 여러 개의 입력단을 통해 들어오는 디지털 데이터를 정해진 순서대로 한 개의 출력단을 통해 전송하는 회로이다.

12 홀수(기수) 패리티비트는 주어진 코드의 1의 개수를 짝수로 만들어 준다. (   )

»»🔍 홀수(기수) 패리티비트는 주어진 1의 개수를 홀수로 만들어 주며, 주어진 코드에 추가하여 전송한다.

13 리플캐리는 가산기에서 각 단의 가산기로부터의 출력캐리가 다음 단의 입력캐리로 연결되어 2진 덧셈을 하는 방법이다. (   )

»»🔍 병렬가산기는 각각의 전가산기가 캐리입력으로 직전의 출력캐리를 받는 형식으로, 자리올림(캐리)이 마치 물결(ripple)치듯 다음 가산기로 옮겨간다고 하여 리플 캐리 가산기라고 한다.

정답 8 ○ 9 ○ 10 ○ 11 × 12 × 13 ○

제 5 장 실전예상문제

01 조합논리회로에 대해 올바르게 설명한 것은?

① 플립플롭과 같은 기억소자를 갖고 있는 논리회로이다.
② 출력신호가 입력신호에 의해서만 결정되는 논리회로이다.
③ 출력신호가 입력신호와 현재의 논리신호의 상태에 의해 결정되는 논리회로이다.
④ 기억능력을 가진 논리회로이다.

02 다음 설명 중 조합논리회로의 특징으로 옳지 <u>않은</u> 것은?

① 기억회로를 갖고 있다.
② 입·출력을 갖는 게이트의 집합으로 출력값은 0과 1의 입력값에 의해서만 결정되는 회로이다.
③ 반가산기, 전가산기, 디코더 등이 있다.
④ 출력함수는 n개의 입력변수의 항으로 표시한다.

03 조합논리회로 설계의 절차상 순서로 맞는 것은?

① 문제 설정 – 부울대수 간소화 – 입·출력변수 정의 – 진리표 작성 – 논리회로 구현
② 문제 설정 – 입·출력변수 정의 – 부울대수 간소화 – 진리표 작성 – 논리회로 구현
③ 문제 설정 – 입·출력변수 정의 – 진리표 작성 – 부울대수 간소화 – 논리회로 구현
④ 문제 설정 – 입·출력변수 정의 – 논리회로 구현 – 진리표 작성 – 부울대수 간소화

01 조합논리회로는 출력신호가 입력신호에 의해서만 결정되는 논리회로로 출력함수는 n개의 입력변수의 항으로 표시한다. 입·출력을 갖는 게이트의 집합으로 출력값은 0과 1의 입력값에 의해서만 결정되는 회로이며, 반가산기, 전가산기, 디코더 등이 있다.

02 조합논리회로는 현재 입력에 따라 출력이 결정되는 논리회로를 말한다. 현재 입력뿐만 아니라 이전 입력의 영향 또한 함께 받는 순차논리회로와는 구별된다. 현재 입력만으로 출력이 결정되기 때문에 조합논리회로에는 기억장치가 쓰이지 않는다. 일반적인 조합논리회로에는 반가산기, 전가산기, 디코더 등이 있다.

03

조합논리회로 설계의 절차	
1	설계자는 구현하고자 하는 기능의 문제를 설정하여 블록도 같은 개념을 표현한다.
2	입·출력 변수를 정의한다.
3	입·출력관계를 분석하여 진리표를 작성한다.
4	카르노맵을 이용하여 간소화된 부울대수를 유도한다.
5	유도된 식으로 논리회로를 구성한다.

정답 01 ② 02 ① 03 ③

04 **출력되는 부울함수의 값이 입력값에 의해서만 정해지고 내부에 기억능력이 없는 논리회로는?**

① 순서논리회로
② 혼합논리회로
③ 조합논리회로
④ 집적논리회로

04 조합논리회로의 특징은 출력신호가 입력신호에 의해서만 결정되는 논리회로로 기억소자가 없다는 점이다.

05 **다음 중 조합논리회로는?**

① 플립플롭
② 카운터
③ 멀티플렉서
④ RAM

05 조합논리회로는 기억소자가 없는 논리회로로 가산기, 전가산기, 디코더, 멀티플렉서 등이 있다.

06 **하나의 XOR회로와 AND회로를 조합한 회로는?**

① 전가산기
② 반가산기
③ 플립플롭
④ 레지스터

06 반가산기는 다음과 같이 XOR과 AND 게이트로 구성된다.

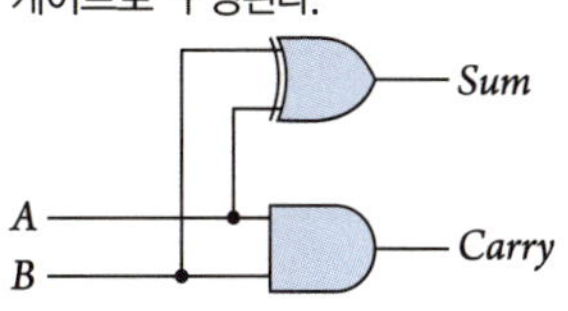

정답 04 ③ 05 ③ 06 ②

07 반가산기의 부울대수식으로 옳은 것은? [단, 입력(A,B), 출력(Sum, carry)]

① Sum=$A \odot B$, $Carry = AB$
② Sum=$A \oplus B$, $Carry = A+B$
③ Sum=$A \oplus B$, $Carry = AB$
④ Sum=$A \oplus B$, $Carry = \overline{AB}$

08 반가산기는 2bit(A, B)를 산술적으로 가산하는 조합논리회로이다. 이에 해당하는 진리표로 옳은 것은?

입력		출력							
A	B	①		②		③		④	
		Carry	Sum	Carry	Sum	Carry	Sum	Carry	Sum
0	0	0	1	1	1	0	0	0	0
0	1	0	0	0	1	1	0	0	1
1	0	0	0	0	1	1	0	0	1
1	1	1	0	1	0	0	1	1	0

09 다음 그림과 같은 회로는?

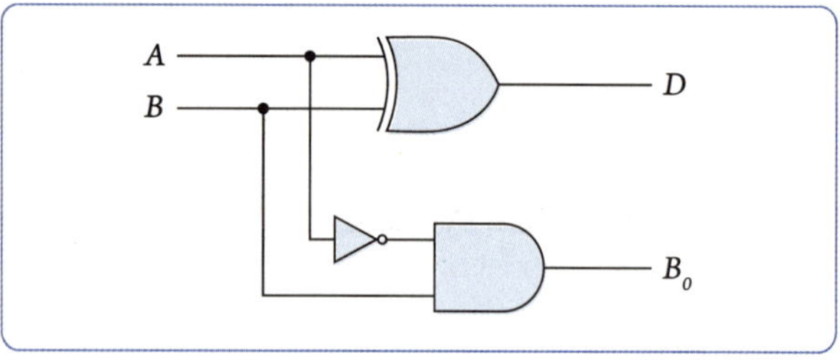

① 전가산기　　② 반가산기
③ 전감산기　　④ 반감산기

07 반가산기의 출력식은 다음과 같다.
Sum $= A\overline{B} + \overline{A}B = A \oplus B$
Carry $= AB$

08 반가산기의 진리표

입력		출력	
A	B	Carry	Sum
0	0	0	0
0	1	0	1
1	0	0	1
1	1	1	0

09 반감산기는 두 개의 2진자리를 입력받아 뺄셈의 비트(D)와 자리빌림비트(B_o)를 발생하는 회로로, XOR게이트, AND게이트, NOT게이트로 구성된다.

정답 07 ③ 08 ④ 09 ④

10 **반감산기($A-B$)에서 자리내림수(borrow)를 얻기 위한 기능은?**

① $\overline{A}\oplus\overline{B}$ ② $\overline{A}B$

③ $A\overline{B}$ ④ AB

11 **전가산기의 회로 구성은?**

① 입력 3개, 출력 2개로 구성된다.

② 입력 3개, 출력 3개로 구성된다.

③ 입력 2개, 출력 3개로 구성된다.

④ 입력 4개, 출력 4개로 구성된다.

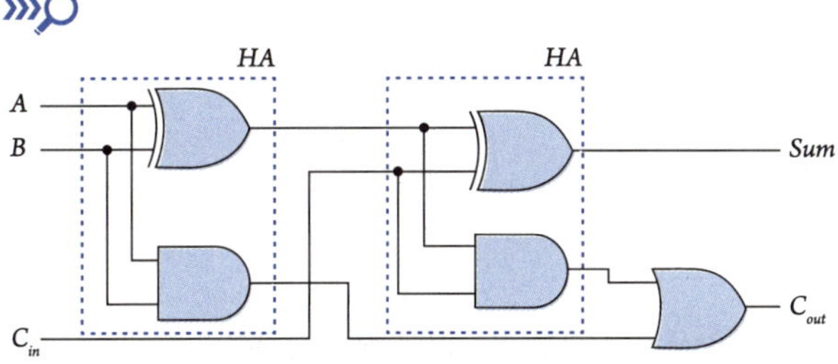

12 **전가산기의 회로에서 합을 구하는 논리식은? (단, 입력은 A, B 이고, C_{IN}은 바로 전 bit단에서 발생된 자리 올림수이다)**

① $A\odot B\odot C_{IN}$

② $A\oplus B\odot C_{IN}$

③ $A\oplus B\oplus C_{IN}$

④ $A\odot B\oplus C_{IN}$

---

10 반감산기는 뺄셈의 비트($D=A\overline{B}+\overline{A}B=A\oplus B$)와 자리빌림비트($B_o=\overline{A}B$)를 발생시키는 회로이다.

11 입력(A, B, C_{in}), 출력(Sum, C_{out})으로 구성되어 있다.
[문제 하단의 그림 참고]

12 전가산기의 부울대수식은

$$\begin{aligned}\text{Sum} &= A\overline{B}\overline{C}_{IN}+ABC_{IN}+\overline{A}\overline{B}C_{IN}+\overline{A}B\overline{C}_{IN}\\ &= A(\overline{B\oplus C_{IN}})+\overline{A}(B\oplus C_{IN})\\ &= A\oplus B\oplus C_{IN}\end{aligned}$$

$$\begin{aligned}C_{out} &= AB+A\overline{B}C_{IN}+\overline{A}BC_{IN}\\ &= AB+C_{IN}(A\oplus B)\end{aligned}$$

정답 10 ② 11 ① 12 ③

13 다음의 회로는 2개의 반가산기와 하나의 OR게이트에 의해 전가산기를 구성한다. 합의 출력으로 옳지 않은 것은?

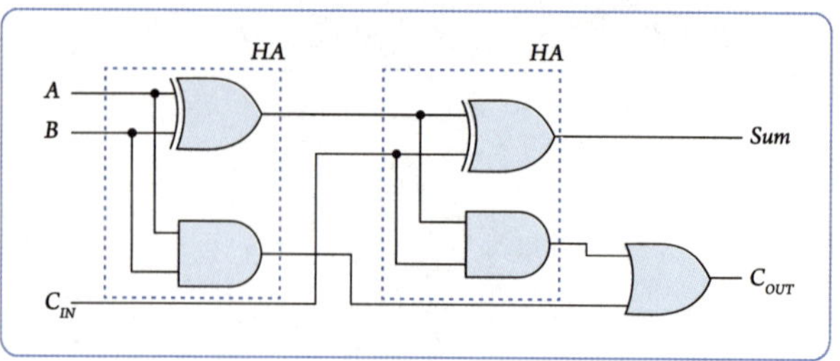

① $A\overline{B}\overline{C}_{IN} + ABC_{IN} + \overline{A}\overline{B}C_{IN} + \overline{A}B\overline{C}_{IN}$

② $A(\overline{B \oplus C_{IN}}) + \overline{A}(B \oplus C_{IN})$

③ $A \oplus B \oplus C_{IN}$

④ $A(\overline{B} \oplus \overline{C}_{IN}) + \overline{A}(B \oplus C_{IN})$

14 전감산기의 결과에는 차(difference)를 나타내는 D와 상위자리에서 빌려오는 것(borrow)을 나타내는 B가 있다. D를 최소항으로 올바르게 표현한 것은?

① $D(A,B,C) = \sum m(1,2,3,7)$

② $D(A,B,C) = \sum m(1,2,4,7)$

③ $D(A,B,C) = \sum m(1,3,5,7)$

④ $D(A,B,C) = \sum m(0,2,4,6)$

13 전가산기의 합의 부울대수식은 다음과 같이 표현할 수 있다.

$$\begin{aligned} \text{Sum} &= A\overline{B}\overline{C}_{IN} + ABC_{IN} \\ &\quad + \overline{A}\overline{B}C_{IN} + \overline{A}B\overline{C}_{IN} \\ &= A(\overline{B \oplus C_{IN}}) + \overline{A}(B \oplus C_{IN}) \\ &= A \oplus B \oplus C_{IN} \end{aligned}$$

14 전감산기를 표현하는 진리표

입력			출력		
A	B	B_i	최소항	B_0	D
0	0	0	m_0	0	0
0	0	1	m_1	1	1
0	1	0	m_2	1	1
0	1	1	m_3	1	0
1	0	0	m_4	0	1
1	0	1	m_5	0	0
1	1	0	m_6	0	0
1	1	1	m_7	1	1

$B_0(A,B,C) = \sum m(1,2,3,7)$
$D(A,B,C) = \sum m(1,2,4,7)$

정답 13 ④ 14 ②

15 병렬가산기의 동작을 올바르게 표현한 것은?

① 2진수 각 자리수의 덧셈을 2자리씩 끊어서 수행한다.
② 2진수 각 자리의 덧셈을 동시에 수행한다.
③ 2진수 각 자리의 덧셈을 4자리씩 끊어서 수행한다.
④ 반가산기를 병렬로 접속하여 구성한 것으로 동작은 2자리씩 끊어서 수행한다.

16 두 개의 데이터를 비교하는 데 적합한 논리연산은?

① XNOR ② NOR
③ AND ④ OR

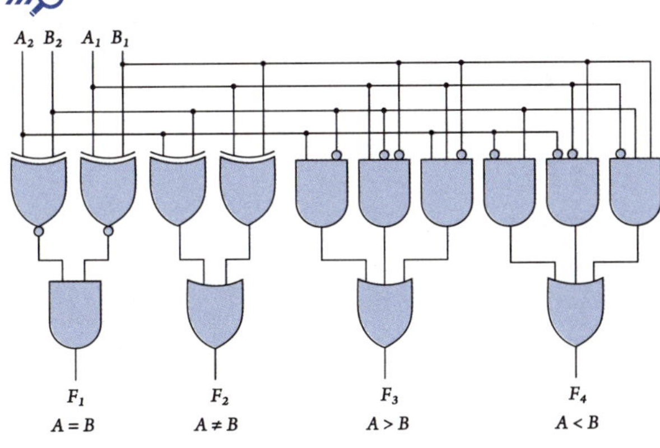

17 부호화된 데이터를 해독하여 정보를 찾아내는 조합논리회로는?

① 디코더
② 인코더
③ 멀티플렉서
④ 디멀티플렉서

15 병렬가산기는 2개 혹은 그 이상의 전가산기로 구성되며, 전가산기를 여러 대 병렬로 연결하여 2비트 이상인 덧셈을 수행한다.

16 두 개의 데이터를 비교하는 조건은 '같다'와 '같지 않다'로 할 수 있다. 그러므로 이들 조건에 적합한 논리식은 XNOR이며, 다음은 2비트 비교기 논리회로이다.
[문제 하단의 그림 참고]

17

디코더	코드화된 정보를 다른 코드화되지 않은 형태로 변환하는 디지털 회로
인코더	정보를 코드화된 형태로 변환하는 디지털 회로
멀티플렉서	여러 개의 입력단을 통해 들어오는 디지털 데이터를 정해진 순서대로 한 대의 출력단을 통해 전송하는 회로
디멀티플렉서	하나의 입력으로 들어오는 데이터를 정해진 시간순서에 의해 여러 출력으로 분배하는 디지털 회로

정답 15 ② 16 ① 17 ①

18 해독기라고 하며, n비트로 부호화된 2진 정보를 최대 2^n개의 출력으로 변환하는 조합논리회로는?

① 비교기
② 인코더
③ 디코더
④ 디멀티플렉서

18 디코더는 코드화된 정보를 다른 코드화되지 않은 형태로 변환하는 디지털 회로이다.

19 4개의 변수의 디코더는 몇 개의 출력을 하는가?

① 2개
② 4개
③ 8개
④ 16개

19 디코더는 n비트로 부호화된 2진 정보를 최대 2^n 개의 출력으로 변환하는 조합논리회로이므로, $n=4$, $2^4=16$개의 출력을 한다.

20 2×4 디코더를 설계할 때 몇 개의 AND게이트가 필요한가?

① 2개
② 4개
③ 8개
④ 16개

20 2×4 디코더는 2개의 입력으로 4개의 출력 중 하나를 선택할 수 있는 디코더이다. 디코더는 AND게이트로 구현되어 $A=0$, $B=0$일 때, 출력 Y_0을 Active HIGH로 표시하고, $A=1$, $B=0$일 때, 출력 Y_1을 Active HIGH로 표시한다. $A=0$, $B=1$일 때, 출력 Y_2를 Active HIGH로, $A=1$, $B=1$일 때, 출력 Y_3을 Active HIGH로 표시한다.
논리식은 $Y_0=\overline{B}\overline{A}$, $Y_1=\overline{B}A$, $Y_2=B\overline{A}$, $Y_3=BA$로 표현되며, 4개의 AND게이트가 필요하다.

정답 18 ③ 19 ④ 20 ②

21 **다음 중 데이터 선택회로라고도 불리며 여러 개의 입력 신호선(채널) 중에서 하나를 선택하여 출력선(1개)과 연결하여 주는 조합논리회로는?**

① 인코더
② 디코더
③ 디멀티플렉서
④ 멀티플렉서

21 기본적인 멀티플렉서는 다수의 입력선과 하나의 출력선, 그리고 여러 디지털 입력 데이터 중에서 어떤 데이터를 출력할 것인지 선택하는 데이터 선택 입력을 갖고 있다. 이러한 의미에서 데이터 선택기라고도 한다.

22 **2^n개의 입력신호 중 1개를 선택하여 출력하는 기능을 가진 회로는?**

① 멀티플렉서
② 디코더
③ 디멀티플렉서
④ 인코더

22 멀티플렉서 MUX는 일반적으로 2^n개의 입력선과 n개의 선택으로 구성되며, 이때 n개의 선택선의 비트 조합에 따라 입력 중 하나를 선택한다.

23 **다음 중 멀티플렉서의 실현에 대한 내용으로 <u>틀린</u> 것은?**

① 여러 개의 데이터 입력을 적은 수의 채널로 전송한다.
② n개의 입력선과 2^n개의 선택선으로 구성한다.
③ 선택선의 비트 조합에 따라 입력 중 하나가 선택된다.
④ data selector라고도 할 수 있다.

23 멀티플렉서는 2^n개의 입력선과 n개의 선택선으로 구성되며, 이때 n개의 선택선의 비트 조합에 따라 입력 중 하나를 선택한다.

정답 21 ④ 22 ① 23 ②

24 다음과 같은 멀티플렉서 회로에서 제어입력 A와 B가 각각 1일 때 출력 F의 값은?

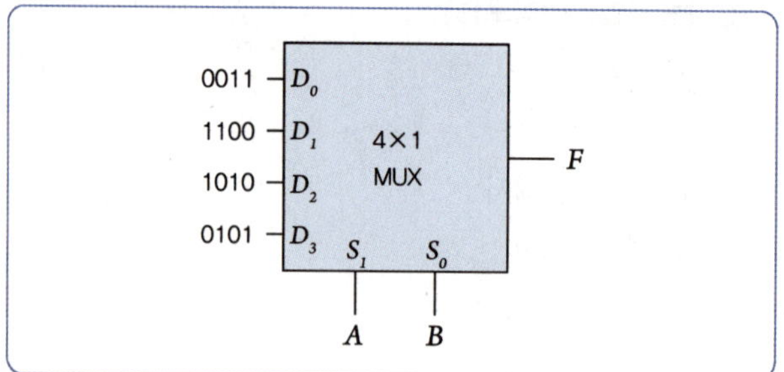

① 0011 ② 1100
③ 0101 ④ 1010

25 디멀티플렉서에 대한 설명으로 옳은 것은?

① 정보를 여러 개의 선으로 받아서 1개의 선으로 전송하는 회로이다.
② 디코더와 한 쌍으로 동작한다.
③ 정보를 한 선으로 받아서 여러 개의 선들 중 한 개를 선택하여 정보를 전송하는 회로이다.
④ 많은 수의 정보 장치를 적은 수의 채널을 통해 전송하는 회로이다.

26 디멀티플렉서에 대한 설명 중 옳은 것은?

① 1개의 입력선과 n개의 선택선을 갖는다.
② 데이터 선택기라고도 불린다.
③ 2^n개의 입력선과 n개의 출력선을 갖는다.
④ n개의 입력선과 2^n개의 선택선을 갖는다.

24

선택선		출력
S_1	S_0	F
0	0	D_0
0	1	D_1
1	0	D_2
1	1	D_3

4×1 멀티플렉서의 정의된 진리표를 보면 선택선 제어입력이 $A=1$, $B=1$이므로 $D_3=0101$이 된다.

25 기본적으로 디멀티플렉서는 하나의 선으로 디지털 정보를 받아서 여러 출력선으로 분배한다. 이런 이유로 디멀티플렉서를 데이터 분배기라고도 한다.

26 디멀티플렉서는 1개의 입력선으로 data를 입력받을 수 있고, n개의 선택선으로 2^n개의 출력선을 구현할 수 있어 데이터 분배기라고도 한다.

정답 24 ③ 25 ③ 26 ①

27 **다음 그림과 같은 논리회로의 출력값과 그 기능은?**

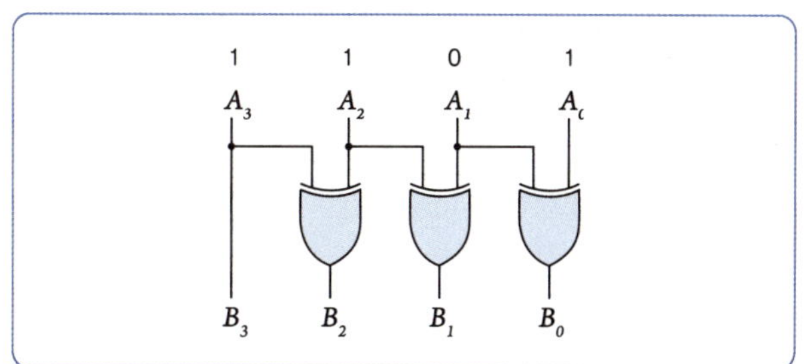

① 1011, 홀수패리티비트 검색
② 1011, 2진수-그레이코드 변환
③ 0100, 짝수패리티비트 생성
④ 1011, 3초과코드 변환

27 그레이코드는 연속되는 코드들간에 한 비트만 변하여 새로운 코드가 되며, 입력 코드로 사용하면 오차가 작아지는 특징이 있다. 그레이코드 변환과정은 XOR게이트를 이용하여 할 수 있다.

$B_3 = A_3$
$B_2 = A_3 \oplus A_2$
$B_1 = A_2 \oplus A_1$
$B_0 = A_1 \oplus A_0$

28 **다음 그림과 같은 논리회로의 출력값과 그 기능은?**

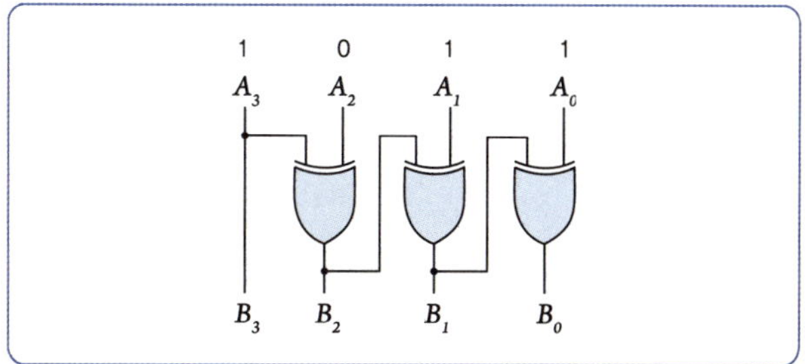

① 1011, 홀수 패리티비트 검색
② 1011, 3초과 변환
③ 1101, 2진수-그레이코드 변환
④ 1101, 그레이코드-2진수변환

28 회로는 그레이코드-2진수 변환회로이다.

$B_3 = A_3$
$B_2 = A_3 \oplus A_2 = B_3 \oplus A_2$
$B_1 = B_2 \oplus A_1$
$B_0 = B_1 \oplus A_0$

정답 27 ② 28 ④

29 송신기가 ASCII코드 정보비트에 홀수 패리티를 사용하여 전송한다면 이때, 수신 측에서의 논리적인 검사방식에 주로 사용되는 논리회로는?

① XOR
② NOT
③ AND
④ NAND

29 패리티비트 생성과 검사는 송·수신 측의 약속에 의해 사용하게 될 패리티 방식을 결정하고, 이때 사용되는 논리방식은 XOR를 사용한다. 그리고 XNOR은 XOR의 보수로 표시한다.

30 다음 중 홀수 패리티비트 발생기에 대한 식으로 옳은 것은? (단, 입력은 A, B, C이다)

① $\overline{A\odot B\odot C}$
② $(\overline{A\oplus B})\odot C$
③ $\overline{A\oplus B\oplus C}$
④ $(A\oplus B)\oplus C$

30 홀수(기수) 패리티비트 회로는 주어진 코드의 1의 전체 개수를 홀수로 만들기 위한 논리식으로 바꿀 수 있으며 다음과 같다.

주어진 3비트 코드			생성 패리티비트	
A	B	C	기수	우수
0	0	0	1	0
0	0	1	0	1
0	1	0	0	1
0	1	1	1	0
1	0	0	0	1
1	0	1	1	0
1	1	0	1	0
1	1	1	0	1

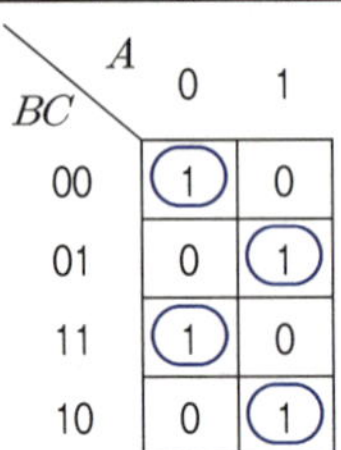

$$P=\bar{A}\bar{B}\bar{C}+\bar{A}BC+A\bar{B}C+AB\bar{C}$$
$$=\bar{A}(\bar{B}\bar{C}+BC)+A(\bar{B}C+B\bar{C})$$
$$=\bar{A}(\overline{B\oplus C})+A(B\oplus C)$$
$$=\overline{A\oplus B\oplus C}$$

정답 29 ① 30 ③

Self Check로 다지기 | 제5장

2진수의 기본연산 회로인 반가산기는 다음과 같다.

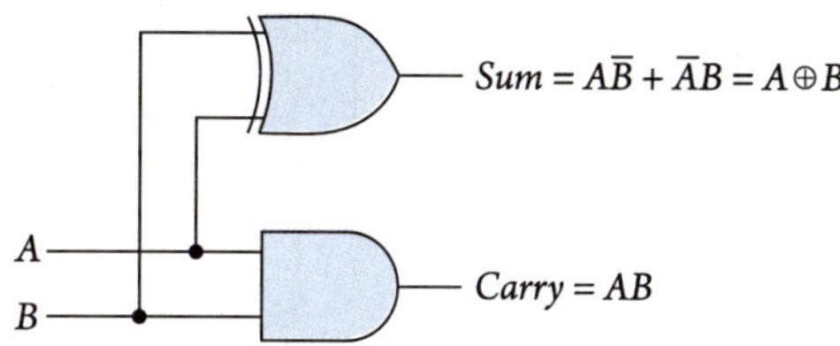

2진수의 기본연산 회로인 전가산기는 다음과 같다.

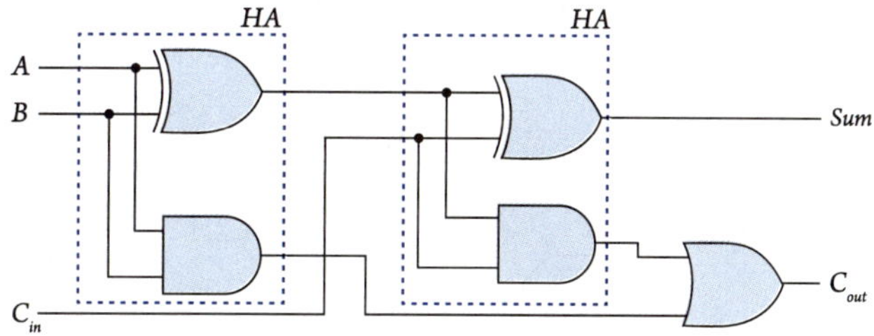

2진수의 기본연산 회로인 병렬가감산기는 다음과 같다.

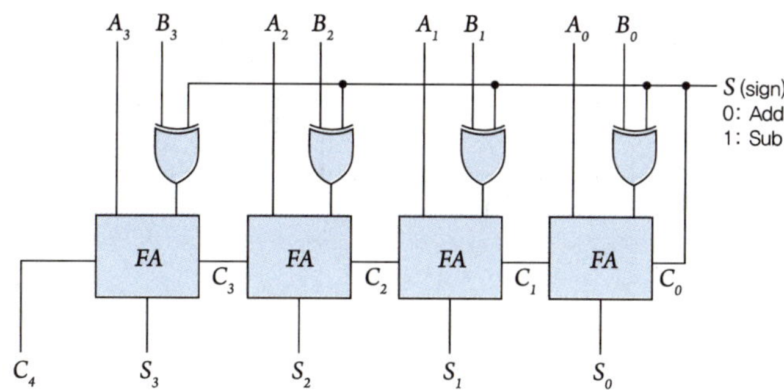

n비트의 입력신호를 2^n개의 서로 다른 신호로 바꾸어 주는 회로가 디코더이고, 인에이블을 가진 디코더는 디멀티플렉서의 기능으로 사용할 수 있다.

2진수의 그레이코드, 그레이코드의 2진수 코드변환기는 다음과 같다.

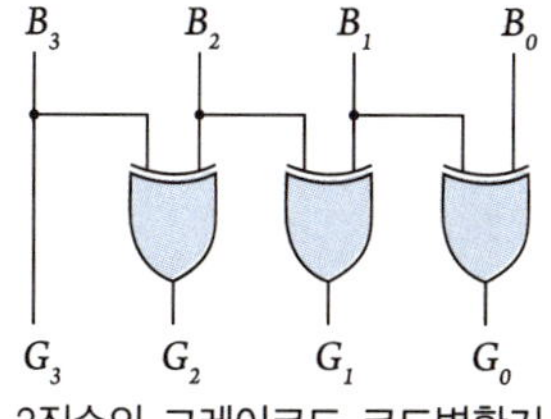

2진수의 그레이코드 코드변환기

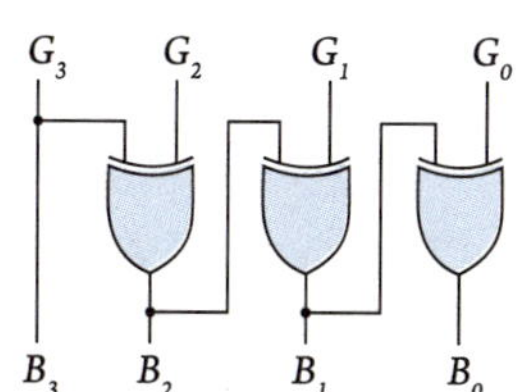

그레이코드의 2진수 코드변환기

멀티플렉서와 디멀티플렉서의 역할은 다음과 같다.

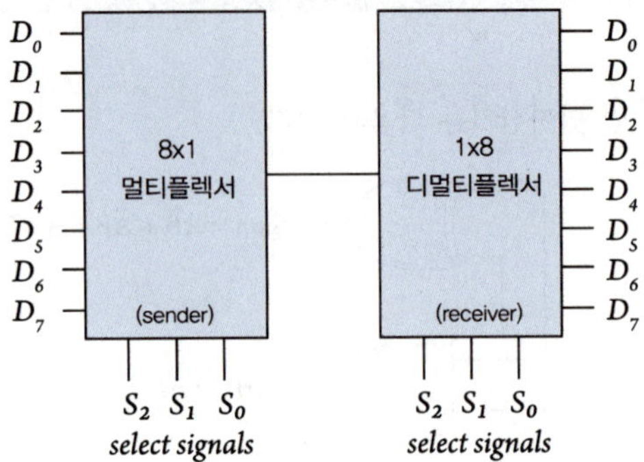

8비트 직렬회로에서의 기수(odd)/우수(even) 패리티비트 발생회로는 다음과 같다.

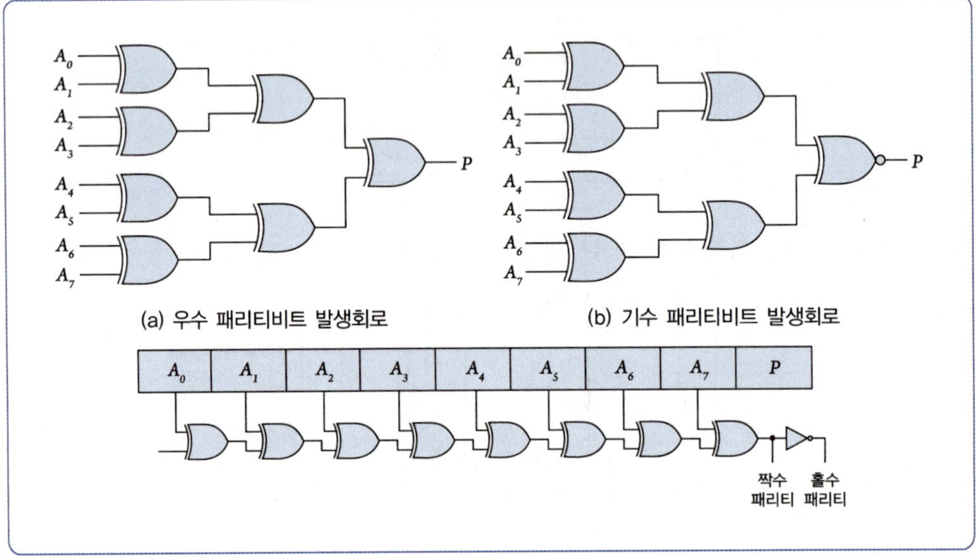

조합논리회로 설계절차

① 기능에 따라 블록도로 표현하고, 입력 및 출력 변수를 결정한다.

② 입·출력 관계를 분석하여 진리표를 작성한다.

③ 카르노맵을 이용하여 간략화된 부울식을 유도한다.

④ 유도된 식으로 회로를 구성한다.

제 6 장

순서논리회로

또 실패했는가? 괜찮다. 다시 실행하라. 그리고 더 나은 실패를 하라!

– 사뮈엘 베케트 –

제 6 장 순서논리회로

제1절 순서논리회로의 개요 기출

조합논리회로는 임의의 시점에서 이전 입력값에 관계없이 현재 입력값에 따라 출력이 결정되는 논리회로인 반면 순서논리회로(Sequential Logic Circuit)는 **현재의 입력값과 이전 출력상태에 따라 출력값이 결정되는 논리회로**이다.

순서논리회로는 신호의 타이밍(timing)에 따라 **동기(synchronous)** 순서논리회로와 **비동기(asynchronous)** 순서논리회로로 구분된다. **동기 순서논리회로**는 클록펄스가 들어오는 시점에서 상태가 변하는 회로이고, 펄스는 주기적 또는 비주기적으로 생성할 수 있으며, 클록펄스는 클록발생기라는 타이밍 장치에서 생성한다. 이와 같이 클록펄스 입력을 통해서 동작하는 회로를 동기 순서논리회로 또는 단순히 순서회로라 한다. **비동기 순서논리회로**는 시간에 관계없이 단지 입력이 변하는 순서에 따라 동작하는 논리회로이다. 비동기 순서논리회로는 회로입력이 변화할 경우에만 상태 전이가 발생하고, 정확한 동작은 입력의 타이밍에 의존하기 때문에 마지막 입력 변화에서 회로가 안정되도록 설계해야 한다. 그렇지 않으면 회로는 정확하게 동작하지 않을 수 있다.

순서논리회로의 기본 구조는 [그림 6-1]의 순서논리회로의 블록도에서 볼 수 있다. 순서논리회로는 조합논리회로와 메모리소자로 구성되고, 클록펄스(CP, Clock Pulse)가 있는 순서논리회로에서는 메모리부분에 클록입력이 있다. 순서논리회로의 출력 $Y(t)$는 현재 상태의 입력 $X(t)$와 이전 상태의 출력 $Y(t-1)$에 의해 결정된다.

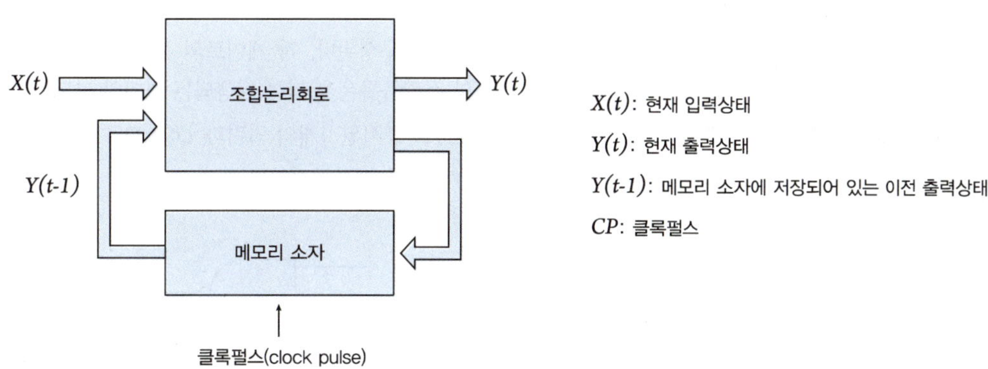

[그림 6-1] 순서논리회로의 블록도

순서논리회로에는 **플립플롭(Flip Flop)**, **카운터(Counter)**, **레지스터(Register)**, **RAM** 등이 있는데, 이들의 회로 설계 방법과 이들 회로를 이용하는 방법을 알아보자.

제2절 플립플롭

1 래치(Latch)회로 중요 기출

래치는 임시저장소자의 한 종류로서 두 개의 안정상태를 가지고 있으며, 플립플롭과 별개의 부류로 분류되는 쌍안정(bistable)소자이고, 출력이 입력으로 연결되는 피드백배치를 이용하여 두 가지의 안정 상태 중 하나의 상태로 만들 수 있으므로 플립플롭과 기능은 비슷하나 두 소자는 상태를 변화시키는 방법에 차이가 있다.

더 알아두기

쌍안정회로(Bistable Circuit) : 전기적으로 서로 다른 2개의 안정상태를 가지고 있는 회로로, 2개의 안정상태는 세트(*set*), 리셋(*reset*)을 말한다. 쌍안정회로의 특징은 1비트 기억소자로, 입력된 이전 상태를 기억(상태정보의 저장 및 유지)할 수 있는 논리회로이고 여러 개의 논리게이트의 조합으로 구성되어 저장능력을 가질 수 있다. 또 조합논리회로와 달리 귀환(피드백)요소가 있으며, 래치회로와 플립플롭이 대표적인 회로이다.

순서논리회로에 사용되는 기억소자의 분류
- 래치(latch) : 기본적인 게이트회로로 구성되는 기억소자
- 플립플롭(flip-flop) : 래치에 별도의 회로(클록회로)를 추가하여 구성되는 기억소자

(1) SR(set-reset)래치

SR래치는 입력이 [그림 6-2]처럼 액티브-HIGH, 또는 액티브-LOW로 동작하여 입력과 출력이 교차 연결된 두 개의 NOR게이트 또는 NAND게이트를 이용하여 구성된다. 각 게이트의 출력은 반대편의 게이트로 입력되는 피드백구조로 되어 있다. 모든 래치와 플립플롭은 이러한 재생되는 형태의 피드백구조의 특징을 갖고 있다. SR래치회로는 S(set)와 R($reset$)로 표시된 2개의 입력과 Q와 $\overline{Q}$로 표시된 2개의 출력이 있으며, Q와 $\overline{Q}$의 상태는 서로 보수상태가 되어야 정상적인 상태가 된다.

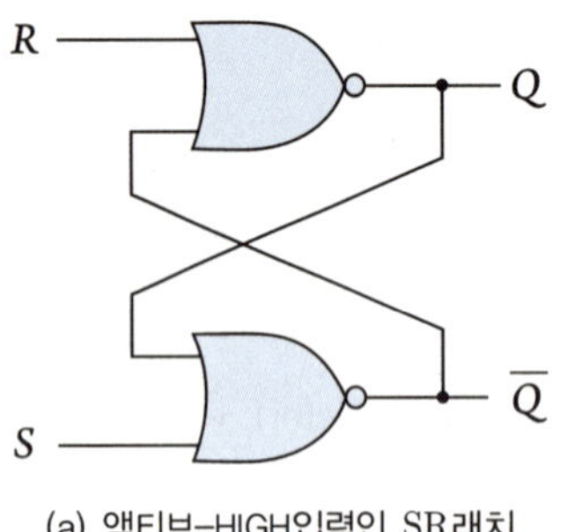

(a) 액티브-HIGH입력인 SR래치

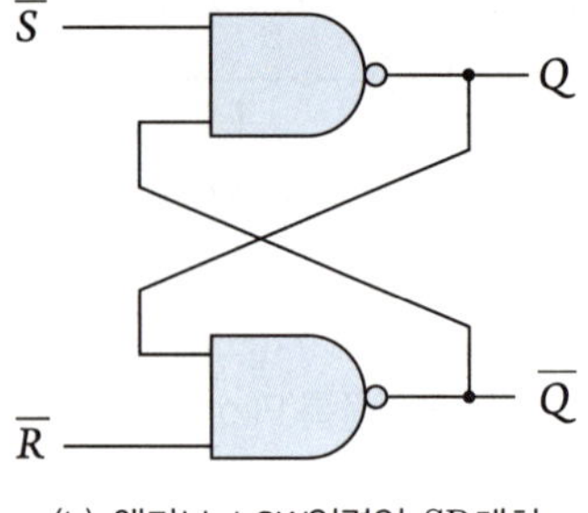

(b) 액티브-LOW입력인 SR래치

[그림 6-2] SR래치의 두 가지 형태

(2) NOR게이트로 구성된 SR래치

① 회로구성

[그림 6-3]에서 NOR게이트 G_1의 출력은 NOR게이트 G_2의 입력에 연결되고, NOR게이트 G_2의 출력은 NOR게이트 G_1의 입력에 연결되는 형태로 구성되어 있다.

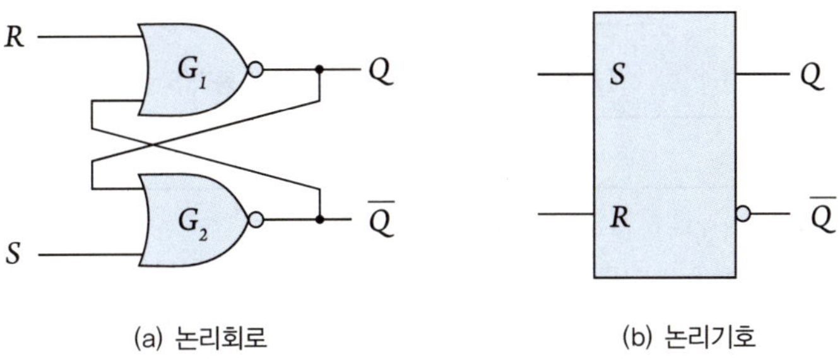

(a) 논리회로 (b) 논리기호

[그림 6-3] NOR형 SR래치회로 구성(액티브-HIGH 입력)

② 진리표

[표 6-1]에서 $Q(t)$는 입력이 인가되기 이전 상태이며, $Q(t+1)$은 입력이 인가된 이후의 상태를 의미한다.

[표 6-1] 진리표

S	R	$Q(t+1)$
0	0	$Q(t)$
0	1	0
1	0	1
1	1	부정

S, R의 입력 상태
$Q(t)$는 현재 상태
$Q(t+1)$은 입력 이후의 상태(다음 상태)

③ 동작설명

㉠ 입력 $S=0$, $R=0$ $Q(t+1)=Q(t)$ 불변	• 현재 상태 $Q=0$, $\overline{Q}=1$ 인 경우 $Q=0$와 $S=0$이 G_2에 입력되면 출력은 $\overline{Q}(t+1)=1$ $\overline{Q}=1$와 $R=0$이 G_1에 입력되면 출력은 $Q(t+1)=0$ 즉, 현재 상태를 유지한다. • 현재 상태 $Q=1$, $\overline{Q}=0$ 인 경우 $Q=1$와 $S=0$이 G_2에 입력되면 출력은 $\overline{Q}(t+1)=0$ $\overline{Q}=0$와 $R=0$이 G_1에 입력되면 출력은 $Q(t+1)=1$ 즉, 현재 상태를 유지한다.

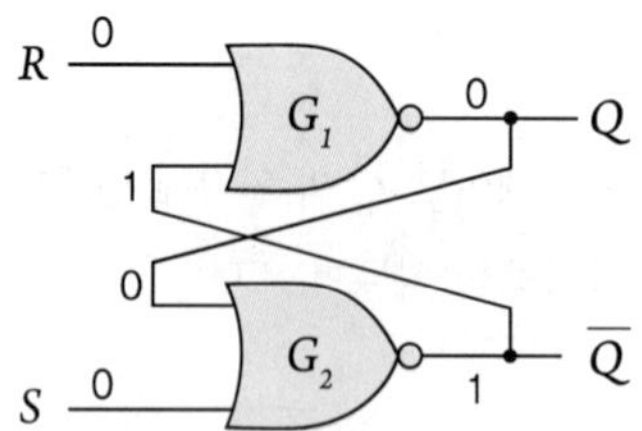

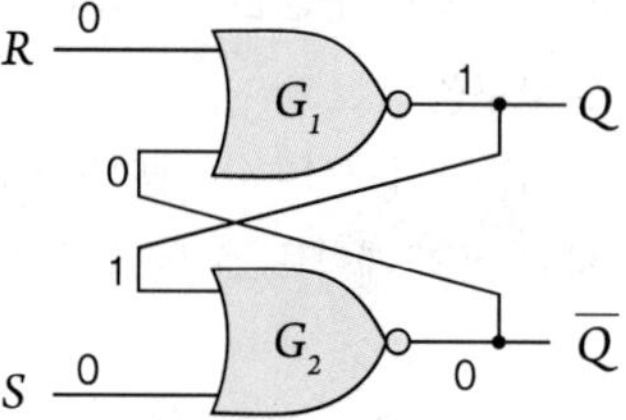

[그림 6-4] NOR형 SR래치회로의 동작(S = 0, R = 0)

㉡ 입력 $S=0$, $R=1$ $Q(t+1)=0$ *Reset*

- 현재 상태 $Q=0$, $\overline{Q}=1$ 인 경우
  G_1의 출력은 또 다른 입력인 $\overline{Q}$상태에 관계없이 $Q(t+1)=0$
  G_2에 $S=0$, $Q(t+1)=0$이 입력되므로 출력은 $\overline{Q}(t+1)=1$
  즉, Q의 이전 상태에 관계없이 $reset$이 된 것이다.
- 현재 상태 $Q=1$, $\overline{Q}=0$ 인 경우
  G_1의 출력은 또 다른 입력인 $\overline{Q}$상태에 관계없이 $Q(t+1)=0$
  G_2에 $S=0$, $Q(t+1)=0$이 입력되므로 출력은 $\overline{Q}(t+1)=1$
  즉, 현재 상태 $Q(t)=1$, $Q(t+1)=0$으로 $reset$이 된다.

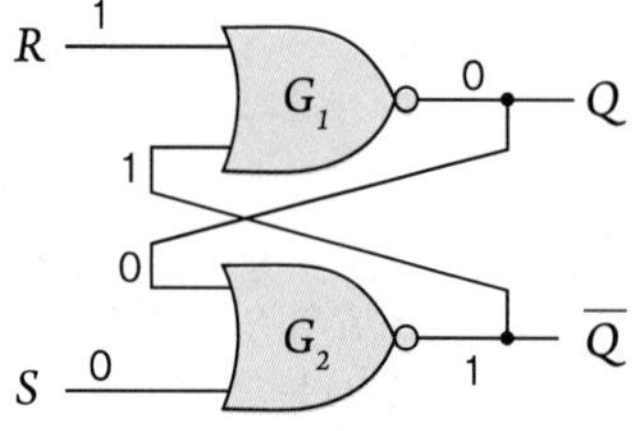

$Q(t)$	$\overline{Q}(t)$	$Q(t+1)$
0	1	0
1	0	0

[그림 6-5] NOR형 SR래치회로의 동작(S = 0, R = 1)

㉢ 입력 $S=1$, $R=0$ $Q(t+1)=1$ *Set*

- 현재 상태 $Q=1$, $\overline{Q}=0$ 인 경우
  G_2의 출력은 또 다른 입력인 Q상태에 관계없이 $\overline{Q}(t+1)=0$
  G_1에 $R=0$, $\overline{Q}(t+1)=0$이 입력되므로 출력은 $Q(t+1)=1$
  즉, Q의 이전 상태에 관계없이 set이 된 것이다.
- 현재 상태 $Q=0$, $\overline{Q}=1$ 인 경우
  G_2의 출력은 또 다른 입력인 Q상태에 관계없이 $\overline{Q}(t+1)=0$
  G_1에 $R=0$, $\overline{Q}(t+1)=0$이 입력되므로 출력은 $Q(t+1)=1$
  즉, 현재 상태 $Q(t)=0$, $Q(t+1)=1$로 set이 된다.

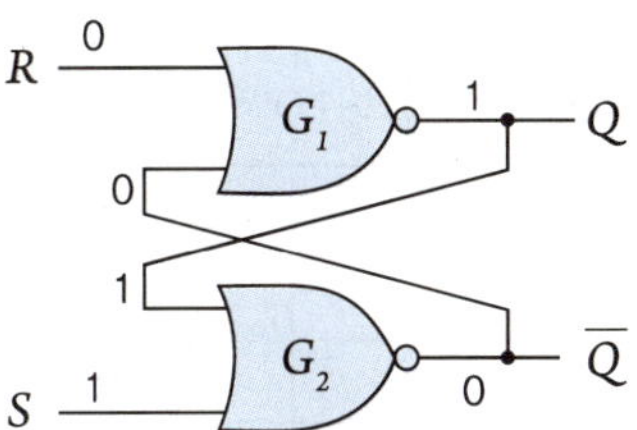

$Q(t)$	$\overline{Q}(t)$	$Q(t+1)$
1	0	1
0	1	1

[그림 6-6] NOR형 SR래치회로의 동작(S = 1, R = 0)

㉣ 입력 $S=1$, $R=1$ $Q(t+1)$ = 부정

- 현재 상태 $Q=1, \overline{Q}=0$ 인 경우와 $Q=0, \overline{Q}=1$ 인 경우에, G_1, G_2의 출력은 또 다른 입력에 관계없이 모두 0이 되어 $Q(t+1)=0, \overline{Q}(t+1)=0$ 인 상태가 된다. Q와 $\overline{Q}$는 보수상태가 아닌 부정상태가 되어 정상적으로 동작하지 못한다.

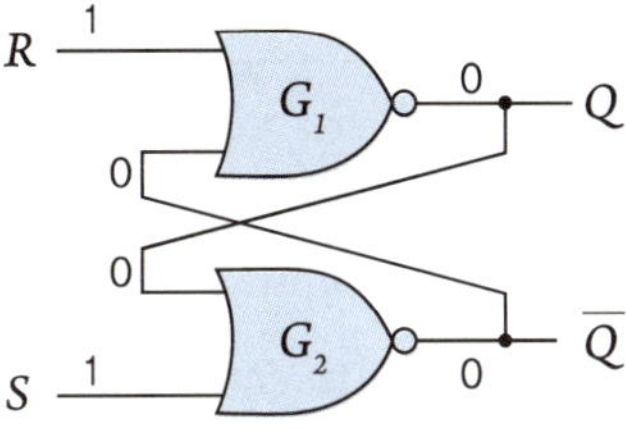

$Q(t)$	$\overline{Q}(t)$	$Q(t+1)$
1	0	부정
0	1	

[그림 6-7] NOR형 SR래치회로의 동작(S = 1, R = 1)

예제 6-1

다음 그림과 같이 $\overline{S}$와 $\overline{R}$의 파형이 NOR형 SR래치회로에 입력될 때 출력 Q의 파형을 그리시오(Q의 초기상태는 LOW로 가정한다).

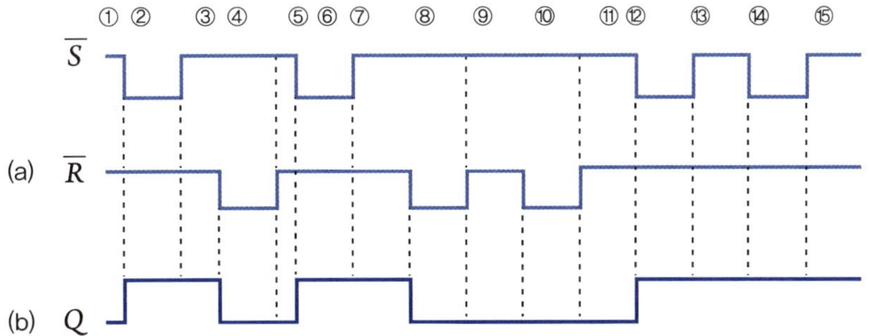

해설

입력단의 신호가 $\overline{S}$와 $\overline{R}$로 정의되어 있으므로, 액티브-LOW입력이 된다.

S	R	$\overline{S}$	$\overline{R}$	$Q(t+1)$
0	0	1	1	$Q(t)$
0	1	1	0	0
1	0	0	1	1
1	1	0	0	부정

시간구간별

① 이전 상태 유지	⑥ 1 (*set*)	⑪ 0 (현재 상태 유지)
② 1 (*set*)	⑦ 1 (현재 상태 유지)	⑫ 1 (*set*)
③ 1 (현재 상태 유지)	⑧ 0 (*reset*)	⑬ 1 (현재 상태 유지)
④ 0 (*reset*)	⑨ 0 (현재 상태 유지)	⑭ 1 (*set*)
⑤ 0 (현재 상태 유지)	⑩ 0 (*reset*)	⑮ 1 (현재 상태 유지)

(3) NAND게이트로 구성된 SR래치

① 회로구성

[그림 6-8]에서 NAND게이트 G_1의 출력은 NAND게이트 G_2의 입력에 연결되고, NAND게이트 G_2의 출력은 NAND게이트 G_1의 입력에 연결되는 형태로 구성되어 있다.

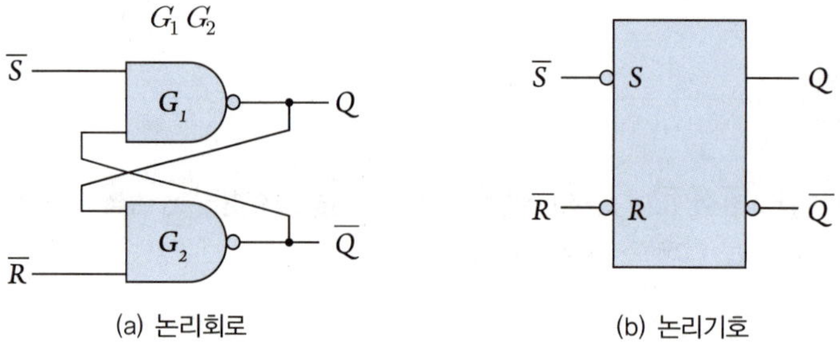

(a) 논리회로 (b) 논리기호

[그림 6-8] NAND형 SR래치회로 구성(액티브-LOW 입력)

② 진리표

[표 6-2] 진리표

$\overline{S}$	$\overline{R}$	$Q(t+1)$
0	0	부정
0	1	1
1	0	0
1	1	$Q(t)$

[표 6-1]에서 0과 1을 교환한 것과 같으므로 논리적으로 [표 6-1]과 [표 6-2]는 동일함을 알 수 있다.

③ **동작설명**

<table>
<tr><td>㉠
$\overline{S}=0$,
$\overline{R}=0$
$Q(t+1)$
=부정</td><td>

• 현재 상태 $Q=1, \overline{Q}=0$ 인 경우와 $Q=0, \overline{Q}=1$ 인 경우에,
G_1, G_2의 출력은 또 다른 입력에 관계없이 모두 1이 되어
$Q(t+1)=1, \overline{Q}(t+1)=1$ 인 상태가 된다.
Q와 $\overline{Q}$는 보수상태가 아닌 부정상태가 되어 정상적으로 동작하지 못한다.

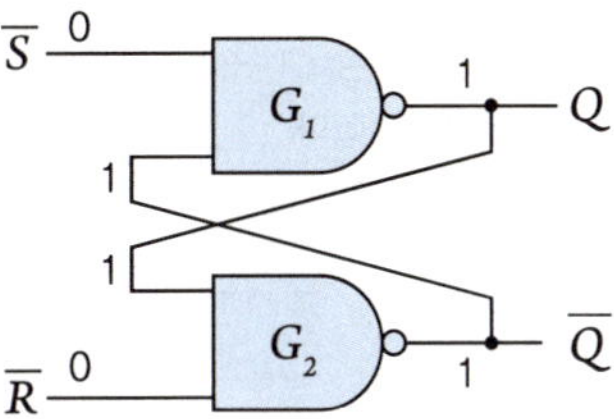

$Q(t)$	$\overline{Q}(t)$	$Q(t+1)$
1	0	부정
0	1	

[그림 6-9] NAND형 SR래치회로의 동작($\overline{S}=0, \overline{R}=0$)
</td></tr>
<tr><td>㉡
입력
$\overline{S}=0$,
$\overline{R}=1$
$Q(t+1)$
=1
Set</td><td>

• 현재 상태 $Q=0, \overline{Q}=1$ 인 경우
G_1의 출력은 또 다른 입력에 관계없이 $Q(t+1)=1$
G_2에 $\overline{R}=1, Q(t+1)=1$이 입력되므로 출력은 $\overline{Q}(t+1)=0$
즉, 현재 상태 $Q(t)=0, Q(t+1)=1$으로 set이 된다.
• 현재 상태 $Q=1, \overline{Q}=0$ 인 경우
G_1의 출력은 또 다른 입력인 $\overline{Q}$상태에 관계없이 $Q(t+1)=1$
G_2에 $\overline{R}=1, Q(t+1)=1$이 입력되므로 출력은 $\overline{Q}(t+1)=0$
즉, Q의 이전 상태에 관계없이 출력은 set이 된다.

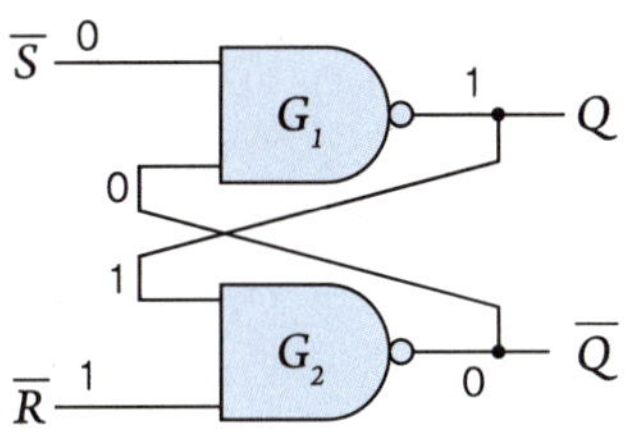

$Q(t)$	$\overline{Q}(t)$	$Q(t+1)$
0	1	1
1	0	1

[그림 6-10] NAND형 SR래치회로의 동작($\overline{S}=0, \overline{R}=1$)
</td></tr>
</table>

ⓒ 입력 $\overline{S}=1$, $\overline{R}=0$ $Q(t+1)$ $=0$ *Reset*	• 현재 상태 $Q=1, \overline{Q}=0$ 인 경우 G_2의 출력은 또 다른 입력인 Q상태에 관계없이 $\overline{Q}(t+1)=1$ G_1에 $\overline{S}=1, \overline{Q}(t+1)=1$이 입력되므로 출력은 $Q(t+1)=0$ 즉, 현재 상태 $Q(t)=1, Q(t+1)=0$으로 $reset$이 된다. • 현재 상태 $Q=0, \overline{Q}=1$ 인 경우 G_2의 출력은 또 다른 입력인 Q상태에 관계없이 $\overline{Q}(t+1)=1$ G_1에 $\overline{S}=1, \overline{Q}(t+1)=1$이 입력되므로 출력은 $Q(t+1)=0$ 즉, Q의 이전 상태에 관계없이 $reset$이 된 것이다. 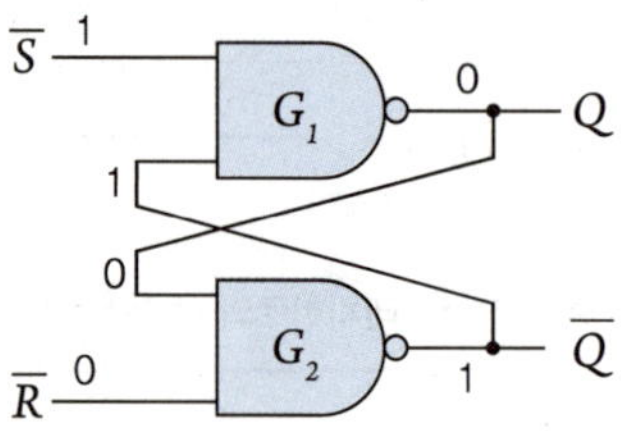

$Q(t)$	$\overline{Q}(t)$	$Q(t+1)$
1	0	0
0	1	0

[그림 6-11] NAND형 SR래치회로의 동작($\overline{S}=1, \overline{R}=0$)

ⓔ 입력 $\overline{S}=1$, $\overline{R}=1$ $Q(t+1)$ $=Q(t)$ 불변	• 현재 상태 $Q=0, \overline{Q}=1$ 인 경우 $Q=0$와 $\overline{R}=1$이 G_2에 입력되면 출력은 $\overline{Q}(t+1)=1$ $\overline{Q}=1$와 $\overline{S}=1$이 G_1에 입력되면 출력은 $Q(t+1)=0$ 즉, 현재 상태를 유지한다. • 현재 상태 $Q=1, \overline{Q}=0$ 인 경우 $Q=1$와 $\overline{R}=1$이 G_2에 입력되면 출력은 $\overline{Q}(t+1)=0$ $\overline{Q}=0$와 $\overline{S}=1$이 G_1에 입력되면 출력은 $Q(t+1)=1$ 즉, 현재 상태를 유지한다.

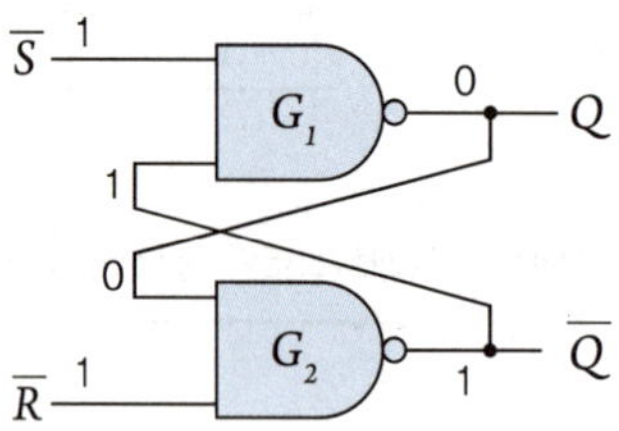

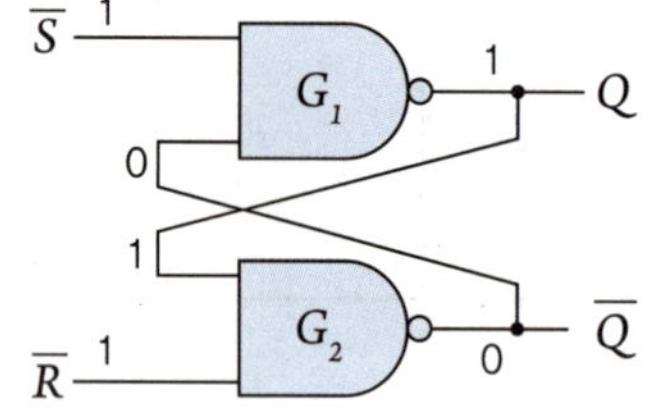

[그림 6-12] NAND형 SR래치회로의 동작($\overline{S}=1, \overline{R}=1$)

예제 6-2

다음 그림과 같이 $\overline{S}$와 $\overline{R}$의 파형이 NAND형 SR래치회로에 입력될 때 출력 Q의 파형을 구하시오(Q의 초기 상태는 LOW로 가정한다).

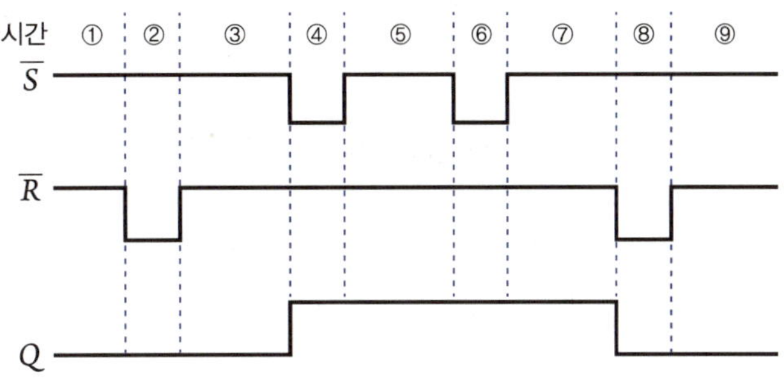

해설

입력단의 신호가 $\overline{S}$와 $\overline{R}$로 정의되어 있으므로, 액티브-LOW 입력이 된다.

$\overline{S}$	$\overline{R}$	$Q(t+1)$
1	1	$Q(t)$
1	0	0
0	1	1
0	0	부정

시간구간별

① 0 (이전 상태 유지)	④ 1 (*set*)	⑦ 1 (현재 상태 유지)
② 0 (*reset*)	⑤ 1 (현재 상태 유지)	⑧ 0 (*reset*)
③ 0 (현재 상태 유지)	⑥ 1 (*set*)	⑨ 0 (현재 상태 유지)

2 SR플립플롭 (중요)

(1) 클록형 SR플립플롭

기본적인 *SR*래치는 **클록펄스 입력과 무관하게 동작**하므로 비동기식 *SR*플립플롭이라고 할 수 있다. 그러나 순서논리회로에서는 대부분 **클록펄스에 동기**시켜서 동작시킨다. 다음 [그림 6-13]은 NOR게이트를 이용한 *SR*래치회로 앞에 AND게이트 2개를 연결하고 공통단자에 클록펄스(CP)를 인가한 클록형 NOR형 *SR*플립플롭회로이고, [그림 6-14]는 NAND게이트를 이용한 *SR*래치회로 앞에 NAND게이트 2개를 연결하고 공통단자에 **클록펄스(CP)를 인가**한 클록형 NAND형 *SR*플립플롭회로이다. 클록형 *SR*플립플롭을 Gate-D *SR*래치라고도 한다.

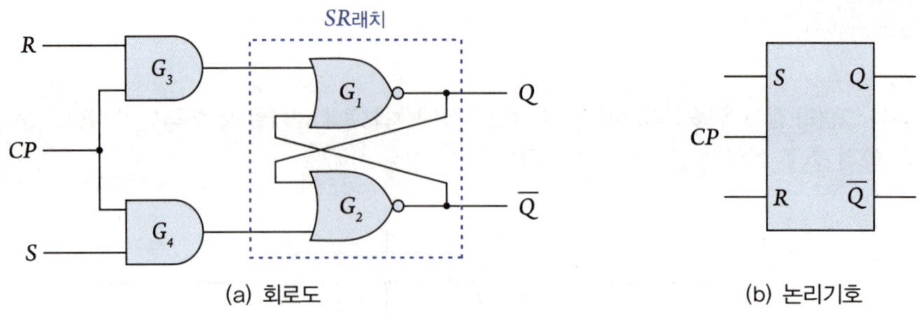

(a) 회로도 (b) 논리기호

[그림 6-13] 클록형 NOR형 SR플립플롭

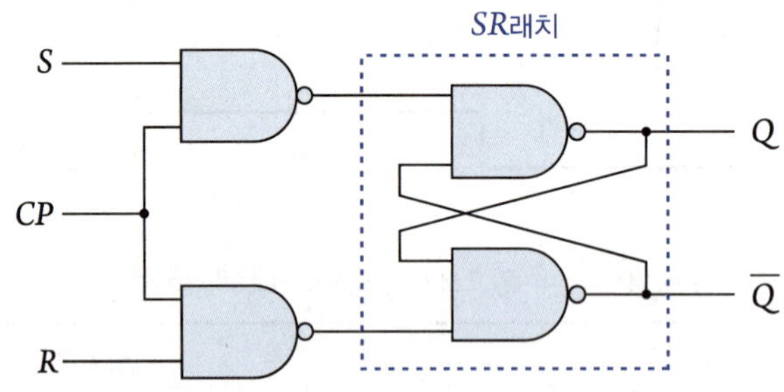

[그림 6-14] 클록형 NAND형 SR플립플롭 회로도

① 클록형 SR플립플롭의 동작

$CP=0$일 때	S, R의 입력에 관계없이 AND게이트인 G_3, G_4는 항상 0이므로, 플립플롭의 출력 $Q(t+1)=Q(t)$로 이전 상태 유지가 되어, 래치로 동작하지 않는다.
$CP=1$일 때	AND게이트인 G_3, G_4는 S, R입력이 완료되어야 동작하며, S, R입력에 따라 SR래치와 같은 동작을 한다.

② 클록형 SR플립플롭의 진리표

[표 6-3] 클록형 SR플립플롭의 진리표

CP	S	R	$Q(t+1)$	설명
0	관계없음		$Q(t)$	SR래치로 동작하지 않음
1	0	0	$Q(t)$	SR래치 동작
1	0	1	0	
1	1	0	1	
1	1	1	부정	

③ 클록형 SR플립플롭의 특성표

진리표를 근거로 입력변수를 S, R, $Q(t)$로 하고 출력변수를 $Q(t+1)$로 하여 만든 SR플립플롭의 특성표이다.

[표 6-4] 클록형 SR플립플롭의 특성표

$Q(t)$ 현재값	S	R	$Q(t+1)$	설명
0	0	0	0	현재값 유지
0	0	1	0	*reset*
0	1	0	1	*set*
0	1	1	부정	Don' t care
1	0	0	1	현재값 유지
1	0	1	0	*reset*
1	1	0	1	*set*
1	1	1	부정	Don't care

④ $Q(t+1)$ **에 대한 부울함수식** : [표 6-4]의 특성표로부터 SR플립플롭의 특성방정식을 표현할 수 있다. $S=R=1$은 허용될 수 없는 무관항이므로, $SR=0$ 조건이 특성방정식에 포함되어야 한다.

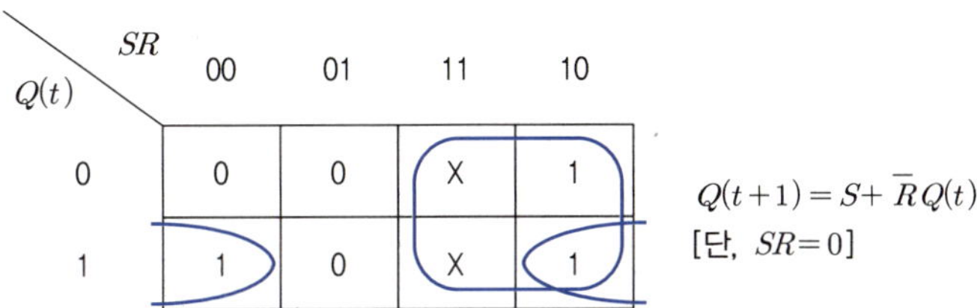

[그림 6-15] 클록형 SR플립플롭의 특성방정식

⑤ SR **플립플롭의 상태도** : SR플립플롭의 특성을 도식화한 것

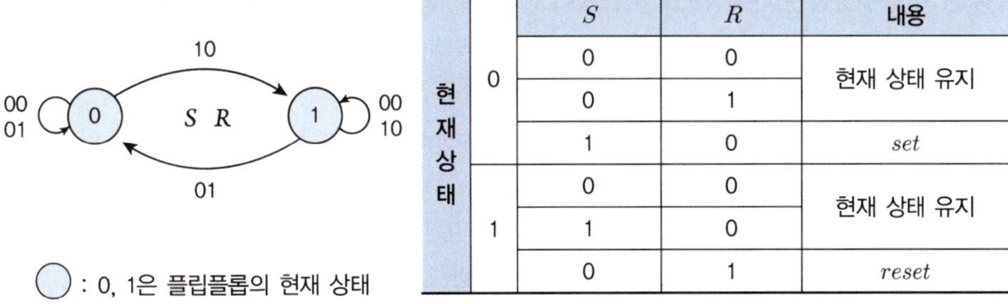

현재 상태		S	R	내용
	0	0	0	현재 상태 유지
		0	1	
		1	0	*set*
	1	0	0	현재 상태 유지
		1	0	
		0	1	*reset*

[그림 6-16] SR플립플롭의 상태도

예제 6-3

다음 그림과 같이 클록형 SR 플립플롭에 S, R, CP입력을 인가했을 때, 출력 Q의 파형을 구하시오(단, Q의 초기상태는 0으로 한다).

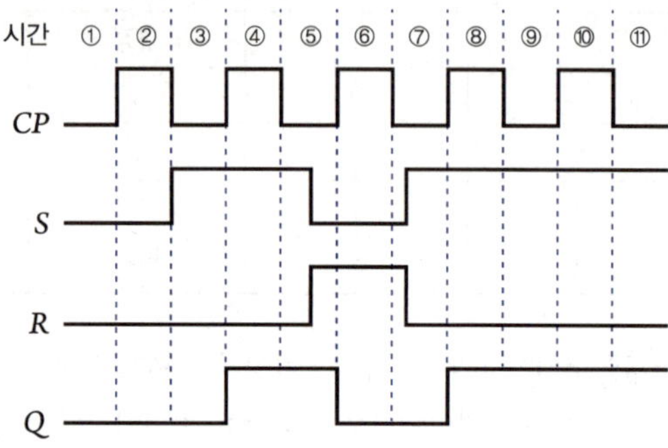

해설

㉠ $CP=0$인 구간은 출력이 변하지 않는다. 즉, 플립플롭으로 동작하지 않으므로 이전 값은 유지된다.
㉡ $CP=1$인 구간동안 ②, ④, ⑥, ⑧, ⑩에서 S, R값에 출력 $Q(t+1)$가 된다.

시간구간 ②	$S=0, R=0$: 이전 상태 유지
시간구간 ④	$S=1, R=0$: $Q=1(Set)$
시간구간 ⑥	$S=0, R=1$: $Q=0(Reset)$
시간구간 ⑧	$S=1, R=0$: $Q=1(Set)$
시간구간 ⑩	$S=1, R=0$: $Q=1(Set)$

(2) 에지트리거 SR플립플롭 중요 기출

클록형 SR플립플롭은 기본적으로 피드백이 존재하는 회로이며, 클록펄스가 1인 상태에서 모든 동작이 수행된다. 그러므로 플립플롭의 동작시간보다도 클록펄스의 지속시간이 길게 되면 플립플롭은 여러 차례 동작이 수행될 수 있으므로 예측하지 못한 동작을 할 수 있다.

이러한 문제를 해결하기 위한 방법으로 **에지트리거(edge trigger)**를 이용하는 방법이 있다. 트리거에는 레벨(level)트리거와 에지(edge)트리거가 있으며, 레벨트리거는 클록이 1이면 계속해서 입력을 받아들이기 때문에 앞서 배운 클록형 SR플립플롭으로 설명된다. 에지트리거는 플립플롭의 내부구조를 바꾸어 클록이 0에서 1로, 1에서 0으로 변하는 순간에만 입력을 받아들이게 하는 방법이다.

더 알아두기

- **트리거(trigger)** : 장치가 입력을 받거나 출력을 변화시키는 경우를 나타내는 데 사용하는 디지털 장치로의 입력 제어신호
- **에지트리거(edge trigger)** : 입력신호를 받아 일부 입력 제어신호 또는 클록의 positive 또는 negative edge에서만 출력을 바꿀 수 있는 디지털 장치 용어

에지트리거는 [그림 6-17]에서와 같이 상승에지(leading edge)트리거와 하강에지(trailing edge)트리거 두 가지가 있다. 상승에지트리거는 정에지(positive edge)트리거, 하강에지트리거는 부에지(negative edge)라고도 한다.

에지트리거 SR플립플롭은 S와 R에 입력되는 정보를 클록펄스의 에지트리거에서만 동작하여 출력하기 때문에 S와 R입력을 동기입력(synchronous input)이라고 한다. 에지트리거 SR플립플롭은 클록형 SR 플립플롭회로의 클록펄스 입력에 펄스전이검출기를 추가하였다. 펄스전이검출기는 입력되는 펄스를 상승에지에서 짧은 전이만 일어나게 하여 지속시간이 짧은 펄스를 만들기 위한 회로이다.

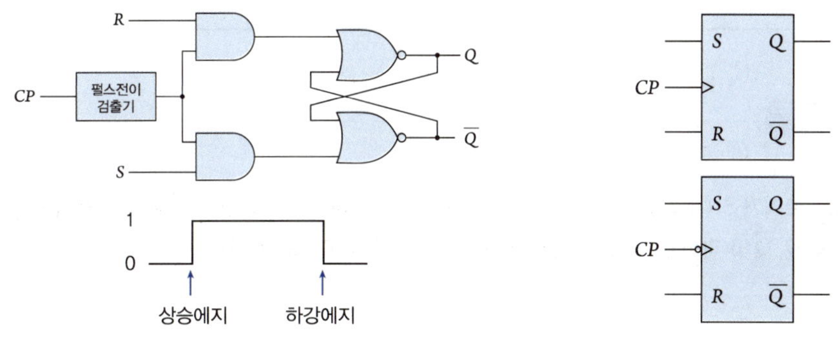

(a) 펄스전이검출기를 추가한 SR플립플롭 회로　　(b) 상승에지트리거와 하강에지트리거 플립플롭

[그림 6-17] 에지트리거링과 에지트리거 플립플롭 논리기호

① 에지트리거 SR플립플롭의 기본동작

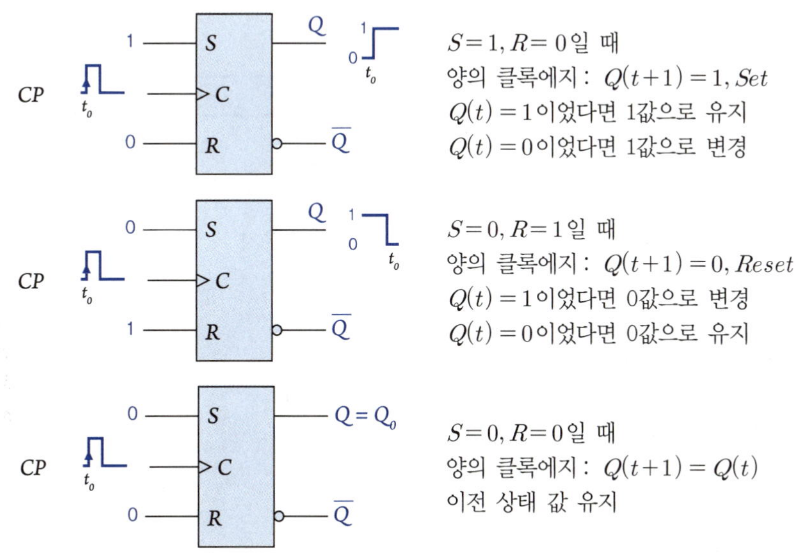

[그림 6-18] 상승에지트리거 SR플립플롭의 동작

② **에지트리거 SR플립플롭의 진리표**

[표 6-5] 상승/하강 에지트리거 SR플립플롭의 진리표

㉠ 상승에지트리거 *SR*플립플롭

CP	S	R	$Q(t+1)$
↑	0	0	$Q(t)$
↑	0	1	0
↑	1	0	1
↑	1	1	부정

㉡ 하강에지트리거 *SR*플립플롭

CP	S	R	$Q(t+1)$
↓	0	0	$Q(t)$
↓	0	1	0
↓	1	0	1
↓	1	1	부정

예제 6-4

상승에지트리거 SR플립플롭에 다음 그림과 같은 S, R, CLK(CP) 입력이 인가될 때, 플립플롭의 출력 Q, $\overline{Q}$의 파형을 구하시오(플립플롭의 초기상태는 0으로 한다).

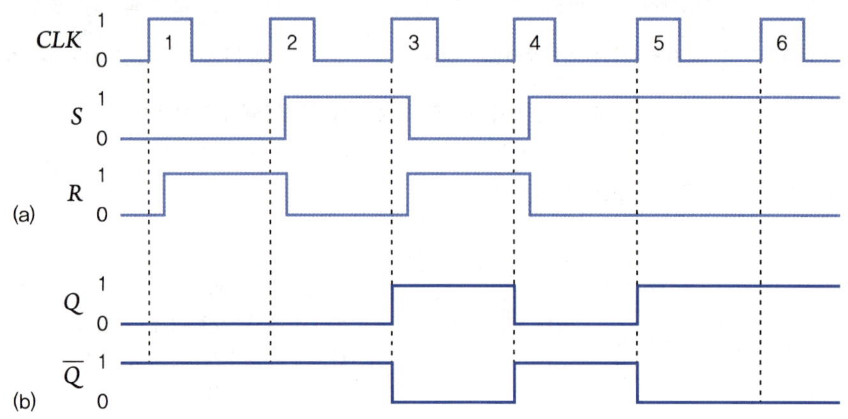

해설

$CLK\uparrow,1$ $S=0, R=0$: $Q(t+1)=Q(t)$, 이전 상태 유지
$CLK\uparrow,2$ $S=0, R=1$: $Q(t+1)=0$, $Reset$
$CLK\uparrow,3$ $S=1, R=0$: $Q(t+1)=1$, Set
$CLK\uparrow,4$ $S=0, R=1$: $Q(t+1)=0$, $Reset$
$CLK\uparrow,5$ $S=1, R=0$: $Q(t+1)=1$, Set
$CLK\uparrow,6$ $S=1, R=0$: $Q(t+1)=1$, Set, 상태 유지
$\overline{Q}(t+1)$은 $Q(t+1)$의 보수로 출력된다.

예제 6-5

상승에지트리거 SR플립플롭에 다음 그림과 같은 S, R, CP 입력이 인가될 때, 플립플롭의 출력 Q의 파형을 구하시오(플립플롭의 초기상태는 0으로 한다).

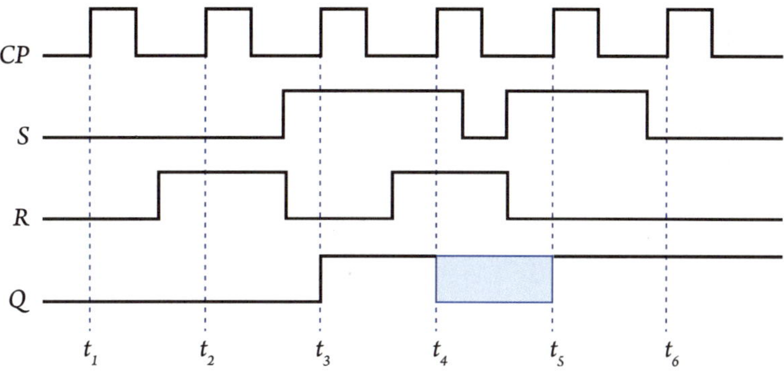

해설

$CP\uparrow, t_1$ $S=0, R=0$: $Q(t+1)=Q(t)$, 이전 상태 유지
$CP\uparrow, t_2$ $S=0, R=1$: $Q(t+1)=0, Reset$, 상태 유지
$CP\uparrow, t_3$ $S=1, R=0$: $Q(t+1)=1, Set$
$CP\uparrow, t_4$ $S=1, R=1$: $Q(t+1)=$ 부정
$CP\uparrow, t_5$ $S=1, R=0$: $Q(t+1)=1, Set$
$CP\uparrow, t_6$ $S=0, R=0$: $Q(t+1)=Q(t)$, 이전 상태 유지

(3) 주종형 SR플립플롭 중요

클록형 트리거링(레벨트리거링)을 행하는 플립플롭의 문제를 해결할 목적으로 많이 사용하는 방법 중에 **주종형(master-slave) 플립플롭**이 있다. 주종형 플립플롭은 플립플롭 2개로 비교적 간단히 레벨트리거링의 문제를 완화시켜준다. 외부로 나타나는 출력은 Q뿐이며, Q는 어떤 경우에라도 한 번만 정해진다. 한 클록 주기 동안 이것이 다시 피드백되어 입력으로 들어가 새로운 값으로 Q가 정해지지 않는다. 한 클록 주기 동안 한 번만 상태가 정의되기 때문에 주종형 플립플롭은 의미가 있다.

① 주종형 SR플립플롭의 구조

주종형 SR플립플롭은 주플립플롭(master flip-flop), 종플립플롭(slave flip-flop) 그리고 NOT게이트로 구성된다.

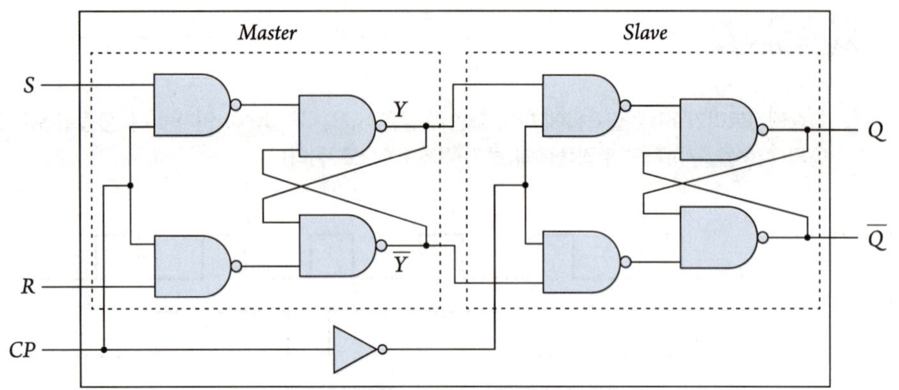

[그림 6-19] 주종형 SR플립플롭

② 주종형 SR플립플롭의 동작

$CP=0$일 때	NOT게이트의 출력은 1이 되고, 종플립플롭의 $CP=1$ 이 되므로 $Q(t+1)=Y, \overline{Q}(t+1)=\overline{Y}$ 주플립플롭은 $CP=0$ 이므로 동작하지 않는다.
$CP=1$일 때	외부의 S, R의 입력이 주플립플롭에 전달되고, 종플립플롭은 $CP=0$ 이 되므로 동작하지 않는다.

즉, 출력은 주플립플롭에서는 상승에지에서, 종플립플롭에서는 하강에지에서 변한다.

③ 주종형 SR플립플롭의 동작 타이밍도

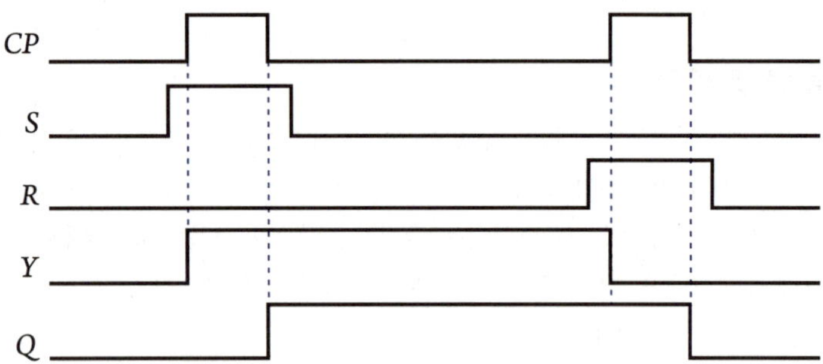

[그림 6-20] 주종형 SR플립플롭의 타이밍도

더 알아두기

타이밍도(timing diagram)
시간에 따라 변하는 두 개 이상의 디지털 파형의 정확한 관계를 보여주는 도표

레이스(race)현상
플립플롭은 출력이 입력에 피드백되어 있으므로 클록의 레벨 폭이 플립플롭의 지연시간보다 크면 출력상태에 의해 입력상태가 바뀌고, 이로 인해 다시 출력상태가 바뀌어 플립플롭이 안정화되지 못하는 현상이다.

예제 6-6

주종형 SR플립플롭에 다음 그림과 같은 S, R, CP 입력이 인가될 때, 플립플롭의 출력 Q의 파형을 구하시오(플립플롭의 초기상태는 0으로 한다).

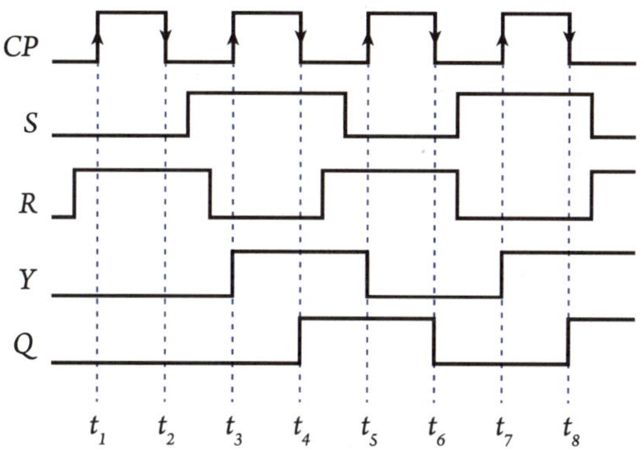

해설

시간 t_1 : $S=0, R=1$이므로 $Y=0$
시간 t_2 : 주플립플롭의 출력 $Y=0$이 종플립플롭의 입력에 인가되어 $Q(t+1)=0$
시간 t_3 : $S=1, R=0$이므로 $Y=1$
시간 t_4 : 주플립플롭의 출력 $Y=1$이 종플립플롭의 입력에 인가되어 $Q(t+1)=1$
시간 t_5 : $S=0, R=1$이므로 $Y=0$
시간 t_6 : 주플립플롭의 출력 $Y=0$이 종플립플롭의 입력에 인가되어 $Q(t+1)=0$
시간 t_7 : $S=1, R=0$이므로 $Y=1$
시간 t_8 : 주플립플롭의 출력 $Y=1$이 종플립플롭의 입력에 인가되어 $Q(t+1)=1$

3 D플립플롭 중요

D플립플롭은 1비트의 정보를 저장하거나, 지연할 때 사용된다. SR플립플롭에 반전기를 추가하면 D플립플롭을 만들 수 있다.

(1) 클록형 D 플립플롭

클록형 SR플립플롭에서 원하지 않는 상태(무효상태 : $S=1, R=1$)를 제거하는 한 가지 방법은 S와 R의 입력이 동시에 1이 되지 않도록 하는 것이다. 이러한 클록형 D플립플롭은 클록형 SR플립플롭에 반전기를 추가하여 변형한 것이다.

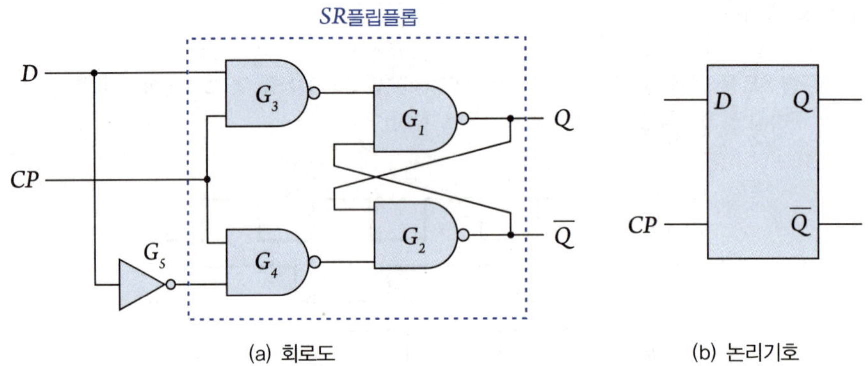

(a) 회로도 (b) 논리기호

[그림 6-21] 클록형 NAND게이트로 구성된 D플립플롭

① 클록형 D플립플롭의 동작

$CP=0$일 때 플립플롭 Disable	$G_3=1, G_4=1$이 입력되므로, Q를 변화시킬 수 없다.	
$CP=1$일 때 플립플롭 Enable	$D=1$	$G_3=0, G_4=1$이 입력되어 SR플립플롭의 $S=1, R=0$이 되므로 $Q(t+1)=1$ 이 된다.
	$D=0$	$G_3=1, G_4=0$이 입력되어 SR플립플롭의 $S=0, R=1$이 되므로 $Q(t+1)=0$ 이 된다.

② 클록형 D플립플롭의 진리표

[표 6-6] 클록형 D플립플롭의 진리표

CP	D	S	R	$Q(t+1)$	설명
0	X	X	X	$Q(t)$	플립플롭 Disable
1	0	0	1	0	*Reset*, 0을 저장
1	1	1	0	1	*Set*, 1을 저장

③ **클록형 D플립플롭의 특성표**

진리표를 근거로 입력변수를 D, $Q(t)$로 하고 출력변수를 $Q(t+1)$로 하여 만든 D플립플롭의 특성표이다.

[표 6-7] 클록형 D플립플롭의 특성표

$Q(t)$ 현재값	D	$Q(t+1)$	설명
0	0	0	현재값에 상관없이 입력된 D값이 출력으로 전달된다.
0	1	1	
1	0	0	
1	1	1	

④ **Q(t+1)에 대한 부울함수식** : [표 6-7]의 특성표로부터 D플립플롭의 특성방정식을 표현할 수 있다.

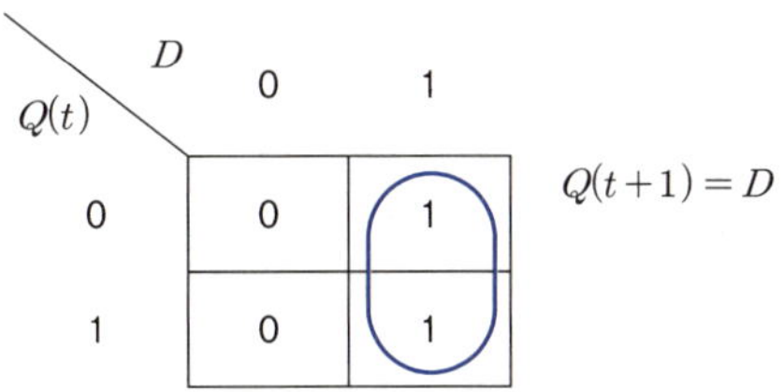

[그림 6-22] 클록형 D플립플롭의 특성방정식

⑤ **D플립플롭의 상태도** : D플립플롭의 특성을 도식화한 것

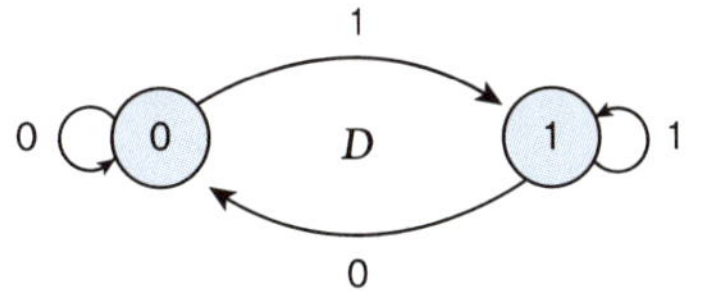

: 0, 1은 플립플롭의 현재 상태

현재 상태		D	내용
	0	0	0, 현재 값 유지
		1	1, 현재 상태 변경
	1	0	0, 현재 상태 변경
		1	1, 현재 값 유지

[그림 6-23] D플립플롭의 상태도

예제 6-7

입력 D와 클록이 그림과 같을 때 출력 Q의 파형을 구하시오(플립플롭은 초기상태는 1에서 시작한다고 가정하고, D플립플롭은 positive 트리거한다).

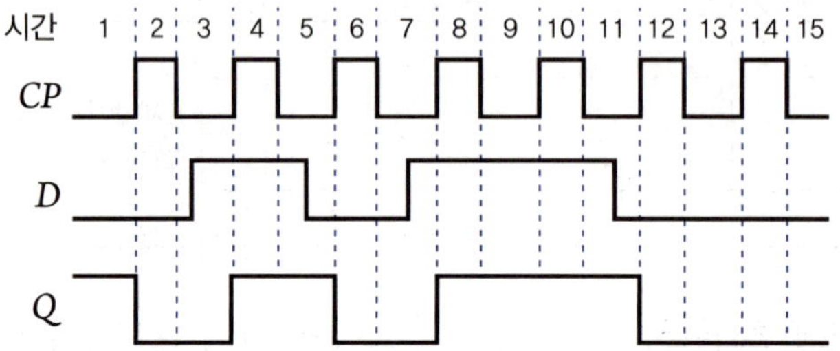

해설

① $CP=0$인 동안에는 출력이 변하지 않는다.

② $CP=1$인 동안(시간구간 2, 4, 6, 8, 10, 12, 14)에는 D에 따라 출력 Q가 저장된다.

• 시간구간 2 : $D=0,\ Q(t+1)=0$	• 시간구간 10 : $D=1,\ Q(t+1)=1$
• 시간구간 4 : $D=1,\ Q(t+1)=1$	• 시간구간 12 : $D=0,\ Q(t+1)=0$
• 시간구간 6 : $D=0,\ Q(t+1)=0$	• 시간구간 14 : $D=0,\ Q(t+1)=0$
• 시간구간 8 : $D=1,\ Q(t+1)=1$	

(2) 에지트리거 D 플립플롭

에지트리거 D플립플롭은 클록형 D플립플롭의 클록펄스 입력에 상승에지 또는 하강에지 펄스를 추가하여 구성할 수 있다. 클록펄스의 상승에지 또는 하강에지에서 출력의 상태가 변한다는 점을 제외하면 기본적으로 클록형 D플립플롭과 동일하다.

① 에지트리거 D플립플롭의 구조

에지트리거 D플립플롭의 구조는 클록형 D플립플롭의 클록펄스 입력에 펄스전이검출기를 추가하여 구성할 수 있다.

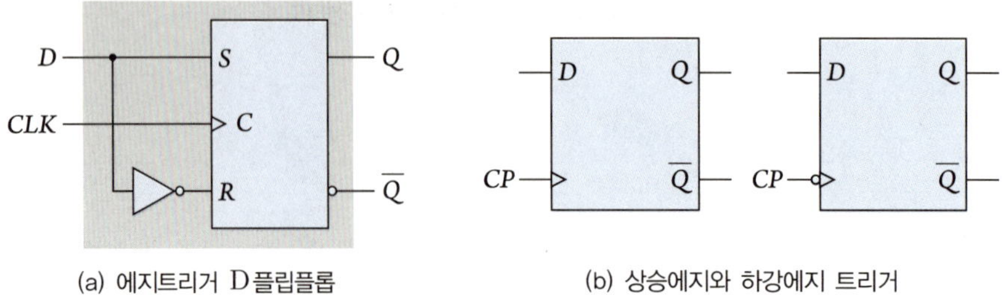

(a) 에지트리거 D플립플롭　　(b) 상승에지와 하강에지 트리거

[그림 6-24] 에지트리거 D플립플롭의 논리기호

② **에지트리거 D플립플롭의 진리표**

[표 6-8] 상승에지트리거와 하강에지트리거 D플립플롭의 진리표

CP	D	$Q(t+1)$	CP	D	$Q(t+1)$
↑	0	0	↓	0	0
↑	1	1	↓	1	1

예제 6-8

D플립플롭에 그림과 같이 파형의 신호가 레벨트리거(클록형 트리거), 상승에지트리거, 하강에지트리거로 클록입력이 되는 경우 출력파형 Q를 구하시오(플립플롭은 초기상태는 0에서 시작한다고 가정한다).

해설

㉠ 레벨트리거(클록형)인 경우: $CP=1$인 구간 동안 D값을 저장하여 출력한다.
CP ② ~ ③, ⑦ ~ ⑨, ⑩ ~ ⑫구간

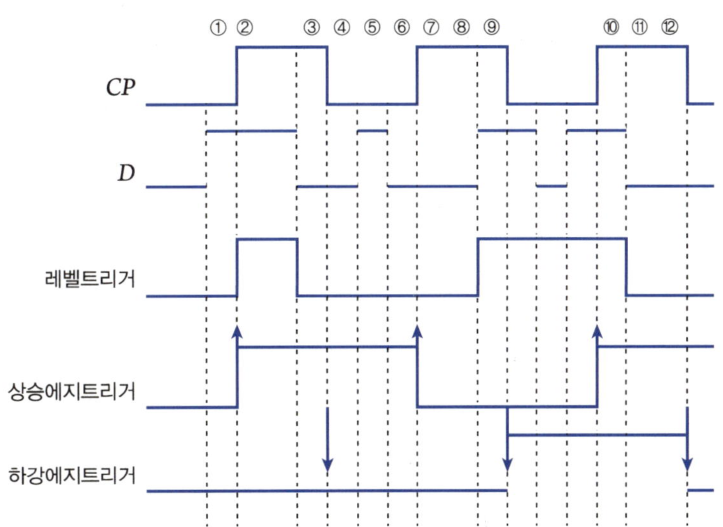

㉡ 상승에지트리거인 경우: CP가 ↑일 때의 D값을 저장하여 출력한다.
CP ②, ⑦, ⑩시점

㉢ 하강에지트리거인 경우: CP가 ↓일 때의 D값을 저장하여 출력한다.
CP ③, ⑨, ⑫시점

예제 6-9

입력 D와 클록이 그림과 같을 때 출력 Q의 파형을 구하시오(플립플롭은 초기상태는 0에서 시작한다고 가정하고, D플립플롭은 positive 트리거한다).

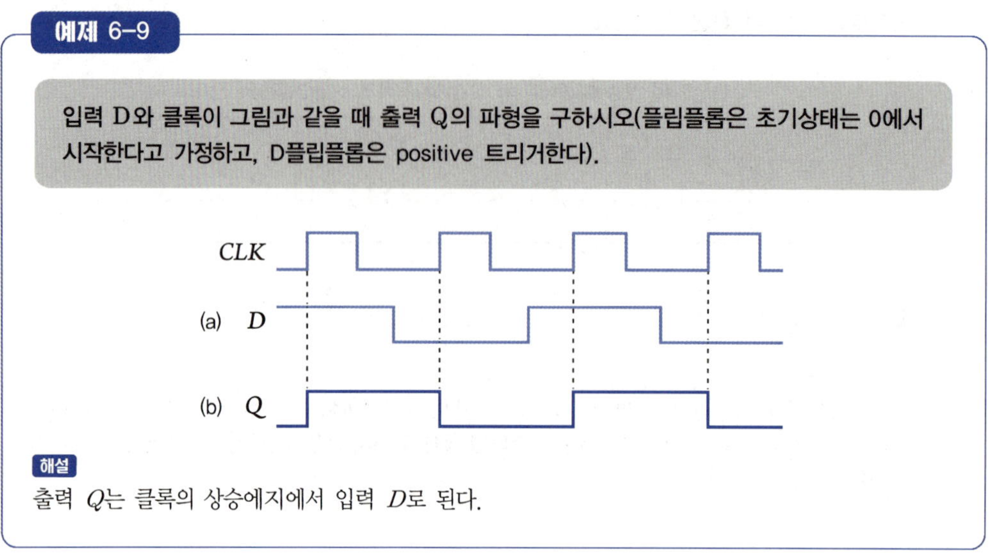

해설

출력 Q는 클록의 상승에지에서 입력 D로 된다.

(3) 주종형 D플립플롭

주종형 D플립플롭도 주종형 SR플립플롭과 마찬가지로 주플립플롭의 클록 입력에는 클록펄스가 그대로 입력되고, 종플립플롭의 클록 입력에는 반전된 클록펄스가 입력되도록 구성한다.

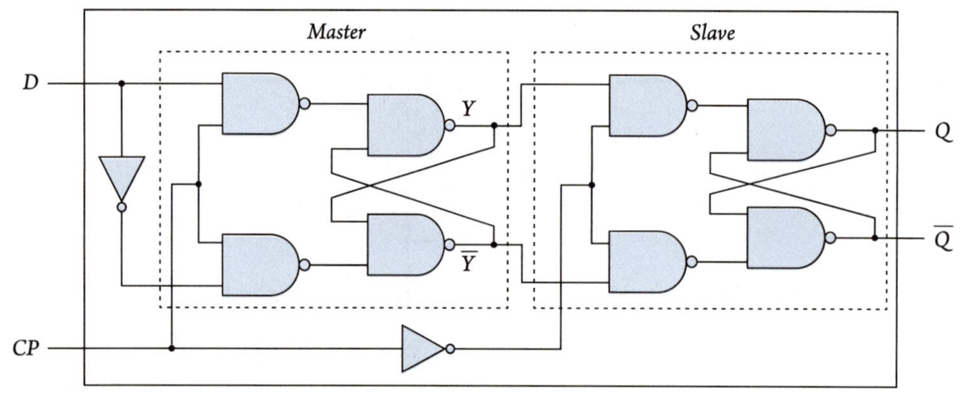

[그림 6-25] 주종형 D플립플롭의 구조

예제 6-10

주종형 D플립플롭에 다음 그림과 같은 D, CP 입력이 인가될 때, 플립플롭의 출력 Q의 파형을 구하시오(플립플롭의 초기상태는 0으로 하고, 레벨트리거 한다).

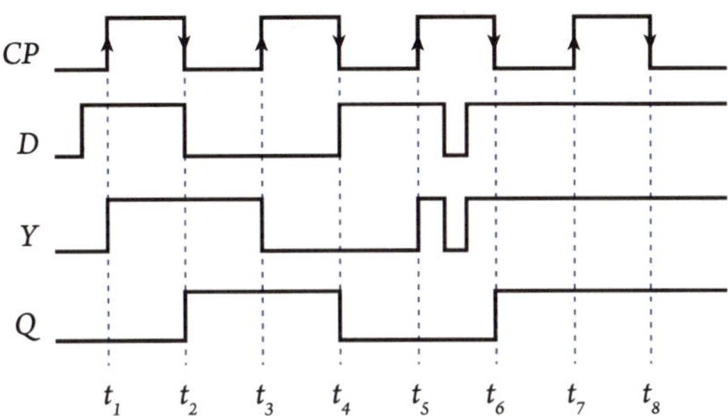

해설

시간 t_1	$D=1$이므로 $Y=1$
시간 t_2	주플립플롭의 출력 $Y=1$이 종플립플롭의 입력에 인가되어 $Q(t+1)=1$
시간 t_3	$D=0$이므로 $Y=0$
시간 t_4	주플립플롭의 출력 $Y=0$이 종플립플롭의 입력에 인가되어 $Q(t+1)=0$
시간 t_5	$D=1$이므로 $Y=1$
시간 t_6	주플립플롭의 출력 $Y=1$이 종플립플롭의 입력에 인가되어 $Q(t+1)=1$
시간 t_7	$D=1$이므로 $Y=1$
시간 t_8	주플립플롭의 출력 $Y=1$이 종플립플롭의 입력에 인가되어 $Q(t+1)=1$

4 JK플립플롭 중요 기출

JK플립플롭은 범용으로 널리 사용되고 있는 플립플롭이다. JK플립플롭의 3가지 기능인 리셋, 세트, 유지 동작은 SR플립플롭과 동일하지만, SR플립플롭의 무효상태가 존재하지 않는 것과 **토글동작**이 있는 것이 차이점이다.

더 알아두기

JK플립플롭에서 J, K의 어원은 정확하지는 않지만 다음과 같은 설이 있다.

① 미국의 물리학자 잭 킬비(Jack S. Kilby, 1923~2005)의 이름 이니셜
Texas Instrument사의 엔지니어였던 잭 킬비는 1958년 집적회로를 발명했고, 2000년 노벨 물리학상을 수상했다.

② 가장 흔한 미국남녀의 이름인 John과 Kate에서 따온 말

(1) 클록형 JK 플립플롭

SR플립플롭과 비교하면 JK플립플롭의 J는 S(set), K는 R($reset$)에 대응하여 입력된다. JK플립플롭의 가장 큰 특징은 $J=1, K=1$인 경우 JK플립플롭의 출력은 이전 출력의 보수 상태로 바뀌는 **토글**이 된다는 점이다. 즉, $Q(t)=0$이면 $Q(t+1)=1$이 되고, $Q(t)=1$이면 $Q(t+1)=0$이므로 $Q(t+1)=\overline{Q}(t)$가 된다. [그림 6-26]의 회로도는 NOR형 래치회로를 이용한 클록형 JK플립플롭으로, SR플립플롭의 앞단의 AND게이트의 동작을 이해하면 SR플립플롭의 동작과 같으므로 쉽게 이해할 수 있다.

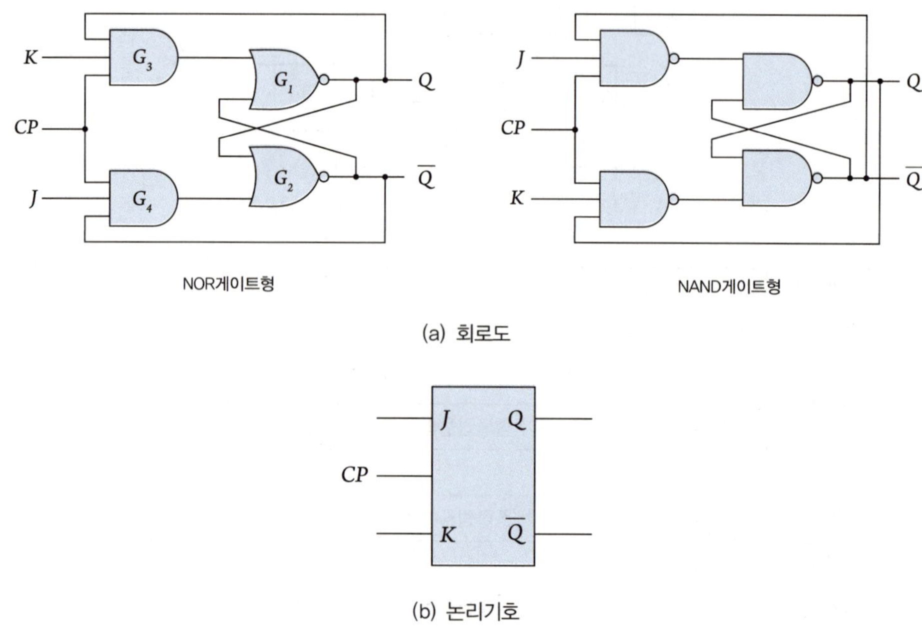

(a) 회로도

(b) 논리기호

[그림 6-26] 클록형 JK 플립플롭

① 클록형 JK 플립플롭의 동작

$CP=0$일 때 플립플롭 Disable	$G_3=0, G_4=0$이 입력되므로, Q를 변화시킬 수 없다.	
$CP=1$일 때 플립플롭 Enable	$J=0,$ $K=0$	$G_3=0, G_4=0$이 되고, 이 출력이 G_1, G_2로 구성된 SR래치의 입력 ($S=0, R=0$)이므로 $Q(t+1)=Q(t)$ 가 된다. (이전 상태 유지)
	$J=0,$ $K=1$	$G_4=0$이 되고, $G_3=Q(t)\cdot K\cdot CP=Q(t)$가 되므로 $Q(t)=1$이면 G_3출력$=1$, $Q(t)=0$이면 G_3출력$=0$이 된다. $Q(t)=1$이면 G_1, G_2로 구성된 SR래치의 입력은 ($S=0, R=1$)이 되므로 $Q(t+1)=0$ 이 된다. ($reset$) $Q(t)=0$이면 G_1, G_2로 구성된 SR래치의 입력은 ($S=0, R=0$)이 되므로 $Q(t+1)=Q(t)$가 된다. (이전 상태 유지)

	$J=1$, $K=0$	$G_3=0$ 이 되고, $G_4=\overline{Q}(t)\cdot J\cdot CP=\overline{Q}(t)$가 되므로 $\overline{Q}(t)=1$이면 G_4출력$=1$, $\overline{Q}(t)=0$이면 G_4출력$=0$이 된다. $\overline{Q}(t)=1$이면 G_1, G_2로 구성된 SR래치의 입력은 $(S=1, R=0)$이 되므로 $Q(t+1)=1$이 된다. (set) $\overline{Q}(t)=0$이면 G_1, G_2로 구성된 SR래치의 입력은 $(S=0, R=0)$이 되므로 $Q(t+1)=Q(t)$가 된다. (이전 상태 유지)
	$J=1$, $K=1$	$G_3=Q(t)\cdot K\cdot CP=Q(t)$, $G_4=\overline{Q}(t)\cdot K\cdot CP=\overline{Q}(t)$ $Q(t)=0$이면 G_1, G_2로 구성된 SR래치의 입력은 $(S=1, R=0)$이 되므로 $Q(t+1)=1$이 된다. (set) $Q(t)=1$이면 G_1, G_2로 구성된 SR래치의 입력은 $(S=0, R=1)$이 되므로 $Q(t+1)=0$이 된다. ($reset$)

② 클록형 JK 플립플롭의 진리표

[표 6-9] 클록형 JK 플립플롭의 진리표

CP	J	K	$Q(t+1)$	설명
0	X	X	$Q(t)$	플립플롭 Disable
1	0	0	$Q(t)$	이전 상태 유지
1	0	1	0	*Reset*
1	1	0	1	*Set*
1	1	1	$\overline{Q}(t)$	*Toggle*(이전 상태 반전)

③ 클록형 JK 플립플롭의 특성표

진리표를 근거로 입력변수를 $J, K, Q(t)$로 하고 출력변수를 $Q(t+1)$로 하여 만든 JK플립플롭의 특성표이다.

[표 6-10] 클록형 JK 플립플롭의 특성표

$Q(t)$ 현재값	J	K	$Q(t+1)$	설명
0	0	0	0	이전 상태 유지
0	0	1	0	*Reset*
0	1	0	1	*Set*
0	1	1	1	*Toggle*(이전 상태 반전)
1	0	0	1	이전 상태 유지
1	0	1	0	*Reset*
1	1	0	1	*Set*
1	1	1	0	*Toggle*(이전 상태 반전)

④ **$Q(t+1)$에 대한 부울함수식**: [표 6-10]의 특성표로부터 JK플립플롭의 특성방정식을 표현할 수 있다.

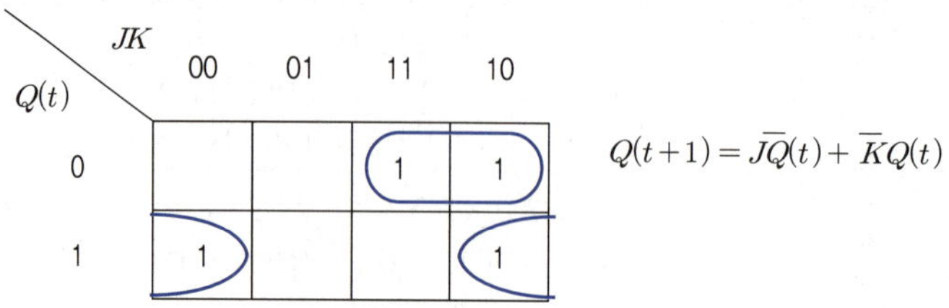

[그림 6-27] 클록형 JK플립플롭의 특성방정식

⑤ **JK플립플롭의 상태도**: JK플립플롭의 특성을 도식화한 것

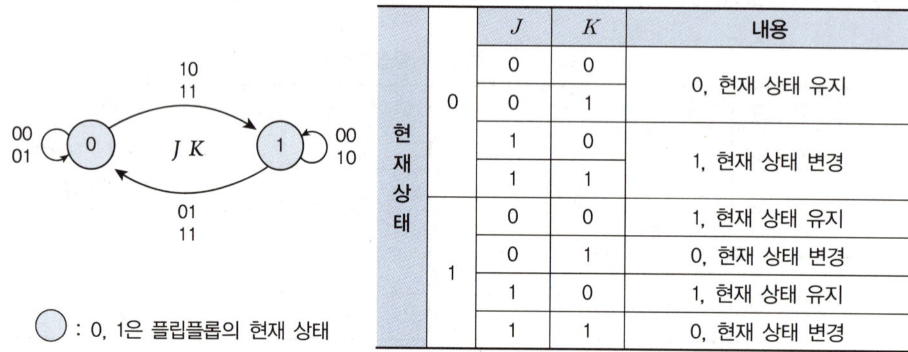

현재 상태		J	K	내용
현재 상태	0	0	0	0, 현재 상태 유지
		0	1	
		1	0	1, 현재 상태 변경
		1	1	
	1	0	0	1, 현재 상태 유지
		0	1	0, 현재 상태 변경
		1	0	1, 현재 상태 유지
		1	1	0, 현재 상태 변경

[그림 6-28] 클록형 JK플립플롭의 상태도

만약 클록펄스의 폭이 충분히 길고, $J=1, K=1$이면, 클록펄스가 가해져서 출력이 보수가 된 후에도 계속해서 클록펄스가 1이고 플립플롭은 변환된 출력신호에 의해 또 다시 동작하게 되므로, 이러한 플립플롭을 이용하는 경우에는 클록펄스의 폭에 제한을 두어야 하며 이러한 단점을 보완한 것이 에지트리거 JK플립플롭이다.

예제 6-11

클록형 JK 플립플롭에 그림과 같이 파형의 신호가 클록 입력이 되는 경우 출력파형 Q를 구하시오(플립플롭은 초기상태는 0에서 시작한다고 가정한다).

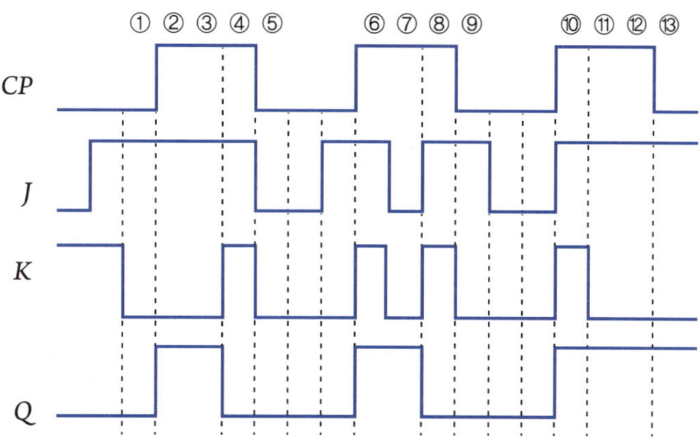

해설

① $CP=0$ 인 동안(시간구간 1, 5, 9, 13)에는 출력이 변하지 않는다.
② $CP=1$ 인 동안(시간구간 2, 3, 4, 6, 7, 8, 10, 11, 12)에는 JK에 따라 출력 Q가 저장된다.

- 시간구간 2 ~ 3 : $J=1, K=0, Q(t+1)=1(Set)$
- 시간구간 4 : $J=1, K=1, Q(t+1)=\overline{Q}(t)(Toggle)$
- 시간구간 5 : JK플립플롭 동작하지 않으므로 출력값은 이전 상태 유지상태
- 시간구간 6 : $J=1, K=1, Q(t+1)=\overline{Q}(t)(Toggle)$
- 시간구간 7 : $J=0, K=0, Q(t+1)=Q(t)$ 이전 상태 유지
- 시간구간 8 : $J=1, K=1, Q(t+1)=\overline{Q}(t)(Toggle)$
- 시간구간 9 : JK플립플롭 동작하지 않으므로 출력값은 이전 상태 유지상태
- 시간구간 10 : $J=1, K=1, Q(t+1)=\overline{Q}(t)(Toggle)$
- 시간구간 11 : $J=1, K=0, Q(t+1)=1(Set)$
- 시간구간 12 : $J=1, K=0, Q(t+1)=1(Set)$
- 시간구간 13 : JK플립플롭 동작하지 않으므로 출력값은 이전 상태 유지상태

(2) 에지트리거 JK 플립플롭

① 에지트리거 JK 플립플롭의 구조

에지트리거 JK플립플롭의 구조는 클록형 JK플립플롭의 클록펄스 입력에 펄스전이검출기를 추가하여 구성할 수 있다.

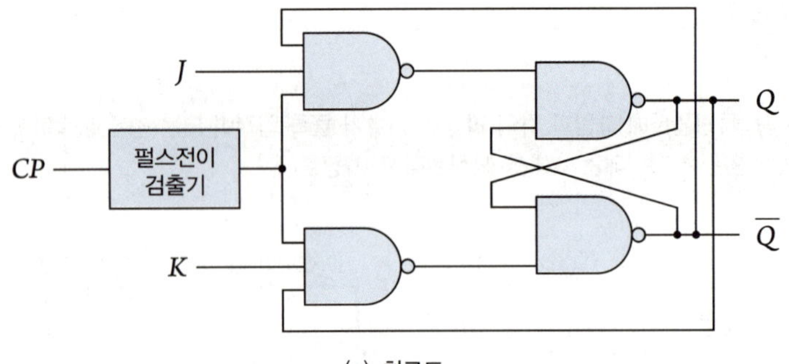

(a) 회로도

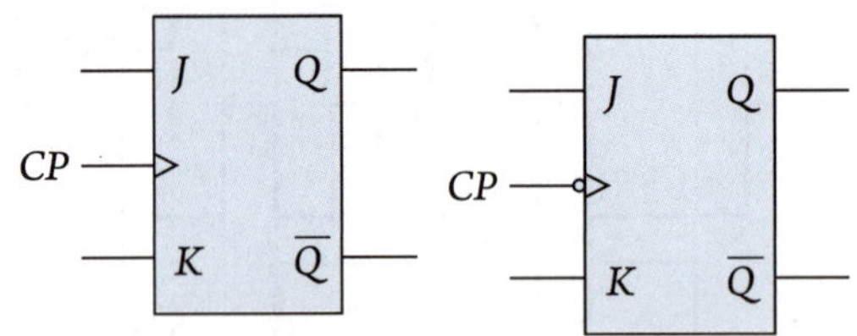

(b) 상승/하강 에지트리거 JK플립플롭 회로

[그림 6-29] 에지트리거 JK플립플롭

② **에지트리거 JK플립플롭 진리표**

[표 6-11] 에지트리거 JK플립플롭의 특성표

㉠ 상승에지트리거 *JK*플립플롭

CP	J	K	$Q(t+1)$
↑	0	0	$Q(t)$
↑	0	1	0
↑	1	0	1
↑	1	1	$\overline{Q}(t)$

㉡ 하강에지트리거 *JK*플립플롭

CP	J	K	$Q(t+1)$
↓	0	0	$Q(t)$
↓	0	1	0
↓	1	0	1
↓	1	1	$\overline{Q}(t)$

예제 6-12

다음과 같은 에지트리거 JK 플립플롭에 그림과 같이 입력파형을 인가하였을 때 출력파형 Q를 구하시오(플립플롭은 초기상태는 0에서 시작한다고 가정한다).

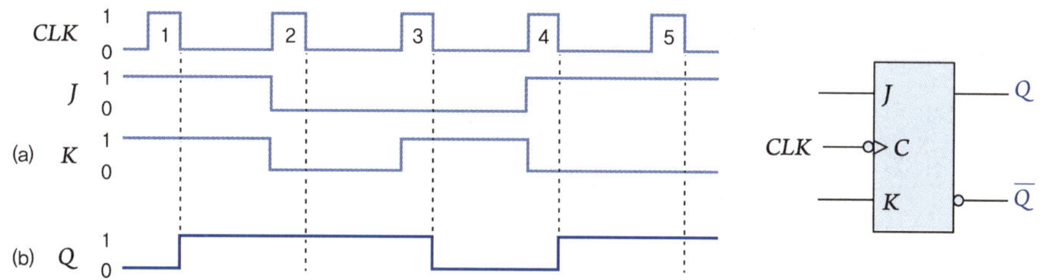

해설

클록입력에 있는 버블표시로 알 수 있듯이 이것은 음의 에지트리거 플립플롭이다. 따라서 출력 Q는 클록펄스의 하강에지에서 변화한다.

- 하강에지 1 : $J=1, K=1, Q(t+1)=\overline{Q}(t)\,(Toggle)$
- 하강에지 2 : $J=0, K=0, Q(t+1)=Q(t)$ 이전 상태 유지
- 하강에지 3 : $J=0, K=1, Q(t+1)=0\,(Reset)$
- 하강에지 4 : $J=1, K=0, Q(t+1)=1\,(Set)$
- 하강에지 5 : $J=1, K=0, Q(t+1)=1\,(Set)$

예제 6-13

다음과 같은 에지트리거 JK 플립플롭에 그림과 같이 입력파형을 인가하였을 때 출력파형 Q를 구하시오(플립플롭은 초기상태는 0에서 시작한다고 가정한다).

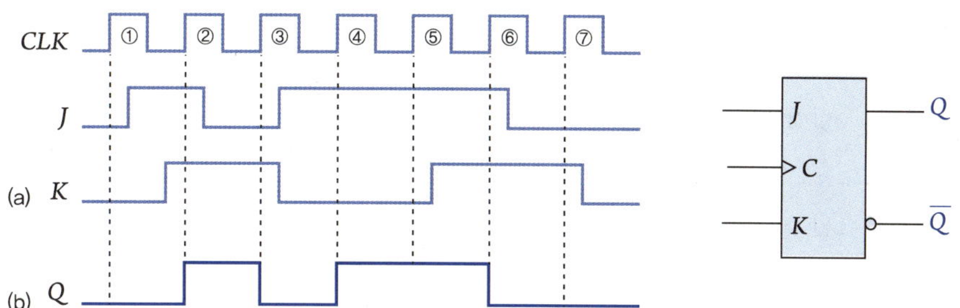

해설

출력 Q의 상태는 클록의 상승에지트리거에서 J와 K입력의 상태에 따라 결정된다.

- 상승에지 ①: $J=0, K=0, Q(t+1)=Q(t)$ (이전 상태 유지)
- 상승에지 ②: $J=1, K=1, Q(t+1)=\overline{Q}(t)$ (Toggle)
- 상승에지 ③: $J=0, K=1, Q(t+1)=0(Reset)$
- 상승에지 ④: $J=1, K=0, Q(t+1)=1(Set)$
- 상승에지 ⑤: $J=1, K=0, Q(t+1)=1(Set)$
- 상승에지 ⑥: $J=1, K=1, Q(t+1)=\overline{Q}(t)$ (Toggle)
- 상승에지 ⑦: $J=0, K=1, Q(t+1)=0(Reset)$

(3) 주종형 JK 플립플롭

주종형 JK플립플롭은 주종형 SR플립플롭과 마찬가지로 주플립플롭의 클록펄스가 그대로 입력되고, 종플립플롭의 클록 입력에는 반전된 클록펄스가 입력되게 구성한다.

① 주종형 JK 플립플롭의 구성

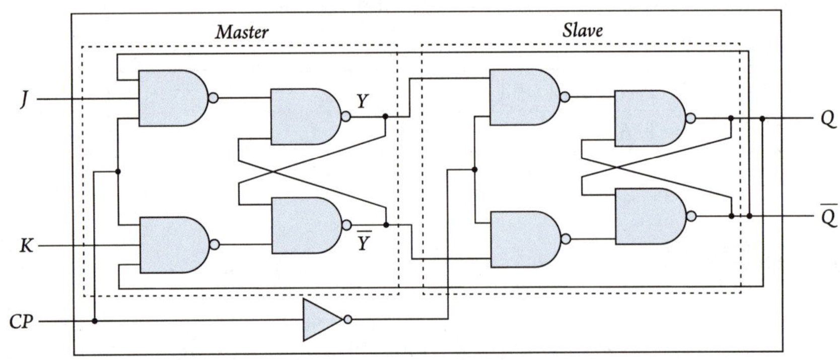

[그림 6-30] 주종형 JK 플립플롭 구성

② 주종형 JK 플립플롭의 동작

$CP=0$일 때	NOT게이트의 출력은 1이 되고, 종플립플롭의 $CP=1$이 되므로 $Q(t+1)=Y, \overline{Q}(t+1)=\overline{Y}$ 주플립플롭은 $CP=0$이므로 동작하지 않는다.
$CP=1$일 때	외부의 J, K의 입력이 주플립플롭에 전달되고, 종플립플롭은 $CP=0$이 되므로 동작하지 않는다.

③ 주종형 JK플립플롭의 동작 타이밍도

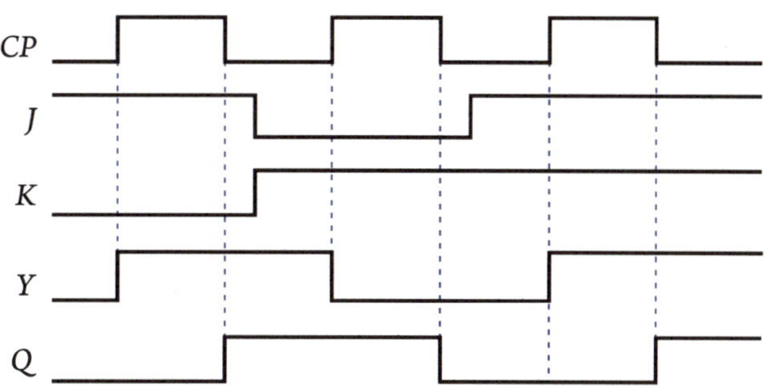

[그림 6-31] 주종형 JK플립플롭의 타이밍도

예제 6-14

주종형 JK플립플롭에 다음 그림과 같이 인가될 때, 플립플롭의 출력 Q의 파형을 구하시오(플립플롭의 초기상태는 0으로 한다).

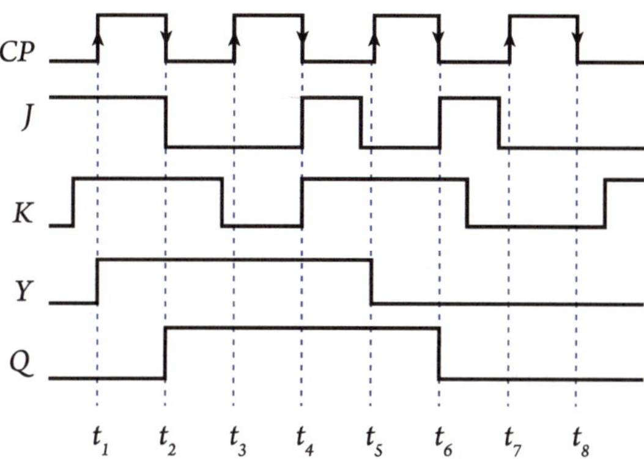

해설

시간 t_1	$J=1, K=1$이므로 $Y=1(Toggle)$
시간 t_2	주플립플롭의 출력 $Y=1$이 종플립플롭의 입력에 인가되어 $Q(t+1)=1$
시간 t_3	$J=0, K=0$이므로 $Y=1$ (이전 상태 유지)
시간 t_4	주플립플롭의 출력 $Y=1$이 종플립플롭의 입력에 인가되어 $Q(t+1)=1$
시간 t_5	$J=0, K=1$이므로 $Y=0(Reset)$
시간 t_6	주플립플롭의 출력 $Y=0$이 종플립플롭의 입력에 인가되어 $Q(t+1)=0$
시간 t_7	$J=0, K=0$이므로 $Y=0$ (이전 상태 유지)
시간 t_8	주플립플롭의 출력 $Y=0$이 종플립플롭의 입력에 인가되어 $Q(t+1)=0$

5 T플립플롭 중요 기출

(1) 클록형 T 플립플롭

클록형 T플립플롭은 JK플립플롭의 J와 K입력을 묶어서 한 입력신호 T로 동작하는 플립플롭이다. T플립플롭은 JK플립플롭의 동작 중에서 입력이 모두 0이거나 1인 경우에만 플립플롭으로 동작한다.

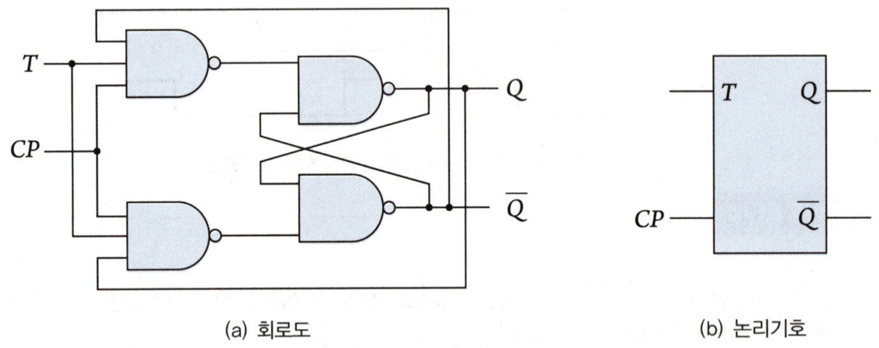

(a) 회로도 (b) 논리기호

[그림 6-32] 클록형 T플립플롭

① 클록형 T플립플롭의 동작

$CP=0$일 때	플립플롭이 Disable되어 Q를 변화시킬 수 없다.	
$CP=1$일 때 플립플롭 Enable	$T=1$	$J=1, K=1$이 입력되어 $Q(t+1)=\overline{Q}(t)$, ($Toggle$)
	$T=0$	$J=0, K=0$이 입력되어 $Q(t+1)=Q(t)$, 이전 상태 유지

② 클록형 T플립플롭의 진리표

[표 6-12] 클록형 T플립플롭의 진리표

CP	T	$Q(t+1)$	설명
0	X	$Q(t)$	플립플롭 Disable
1	0	$Q(t)$	이전 상태 유지
1	1	$\overline{Q}(t)$	$Toggle$(이전 상태 반전 유지)

③ 클록형 T플립플롭의 특성표

진리표를 근거로 입력변수를 T, $Q(t)$로 하고 출력변수를 $Q(t+1)$로 하여 만든 T플립플롭의 특성표이다.

[표 6-13] 클록형 T플립플롭의 특성표

$Q(t)$ 현재값	T	$Q(t+1)$	설명
0	0	0	이전 상태 유지
0	1	1	*Toggle*
1	0	1	이전 상태 유지
1	1	0	*Toggle*

④ Q(t+1)**에 대한 부울함수식**: [표 6-13]의 특성표로부터 T플립플롭의 특성방정식을 나타낼 수 있다.

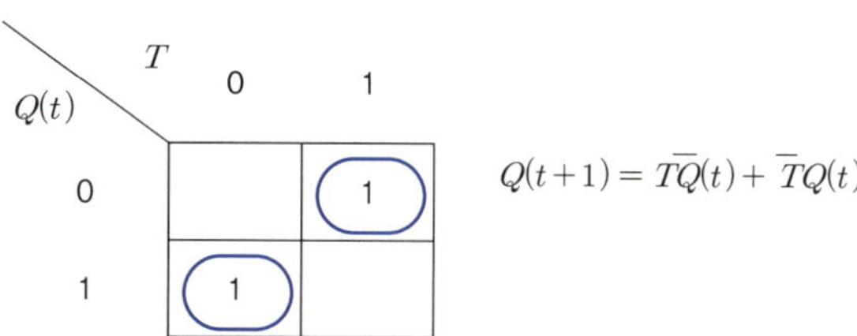

[그림 6-33] 클록형 T플립플롭의 특성방정식

⑤ T**플립플롭의 상태도**: T플립플롭의 특성을 도식화한 것

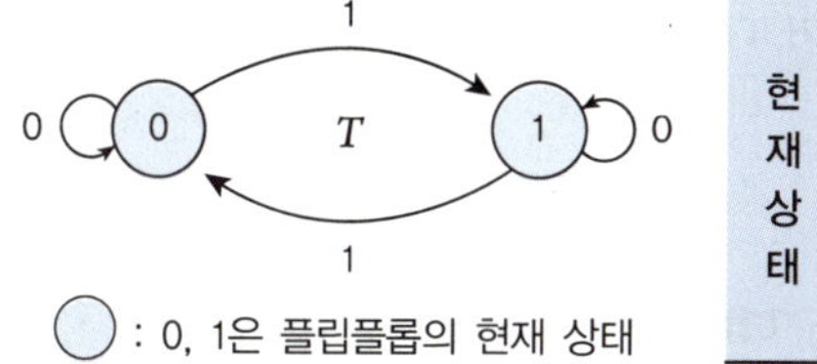

현재상태		T	내용
현재상태	0	0	0, 현재 상태 유지
		1	1, 현재 상태 변경
	1	0	1, 현재 상태 유지
		1	0, 현재 상태 변경

[그림 6-34] 클록형 T플립플롭의 상태도

예제 6-15

클록형 T플립플롭에 다음 그림과 같은 T, CP입력이 인가될 때, 플립플롭의 출력 Q의 파형을 구하시오(플립플롭의 초기상태는 0으로 하고, positive 트리거한다).

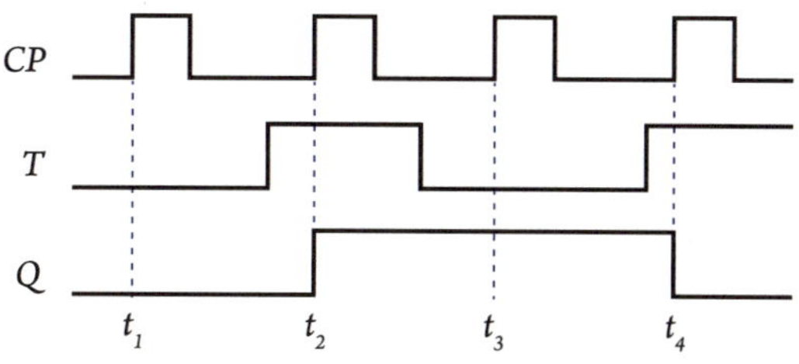

해설

시간 t_1	$T=0$이므로 $Q(t+1)=Q(t)$(이전 상태 유지)
시간 t_2	$T=1$이므로 $Q(t+1)=\overline{Q}(t)$(*Toggle*, 이전 상태 반전 유지)
시간 t_3	$T=0$이므로 $Q(t+1)=Q(t)$(이전 상태 유지)
시간 t_4	$T=1$이므로 $Q(t+1)=\overline{Q}(t)$(*Toggle*, 이전 상태 반전 유지)

(2) 에지트리거 T플립플롭

① 에지트리거 T플립플롭의 구조

에지트리거 T플립플롭의 구조는 에지트리거 JK플립플롭의 J와 K입력을 묶어 하나가 되게 구성한 것이다.

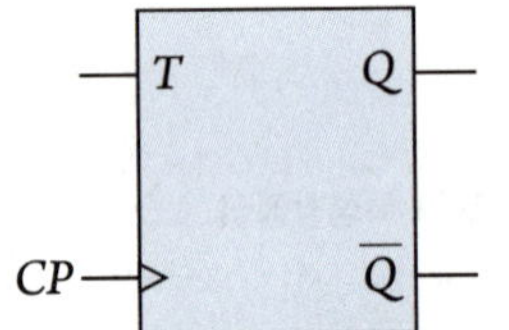

(a) 상승에지트리거 T플립플롭 논리기호

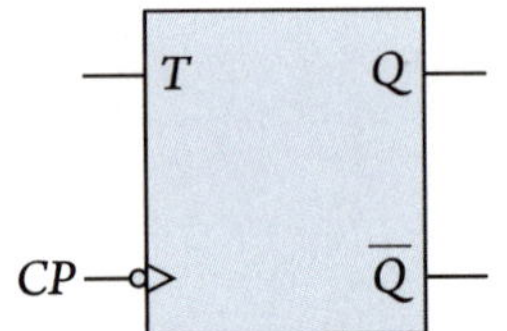

(b) 하강에지트리거 T플립플롭 논리기호

[그림 6-35] 에지트리거 T플립플롭 논리기호

② 에지트리거 T플립플롭 진리표

[표 6-14] 에지트리거 T플립플롭의 특성표

㉠ 상승에지트리거 T플립플롭

CP	T	$Q(t+1)$
↑	0	$Q(t)$
↑	1	$\overline{Q}(t)$

㉡ 하강에지트리거 T플립플롭

CP	T	$Q(t+1)$
↓	0	$Q(t)$
↓	1	$\overline{Q}(t)$

제3절 순서논리회로의 설계

순서논리회로는 조합논리회로와 플립플롭(기억소자)으로 구성된다. 조합논리회로는 기본논리게이트인 AND, OR, NOT의 결합으로 구성되고, 플립플롭(기억소자)은 1개 이상의 병렬, 직렬로 결합되어 구성된다.

1 순서논리회로의 설계과정 중요

순서논리회로의 설계는 다음과 같이 8단계로 수행한다.

단계 1	회로 동작 기술(상태도 작성)
단계 2	정의된 회로의 상태표 작성
단계 3	필요한 경우 상태 축소 및 상태 할당
단계 4	플립플롭의 수와 종류 결정
단계 5	플립플롭의 입력, 출력 및 각각의 상태에 대한 문자 기호 부여
단계 6	상태표를 이용하여 회로의 상태 여기표 작성
단계 7	간소화 방법을 이용하여 출력함수 및 플립플롭의 입력함수 유도
단계 8	순서논리회로도 작성

[그림 6-36]에서 순서논리회로의 해석과 설계관계에 나타낸 것처럼 순서논리회로의 해석과정은 이미 구현된 논리회로로부터 상태표나 상태도를 유도하는 과정이며, 이 회로의 설계 과정은 주어진 조건(상태표, 상태도, 부울함수)으로부터 논리회로를 구현하는 과정이다.

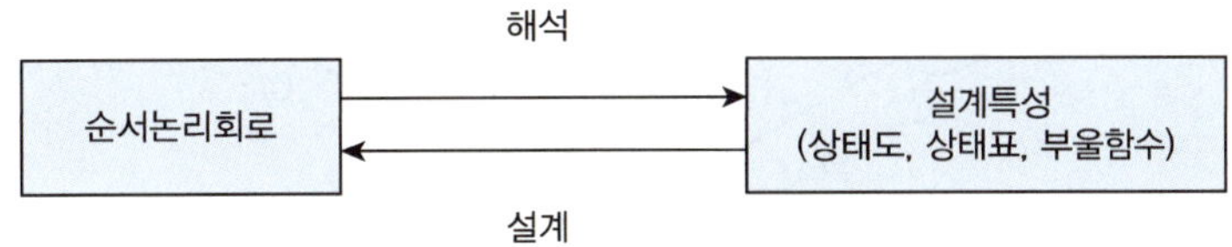

[그림 6-36] 순서논리회로의 해석과 설계관계

2 [단계 1] 회로 동작 기술 : 상태도(state diagram) 작성

순서논리회로의 설계과정은 먼저 **회로 동작을 명확히 기술**해야 하며, 플립플롭의 상태도나 다른 정보를 포함할 수 있다. 즉, 순서논리회로의 설계는 현재 상태가 다음 상태에 영향을 미치므로 가능한 모든 상태와 이들 **상태에 대한 변환관계를 명확히 정의**하는 것이 중요하다. 회로에 대한 특성이 정해지면 해당 내용에 따라 상태표를 작성하고 설계 절차에 따라 회로를 설계할 수 있다.

상태도는 입·출력 및 상태변화를 일목요연하게 보여주는 그림으로 플립플롭(기억소자)의 논리상태의 변환을 그림으로 보여준다. 상태도는 [그림 6-37]과 같이 분류된다.

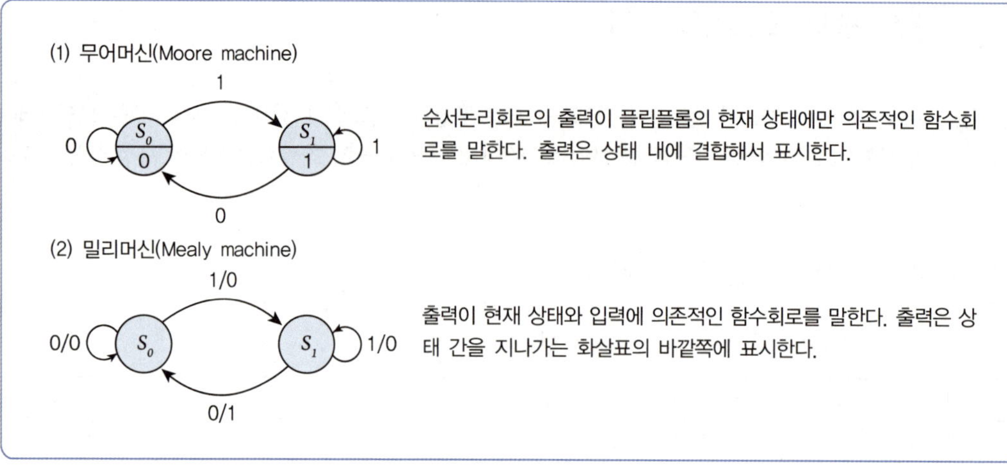

[그림 6-37] 상태도의 분류

[그림 6-38]의 상태도는 4가지 상태에 각각 2진수 00, 01, 10, 11이 할당되었다. 일반적으로 방향표시(화살표)가 된 선들은 슬래시(/)로 분해되는 2진수 2개를 갖는다. 슬래시 이전에 기술된 2진수는 현재 상태 동안의 입력값을, 다음에 나타난 2진수는 현재 상태 동안의 출력값을 나타낸다. [그림 6-38]에서 출력이 없고 2진수 하나만 나타나 있는데, 입력변수만 있고 출력변수는 없는 상태에서 상태변화가 일어남을 의미한다.

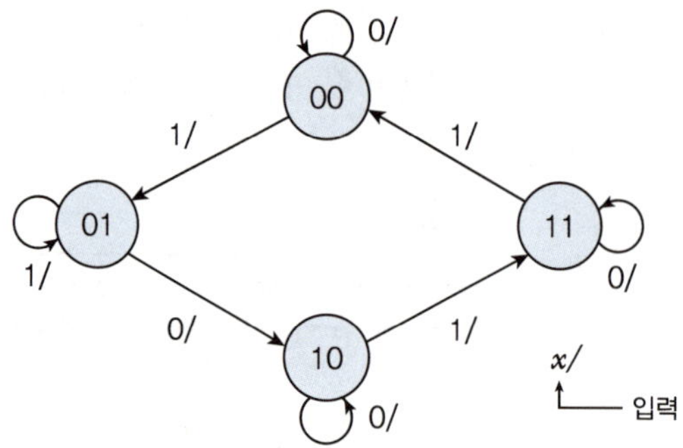

[그림 6-38] 순서논리회로에 대한 상태도

3 [단계 2] 상태표(state table)작성

상태표는 현재 상태와 외부 입력의 변화에 따라 다음 상태의 변화를 정의한 것으로 **상태도로부터 유도**할 수 있다. [그림 6-38]의 상태도로부터 상태표를 유도하기 위해 4가지 상태를 나타내고 있는 두 플립플롭에는 상태변수 A와 B를 할당하고, 외부 입력에는 변수 x를 할당한다. 이 회로에는 출력이 없음에 주의한다.

[표 6-15] [그림 6-38]의 상태도로부터 유도된 상태표

현재 상태		다음 상태			
		$x=0$		$x=1$	
A	B	A	B	A	B
0	0	0	0	0	1
0	1	1	0	0	1
1	0	1	0	1	1
1	1	1	1	0	0

현재 상태 A, B가 외부 입력 x의 변화에 따라 다음 상태 A, B로 어떻게 전이되는지를 나타내고 있다. 외부 입력 $x=0$인 경우, 현재 상태($A=0, B=1$)가 다음 상태($A=1, B=0$)로 변함을 알 수 있다. 또 외부 입력 $x=1$인 경우, 현재 상태($A=0, B=0$)가 다음 상태($A=0, B=1$)로 변화되고, 현재 상태($A=1, B=0$)가 다음 상태($A=1, B=1$)로 변화되고, 현재 상태($A=1, B=1$)가 다음 상태($A=0, B=0$)로 변함을 알 수 있다. 이와 같이 상태도를 보고 직접 알 수도 있으며, 상태표에서는 현재 상태와 외부 입력 및 다음 상태를 정적인 형태로 표현하기 위해 변수를 정의한 점이 다르다.

4 [단계 4, 5] 플립플롭의 수와 형태 결정

순서논리회로를 구성하는 플립플롭의 수는 회로의 모든 가능한 상태에 대한 경우의 수에 따라 결정된다. 만약 정의해야 할 상태의 수가 4가지라면 플립플롭이 2개($4=2^2$)필요하고, 8가지라면 플립플롭이 3개($8=2^3$) 필요하다. 그리고 상태수가 6가지인 경우에는 플립플롭이 3개가 필요하지만 2가지 상태는 사용하지 않는 무효의 조건이 생긴다.

(1) 플립플롭의 수 결정

[그림 6-38]의 상태도의 경우에서 보면 가능한 모든 상태는 4가지이므로 필요한 플립플롭의 수는 2개이며, 각각의 플립플롭에 대한 문자 기호는 플립플롭 A, 플립플롭 B를 할당한다. 일반적으로 플립플롭의 출력은 Q와 $\overline{Q}$로 구성할 수 있으므로 4가지의 서로 다른 상태를 얻기 위해서 플립플롭 2개가 필요하다.

[표 6-15]의 상태표는 현재와 다음 상태를 표시할 때 변수 A와 B를 사용하였고, 현재 상태 $A=1, B=1$이라고 하는 것은 두 개의 플립플롭 중에서 플립플롭 A의 출력 $Q(Q_A=1)$, 플립플롭 B의 출력 $Q(Q_B=1)$로 정의할 수 있다. 그리고 외부 입력이 $x=1$이라면, 플립플롭이 다음 상태인 $Q_A=0, Q_B=0$으로 상태가 변환됨을 알 수 있다.

(2) 플립플롭의 형태 결정

순서논리회로에서 사용되는 기본적인 기억소자는 *SR*플립플롭, *D*플립플롭, *JK*플립플롭, *T*플립플롭이 있다. 이러한 플립플롭을 이용한 논리회로의 설계는 설계할 회로의 특성에 적당하고 구현이 용이한 플립플롭을 선택해야 하며, **카운터회로를 설계할 때는 회로의 특성상 *JK*플립플롭이나 *T*플립플롭을 이용하는 것이 유리하다.** [그림 6-38]의 상태도에 따른 회로 설계는 *JK*플립플롭을 이용한다.

5 [단계 6] 상태 여기표 유도 중요

플립플롭의 진리표는 순서논리회로의 동작을 분석하는 데 매우 유용하다. 즉, 회로의 입력과 현재 상태로 다음 상태의 결과를 얻기 위해 진리표를 이용한다. 또한 순서논리회로의 설계는 현재 상태에서 다음 상태로의 전이를 알고 있을 때 필요한 전이를 일으키는 플립플롭의 입력조건을 결정해야 한다. 이러한 경우 **주어진 상태변화에 대해 필요한 입력 조건을 결정하는 표**를 플립플롭의 여기표(excitation table)라 한다. 즉, 플립플롭의 특성표로부터 여기표를 작성할 수 있다. 다음 표는 *SR*플립플롭, *JK*플립플롭, *D*플립플롭, *T*플립플롭의 특성표로부터의 여기표를 나타낸다.

(1) SR플립플롭의 여기표

특성표			
입력		현재 상태	다음 상태
S	R	$Q(t)$	$Q(t+1)$
0	0	0	0
0	0	1	1
0	1	0	0
0	1	1	0
1	0	0	1
1	0	1	1
1	1	0	?
1	1	1	?

여기표			
현재 상태	다음 상태	요구 입력	
$Q(t)$	$Q(t+1)$	S	R
0	0	0	X
0	1	1	0
1	0	0	1
1	1	X	0

[그림 6-39] SR플립플롭의 특성표에 따른 여기표

(2) JK 플립플롭의 여기표

특성표					여기표			
입력		현재 상태	다음 상태		현재 상태	다음 상태	요구 입력	
J	K	$Q(t)$	$Q(t+1)$		$Q(t)$	$Q(t+1)$	J	K
0	0	0	0		0	0	0	X
0	0	1	1		0	1	1	X
0	1	0	0		1	0	X	1
0	1	1	0		1	1	X	0
1	0	0	1					
1	0	1	1					
1	1	0	1					
1	1	1	0					

[그림 6-40] JK플립플롭의 특성표에 따른 여기표

(3) D 플립플롭의 여기표

특성표				여기표		
입력	현재 상태	다음 상태		현재 상태	다음 상태	요구 입력
D	$Q(t)$	$Q(t+1)$		$Q(t)$	$Q(t+1)$	D
0	0	0		0	0	0
0	1	0		0	1	1
1	0	1		1	0	0
1	1	1		1	1	1

[그림 6-41] D플립플롭의 특성표에 따른 여기표

(4) T 플립플롭의 여기표

특성표				여기표		
입력	현재 상태	다음 상태		현재 상태	다음 상태	요구 입력
T	$Q(t)$	$Q(t+1)$		$Q(t)$	$Q(t+1)$	T
0	0	0		0	0	0
0	1	1		0	1	1
1	0	1		1	0	1
1	1	0		1	1	0

[그림 6-42] T플립플롭의 특성표에 따른 여기표

[표 6-15]의 상태표로부터 JK플립플롭 A, B의 입력 상태를 얻기 위한 상태 여기표는 다음 [표 6-16]과 같다.

[표 6-16] [표 6-15]의 상태표로부터 얻은 상태 여기표

조합논리회로의 입력변수			다음 상태		조합논리회로의 출력			
현재 상태		외부 입력			플립플롭의 입력			
A	B	x	A	B	J_A	K_A	J_B	K_B
0	0	0	0	0	0	X (0, 1)	0	X (0, 1)
0	0	1	0	1	0	X (0, 1)	1	X (0, 1)
0	1	0	1	0	1	X (0, 1)	X (0, 1)	1
0	1	1	0	1	0	X (0, 1)	X (0, 1)	0
1	0	0	1	0	X (0, 1)	0	0	X (0, 1)
1	0	1	1	1	X (0, 1)	0	1	X (0, 1)
1	1	0	1	1	X (0, 1)	0	X (0, 1)	0
1	1	1	0	0	X (0, 1)	1	X (0, 1)	1

위 여기표에서 X는 Don't care로 그 의미는 다음 예를 들어 설명할 수 있다. 현재 상태 $A=0, B=0$일 때, 외부 입력 $x=0$이 있다면 다음 상태에서 $A=0, B=0$이 되기 위한 플립플롭 A, B에서의 입력은 $J_A=0, K_A=0 \text{ or } 1$, $J_B=0, K_B=0 \text{ or } 1$이 된다. 또 현재 상태 $A=1, B=0$일 때, 외부 입력 $x=0$이 있다면 다음 상태에서 $A=1, B=0$이 되기 위한 플립플롭 A, B에서의 입력은 $J_A=0 \text{ or } 1, K_A=0$, $J_B=0, K_B=0 \text{ or } 1$이 된다.

6 [단계 7] 플립플롭의 입력함수 및 회로의 출력함수 유도

조합논리회로의 설계에서 입·출력 변수간의 관계를 진리표로 나타낸 것과 마찬가지로 [표 6-16]과 같은 상태 여기표가 작성되면 설계하려는 순서논리회로의 함수(플립플롭의 입력함수 또는 조합논리회로의 출력함수)를 부울함수로 표현할 수 있다. 부울함수는 카르노맵을 이용하여 간소화할 수 있다. [표 6-16]으로부터 카르노맵을 이용하여 플립플롭의 입력함수를 유도하자.

(1) J_A에 입력되는 부울함수

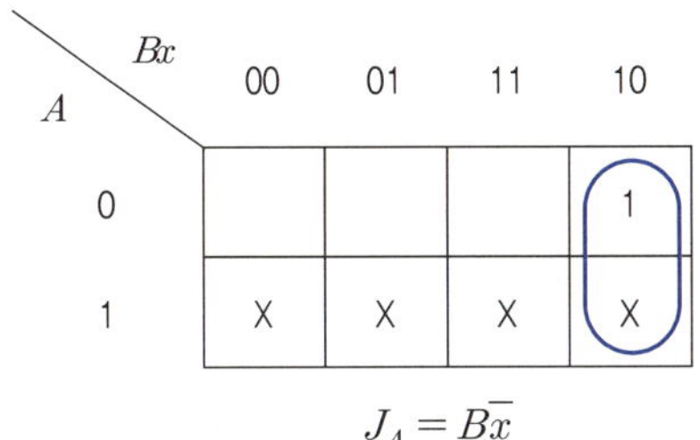

$J_A = B\overline{x}$

(2) K_A에 입력되는 부울함수

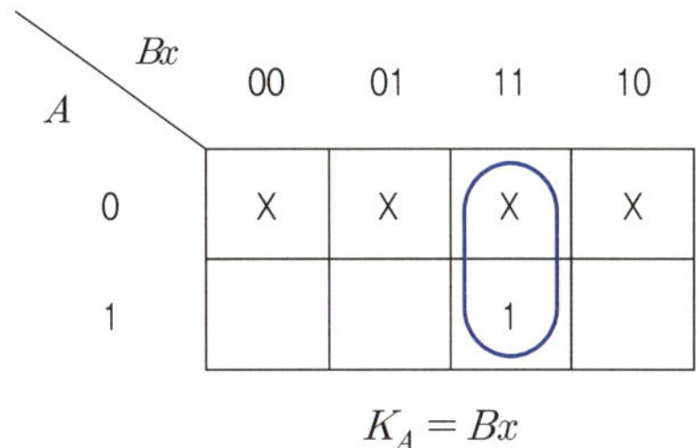

$K_A = Bx$

(3) J_B에 입력되는 부울함수

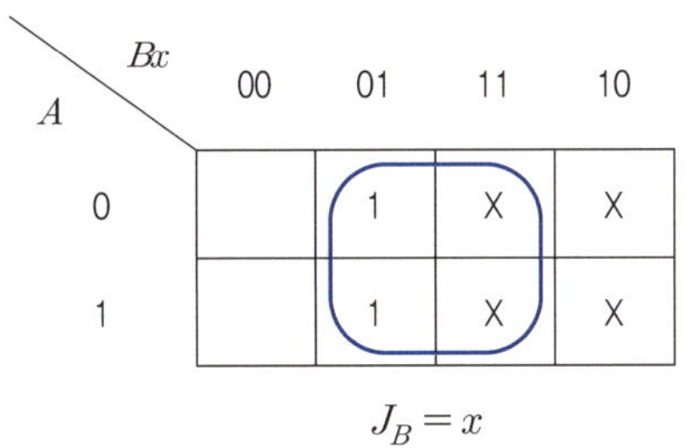

$J_B = x$

(4) K_B에 입력되는 부울함수

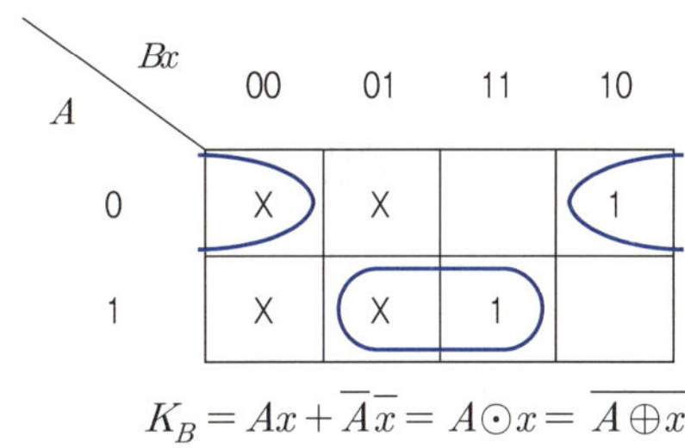

$K_B = Ax + \overline{A}\,\overline{x} = A \odot x = \overline{A \oplus x}$

[그림 6-43] 카르노맵을 이용한 플립플롭 입력변수의 간소화

7 [단계 8] 논리회로의 구현

입력함수 J_A를 SOP로 표현한 것과 비교하면 변수의 개수가 감소하였으며 카르노맵으로 나타낸 것이 간소화된 표현임을 알 수 있다. 간소화된 입력함수를 이용하여 전체 순서논리회로를 구현하면 [그림 6-44]와 같다. [그림 6-44]에 설계된 순서논리회로는 플립플롭의 현재 출력 Q_A, Q_B가 외부 입력 x와 함께 조합논리회로에 입력되고, 다시 조합논리회로의 출력(J_A, K_A, J_B, K_B)이 플립플롭의 입력이 되므로 플립플롭의 상태가 변하는 회로가 된다. 따라서 순서논리회로를 설계한다는 것은 사용하는 플립플롭의 상태가 설계자의 요구에 따라 일련의 변화를 하도록 조합논리회로를 설계하는 것과 같다고 할 수 있다.

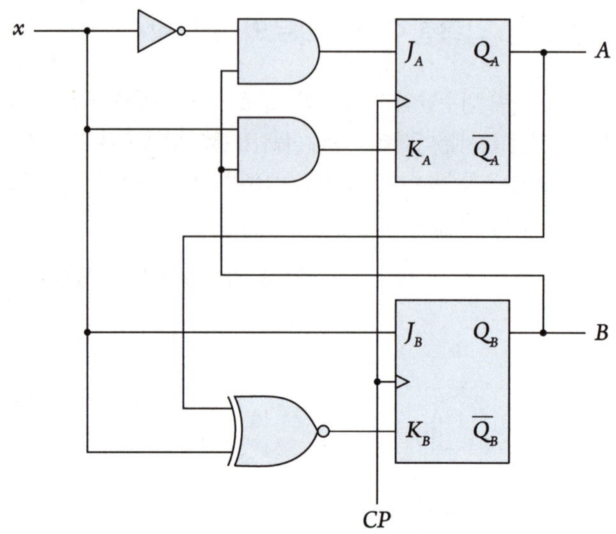

[그림 6-44] 순서논리회로의 구현

제4절 순서논리회로의 분석

순서논리회로는 플립플롭(기억회로)과 조합논리회로로 구성된다. 순서논리회로의 동작은 입력과 출력 및 플립플롭의 현재 상태에 따라 결정되며, 출력과 다음 상태는 현재 상태에 의존적인 함수가 된다. 그러므로 순서논리회로는 입력과 출력 및 현재 상태에 따라 결정되는 다음 상태의 시간순서를 상태도로 나타내어 해석이 가능하다. 또한, 순서논리회로의 동작을 시간순서를 포함하는 부울대수식으로 표시할 수 있다.

1 순서논리회로의 해석과정 중요

순서논리회로의 6단계별 해석과정은 다음과 같다.

단계 1	회로 입력과 출력에 대한 변수 명칭 부여
단계 2	조합논리회로가 있으면 조합논리회로의 부울대수식 유도
단계 3	회로의 상태표 작성
단계 4	상태표를 이용하여 상태도 작성
단계 5	상태방정식 유도
단계 6	상태표와 상태도를 분석하여 회로의 동작 설명

위의 각 단계를 적용하여 순서논리회로를 해석하는 과정에서 입력, 클록, 플립플롭의 상태 및 출력 사이의 관계를 나타내는 타이밍도나 상태도를 작성한다. 또 클록의 상승에지나 하강에지에서 동작하는 에지트리거 플립플롭들을 사용한다. 그리고 순서논리회로의 상태는 항상 상승에지나 하강에지에서 변화되고, 회로의 출력은 회로의 형태에 따라 플립플롭들이 상태를 바꿀 때 혹은 입력이 바뀔 때 변하게 된다. [그림 6-45]는 SR플립플롭을 사용한 순서논리회로의 예를 보여준다. 단계별로 순서논리회로를 해석해 보자.

2 [단계 1] 변수 명칭 부여

첫 번째 단계로 순서논리회로의 입력과 출력에 대한 변수의 명칭을 다음과 같이 부여한다.

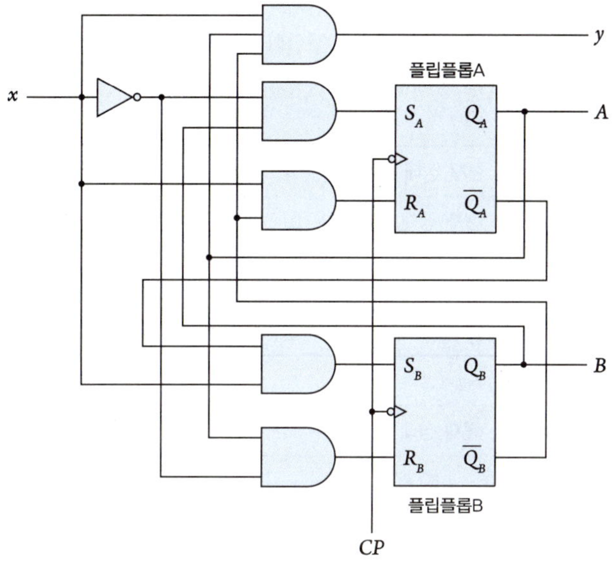

① 입력변수 : x
② 출력변수 : y
③ 플립플롭A 입력 : S_A, R_A
④ 플립플롭B 입력 : S_B, R_B
⑤ 플립플롭A 출력 : A
⑥ 플립플롭B 출력 : B

[그림 6-45] 변수 명칭이 부여된 순서논리회로의 예

3 [단계 2] 부울대수식의 유도

[그림 6-45]에서 두 SR플립플롭의 입력에 있는 조합논리회로의 부울대수식을 유도한다.

① 플립플롭A 입력 : $S_A = B\overline{x}$, $R_A = \overline{B}x$
② 플립플롭B 입력 : $S_B = \overline{A}x$, $R_B = A\overline{x}$
③ 시스템(조합논리회로) 출력 : $y = A\overline{B}x$

4 [단계 3] 상태표 작성

상태표는 현재 상태와 외부 입력의 변화에 따라 다음 상태와 출력의 변화를 정의한 것이다. 현재 상태란 클록펄스의 인가 전을 나타내며, 다음 상태란 클록펄스의 인가 후를 나타낸다. 출력은 현재 상태의 출력값으로 나타낸다. [표 6-17]은 [그림 6-45]에 대한 상태표로 입력 x에 대하여 다음 상태와 출력은 $x=0$일 때와 $x=1$일 때 이렇게 두 부분으로 이루어져있다.

일반적으로 플립플롭 m개와 입력변수 n개가 있는 순서논리회로는 각 상태마다 한 행이 필요하다. 모두 2^m개의 행을 가진다. 또 다음 상태와 출력부분은 각 입력 조합에 대해서 한 열이 필요하므로 모두 2^n개의 열을 가진다.

(1) 상태표에 작성될 상태값 구하기

상태표를 작성하기 위해 각 플립플롭의 다음 상태값과 출력을 구한다. 먼저 입력 x와 플립플롭 A, B의 현재값을 부울함수식에 대입하여 각 플립플롭의 S와 R의 입력값을 구한다. 다음에는 클록펄스가 인가되면 각 플립플롭의 S와 R 입력값을 대입하여 다음 상태값을 구한다.

① $x=0$, $A=0$, $B=0$	플립플롭A : $S_A = B\bar{x} = 0$, $R_A = \bar{B}x = 0$, 현재 상태 유지 ($A=0$)
	플립플롭B : $S_B = \bar{A}x = 0$, $R_B = A\bar{x} = 0$, 현재 상태 유지 ($B=0$)
	시스템(조합논리회로) 출력 : $y = A\bar{B}x = 0$

② $x=0$, $A=0$, $B=1$	플립플롭A : $S_A = B\bar{x} = 1$, $R_A = \bar{B}x = 0$, *Set* ($A=1$)
	플립플롭B : $S_B = \bar{A}x = 0$, $R_B = A\bar{x} = 0$, 현재 상태 유지 ($B=1$)
	시스템(조합논리회로) 출력 : $y = A\bar{B}x = 0$

③ $x=0$, $A=1$, $B=0$	플립플롭A : $S_A = B\bar{x} = 0$, $R_A = \bar{B}x = 0$, 현재 상태 유지 ($A=1$)
	플립플롭B : $S_B = \bar{A}x = 0$, $R_B = A\bar{x} = 1$, *Reset* ($B=0$)
	시스템(조합논리회로) 출력 : $y = A\bar{B}x = 0$

④ $x=0$, $A=1$, $B=1$	플립플롭A : $S_A = B\bar{x} = 1$, $R_A = \bar{B}x = 0$, *Set* ($A=1$)
	플립플롭B : $S_B = \bar{A}x = 0$, $R_B = A\bar{x} = 1$, *Reset* ($B=0$)
	시스템(조합논리회로) 출력 : $y = A\bar{B}x = 0$

⑤ $x=1$, $A=0$, $B=0$	플립플롭A : $S_A = B\bar{x} = 0$, $R_A = \bar{B}x = 1$, $Reset$ $(A=0)$
	플립플롭B : $S_B = \bar{A}x = 1$, $R_B = A\bar{x} = 0$, Set $(B=1)$
	시스템(조합논리회로) 출력 : $y = A\bar{B}x = 0$

⑥ $x=1$, $A=0$, $B=1$	플립플롭A : $S_A = B\bar{x} = 0$, $R_A = \bar{B}x = 0$, 현재 상태 유지 $(A=0)$
	플립플롭B : $S_B = \bar{A}x = 1$, $R_B = A\bar{x} = 0$, Set $(B=1)$
	시스템(조합논리회로) 출력 : $y = A\bar{B}x = 0$

⑦ $x=1$, $A=1$, $B=0$	플립플롭A : $S_A = B\bar{x} = 0$, $R_A = \bar{B}x = 1$, $Reset$ $(A=0)$
	플립플롭B : $S_B = \bar{A}x = 0$, $R_B = A\bar{x} = 0$, 현재 상태 유지 $(B=0)$
	시스템(조합논리회로) 출력 : $y = A\bar{B}x = 1$

⑧ $x=1$, $A=1$, $B=1$	플립플롭A : $S_A = B\bar{x} = 0$, $R_A = \bar{B}x = 0$, 현재 상태 유지 $(A=1)$
	플립플롭B : $S_B = \bar{A}x = 0$, $R_B = A\bar{x} = 0$, 현재 상태 유지 $(B=1)$
	시스템(조합논리회로) 출력 : $y = A\bar{B}x = 0$

(2) 상태표 작성

[표 6-17] 부울함수식을 이용한 상태표

현재 상태		다음 상태				출력	
		$x=0$		$x=1$		$x=0$	$x=1$
A	B	A	B	A	B	y	y
0	0	0	0	0	1	0	0
0	1	1	1	0	1	0	0
1	0	1	0	0	0	0	1
1	1	1	0	1	1	0	0

5 [단계 4] 상태도 작성

[표 6-17]의 상태표로부터 상태도를 그릴 수 있다. 상태도에는 플립플롭 A, B의 상태인 00, 01, 10, 11이 원 내부에 표시되어야 한다. 현재 상태에서 다음 상태로의 상태 전이는 화살표로 표시한다. 방향 표시(화살표)가 된 선들은 슬래시(/)로 분리되는 2진수 2개를 갖는다.

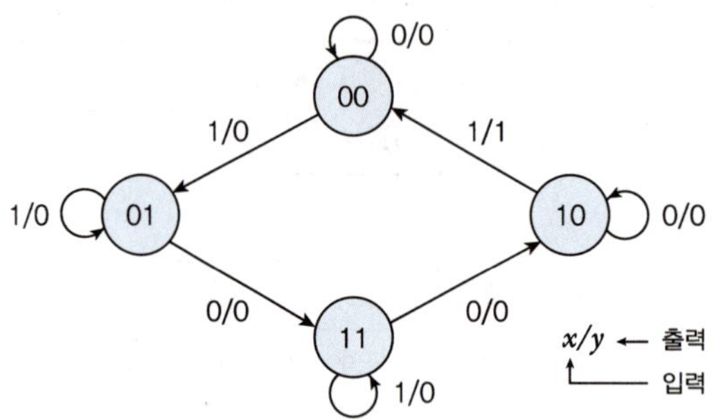

[그림 6-46] [표 6-17]의 상태표를 근거로 한 상태도

6 [단계 5] 상태방정식의 유도

상태방정식은 플립플롭 상태 전이에 대한 조건을 지정하는 대수식으로 상태방정식은 [표 6-17]의 상태표로부터 유도할 수 있다. 외부 입력 $x = 0 \text{ or } 1$에 따른 플립플롭 A, B의 현재 상태값으로부터 진리표를 재구성할 수 있으며, 카르노맵을 이용하여 SOP형식의 상태방정식을 유도할 수 있다.

(1) 외부 입력을 고려한 진리표 재구성

[표 6-18] 외부 입력을 고려한 진리표

현재 상태		외부 입력	다음 상태	
A	B	x	$A(t+1)$	$B(t+1)$
0	0	0	0	0
0	0	1	0	1
0	1	0	1	1
0	1	1	0	1
1	0	0	1	0
1	0	1	0	0
1	1	0	1	0
1	1	1	1	1

(2) 카르노맵을 이용한 상태방정식 유도

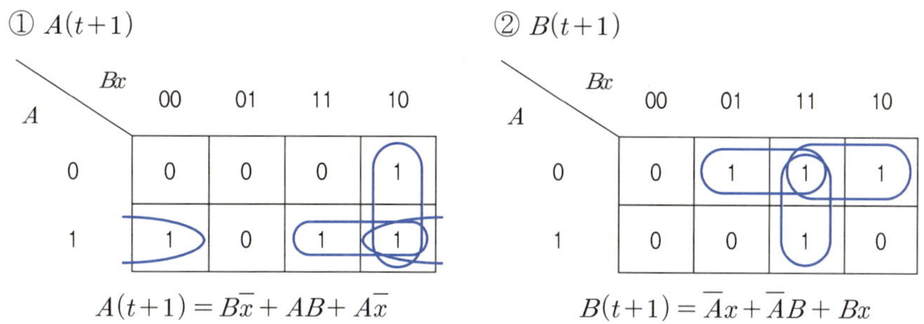

[그림 6-47] 카르노맵을 이용한 플립플롭의 상태방정식 유도

SR플립플롭의 특성방정식[$Q(t+1) = S + \overline{R}Q(t)$]의 유형으로 플립플롭$A, B$의 함수로 나타내면 다음과 같다. 플립플롭 A, B의 다음 상태값은 $A(t+1), B(t+1)$로 나타내고, $A(t), B(t)$는 현재 상태값을 나타낸다. 그리고 S_A, S_B, R_A, R_B는 각 플립플롭의 S입력과 R입력으로 나타낸다.

$$
\begin{aligned}
A(t+1) &= B\bar{x} + AB + A\bar{x} \\
&= B\bar{x} + (B + \bar{x})A \\
&= B\bar{x} + (\overline{\overline{B}x})A \\
&= (S_A) + (\overline{R_A})A
\end{aligned}
$$

$S_A = B\bar{x}$
$R_A = \overline{B}x$

$$
\begin{aligned}
B(t+1) &= \overline{A}x + \overline{A}B + Bx \\
&= \overline{A}x + (\overline{A} + x)B \\
&= \overline{A}x + (\overline{A\bar{x}})B \\
&= (S_B) + (\overline{R_B})B
\end{aligned}
$$

$S_B = \overline{A}x$
$R_B = A\bar{x}$

상태방정식으로부터 구한 플립플롭 A, B의 입력에 대한 부울대수식과 순서논리회로에서 구한 부울대수식이 같음을 알 수 있다.

7 [단계 6] 회로의 동작 설명

순서논리회로의 동작은 상태도나 상태표를 보고 설명할 수 있다. 설계 예로 사용한 [그림 6-44]의 순서논리회로는 [그림 6-46]의 상태도를 참고하면, 외부 입력 x값에 따라 클록펄스가 한 번씩 인가될 때마다 00→01→11→10 순으로 순차적으로 동작하는 순서논리회로이다. 즉, 상태도를 보면 회로의 동작이 모두 설명된다.

플립플롭 A, B의 현재 상태가 00에서 외부 입력 $x=0$일 때 현재 상태를 유지하고, $x=1$일 때 현재 상태가 01로 전이된다. 또 전이된 01상태에서 외부 입력 $x=0$일 때 현재 상태가 11로 전이되며, $x=1$일 때는 현재 상태를 유지한다. 현재 상태가 11에서 외부 입력 $x=0$일 때 현재 상태가 10으로 전이되고, $x=1$일 때는 현재 상태를 유지한다. 또 전이된 10상태에서 외부 입력 $x=1$일 때 현재 상태가 00으로 전이되고, $x=0$일 때 현재 상태가 유지된다.

OX로 점검하자 | 제6장

※ 다음 지문의 내용이 맞으면 ○, 틀리면 ×를 체크하시오. [1 ~ 14]

01 SR플립플롭은 $reset$, set상태만 존재한다. (　　)

》》 SR플립플롭의 상태는 이전 상태 유지, $reset$, set상태로 표현한다.

02 JK플립플롭은 세트, 리셋, 이전 상태 유지, 토글 상태로 동작하는 플립플롭의 일종이다. (　　)

》》 JK플립플롭은 SR플립플롭을 보완하여 J, K입력에 따라 세트, 리셋, 현재 상태 유지, 반전 상태 유지 상태를 표현할 수 있다.

03 래치는 한 가지만의 안정상태가 있다. (　　)

》》 래치는 1비트를 저장하는 데 사용되는 쌍안정 디지털회로이다.

04 리셋($reset$)은 출력이 1인 플립플롭 또는 래치의 상태를 0으로 만드는 동작이다. (　　)

》》 리셋은 출력이 0이 되게 만드는 동작으로, 현재 상태가 0 또는 1이든 출력을 0으로 만드는 동작이다.

05 세트(set)는 출력이 1인 플립플롭 또는 래치의 상태를 1로 만드는 동작이다. (　　)

》》 세트는 출력이 1이 되게 만드는 동작으로, 현재 상태가 0 또는 1이든 출력을 1로 만드는 동작이다.

06 에지트리거 플립플롭은 데이터의 입력이 한 클록의 레벨값이 존재하는 동안 출력되는 플립플롭의 한 종류이다. (　　)

》》 에지트리거 플립플롭은 데이터의 입력이 클록 에지에 동기되어 출력되는 플립플롭의 한 종류이다.

07 토글은 매 클록마다 상태를 유지시키는 플립플롭의 동작이다. (　　)

》》 토글은 매 클록마다 상태를 변환시키는 플립플롭의 동작으로 JK 또는 T 플립플롭에서 동작하는 상태 중에 하나이다.

08 에지트리거 D플립플롭은 D입력이 바뀔 때마다 상태를 바꾼다. (　　)

》》 에지트리거 D플립플롭은 D입력값을 저장하거나 지연시켜 출력을 내보내어 상태는 바뀌지 않는다.

정답 **1** × **2** ○ **3** × **4** ○ **5** ○ **6** × **7** × **8** ×

09 에지트리거 플립플롭에서 클록은 필수적이다. (　　)

래치는 클록펄스입력과 무관하게 동작하여 비동기식 플립플롭이라고 하지만 순서논리회로에서는 일반적으로 클록펄스에 동기시켜 동작시킨다.

10 JK 플립플롭의 입력이 모두 HIGH상태일 때 에지트리거 JK 플립플롭은 각각의 클록펄스에서 상태를 바꾼다. (　　)

JK플립플롭의 입력이 모두 1이면 토글 상태가 되고, 이때 클록펄스가 인가되면 현재 상태를 반전하게 된다.

11 플립플롭에서 클록 입력의 용도는 출력을 제어입력(SR, JK, D, T)에 따라 상태를 변경하기 위해서 사용된다. (　　)

클록의 의미는 시스템의 타이밍 신호 또는 동기신호로 동작하는 순간(행동하는 순간)을 제어하기 위한 시간정보이다. 그러므로 플립플롭에서 클록입력으로 동기화된 상태변화를 볼 수 있다.

12 JK 플립플롭의 토글의 조건은 $J=0, K=0$ 이다. (　　)

JK 플립플롭의 상태 조건은 $JK=00$ (이전 상태 유지), $JK=01\,(reset)$, $JK=10\,(set)$, $JK=11\,(Toggle)$이다.

13 순서논리회로는 조합논리회로와 기본게이트로만 구성한다. (　　)

순서논리회로는 조합논리회로와 기억소자(플립플롭)로 구성된다.

14 순서논리회로의 동작은 입력값에 관계없이 정해진 순서에 맞추어 출력이 생성된다. (　　)

순서논리회로의 동작은 동일한 입력이 주어져도 내부 상태에 따라 출력이 달라진다.

정답 9 ○ 10 ○ 11 ○ 12 × 13 × 14 ×

제 6 장 실전예상문제

01 **순서논리회로에 대한 설명 중 옳지 않은 것은?**

① 플립플롭은 1비트를 저장한다.
② 플립플롭의 집합은 레지스터를 구성한다.
③ 조합논리회로에 논리게이트를 포함하면 순서논리회로이다.
④ 플립플롭은 2진 정보를 저장하고, 게이트는 그것을 제어한다.

01 순서논리회로의 특징은 조합논리회로와 기억소자(플립플롭)로 구성되는 것이고, 플립플롭은 2진 1비트 정보를 저장한다. 입력신호와 플립플롭의 상태에 따라 출력이 결정된다.

02 **순서논리회로에 대한 설명으로 옳지 않은 것은?**

① 입력값의 순서에는 영향을 받지 않는다.
② 조합논리회로가 포함된다.
③ 카운터는 전형적인 순서논리회로이다.
④ 기억소자가 필요하다.

02 순서논리회로는 현재 상태와 외부 입력의 변화에 따라 다음 상태와 출력이 변화된다. 그래서 이런 상태의 변화를 상태표로 작성하여 회로 설계 및 분석에 사용한다.

03 **순서논리회로에 대한 설명 중 옳지 않은 것은?**

① 기억소자를 필요로 한다.
② 상태도를 구현할 수 있다.
③ 상태도는 밀리머신과 무어머신으로 구분지을 수 있다.
④ 현재 상태만이 다음 상태를 결정한다.

03 순서논리회로는 현재 상태와 외부 입력의 변화에 따라 다음 상태와 출력이 변화된다. 이런 상태의 변화를 상태도로 작성할 수 있다. 상태도는 출력이 플립플롭의 현재 상태만의 함수인 회로로 구성된 무어머신(Moore machine)과 출력이 현재 상태와 입력의 함수인 회로로 구성된 밀리머신(Mealy machine)으로 구분한다.

정답 01 ③ 02 ① 03 ④

04 순서논리회로의 구성에 관한 설명으로 틀린 것은?

① 조합논리회로를 포함한다.
② 기억소자가 필요 없다.
③ 입력신호와 플립플롭의 상태에 따라 출력이 결정된다.
④ 이 회로의 예로 레지스터, 카운터를 들 수 있다.

04 순서논리회로는 조합논리회로와 기억소자(플립플롭)로 구성되며, 2진 1비트 정보를 저장한다. 만약 2비트 정보를 처리하려면 플립플롭이 2개 있어야 한다.

05 순서논리회로의 동작 특성을 가장 올바르게 설명한 것은?

① 동일한 입력이 주어져도 내부 상태에 따라 출력이 달라질 수 있다.
② 같은 입력이 주어지는 한 출력은 항상 일정하다.
③ 연속적으로 동일한 입력 값이 주어질 때만 정상 동작을 한다.
④ 입력값에 관계없이 정해진 순서에 맞추어 출력이 생성된다.

05 순서논리회로는 신호의 타이밍에 따라 동기 순서논리회로와 비동기 순서논리회로로 나눌 수 있으며, 순서논리회로의 출력은 현재 상태의 입력과 이전 상태의 출력에 따라 결정된다.

06 순서논리회로와 조합논리회로의 차이점은?

① NAND게이트, NOR게이트의 유무에 따라 구분된다.
② AND게이트로, OR게이트의 유무에 따라 구분된다.
③ 기억소자의 유무에 따라 구분된다.
④ 피드백회로의 유무에 따라 구분된다.

06 조합논리회로는 임의의 시점에서 이전 입력값에 관계없이 현재 입력값에 따라 출력이 결정되는 논리회로이고, 순서논리회로는 현재의 입력값과 이전 출력 상태에 따라 출력이 결정되는 논리회로이다. 또 순서논리회로는 이전 출력 상태가 기억소자(플립플롭)에 저장되어 현재의 입력값에 영향을 준다.

정답 04 ② 05 ① 06 ③

07 순서논리회로의 기본 구성은?

① 조합논리회로와 논리소자
② 조합논리회로와 기억소자(플립플롭)
③ 전가감산기회로와 OR게이트
④ 패리티비트회로와 NAND게이트

07

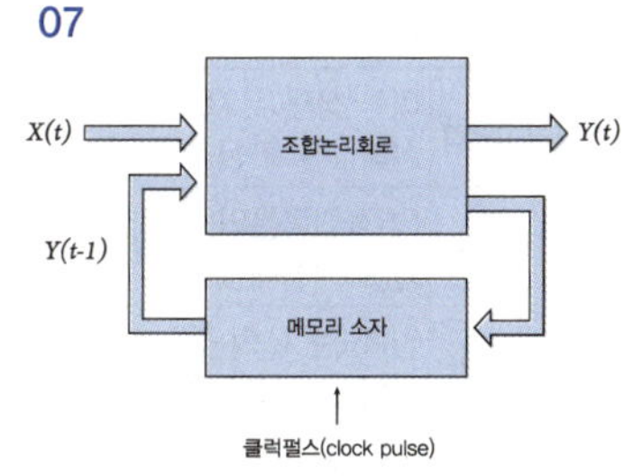

08 입력신호에 의해 상태를 바꾸도록 지시할 때까지 현재의 2진 상태를 그대로 유지해 주는 회로는?

① 인코더
② 플립플롭
③ 디코더
④ 가산기

08 플립플롭은 순서논리회로를 구성하는 기본 기억소자로서 현재의 입력값과 이전 출력 상태에 따라 이전 상태 유지, 리셋, 세트, 또는 토글과 같이 출력한다.

09 2진 1비트 정보를 저장할 수 있는 기억장치는?

① 멀티플렉서
② 플립플롭
③ 레지스터
④ 카운터

09 플립플롭 또는 래치회로는 2진 1비트 정보를 저장할 수 있는 기억소자이다. 만약 2진 3비트 정보를 저장하려면 3개의 플립플롭이 필요하다.

정답 07 ② 08 ② 09 ②

10 플립플롭은 SR, JK, D, T가 있다.

SR플립플롭	이전 상태 유지, 세트, 리셋 상태값을 가짐
JK플립플롭	SR플립플롭의 상태값에 토글(보수)상태값이 추가됨
D플립플롭	입력되는 D의 값을 지연시켜 상태변화 없이 출력함
T플립플롭	JK플립플롭의 입력을 하나로 묶어 구성한 회로로 이전 상태 유지, 토글(보수)상태값을 출력함

11

S	R	$Q(t+1)$	설명
0	0	$Q(t)$	이전 상태 값 유지
0	1	0	*reset*
1	0	1	*set*
1	1	부정	

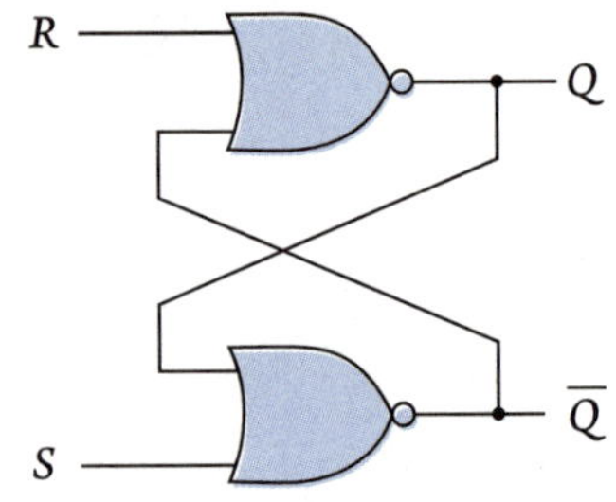

정답 10 ④ 11 ②

10 플립플롭에 관한 설명 중 옳지 않은 것은?

① 0 또는 1을 저장할 수 있다.

② D플립플롭은 입력신호를 지연시켜서 그대로 출력한다.

③ T플립플롭은 입력신호가 1일 때 이전 출력값의 보수(토글)를 출력한다.

④ 조합논리회로에서 필수적으로 사용된다.

11 다음은 NOR게이트로 구성된 SR래치의 진리표를 표현한 것으로 올바른 것은?

①

S	R	$Q(t+1)$
0	0	$Q(t)$
1	0	0
0	1	1
1	1	부정

②

S	R	$Q(t+1)$
0	0	$Q(t)$
0	1	0
1	0	1
1	1	부정

③

S	R	$Q(t+1)$
0	0	$Q(t)$
0	1	0
1	0	1
1	1	$\overline{Q}(t)$

④

S	R	$Q(t+1)$
0	0	부정
0	1	1
1	0	0
1	1	$Q(t)$

12 다음은 NAND게이트로 구성된 SR래치의 진리표를 표현한 것으로 올바른 것은?

①

$\overline{S}$	$\overline{R}$	$Q(t+1)$
0	0	부정
0	1	1
1	0	0
1	1	$Q(t)$

②

$\overline{S}$	$\overline{R}$	$Q(t+1)$
0	0	$\overline{Q}(t)$
0	1	1
1	0	0
1	1	$Q(t)$

③

S	R	$Q(t+1)$
0	0	부정
0	1	1
1	0	0
1	1	$Q(t)$

④

$\overline{S}$	$\overline{R}$	$Q(t+1)$
1	1	부정
0	1	1
1	0	0
0	1	$Q(t)$

12

$\overline{S}$	$\overline{R}$	$Q(t+1)$	설명
0	0	부정	부정
0	1	1	set
1	0	0	$reset$
1	1	$Q(t)$	이전 상태 유지

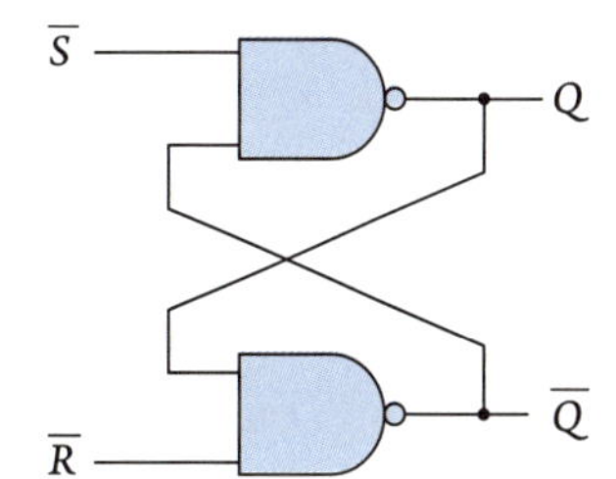

정답 12 ①

13 다음 회로에서 $Q(t)=0$인 상태에서 $S=1, R=0$이 인가될 때, 출력은?

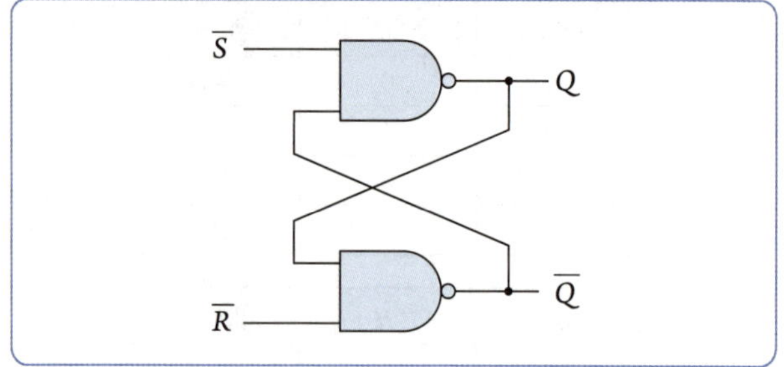

① $Q(t+1)=Q(t), \overline{Q}(t+1)=\overline{Q}(t)$

② $Q(t+1)=1, \overline{Q}(t+1)=0$

③ $Q(t+1)=0, \overline{Q}(t+1)=1$

④ $Q(t+1)=1, \overline{Q}(t+1)=1$

14 플립플롭 중에서 입력상태가 그대로 출력되는 것은?

① D플립플롭

② T플립플롭

③ SR플립플롭

④ JK플립플롭

15 현재 상태의 값에 관계없이 다음 상태가 0이 되려면 입력도 0이 되어야 하는 플립플롭은?

① SR플립플롭

② T플립플롭

③ D플립플롭

④ JK플립플롭

13 [문제 12]의 해설을 참조하여, 인가된 $S=1, R=0$값이 $\overline{S}, \overline{R}$로 인가되므로 현재 상태 값을 set하여 $Q(t+1)=1$이 된다.

14 D플립플롭은 1비트의 정보를 저장하거나, 지연할 때 사용된다. SR플립플롭에 반전기를 추가하면 D플립플롭을 만들 수 있다.

15

$Q(t)$ 현재값	D	$Q(t+1)$
0	0	0
0	1	1
1	0	0
1	1	1

현재값에 상관없이 입력된 D값이 출력으로 전달된다.

정답 13 ② 14 ① 15 ③

16 SR**플립플롭에서 출력** $Q(t+1)$**의 논리식은?**

① $Q(t+1)=\overline{S}+\overline{R}\,Q(t)$

② $Q(t+1)=S+\overline{R}\,Q(t)$

③ $Q(t+1)=S(\overline{R}\,Q(t))$

④ $Q(t+1)=\overline{R}\,Q(t)$

17 SR**플립플롭의 입력 양단간에 NOT게이트를 추가하면 어떤 플립플롭의 동작을 하는가?**

① SR플립플롭

② JK플립플롭

③ T플립플롭

④ D플립플롭

16 SR플립플롭의 진리표를 근거로 해서 특성표를 작성하면 다음과 같다.

• 특성표

$Q(t)$	S	R	$Q(t+1)$
0	0	0	0
0	0	1	0
0	1	0	1
0	1	1	부정
1	0	0	1
1	0	1	0
1	1	0	1
1	1	1	부정

• $Q(t+1)$에 대한 부울함수식 : 특성방정식

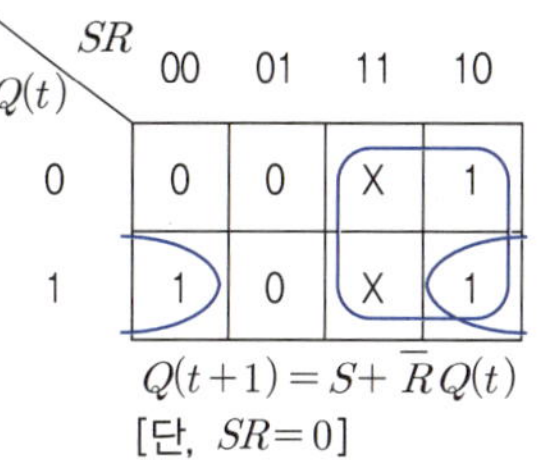

$Q(t+1)=S+\overline{R}\,Q(t)$
[단, $SR=0$]

17 D플립플롭은 다음과 같이 SR플립플롭에 NOT게이트를 추가하여 구성한다.

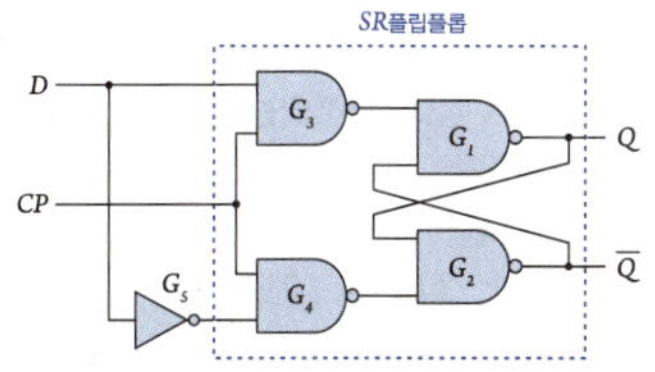

정답 16 ② 17 ④

18 다음 중 에지트리거 D플립플롭의 진리표로 올바른 것은? (단, 상승에지트리거 $CP\uparrow$, 하강에지트리거 $CP\downarrow$)

①

CP	D	$Q(t+1)$
↑	0	0
↑	1	1

②

CP	D	$Q(t+1)$
↑	0	1
↑	1	0

③

CP	D	$Q(t+1)$
↓	0	$Q(t)$
↓	1	$\overline{Q}(t)$

④

CP	D	$Q(t+1)$
↓	0	1
↓	1	0

18 에지트리거 D플립플롭의 진리표는 다음과 같다. 현재 상태값과 상관없이 입력된 D값에 의해 출력된다.

CP	D	$Q(t+1)$
↑	0	0
↑	1	1

CP	D	$Q(t+1)$
↓	0	0
↓	1	1

19 D플립플롭의 특성방정식은 $Q(t+1)=D$이다. 이 의미는?

① 플립플롭의 다음 상태는 항상 0이다.
② 플립플롭의 다음 상태는 항상 토글한다.
③ 플립플롭의 다음 상태는 현재 상태에 의존적이다.
④ 플립플롭의 다음 상태는 D에만 의존적이다.

19 D플립플롭의 다음 상태는 현재 상태값과 상관없이 입력된 D값이 출력되어 전달된다.

20 SR플립플롭에서 부정의 상태가 발생되는 결함을 보완한 플립플롭은?

① SR플립플롭
② JK플립플롭
③ T플립플롭
④ D플립플롭

20 SR플립플롭과 비교하면 JK플립플롭의 J는 S(set), K는 R($reset$)에 대응하여 입력된다. JK플립플롭의 가장 큰 특징은 $J=1, K=1$인 경우 JK플립플롭의 출력은 이전 출력의 보수 상태로 바뀌는 토글이 된다는 점이다.
즉, $Q(t)=0$이면 $Q(t+1)=1$이 되고, $Q(t)=1$이면 $Q(t+1)=0$이므로 $Q(t+1)=\overline{Q}(t)$가 된다.

정답 18 ① 19 ④ 20 ②

21 D플립플롭 회로의 특성방정식은?

① $Q(t+1) = DQ(t)$
② $Q(t+1) = \overline{D}$
③ $Q(t+1) = D$
④ $Q(t+1) = D + Q(t)$

22 JK플립플롭은 두 개의 입력 데이터에 의해 출력에서 몇 개의 조합을 얻을 수 있는가?

① 2개
② 4개
③ 8개
④ 1개

23 JK플립플롭의 트리거 입력과 상태 전이 조건을 설명한 것 중 옳지 않은 것은?

① $J=0, K=0$이면 $Q(t+1) = Q(t)$가 된다.
② $J=0, K=1$이면 $Q(t+1) = 0$이 된다.
③ $J=1, K=0$이면 $Q(t+1) = Q(t)$가 된다.
④ $J=1, K=1$이면 $Q(t+1) = \overline{Q}(t)$가 된다.

21 D플립플롭의 진리표를 근거로 해서 특성표를 작성하면 다음과 같다.

• 특성표

$Q(t)$	D	$Q(t+1)$
0	0	0
0	1	1
1	0	0
1	1	1

• $Q(t+1)$에 대한 부울함수식 : 특성방정식

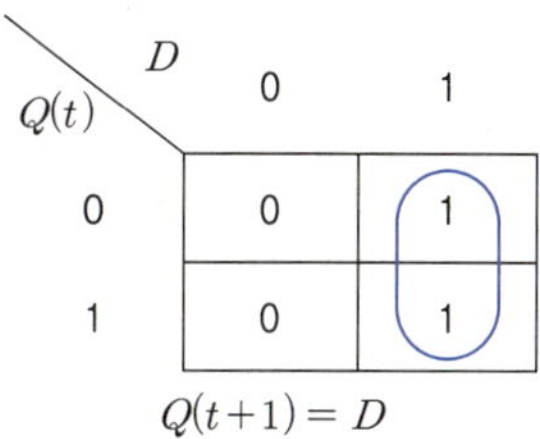

$Q(t+1) = D$

22 JK플립플롭의 진리표를 보면 입력값 J, K에 대한 다음 상태값을 보여준다.

J	K	$Q(t+1)$	설명
0	0	$Q(t)$	이전 상태 유지
0	1	0	*Reset*
1	0	1	*Set*
1	1	$\overline{Q}(t)$	*Toggle*

23 [문제 22]의 해설의 진리표를 참조해 보면 $J=1, K=0$이면 $Q(t+1)=1$로 현재 상태 값에 상관없이 *set*으로 출력된다.

정답 21 ③ 22 ② 23 ③

24 JK플립플롭의 진리표를 근거로 해서 특성표를 작성하면 다음과 같다.

• 특성표

$Q(t)$	J	K	$Q(t+1)$
0	0	0	0
0	0	1	0
0	1	0	1
0	1	1	1
1	0	0	1
1	0	1	0
1	1	0	1
1	1	1	0

• $Q(t+1)$에 대한 부울함수식: 특성방정식

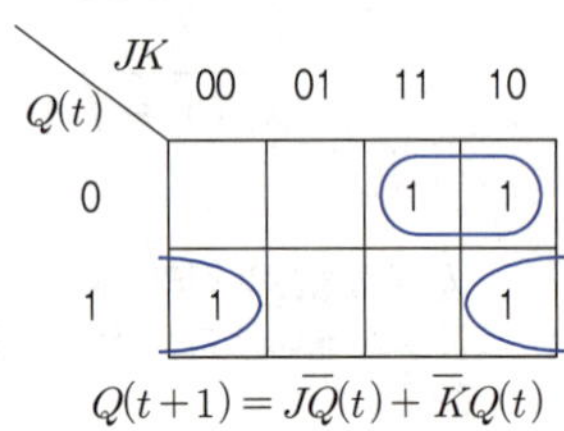

$Q(t+1)=J\overline{Q}(t)+\overline{K}Q(t)$

25 T플립플롭은 JK플립플롭의 J와 K 입력을 묶어서 한 입력신호 T로 동작하는 플립플롭이다. T플립플롭은 JK플립플롭의 동작 중에서 입력이 모두 0이거나 1인 경우에만 플립플롭으로 동작한다. 일반적으로 에지트리거 T플립플롭은 T입력을 논리 1상태로 고정하고 CP에 클록펄스를 트리거입력으로 사용하면 T플립플롭은 클록펄스가 들어올 때마다 상태가 반전되어 토글된다.

26 [문제 27]의 해설의 특성표를 참고하면, $T=0$일 때 이전 상태 값을 유지하고, $T=1$일 때 이전 상태값의 반전(보수)을 출력한다. T플립플롭에 클록입력이 인가될 때마다 상태가 반전된다.

정답 24 ② 25 ④ 26 ①

24 JK플립플롭의 특성방정식으로 옳은 것은?

① $Q(t+1)=\overline{J}\overline{Q}(t)+KQ(t)$

② $Q(t+1)=J\overline{Q}(t)+\overline{K}Q(t)$

③ $Q(t+1)=J\overline{Q}(t)+KQ(t)$

④ $Q(t+1)=JQ(t)+\overline{K}\overline{Q}(t)$

25 각 입력펄스마다 $Toggle$ 상태를 이용한 플립플롭 형태는?

① 카운터 플립플롭

② SR플립플롭

③ D플립플롭

④ T플립플롭

26 T플립플롭의 특성 설명 중 옳지 않은 것은?

① $T=1$일 때 이전 상태값을 유지한다.

② 특성방정식은 $Q(t+1)=T\overline{Q}(t)+\overline{T}Q(t)$ 이다.

③ 한 개의 입력을 필요로 한다.

④ $T=1$일 때 현재 상태값을 보수 형태로 출력한다.

27 T플립플롭의 특성방정식으로 옳은 것은?

① $Q(t+1) = T\overline{Q}(t) + \overline{T}\overline{Q}(t)$

② $Q(t+1) = \overline{T}Q(t)$

③ $Q(t+1) = \overline{T}\overline{Q}(t) + TQ(t)$

④ $Q(t+1) = T\overline{Q}(t) + \overline{T}Q(t)$

27 T플립플롭의 진리표를 근거로 해서 특성표를 작성하면 다음과 같다.

• 특성표

$Q(t)$	T	$Q(t+1)$
0	0	0
0	1	1
1	0	1
1	1	0

• $Q(t+1)$에 대한 부울함수식 : 특성방정식

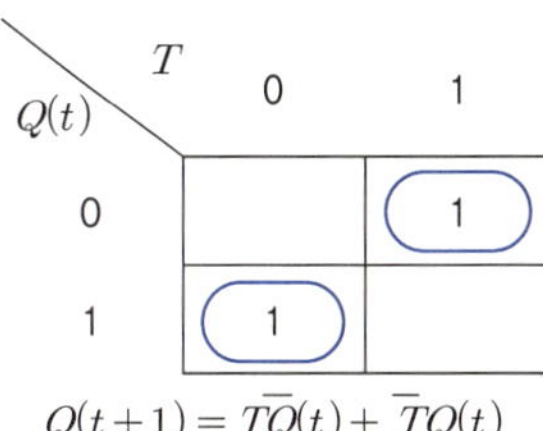

$Q(t+1) = T\overline{Q}(t) + \overline{T}Q(t)$

28 주종형 플립플롭은 어떤 문제를 해결하기 위한 회로인가?

① 토글(toggle)상태

② 딜레이(delay) 현상

③ 레이스(race) 현상

④ 부정상태 제거

28 레이스현상이란 플립플롭은 출력이 입력에 피드백되어 있으므로 클록의 레벨 폭이 플립플롭의 지연시간보다 크면 출력상태에 의해 입력상태가 바뀌고, 이로 인해 다시 출력상태가 바뀌어 플립플롭이 안정화되지 못하는 현상이다.

29 레이스현상을 방지하기 위해 사용하는 플립플롭은?

① JK플립플롭

② Master-Slave 플립플롭

③ T플립플롭

④ D플립플롭

29 마스터슬레이브(주종형) 플립플롭은 SR플립플롭, JK플립플롭, T플립플롭, D플립플롭에 모두 구현할 수 있다.

정답 27 ④ 28 ③ 29 ②

30

순서논리회로의 6단계별 해석 과정	
단계 1	회로 입력과 출력에 대한 변수 명칭 부여
단계 2	조합논리회로가 있으면 조합논리회로의 부울대수식 유도
단계 3	회로의 상태표 작성
단계 4	상태표를 이용하여 상태도 작성
단계 5	상태방정식 유도
단계 6	상태표와 상태도를 분석하여 회로의 동작 설명

31

순서논리회로의 설계	
단계 1	회로 동작 기술(상태도 작성)
단계 2	정의된 회로의 상태표 작성
단계 3	필요한 경우 상태 축소 및 상태 할당
단계 4	플립플롭의 수와 종류 결정
단계 5	플립플롭의 입력, 출력 및 각각의 상태에 대한 문자 기호 부여
단계 6	상태표를 이용하여 회로의 상태 여기표 작성
단계 7	간소화 방법을 이용하여 출력함수 및 플립플롭의 입력함수 유도
단계 8	순서논리회로도 작성

정답 30 ④ 31 ②

30 순서논리회로를 분석하는 방법을 순서대로 나열한 것은?

㉠ 회로의 상태표 작성
㉡ 상태표를 이용하여 상태도 작성
㉢ 상태방정식 유도
㉣ 상태표와 상태도를 분석하여 회로의 동작 설명
㉤ 조합논리회로가 있으면 조합논리회로의 부울대수식 유도
㉥ 회로 입력과 출력에 대한 변수 명칭 부여

① ㉠ - ㉡ - ㉢ - ㉣ - ㉥ - ㉤
② ㉥ - ㉤ - ㉢ - ㉣ - ㉠ - ㉡
③ ㉥ - ㉡ - ㉢ - ㉣ - ㉤ - ㉠
④ ㉥ - ㉤ - ㉠ - ㉡ - ㉢ - ㉣

31 순서논리회로를 설계하는 방법을 순서대로 나열한 것은?

㉠ 정의된 회로의 상태표 작성
㉡ 필요한 경우 상태 축소 및 상태 할당
㉢ 상태표를 이용하여 회로의 상태 여기표 작성
㉣ 회로 동작 기술(상태도 작성)
㉤ 플립플롭의 입력, 출력 및 각각의 상태에 대한 문자 기호 부여
㉥ 플립플롭의 수와 종류 결정
㉦ 간소화 방법을 이용하여 출력함수 및 플립플롭의 입력함수 유도
㉧ 순서논리회로도 작성

① ㉣ - ㉠ - ㉢ - ㉦ - ㉧ - ㉡ - ㉥ - ㉤
② ㉣ - ㉠ - ㉡ - ㉥ - ㉤ - ㉢ - ㉦ - ㉧
③ ㉣ - ㉤ - ㉢ - ㉦ - ㉧ - ㉠ - ㉡ - ㉥
④ ㉥ - ㉤ - ㉢ - ㉦ - ㉧ - ㉣ - ㉠ - ㉡

32 다음 표는 SR 플립플롭의 여기표이다. ㉠, ㉡, ㉢, ㉣에는 각각 어떻게 표시되는가? (단, X는 무효의 조건임)

현재 상태	다음 상태	요구입력	
$Q(t)$	$Q(t+1)$	S	R
0	0	0	(㉠)
0	1	(㉡)	0
1	0	0	1
1	1	(㉢)	(㉣)

① ㉠ 1, ㉡ 1, ㉢ X, ㉣ X
② ㉠ X, ㉡ X, ㉢ 1, ㉣ 1
③ ㉠ X, ㉡ 1, ㉢ X, ㉣ 0
④ ㉠ 1, ㉡ X, ㉢ X, ㉣ 1

»»

특성표			
입력		현재 상태	다음 상태
S	R	$Q(t)$	$Q(t+1)$
0	0	0	0
0	0	1	1
0	1	0	0
0	1	1	0
1	0	0	1
1	0	1	1
1	1	0	?
1	1	1	?

여기표			
현재 상태	다음 상태	요구 입력	
$Q(t)$	$Q(t+1)$	S	R
0	0	0	X
0	1	1	0
1	0	0	1
1	1	X	0

32 SR플립플롭의 특성표에 따른 여기표는 다음과 같다.
[문제 하단의 도표 참고]

정답 32 ③

33 JK플립플롭의 특성표에 따른 여기표는 다음과 같다.
[문제 하단의 도표 참고]

33 **다음 표는 JK플립플롭의 여기표이다. ㉠, ㉡, ㉢, ㉣에는 각각 어떻게 표시되는가? (단, X는 무효의 조건임)**

현재 상태	다음 상태	요구입력	
$Q(t)$	$Q(t+1)$	J	K
0	0	0	(㉠)
0	1	(㉡)	X
1	0	(㉢)	1
1	1	(㉣)	0

① ㉠ X, ㉡ 1, ㉢ X, ㉣ X
② ㉠ 1, ㉡ 1, ㉢ 1, ㉣ 1
③ ㉠ 1, ㉡ 1, ㉢ X, ㉣ 0
④ ㉠ 1, ㉡ X, ㉢ 1, ㉣ 1

특성표

입력		현재 상태	다음 상태
J	K	$Q(t)$	$Q(t+1)$
0	0	0	0
0	0	1	1
0	1	0	0
0	1	1	0
1	0	0	1
1	0	1	1
1	1	0	1
1	1	1	0

여기표

현재 상태	다음 상태	요구 입력	
$Q(t)$	$Q(t+1)$	J	K
0	0	0	X
0	1	1	X
1	0	X	1
1	1	X	0

정답 33 ①

34 다음 표는 D플립플롭의 여기표이다. ㉠, ㉡, ㉢, ㉣에는 각각 어떻게 표시되는가?

현재 상태	다음 상태	요구입력
$Q(t)$	$Q(t+1)$	D
0	0	(㉠)
0	1	(㉡)
1	0	(㉢)
1	1	(㉣)

① ㉠ 0, ㉡ 1, ㉢ 0, ㉣ 1
② ㉠ 1, ㉡ 1, ㉢ 1, ㉣ 1
③ ㉠ 1, ㉡ 1, ㉢ 0, ㉣ 0
④ ㉠ 1, ㉡ 0, ㉢ 1, ㉣ 0

특성표		
입력	현재 상태	다음 상태
D	$Q(t)$	$Q(t+1)$
0	0	0
0	1	0
1	0	1
1	1	1

여기표		
현재 상태	다음 상태	요구 입력
$Q(t)$	$Q(t+1)$	D
0	0	0
0	1	1
1	0	0
1	1	1

34 D플립플롭의 특성표에 따른 여기표는 다음과 같다.
[문제 하단의 도표 참고]

정답 34 ①

35 T플립플롭의 특성표에 따른 여기표는 다음과 같다.
[문제 하단의 도표 참고]

정답 35 ④

35 다음 표는 T플립플롭의 여기표이다. ㉠, ㉡, ㉢, ㉣에는 각각 어떻게 표시되는가?

현재 상태	다음 상태	요구입력
$Q(t)$	$Q(t+1)$	T
0	0	(㉠)
0	1	(㉡)
1	0	(㉢)
1	1	(㉣)

① ㉠ 0, ㉡ 1, ㉢ 0, ㉣ 1
② ㉠ 1, ㉡ 0, ㉢ 0, ㉣ 1
③ ㉠ 1, ㉡ 1, ㉢ 0, ㉣ 0
④ ㉠ 0, ㉡ 1, ㉢ 1, ㉣ 0

특성표

입력	현재 상태	다음 상태
T	$Q(t)$	$Q(t+1)$
0	0	0
0	1	1
1	0	1
1	1	0

여기표

현재 상태	다음 상태	요구 입력
$Q(t)$	$Q(t+1)$	T
0	0	0
0	1	1
1	0	1
1	1	0

Self Check로 다지기 | 제6장

- SR플립플롭은 래치(NOR게이트, NAND게이트를 이용)회로를 사용하여 구성할 수 있는 1비트 데이터 저장회로이다.

- SR플립플롭에 CP(클록)신호를 추가하여 동기적인 동작을 수행할 수 있다. CP는 클록제어 또는 인에이블신호에 의해 동작한다.

- 레벨트리거링에 의해 동작하는 클록형 플립플롭에서 플립플롭의 동작시간보다도 클록펄스의 지속시간이 길면 플립플롭은 여러 차례 동작을 수행할 수 있기 때문에 예측하지 못한 동작을 할 여지가 충분하다. 이러한 문제를 해결하기 위해 에지트리거 플립플롭이나 주종형 플립플롭을 사용한다.

- 에지트리거 플립플롭은 클록형 플립플롭의 클록펄스 입력에 펄스전이검출기를 추가하여 구성한다.

- 주종형 플립플롭은 클록펄스가 HIGH일 때는 주플립플롭이 동작하고, LOW일 때는 종플립플롭이 동작한다.

- D플립플롭은 단일 데이터 입력 D를 갖는다는 것을 제외하고는 SR플립플롭의 동작과 유사하다.

- JK플립플롭은 SR플립플롭에서 $S=1, R=1$인 경우 출력이 불안정한 상태가 되는 문제점을 해결하기 위해 $J=1, K=1$인 경우에는 토글 상태로 동작한다. 토글은 출력 Q의 상태가 반전 상태로 바뀌는 것을 의미한다.

- T플립플롭은 JK플립플롭의 동작 중에서 입력이 모두 0이거나 1인 경우만을 이용하는 플립플롭이며, 카운터나 주파수 분할에 많이 사용되는 플립플롭이다.

- 플립플롭의 동작 특성은 디지털 논리게이트의 전기적 특성과 매우 유사하며, 순서논리회로의 기억소자로서의 플립플롭이 가진 특성 때문에 디지털 논리게이트와 일부 서로 다른 면이 있다. 실제 플립플롭의 응용에서 중요한 몇 가지 동작 특성이나 파라미터는 회로의 수행과 동작을 제한한다.

- 순서논리회로는 신호의 타이밍에 따라 동기 순서논리회로와 비동기 순서논리회로로 나눌 수 있다. 순서논리회로의 출력은 현재 상태의 입력과 이전 상태의 출력에 따라 결정된다.

- 순서논리회로의 해석과정은 이미 구현된 논리회로로부터 상태표나 상태도를 유도하는 절차이며, 회로의 설계과정은 주어진 특성(상태도, 상태표, 부울함수)으로부터 논리회로를 구현하는 절차이다.

- 순서논리회로의 해석과정은 크게 6단계로 수행한다.

①	회로 입력과 출력에 대한 변수 명칭 부여
②	조합논리회로가 있으면 조합논리회로의 부울대수식 유도
③	회로의 상태표 작성
④	상태표를 이용하여 상태도 작성
⑤	상태방정식 유도
⑥	상태표와 상태도를 분석하여 회로의 동작 설명

- 순서논리회로의 설계는 크게 8단계로 수행한다.

①	회로 동작 기술(상태도 작성)
②	정의된 회로의 상태표 작성
③	필요한 경우 상태 축소 및 상태 할당
④	플립플롭의 수와 종류 결정
⑤	플립플롭의 입력, 출력 및 각각의 상태에 문자 기호 부여
⑥	상태표를 이용하여 회로의 상태 여기표 작성
⑦	간소화 방법을 이용하여 출력함수 및 플립플롭의 입력함수 유도
⑧	순서논리회로도 작성

- 상태방정식은 플립플롭 상태 전이에 대한 조건을 지정하는 부울대수식이다. 상태방정식은 상태표로부터 구할 수 있다.

- 플립플롭의 특성표는 현재 상태와 입력값이 주어졌을 때, 다음 상태가 어떻게 변하는가를 나타내는 표이며, 플립플롭의 여기표는 현재 상태에서 다음 상태로 변했을 때 플립플롭의 입력 조건이 어떤 상태인지를 나타내는 표이다. 플립플롭의 여기표는 순서논리회로를 설계할 때 많이 사용된다.

- 순서논리회로는 상태 여기표를 사용하지 않고 상태 방정식을 사용하여도 설계할 수 있다.

제 7 장

레지스터와 카운터

이성으로 비관해도 의지로써 낙관하라!

– 안토니오 그람시 –

제 7 장 레지스터와 카운터

제1절 레지스터

1 레지스터의 개요

(1) 기본적 시프트 레지스터 동작

레지스터(register)는 **데이터 저장과 데이터 이동**의 두 가지 기본 기능을 갖는 디지털 회로이다. 레지스터의 저장능력은 메모리 장치로 중요하게 사용된다. 다음 [그림 7-1]은 *D*플립플롭에서 1에서 0이 저장되는 개념이다. *D*입력에 1이 인가된 상태에서 클록펄스가 인가되면, 플립플롭은 세트(set)되어 1을 저장하게 된다. 입력선의 1이 제거되어도 플립플롭은 세트 상태가 유지되어 플립플롭 기억소자에 1비트를 저장하게 된다. 또 *D*입력에 0이 인가된 경우에도 마찬가지로 플립플롭이 리셋(reset)되어 0을 저장하게 된다.

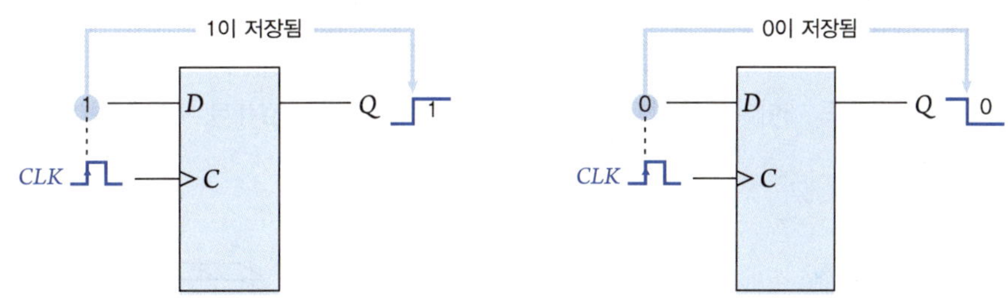

[그림 7-1] 저장요소로서의 플립플롭

레지스터의 저장용량은 그 레지스터가 저장할 수 있는 디지털 데이터의 총 비트(1과 0)의 수이다. 레지스터에서 각 단(stage, 플립플롭)은 하나의 비트를 저장할 수 있으므로 **레지스터에서 단의 수는 레지스터의 저장 용량을 결정**한다.

레지스터의 용도는 여러 비트를 일시적으로 저장하고, CPU내부에서 연산의 중간결과를 임시저장할 수 있으며, 저장된 비트를 좌우측으로 시프트할 때 사용되는 시프트 레지스터로도 사용된다. 시프트 레지스터는 데이터의 이동뿐만 아니라 2의 보수, 곱셈, 나눗셈을 하는 경우에도 사용된다. 레지스터의 시프트능력에 의해 클록펄스가 인가됨에 따라 레지스터 내의 데이터는 임의의 단에서 다음 단으로 이동하거나 레지스터의 내부나 외부로 이동하게 된다.

(2) 시프트 레지스터의 종류 중요

[그림 7-2]부터 [그림 7-5]까지는 시프트 레지스터에서 데이터의 이동형태를 보여주고 있다. 여기서 블록들은 임의의 4비트 레지스터를 의미하고, 화살표는 데이터의 이동방향을 나타낸다. 또 제어신호는 데이터의 입·출력 동작을 제어한다. 레지스터에 데이터를 입·출력할 때 비트의 시프트 동작이 다르기 때문에 **시프트 레지스터**라고 부른다.

① **직렬입력-직렬출력**(Serial Input-Serial Output)

데이터를 직렬로 입력하여 직렬로 출력하는 레지스터이며, **모뎀**(Modem)과 같은 장치에 이용한다.

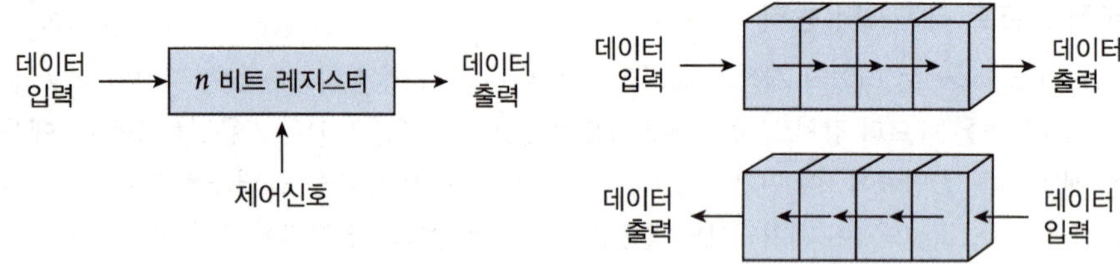

[그림 7-2] 직렬입력-직렬출력 시프트 레지스터와 데이터 이동

② **직렬입력-병렬출력**(Serial Input-Parallel Output)

데이터를 직렬로 입력하여 병렬로 출력하는 레지스터로, 직렬통신 시 데이터를 한 비트씩 직렬로 수신하여 1바이트 데이터가 수신되면 데이터를 병렬로 변환하여 컴퓨터 내부로 읽어들이는 경우에 사용한다.

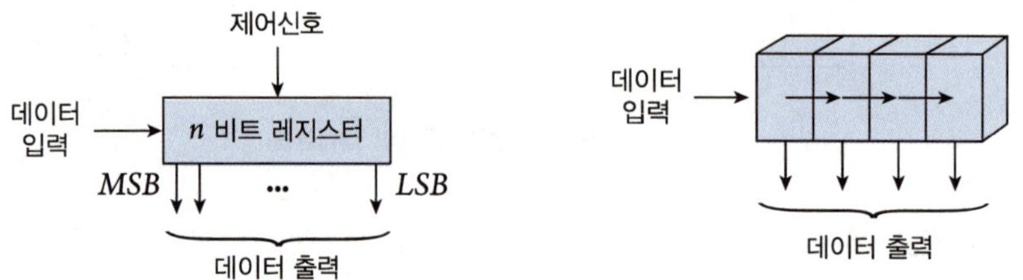

[그림 7-3] 직렬입력-병렬출력 시프트 레지스터와 데이터 이동

③ **병렬입력-직렬출력**(Parallel Input-Serial Output)

데이터를 병렬로 입력하여 직렬로 출력하는 레지스터로, 직렬통신 시 컴퓨터 내부의 병렬 데이터를 직렬로 전송하기 위하여 데이터를 한 비트씩 직렬로 시프트하는 데 사용한다.

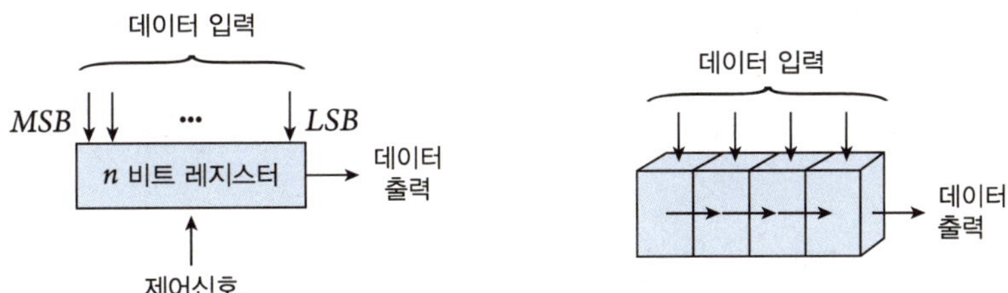

[그림 7-4] 병렬입력-직렬출력 시프트 레지스터와 데이터 이동

④ **병렬입력-병렬출력(Parallel Input-Parallel Output)**

데이터를 병렬로 입력하여 병렬로 출력하는 레지스터로, 범용 입·출력 장치나 프린터 등에 이용한다.

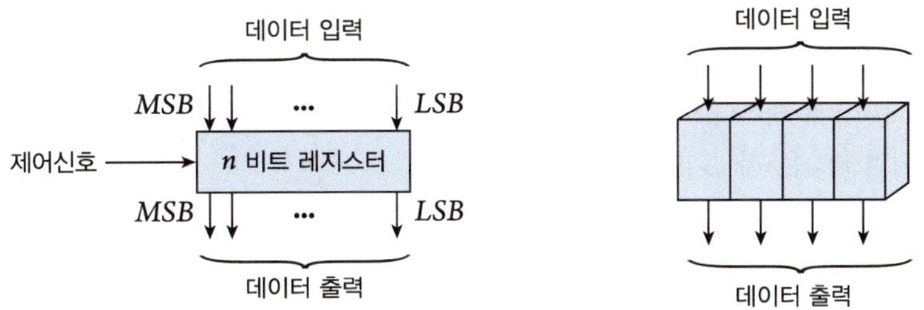

[그림 7-5] 병렬입력-병렬출력 시프트 레지스터와 데이터 이동

2 직렬입력-직렬출력 레지스터(SISO) 중요

직렬입력-직렬출력 시프트 레지스터는 직렬로, 단일 선으로 한 번에 한 비트씩 데이터를 받아들이고, 저장된 정보도 역시 직렬로 출력한다.

(1) 4비트 직렬입력-직렬출력 레지스터 구조

[그림 7-6]은 D플립플롭으로 구현된 4비트 시프트 레지스터로 레지스터 4단으로 구성되어 4비트의 데이터를 저장할 수 있다.

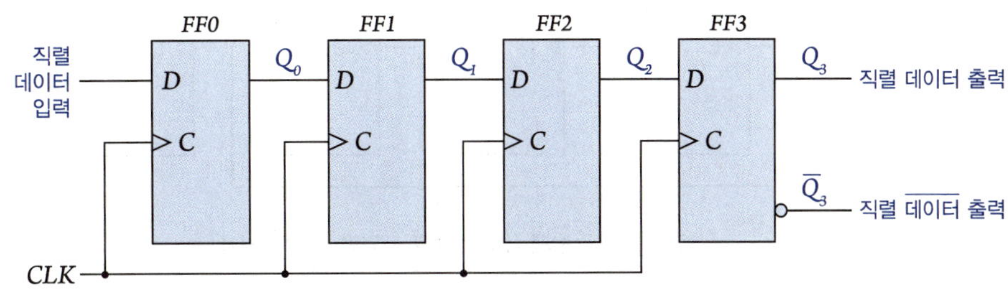

[그림 7-6] 직렬입력-직렬출력 시프트 레지스터

(2) 4비트 데이터(1010)가 직렬로 레지스터에 입력되는 과정

① 레지스터는 모두 0으로 초기화되어 있다고 가정한다. 모든 플립플롭의 출력 Q는 0이었다고 가정하는 것이다. 컴퓨터 내부에 있는 레지스터는 산술 또는 다른 연산을 수행하기 전에 클리어할 필요가 있다.

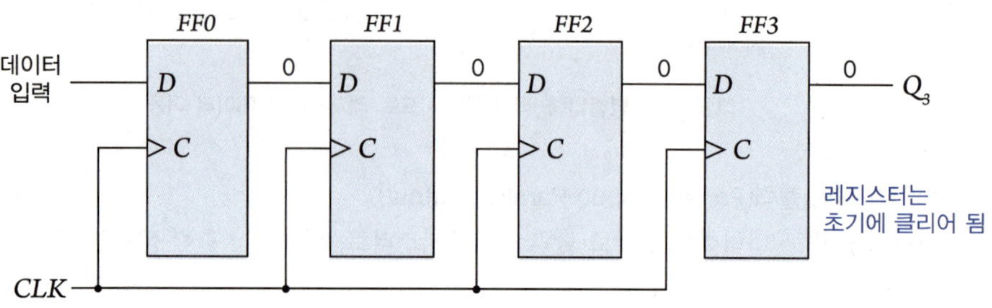

[그림 7-7] 레지스터의 초기상태

② 데이터입력에 4비트 데이터 1010의 LSB인 0이 입력되면 FF0에서는 $D=0$이 되고, 첫 번째 클록펄스가 인가되면 FF0은 리셋되어 0이 저장된다.

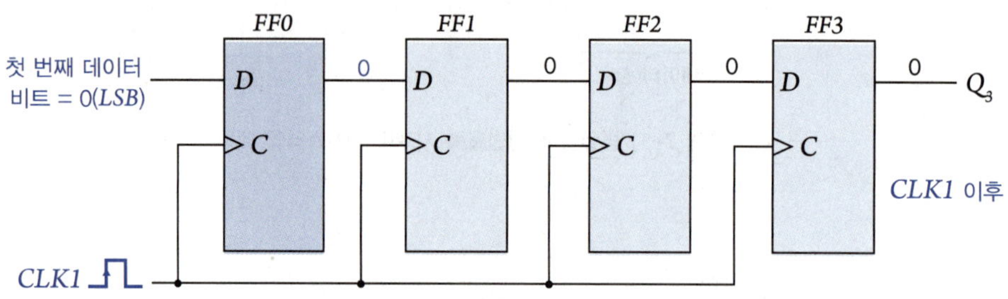

[그림 7-8] 첫 번째 데이터 비트 0 입력, CLK1 인가

③ 데이터입력에 4비트 데이터 1010의 두 번째 비트 1이 입력되면 FF0에서는 $D=1$이 된다. FF1의 입력은 FF0의 출력의 Q_0에 연결되어 있으므로 FF1은 $D=0$이 된다. 이때 두 번째 클록펄스가 인가되면 FF0은 세트되어 1이 저장되고, FF0의 출력에 있던 0은 FF1의 입력으로 시프트된다.

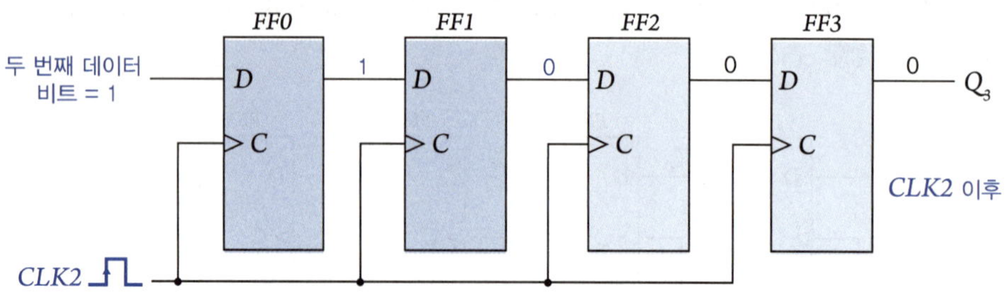

[그림 7-9] 두 번째 데이터 비트 1 입력, CLK2 인가

④ 데이터입력에 4비트 데이터 1010의 세 번째 비트 0이 입력되면 FF0에서는 $D=0$이 된다. 세 번째 클록펄스가 인가되면 FF0에 저장된 1은 FF1의 입력으로 시프트되고, FF1에 저장된 0은 FF2의 입력으로 시프트된다.

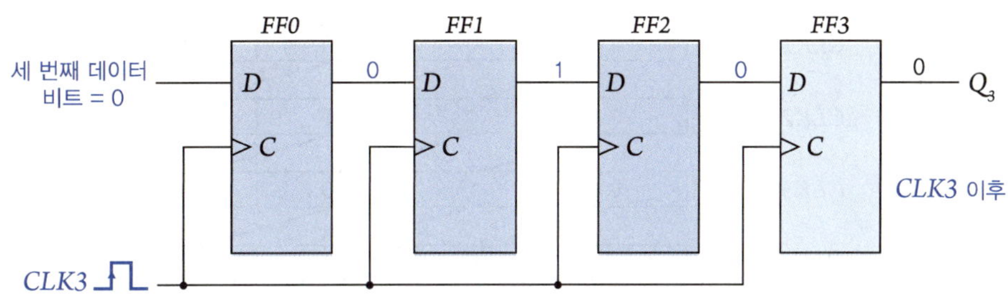

[그림 7-10] 세 번째 데이터비트 0 입력, CLK3 인가

⑤ 데이터입력에 4비트 데이터 1010의 네 번째 비트 1이 입력되면 FF0에서는 $D=1$이 된다. 네 번째 클록펄스가 인가되면 FF0에 저장된 0이 FF1의 입력으로 시프트되고, FF1에 저장된 1은 FF2의 입력으로 시프트되고, FF2에 저장된 0은 FF3의 입력으로 시프트된다.

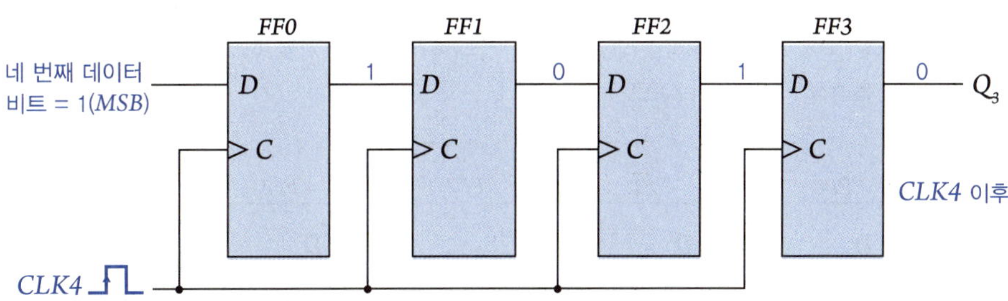

[그림 7-11] 네 번째 데이터비트 1 입력, CLK4 인가

이러한 과정을 통해 4비트의 데이터가 직렬로 시프트 레지스터에 입력되어 저장된다. 플립플롭에 직류 전원이 유지되는 동안에는 이 데이터들은 플립플롭에 계속 저장된다.

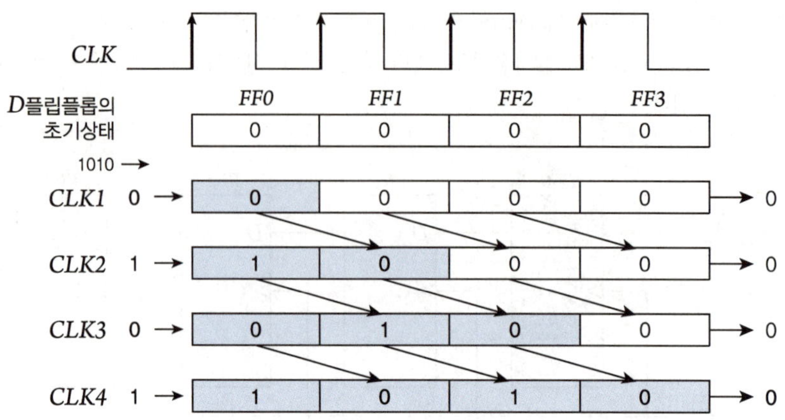

[그림 7-12] 4비트(1010) 입력 데이터가 직렬로 레지스터로 입력되는 과정

(3) 4비트 데이터(1010)가 직렬로 레지스터로 출력되는 과정

레지스터로부터 데이터를 출력하려면, [그림 7-13]과 같이 비트들을 직렬로 시프트시켜 Q_3출력으로 나오도록 한다.

① 레지스터에는 1010이 저장되어 있다고 가정한다. 출력과정 설명을 위해 앞서 데이터 직렬 입력 동작에서 CLK4 후에 시프트 레지스터로 저장된 상태에서 시작하기로 한다. [그림 7-13]을 보면 CLK4 이후, Q_3출력에는 0이 나타난다.

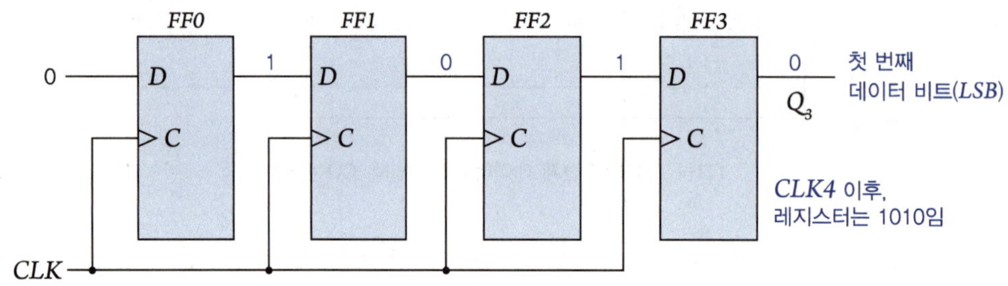

[그림 7-13] CLK4 인가 후, 데이터 0 출력

② 클록펄스 CLK5가 인가되면 두 번째 비트 1이 시프트되어 Q_3출력에 나타난다. 데이터가 시프트되는 동안 또 다른 비트(0)가 레지스터 안으로 시프트된다.

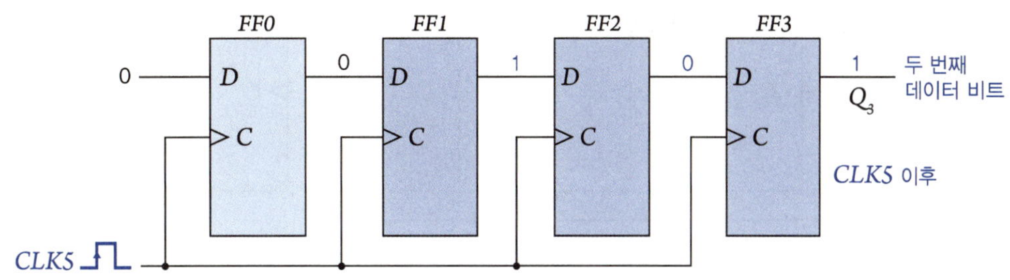

[그림 7-14] CLK5 인가 후, 데이터 1 출력

③ 클록펄스 CLK6이 인가되면 세 번째 비트 0이 시프트되어 Q_3출력에 나타난다.

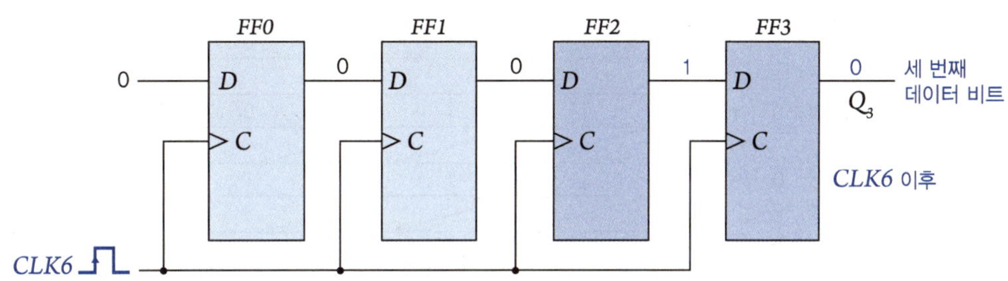

[그림 7-15] CLK6 인가 후, 데이터 0 출력

④ 클록펄스 CLK7이 인가되면 네 번째 비트 1이 시프트되어 Q_3출력에 나타난다. 4비트 데이터가 시프트되는 동안 또 다른 비트가 레지스터 안으로 시프트되고, [그림 7-16]에서는 0이 데이터 안으로 시프트되는 것을 보여준다.

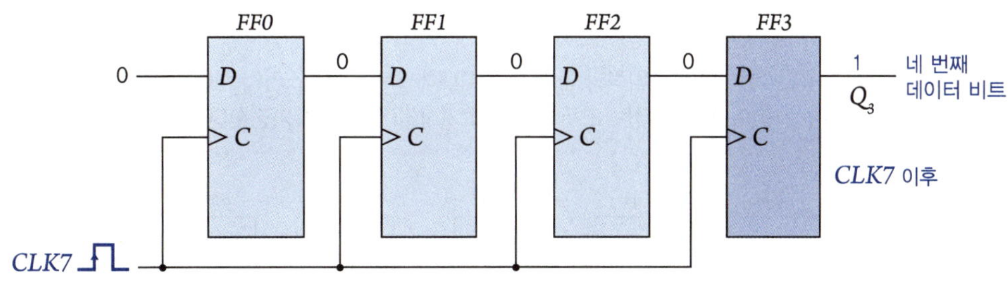

[그림 7-16] CLK7 인가 후, 데이터 1 출력

⑤ 클록펄스 CLK8이 인가된 후, 레지스터는 클리어된다.

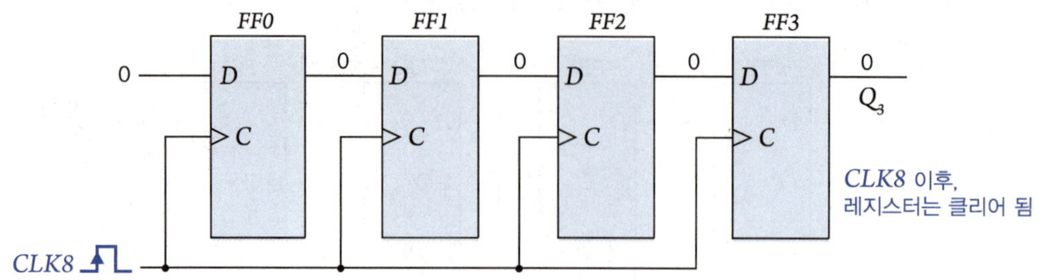

[그림 7-17] CLK8 인가 후, 레지스터는 클리어 됨

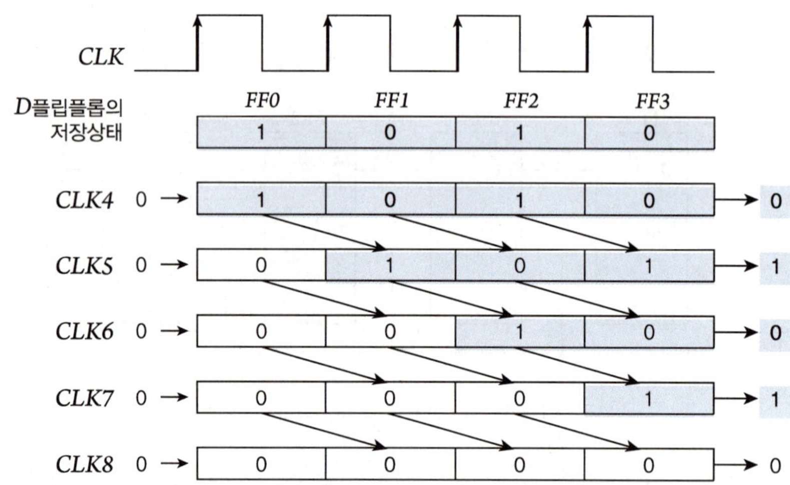

[그림 7-18] 4비트(1010) 데이터가 레지스터로부터 직렬로 시프트되는 과정(출력)

예제 7-1

다음 그림과 같은 특정 데이터 입력과 클록 파형에 대해 5비트 레지스터의 상태변화를 구하시오(입력데이터는 11010, 레지스터는 모두 0으로 초기화되어 있다고 가정한다).

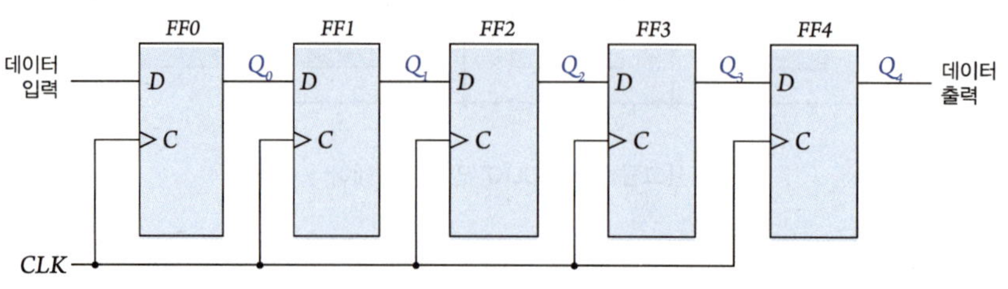

해설

첫 번째 데이터 비트 1은 첫 번째 클록펄스에서 레지스터로 입력되고, 왼쪽에서 오른쪽으로 시프트된다. 나머지 비트들도 마찬가지로 입력되어 왼쪽에서 오른쪽으로 시프트된다. 레지스터는 다섯 번째 클록 이후에 $Q_4Q_3Q_2Q_1Q_0 = 11010$을 갖는다.

다음 회로는 예제의 회로를 ORCAD라는 전자공학 디지털 회로 시뮬레이션 프로그램으로 작성하여, 그 결과 파형을 예상한 결과이다. 회로에서 상승에지트리거 D플립플롭의 IC는 7474이며, 플립플롭의 클리어와 세트를 작동시키지 않게 하기 위해 $\overline{CLR}=1, \overline{PRE}=1$로 설정했다. 입력 클록펄스는 $1ms$ 주기의 듀티사이클이 50%인 $1kHz$ 주파수를 인가하였다.

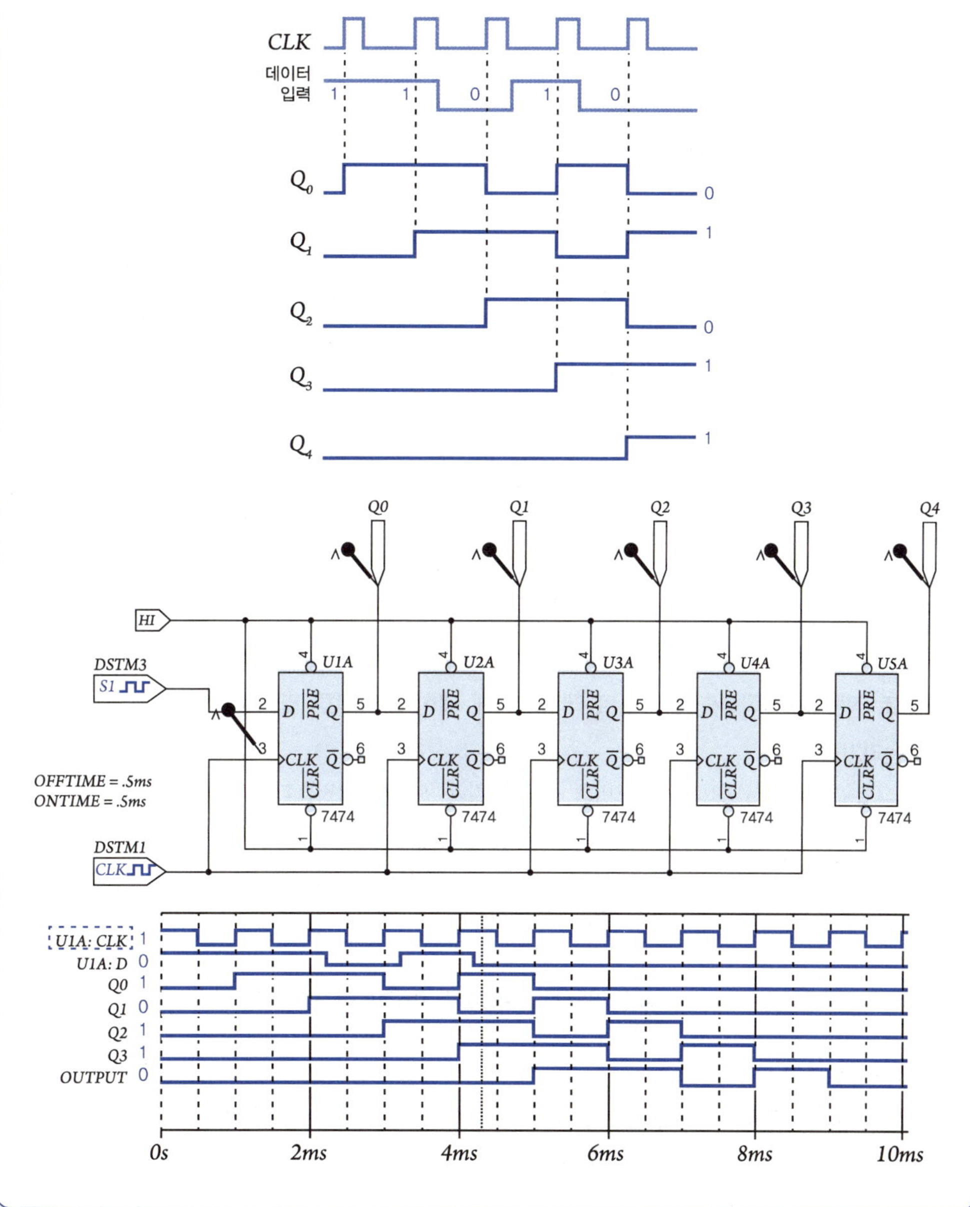

예제 7-2

다음 그림과 같은 특정 데이터 입력과 클록 파형에 대해 4비트 레지스터의 상태변화를 구하시오(입력데이터는 1101, 레지스터는 모두 0으로 초기화되어 있다고 가정한다).

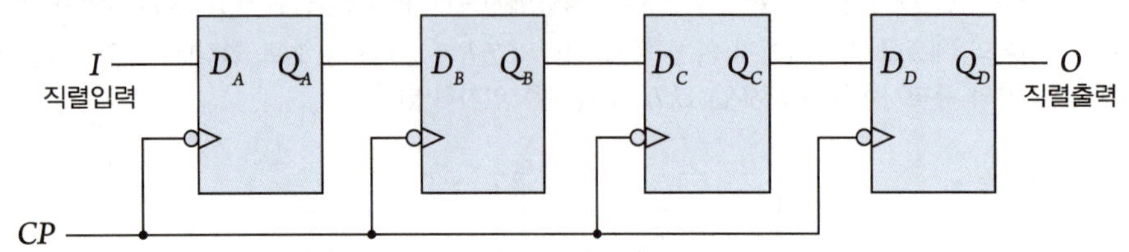

해설

하강에지트리거 D플립플롭으로 구성된 4비트 시프트 레지스터의 직렬입력-직렬출력으로 구성된 회로이다.

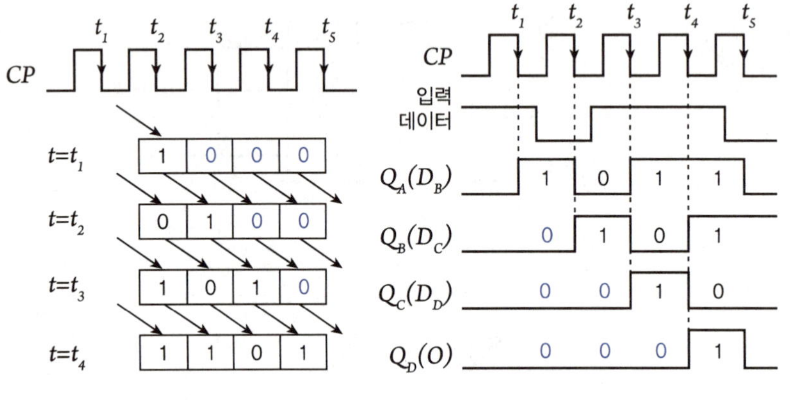

(4) 8비트 직렬입력-직렬출력 시프트 레지스터에 대한 논리기호 및 IC

① 논리기호

[그림 7-19]에서 'SRG 8'은 8비트 용량을 갖는 시프트 레지스터(SRG)를 나타낸다.

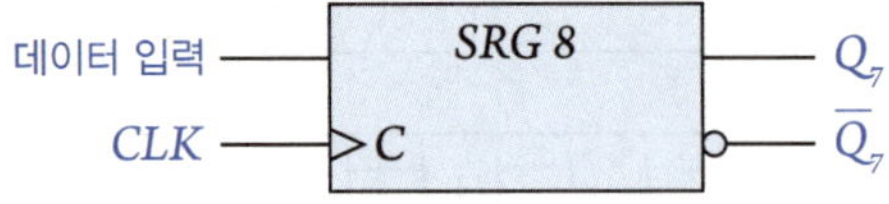

[그림 7-19] 8비트 직렬입력-직렬출력 시프트 레지스터

② 7491(8bit shift register)

7491은 SR 주종형 플립플롭 8개를 직렬로 연결하여 구성한 직렬입력-직렬출력 레지스터이다.

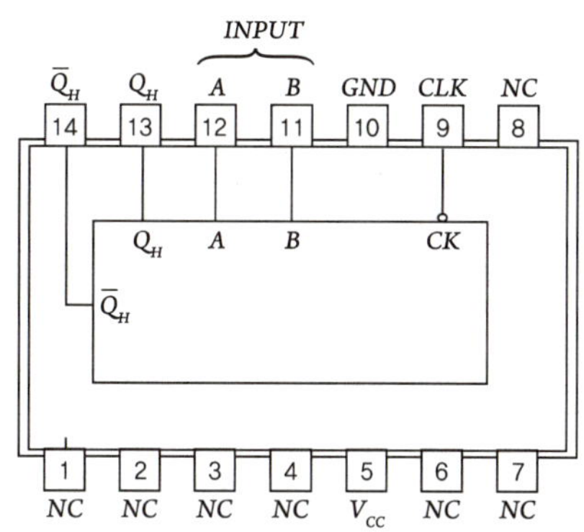

A, B : 직렬입력데이터를 받아들이는 입력 단자
$Q_H, \overline{Q_H}$: 직렬 출력 단자
CLK : 상승에지트리거에서 동작
직렬입력 중 하나만 사용할 경우 다른 입력 단자는 논리 1로 해야 한다.

[그림 7-20] 7491 시프트 레지스터의 핀 배치도

3 직렬입력-병렬출력 레지스터(SIPO) 중요

직렬입력-병렬출력 시프트 레지스터는 데이터 비트가 직렬로 입력(LSB 먼저)되고, 데이터의 출력은 병렬출력 레지스터에서는 각 단에서 병렬로 출력된다. 데이터가 일단 저장되면 각 비트는 직렬 출력에서와 같이 한 비트씩 출력되는 것이 아니라 모든 비트들이 동시에 출력된다. [그림 7-21]은 D플립플롭을 이용하여 4비트 레지스터를 구성한 예이다. 데이터의 입력 및 출력은 직렬입력-직렬출력 시프트 레지스터의 동작과 동일하다.
모든 플립플롭의 출력 Q는 처음에 0으로 가정하자. 클록펄스의 상승에지에서 입력 데이터가 한 비트씩 오른쪽으로 시프트하면서 저장된다. **4비트 레지스터는 클록펄스 4개가 입력되면 4비트 직렬 데이터가 레지스터에 모두 저장된다.**

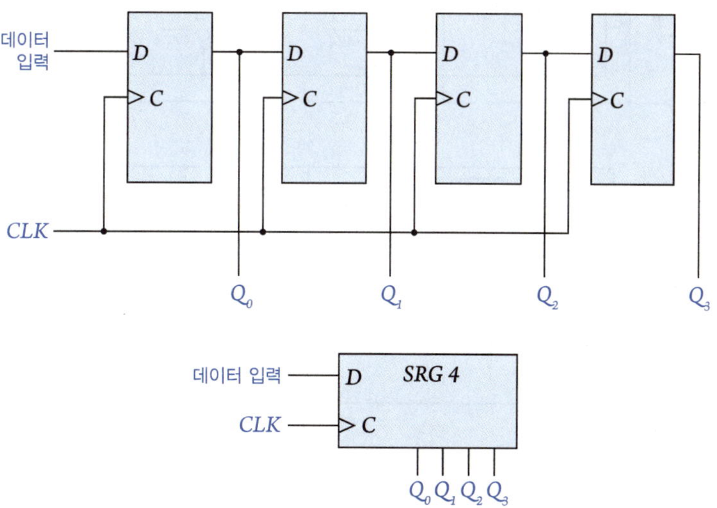

[그림 7-21] 직렬입력-병렬출력 레지스터 회로구성과 논리기호

예제 7-3

다음 그림과 같은 특정 데이터 입력과 클록 파형에 대해 4비트 레지스터(SRG4)의 상태변화를 구하시오(레지스터는 모두 1로 초기화되어 있다고 가정한다).

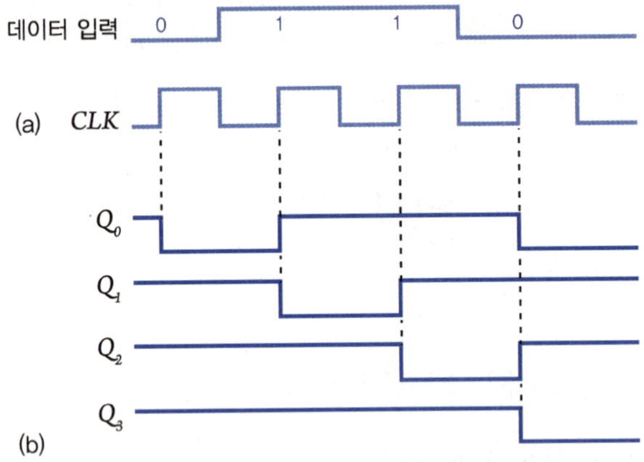

데이터 입력 0 1 1 0

(a) CLK

Q_0

Q_1

Q_2

Q_3

(b)

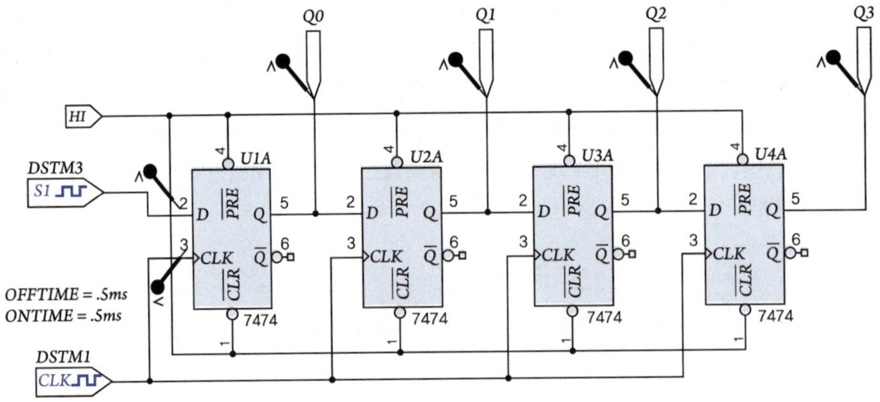

Q0 Q1 Q2 Q3

HI

DSTM3 S1

OFFTIME = .5ms
ONTIME = .5ms

DSTM1 CLK

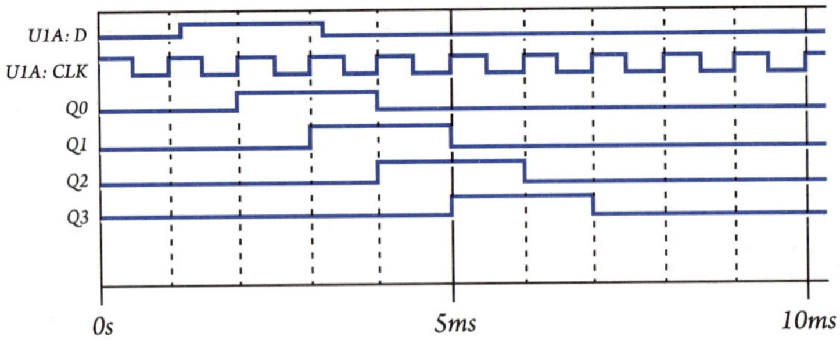

U1A U2A U3A U4A 7474

U1A: D
U1A: CLK
Q0
Q1
Q2
Q3

0s 5ms 10ms

해설

레지스터는 4개의 클록펄스 후에 0110이 저장된다.

예제 7-4

다음 그림과 같은 특정 데이터 입력과 클록 파형에 대해 4비트 레지스터(SRG4)의 상태변화를 구하시오(입력데이터는 0110, 레지스터는 모두 1로 초기화되어 있다고 가정한다).

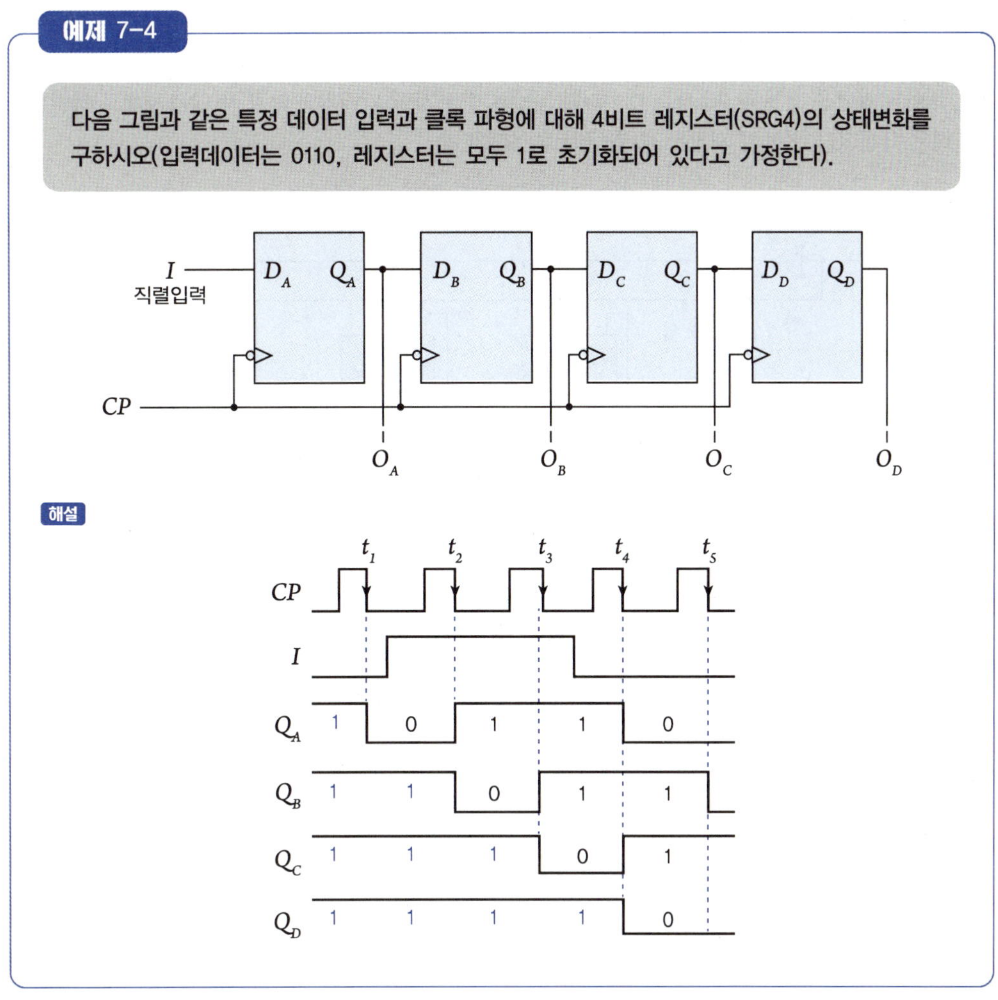

첫 번째 클록펄스의 하강에지에서 첫 번째 입력 데이터 비트 0이 첫 번째 플립플롭 출력인 Q_A로 시프트 된다. 클록이 인가될 때마다 새로운 비트가 들어오며 레지스터의 데이터는 왼쪽에서 오른쪽으로 시프트된다. 4개의 펄스가 인가된 후에는 $Q_AQ_BQ_CQ_D = 0110$이 저장된다.

4 병렬입력-직렬출력 레지스터(PISO) 중요

병렬 데이터 입력을 갖는 레지스터는 데이터가 직렬로 한 비트씩 입력되지 않고 각 단에 병렬로 입력된다. 직렬출력은 데이터가 완전히 저장된 후 한 비트씩 출력된다.

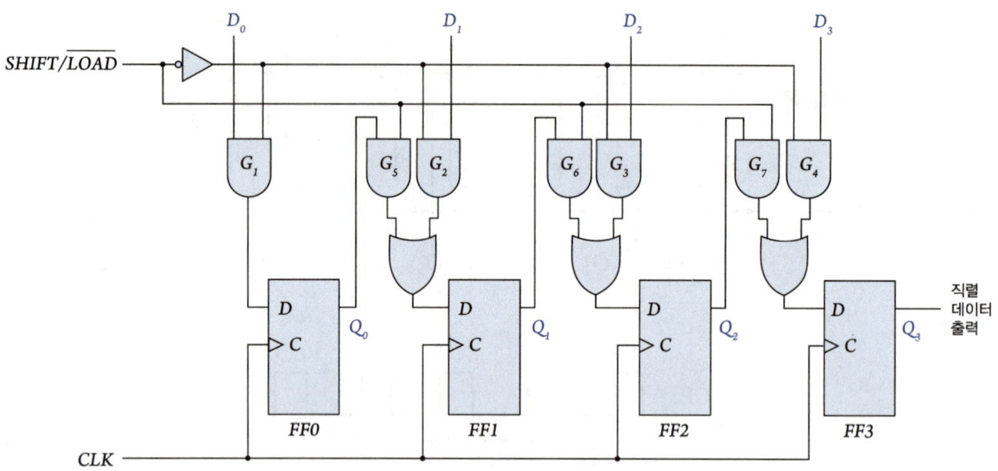

[그림 7-22] 4비트 병렬입력-직렬출력 시프트 레지스터의 논리도

(1) 시프트 레지스터 데이터 입력(적재)

4개의 데이터 입력선 D_0, D_1, D_2, D_3과 4비트 데이터를 병렬로 레지스터에 적재하기 위한 제어단자의 조건은 다음과 같다. $SHIFT/\overline{LOAD} = LOW$이면, 게이트 $G_1 \sim G_4$가 허가되어 각 데이터 비트가 각 플립플롭의 D입력에 인가된다. 이 상태에 클록펄스가 인가되면 $D=1$인 플립플롭은 1로 세트되고, $D=0$인 플립플롭은 0으로 리셋되어, 4비트 모두 동시에 저장된다.

(2) 시프트 레지스터 데이터 출력

각 단의 레지스터에 적재되어 있는 데이터를 직렬출력하기 위한 제어단자의 조건은 다음과 같다. $SHIFT/\overline{LOAD} = HIGH$이면, 게이트 $G_1 \sim G_4$는 금지되고, 게이트 $G_5 \sim G_7$은 허가되어, 데이터 비트들이 한 단씩 오른쪽으로 시프트된다. 또한 OR게이트들은 $SHIFT/\overline{LOAD}$ 입력레벨에 의해 허가되는 AND게이트들을 선택적으로 취하여 정상적인 시프트 동작이나 병렬 데이터 입력 동작을 하도록 한다.

예제 7-5

그림에서 주어진 병렬 데이터 입력, 클록 및 SHIFT/$\overline{\text{LOAD}}$ 파형을 갖는 4비트 레지스터에 대해 데이터의 출력파형을 그리시오(다음 그림은 4비트 병렬입력-직렬출력 시프트 레지스터의 논리기호이다).

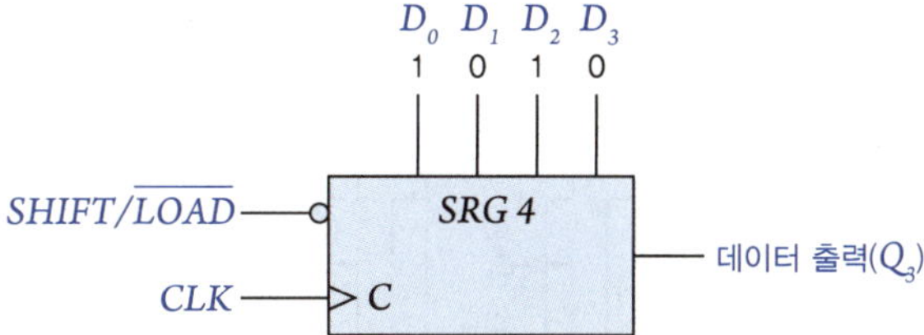

해설

CLK 1	병렬 데이터($D_0D_1D_2D_3 = 1010$)가 레지스터로 적재되어 Q_3은 0이 된다.
CLK 2	Q_2로부터 1이 Q_3으로 시프트된다.
CLK 3	0은 Q_3으로 시프트된다.
CLK 4	마지막 데이터 비트인 1이 Q_3으로 시프트된다.
CLK 5	모든 데이터 비트가 레지스터 밖으로 시프트되어, 레지스터의 D_0 입력이 1이라고 가정하면 이 레지스터에는 1들만 남아있게 된다.

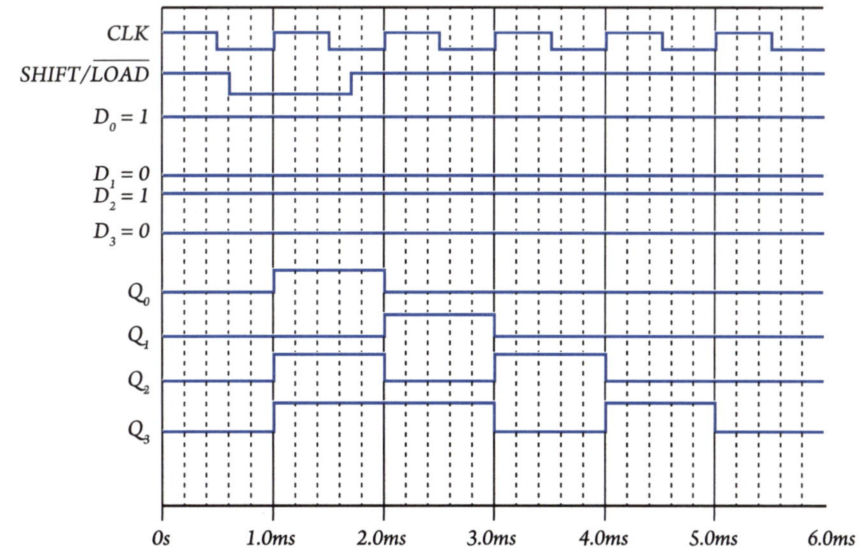

5 병렬입력-병렬출력 레지스터(PIPO) 중요

병렬 데이터의 입력 과정과 출력 과정은 병렬입력-직렬출력 레지스터와 직렬입력-병렬출력 레지스터의 입・출력 방법을 결합한 것으로, 모든 데이터 비트들이 동시에 입력되면 바로 병렬 출력에 나타난다.

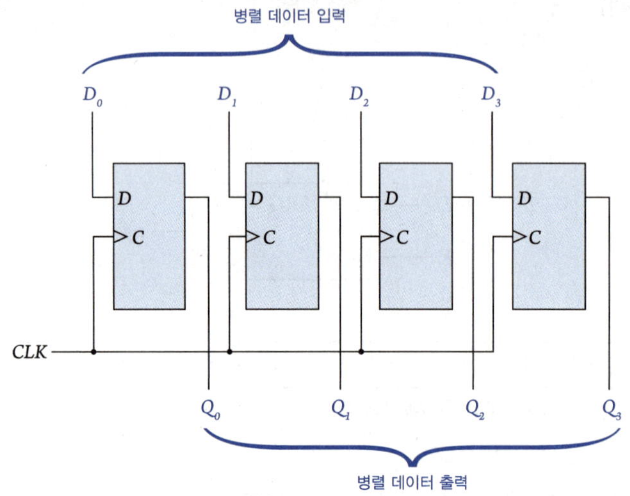

[그림 7-23] 병렬입력-병렬출력 레지스터의 논리도

6 양방향 시프트 레지스터 중요

양방향(bidirectional) 시프트 레지스터는 데이터를 왼쪽 또는 오른쪽으로 이동할 수 있는 레지스터이다. 이 레지스터는 제어선의 레벨에 따라 오른쪽 또는 왼쪽으로 데이터 비트를 다음 단으로 전송하게 하는 논리 게이트를 이용하여 구현될 수 있다.

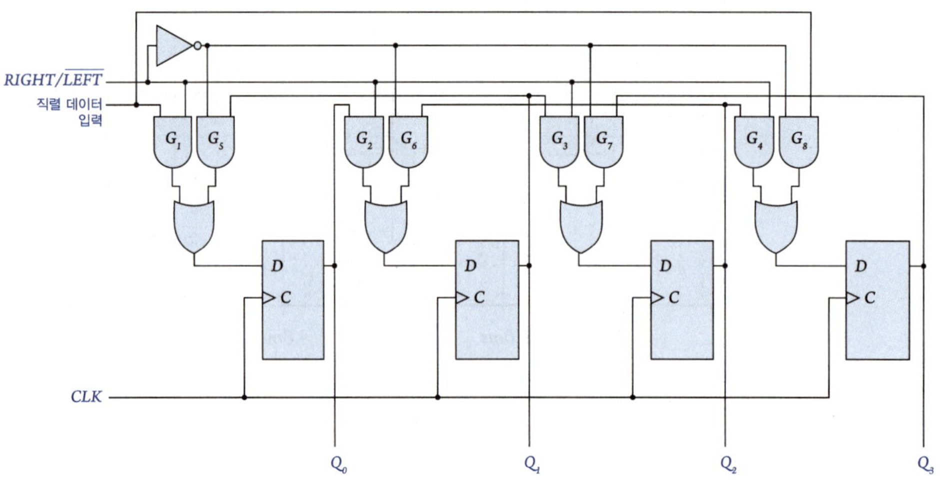

[그림 7-24] 4비트 양방향 시프트 레지스터

(1) 오른쪽으로 시프트하기 위한 단자 조건

$RIGHT/\overline{LEFT} = HIGH$이면 레지스터 내의 데이터 비트는 오른쪽으로 시프트되고, $G_1 \sim G_4$의 동작을 허가하며 각 플립플롭의 Q출력은 다음 플립플롭의 D입력으로 전달된다. 클록펄스가 발생될 때마다 데이터 비트들은 한 자리씩 오른쪽으로 시프트된다.

(2) 왼쪽으로 시프트하기 위한 단자 조건

$RIGHT/\overline{LEFT} = LOW$이면 레지스터 내의 데이터 비트는 왼쪽으로 시프트되고, $G_5 \sim G_8$의 동작을 허가하며 각 플립플롭의 Q출력은 앞 플립플롭의 D입력으로 전달된다. 클록펄스가 발생될 때마다 데이터 비트들은 한 자리씩 왼쪽으로 시프트된다.

예제 7-6

그림에서 주어진 $\mathrm{RIGHT}/\overline{\mathrm{LEFT}}$ 제어입력에 대해 클록펄스가 발생할 때마다 레지스터 상태를 구하시오($\mathrm{Q}_0 = 1, \mathrm{Q}_1 = 1, \mathrm{Q}_3 = 1$이고 직렬 데이터 입력선은 LOW로 가정한다).

해설

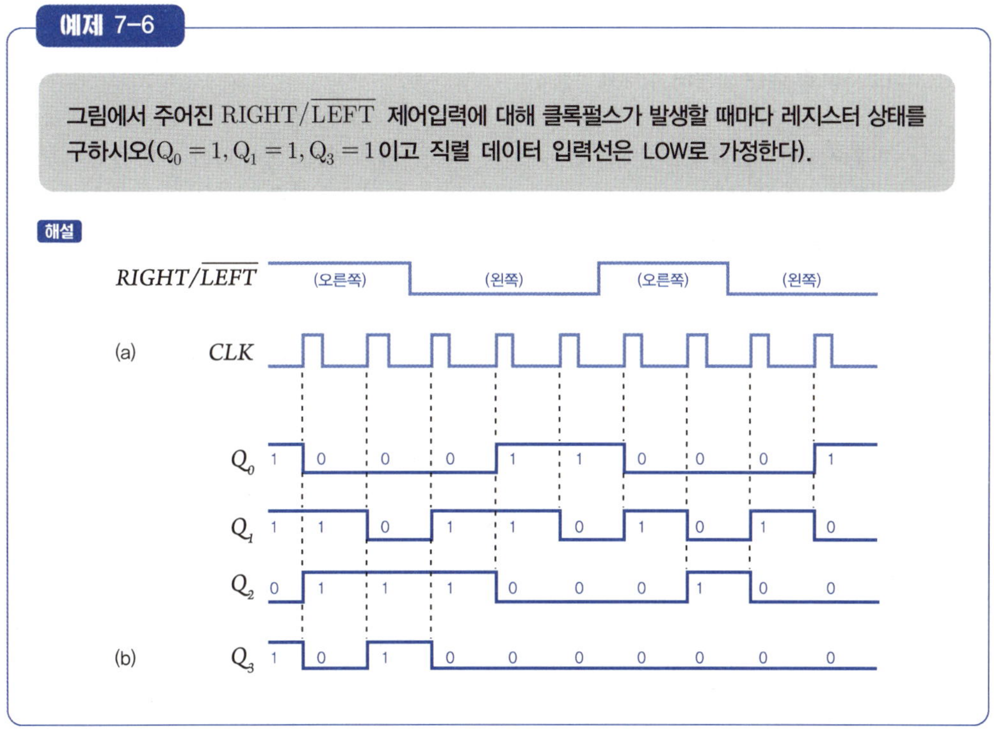

7 시프트 레지스터 카운터

시프트 레지스터 카운터는 **특별한 순서를 만들기 위하여 직렬 출력을 직렬 입력에 연결하여 만든 기본적인 시프트 레지스터**이다. 이러한 레지스터는 특별한 순서 상태를 갖고 있기 때문에 종종 카운터로 분류된다. 시프트 레지스터 카운터의 가장 일반적인 형태로는 **존슨(Johnson) 카운터**와 **링(Ring) 카운터**가 있다.

(1) 존슨 카운터(Johnson counter) 중요

플립플롭 n개로 구성된 링 카운터는 n가지 상태를 출력한다. 링 카운터와 달리, 맨 오른쪽 D플립플롭의 $\overline{Q}$출력을 맨 왼쪽 D플립플롭의 D입력에 연결하면 **서로 다른 상태의 수는 두 배로 늘어난다**. 각 플립플롭의 출력 Q를 오른쪽 플립플롭의 D입력에 연결하고, 맨 오른쪽 플립플롭의 $\overline{Q}$출력을 맨 왼쪽 D플립플롭의 D입력에 연결한다. 이렇게 피드백연결을 하면 [표 7-1]의 (a)와 (b)와 같은 특정의 순서를 만들어낸다.

① 4비트/5비트 존슨 카운터 상태표

4비트 순서는 전체 8개의 상태를 가지며, 5비트 순서는 전체 10개의 상태를 갖는다. 일반적으로 존슨 카운터는 $2n$-**모듈러스 상태를 발생**시킨다. 여기서 n은 카운터에서 단의 수이다. 존슨 카운터가 0000상태에서 시작하면 클록펄스가 입력될 때마다 왼쪽의 플립플롭으로부터 논리 1이 삽입되어 모든 플립플롭의 출력이 모두 논리 1이 되는 1111상태가 된다. 다시 다음 클록펄스가 입력될 때마다 왼쪽부터 논리 0이 삽입되어 모든 플립플롭의 출력이 논리 0이 되는 0000상태가 된다.

[표 7-1] 존슨 카운터 상태표

클록펄스	Q_0	Q_1	Q_2	Q_3
0	0	0	0	0
1	1	0	0	0
2	1	1	0	0
3	1	1	1	0
4	1	1	1	1
5	0	1	1	1
6	0	0	1	1
7	0	0	0	1

(a) 4비트 존슨 카운터

클록펄스	Q_0	Q_1	Q_2	Q_3	Q_4
0	0	0	0	0	0
1	1	0	0	0	0
2	1	1	0	0	0
3	1	1	1	0	0
4	1	1	1	1	0
5	1	1	1	1	1
6	0	1	1	1	1
7	0	0	1	1	1
8	0	0	0	1	1
9	0	0	0	0	1

(b) 5비트 존슨 카운터

② **4비트/5비트 존슨 카운터 상태 여기표**

㉠ 4비트 존슨 카운터 상태 여기표

[표 7-2] 4비트 존슨 카운터 상태 여기표

CLK	현재상태				다음상태				플립플롭 입력			
	Q_0	Q_1	Q_2	Q_3	Q_0	Q_1	Q_2	Q_3	FF0	FF1	FF2	FF3
0	0	0	0	0	1	0	0	0	1	0	0	0
1	1	0	0	0	1	1	0	0	1	1	0	0
2	1	1	0	0	1	1	1	0	1	1	1	0
3	1	1	1	0	1	1	1	1	1	1	1	1
4	1	1	1	1	0	1	1	1	0	1	1	1
5	0	1	1	1	0	0	1	1	0	0	1	1
6	0	0	1	1	0	0	0	1	0	0	0	1
7	0	0	0	1	0	0	0	0	0	0	0	0

㉡ 5비트 존슨 카운터 상태 여기표

[표 7-3] 5비트 존슨 카운터 상태 여기표

CLK	현재상태					다음상태					플립플롭 입력				
	Q_0	Q_1	Q_2	Q_3	Q_4	Q_0	Q_1	Q_2	Q_3	Q_4	FF0	FF1	FF2	FF3	FF4
0	0	0	0	0	0	1	0	0	0	0	1	0	0	0	0
1	1	0	0	0	0	1	1	0	0	0	1	1	0	0	0
2	1	1	0	0	0	1	1	1	0	0	1	1	1	0	0
3	1	1	1	0	0	1	1	1	1	0	1	1	1	1	0
4	1	1	1	1	0	1	1	1	1	1	1	1	1	1	1
5	1	1	1	1	1	0	1	1	1	1	0	1	1	1	1
6	0	1	1	1	1	0	0	1	1	1	0	0	1	1	1
7	0	0	1	1	1	0	0	0	1	1	0	0	0	1	1
8	0	0	0	1	1	0	0	0	0	1	0	0	0	0	1
9	0	0	0	0	1	0	0	0	0	0	0	0	0	0	0

③ **4비트/5비트 존슨 카운터 논리식**

카르노맵으로부터 4비트 존슨 카운터 논리식은 다음과 같다.

$$FF0 = \overline{Q}_3,\ FF1 = Q_0,\ FF2 = Q_1,\ FF3 = Q_2$$

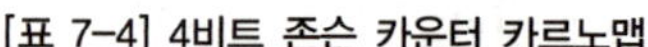

[표 7-4] 4비트 존슨 카운터 카르노맵

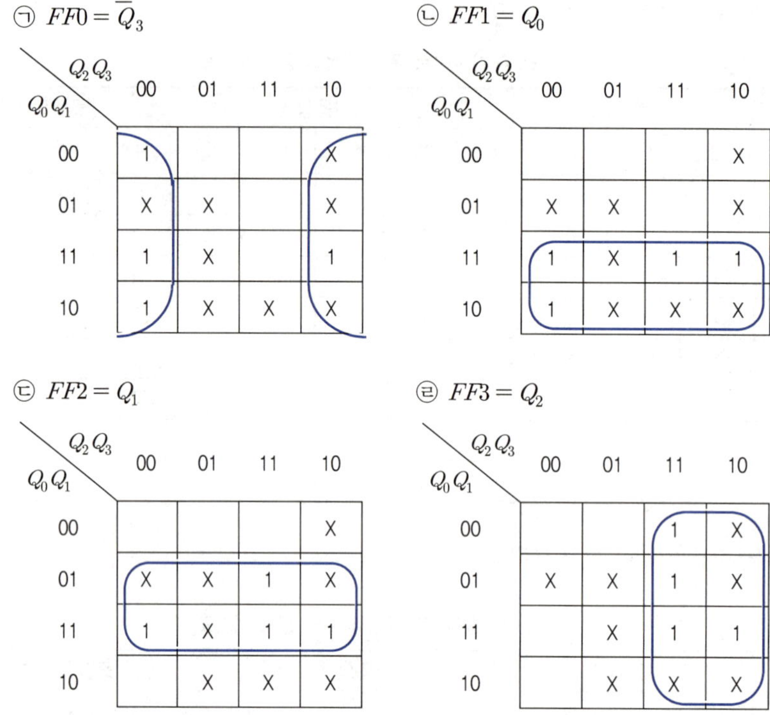

㉠ $FF0 = \overline{Q}_3$

Q_0Q_1 \ Q_2Q_3	00	01	11	10
00	1			X
01	X	X		X
11	1	X		1
10	1	X	X	X

㉡ $FF1 = Q_0$

Q_0Q_1 \ Q_2Q_3	00	01	11	10
00				X
01	X	X		X
11	1	X	1	1
10	1	X	X	X

㉢ $FF2 = Q_1$

Q_0Q_1 \ Q_2Q_3	00	01	11	10
00				X
01	X	X	1	X
11	1	X	1	1
10		X	X	X

㉣ $FF3 = Q_2$

Q_0Q_1 \ Q_2Q_3	00	01	11	10
00			1	X
01	X	X	1	X
11		X	1	1
10		X	X	X

5비트 존슨 카운터 논리식은 다음과 같다.

$$FF0 = \overline{Q}_4,\ FF1 = Q_0,\ FF2 = Q_1,\ FF3 = Q_2,\ FF4 = Q_3$$

④ **4비트/5비트 존슨 카운터 회로**

존슨 카운터는 단 수에 상관없이 [그림 7-25]와 같이 매우 간단하게 구현한다. D플립플롭을 사용한다고 가정하면, 각 단의 Q출력이 다음 단의 D입력에 연결된다. 단 하나의 예외는 마지막 단의 $\overline{Q}$출력이 첫 단의 입력 D에 연결된다. [표 7-1]에 나타낸 순서와 같이 카운터는 0에서 시작하여 왼쪽에서 오른쪽으로 1이 채워지고, 1이 다 차면 다시 0으로 채워진다.

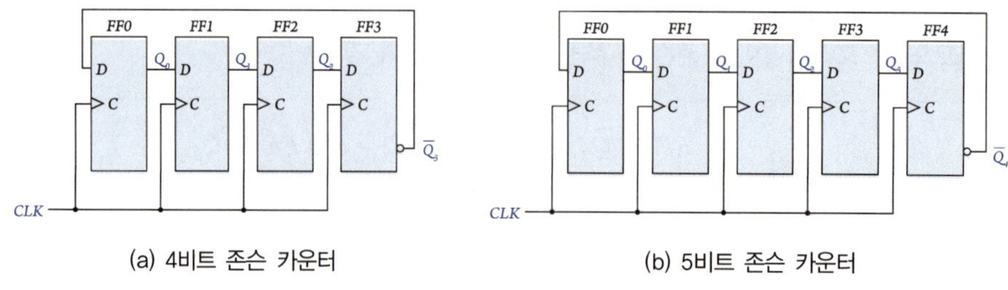

(a) 4비트 존슨 카운터　　(b) 5비트 존슨 카운터

[그림 7-25] 4비트/5비트 존슨 카운터 논리회로도

⑤ **4비트/5비트 존슨 카운터 타이밍도**

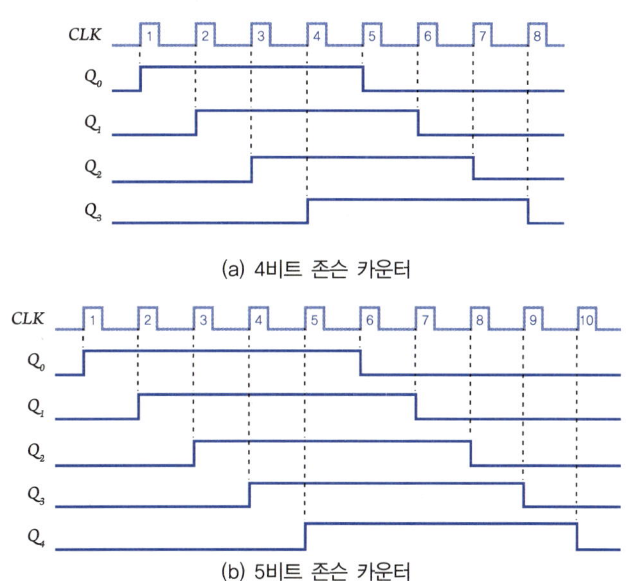

[그림 7-26] 4비트/5비트 존슨 카운터 타이밍도

(2) 링 카운터(Ring counter) 중요

링 카운터는 각 순서의 상태에서 하나의 플립플롭을 사용한다. 이 카운터는 각 상태마다 각각의 출력이 있기 때문에 디코딩 게이트가 필요 없다는 장점을 갖는다. 임의의 시간에 한 플립플롭만 논리 1이 되고 나머지 플립플롭은 논리 0이 되는 카운터다. 논리 1은 입력펄스에 따라 그 위치가 안쪽방향으로 순환한다.

① **상태도**

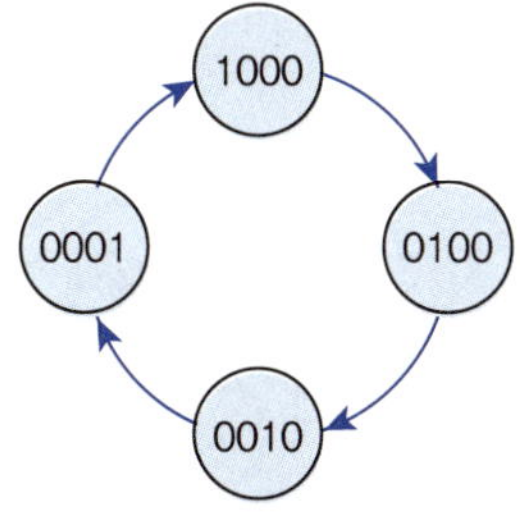

[그림 7-27] 링 카운터 상태도

② **상태 여기표**

상태도를 이용하여 상태 여기표를 작성할 수 있다. D플립플롭 4개가 필요하다.

[표 7-5] 링 카운터 상태 여기표

현재상태				다음상태				플립플롭 입력			
Q_0	Q_1	Q_2	Q_3	Q_0	Q_1	Q_2	Q_3	FF0	FF1	FF2	FF3
1	0	0	0	0	1	0	0	0	1	0	0
0	1	0	0	0	0	1	0	0	0	1	0
0	0	1	0	0	0	0	1	0	0	0	1
0	0	0	1	1	0	0	0	1	0	0	0

③ **논리식**

상태 여기표로부터 플립플롭의 입력함수를 구하기 위한 간소화 과정은 다음과 같다. 변수 4개에 의한 상태 수는 총 16가지이지만 여기서는 8, 4, 2, 1의 네 가지 상태만 사용하며, 나머지는 don't care항으로 처리한다.

[표 7-6] 링 카운터 카르노맵

㉠ $FF0 = Q_3$

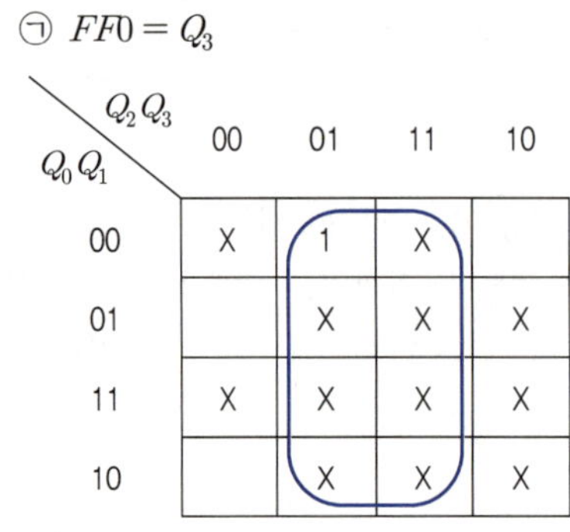

㉡ $FF1 = Q_0$

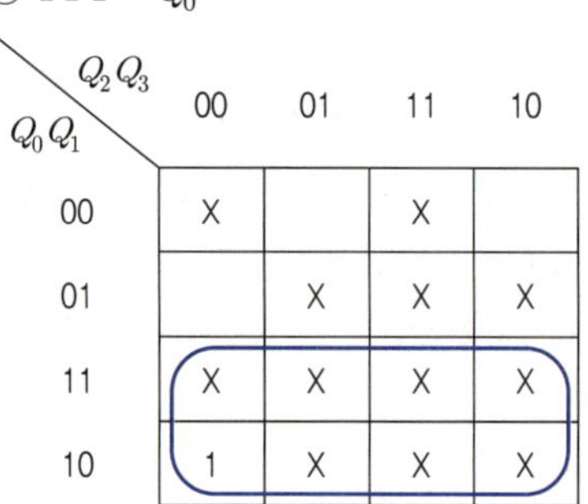

㉢ $FF2 = Q_1$

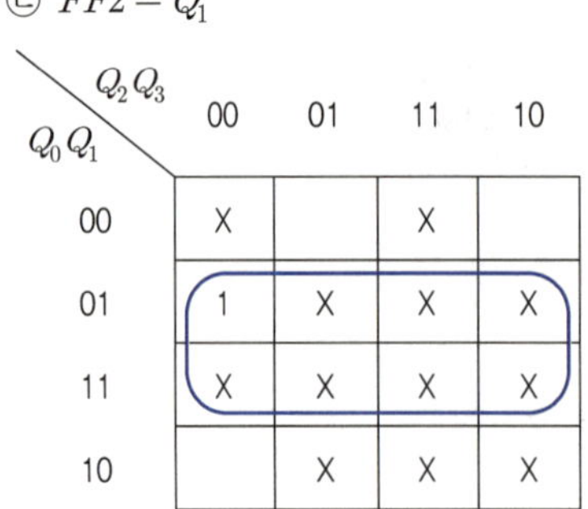

㉣ $FF3 = Q_2$

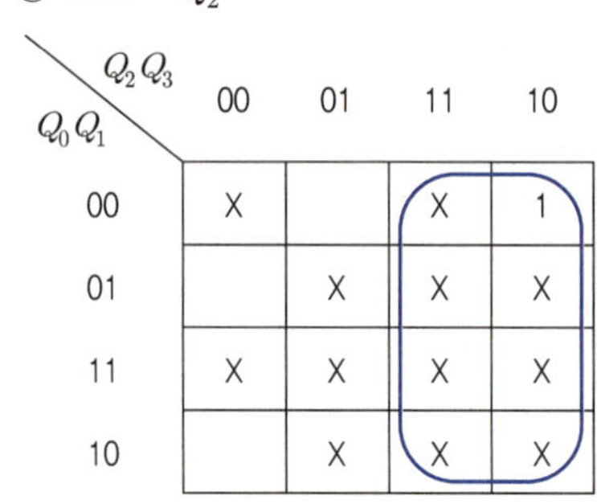

링 카운터의 논리식은 다음과 같다.

$$FF0 = Q_3,\ FF1 = Q_0,\ FF2 = Q_1,\ FF3 = Q_2$$

순서논리회로의 구성을 보면 링 카운터는 앞단 플립플롭의 출력이 다음 단 플립플롭의 입력으로 연결되는 과정이 반복되며, 최종단 플립플롭의 출력은 맨 앞단 플립플롭의 입력으로 연결되는 구조를 갖는 카운터이다.

④ **논리회로도**

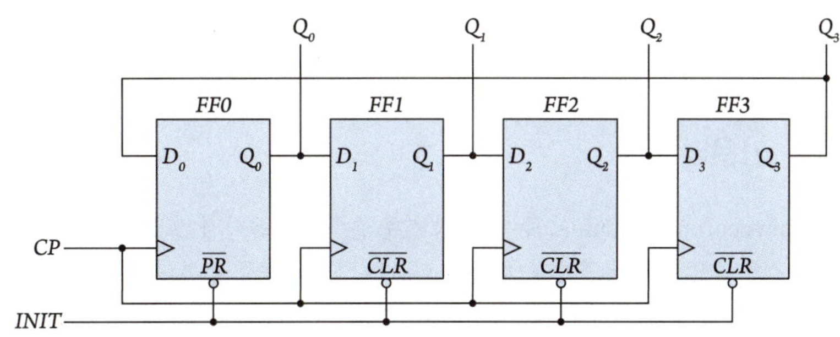

[그림 7-28] 링 카운터 논리회로도

처음에는 $INIT$단자를 논리 0으로 하면 첫 번째 플립플롭의 출력 Q_0은 1로 세트되고 나머지 플립플롭의 출력은 $Q_1Q_2Q_3 = 000$이 된다. $INIT$단자를 다시 논리 1로 하면 링 카운터의 최초 출력은 $Q_0Q_1Q_2Q_3 = 1000$이다. 이후부터 클록펄스가 입력될 때마다 클록펄스의 상승에지에서 오른쪽으로 한 자리씩 이동하며, 출력 Q_3은 다시 D_0로 입력된다.

⑤ **타이밍도**

각 플립플롭의 출력은 클록펄스 4개를 주기로 한 번씩 논리 1의 상태가 된다.

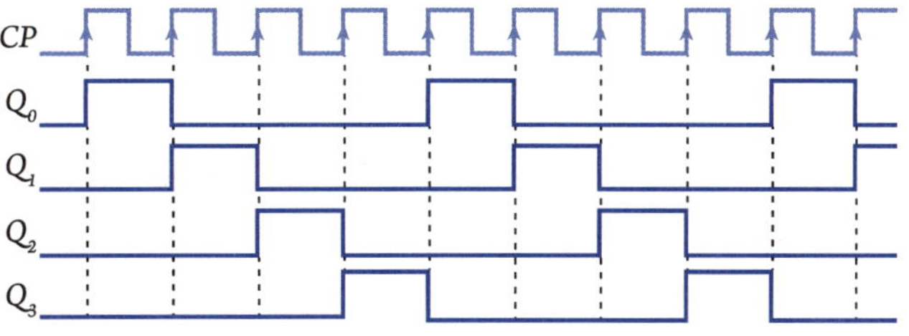

[그림 7-29] 링 카운터 타이밍도

제2절 카운터

플립플롭을 서로 연결하여 카운터 동작을 구현할 수 있고, 이런 플립플롭의 집합이 카운터이다. 카운터에 사용되는 플립플롭 개수와 플립플롭의 연결방법이 상태의 수를 결정하고, 또한 카운터가 사이클을 완성하는 동안 카운트하는 정의된 상태의 순서를 결정한다. 카운터는 클록펄스의 인가에 따라서 비동기와 동기 카운터로 크게 두 가지로 구분이 된다.
비동기 카운터는 일반적으로 리플 카운터라고 하고, 외부 클록이 첫 번째 플립플롭에 인가되고, 연속되는 플립플롭의 출력이 다음 플립플롭의 클록 입력 형태로 인가된다. 동기 카운터에서는 외부의 클록이 모든 플립플롭의 클록 입력으로 동시에 연결되어 입력된다. 이 두 종류의 카운터는 순서의 형태, 상태의 수, 플립플롭의 수에 따라서 세분화된다.

1 비동기식 카운터 중요

비동기식 카운터(asynchronous counter)는 공통의 기준 클록을 사용하지 않으므로 카운터 내의 플립플롭은 **동시에 상태를 변경하지 않는 카운터**이다. 비동기 회로는 하나의 공통 클록신호에 동기화되지 않고 각 소자가 개별적으로 변화하는 회로를 말한다. 비동기식 카운터는 첫 번째 플립플롭의 CP입력에만 클록펄스가 입력되고, 다른 플립플롭은 각 플립플롭의 출력을 다음 플립플롭의 CP입력으로 사용한다. 즉, 첫 단 플립플롭의 출력이 다음 단의 플립플롭을 트리거하므로 클록의 영향이 물결처럼 후반으로 전파된다는 뜻에서 비동기식 카운터를 **리플 카운터**(ripple counter)라고도 한다.
일반적으로 카운터에서 구별되는 상태의 수가 m일 때 이 카운터의 모듈러스(modulus)는 m이다. 또는 $\text{modulo}-m(\text{mod}-m : m$진)카운터라고 한다. **플립플롭 n개를 종속으로 연결하면 0부터 최대 2^n-1까지 카운트할 수 있다.** 예를 들어, 플립플롭 2개를 사용하면 0부터 최대 $3(=2^2-1)$까지 카운트하는 4진$(\text{mod}-4)$카운터, 3개를 사용하면 8진$(\text{mod}-8)$카운터, 4개를 사용하면 16진$(\text{mod}-16)$카운터를 구성할 수 있다. 비동기식 카운터는 JK플립플롭 또는 T플립플롭을 사용하여 구성하고, 동기식 카운터에 비해 **회로가 간단하고 전달지연이 증가한다.**

(1) 2비트 비동기 2진 상향 카운터

① 회로 구성 및 특징

카운터의 구성은 [그림 7-31]과 같으며, FF0, FF1의 2개의 플립플롭으로 구성되고, 각 플립플롭에서 클록은 공통으로 연결된 클록을 사용하지 않는다. 첫 번째의 FF0플립플롭의 클록에 외부클록(CLK)이 입력되고, 두 번째 FF1플립플롭의 클록은 FF0에서 출력($\overline{Q}_0$)이 FF1플립플롭의 클록으로 연결된다. 각 플립플롭은 클록의 상승에지에서 트리거된다. FF0출력의 상태 변화는 클록입력(CLK)의 상승에지에서 일어나며, FF1출력의 상태 변화는 FF0의 $\overline{Q}_0$의 상승에지에서 변한다.
플립플롭의 동작에서 입력 신호가 인가된 후 출력에서 상태변화가 일어나기까지 걸리는 시간을 전파지연이라 한다. 이 고유의 플립플롭 전파지연으로 인해 클록입력의 변화에서 FF0플립플롭의 출력 Q가 동시에 변하지 않으므로 FF0과 FF1플립플롭이 동시에 트리거되지 않는다. 이러한 동작을 하는 카운터를 비동기 카운터라고 한다.

② 상태순서와 상태표 및 상태도

[표 7-7]은 플립플롭 2개를 사용한 상향 카운터의 상태표를 보여준다.

[표 7-7] 상태표

클록펄스	Q_1	Q_0
초기상태	0	0
1	0	1
2	1	0
3	1	1
4(재순환)	0	0

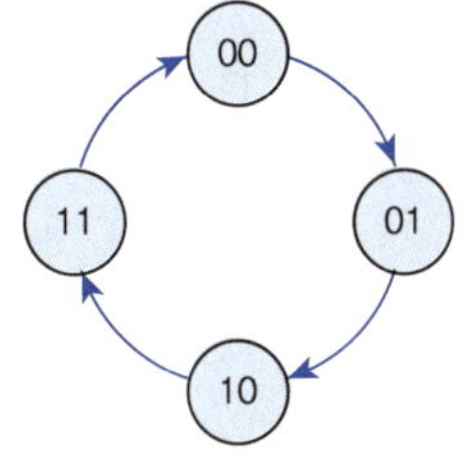

[그림 7-30] 상태도

[그림 7-30]의 상태도에서도 클록펄스를 계수하여 3까지 증가하고 4번째 클록펄스가 들어오면 출력 상태의 초기상태인 00($Q_0 = 0, Q_1 = 0$)으로 바뀌는 것을 알 수 있다. **재순환**(recycle)이란 카운터 동작에서 자주 사용하는 것으로 카운터의 최종 상태에서 초기상태로 바뀌는 것을 말한다.

> **더 알아두기**
>
> 디지털 논리에서 별도의 언급이 없어도 Q_0은 LSB(최하위비트)를 나타낸다.

③ 논리회로도 구성

[그림 7-31]은 JK플립플롭 2개를 사용한 2진 카운터의 회로이다. 플립플롭의 $\overline{Q}$출력은 다음 플립플롭의 CLK입력에 연결한다. 이 카운터의 동작은 카운터의 입력과 각 플립플롭의 출력을 포함한다. [그림 7-32]는 2비트 비동기 2진 카운터의 기본적인 동작에 대한 타이밍도를 나타낸다. 클록펄스에 대한 플립플롭에서의 상태 변화를 나타낸다.

첫 번째 클록(CLK1)이 상승에지에서 즉, LOW에서 HIGH로 변할 때, FF0의 출력 Q_0이 LOW에서 HIGH로 변한다. 동시에 $\overline{Q}_0$도 반대로 HIGH에서 LOW로 바뀐다. 이때 FF1은 하강에지에서 동작하므로 아무런 변화가 나타나지 않는다. 따라서 첫 번째 클록에서는 $Q_0 = 1, Q_1 = 0$이다. 두 번째 클록(CLK2)의 상승에지에서 $Q_0 = 0, Q_1 = 1$이 된다. 세 번째 클록(CLK3)에서서는 FF0의 출력은 변화되지만 FF1은 클록 입력이 상승에지가 아니어서 FF1의 출력은 변화하지 않으므로, $Q_0 = 1, Q_1 = 1$이다. 네 번째 클록(CLK4)의 상승에지에서 FF0의 출력상태가 바뀌고, FF1의 클록이 LOW에서 HIGH로 변화하므로 FF1의 출력상태가 바뀐다. 즉, $Q_0 = 0, Q_1 = 0$이 된다. 카운터는 00에서 다시 수를 계수하게 된다.

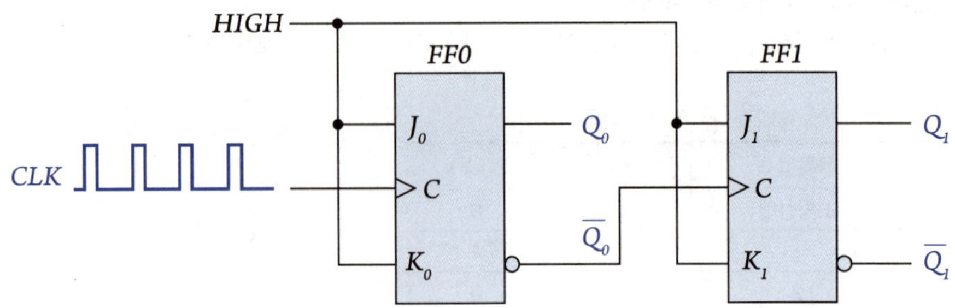

[그림 7-31] 2비트 비동기 2진 카운터

④ **타이밍도**

[그림 7-32]에서는 Q_0, Q_1의 출력 파형이 클록펄스의 변화에 의해 바뀌는 것처럼 보인다. 타이밍도에서는 Q_0, Q_1의 출력상태의 변화와 클록의 변화가 동시에 변화하는 것으로 보이나 실제로는 CLK와 Q_0의 변화와 $\overline{Q}_0$와 Q_1의 변화 사이에는 약간의 시간 지연이 발생한다.

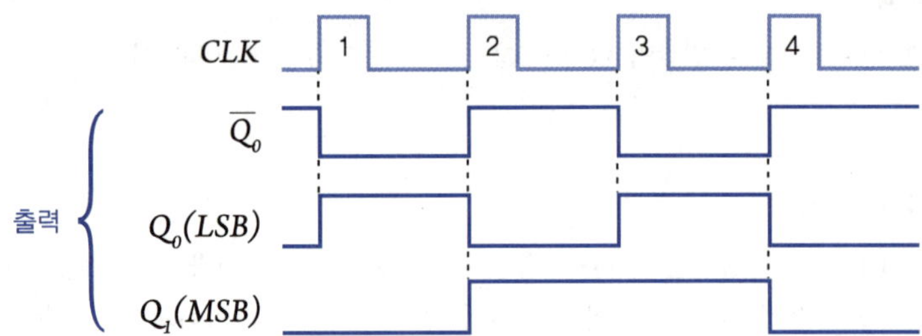

[그림 7-32] 2비트 비동기 2진 카운터 타이밍도

⑤ **ORCAD 시뮬레이션 결과(IC 74111 : 상승에지트리거 JK플립플롭)**

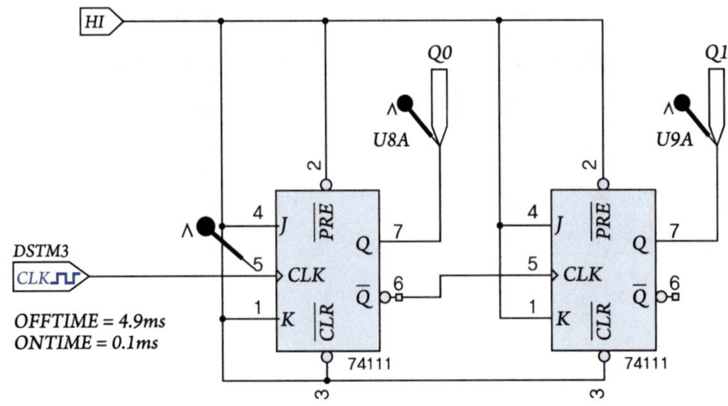

[그림 7-33] 2비트 비동기 2진 카운터 시뮬레이션 회로도

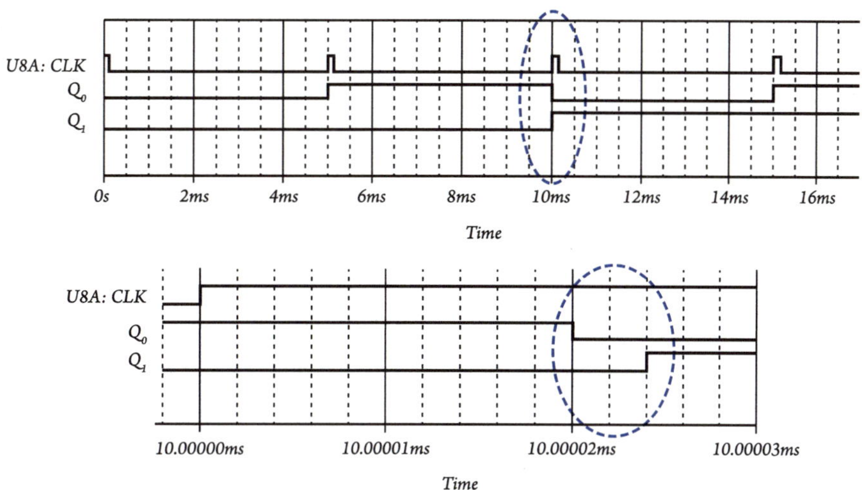

Q_0, Q_1에서 $4nsec$ 정도 전파지연이 발생한다.

[그림 7-34] 2비트 비동기 2진 카운터 시뮬레이션 타이밍도

(2) 3비트 비동기 2진 상향 카운터

3비트 비동기 2진 카운터의 상태 변화는 다음 [표 7-8]의 상태표와 [그림 7-35]의 상태도에서 보여주고 있다. 3비트 비동기 2진 카운터의 동작은 2비트 카운터 동작과 같다.

① 상태순서와 상태표 및 상태도

[표 7-8]은 플립플롭 3개를 사용한 상향 카운터의 상태표를 보여준다.

[표 7-8] 상태표

클록펄스	Q_2	Q_1	Q_0
초기상태	0	0	0
1	0	0	1
2	0	1	0
3	0	1	1
4	1	0	0
5	1	0	1
6	1	1	0
7	1	1	1
8(재순환)	0	0	0

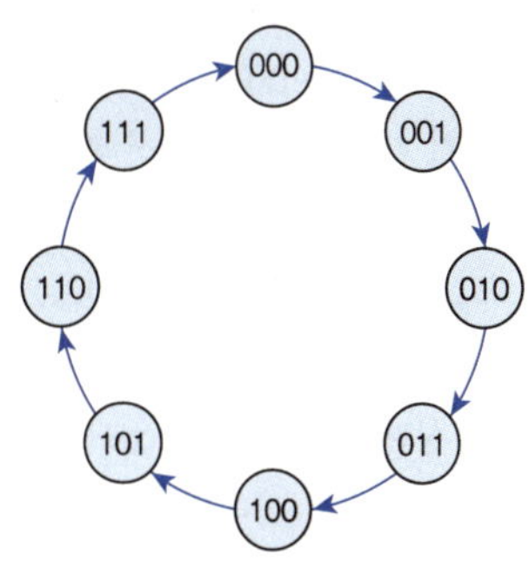

[그림 7-35] 상태도

② 논리회로도

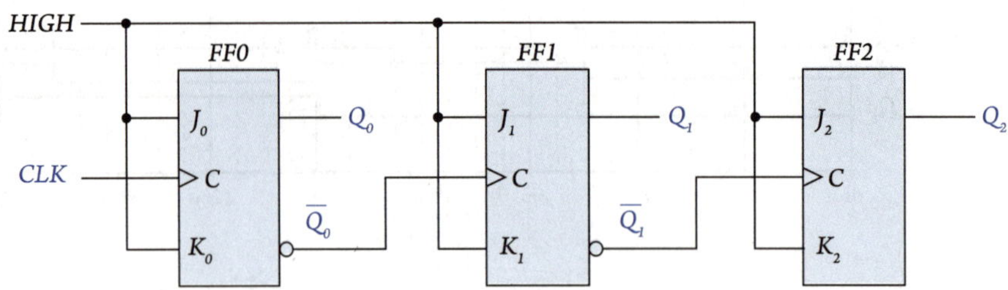

[그림 7-36] 3비트 비동기 2진 카운터

③ 타이밍도

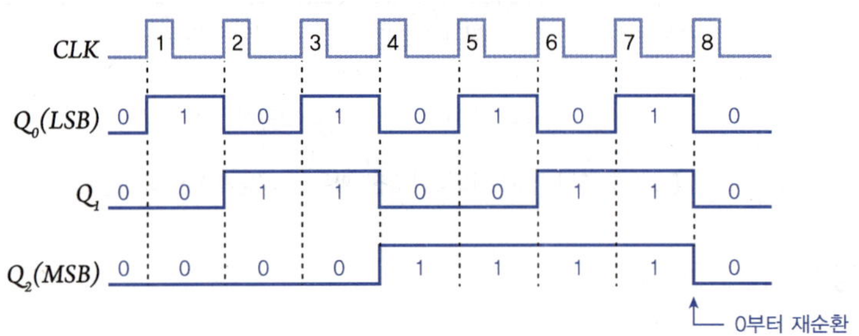

[그림 7-37] 3비트 비동기 2진 카운터 타이밍도

(3) 비동기 10진 카운터 중요

① 회로구성 및 특징

카운터의 순차에서 10개의 상태를 갖는 카운터를 10진 카운터(decade counter)라고 한다. 이 카운터는 10진수 0(0000) ~ 9(1001)까지 모두 10개의 상태를 갖고 있고, 10개의 상태가 바로 BCD코드이기 때문에 BCD 10진 카운터라고도 한다. 이러한 BCD 10진 카운터는 BCD를 10진수로 변환하여 출력해야 하는 디스플레이 응용분야에 많이 사용된다.

BCD 10진 카운터는 0(0000) ~ 9(1001)까지 순서로 10상태까지만 계수하고, 1010상태에서 0000상태로 다시 재순환시켜야 한다. 10진 카운터를 만들기 위해서는, 3개의 플립플롭으로는 $2^3=8$까지의 상태만 나타낼 수 있으므로, 카운터의 순차가 부족하여 4개의 플립플롭을 사용해야 한다. 카운터의 순차에서 상태의 수가 2^n보다 작은 상태를 갖도록 설계를 할 수 있는데 이러한 형태를 **절단시퀀스(truncated sequence)**라 한다. BCD 10진 카운터는 절단시퀀스가 있는 회로이다. [그림 7-38]의 (a)는 4비트 비동기 2진 카운터회로이고, 이 회로의 순차를 수정하여, 카운터가 9(1001)를 계수한 후, 다음 상태가 10(1010)가 아닌 0(0000)상태로부터 다시 재순환하도록 하려면 [그림 7-38]의 (b)처럼 NAND게이트를 사용하여 10(1010)을 디코딩한 후에 NAND게이트의 출력을 플립플롭의 클리어($\overline{CLR}$)입력에 연결하면 된다.

② 논리회로도

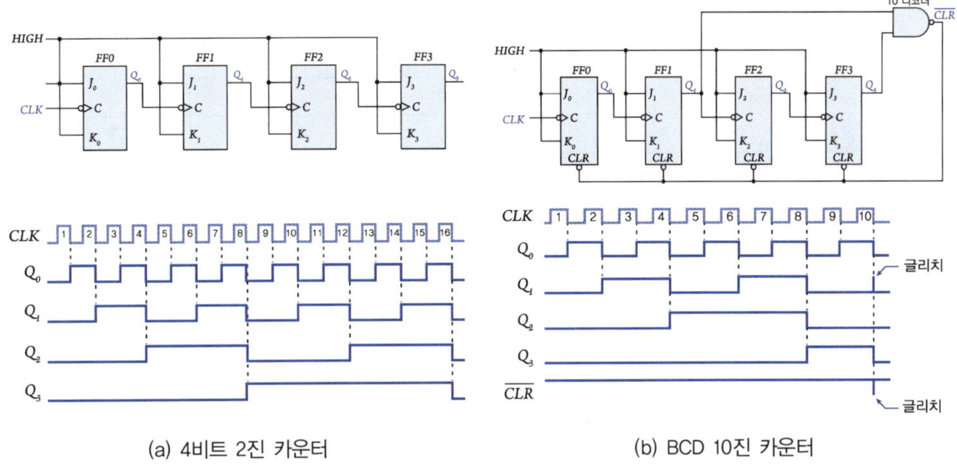

(a) 4비트 2진 카운터

(b) BCD 10진 카운터

[그림 7-38] 4비트 2진 카운터와 BCD 10진 카운터 회로

③ 부분적 디코딩

[그림 7-38]의 (b)에서 Q_1과 Q_3만이 NAND게이트의 입력으로 연결되어 있다. 카운터가 10(1010)에서 다시 0(0000)으로 재순환하는 상태에서는 Q_1과 Q_3이 동시에 HIGH인 경우가 없기 때문에, Q_1과 Q_3의 상태만으로도($Q_1 = 1$이고 $Q_3 = 1$) 10을 디코딩할 수 있다. 카운터가 1010에 도달하면 디코딩 게이트의 출력은 LOW가 되고 동시에 모든 플립플롭은 리셋된다. 이러한 연결 방법을 **부분적 디코딩(partial decoding)**이라 한다.

카운터의 타이밍도를 보면 Q_1파형에서 글리치(glitch)가 발생함을 알 수 있다. 이렇게 **글리치가 생기는 이유는** 계수상태 10이 디코딩되기 전에 Q_1이 먼저 HIGH가 되기 때문이다. 카운터가 10을 계수하고 수$nsec$가 지난 다음 디코딩 게이트의 출력이 LOW가 된다. 따라서 카운터가 0(0000)으로 리셋되기 전에 아주 짧은 시간 동안 10(1010)상태에 있게 된다. 이로 인해 Q_1에 글리치가 생기고 결과적으로 $\overline{CLR}$단자에 생긴 글리치로 인해 카운터는 리셋된다.

예제 7-7

0000에서 1011까지를 계수하는 모듈러스-12 비동기 2진 카운터를 설계하시오.

해설

3개의 플립플롭으로 구현할 수 있는 상태는 최대 8개의 상태이므로 8보다 크고 16보다 작거나 같아야 한다. 그러므로 모듈러스-12 비동기 2진 카운터를 구성하기 위해서는 4개의 플립플롭이 필요하다. 이 카운터는 0000에서 1011까지 계수하므로 마지막 상태인 1011에서 다음 상태인 1100으로 진행하는 것이 아니라 0000상태로 진행되어야 한다. 이 카운터의 상태의 순서는 다음과 같다.

클록순서	Q_3	Q_2	Q_1	Q_0
초기	0	0	0	0
1	0	0	0	1
2	0	0	1	0
3	0	0	1	1
4	0	1	0	0
5	0	1	0	1
6	0	1	1	0
7	0	1	1	1
8	1	0	0	0
9	1	0	0	1
10	1	0	1	0
11	1	0	1	1
12(재순환)	1	1	0	0

카운터는 12번째 펄스를 인가하여 0000으로 재순환되는 과정에서 Q_0와 Q_1은 자동적으로 모두 0으로, Q_2와 Q_3은 강제적으로 0이 되도록 하여야 한다. 회로도에서 NAND게이트는 부분적으로 카운터의 상태 12를 디코딩하여 플립플롭 2와 3을 리셋시킨다. 타이밍도에서도 12번째 클록펄스에서 카운터는 11에서 0으로부터 다시 카운터를 시작한다. $\overline{CLR}$의 글리치에 의해 카운터가 리셋되기 전에 매우 짧은 시간(수$nsec$) 동안은 12상태에 있다.

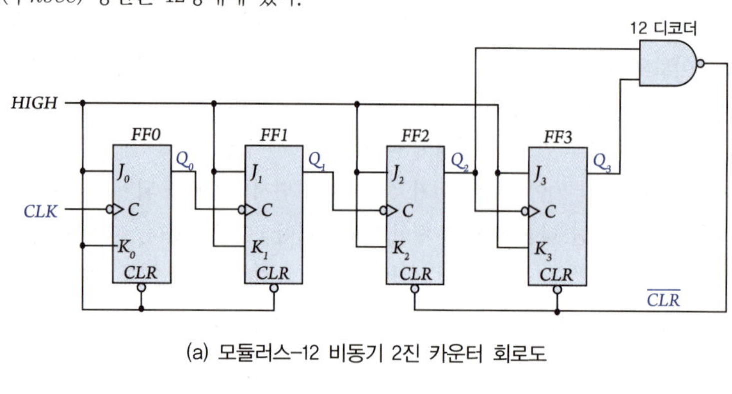

(a) 모듈러스-12 비동기 2진 카운터 회로도

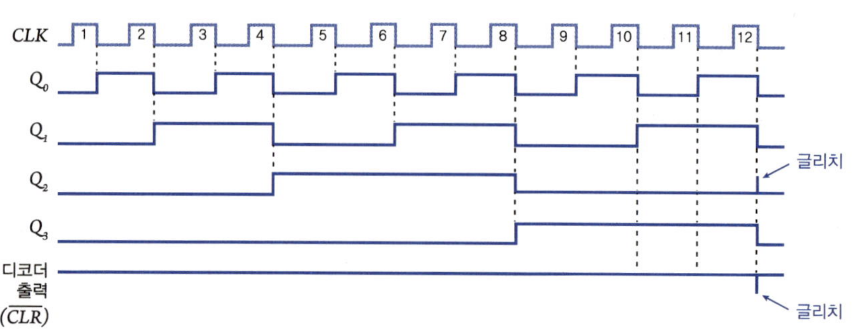

(b) 모듈러스-12 비동기 2진 카운터 타이밍도

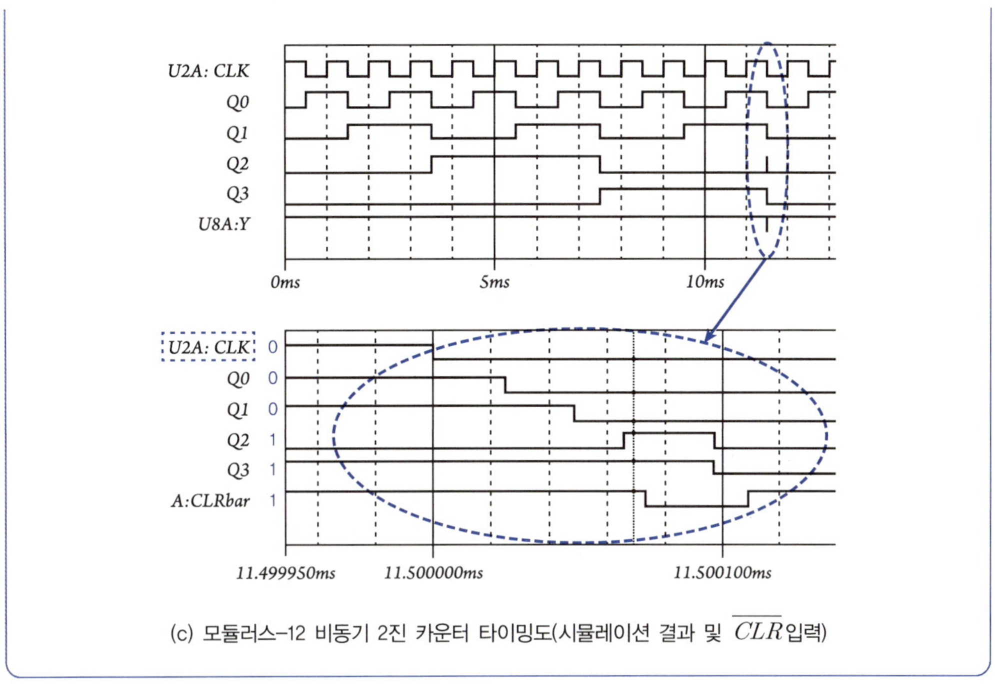

(c) 모듈러스-12 비동기 2진 카운터 타이밍도(시뮬레이션 결과 및 $\overline{CLR}$ 입력)

2 동기 카운터 중요

동기(synchronous)라는 용어는 서로 일정한 시간 관계를 갖는 사건들을 의미한다. 동기 카운터(synchronous counter)는 카운터 내부에 있는 **모든 플립플롭이 공통의 클록펄스에 의해 동시에 상태가 변하는 카운터이다.** 플립플롭에서 출력은 입력의 변화에 맞춰 즉시 변하지 못하므로 전파지연이 발생한다. 따라서 플립플롭 n개를 종속 연결한 비동기식 카운터의 전체 전파지연은 '$n\times$ 플립플롭' 전파지연이 된다. 따라서 비동기식 카운터는 이러한 지연 때문에 고속으로 동작하는 응용분야에서는 적합하지 않다. 이 결점을 보완하려면 입력 클록펄스를 모두 플립플롭에 공통으로 인가하는 동기식 카운터를 사용해야 한다.

(1) 2비트 동기 2진 카운터

[그림 7-39]은 2비트 동기 2진 카운터의 회로인데 비동기 카운터와 달리 2진 순차를 구성하기 위해 FF0의 Q_0가 FF1의 입력 J_1과 K_1을 사용한다는 것이다.

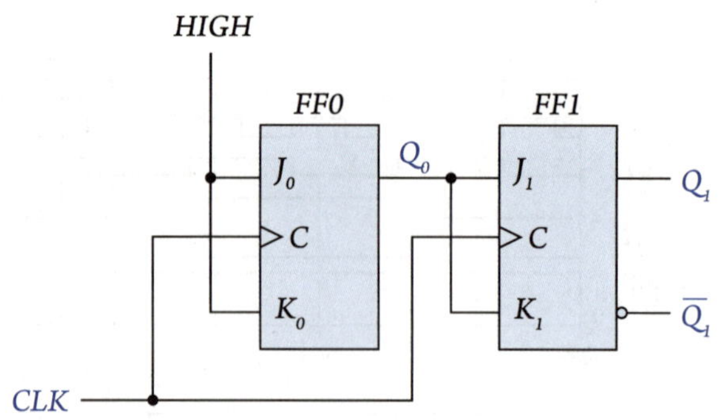

[그림 7-39] 2비트 동기 2진 카운터 회로

① 상태도와 상태 여기표

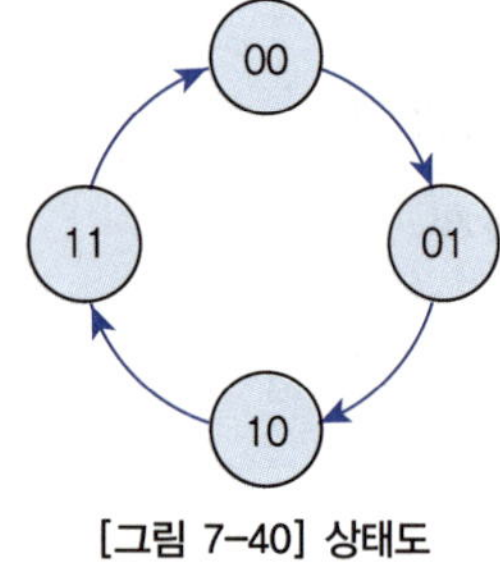

[그림 7-40] 상태도

[표 7-9] 상태 여기표

현재 상태		다음 상태		각 JK플립플롭의 입력			
Q_1	Q_0	Q_1	Q_0	J_1	K_1	J_0	K_0
0	0	0	1	0	X	1	X
0	1	1	0	1	X	X	1
1	0	1	1	X	0	1	X
1	1	0	0	X	1	X	1

② 카르노맵과 논리식(플립플롭으로 입력되는 조합논리회로식)

[표 7-10] 카르노맵과 논리식

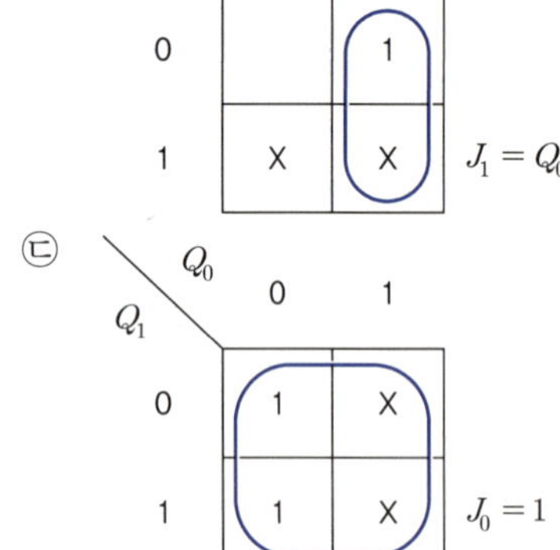

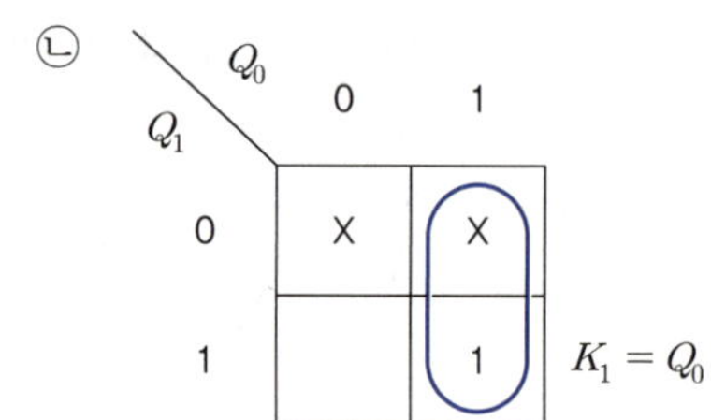

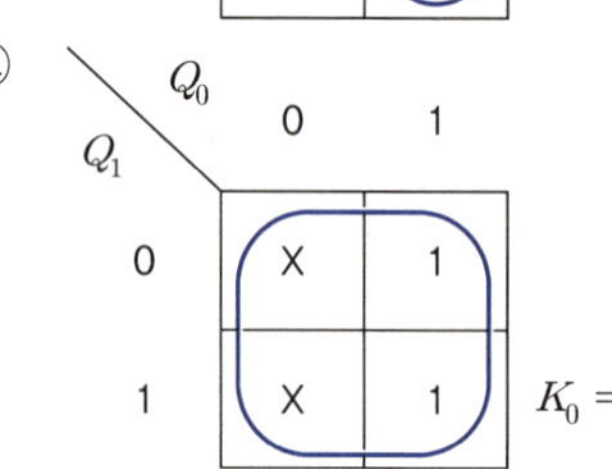

③ 동기 카운터의 동작 설명 중요

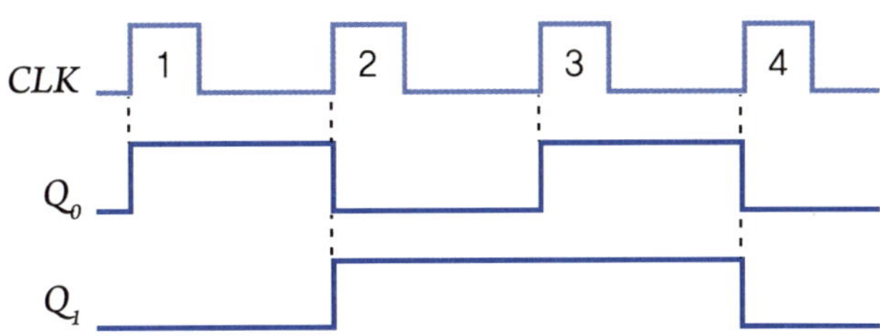

[그림 7-41] 2비트 동기 2진 카운터 타이밍도

㉠ 카운터의 초기상태는 0으로, 두 개의 플립플롭이 리셋상태에 있는 것으로 가정한다.

㉡ CLK1 첫 번째 상승에지에서 FF0은 토글되고, Q_0는 HIGH상태가 된다. 플립플롭 FF1은 클록의 상승에지에서 FF0의 출력인 Q_0이 J_1과 K_1에 연결되어 있으므로, 클록의 상승 에지에서는 아직 HIGH상태로 되지 않고 LOW상태를 유지하고 있다. 이것은 클록 펄스의 트리거 에지로부터 출력 Q가 전이될 때까지 **전파지연이 존재하기 때문에 발생**하는 것임을 명심하기 바란다. 따라서 첫 번째 클록펄스의 상승에지에서 J_1, K_1은 0이 되어 FF1은 출력상태에는 아무 변화가 없다. 그러므로 $Q_0 = 1, Q_1 = 0$(2진수 1의 상태)이다.

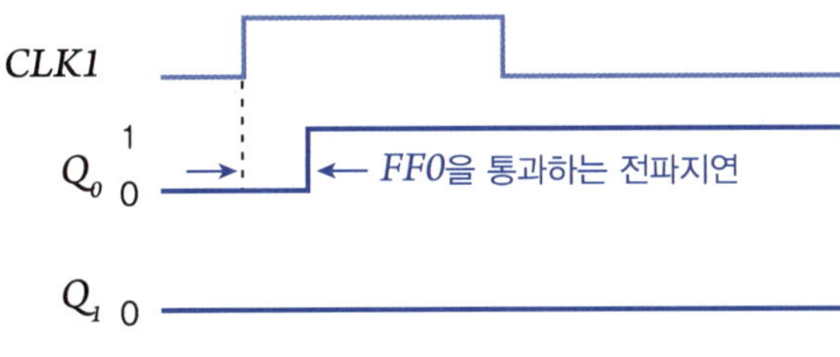

[그림 7-42] 2비트 동기 2진 카운터 타이밍도(CLK1 인가)

㉢ CLK2의 상승에지에서 FF0은 토글되며 Q_0은 LOW가 된다.

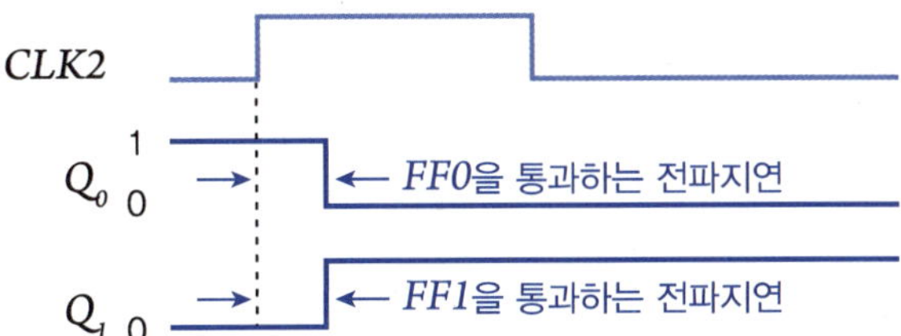

[그림 7-43] 2비트 동기 2진 카운터 타이밍도(CLK2 인가)

FF1의 입력은 $J_1 = K_1 = 1$이므로 플립플롭 FF1의 출력은 토글되면서 Q_1은 HIGH가 된다. 그러므로 $Q_0 = 0, Q_1 = 1$(2진수 2의 상태)이다.

㉣ CLK3의 상승에지가 플립플롭에 인가되면, FF0은 다시 세트상태($Q_0 = 1$)로 토글된다. FF1은 입력이 모두 0($J_1 = K_1 = 0$)이므로 출력은 세트상태($Q_1 = 1$)로 유지된다. 그러므로 $Q_0 = 1, Q_1 = 1$(2진수 3의 상태)이 된다.

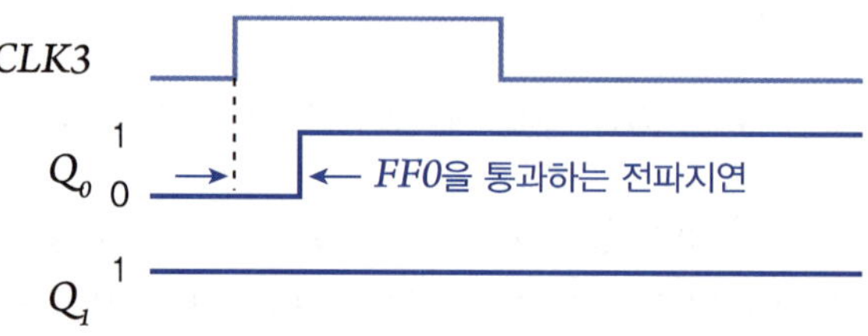

[그림 7-44] 2비트 동기 2진 카운터 타이밍도(CLK3 인가)

㉤ CLK4의 상승에지에서 모든 플립플롭의 입력은 토글조건($J_1 = K_1 = 1$)이 되므로 Q_0과 Q_1은 모두 LOW가 된다. 그러므로 $Q_0 = Q_1 = 0$(2진수 0의 상태)으로 처음상태로 되돌아간다.

[그림 7-41]의 타이밍도를 보면 모든 파형의 변화가 동시에 일어나는 것으로 표시되어 있지만 이것은 전파지연을 고려하지 않았기 때문이다. 전파지연은 동기 카운터의 동작에서 매우 중요한 요소로 적용되지만 일반적으로 타이밍도에서는 간단하게 표시하기 위해 이를 생략하여 표시한다. 그러나 고속의 디지털 회로의 경우에는 이러한 작은 시간지연도 설계 및 고장진단에 있어서 매우 중요한 요소로 작용한다.

(2) 3비트 동기 2진 카운터

[그림 7-45]는 3비트 동기 카운터의 회로도를, [그림 7-46]은 타이밍도를 나타낸다.

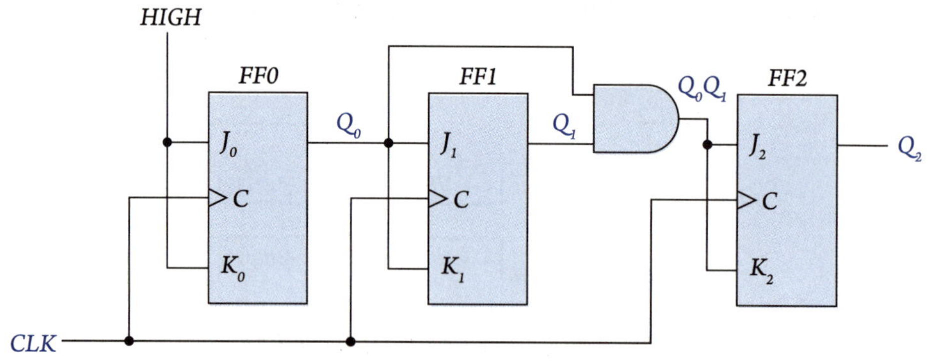

[그림 7-45] 3비트 동기 2진 카운터 회로도

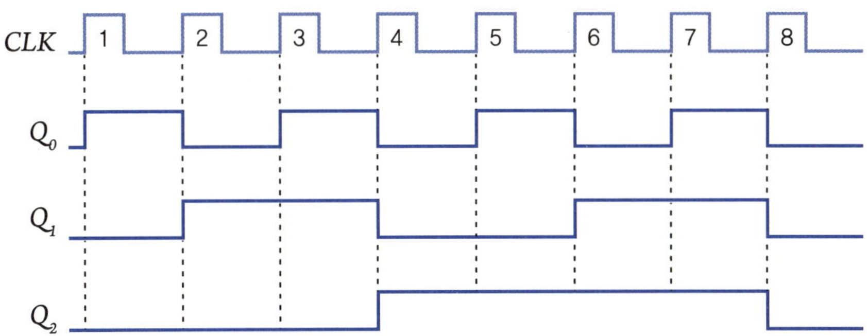

[그림 7-46] 3비트 동기 2진 카운터 타이밍도

① **상태도와 여기표**

카운터가 처음 상태에서 최종 상태까지 진행했다가 다시 처음 상태로 되돌아갈 때까지 매 클록마다 Q_0값은 변화한다. FF0의 입력을 $J_0 = K_0 = 1$로 고정시켜 토글모드로 동작하도록 한다. [표 7-9]의 상태표를 참고하여 동작을 분석해 보자.

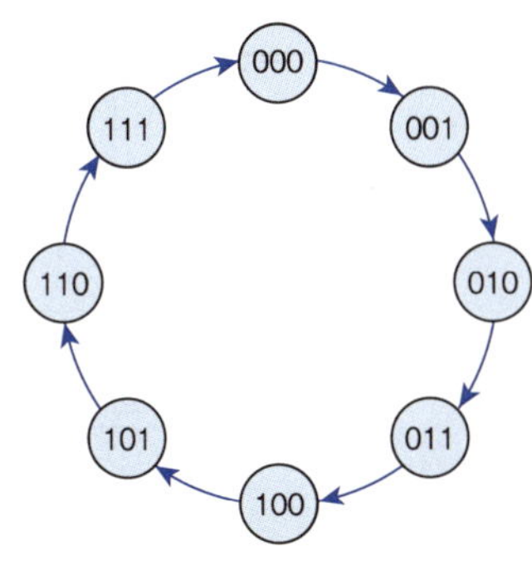

[그림 7-47] 상태도

[표 7-11] 상태 여기표

클록펄스	출력			JK 플립플롭의 입력					
	Q_2	Q_1	Q_0	J_2	K_2	J_1	K_1	J_0	K_0
초기상태	0	0	0	0	X	0	X	1	X
1	0	0	1	0	X	1	X	X	1
2	0	1	0	0	X	X	0	1	X
3	0	1	1	1	X	X	1	X	1
4	1	0	0	X	0	0	X	1	X
5	1	0	1	X	0	1	X	X	1
6	1	1	0	X	0	X	0	1	X
7	1	1	1	X	1	X	1	X	1

② **카르노맵과 논리식(플립플롭으로 입력되는 조합논리회로식)**

[표 7-12] 카르노맵을 적용한 논리식

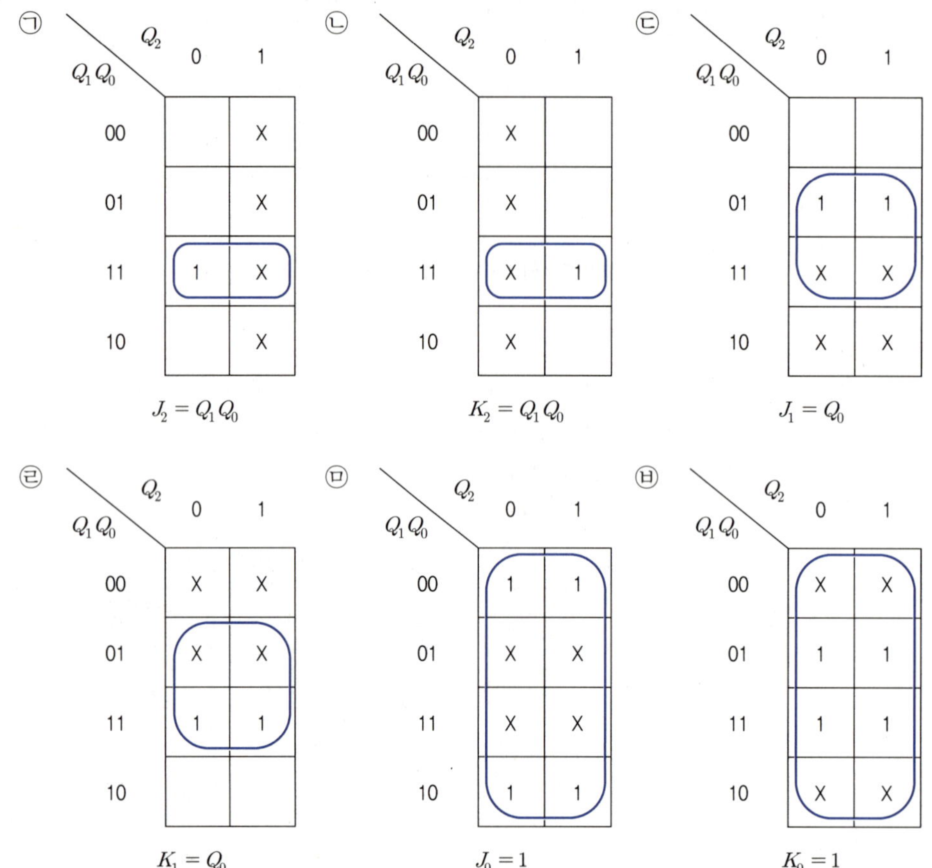

③ **동작 설명**

㉠ 카운터는 처음 상태에서 최종 상태까지 진행했다가 다시 처음 상태로 되돌아갈 때까지 매 클록펄스마다 Q_0값이 변화한다. 이 동작을 위해 FF0의 입력을 $J_0 = K_0 = 1$ 로 고정시켜 토글모드로 동작하도록 한다. (CLK2, CLK4, CLK6, CLK8에서 일어남)

㉡ CLK8은 카운터가 재순환하도록 한다. 이와 같은 동작이 이루어지도록 하기 위해 Q_0을 FF1의 J_1, K_1 입력에 연결시킨다. $Q_0 = 1$이고, 클록펄스가 인가되면, FF1은 토글모드에 있게 되어 상태는 반전된다. 이와 달리 $Q_0 = 0$이고, 클록펄스가 인가되면 FF1은 불변모드에 있게 되어 현재 상태를 유지한다.

㉢ Q_2의 상태는 $Q_0 = Q_1 = 1$에서 클록펄스가 인가되면 반전된다. 이 조건은 AND게이트에 의해 검출하고 그 결과가 FF2의 두 입력 J_2, K_2 에 입력된다. 이렇게 하여 Q_0, Q_1이 동시에 HIGH가 될 때마다 AND게이트의 출력은 FF2의 두 입력 J_2, K_2를 HIGH로 만들며, 결과적으로 다음 클록펄스에서 FF2는 토글된다.

㉣ 그 외의 모든 경우에는 AND게이트의 출력에 의해서 FF2의 두 입력 $J_2 = K_2 = LOW$를 유지하며, FF2의 상태는 바뀌지 않고 유지한다.

(3) 존슨 카운터와 링 카운터

존슨(Johnson) 카운터와 링(Ring) 카운터는 이미 시프트 레지스터 카운터에서 알아보았다. 링 카운터는 D플립플롭으로 구성되는데, 임의의 시간에 한 플립플롭만 논리 1이 되고 나머지 플립플롭은 논리 0이 되는 카운터이다. 논리 1은 입력 펄스에 따라 그 위치가 한쪽 방향으로 순환한다. 존슨 카운터는 링 카운터와 달리 맨 오른쪽 D플립플롭의 $\overline{Q}$출력을 맨 왼쪽 D플립플롭의 D입력에 연결하면 서로 다른 상태의 수가 두 배로 늘어난다. 존슨 카운터의 단점은 사용되지 않는 초기상태가 주어지면 사용되지 않는 계수의 순서만 계속하여 반복된다는 것이다.

(4) 카운터의 설계 중요 기출

카운터는 플립플롭을 사용한 순서논리회로로, 클록펄스가 입력될 때마다 미리 정해진 일련의 순서에 따라 상태가 변하게 되며, 상태의 순서는 2진 카운터이거나 임의의 다른 상태 순서가 될 수 있다.

카운터를 설계할 때 다양한 순서에 연속적인 2진 순서를 갖는 2진 카운터의 설계가 가장 간단하다. n비트 2진 카운터는 플립플롭 n개로 구성되며 0에서 $2^n - 1$까지 순서를 가질 수 있다. 한 예로 3비트 카운터는 클록펄스가 입력될 때마다 0(000) ~ 7(111)까지 최대 8가지 상태로 순환하며, 7(111) 다음은 0(000)으로 재순환한다. 카운터에서는 외부 입력이나 출력이 없으며, 상태변화는 클록펄스를 통해 수행된다. 카운터를 설계할 때 여러 가지 플립플롭을 사용할 수 있으나, 주로 토글상태가 있는 T플립플롭이나 JK플립플롭을 사용하면 쉽게 설계할 수 있다.

① JK 플립플롭을 사용하여 주어진 상태도를 이용한 카운터 설계

㉠ 상태도와 상태표

[그림 7-48]은 3비트 2진 상향 카운터의 상태도이고, 외부 입력과 외부 출력이 없고, 클록펄스가 입력될 때마다 0에서 시작하여 1 ~ 7 그리고 다시 0으로 돌아간다. 상태도를 근거로 [표 7-13]과 같은 상태표를 얻을 수 있다.

[그림 7-48] 상태도

[표 7-13] 상태표

현재 상태			다음 상태		
A	B	C	A	B	C
0	0	0	0	0	1
0	0	1	0	1	0
0	1	0	0	1	1
0	1	1	1	0	0
1	0	0	1	0	1
1	0	1	1	1	0
1	1	0	1	1	1
1	1	1	0	0	0

㉡ 상태 여기표

사용할 JK플립플롭의 상태 수가 8가지이므로 플립플롭은 3개가 필요하다. 3개의 플립플롭을 A, B, C라고 가정할 때 상태 여기표는 다음 [표 7-14]와 같다.

[표 7-14] 상태 여기표

현재 상태			다음 상태			각 플립플롭의 입력					
A	B	C	A	B	C	J_A	K_A	J_B	K_B	J_C	K_C
0	0	0	0	0	1	0	X	0	X	1	X
0	0	1	0	1	0	0	X	1	X	X	1
0	1	0	0	1	1	0	X	X	0	1	X
0	1	1	1	0	0	1	X	X	1	X	1
1	0	0	1	0	1	X	0	0	X	1	X
1	0	1	1	1	0	X	0	1	X	X	1
1	1	0	1	1	1	X	0	X	0	1	X
1	1	1	0	0	0	X	1	X	1	X	1

㉢ 카르노맵과 논리식

[표 7-15] 카르노맵

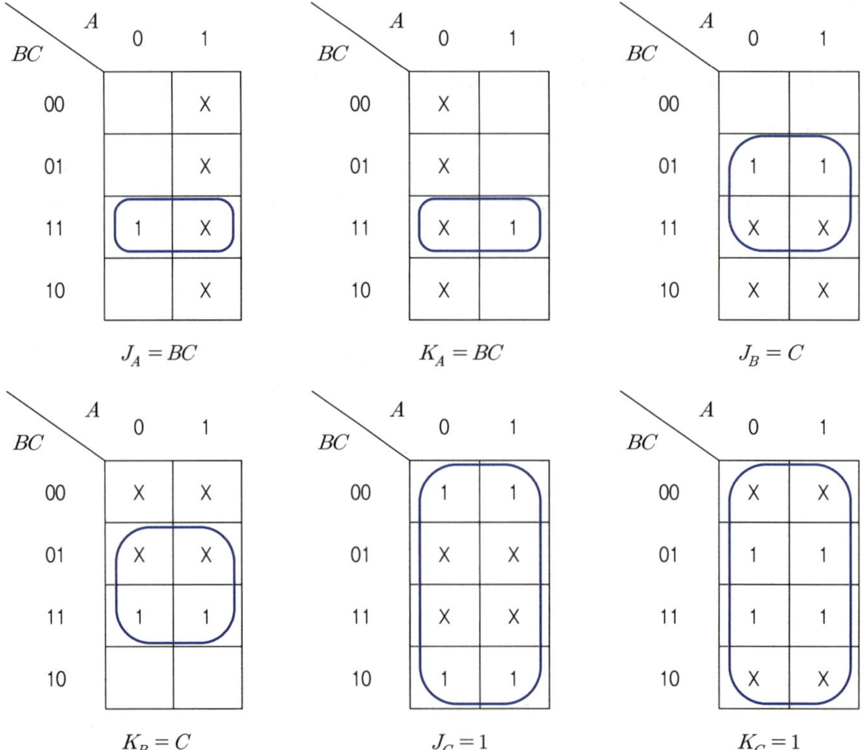

㉣ 논리회로도

[그림 7-49]는 상태도로부터 얻어낸 논리회로로 JK플립플롭을 사용한 3비트 2진 상향카운터의 논리회로도이다.

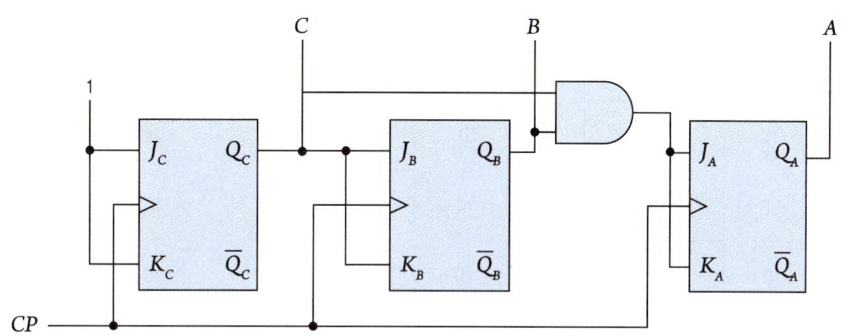

[그림 7-49] JK플립플롭을 사용한 3비트 2진 상향 카운터의 논리회로도

예제 7-8

JK플립플롭을 사용하여 다음 그림과 같이 주어진 상태도에 해당되는 카운터를 설계하시오.

해설

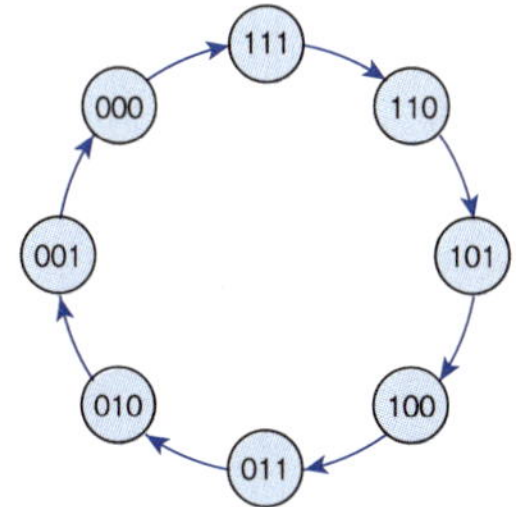

설계조건

- JK플립플롭을 사용한다.
- 계수 순서가 역순이다.
- 클록펄스 입력 때마다 7 ~ 0으로 0에서 7로 재순환된다.
- 상태수가 8개이므로 3개의 플립플롭을 사용한다.
- 플립플롭의 출력을 A, B, C라 정의한다.

① 상태 여기표

현재 상태			다음 상태			각 플립플롭의 입력					
A	B	C	A	B	C	J_A	K_A	J_B	K_B	J_C	K_C
0	0	0	1	1	1	1	X	1	X	1	X
0	0	1	0	0	0	0	X	0	X	X	1
0	1	0	0	0	1	0	X	X	1	1	X
0	1	1	0	1	0	0	X	X	0	X	1
1	0	0	0	1	1	X	1	1	X	1	X
1	0	1	1	0	0	X	0	0	X	X	1
1	1	0	1	0	1	X	0	X	1	1	X
1	1	1	1	1	0	X	0	X	0	X	1

② 카르노맵과 논리식

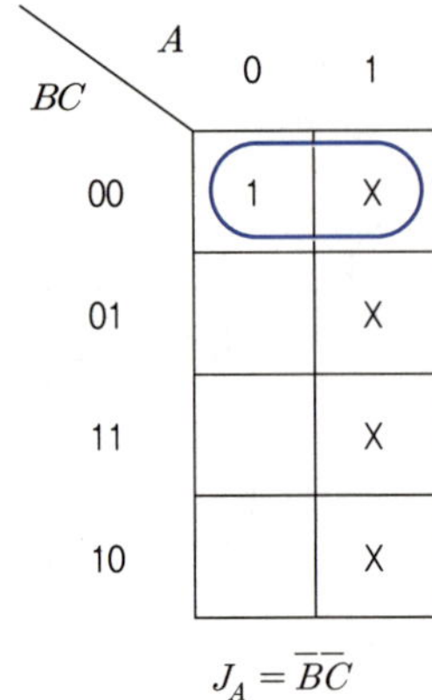

$J_A = \overline{B}\overline{C}$

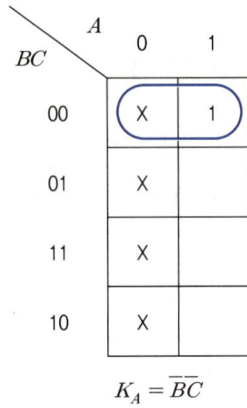

BC \ A	0	1
00	X	1
01	X	
11	X	
10	X	

$K_A = \overline{B}\overline{C}$

BC \ A	0	1
00	1	1
01		
11	X	X
10	X	X

$J_B = \overline{C}$

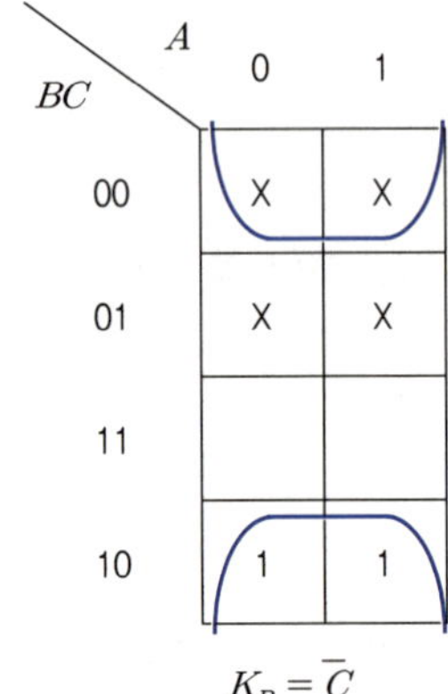

$K_B = \overline{C}$

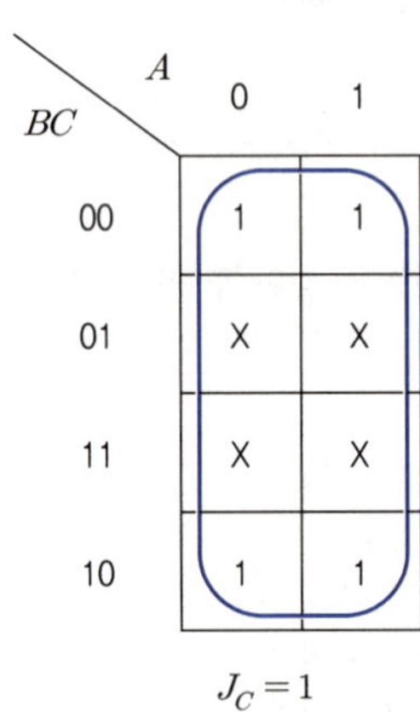

$J_C = 1$

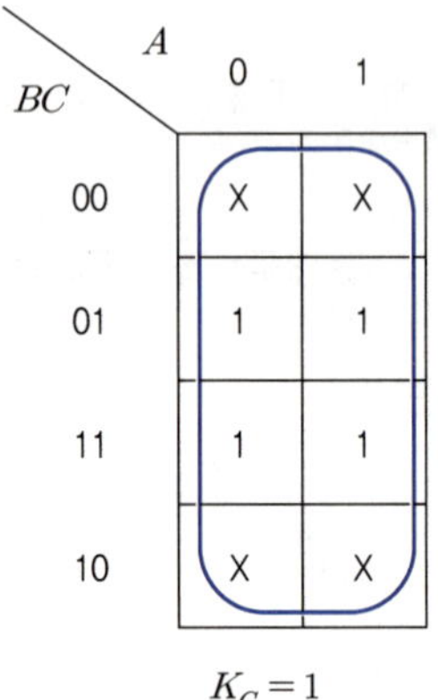

$K_C = 1$

③ 논리회로도 : JK플립플롭을 사용한 3비트 2진 하향 카운터

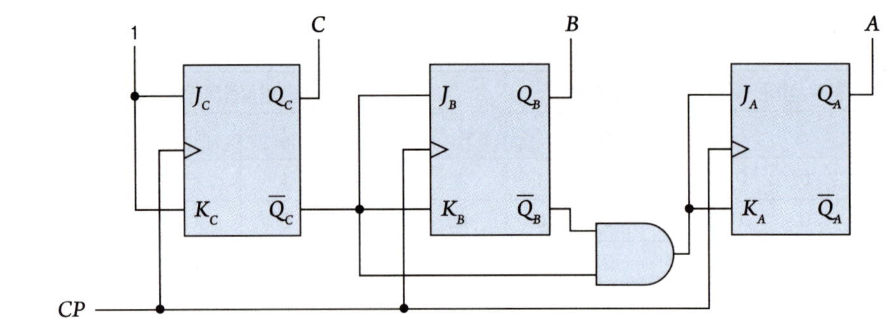

예제 7-9

JK 플립플롭을 사용하여 다음 그림과 같이 주어진 상태도에 해당되는 카운터를 설계하시오. 미사용 상태에 대한 상태도를 구하시오.

해설

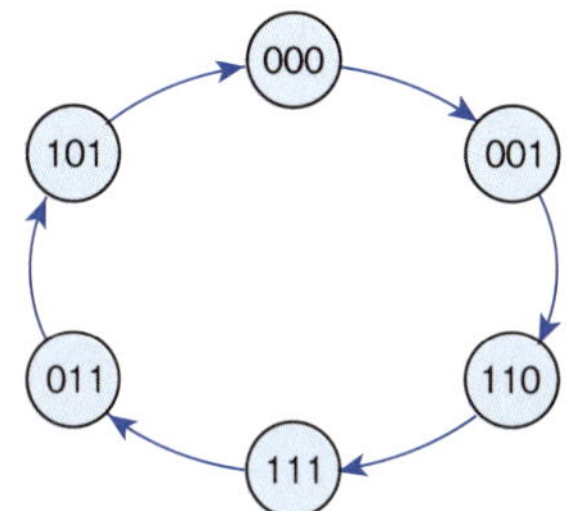

설계조건

- JK플립플롭을 사용한다.
- 계수 순서는 클록펄스 입력 때마다 000, 001, 110, 111, 011, 101, 000 (재순환)
- 상태수가 6개이므로 3개의 플립플롭을 사용한다.
- don't care항은 010, 100 이렇게 두 가지 경우이다.
- 플립플롭의 출력을 A, B, C라 정의한다.

① 상태 여기표

현재 상태			다음 상태			각 플립플롭의 입력					
A	B	C	A	B	C	J_A	K_A	J_B	K_B	J_C	K_C
0	0	0	0	0	1	0	X	0	X	1	X
0	0	1	1	1	0	1	X	1	X	X	1
0	1	1	1	0	1	1	X	X	1	X	0
1	0	1	0	0	0	X	1	0	X	X	1
1	1	0	1	1	1	X	0	X	0	1	X
1	1	1	0	1	1	X	1	X	0	X	0

② 카르노맵과 논리식

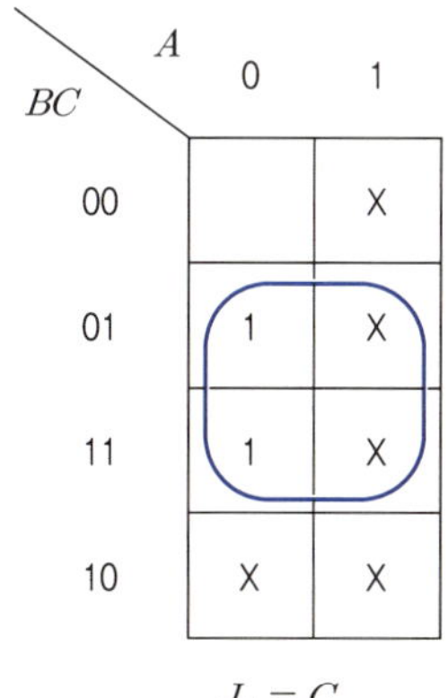

$J_A = C$

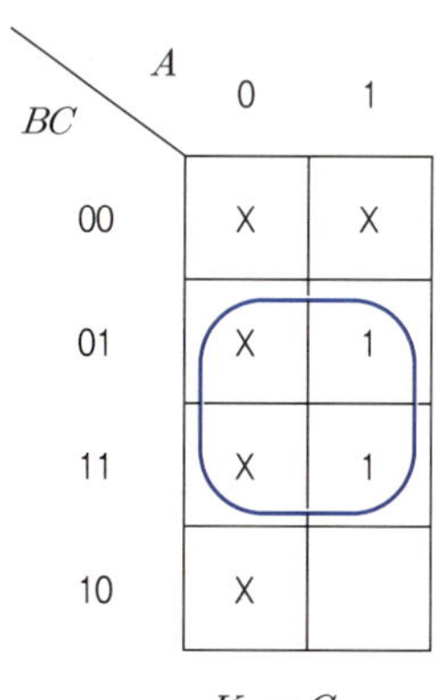

$K_A = C$

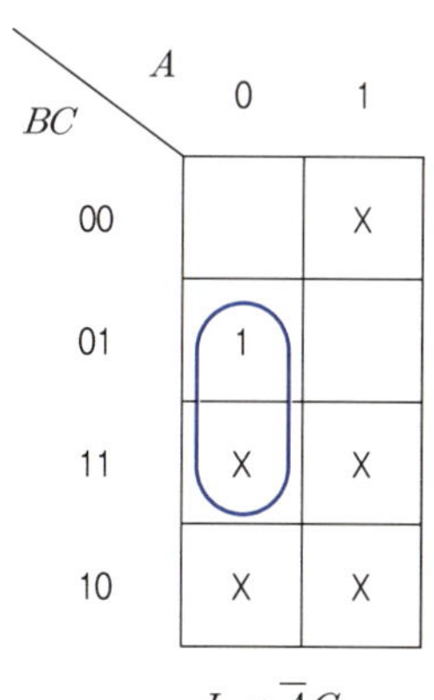

$J_B = \overline{A}C$

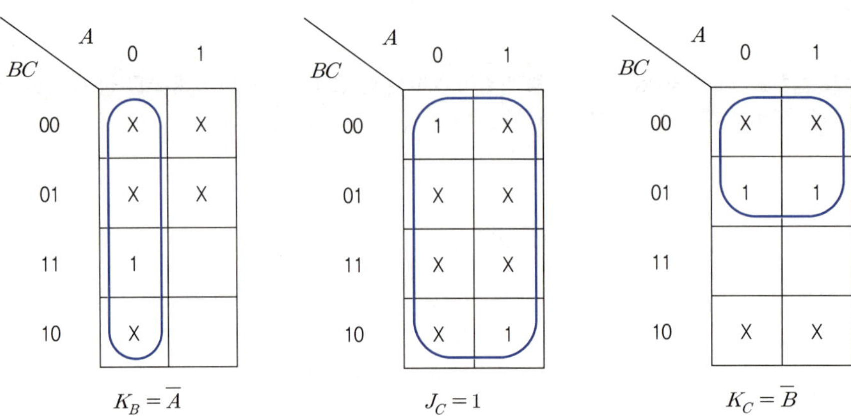

③ **논리회로도** : 논리식을 이용하여 회로를 구현한다.

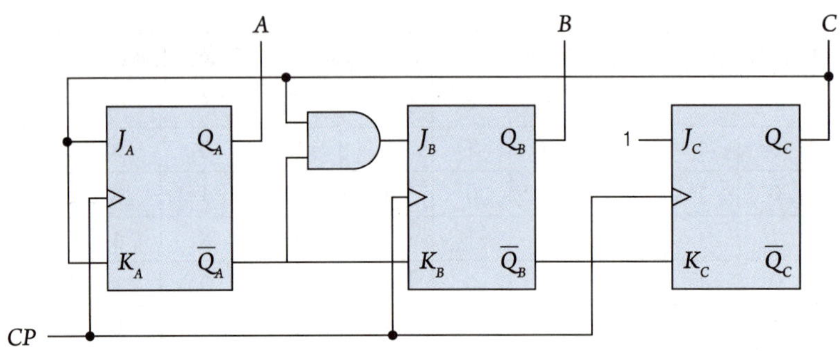

④ **미사용 상태에 대한 상태도**

사용되지 않는 010과 100에 대한 상태도는 다음 그림과 같다. 010상태는 클록펄스 1개가 입력되면 다음 상태 001로 변하며, 100상태는 클록펄스 1개가 입력되면 다음 상태 101로 변한다. 이와 같이 카운터는 사용되지 않는 상태가 되더라도 다음 클록펄스에 유효 상태가 되어 정확한 카운터 기능을 수행한다.

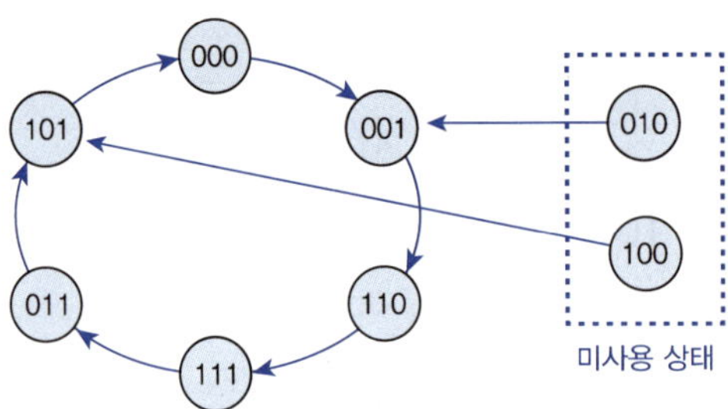

OX로 점검하자 | 제7장

※ 다음 지문의 내용이 맞으면 O, 틀리면 ×를 체크하시오. [1 ~ 16]

01 시프트 레지스터의 각 단계는 래치의 배열로 구성된다. ( )

›››🔍 시프트 레지스터는 플립플롭으로 구성되어 직렬에서 병렬, 병렬에서 직렬로 변환하여 사용된다.

02 1바이트의 데이터를 시프트 레지스터로 직렬 시프트하기 위해서는 한 개의 클록펄스가 필요하다. ( )

›››🔍 시프트 레지스터는 1비트를 저장할 수 있는 플립플롭 기억소자로 1바이트 즉, 8비트를 저장하고 시프트하기 위해서는 8개의 클록펄스가 필요하다.

03 동기 적재 기능을 갖는 시프트 레지스터로 1바이트의 데이터를 병렬로 적재하기 위해서는 8개의 클록펄스가 필요하다. ( )

›››🔍 1바이트(8비트)의 동기식 시프트 레지스터의 적재는 한 번의 클록펄스로 레지스터에 적재된다. 그리고 적재된 데이터의 병렬출력은 한 번의 클록펄스가 필요하고, 직렬 출력은 8개의 클록펄스가 필요하다.

04 시프트 레지스터의 두 가지 기능은 데이터의 저장과 데이터의 시프트이다. ( )

›››🔍 레지스터는 한 개 이상의 플립플롭으로 구성하며, 데이터를 시프트와 저장하기 위해서 사용된다.

05 직렬 시프트 레지스터에서 여러 개의 데이터 비트는 동시에 입력된다. ( )

›››🔍 직렬 시프트 레지스터는 한 번의 클록펄스로 한 비트씩 플립플롭에 적재된다.

06 모든 시프트 레지스터는 지정된 순서에 의해 정의된다. ( )

›››🔍 시프트 레지스터는 카운터와는 달리 아주 특별한 경우를 제외하고는 특정한 상태 순서를 가지고 있지 않다. 일반적으로 레지스터는 외부에서 입력되는 데이터(1 또는 0)를 저장하고, 이를 시프트하는 목적으로 사용되며, 상태가 순차적으로 변화하는 특성을 갖고 있지 않다.

07 시프트 레지스터는 병렬과 직렬 출력을 모두 가질 수 있다. ( )

›››🔍 입력과 출력에 따라 분류한 레지스터의 기본형은 직렬입력-직렬출력(SISO : Serial Input-Serial Output), 직렬입력-병렬출력(SIPO : Serial Input-Parallel Output), 병렬입력-직렬출력(PISO : Parallel Input-Serial Output), 병렬입력-병렬출력(PIPO : Parallel Input-Parallel Output)이다.

정답 1 × 2 × 3 × 4 O 5 × 6 × 7 O

08 4단을 갖는 시프트 레지스터는 최대 15개의 계수를 저장할 수 있다. (　　)

시프트 레지스터의 단 구성은 1개의 플립플롭이므로, 1개의 플립플롭은 0 또는 1을 저장할 수 있는 상태수가 발생한다. 그러므로 4단으로 구성된 레지스터의 상태 수는 초기상태 수를 제외하고 15개의 계수를 저장할 수 있다.

09 존슨 카운터는 시프트 레지스터의 특별한 형태이다. (　　)

시프트 레지스터 카운터(존슨 카운터, 링 카운터)는 특별한 순서를 만들기 위하여 직렬출력을 직렬입력에 연결하여 만든 기본적인 시프트 레지스터이다. 이러한 레지스터는 특별한 순서 상태를 갖고 있기 때문에 종종 카운터로 분류된다.

10 8비트 존슨 카운터의 모듈러스는 8이다. (　　)

모듈러스는 카운터의 동작에서 수를 순서대로 계수하는 데 사용되는 유일한 상태의 수를 의미한다. 존슨 카운터는 4비트 순서는 8개의 상태를 가지며, 5비트 순서는 10개의 상태를 가지는 것처럼 $2n$-모듈러스 상태를 발생시키므로 8비트 존슨 카운터의 모듈러스는 16이다.

11 링 카운터는 각 순서의 상태에서 하나의 플립플롭을 사용한다. (　　)

링 카운터는 각 상태마다 각각의 출력이 있기 때문에 디코딩 게이트가 필요 없다는 장점이 있고, 상태순서에서 n개의 상태를 가지므로 각 단에 대해 한 개의 플립플롭을 사용한다.

12 시프트 레지스터는 시간지연장치로써 사용될 수 있다. (　　)

레지스터는 데이터 통신, 시간지연회로 등에 사용한다.

13 비동기식 카운터에서 플립플롭의 상태는 동시에 변한다. (　　)

비동기식 카운터(리플 카운터)는 플립플롭을 직렬로 연결하여 구성하며, 첫 번째 단의 출력이 다음 단의 클록입력으로 인가되므로 모든 플립플롭에 누적된 전파지연 때문에 고속회로에서는 사용할 수 없다.

14 동기식 카운터에서 모든 플립플롭은 동시에 클록이 인가된다. (　　)

동기식 카운터는 모든 플립플롭을 공통 클록으로 구동하며 비동기식 카운터의 문제점인 누적된 전파지연 문제를 해결한 카운터이다.

15. 10진 카운터는 16개의 상태를 갖는다. (　　)

10진 카운터는 0000에서 1001까지의 절단 시퀀스로 10개의 상태로 표현된다. 즉, 1001상태까지는 2진 순서로 계수를 진행하고 그 다음의 상태는 1010 상태로 되지 않고 0000상태로 재순환된다.

16 절단 시퀀스를 갖는 카운터는 최대 상태수보다 적은 상태를 갖는다. (　　)

카운터에서 플립플롭의 수가 n개일 때, 최대의 상태의 수는 $2^n\,(0 \sim 2^{n-1})$개이다. 카운터의 순차에서 상태의 수가 2^n보다 작은 상태를 갖도록 설계할 수 있다. 이러한 형태를 절단 시퀀스라 한다.

정답 8 ○ 9 ○ 10 × 11 ○ 12 ○ 13 × 14 ○ 15 × 16 ○

제 7 장 실전예상문제

01 **데이터를 일시 저장할 수 있는 것은?**

① 레지스터
② 인코더
③ 디코더
④ TTL

01 레지스터(register)는 데이터 저장과 데이터 이동의 두 가지 기본 기능을 갖는 디지털 회로이다.

02 **레지스터의 기본 회로는?**

① AND게이트
② OR게이트
③ 플립플롭
④ 증폭기

02 레지스터의 저장능력은 메모리 장치로 중요하게 사용되므로 1비트 기억소자 기능을 할 수 있는 플립플롭이 사용된다.

03 **시프트 레지스터를 만드는 데 가장 적합한 플립플롭은?**

① JK플립플롭
② SR플립플롭
③ T플립플롭
④ D플립플롭

03 시프트 레지스터는 데이터를 일시 저장하고, 이동하는 기능을 가지므로, D플립플롭의 데이터 전달특성을 적용하여 구성된다.

정답 01 ① 02 ③ 03 ④

04 레지스터에 대한 설명으로 틀린 것은?

① 레지스터는 워드를 구성하는 비트 개수만큼의 플립플롭으로 구성된다.
② 여러 개의 플립플롭은 공통 클록의 입력에 의해 동시에 여러 비트의 입력 자료가 저장된다.
③ 레지스터에 사용되는 플립플롭은 외부입력을 그대로 저장하는 T플립플롭이 적당하다.
④ 레지스터를 구성하는 플립플롭은 저장하는 값을 임의로 설정하기 위해 별도의 입력 단자를 추가할 수 있으며, 저장값을 0으로 하는 것을 설정해제(CLR)라 한다.

04 레지스터는 데이터를 일시 저장하고, 이동하는 기능을 가지므로 D플립플롭이 적당하다.

05 시프트 레지스터의 특징으로 옳지 않은 것은?

① 레지스터에 저장된 2진 정보를 이동시킬 수 있는 레지스터이다.
② 본질적으로 클록펄스에 따라 미리 정해진 순서대로 상태를 변화시키는 레지스터이다.
③ 플립플롭의 연결 구조가 직렬이다.
④ 모든 플립플롭은 공통으로 연결된 클록 입력을 사용한다.

05 시프트 레지스터는 카운터와는 달리 아주 특별한 경우를 제외하고는 특정한 상태 순서를 가지고 있지 않다. 일반적으로 레지스터는 외부에서 입력되는 데이터(1 또는 0)를 저장하고, 이를 시프트하는 목적으로 사용되며, 상태가 순차적으로 변화하는 특성은 갖고 있지 않다.

06 일반적으로 카운터와 시프트 레지스터의 차이점을 가장 잘 표현한 것은?

① 카운터에는 특정한 상태 순서가 있으나, 시프트 레지스터는 특정한 상태 순서가 없다.
② 카운터에는 특정한 상태 순서가 없으나, 시프트 레지스터는 특정한 상태 순서가 있다.
③ 카운터와 시프트 레지스터는 데이터의 이동 기능이 주된 목적이다.
④ 카운터와 시프트 레지스터는 데이터의 저장 기능이 주된 목적이다.

06 레지스터는 데이터 통신과 시간지연 회로 등에 사용되고, 카운터는 디지털 시계와 주파수 카운터들에 사용된다.

정답 04 ③ 05 ② 06 ①

07 다음에 열거한 인터페이스의 종류 중에서 회선의 개수가 많지만 속도가 가장 빠른 인터페이스는?

① 직렬입력-직렬출력
② 직렬입력-병렬출력
③ 병렬입력-병렬출력
④ 병렬입력-직렬출력

07 병렬입력-병렬출력은 한 개의 클록펄스로 여러 비트의 데이터를 적재할 수 있으며, 레지스터에 적재되어 있는 데이터를 한 개의 클록펄스로 이동시킬 수 있다.

08 다음 그림과 같은 회로는?

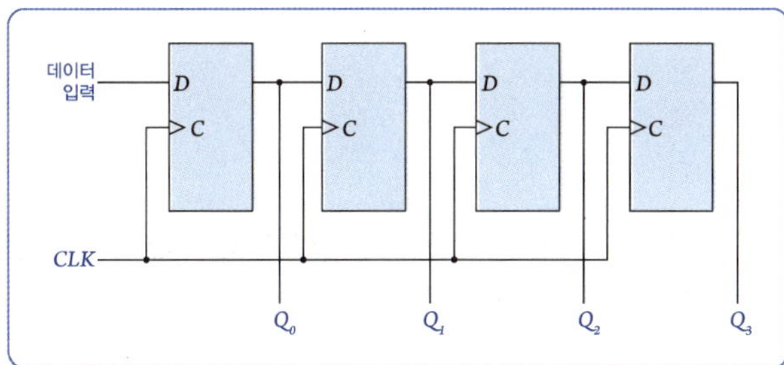

① 4비트 링 카운터
② 4비트 직렬입력-병렬출력 시프트 레지스터
③ 4비트 존슨 카운터
④ 4비트 병렬입력-직렬출력 시프트 레지스터

08 4비트 데이터를 한 비트씩 LSB부터 먼저 입력(적재)하고, 저장된 모든 정보비트를 동시에 병렬 출력하는 회로이다.

정답 07 ③ 08 ②

09 다음 그림과 같은 회로는?

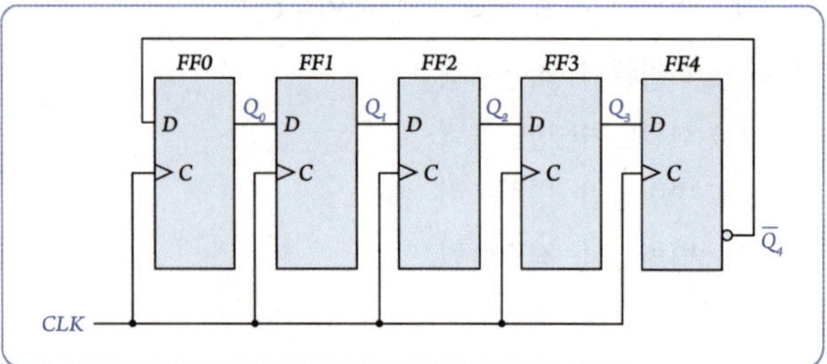

① 4비트 링 카운터
② 5비트 링 카운터
③ 4비트 존슨 카운터
④ 5비트 존슨 카운터

09 5비트 존슨 카운터는 전체 10개의 상태를 가지며, 맨 오른쪽 D플립플롭의 $\overline{Q}$출력을 맨 왼쪽 D플립플롭의 D입력에 연결하여 서로 다른 상태의 수가 링 카운터보다 두 배로 늘어난다. 각 플립플롭의 출력 Q를 오른쪽 플립플롭의 D입력에 연결하고, 맨 오른쪽 플립플롭의 $\overline{Q}$출력을 맨 왼쪽 D플립플롭의 D입력에 연결한다.

10 n단으로 구성된 일반 카운터는 2^n개의 모드를 갖는데 반해 n단으로 구성된 존슨 카운터는 몇 개의 모드를 갖는가?

① n^2+1개
② n개
③ $2n+1$개
④ $2n$개

10 존슨 카운터는 링 카운터에 비해 맨 오른쪽 D플립플롭의 $\overline{Q}$출력을 맨 왼쪽 D플립플롭의 D입력에 연결하여 서로 다른 상태의 수가 두 배로 늘어난다. 즉 모드 수(상태 수)는 $2n$개다.

11 다음 레지스터 형태 중 한 순간에 단지 1비트의 데이터가 들어가고 모든 데이터 비트가 한 번에 출력되는 형태는?

① PISO
② PIPO
③ SISO
④ SIPO

11 직렬입력-병렬출력 시프트 레지스터는 데이터를 직렬로 입력하여 병렬로 출력하는 레지스터로, 직렬 통신 시 데이터를 한 비트씩 직렬로 수신하여 1바이트 데이터가 수신되면 데이터를 병렬로 변환하여 사용한다.
- 직렬입력-직렬출력(SISO)
- 직렬입력-병렬출력(SIPO)
- 병렬입력-직렬출력(PISO)
- 병렬입력-병렬출력(PIPO)

정답 09 ④ 10 ④ 11 ④

12 **모듈러스-10 존슨 카운터는 몇 개의 플립플롭이 필요한가?**

① 3개
② 4개
③ 5개
④ 10개

12 모듈러스-10 존슨 카운터는 10개의 모드(상태)수가 되므로 5개의 플립플롭으로 구현할 수 있다.

13 **모듈러스-10 링 카운터는 몇 개의 플립플롭이 필요한가?**

① 4개
② 5개
③ 10개
④ 20개

13 링 카운터는 상태순서에서 n개의 상태를 갖는다. 그러므로 10개의 플립플롭이 필요하다.

14 **일련의 순차적인 수를 세는 회로는?**

① 디코더
② 카운터
③ 레지스터
④ 인코더

14 카운터는 수를 세는 계수회로로 입력 펄스에 따라 미리 정해진 순서대로 상태가 변화하는 레지스터로써, 발생횟수를 세거나 동작순서를 제어하기 위한 타이밍 신호를 만드는 데 적합한 회로이다.

정답 12 ③ 13 ③ 14 ②

15 다음 중 카운터에 관한 설명으로 틀린 것은?

① T플립플롭의 원리를 이용한다.
② mod−n 카운터는 모듈러스가 n이다.
③ 플립플롭이 4개라면 계수는 4가지 경우가 존재한다.
④ 동기식 카운터는 비동기식 카운터보다 더 빠른 클록에서 동작할 수 있다.

15 카운터의 플립플롭의 개수가 n개라면, 표현 가능한 카운터 수는 0부터 2^n-1까지 카운터할 수 있다. 그러므로 $2^4-1=15$이므로 0부터 15까지 16가지가 존재한다.

16 Modulo−6 계수기를 만들려면 최소 몇 개의 플립플롭이 필요한가?

① 1개
② 2개
③ 3개
④ 4개

16 modulo−6 계수기는 카운터에서 구별되는 상태의 수가 6이므로, 0(000)부터 5(101)까지 표현된다. 그러므로 3비트의 데이터를 저장하려면 3개의 플립플롭이 필요하다.

17 8진 카운터를 구성하려면 몇 개의 JK플립플롭이 필요한가?

① 2개
② 3개
③ 4개
④ 8개

17 8진 카운터는 modulo−8 계수기라고도 하며, 0(000)부터 7(111)까지 표현되므로 3비트의 데이터를 저장하려면 3개의 JK플립플롭이 필요하다.

정답 15 ③ 16 ③ 17 ②

18 **4개의 플립플롭으로 구성된 카운터의 모듈러스는?**

① mod−2
② mod−4
③ mod−8
④ mod−16

18 [문제 15번]을 참고하여, 플립플롭이 4개이므로 $0 \sim 2^4 - 1$까지 카운트 할 수 있다. 즉, 0 ~ 15까지 16개의 상태 수가 표현된다.

19 **카운터의 클록펄스 인가방식에 따른 분류로 옳은 것은?**

① 2진 카운터
② 비동기식 카운터
③ 레지스터
④ 시프트 카운터

19 동기식 카운터는 모든 플립플롭을 공통 클록으로 구동하며, 비동기식 카운터(리플 카운터)는 플립플롭을 직렬로 연결하여 구성한다.

20 **비동기식 카운터에 대한 설명 중 옳지 <u>않은</u> 것은?**

① 동기식에 비하여 속도가 빠르다.
② 리플 카운터라고도 한다.
③ 전단 출력을 다음 단의 클록펄스 입력으로 한다.
④ 같은 클록펄스에 의해 트리거되지 않는다.

20 비동기식 카운터는 모든 플립플롭에 누적된 전파지연 때문에 고속회로에서는 사용할 수 없다.

정답 18 ④ 19 ② 20 ①

21 동기식 카운터는 모든 플립플롭에 공통으로 클록이 인가되며, 비동기식에 비해 카운트 속도가 빠르고, 디지털 시계 또는 주파수 계수기에 사용된다. 비동기식 카운터는 전단의 출력이 다음 단의 클록펄스로 인가되므로, 각 단의 누적된 전파지연으로 동기식에 비해 카운트 속도가 느리다.

21 동기식 카운터와 비동기식 카운터를 비교한 설명 중 맞는 것은?

① 동기식 카운터는 비동기식 카운터에 비해 카운트 속도가 느리다.
② 동기식 카운터는 각 플립플롭의 클록에 동기되는 카운터이다.
③ 동기식과 비동기식 카운터는 플립플롭에 공통으로 클록이 공급된다.
④ 동기식 상향 카운터는 기억소자로 응용될 수 있다.

22 클록펄스 입력이 모든 플립플롭에 공통으로 인가되므로 동기식 카운터이며, 플립플롭이 2개 있으므로 2비트를 저장할 수 있다.

22 다음은 어떤 동작을 하는 회로인가?

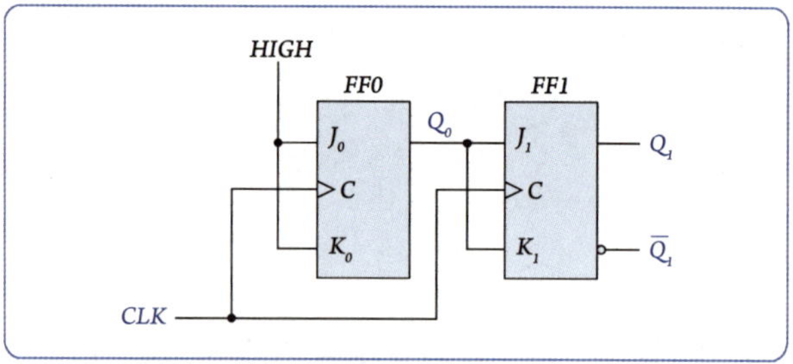

① 2비트 시프트 레지스터
② 3비트 동기 2진 카운터
③ 2비트 비동기 2진 카운터
④ 2비트 동기 2진 카운터

정답 21 ② 22 ④

23 **D 플립플롭으로 구현한 링 카운터에 대한 설명 중 가장 적합한 것은?**

① 직렬 시프트 레지스터의 최초 플립플롭의 출력(Q)을 최초 플립플롭의 D에 연결한다.

② 직렬 시프트 레지스터의 최종 플립플롭의 출력($\overline{Q}$)을 최초 플립플롭의 D에 연결한다.

③ 직렬 시프트 레지스터의 최종 플립플롭의 출력(Q)을 최초 플립플롭의 D에 연결한다.

④ 직렬 시프트 레지스터의 최초 플립플롭의 출력($\overline{Q}$)을 최초 플립플롭의 D에 연결한다.

»»

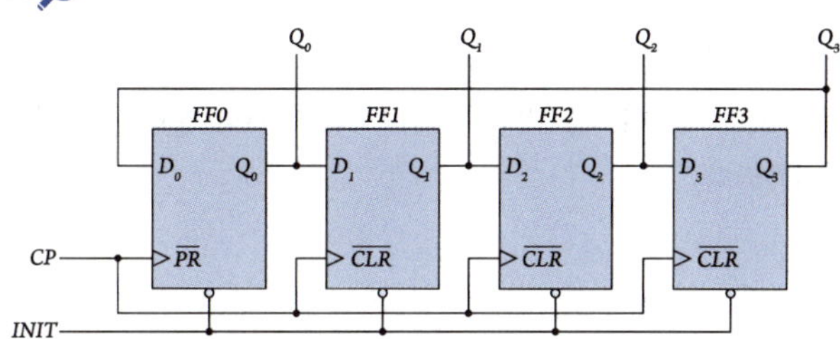

23 링 카운터는 앞단 플립플롭의 출력이 다음 단 플립플롭의 입력으로 연결되는 과정이 반복되며, 최종단 플립플롭의 출력은 맨 앞단 플립플롭의 입력으로 연결되는 구조를 갖는 카운터이다.
[문제 하단의 도표 참고]

24 **D 플립플롭으로 구현한 존슨 카운터에 대한 설명 중 가장 적합한 것은?**

① 직렬 시프트 레지스터의 최종 플립플롭의 출력($\overline{Q}$)을 최초 플립플롭의 D에 연결한다.

② 직렬 시프트 레지스터의 최초 플립플롭의 출력(Q)을 최초 플립플롭의 D에 연결한다.

③ 직렬 시프트 레지스터의 최종 플립플롭의 출력(Q)을 최초 플립플롭의 D에 연결한다.

④ 직렬 시프트 레지스터의 최초 플립플롭의 출력($\overline{Q}$)을 최초 플립플롭의 D에 연결한다.

24 존슨 카운터는 각 단의 Q출력이 다음 단의 D입력에 연결되고, 마지막 단의 $\overline{Q}$출력이 첫 단의 입력 D에 연결된다.

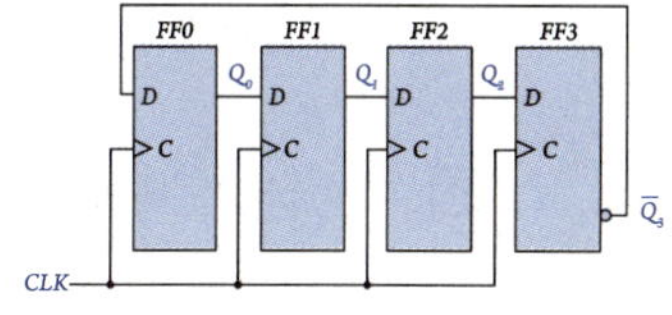

정답 23 ③ 24 ①

Self Check로 다지기 | 제7장

- 레지스터는 데이터를 입・출력하는 방법에 따라 4가지 종류가 있다. 카운터는 입력펄스가 인가되면 미리 정해진 순서에 따라 상태가 변화하는 레지스터라고 볼 수 있다. 레지스터는 카운터와 달리 특별한 경우를 제외하면 상태변화에 명확한 순서가 없고, 데이터를 이동하는 목적으로 사용되므로 시프트 레지스터라고 한다.

- 시프트 레지스터는 직렬에서 병렬, 병렬에서 직렬 변환을 위해 사용한다.

- 입력과 출력에 따라 분류한 레지스터의 기본형은 직렬입력-직렬출력(SISO : Serial Input Serial Output), 직렬입력-병렬출력(SIPO : Serial Input Parallel Output), 병렬입력-직렬출력(PISO : Parallel Input Serial Output), 병렬입력-병렬출력(PIPO : Parallel Input Parallel Output)이다.

- 직렬입력-직렬출력 시프트 레지스터는 데이터를 직렬로 입력하여 직렬로 출력하는 레지스터로, 모뎀(Modem)과 같은 장치에 이용된다.

- 직렬입력-병렬출력 시프트 레지스터는 데이터를 직렬로 입력하여 병렬로 출력하는 레지스터로, 직렬 통신 시 데이터를 한 비트씩 직렬로 수신하여 1바이트 데이터가 수신되면 데이터를 병렬로 변환하여 사용한다.

- 병렬입력-직렬출력 시프트 레지스터는 데이터를 병렬로 입력하여 직렬로 출력하는 레지스터로, 직렬 통신 시 컴퓨터 내부의 병렬데이터를 직렬로 전송하기 위하여 데이터를 한 비트씩 직렬로 시프트하는 데 사용한다.

- 병렬입력-병렬출력 시프트 레지스터는 데이터를 병렬로 입력하여 병렬로 출력하는 레지스터로, 범용 입・출력 장치나 프린터 등에 사용한다.

- 디지털 통신에서 송신 측에서는 데이터를 병렬에서 직렬로 변환하여 전송로로 전달하며, 수신 측에서는 직렬 데이터를 병렬로 변환한다.

- 레지스터는 데이터 통신, 시간지연회로 등에 사용한다.

- 비동기식 카운터(리플 카운터)는 플립플롭을 직렬로 연결하여 구성하며, 모든 플립플롭에 누적된 전파지연 때문에 고속회로에서는 사용할 수 없다.

- 비동기식 카운터는 JK플립플롭 또는 T플립플롭으로 구성하며, JK플립플롭을 사용하는 경우 모든 입력 $J=K=1$로 하고, T플립플롭을 사용하는 경우는 $T=1$로 하여 토글상태가 되도록 한다.

- 카운터에는 수를 세어 올라가는 상향 카운터와 수를 세어 내려오는 하향 카운터가 있다.

- 상향 카운터는 하강에지에서 동작하는 플립플롭을 사용하는 경우 출력 Q를 다음 단의 클록 입력(CLK)에 연결하거나, 상승에지에서 동작하는 플립플롭을 사용하는 경우 출력 $\overline{Q}$를 다음 단의 클록 입력에 연결하여 구성할 수 있다.

- 하향 카운터는 상승에지에서 동작하는 플립플롭을 사용하는 경우 출력 Q를 다음 단의 클록 입력에 연결하거나, 하강에지에서 동작하는 플립플롭을 사용하는 경우에는 출력 $\overline{Q}$를 다음 단의 클록 입력에 연결하여 구성할 수 있다.

- 비동기식 m진 카운터를 구성할 경우, 출력파형에 돌발펄스(glitch)가 발생하는데, 이는 출력비트의 일부분이 나타나는, 원하지 않는 레벨 전이이다.

- 동기식 카운터는 모든 플립플롭을 공통 클록으로 구동하며 비동기식 카운터의 문제점인 누적된 전파지연 문제를 해결한 카운터이다. 동기식 카운터는 순서논리회로 설계방식으로 설계할 수 있다.

- 카운터의 주요 응용으로는 디지털 시계와 주파수 카운터가 있다.

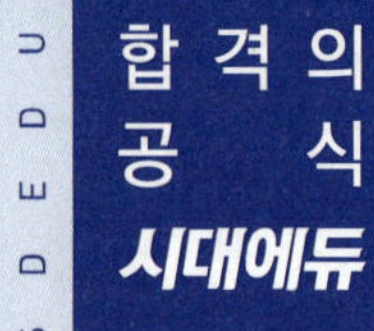

할 수 있다고 믿는 사람은 그렇게 되고, 할 수 없다고 믿는 사람도 역시 그렇게 된다.

- 샤를 드골 -

제 8 장

기억장치와 PLD

비관론자는 어떤 기회가 찾아와도 어려움만을 보고,
낙관론자는 어떤 난관이 찾아와도 기회를 바라본다.

– 윈스턴 처칠 –

제 8 장 기억장치와 PLD

제1절 메모리

1 메모리의 개요

메모리는 2진 데이터를 저장하는 컴퓨터 시스템의 한 부분이다. 컴퓨터에서 메모리는 초당 수백만 번 사용되므로 속도와 정확성이 중요하게 요구된다. 현재 가장 빠른 반도체 메모리는 1GigaByte 이상의 모듈 형태로 출시되고 있다. 이러한 대용량의 메모리 모듈도 작은 단위의 메모리와 동작 원리는 동일하다. 메모리는 컴퓨터, 기타 신호처리장치(마이크로프로세서), 디지털신호 프로세서 등에 사용하는 데이터와 명령을 일시적으로 저장할 수 있고, 저장된 데이터를 읽을 수도 있다.

반도체 메모리(IC memory)는 바둑판 모양으로 배열된 메모리 셀(memory cell)로 구성되며, 셀의 위치를 지정하기 위하여 2진 부호로 된 주소를 사용한다. 메모리의 어떤 위치에 데이터를 써넣거나 읽어낼 때는 반드시 그 주소를 지정해야 한다. 한 주소로 1비트뿐만 아니라 여러 비트로 된 워드(word)를 동시에 써넣어도 읽어낼 수 있다. 컴퓨터가 입·출력장치와 통신할 때도 각 장치를 구별하는 주소를 이용하여 식별한다. 메모리 IC에는 주소, 데이터 외에 제어신호를 위한 단자들이 있다.

(1) 2진 데이터의 단위

일반적으로 메모리는 1비트에서 8비트의 단위로 데이터를 저장한다. 2진 데이터의 최소 단위는 비트(bit)이나 실제 응용에서는 데이터를 바이트(byte)의 단위나 바이트의 정수배로 처리한다. 또 바이트는 니블(nibble)이라고 하는 4비트 단위 2개로 나눌 수 있다. 일반적으로 **워드(word)는 정보의 기억단위로** 사용되고, 보통 1개 이상의 바이트로 구성된다. 그리고 컴퓨터에서는 워드를 메모리에서 하나의 메모리 위치에서 저장될 수 있는 단일 존재로서의 비트 또는 바이트의 그룹으로 정의하는데, 반면 어셈블리 언어에서는 워드는 2바이트로 정의한다.

(2) 기본적인 반도체 메모리 배열

메모리에서 각 저장 요소를 **셀(cell)**이라 하며, 1이나 0을 저장한다. [그림 8-1]은 64개의 셀을 갖는 메모리를 나타낸 것으로, 그림에서와 같이 메모리는 셀의 배열로 구성된다. 메모리 배열(memory array)의 각 블록은 하나의 저장 셀을 나타내며, 행과 열을 지정하여 위치를 식별할 수 있다.

64셀 배열은 데이터의 단위에 따라 여러 가지로 구성될 수 있다. [그림 8-1]의 (a)는 8×8배열을 나타내며, 64비트 메모리 또는 8바이트 메모리라 한다. (b)는 16×4배열로써 16니블 메모리라 한다. (c)는 64×1배열로 64비트 메모리라 한다. 메모리는 저장할 수 있는 워드 수와 워드 길이의 곱에 의해 구분된다. 예를 들면 $16k \times 8$메모리는 실제 저장되는 워드 수는 16,384개의 8비트 워드를 저장할 수 있고, $16 \times 1024 \times 8$메모리를 표현한다. 보통 천 단위로 간단하게 표현하여 $16k$바이트라고 한다.

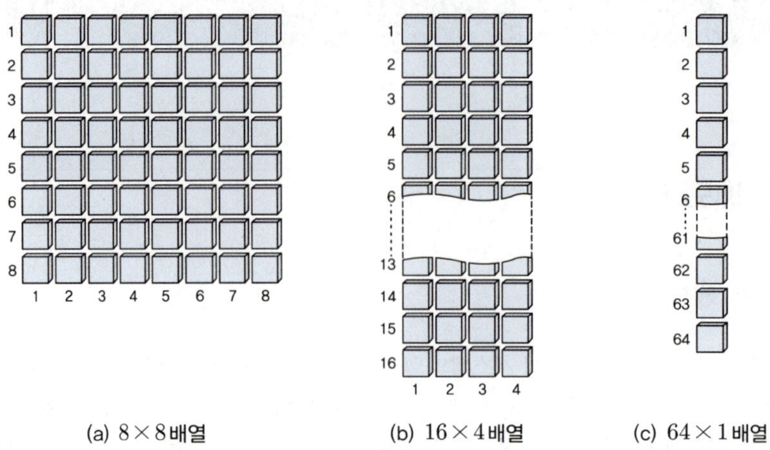

[그림 8-1] 3가지 형태로 구성된 64셀 메모리 배열

(3) 메모리 주소와 용량

① 메모리의 주소(address) 중요

메모리 배열에서 단위 데이터의 위치를 주소(address)라 한다. [그림 8-2]의 (a)는 2차원 배열에서 한 비트의 주소를 그림과 같이 행과 열로 지정하고, (b)는 배열에 대한 한 바이트의 주소를 행만으로 지정한다. 주소는 메모리가 어떠한 데이터 단위로 구성되어 있는가에 따라 달라진다. 개인용 컴퓨터에는 바이트로 구성된 RAM이 내장되어 있다. 이는 주소로 지정될 수 있는 비트의 최소 그룹이 8비트임을 의미한다.

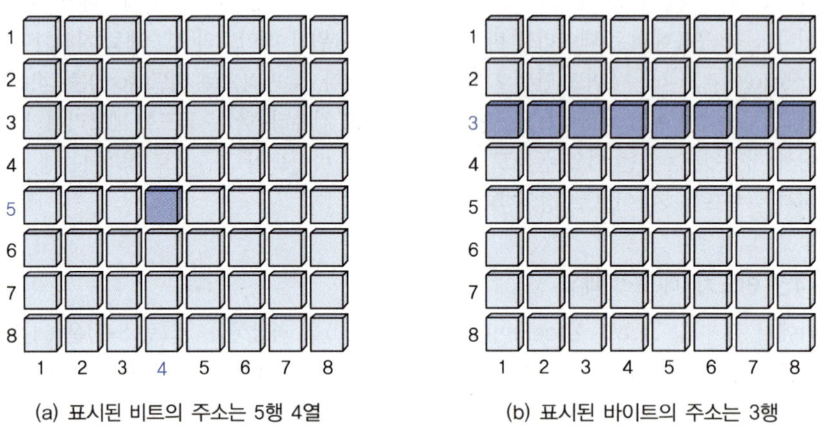

(a) 표시된 비트의 주소는 5행 4열
(b) 표시된 바이트의 주소는 3행

[그림 8-2] 2차원 배열 메모리에서 주소 지정의 예

② **메모리의 용량(capacity)**

메모리의 용량(capacity)은 메모리에 저장될 수 있는 데이터 단위의 총 수로 표현된다. 예를 들면 [그림 8-2]의 (a)에서 비트 단위로 구성된 메모리의 용량은 64비트이다. 반면 (b)에서 바이트 단위로 구성된 메모리의 용량은 8바이트이다.

(4) 메모리의 기본 동작 중요

메모리는 2진 데이터를 저장하는 장치이므로, 메모리에 데이터를 저장하고 필요할 때 꺼낼 수 있어야 한다. 쓰기(write) 동작은 메모리의 지정된 주소에 데이터를 저장하는 것이고, 읽기(read) 동작은 메모리의 지정된 주소에서 데이터를 꺼내는 것이다. 쓰기와 읽기 동작에는 반드시 메모리의 주소를 지정하는 **주소지정(addressing)**동작이 수반되어야 한다. 또한 이렇게 메모리의 주소가 지정되어 쓰기와 읽기 동작이 수행되면 지정된 주소의 데이터는 데이터 버스를 통해 메모리로 입력되거나 메모리로부터 출력된다. **데이터 버스**는 [그림 8-3]에서처럼 데이터를 메모리에 입력하거나 메모리로부터 출력하는 **양방향성**을 가진 선의 그룹으로, 바이트 단위의 구조를 가진 메모리의 경우, 데이터 버스는 병렬로 8개의 비트를 동시에 전송할 수 있도록 8개의 선을 가지게 된다.

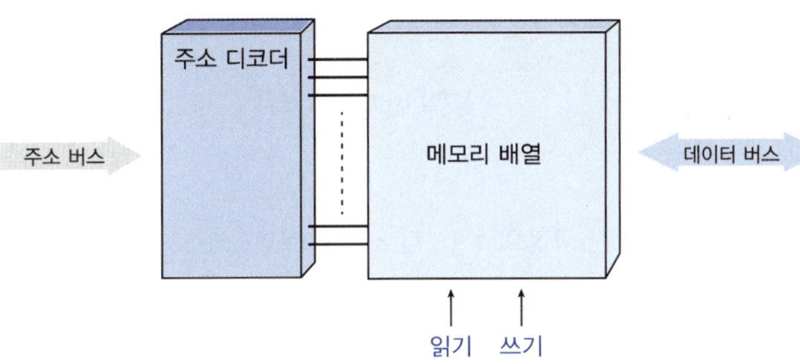

[그림 8-3] 메모리의 구성도

주소 버스(address bus)는 메모리의 쓰기와 읽기 동작에서 원하는 메모리의 주소를 2진 코드로 저장하기 위한 신호선의 그룹으로 **단방향성**을 가진다. 주소 코드는 주소 디코더에 의해 적절한 주소로 지정되며, 주소 버스의 선의 수는 메모리 용량에 따라 다르다. 예를 들면 15비트 주소 코드로는 메모리 내의 32,768(2^{15})개의 위치를 선택할 수 있고, 16비트 주소 코드로는 65,536(2^{16})개의 위치를 선택할 수 있다.

① **쓰기 동작**

메모리에 데이터를 쓰는 과정으로 [그림 8-4]를 보면, 한 바이트의 데이터를 메모리에 저장하려면 주소 레지스터에 있는 코드를 주소 버스에 싣는다. 주소 코드가 버스에 실리면 주소 디코더가 주소를 해석하여 메모리의 위치를 선택한다. 그런 다음 메모리는 쓰기 명령을 받게 되고, 데이터 레지스터에 있는 데이터 바이트를 데이터 버스에 싣고 선택된 메모리 주소에 저장하여 쓰기 동작을 완료한다. 이 위치에 있던 데이터는 새로운 데이터로 교체된다.

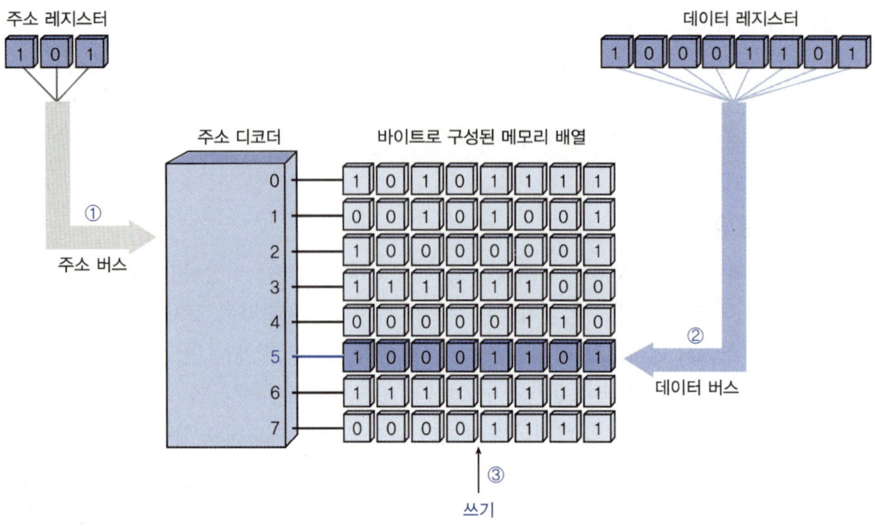

① 주소 레지스터 101은 주소 버스에 실리며, 주소 디코더에 의해 주소 5가 선택된다.
② 데이터 바이트 10001101이 데이터 버스에 실린다.
③ 쓰기 명령은 데이터 바이트를 주소 5에 저장하도록 하며, 이전 데이터는 교체된다.

[그림 8-4] 쓰기 동작

② 읽기 동작

메모리로부터 데이터를 읽는 과정으로, [그림 8-5]를 보면, 쓰기 동작과 같이 주소 레지스터에 있는 코드를 주소 버스에 싣는다. 일단 주소 코드가 버스에 실리면, 주소 디코더가 이 주소를 해석하여 메모리의 위치를 선택한다. 그런 후에 메모리는 읽기 명령을 받게 되고, 선택된 메모리 주소에 저장되어 있는 바이트 데이터를 데이터 버스에 싣고 데이터 레지스터에 적재함으로써 읽기 동작이 완료된다. 읽기를 한 메모리 주소의 데이터는 지워지지 않고 그 주소에 그대로 남아 있게 되며 이러한 동작을 비파괴적인(nondestructive) 읽기라 한다.

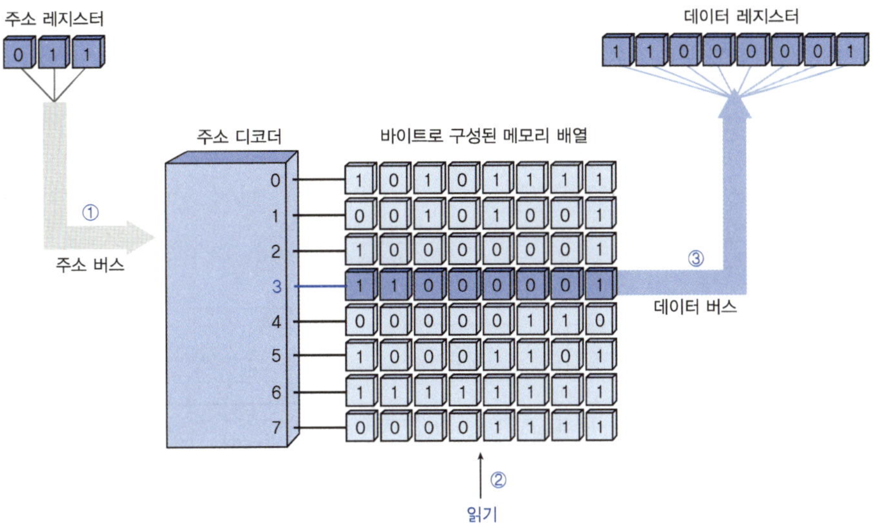

① 주소 레지스터 011은 주소 버스에 실리며, 주소 디코더에 의해 주소 3이 선택된다.
② 읽기 명령이 전달된다.
③ 주소 3의 내용이 데이터 버스에 실리고 데이터 레지스터로 이동된다. 주소 3의 내용은 읽기 동작에 의해 지워지지는 않는다.

[그림 8-5] 읽기 동작

예제 8-1

메모리 용량이 1024×8이라고 할 때 MAR과 MBR은 각각 몇 비트인가?

해설

$1024 \times 8 = 2^{10} \times 8$, MAR=10비트, MBR=8비트이다. MAR은 메모리 주소 라인 수와 같고, 주소 버스이다. MBR은 데이터 라인 수와 같고, 데이터 버스이며, 워드이다.

예제 8-2

컴퓨터 주기억장치의 용량이 1Gbyte라면 주소 버스는 최소한 몇 비트여야 하는가?

해설

$1\,Gbyte = 2^{30} \times 1(byte) = 2^{30} \times 8(bit)$이므로, MAR은 30비트, MBR은 8비트가 된다.

(5) 메모리의 분류

메모리를 분류하는 관점은 여러 가지가 있으나 대표적으로 접근방법, 기록기능, 기억방식, 휘발성 등에 따라 분류한다. [그림 8-6]은 반도체 메모리에 대한 분류를 나타낸다.

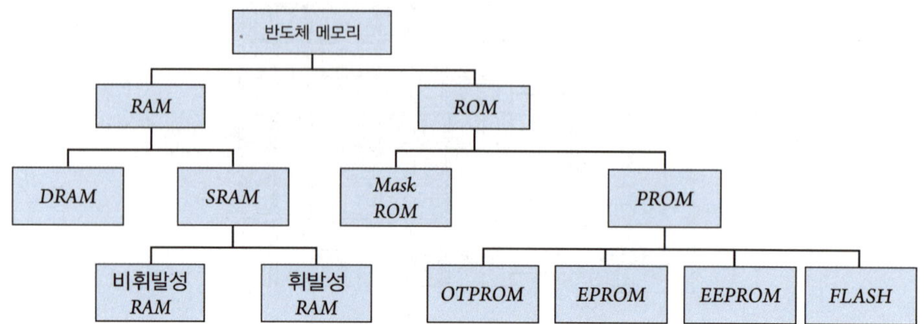

[그림 8-6] 반도체 메모리의 분류

① 접근 방법에 의한 분류

메모리의 주소에 해당하는 위치에 데이터를 읽거나 쓰는 것을 액세스(access)라고 한다. 메모리 시스템에서 필요한 정보에 액세스하는 방법은 2가지로 구분한다.

㉠ RAM(Random Access Memory) : 접근 시간은 어느 위치나 동일하게 걸리는 메모리 형태이다.

㉡ SAM(Sequential Access Memory) : 순차액세스 메모리이며, 어떤 매개체에 저장되어 있는 정보로 직접 접근할 수 있는 것이 아니라 원하는 위치에 도달하는 데 일정한 시간이 경과되는 형태이다. 그러므로 접근 시간은 위치에 따라 달라진다.(예 자기테이프)

② 기록 기능에 의한 분류

대부분의 메모리는 정보를 기억하는 기능과 기억되어 있는 정보를 읽어내는 판독기능이 있으나, 기록기능에는 사용자가 기록하는 것이 가능한 경우와 그렇지 않은 경우가 있다.

㉠ RWM(Read and Write Memory) : 사용자가 기록과 판독 두 가지를 모두 수행할 수 있는 메모리로 일반적으로 RAM을 가리킨다.

㉡ ROM(Read Only Memory) : 판독만 가능한 메모리로, 기록된 정보는 전원이 꺼져도 지워지지 않으므로 프로그램이나 문자 패턴 등 고정된 정보의 기억에 사용된다. 마스크ROM(Mask ROM), PROM(Programmable ROM), EPROM(Erasable PROM), EEPROM(Electrically EPROM) 등이 있다.

③ 기억 방식에 의한 분류 중요

RAM은 정적RAM(SRAM : Static RAM), 동적RAM(DRAM : Dynamic RAM)으로 구분한다.

㉠ SRAM : 일반적으로 2진 정보를 저장하는 **내부 플립플롭으로 구성**되며, 저장된 정보는 전원이 공급되는 동안 보전된다. DRAM에 비해 사용하기 쉽고 읽기와 쓰기 사이클이 더 짧다.

㉡ DRAM : 2진 정보를 **커패시터**에 공급되는 전하 형태로 보관한다. 그러나 커패시터에 사용되는 전하는 시간이 경과하면 방전되므로 일정한 시간 안에 **재충전(refresh)**해야 한다. 재충전은 수백분의 1초마다 주기적으로 행한다. SRAM에 비해 전력소비가 적고 단일 메모리 칩에 더 많은 정보를 저장할 수 있다.

④ **휘발성/비휘발성 메모리**

㉠ 휘발성 메모리(volatile memory) : 일정한 시간이 지나거나 전원이 꺼지면 저장된 내용이 지워지는 메모리 형태이다. RAM은 모두 외부에서 공급되는 전원을 통해 정보를 저장하기 때문에 휘발성 메모리이다.

㉡ 비휘발성 메모리(nonvolatile memory) : 전원이 차단되어도 기록된 정보가 계속 유지되는 자기 코어나 자기 디스크는 자기 소자에 저장된 정보가 자화방향으로 나타내는데, 이 자화방향은 전원이 차단된 후에도 상태를 계속 유지한다. 이러한 특성 때문에 디지털 컴퓨터 동작에 필요한 프로그램을 저장하는 데 사용된다.

⑤ **기억소자에 의한 분류**

기억소자에 따라서 바이폴라(bipolar) 메모리, MOS(Metal Oxide Semiconductor) 메모리, CCD (Charge Coupled Device) 메모리 등으로 나눌 수 있다.

㉠ 바이폴라 메모리 : 메모리 셀 및 주변 회로에 BJT(Bipolar Junction Transistor)를 사용한 메모리로, TTL, ECL 등의 RAM, PROM, 시프트 레지스터 등이 있다. 액세스 시간이 빠르지만 전력 소비가 많으므로 집적도가 높은 경우에는 사용하지 않는다.

㉡ MOS 메모리 : PMOS, NMOS, CMOS를 사용한 메모리로 RAM, PROM, ROM, 시프트 레지스터 등이 있다. 바이폴라 메모리에 비해 속도가 느리지만 전력소비가 적고 VLSI에 적합하다.

㉢ CCD 메모리 : 전하결합소자는 빛을 전하로 변환시켜 이것을 화상으로 얻는 소자이며, 신호를 축적(기억)하고 전송하는 기능을 동시에 갖고 있다. 대규모 용량의 메모리와 카메라에 적합하다.

2 RAM(Random Access Memory)

RAM은 선택된 주소에 데이터를 기록하거나 또는 선택된 주소의 데이터를 읽을 수 있는 읽기/쓰기 메모리이다. RAM의 주어진 주소에 데이터를 기록하면, 이전에 저장되어 있던 데이터는 새로운 데이터로 교체된다. 주어진 주소의 데이터를 읽을 경우 그 주소에 있는 데이터는 지워지지 않는다. 읽기 동작은 데이터를 손상시키지 않고 복사하는 것과 같다. RAM은 전원이 꺼지면 저장되어 있던 데이터가 지워지기 때문에 일반적으로 단기간 데이터를 저장하는 데 사용된다.

(1) RAM의 종류

RAM은 SRAM과 DRAM으로 나누며, SRAM은 플립플롭을 저장소자로 사용하며 DC전원이 공급되는 한 데이터를 계속 저장할 수 있다. DRAM은 커패시터를 저장소자로 사용하며 커패시터에 저장된 데이터가 소멸되지 않게 하려면 주기적으로 리플래시(refresh)를 해야 한다. SRAM과 DRAM은 모두 전원이 꺼지면 저장된 데이터가 지워지므로 휘발성 메모리로 분류된다. SRAM은 DRAM보다 훨씬 빨리 데이터를 읽을 수 있으나, DRAM은 SRAM에 비해 셀 구조가 간단하고 주어진 면적에 더 많은 셀을 채울 수 있기 때문에 같은 크기의 SRAM에 비해 훨씬 많은 양의 데이터를 저장할 수 있다. SRAM은 비동기 SRAM(ASRAM)과 버스트 특징을 갖는 동기 버스트 SRAM(SB SRAM)으로 구분되고, DRAM은 FPM DRAM(Fast Page Mode DRAM), EDO DRAM(Extended Data Out DRAM), BEDO RAM(Burst EDO DRAM), SDRAM(Synchronous DRAM) 등으로 구분된다. [그림 8-7]은 RAM의 종류를 나타낸다.

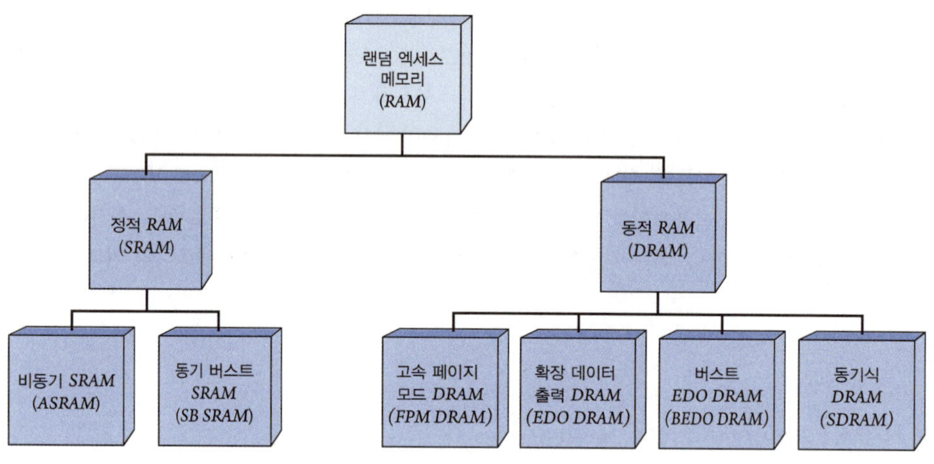

[그림 8-7] RAM의 종류

(2) 정적 RAM(SRAM) 중요

① 저장 셀

모든 SRAM의 저장 셀은 래치 메모리 셀이다. 저장된 데이터(1 또는 0)는 전원이 끊기거나 새로운 데이터가 저장될 때까지 상태가 유지된다. 전원이 끊어지면 각 셀에 저장되어 있는 데이터는 지워진다. [그림 8-8]은 SRAM 래치 저장 셀 구조이다. 비트 선택선(bit select line)이 액티브되면 셀이 선택되고, 데이터 비트(1 또는 0)가 데이터 선에 인가되면 데이터는 셀에 저장된다. 데이터 비트는 데이터 출력선을 통해 읽을 수 있다.

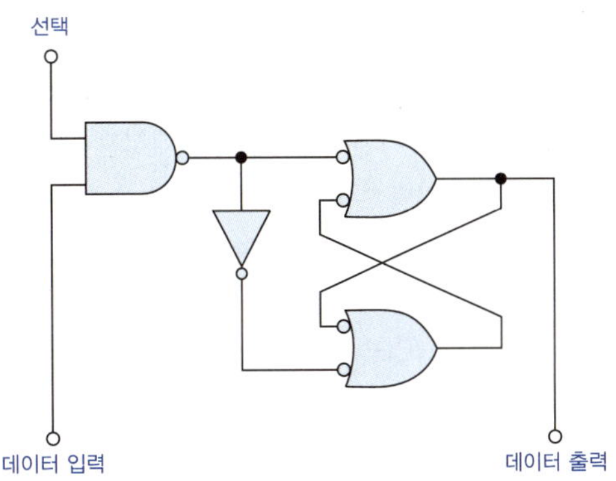

[그림 8-8] SRAM 메모리 셀 논리회로

② **기본적인 SRAM 셀의 배열 구조**

[그림 8-9]는 기본적인 정적 메모리 배열을 보여준다. $n \times 4$ 배열의 경우와 같이 행과 열의 구조로 되어 있다. 같은 행의 모든 셀들은 같은 행 선택선(row select line)을 사용한다. 데이터 입력과 출력선은 주어진 열의 모든 셀에 연결되어 있으며, 버퍼를 통해 입력 및 출력 모두에 사용되는 단일 데이터 선에 연결된다. 메모리 배열의 주어진 행에 단위 데이터를 저장할 경우, 행 선택선을 액티브 레벨로 인가하고 4개의 데이터 비트를 데이터 입력선에 싣는다. 다음에 쓰기선이 활성화 상태가 되면 각 데이터 비트가 해당 열의 선택된 행에 저장된다. 단위 데이터를 읽을 경우에는 읽기선이 활성화 상태가 되고 선택된 행에 저장되어 있는 4개의 데이터 비트가 데이터 출력선에 나타나게 된다.

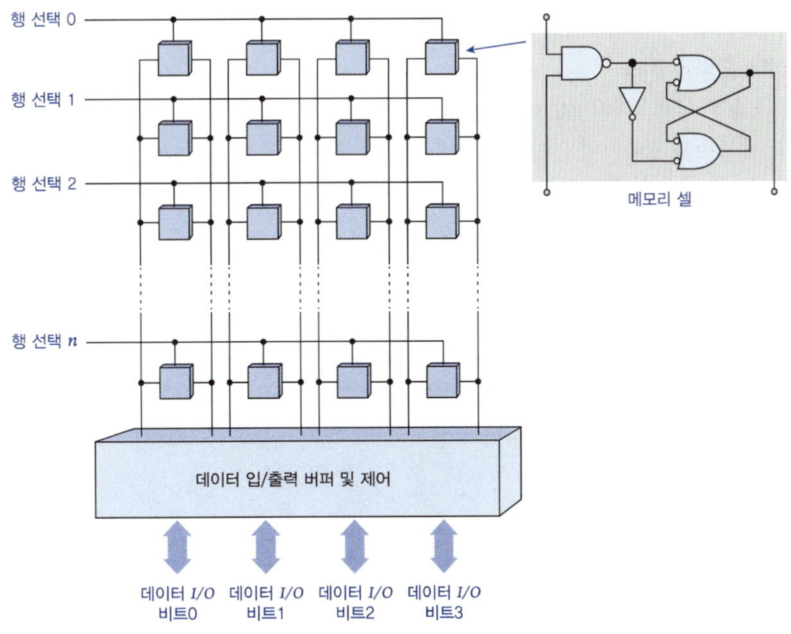

[그림 8-9] 기본적인 정적 메모리 배열

(3) 정적 RAM(SRAM)의 구조

[그림 8-10]은 $32k \times 8$비트 SRAM의 기본 구조를 보여주고 있다. 읽기 모드에서는 지정된 주소에 지정된 8비트 데이터가 데이터 출력선에 출력된다. 쓰기 모드에서는 데이터 입력선에 공급된 8비트 데이터가 지정된 주소로 저장된다. 데이터 입력선과 출력선들($I/O_0 \sim I/O_7$)은 같은 선을 사용한다. 읽기 동작에서는 출력선($O_0 \sim O_7$)으로 쓰기 동작에서는 입력선($I_0 \sim I_7$)으로 사용된다.

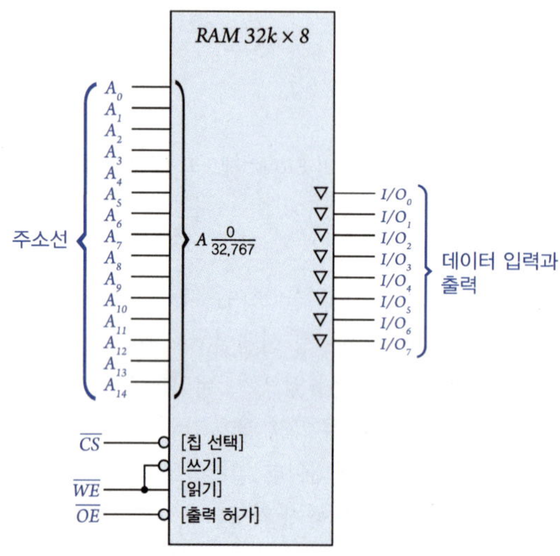

[그림 8-10] $32k \times 8$**비트 메모리의 논리기호**

① 3-상태 출력과 버스

메모리의 3-상태 버퍼(tristate buffer)는 데이터 선들을 입력선 또는 출력선으로 사용할 수 있도록 하고, 메모리를 컴퓨터의 데이터 버스에 연결해 주는 역할을 하며, HIGH(1), LOW(0) 및 HIGH-Z(개방)의 세 가지 상태를 가지고 있다. 3-상태 출력은 논리기호로 작은 역삼각형(▽)으로 표시하고, 마이크로프로세서 시스템에서 볼 수 있는 버스 구조와 함께 사용된다.

② 메모리 배열

SRAM IC는 단일비트, 니블(4비트), 바이트(8비트) 또는 멀티플 바이트(16, 24, 32비트)로 구성할 수 있다. [그림 8-11]은 일반적인 $32k \times 8$ SRAM의 내부구조를 보여준다. 메모리 셀은 (a)와 같이 256개의 행과 각각 8비트를 갖는 128개의 열로 구성되어 있다. 실제 $2^{15} = 32,768$개의 8비트 데이터를 위한 주소를 갖게 한다. 따라서 용량은 32,768바이트(≅32Kbyte)이다.

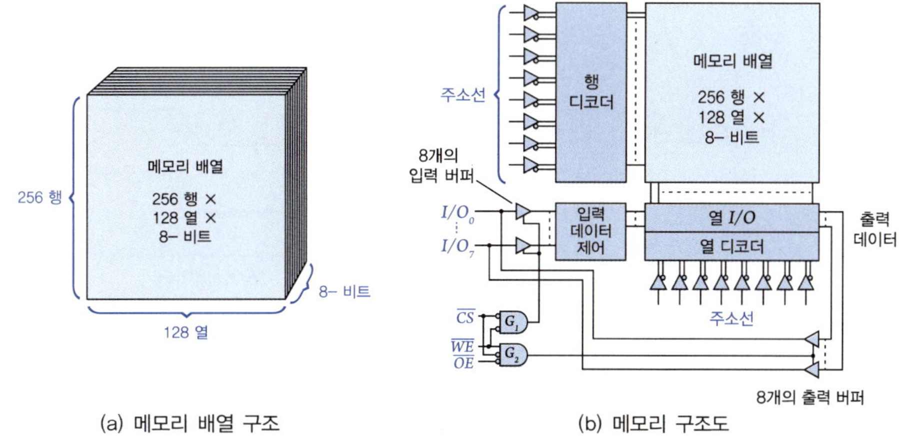

[그림 8-11] $32k \times 8$ **SRAM의 기본구조**

(b)는 메모리 구조 논리회로도를 보여준다. 메모리가 동작하려면 우선 칩 선택 입력 $\overline{CS} = LOW$이어야 한다. 그리고 256행 중의 하나를 선택하기 위해 행 디코더로 15개의 주소선 중 8개의 주소선을 디코딩한다. 다른 7개의 주소선은 8비트 열 중 하나를 선택하기 위해 열 디코더에 의해 디코딩한다.

③ **읽기**

읽기 모드에서 쓰기 허가 입력 $\overline{WE} = HIGH$, 출력 허가 $\overline{OE} = LOW$이다. 입력 3-상태 버퍼들은 게이트 G_1에 의해 금지되며, 열 출력 3-상태 버퍼들은 게이트 G_2에 의해 허가된다. 따라서 선택된 주소로부터 8개의 데이터 비트가 열I/O를 통해 데이터선($I/O_0 \sim I/O_7$)으로 출력된다.

④ **쓰기**

쓰기 모드에서는 $\overline{WE} = LOW$, 출력 허가 $\overline{OE} = HIGH$이다. 입력 버퍼들은 게이트 G_1에 의해 허가되며, 출력 버퍼들은 게이트 G_2에 의해 금지된다. 따라서 데이터 선의 8개의 입력 데이터 비트는 입력 데이터 제어와 열I/O를 통해 선택된 주소로 입력되어 저장된다.

⑤ **읽기/쓰기 사이클**

[그림 8-12]는 메모리의 읽기 사이클(read cycle), [그림 8-13]은 쓰기 사이클(write cycle)에 대한 기본적인 타이밍도를 보여준다.

㉠ **읽기 사이클**

[그림 8-12]는 읽기 사이클을 나타낸 것으로 유효주소 코드는 읽기 사이클 시간(read cycle time, t_{RC})이라 불리는 정해진 시간 동안 주소선으로 공급된다. 그 다음 칩 선택 입력 $\overline{CS} = LOW$, 출력 인에이블 $\overline{OE} = LOW$가 된다. $\overline{OE} = LOW$가 된 후 일정한 시간 간격이 지나면 선택된 주소로부터 유효 데이터가 데이터선에 나타난다. 이 시간 간격을 출력 허가 액세스 시간(output enable access time, t_{GQ})이라 한다. 주소 액세스 시간(address access time, t_{AQ})은 유효 주소의 시작부터 데이터 선에 유효 데이터가 나타날 때까지의 시간이고, 칩 허가 액세스 시간(chip enable access time, t_{EQ})은 $\overline{CS}$의 HIGH에서 LOW전이로부터 데이터 선에 유효 데이터가 나타날 때까지의 시간을 나타낸다. 각각의 읽기 사이클 시간 동안에 한 단위의 데이터를 메모리로부터 읽는다.

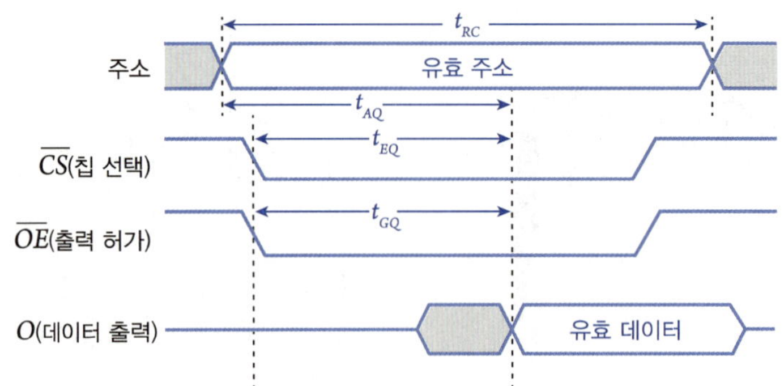

[그림 8-12] $32k \times 8$ SRAM의 기본구조의 읽기 사이클 타이밍도

㉡ **쓰기 사이클**

[그림 8-13]은 쓰기 사이클을 나타낸 것으로 유효 주소 코드는 쓰기 사이클 시간(write cycle time, t_{WC})이라 불리는 정해진 시간 동안 주소선으로 공급된다. 그 다음 칩 선택 입력 $\overline{CS}=LOW$와 쓰기 허가 입력 $\overline{WE}=LOW$가 된다. 유효 주소의 시작으로부터 $\overline{WE}=LOW$로 될 때까지 필요한 시간 간격을 주소 설정 시간(address setup time, $t_{s(A)}$)이라고 한다. 쓰기 펄스 폭(write pulse width)은 $\overline{WE}=LOW$로 유지되어야 하는 시간을 의미한다. 유효 데이터가 데이터 입력으로 공급된 후 $\overline{WE}=LOW$로 있어야 하는 시간이 t_{WD}로 표시되어 있으며, $\overline{WE}=HIGH$로 된 후 유효 입력 데이터가 데이터선에 남아 있어야 하는 시간이 데이터 홀드 시간(address hold time, $t_{h(D)}$)이다. 각각의 쓰기 사이클 동안 한 단위의 데이터가 메모리에 기록된다.

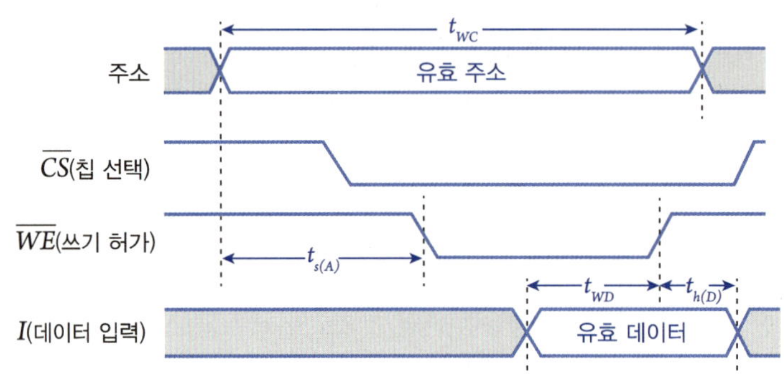

[그림 8-13] $32k \times 8$ SRAM의 기본구조의 쓰기 사이클 타이밍도

(4) 동적 RAM(DRAM) 중요

DRAM(Dynamic RAM)의 저장 셀은 데이터 비트를 래치가 아닌 작은 커패시터에 저장한다. 이러한 형태의 셀은 구조가 매우 간단하기 때문에, SRAM보다 비트 당 더 저렴한 가격으로 대형 메모리 배열을 하나의 칩에 만들 수 있다는 장점이 있다. 그러나 데이터 기억용 커패시터는 일정 시간이 지나면 방전으로 인하여 전하를 유지할 수 없게 되므로 주기적으로 리플래시해야 하는 단점이 있다. 만일 리플래시하

지 않으면 저장되어 있는 데이터 비트의 정보는 사라지게 된다. 이렇게 메모리의 내용을 주기적으로 리플래시하기 위해 부가적인 메모리 회로가 필요하므로, DRAM의 동작은 복잡해진다. [그림 8-14]는 MOS트랜지스터(MOSFET) 한 개와 커패시터 하나로 이루어진 일반적인 DRAM셀을 보여준다. 이러한 형태의 셀에서 트랜지스터는 스위치로 동작한다.

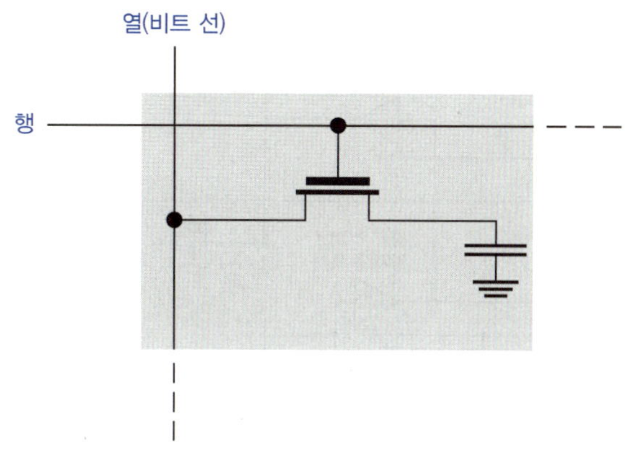

[그림 8-14] MOS DRAM 셀

① 메모리 셀에 1과 0을 쓰는 과정

DRAM셀의 기본동작에서 $R/\overline{W}=LOW$(쓰기모드)가 입력되면 3-상태 입력 버퍼가 허가되고, 출력 버퍼는 금지된다.

㉠ 메모리 셀에 논리 1을 쓰는 과정

$D_{IN}=HIGH$가 인가되고, 행선에 인가된 HIGH에 의해 트랜지스터는 ON된다. 이때 트랜지스터는 [그림 8-15]와 같이 단락 스위치로 동작하여 DRAM의 저장요소인 커패시터에 HIGH전압(+)이 걸리게 되고, 셀에 1이 저장된다. 행선이 LOW로 바뀌면 트랜지스터는 OFF되어 비트 입력선과 커패시터는 연결되지 않아 커패시터의 전하는 그대로 유지된다.

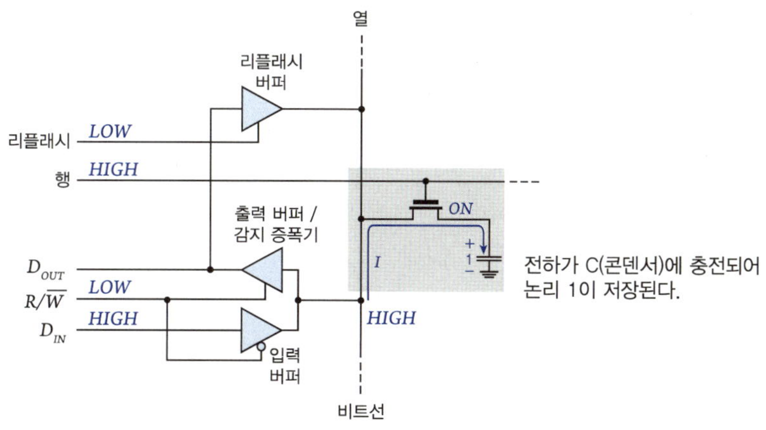

[그림 8-15] DRAM셀에 논리 1을 쓰는 과정

㉡ 메모리 셀에 논리 0을 쓰는 과정

$D_{IN} = LOW$가 인가되면, 커패시터가 0을 저장하고 있으면 계속 충전되지 않은 상태로 있고, 커패시터가 1을 저장하고 있었다면 [그림 8-16]처럼 방전된다. 행선이 LOW로 바뀌면 트랜지스터는 OFF되어 비트 입력선과 커패시터는 연결되지 않아 커패시터의 전하는 그대로 유지된다.

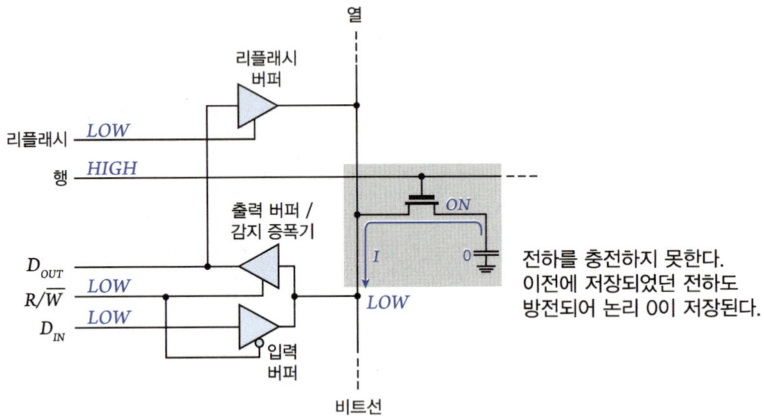

[그림 8-16] DRAM셀에 논리 0을 쓰는 과정

② 메모리 셀로부터 1을 읽는 과정

DRAM셀의 기본동작에서 $R/\overline{W}= HIGH$(읽기모드)가 되어 출력 버퍼를 허가하고, 입력 버퍼를 금지시킨다. 이 상태에서 행선이 HIGH되면 트랜지스터는 ON되어 커패시터는 데이터 비트선(열 입력선)에 연결되고 출력 버퍼로 이어진다. 저장된 데이터는 출력선(D_{out})을 통해 외부로 출력된다. [그림 8-17]은 메모리 셀로부터 1을 읽는 과정을 보여준다.

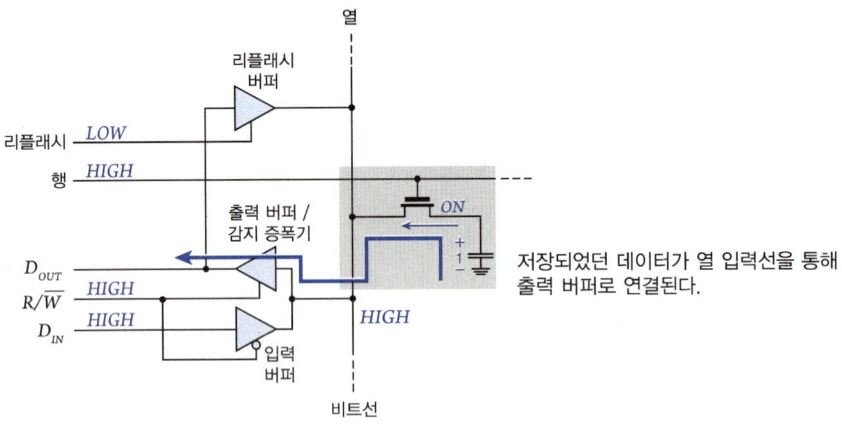

[그림 8-17] DRAM셀로부터 1을 읽는 과정

③ **메모리 셀에 논리 1을 재충전(refresh)하는 과정**

DRAM셀의 기본동작에서 $R/\overline{W}= HIGH$, 행입력(ROW)=리플래시(재충전)입력=HIGH로 한다. 트랜지스터가 ON됨으로써 커패시터가 데이터 비트선에 연결된다. 출력 버퍼가 허가되면 리플래시 입력이 HIGH이므로 리플래시 버퍼가 허가되고, RAM에 저장되어 있던 데이터 비트는 리플래시 버퍼의 입력에 공급된다. 저장되어 있던 비트에 대응되는 전압이 비트선 상에 생성되며, [그림 8-18]에서처럼 커패시터를 리플래시해 준다.

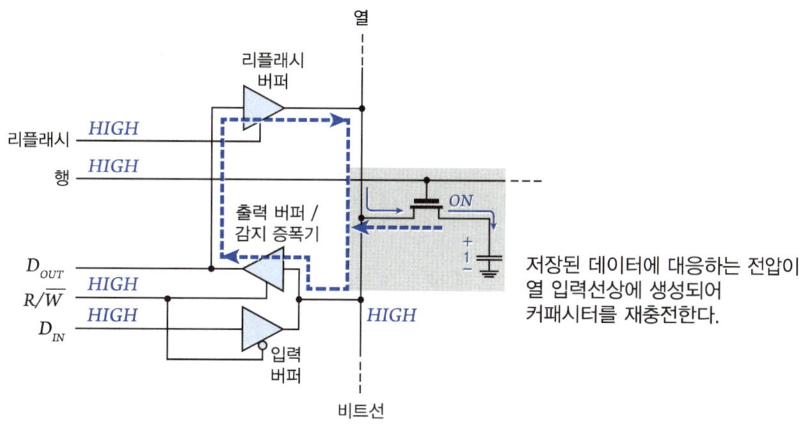

[그림 8-18] DRAM셀에 논리 1을 재충전(refresh)하는 과정

3 ROM(Read Only Memory)

ROM은 영구적으로 또는 반영구적으로 데이터를 저장하며, 데이터를 읽을 수는 있으나 특수한 장비가 없이는 내용을 수정할 수 없다. ROM은 시스템 초기화와 시스템 동작에 사용되는 표, 변환, 프로그램의 명령어 등과 같이 시스템에서 반복적으로 사용되는 데이터를 저장하는 데 사용되며, 전원이 꺼져도 데이터가 유지되는 비휘발성 메모리이다. PROM은 기본적으로 마스크 ROM과 같지만 한 번만 프로그래밍을 할 수 있다. ROM은 이미 설명한 바와 같이 프로그래밍이 가능한 논리소자이다. PROM은 제조 당시 어떤 내용도 프로그래밍되어 있지 않고, 사용자에 의해 필요에 따라 내용을 쓸 수 있지만, 마스크 ROM은 제조 당시 ROM에 내용이 기록되어 있다.

(1) ROM의 종류

[그림 8-19]는 반도체 ROM의 종류를 보여준다. 마스크 ROM(Mask ROM)은 제조 과정에서 메모리 내에 데이터가 영구히 저장되도록 한 것이며, 프로그래밍이 가능한 ROM(PROM : Programmable ROM)은 특수한 장비를 사용하여 사용자가 원하는 데이터를 전기적으로 저장할 수 있다. 마스크 ROM과 PROM은 MOS나 바이폴라 기술을 이용하여 구현될 수 있으나, EPROM(Erasable PROM)은 엄격히 말해서 MOS 기술로 구현된다. UV EPROM은 사용자가 전기적으로 프로그래밍 할 수 있으며, 저장된 데이터는 자외선에 몇 분만 노출되면 지워진다. EEPROM(Electrically EPROM)은 몇 ms 내에 기억 내용을 지울 수 있다.

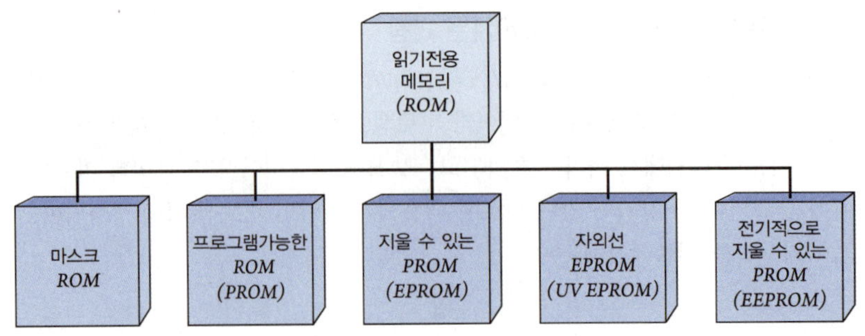

[그림 8-19] ROM의 종류

① ROM의 셀 구조

[그림 8-20]은 MOS ROM의 셀을 보여 준다. 일반적으로 IC ROM에서 행과 열의 접합점에 트랜지스터가 연결(ON)되어 있으면 1을 나타내고, 트랜지스터가 연결되지 않으면(즉, OFF되면) 0을 나타낸다. 행선이 트랜지스터의 게이트에 연결되어 있으면, 행선이 HIGH가 될 때 행선과 게이트에 연결된 모든 트랜지스터가 ON되어 트랜지스터에 연결된 열선들이 HIGH(1)가 된다. 행/열 접합점에서 게이트 연결이 없으면, 열선들은 행이 1이 되어도 LOW(0)를 유지한다.

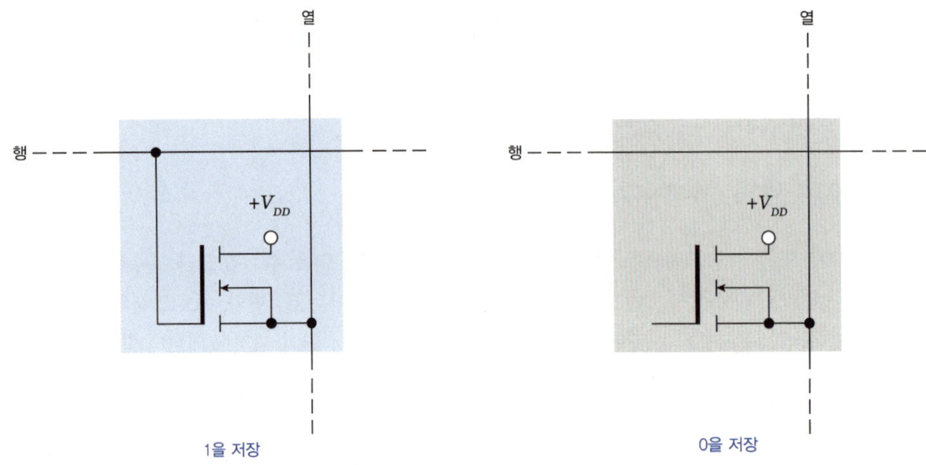

[그림 8-20] ROM의 셀 구조

② ROM의 기본 구조 기출

[그림 8-21]은 ROM의 기본 구조를 보여주는 것으로, 입력선 n개와 출력선 m개로 구성된다. 입력변수들의 비트 조합은 주소가 되고, 출력선에서 출력되는 비트 조합은 워드가 되며, 한 워드는 비트 m개로 구성된다. 주소는 n개 변수의 최소항들 중 하나를 나타내는 2진수이다. 입력변수가 n개인 경우, 디코더로 지정할 수 있는 서로 다른 주소의 수는 최대 2^n개가 되며, 한 주소에 한 워드가 대응한다. 따라서 ROM에는 최대 2^n개 주소들이 있으므로 서로 다른 워드를 최대 2^n개 저장할 수 있다. 임의의 시간에 출력선에 나타나는 워드는 입력선에 적용되는 주소에 따라 결정되며, ROM은 워드의

개수인 최대 2^n개와 워드당 비트수인 m개로 표시할 수 있다.

입력선이 n개인 ROM에서는 최대 2^n개 워드를 지정할 수 있으나, 어떤 ROM에서는 ROM을 표시할 때 포함하고 있는 전체 비트 수$(2^n \times m)$로 표시하는 경우도 있다. 예를 들면, 2,048비트의 ROM은 8비트로 된 256개 워드로 표시할 수 있으며, 이때 ROM은 출력선 8개와 워드 $256(=2^8)$개를 지정하기 위한 입력선 8개로 구성된다. ROM은 AND게이트와 OR게이트로 구성된 조합논리회로이며, AND게이트는 디코더를 구성한다. 또한 OR게이트는 디코더의 출력인 최소항들을 합하는 데 사용하며, OR게이트의 수는 ROM의 출력선의 수와 같다.

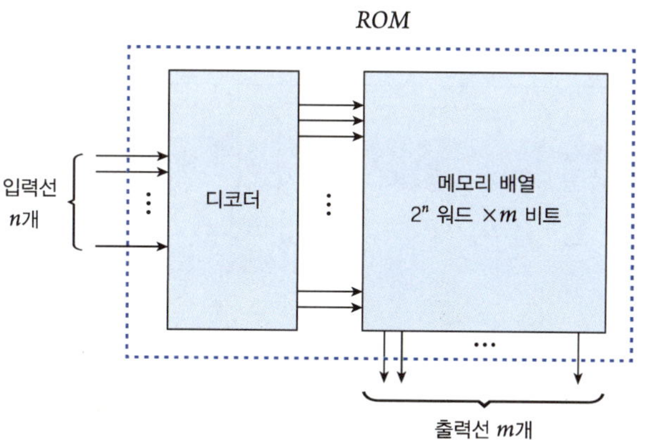

[그림 8-21] ROM의 기본 구조

③ ROM배열 논리구조

[그림 8-22]는 32×4비트 ROM의 내부 논리구조이다. 입력변수 5개는 디코더를 통해 32개가 출력되며, 각 디코더의 출력은 32개 주소 중에서 1개만 선택한다. 주소 입력은 5비트이며, 디코더로부터 선택되는 최소항은 입력의 5비트와 등가인 10진수로 표시되는 최소항이다. 디코더의 32개 출력은 각 OR게이트의 퓨즈를 통해 연결된다. 그림에서 OR게이트의 입력에 퓨즈 3개만 표시되어 있으나, 실제로 각 OR게이트는 32개 입력에 퓨즈를 가지고 있으므로 내부 퓨즈가 $128(=32 \times 4)$개가 있으며, 이 입력들은 퓨즈를 통해 연결되어 있고 프로그램으로 퓨즈의 연결을 절단할 수 있다.

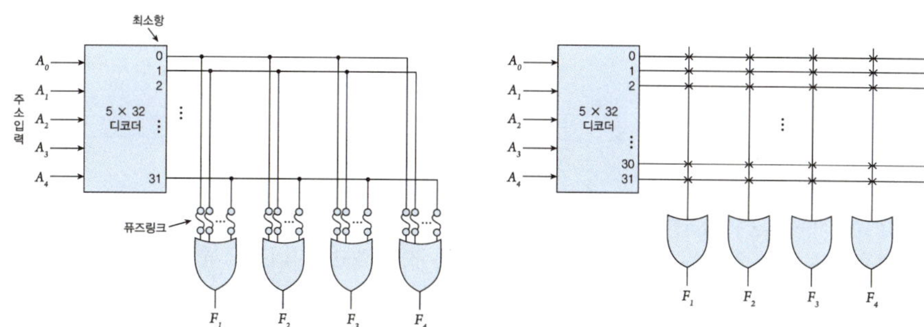

[그림 8-22] 32×4 ROM의 내부 논리구조와 간략화한 구조

(2) ROM을 사용한 조합논리회로의 구현

ROM의 각 출력은 입력변수 n개의 최소항을 모두 합한 것이며, 임의의 부울함수는 곱의 합(SOP)으로 표현할 수 있다. 함수에 포함되지 않는 최소항들은 퓨즈를 절단함으로써, 각 ROM 출력은 조합논리회로에서 하나의 출력변수에 대한 부울함수로 구성할 수 있다. 입력 n개와 출력 m개를 가지고 있는 조합논리회로를 구성하는 경우 $2^n \times m$ ROM이 필요하다.

퓨즈를 절단하는 것을 'ROM을 프로그래밍한다'고 한다. 설계자는 ROM에서 필요한 통로들에 대한 정보를 나타내는 ROM 프로그램 표를 작성하면 되며, 이때 실제로 프로그래밍하는 것은 프로그램 표에 나열되어 있는 사양에 따르는 하드웨어 과정이다.

예제 8-3

주어진 부울함수를 ROM을 사용하여 구현하시오.

$F_1(A,B) = \sum m(1,2,3),\ F_2(A,B) = \sum m(0,2)$

해설

조합논리회로를 ROM을 사용하여 구현할 때 함수를 SOP로 표현해야 한다. 만약 출력함수가 간소화되면 이 회로는 OR게이트와 NOT게이트 하나만 사용해도 된다. 이 조합논리회로를 구현하는 ROM의 크기는 4×2가 된다. [그림 8-23]은 출력함수 값이 논리 1인 최소항을 ROM으로 구현한 경우의 조합논리회로이다.

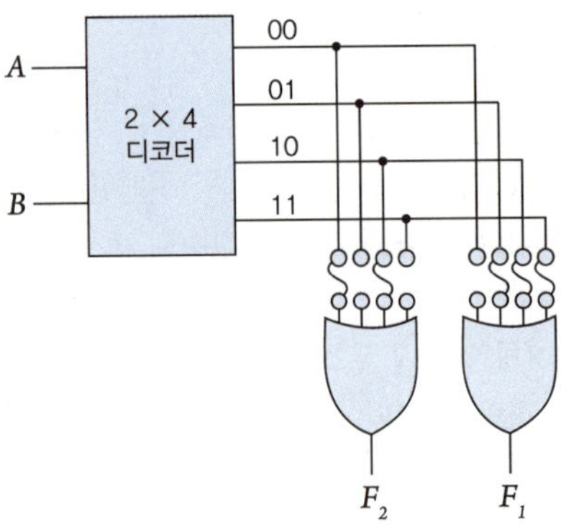

[그림 8-23] AND-OR게이트의 ROM

조합논리회로를 ROM으로 구현하는 경우 조합논리회로의 입력과 출력의 수에 따라 먼저 필요한 ROM의 크기를 결정해야 하며, 그 다음 ROM의 진리표를 작성하고, 진리표에서 출력함수들을 논리 0(또는 논리 1)으로 만드는 최소항들에 대한 퓨즈를 절단하여, 곱의 합으로 필요한 조합논리회로를 구하게 된다. 실제 ROM으로 회로를 설계할 때는 ROM 안에서 퓨즈들의 내부 게이트 연결을 보일 필요는 없고, 이는 설명을 위한 것이다. 설계자가 할 일은 회로 구성에 맞는 ROM을 선택해서 ROM의 진리표를 제공하는 것이며, 진리표는 ROM을 프로그래밍하는 데 필요한 모든 정보를 담고 있다.

예제 8-4

2비트의 2진수를 입력하여 입력의 제곱에 해당하는 2진수를 출력하는 조합논리회로를 ROM을 사용하여 구현하시오.

해설

① 입 · 출력변수 정의 : 입력변수 A_1A_0, 출력변수 $B_3B_2B_1B_0$

주어진 문제에 대한 모든 가능한 수를 수용하기 위해 입력 2개와 출력 4개를 갖는 ROM이 필요하다.

② 입력과 출력의 관계를 정의한 진리표 작성

진리표를 검토해보면 $B_0 = A_0$, $B_1 = 0$이 되므로 입력 2개와 출력 2개를 갖는 ROM으로 재구성할 수 있다. 입력 2개는 워드 4개를 규정하므로 ROM의 크기는 4×2가 된다.

입력		출력				10진수
A_1	A_0	B_3	B_2	B_1	B_0	
0	0	0	0	0	0	0
0	1	0	0	0	1	1
1	0	0	1	0	0	4
1	1	1	0	0	1	9

입력		출력		10진수
A_1	A_0	B_3	B_2	
0	0	0	0	0
0	1	0	0	1
1	0	0	1	4
1	1	1	0	9

③ 회로 구현

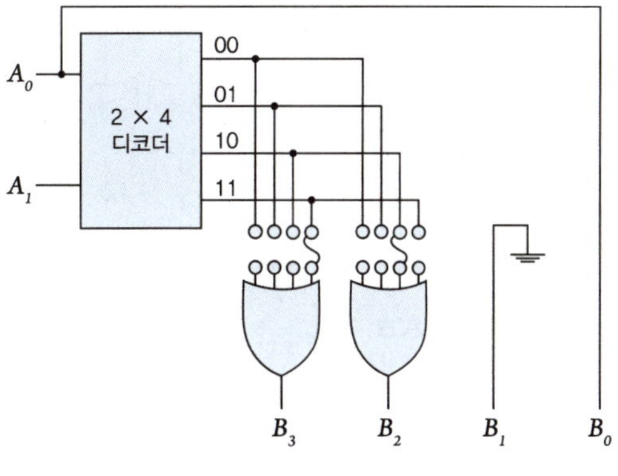

제2절 프로그래머블 논리장치(PLD)

1 PLD의 개요

SSI와 MSI 대신에 PLD(Programmable Logic Device)를 사용함으로써 공간을 절약하고 소자의 수를 줄일 수 있을 뿐만 아니라 비용도 절감할 수 있다. PLD는 주어진 논리기능을 수행하도록 프로그래밍할 수 있는 AND게이트와 OR게이트의 대형 배열 구조를 갖는 IC로, 각 게이트 입력에 퓨즈링크(fuse-link)가 연결되어 있다. 사용자가 적당한 곳의 퓨즈링크를 전기적으로 끊음으로써 AND-OR, 즉 곱의 합(SOP)형식으로 된 조합논리회로를 실현할 수 있다. 어떤 PLD는 플립플롭을 거쳐 출력을 입력으로 피드백한 것도 있으며 이 경우에는 순서논리회로를 실현할 수 있다. 그리고 PLD를 사용하면 IC의 수를 절약할 수 있다.

(1) PLD의 구조

[그림 8-24]는 PLD의 구조를 보여주는데 **AND배열, OR배열 및 퓨즈링크로 구성**되어 있다. 설계자가 원하는 퓨즈링크를 끊는 것을 '프로그래밍한다'고 하며, 이것은 전용장치를 사용하여 쉽게 수행할 수 있다.

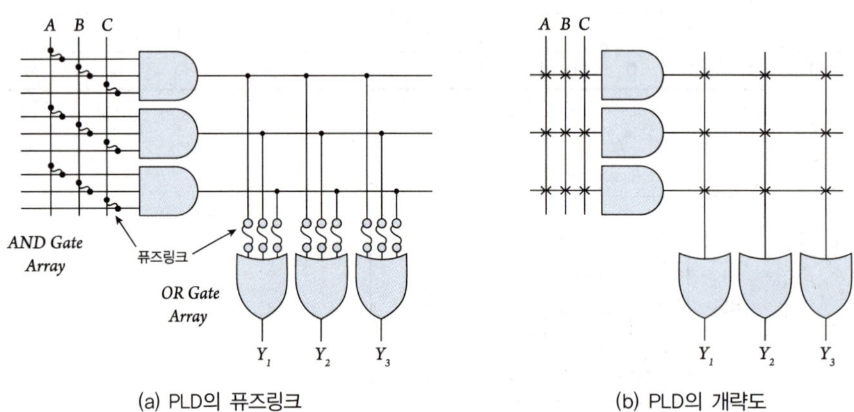

[그림 8-24] PLD의 퓨즈링크 구조

(2) PLD의 분류 중요 기출

① **PROM(Programmable ROM)**

PROM은 **디코더의 역할을 하는 고정 AND배열과 프로그래밍이 가능한 OR배열**로 구성되어 있다. PROM은 주로 주소 지정 메모리로 사용되며, 고정된 AND게이트의 제약 때문에 논리소자로는 사용하지 않는다.

② **PLA(Programmable Logic Array)**

PLA는 PROM의 단점을 보완하기 위하여 개발된 소자로, **AND입력과 OR입력 양쪽을 모두 프로그래밍할** 수 있으므로 가장 융통성 있게 프로그래밍할 수 있으나, 동작 속도와 집적도가 저하된다.

③ **PLE(Programmable Logic Element)**

PLE는 **AND입력은 고정**되고 **OR입력만을 프로그래밍**할 수 있는 PLD이다.

④ **PAL(Programmable Array Logic)**

PAL는 **AND입력만을 프로그래밍**할 수 있고 **OR입력은 고정**되어 있는 PLD이다. 현재 가장 널리 쓰이고 있는 PLD로, 1회에 한해 프로그래밍이 가능하며 TTL이나 ECL의 바이폴라 기술을 사용하여 구현한다.

⑤ **GAL(Generic Array Logic)**

GAL은 여러 가지 PLD 중 가장 최근에 개발된 소자이다. PAL과 마찬가지로 프로그래밍이 가능한 AND배열과 고정 OR배열 및 출력 논리로 구성되어 있으나, GAL은 **다시 프로그래밍**할 수 있고, 출력 논리도 프로그래밍이 가능하다는 차이점이 있다. GAL은 바이폴라 기술이나 퓨즈 대신에 EECMOS(Electrically Erasable CMOS) 기술을 사용하기 때문에 반복해서 프로그래밍할 수 있다.

2 VHDL 중요

하드웨어 기술 언어(HDL)는 프로그래밍이 가능한 논리소자에 논리 설계를 구현하기 위해 사용되는, 문자 입력(text entry)이라고 하는 논리 설계 입력을 위한 도구이다.
VHDL에서 V는 VHSIC(Very High Speed Integrated Circuit)를 의미하고, HDL은 하드웨어 기술 언어를 의미한다. VHDL은 IEEE(Institute of Electrical and Electronics Engineers)에 의해 채택된 표준 언어이고, IEEE 표준을 가리킨다. VHDL은 복잡하고 광범위한 언어로 이를 이용하여 논리회로를 설계할 때에는 많은 노력과 경험이 필요하다.

(1) VHDL의 기본 구성와 표현

VHDL의 기본 구성으로서 여러 가지 종류의 Design Unit이 있다. 그중 가장 기본이 되는 최소한의 단위로서 Entity Declaration과 Architecture Body가 있다.

① **Entity 선언**

Entity 선언부는 사용자가 설계하고자 하는 **시스템의 외적 연결을 담당**하는 부분으로, 회로의 내부적인 구조나 연결 등을 고려할 필요가 없으며 여기서 정의한 것을 통해 다음의 Architecture Body에서 내부적 동작을 여러 가지 방법으로 표현할 수 있다. 다시 말해 외부와의 통신을 위한 입・출력선을 정의하는 것을 Entity 선언이라고 한다.

예 2입력 and게이트 회로

```
entity logic_2and is
  port(in_a, in_b : in   std_logic;
       out_y      : out std_logic );
end logic_2and;
```

여기서 entity의 이름을 설정하는 것에 유의하도록 하자. VHDL은 2and_logic이나 logic 2and와 같이 앞에 숫자를 먼저 표기할 수 없으며, 공백이 있어서는 안 된다. 외부와의 통신을 위한 입력선으로 in_a와 in_b가, 출력선으로 out_y가 선언되었다. 예에 나타낸 port와 std_logic에 대해서는 뒤에서 설명하겠다.

② Architecture Body 선언

사용자가 설계하고자 하는 시스템 내부의 동작을 세부적으로 정의하는 부분이다.

예 2입력 and게이트 회로

```
architecture sample of logic_2and is
   begin
    out_y <= in_a and in_b;
   end sample;
```

여기서 sample이란 architecture의 이름이다. 이것은 정해진 것이 아니라 임의대로 바꾸어도 된다. architecture의 시작과 끝은 begin과 end이다. entity declaration에서도 begin을 사용하지만 드문 일이다.

(2) VHDL로 조합논리회로 구현하기

① VHDL 프로그래밍에 대한 구조적인 접근법

논리함수를 VHDL로 작성하는 구조적인 접근법은 IC소자를 회로 보드 상에 설치하고 전선으로 상호 연결하는 것과 비교할 수 있다. 구조적인 접근법을 사용하여 논리함수를 기술하고, 이들이 어떻게 연결되는지를 지정할 수 있다. VHDL 컴포넌트(component)는 하나의 프로그램이나 다른 프로그램에서 반복적으로 사용하기 위해 **논리함수를 미리 정의하는** 방법이다. 컴포넌트는 단순한 논리게이트에서 복잡한 논리기능을 기술하기 위해 사용될 수 있다. VHDL 신호(signal)는 컴포넌트 사이에서 '전선'을 연결하기 위한 방법으로 비교할 수 있다. [그림 8-25]는 회로 보드에서 구현한 하드웨어와 구조적인 접근법을 간단하게 비교한 것이다.

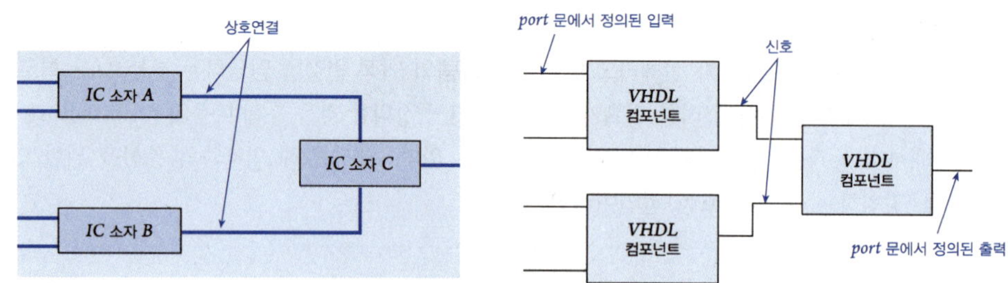

[그림 8-25] 하드웨어 구현과 VHDL 구조적인 접근법과의 간단한 비교

VHDL 신호는 회로보드에서 상호연결과 일치하고, VHDL 컴포넌트는 IC소자에 상응한다.

② VHDL 컴포넌트

VHDL **컴포넌트**는 VHDL 라이브러리에 패키지 선언으로 저장될 수 있는 **이미 지정된 논리**를 의미하고, 프로그램에서 필요할 때마다 여러 번 호출될 수 있다. 컴포넌트를 사용함으로써 프로그램에서 똑같은 코드를 여러 번 반복하는 과정을 피할 수 있다.

VHDL 컴포넌트는 저장되어 프로그램을 작성할 때마다 **재사용이 가능**하다. 이것은 회로를 만들 때 IC가 보관되어 있는 용기와 비슷한 개념이다. 즉, 회로를 구성하는 데 이 부품을 사용하고자 할 경우에는 보관 용기에서 이를 찾아 구성하는 회로에 배치한다.

임의의 논리함수에 대한 VHDL 프로그램은 하나의 컴포넌트가 될 수 있고, 다음과 같이 일반화된 형태로 컴포넌트를 선언함으로써 더 큰 프로그램에서 필요할 때마다 호출하여 사용할 수 있다. 컴포넌트(component)는 VHDL의 핵심어이다.

[형식]

```
component name_of_component is
    port( port definitions );
end component name_of_component;
```

예제 8-5

엔티티 이름이 AND_gate인 2입력 AND게이트와 엔티티 이름이 OR_gate인 2입력 OR게이트를 VHDL 데이터플로우 기법으로 기술하시오.

해설

• 2입력 AND게이트

```
entity AND_gate is
    port(A,B: in bit; X: out bit);
end entity AND_gate;
architecture AND_Dataflow of AND_gate is
begin
    X <= A and B;
end architecture AND_Dataflow;
```

• 2입력 OR게이트

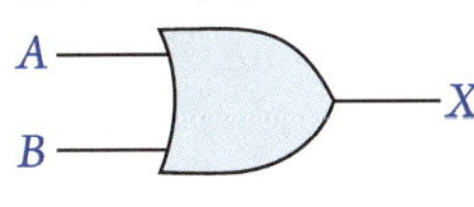


```
entity OR_gate is
    port(A,B: in bit; X: out bit);
end entity OR_gate;
architecture OR_Dataflow of OR_gate is
begin
    X <= A or B;
end architecture OR_Dataflow;
```

위 예제에서 작성된 AND게이트와 OR게이트를 컴포넌트 선언을 통해 재사용할 수 있다. 컴포넌트 선언에서 port구문은 각 게이트에 대한 엔티티 선언의 port구문과 일치해야 한다.

• 2입력 AND게이트

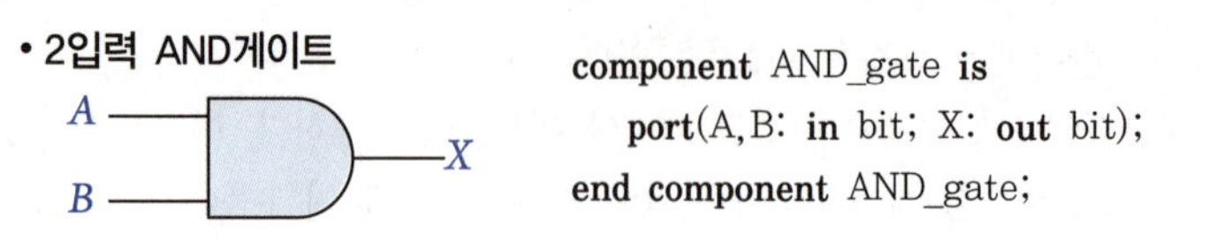


```
component AND_gate is
   port(A,B: in bit; X: out bit);
end component AND_gate;
```

• 2입력 OR게이트

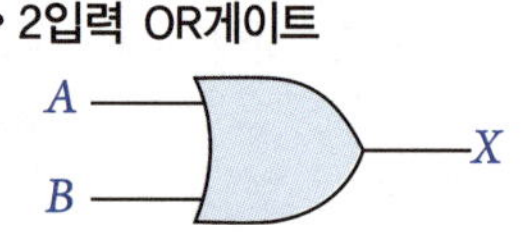


```
component OR_gate is
   port(A,B: in bit; X: out bit);
end component OR_gate;
```

예제 8-6

다음 그림과 같은 논리회로를 기술하기 위한 VHDL 프로그램을 작성하시오.

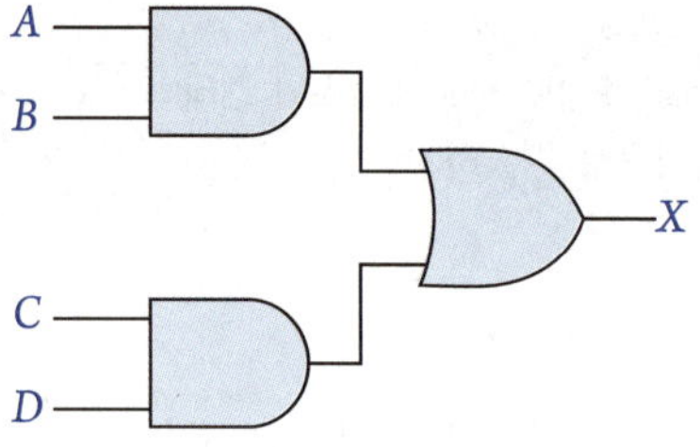

해설

AND/OR 논리회로의 부울대수는 $X = AB + CD$이다.

예

```
library IEEE;
use IEEE.std_logic_1164.all ;

entity AND_OR is
   port( A, B, C, D: in bit;
                 X : out bit);
end entity AND_OR;

architecture Dataflow of AND_OR is
begin
   X <= (A and B) or (C and D) ;
end Dataflow;
```

③ **프로그램에서 컴포넌트 사용하기**

프로그램에서 컴포넌트를 사용하기 위하여, 컴포넌트가 사용되는 각 실체에 대한 컴포넌트 구체화 구문을 작성해야 한다. 컴포넌트 구체화는 메인 프로그램에서 컴포넌트가 사용될 수 있도록 호출되거나 요구될 수 있는 것으로 간주될 수 있다. 즉, 프로그램을 통해 여러 용도로 사용할 수 있도록 논리함수를 미리 정의하기 위해 사용되는 VHDL의 특징 중의 하나이다. [그림 8-26]의 단순한 SOP 논리회로에는 2개의 AND게이트와 1개의 OR게이트가 있다. 그러므로 이 회로에 대해 VHDL 프로그램을 작성하면, 프로그램에는 2개의 컴포넌트가 있으며, 3개의 컴포넌트 구체화 또는 호출이 있게 된다.

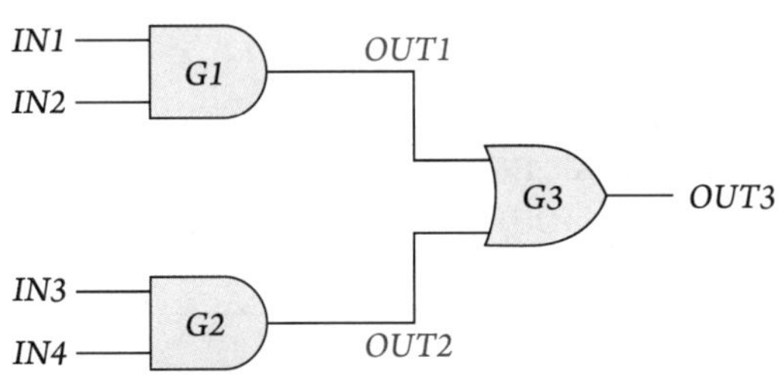

[그림 8-26] 컴포넌트 사용하기

④ **신호**

VHDL에서 신호는 **회로보드에서 부품들을 상호 연결하는 전선과 유사**하다. [그림 8-26]에서 신호는 OUT1과 OUT2로, 논리회로에서 내부연결을 의미하고 입력과 출력을 다르게 취급한다. 입・출력은 port구문을 사용하여 엔티티 선언에서 선언되는데 반해, 신호는 신호구문을 사용하여 아키텍처 내에서 선언된다. 신호(signal)는 VHDL 핵심어이다. [그림 8-26]의 프로그램은 다음과 같다.

```
entity AND_OR_Logic is
   port(IN1,IN2,IN3,IN4 : in bit; OUT3: out bit);
end entity AND_OR_Logic;
```

⑤ **아키텍처의 선언**

아키텍처 선언은 AND게이트와 OR게이트에 대한 컴포넌트 선언, 신호 정의, 컴포넌트 구체화에 대한 컴포넌트 선언을 포함한다.

```
architecture LogicOperation of AND_OR_Logic is

    component AND_gate is                                  -- AND게이트에 대한 컴포넌트 선언
        port(A,B: in bit; X: out bit);
    end component AND_gate;

    component OR_gate is                                   -- OR게이트에 대한 컴포넌트 선언
        port(A,B: in bit; X: out bit);
    end component OR_gate;

    signal OUT1, OUT2 : bit                                -- 신호 정의
begin                                                      -- 컴포넌트의 구체화
G1: AND_gate port map(A=>IN1, B=>IN2, X=>OUT1);
G2: AND_gate port map(A=>IN3, B=>IN4, X=>OUT2);
G3: OR_gate port map(A=>OUT1, B=>OUT2, X=>OUT3);
end architecture LogicOperation;
```

⑥ **컴포넌트의 구체화**

컴포넌트의 구체화(component instantiations)는 핵심어 begin과 end구문 사이에 배치한다. 각 구체화에 대해 식별자는 G1, G2, G3와 같이 정의한 후 컴포넌트 이름을 지정한다. Port map은 근본적으로 '=>'연산자를 사용하여 논리함수에 대해 모든 연결을 하는 것이다.

```
G1: AND_gate port map(A=>IN1, B=>IN2, X=>OUT1);
```

설명 : AND게이트 G1의 입력 A는 입력 IN1에 연결되고, 게이트의 입력 B는 입력 IN2에 연결되며, 게이트 출력 X는 신호 OUT1에 연결된다.

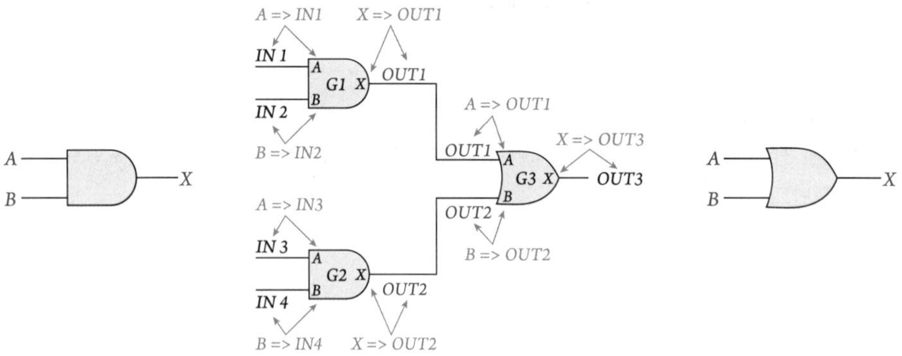

[그림 8-27] 구체화 구문과 AND-OR 논리에 적용된 Port map의 예

예제 8-7

구조적인 접근법을 사용하여 다음 그림과 같은 SOP논리회로에 대한 VHDL 프로그램을 작성하시오(3-입력 NAND게이트와 2-입력 NAND게이트의 VHDL 컴포넌트가 이용가능하다고 가정하며, NAND게이트 G4는 Negative-OR과 같다).

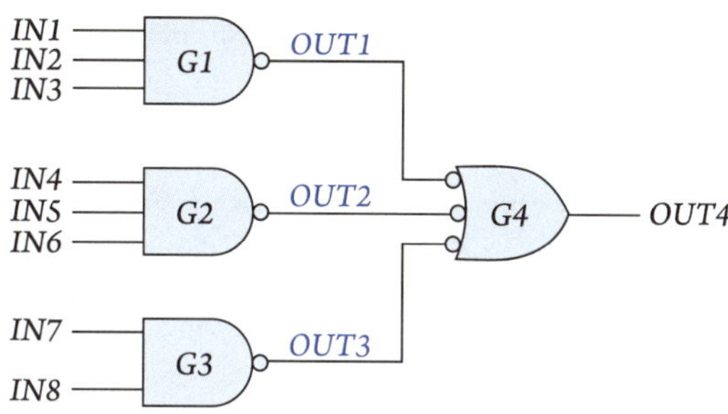

해설

[컴포넌트 구체화 접근법 사용]

```
entity SOP_Logic is
   port(IN1,IN2,IN3,IN4,IN5,IN6,IN7,IN8 : in bit; OUT4: out bit);
end entity SOP_Logic;
architecture LogicOperation of SOP_Logic is
   component NAND_gate3 is
      port(A,B,C: in bit; X: out bit);
   end component NAND_gate;
   component NAND_gate2 is
      port(A,B: in bit; X: out bit);
   end component NAND_gate2;
   signal OUT1, OUT2, OUT3 : bit
begin
G1: NAND_gate3 port map(A=>IN1, B=>IN2, C=>IN3, X=>OUT1);
G2: NAND_gate3 port map(A=>IN4, B=>IN5, C=>IN6, X=>OUT2);
G3: NAND_gate2 port map(A=>IN7, B=>IN8, X=>OUT3);
G4: NAND_gate3 port map(A=>OUT1, B=>OUT2, C=>OUT3, X=>OUT4);
end architecture LogicOperation;
```

[데이터플로우 접근법 사용]

```
entity SOP_Logic is
   port(IN1,IN2,IN3,IN4,IN5,IN6,IN7,IN8 : in bit; OUT4: out bit);
end entity SOP_Logic;
architecture LogicOperation of SOP_Logic is
   begin
   OUT4<=(IN1 and IN2 and IN3) or (IN4 and IN5 and IN6) or (IN7 and IN8);
end architecture LogicOperation;
```

OX로 점검하자 | 제8장

※ 다음 지문의 내용이 맞으면 O, 틀리면 ×를 체크하시오. [1 ~ 8]

01 1바이트는 8비트로 구성되어 있다. ( )

》》 메모리의 용량(capacity)은 메모리에 저장될 수 있는 데이터 단위의 총 수로 표현하며, 1바이트는 8비트로 구성된다.

02 메모리 셀은 1바이트의 데이터를 저장할 수 있다. ( )

》》 메모리에서 각 저장 요소를 셀(cell)이라 하며 1이나 0을 저장한다. 메모리 셀은 데이터의 단위(1비트, 니블, 8비트 등)로 여러 가지로 구성될 수 있다.

03 메모리에 데이터를 저장하는 것은 쓰기 동작이다. ( )

》》 메모리에 데이터를 쓰는 과정이다.

04 메모리에 데이터 바이트를 지우는 것은 읽기 동작이다. ( )

》》 읽기 동작은 메모리로부터 데이터를 읽는 과정이다. 데이터 바이트를 지우는 것은 메모리에 데이터 0을 쓰는 과정과 동일하다.

05 메모리의 접근방법에 따라 DRAM과 SRAM으로 구분한다. ( )

》》 메모리 접근방법에 따른 구분으로 RAM과 SAM으로 구분된다. DRAM과 SRAM으로 구분하는 요소는 기억방식에 따른 분류이다.

06 정적 메모리의 데이터는 전원이 제거되면 소멸된다. ( )

》》 SRAM은 일반적으로 2진 정보를 저장하는 내부 플립플롭으로 구성되며, 저장된 정보는 전원이 공급되는 동안 보전된다. DRAM에 비해 사용하기 쉽고 읽기와 쓰기 사이클이 더 짧다.

07 DRAM은 데이터를 유지하기 위해 주기적으로 리플래시되어야 한다. ( )

》》 DRAM은 2진 정보를 커패시터에 공급되는 전하 형태로 보관한다. 그러나 커패시터에 사용되는 전하는 시간이 경과하면 방전되므로 일정한 시간 안에 재충전(refresh)해야 한다. 재충전은 수백분의 1초마다 주기적으로 행한다. SRAM에 비해 전력소비가 적고 단일 메모리 칩에 더 많은 정보를 저장할 수 있다.

08 ROM은 휘발성메모리이자 판독만 가능한 메모리이다. ( )

》》 ROM의 특징은 판독만 가능한 메모리로, 기록된 정보는 전원이 꺼져도 지워지지 않으므로 프로그램이나 문자 패턴 등 고정된 정보의 기억에 사용된다.

정답 1 ○ 2 × 3 ○ 4 × 5 × 6 ○ 7 ○ 8 ×

제 8 장 실전예상문제

01 컴퓨터에서 메모리 주소 레지스터의 역할은?

① CPU에서 기억장치 내의 특정 주소에 있는 데이터나 명령어를 인출하기 위해 그 주소를 기억하는 역할을 한다.
② 수행되어야 할 프로그램의 주소를 가리킨다.
③ 메모리에 보관된 내용을 누산기에 전달하는 역할을 한다.
④ 고급 수준 언어를 기계어로 변환해 주는 일종의 소프트웨어이다.

01 메모리 주소 레지스터(MAR : Memory Address Register)는 메모리에 있는 특정한 워드나 데이터 전송을 수행하는 경우, 해당 워드의 주소를 가리킨다. 메모리 버퍼 레지스터(MBR : Memory Buffer Register)는 레지스터와 외부 장치 사이에서 전송되는 데이터의 통로이다.

02 메모리에 새로운 워드를 저장시키려 할 때, 올바른 순서는?

㉠ MBR의 데이터를 메모리로 전송한다.
㉡ Write 제어신호를 작동한다.
㉢ 지정된 워드의 주소를 MAR로 전송한다.

① ㉠-㉡-㉢
② ㉢-㉠-㉡
③ ㉠-㉢-㉡
④ ㉡-㉢-㉠

02 메모리에 새로운 워드를 저장하는 것은 메모리 쓰기 동작과 같다. 지정된 메모리의 주소를 MAR로 전송하고, 저장하려는 데이터 비트를 MBR로 전송한 후, 쓰기 제어신호를 동작시킨다.

03 4096×16의 용량을 가진 RAM이 있다. 메모리 버퍼 레지스터는 몇 비트의 레지스터인가?

① 1바이트 ② 8비트
③ 4바이트 ④ 16비트

03 $4096 \times 16 = 2^{12} \times 16$, MAR = 12비트, MBR = 16비트이다. MAR은 메모리 주소 라인 수와 같고, 주소 버스이다. MBR은 데이터 라인수와 같고, 데이터 버스이며, 워드이다.

정답 01 ① 02 ② 03 ④

04 SRAM의 용량이 1024byte일 경우 필요한 어드레스선의 개수는 몇 개인가? (단, 데이터선은 8선이다)

① 2개
② 4개
③ 8개
④ 10개

04 메모리 1byte가 1024개가 필요하므로, $1024 \times 8 = 2^{10} \times 8$, MAR = 10비트, MBR = 8비트이고, MBR은 데이터 라인수와 동일하다.

05 $8k$ word의 메모리를 사용하는 데 필요한 주소선은 몇 개인가?

① 10개
② 12개
③ 13개
④ 14개

05 $8k = 8 \times 1024 = 8192 = 2^{13}$ 워드이므로, MAR = 13비트, MBR = 1워드이다.

06 컴퓨터 주기억장치의 용량이 256MByte라면 주소 버스는 최소한 몇 비트이어야 하는가?

① 11개
② 28개
③ 30개
④ 40개

06 $1Mbyte = 1 \times 2^{20}\ byte$
$= 1{,}048{,}576\ byte$
$256Mbyte = 256 \times 1{,}048{,}576\,byte$
$= 268{,}435{,}456byte = 2^{28}byte$
MAR = 28비트, MBR = 1바이트이다.

정답

07 랜덤 액세스 기억장치의 특징은?

① 데이터 입·출력의 고속 처리
② 데이터 입·출력의 순서적 처리
③ 데이터 입·출력의 정확한 처리
④ 데이터 기억밀도의 조밀화

07 랜덤 액세스 기억장치를 분류해보면 다음과 같다.

구분		내용
접근방법		접근시간은 어느 위치나 동일하게 걸리는 메모리 형태
기록기능		사용자가 기록과 판독 두 가지를 모두 수행
기억방식	SRAM	저장된 정보는 전원이 공급되는 동안 보전, DRAM에 비해 사용하기 쉽고 읽기와 쓰기 사이클이 더 짧음
	DRAM	2진 정보를 커패시터에 공급되는 전하 형태로 보관, 재충전회로필요, SRAM에 비해 전력소비가 적고 단일 메모리 칩에 더 많은 정보를 저장
휘발성		일정한 시간이 지나거나 전원이 꺼지면 저장된 내용이 지워지는 메모리 형태

08 RAM에 대한 설명 중 옳지 않은 것은?

① RWM이라고도 한다.
② 등속 호출 기억장치이다.
③ 전원이 꺼져도 기억된 정보는 보전된다.
④ 사용자가 기록과 판독 모두 가능하다.

08 [문제 7번]의 해설을 참조해 보면, RWM(Read and Write Memory)은 기록기능에 의한 분류로 RAM을 가리킨다. 등속 호출 기억장치는 데이터가 저장되어 있는 위치에 관계없이 일정한 시간 내에 기억 내용을 읽거나 쓸 수 있는 기억장치로 RAM을 의미한다.

09 SRAM과 DRAM에 대한 설명 중 틀린 것은?

① SRAM은 DRAM에 비해 데이터 저장용량을 높이는 데 용이하다.
② DRAM은 리플래시 타임이 있다.
③ DRAM과 SRAM은 전원을 끊으면 데이터가 소실된다.
④ SRAM은 리플래시 타임이 없다.

09 SRAM과 DRAM은 기억방식에 따라 분류된다.

구분	내용
SRAM	일반적으로 2진 정보를 저장하는 내부 플립플롭으로 구성되며, 저장된 정보는 전원이 공급되는 동안 보전된다. DRAM에 비해 사용하기 쉽고 읽기와 쓰기 사이클이 더 짧다.
DRAM	2진 정보를 커패시터에 공급되는 전하 형태로 보관한다. 그러나 커패시터에 사용되는 전하는 시간이 경과하면 방전되므로 일전한 시간 안에 재충전(refresh)해야 한다. 재충전은 수백분의 1초마다 주기적으로 행한다. SRAM에 비해 전력소비가 적고 단일 메모리 칩에 더 많은 정보를 저장할 수 있다.

정답 07 ① 08 ③ 09 ①

10 RAM 칩(chip) 내에 들어 있는 회로가 아닌 것은?

① 기억소자 행렬
② 주소 해독회로
③ 읽기/쓰기 선택
④ 칩 선택회로

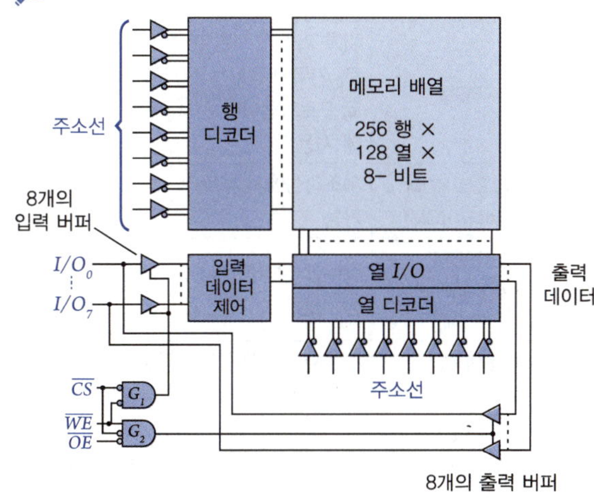

10 그림은 $32k \times 8$ SRAM의 기본구조로 읽기/쓰기 선택은 CPU로부터 제어신호가 전달되는 단자로 RAM칩 내에는 없다.
[문제 하단의 그림 참고]

11 반도체 기억소자 ROM에 대한 설명 중 옳지 않은 것은?

① 전원이 꺼지면 기록된 내용이 지워진다.
② 제조 과정에서 하드웨어적으로 프로그래밍된다.
③ 정보의 write는 불가능하고, 단지 read만 가능하다.
④ 기억내용을 수시로 바꾸어야 하는 곳에는 사용할 수 없다.

11 ROM(읽기전용 기억장치)을 분류해 보면 다음과 같다.

기록기능 방법	판독만 가능한 메모리로, 기록된 정보는 전원이 꺼져도 지워지지 않으므로 프로그램이나 문자 패턴 등 고정된 정보의 기억에 사용된다.
비휘발성	전원이 꺼져도 저장된 내용이 지워지지 않는다.

 10 ③ 11 ①

12 [문제 하단의 표 참고]

12 ROM과 RAM의 차이점을 설명한 것으로 틀린 것은?

① 어느 ROM이나 한 번 쓰면 지울 수 없다.
② RAM은 휘발성 메모리라고 한다.
③ RAM은 동적 RAM과 정적 RAM으로 나눌 수 있다.
④ ROM의 종류에는 EPROM, EEPROM, PROM 등이 있다.

ROM	기록 기능에 의한 분류에서 판독만 가능한 메모리로, 기록된 정보는 전원이 꺼져도 지워지지 않으므로 프로그램이나 문자 패턴 등 고정된 정보의 기억에 사용
마스크 ROM (Mask ROM)	제조과정에서 메모리 내에 데이터가 영구히 저장 가능
PROM (Programmable ROM)	특수한 장비를 사용하여 데이터를 전기적으로 저장 가능
EPROM (Erasable PROM)	사용자가 저장된 데이터를 지울 수 있고, 자외선을 조사하면 내용을 지울 수 있음
EEPROM (Electrically EPROM)	전기적인 신호로 수 $msec$내에 내용을 지울 수 있음

13 ROM은 영구적으로 또는 반영구적으로 데이터를 저장하며, 데이터를 읽을 수는 있으나, 특수한 장비가 없이는 내용을 수정할 수 없다.

13 다음 중 기억상태를 읽는(read) 동작만 할 수 있는 메모리는?

① SRAM
② DRAM
③ register
④ ROM

정답 12 ① 13 ④

14 ROM IC의 특징을 설명한 것 중 옳지 <u>않은</u> 것은?

① Mask ROM : 반도체 공장에서 내용이 기입된다.
② PROM : PROM writer로 쓸 수 있고 내용은 지울 수 없다.
③ EPROM : refresh 회로가 필요하다.
④ EPROM : 자외선을 조사하면 내용을 지울 수 있다.

14 SRAM은 플립플롭을 저장소자로 사용하며, DC전원이 공급되는 한 데이터를 계속 저장할 수 있다. DRAM은 커패시터를 저장소자로 사용하며, 커패시터에 저장된 데이터가 소멸되지 않게 하려면 주기적으로 리플래시(refresh)해야 한다.

15 ROM(Read Only Memory)의 주요 구성 요소는?

① 디코더와 OR게이트
② 인코더와 OR게이트
③ 디코더와 AND게이트
④ 인코더와 AND게이트

15 ROM의 기본 구조는 입력선 n개와 출력선 m개로 구성되어 있는 AND게이트와 OR게이트로 구성된다. AND게이트는 주소 디코더로, OR게이트는 디코더의 출력인 최소항들의 합으로 ROM을 프로그래밍할 수 있다.

16 다음 중 ROM과 관계<u>없는</u> 사항은?

① address(주소)
② chip select
③ $R/\overline{W}$(제어단자)
④ 단방향 데이터 단자

16 ROM에는 읽기 단자(단방향 데이터 단자)만 존재하고, 데이터를 저장할 때는 ROM write라는 특수한 장비를 이용하므로 데이터를 쓰기 위한 특별한 단자는 없다.

정답 14 ③ 15 ① 16 ③

17 다음 ROM의 회로도를 바탕으로 구성한 진리표의 A, B, C값으로 올바른 것은?

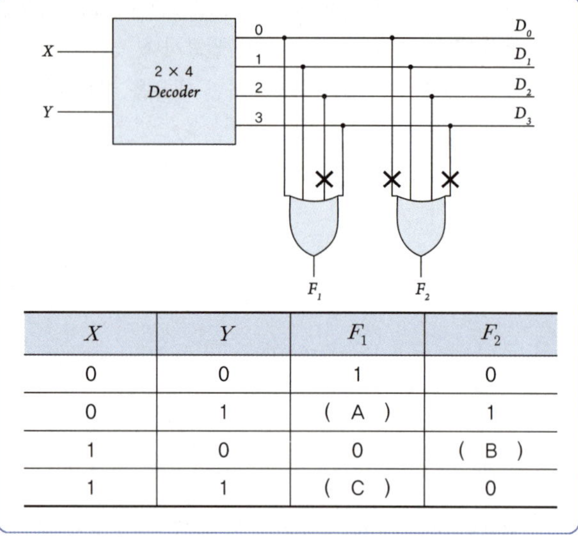

X	Y	F_1	F_2
0	0	1	0
0	1	(A)	1
1	0	0	(B)
1	1	(C)	0

① A = 0, B = 1, C = 1
② A = 1, B = 0, C = 1
③ A = 1, B = 1, C = 0
④ A = 1, B = 1, C = 1

17 입력과 출력의 관계를 정의한 진리표를 참고하여 회로 결과를 분석해 보면 다음과 같다.

$X=0,\ Y=0$ 일 때	OR게이트로 연결된 각각의 출력을 보면 F_1 연결, F_2 절단
$X=0,\ Y=1$ 일 때	OR게이트로 연결된 각각의 출력을 보면 F_1 연결, F_2 연결
$X=1,\ Y=0$ 일 때	OR게이트로 연결된 각각의 출력을 보면 F_1 절단, F_2 연결
$X=1,\ Y=1$ 일 때	OR게이트로 연결된 각각의 출력을 보면 F_1 연결, F_2 절단

18 다음 소자 중에서 ROM과 유사한 성격을 가지며, AND array와 OR array로 구성된 것은?

① RAM
② PLA
③ 레지스터
④ 카운터

18 PLA는 PROM의 단점을 보완하기 위하여 개발된 소자로, AND입력과 OR입력 양쪽을 모두 프로그래밍할 수 있으므로 가장 융통성 있게 프로그래밍을 할 수 있으나, 동작 속도와 집적도가 저하된다.

정답 17 ④ 18 ②

19 **논리회로를 구성하고자 할 때 IC에 내장되어 있는 AND, OR, NAND, NOR, XOR, 플립플롭 등의 논리소자 중에서 선택적으로 퓨즈를 절단하는 방법으로 사용자가 직접 기록할 수 있는 PAL 또는 PLA와 같은 IC는 다음 중 어디에 속하는가?**

① PLD ② PLE

③ PROM ④ PAL

PLD의 분류	
PROM (Programmable ROM)	디코더의 역할을 하는 고정 AND배열과 프로그램이 가능한 OR배열로 구성되어 있다. 주로 주소 지정 메모리로 사용되며 고정된 AND게이트의 제약 때문에 논리소자로는 사용하지 않는다.
PLA (Programmable Logic Array)	PROM의 단점을 보완하기 위하여 개발된 소자로, AND입력과 OR입력 양쪽을 모두 프로그래밍할 수 있으므로 가장 융통성 있게 프로그래밍을 할 수 있으나, 동작 속도와 집적도가 저하된다.
PLE (Programmable Logic Element)	AND입력은 고정되고 OR입력만을 프로그래밍할 수 있다.
PAL (Programmable Array Logic)	AND입력만을 프로그래밍할 수 있고 OR입력은 고정되어 있는 PLD이다. 현재 가장 널리 쓰이고 있는 PLD로 1회에 한해 프로그래밍이 가능하며 TTL이나 ECL의 바이폴라 기술을 사용하여 구현한다.
GAL (Generic Array Logic)	GAL은 여러 가지 PLD 중 가장 최근에 개발된 소자로, GAL은 다시 프로그래밍할 수 있고, 또한 출력 논리도 프로그래밍이 가능하다.

19 SSI와 MSI대신에 PLD(Programmable Logic Device)를 사용함으로써 공간을 절약하고 소자의 수를 줄일 수 있을 뿐만 아니라 비용도 절감할 수 있다.
[문제 하단의 표 참고]

20 **PLA의 프로그래밍에 대한 설명으로 옳은 것은?**

① AND배열만 프로그래밍한다.

② OR배열만 프로그래밍한다.

③ AND와 OR 배열 모두를 프로그래밍할 수 있다.

④ 프로그래밍을 할 필요가 없다.

20 [문제 19번]의 해설을 참조하면 PLA는 PROM의 단점을 보완하기 위하여 개발된 소자로, AND입력과 OR입력 양쪽을 모두 프로그래밍할 수 있으므로 가장 융통성 있게 프로그래밍을 할 수 있으나, 동작 속도와 집적도가 저하된다.

정답 19 ① 20 ③

21 PAL(Programmable Array Logic)에 관한 설명으로 틀린 것은?

① 산술연산회로를 구현하는 데 주로 쓰이도록 연산기능을 내장하고 있다.
② AND배열만 프로그래밍한다.
③ OR입력만 고정하여 프로그래밍할 수 있다.
④ 1회에 한해 프로그래밍이 가능하다.

21 [문제 19번]의 해설을 참조하면 PAL은 AND입력만을 프로그래밍할 수 있고 OR입력은 고정되어 있는 PLD이다. 현재 가장 널리 쓰이고 있는 PLD로 1회에 한해 프로그래밍이 가능하며 TTL이나 ECL의 바이폴라 기술을 사용하여 구현한다.

22 VHDL 컴포넌트에 대한 설명으로 맞는 것은?

① 각 프로그램에서 한 번 사용될 수 있다.
② 논리함수를 미리 지정하는 기술(description)이다.
③ port map으로 구성된다.
④ 변수의 한 종류이다.

22 VHDL 컴포넌트는 프로그램을 통해 여러 용도로 사용할 수 있도록 논리함수를 미리 정의하기 위해 사용되는 VHDL의 특성이다.

23 VHDL 컴포넌트는 프로그램에서 사용을 위해 호출되는데, 무엇을 사용하여 호출되는가?

① 컴포넌트의 구체화
② 신호
③ 변수
④ 아키텍처 선언

23 컴포넌트의 구체화(component instantiations)는 핵심어 begin과 end 구문 사이에 배치하여, 구체화되는 식별자에 의해 정의한 후 컴포넌트 이름을 지정한다. Port map은 근본적으로 '=>'연산자를 사용하여 논리함수에 대해 모든 연결을 하는 것이다.

정답 21 ① 22 ② 23 ①

24 VHDL은 무엇의 종류인가?

① 프로그램 가능한 논리
② 프로그램 가능한 배열
③ 하드웨어 기술 언어
④ 논리 수학

24 하드웨어 기술 언어(HDL)는 프로그래밍이 가능한 논리소자에 논리 설계를 구현하기 위해 사용되는, 문자입력(text entry)이라고 하는 논리 설계 입력을 위한 도구이다. VHDL에서 V는 VHSIC(Very High Speed Integrated Circuit)을 의미하고, HDL은 하드웨어 기술 언어를 의미한다.

25 VHDL에서 port는 무엇인가?

① 엔티티의 한 종류
② 입력이나 출력
③ 아키텍처의 한 종류
④ 변수의 한 종류

25 VHDL 프로그램에서 엔티티에서의 port는 외부 입력과 출력의 항으로 주어진 논리함수를 기술하고, 입력과 출력을 명기한다.

정답 24 ③ 25 ②

Self Check로 다지기 | 제8장

- 메모리와 주변장치 사이의 데이터 전송은 제어신호 2개(읽기 제어신호, 쓰기 제어신호)와 외부 레지스터 2개(메모리 주소 레지스터, 메모리 버퍼 레지스터)를 통하여 이루어지며, 제어신호는 데이터 전송방향을 결정한다.

- n비트로 된 메모리 주소 레지스터는 최대 2^n개($0 \sim 2^{n-1}$)의 메모리 주소를 표시할 수 있다.

- 메모리 버퍼 레지스터는 레지스터와 외부 장치 사이에서 전송되는 데이터의 통로이다.

- 메모리 읽기 동작은 ① 선택된 워드의 주소를 메모리 어드레스 레지스터로 전송하고, ② 읽기 제어신호를 동작시킨다.

- 메모리 쓰기 동작은 ① 지정된 메모리의 주소를 메모리 주소 레지스터로 전송하고, ② 저장하려는 데이터 비트를 메모리 버퍼 레지스터로 전송한다. ③ 쓰기 제어신호를 동작시킨다.

- 메모리를 접근방법에 따라 분류하면 순차 액세스 메모리와 랜덤 액세스 메모리로 구분된다. 또 기록 기능에 의해 분류하면 읽기만 가능한 메모리인 ROM(Read Only Memory)과 읽기와 쓰기 두 가지를 모두 수행할 수 있는 메모리인 RWM(Read Write Memory)으로 분류한다. 일반적으로 RAM메모리는 RWM메모리를 의미한다.

- ROM은 프로그래밍 방법에 따라 크게 마스크 ROM, PROM, EPROM, EEPROM으로 구분할 수 있다.

- SRAM은 마이크로프로세서 기반 시스템에서 데이터와 프로그램 명령어들을 일시적으로 저장하기 위해 사용된다.

- DRAM은 SRAM보다 비트 당 가격이 싸고 높은 집적밀도를 갖는다. 기본적인 저장요소는 메모리 셀의 내부 커패시터이다. 주기적으로 모든 메모리를 리플래시하기 위하여 외부 회로가 필요하다.

- PLD로 분류되는 소자의 형태로는 PROM, PLA, PLE, PAL, GAL이 있다. PLA보다는 프로그래밍에 제한이 있지만 현재 가장 많이 쓰이는 것이 PAL이다. 또 GAL은 여러 가지 PLD 중 가장 최근에 개발된 소자이다.

- VHDL은 하드웨어 기술언어의 표준으로 기본 설계 요소는 엔티티와 아키텍처의 한 쌍이다.

- VHDL 컴포넌트는 하나의 프로그램 또는 다른 프로그램에서 사용될 수 있도록 저장되어 있는 미리 정의된 논리함수이다.

- 컴포넌트 구체화는 프로그램에서 컴포넌트를 호출하기 위해 사용된다.

- VHDL 신호는 VHDL의 구조적 기술에서 내부적인 상호연결처럼 동작한다.

당신이 저지를 수 있는 가장 큰 실수는 실수를 할까 두려워하는 것이다.

- 앨버트 하버드 -

부록

최종모의고사

무언가를 시작하는 방법은 말하는 것을 멈추고 행동을 하는 것이다.

– 월트 디즈니 –

제1회 최종모의고사 | 논리회로

제한시간 : 50분 | 시작 ___시 ___분 - 종료 ___시 ___분

정답 및 해설 511p

01 다음 중 컴퓨터의 시대별 특징으로 올바르지 않은 것은?

① 제1세대는 진공관 TR을 이용하여 최초의 전기 기계식 계산기 마크-1과, 최초의 전자식 계산기 애니악이 등장하였다.

② 제2세대는 TR의 등장으로 운영체제의 관점에서 일괄처리 시스템이 등장하게 되었다.

③ 제3세대는 집적회로를 통해 단일부품으로 그 안에 10만 개의 부품을 집적하는 집적도를 가지게 되어, 운영체제 관점에서 일괄처리, 시분할, 다중 프로그램 등을 제공하는 다중 모드 시스템이 등장하였다.

④ 제4세대는 마이크로프로세서가 탑재된 극소형, 대용량, 저렴한 가격, 신뢰도가 급격히 향상된 컴퓨터 시스템이 등장하게 되었다.

02 다음 중 2진수 $11_2 \times 11_2$의 결과로 올바른 것은?

① 1110_2

② 1011_2

③ 1100_2

④ 1001_2

03 다음 중 부호표시 수의 표현범위가 올바르지 않은 것은?

① 2비트 2의 보수 형식 :
$-(2^2) \sim (2^2-1) = -4 \sim 3$

② 4비트 2의 보수 형식 :
$-(2^{4-1}) \sim (2^{4-1}-1) = -8 \sim 7$

③ 2비트 1의 보수 형식 :
$-(2^{2-1}-1) \sim (2^{2-1}-1)$
$= -1 \sim 1$

④ 8비트 2의 보수 형식 :
$-(2^{8-1}) \sim (2^{8-1}-1)$
$= -128 \sim 127$

04 부호표시 수의 산술연산에서 오버플로우의 조건으로 올바르지 않은 것은?

① 두 수의 합이 두 수의 표현범위를 초과할 경우에 오버플로우가 발생한다.

② 두 수의 부호비트가 모두 음일 때만 오버플로우가 발생한다.

③ 두 수가 모두 양이거나 음일 때 두 수의 표현범위를 초과할 수 있으므로 오버플로우가 발생할 수 있다.

④ 두 수의 연산의 결과가 예상되었던 부호와 다를 경우 오버플로우가 발생된 것으로 예상할 수 있다.

05 **다음 중 그레이코드 11011을 2진수로 올바르게 변환한 것은?**

① 11110_2

② 10010_2

③ 11001_2

④ 10001_2

06 **입력 A, B, C의 입력 펄스에 대한 출력(F)으로 동작하는 게이트로 올바른 것은?**

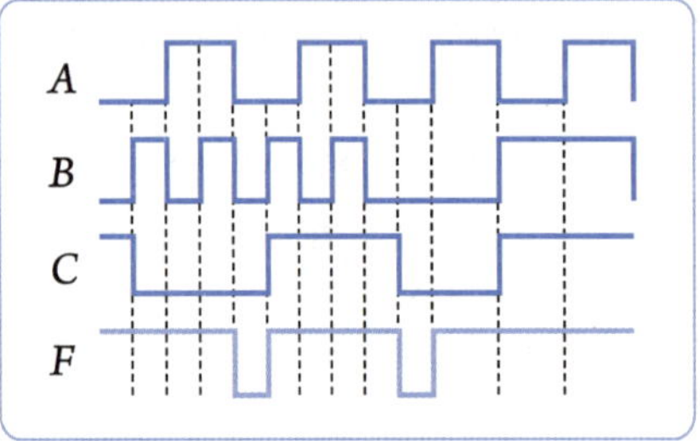

① NOR게이트

② OR게이트

③ NAND게이트

④ XOR게이트

07 **입력변수 $A=0$, $B=1$, $C=1$, $D=1$일 때 논리값이 1이 되는 것으로 옳은 것은?**

① AC

② $\overline{B}\,\overline{D}$

③ $\overline{A}B\overline{C}D$

④ $\overline{A}BCD$

08 **입력 A,B,C,D, 출력 F를 XNOR의 논리식으로 표현한 것으로 올바르지 <u>않은</u> 것은?**

① $F(A,B,C,D)=A\odot B\odot C\odot D$

② $F(A,B,C,D)=(A\odot B)\odot(C\odot D)$

③ $F(A,B,C,D)=(A\oplus B)\odot(C\oplus D)$

④ $F(A,B,C,D)=\overline{A\oplus B\oplus C\oplus D}$

09 **다음 부울대수식 $A\overline{B}C+\overline{A}$을 표준 SOP형으로 변환한 것으로 옳은 것은?**

① $A\overline{B}\,\overline{C}+\overline{A}\,\overline{B}C+\overline{A}\,\overline{B}\,\overline{C}$

② $ABC+\overline{A}\,\overline{B}C+\overline{A}\,\overline{B}\,\overline{C}$

③ $ABC+A\overline{B}C+\overline{A}\,\overline{B}C+\overline{A}\,\overline{B}\,\overline{C}$

④ $A\overline{B}C+\overline{A}BC+\overline{A}\,\overline{B}\,\overline{C}+\overline{A}B\overline{C}$
$+\overline{A}\,\overline{B}C$

10 **TTL IC에 대한 설명으로 옳지 <u>않은</u> 것은?**

① 가격이 저렴하고 여러 제작사에서 다양한 형태로 제작되었다.

② CMOS에 비해 비교적 빠른 속도인 반면에, 소비전력이 크다.

③ TTL은 전파지연이 CMOS에 비해 길다.

④ 현재는 아주 빠른 속도의 TTL을 제외하고, 집적도가 높은 CMOS로 거의 대체되었다.

11 5개의 플립플롭이 $+3.5\text{V}$ 직류전원에서 동작하고 8mA의 전류가 흐른다면 전력소모량은?

① 25mW
② 100mW
③ 140mW
④ 200mW

12 다음 진리표에서 출력 F를 간소화한 것으로 옳지 않은 것은?

입력			F
A	B	C	
0	0	0	1
0	0	1	1
0	1	0	X
0	1	1	0
1	0	0	0
1	0	1	1
1	1	0	1
1	1	1	1

① $\overline{A}\overline{B}+AC+AB$
② $\overline{A}\overline{B}+AB+\overline{B}C$
③ $\overline{A}\overline{B}+AC+B\overline{C}$
④ $\overline{A}\overline{C}+\overline{B}C+A\overline{B}$

13 다음 중 카르노맵의 함수를 간소화한 것으로 옳은 것은?

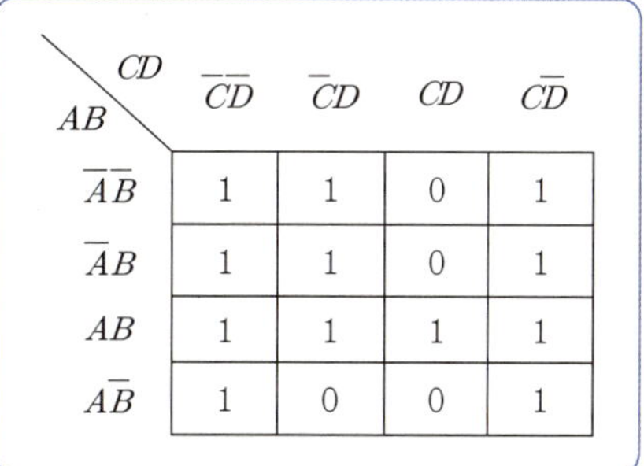

AB \ CD	$\overline{C}\overline{D}$	$\overline{C}D$	CD	$C\overline{D}$
$\overline{A}\overline{B}$	1	1	0	1
$\overline{A}B$	1	1	0	1
AB	1	1	1	1
$A\overline{B}$	1	0	0	1

① $\overline{A}\overline{B}+AB+\overline{C}$
② $\overline{A}\overline{C}+AB+\overline{D}$
③ $\overline{A}\overline{C}+A+\overline{B}\overline{C}$
④ $\overline{A}\overline{C}+\overline{AB}+\overline{B}$

14 다음 중 논리식을 간략화한 것으로 올바른 것은?

$$F=\overline{A}BCD+A\overline{B}C\overline{D}+A\overline{B}\overline{C}D+\overline{A}BC\overline{D}+\overline{A}\overline{B}C+ABC$$

① $C\overline{D}+\overline{A}C+A\overline{B}\overline{C}D$
② $C\overline{D}+\overline{A}C+ABC+A\overline{B}\overline{C}D$
③ $A\overline{B}\overline{C}D+C\overline{D}+BC+\overline{A}C$
④ $\overline{A}+\overline{D}+C+BC+A\overline{B}\overline{C}D$

15 논리식 $F = AB + \overline{B}C + ACD + AB\overline{D} + A C\overline{D} + \overline{A}BCD$를 간략화한 것으로 올바른 것은?

① $F = AB + \overline{B}C + CD$
② $F = ABC + \overline{B}C$
③ $F = AB + \overline{B}CD$
④ $F = AB + \overline{B}\overline{D}$

16 다음 중 NAND게이트 회로로 동작하지 <u>않는</u> 회로는?

①
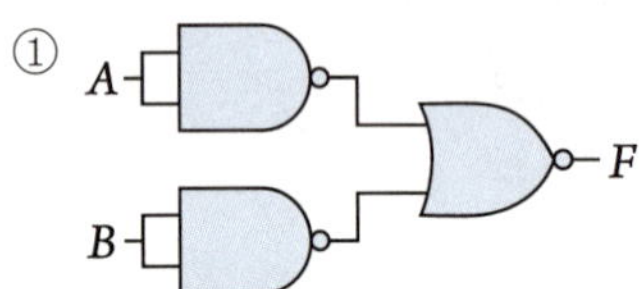

②
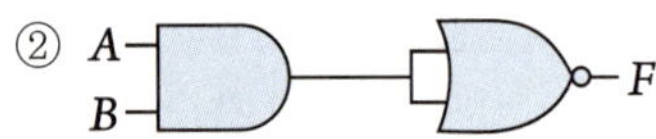

③
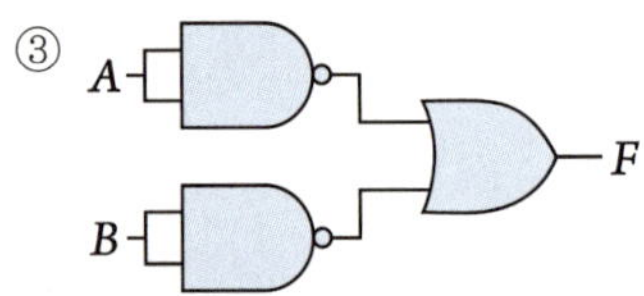

④
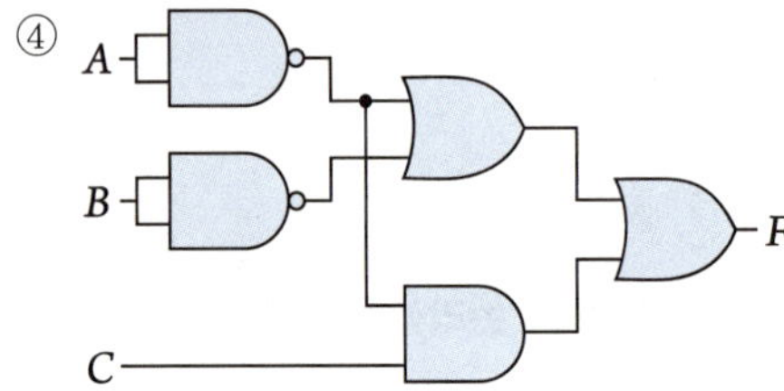

17 논리식 $F = (A+B)C$를 NOR게이트만을 사용하여 표시할 때 몇 개의 NOR게이트가 필요한가?

① 2개　　② 3개
③ 4개　　④ 5개

18 다음과 같이 NOR게이트로 구성된 논리회로의 기능은 어떤 게이트와 같은가?

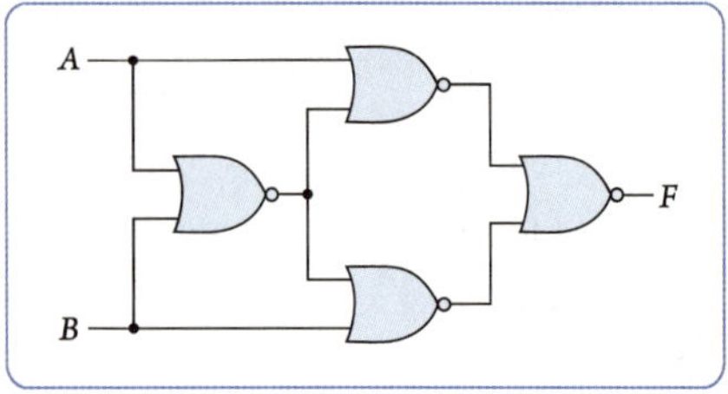

① OR
② AND
③ XNOR
④ XOR

19 다음 중 조합논리회로에 대한 설명으로 옳지 <u>않은</u> 것은?

① 오직 입력에 의해서만 출력이 결정되는 논리회로이다.
② 입・출력을 갖는 게이트의 집합으로, 출력 값은 0과 1의 입력 값에 의해서만 결정되는 회로이다.
③ 논리곱(AND게이트), 논리합(OR게이트), 논리부정(NOT게이트)이라고 하는 3가지 기본 논리소자들을 조합시켜 만든 논리회로이다.
④ 입력뿐만 아니라 입력되는 시점의 시스템 상태에 의해서도 출력이 결정되는 회로이다.

20 다음 그림과 같은 회로의 명칭으로 올바른 것은?

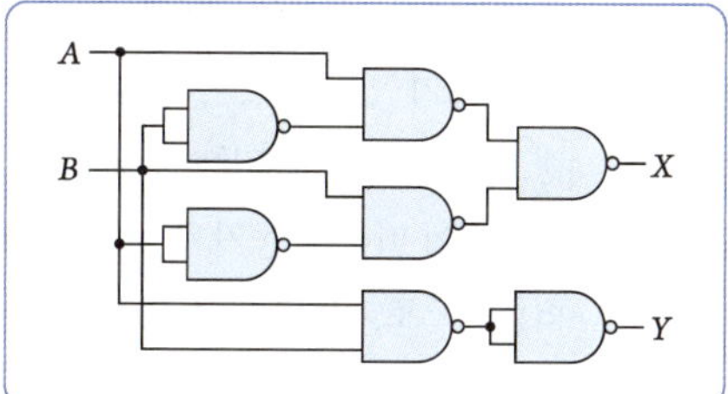

① 반감산기 ② 전가산기
③ 전감산기 ④ 반가산기

21 다음 중 전가산기에 대한 설명으로 올바르지 않은 것은?

① 이전 캐리(C_{IN})를 포함하여 피연산자들을 더하는 가산기이다.
② 반가산기 2개와 OR게이트 1개로 전가산기를 만들 수 있다.
③ 가수(addend), 피가수(augend), 올림수(carry)를 표시하는 세 가지 입력(input)과 합과 올림수 두 가지 출력으로 구성된다.
④ 컴퓨터 내에서 10진 숫자를 덧셈하기 위한 논리회로이다.

22 전가산기의 결과로 합을 나타내는 S와 자리올림의 C_{OUT}이 있다. S를 최소항 형식으로 올바르게 표현한 것은?

① $S(A,B,C_{IN}) = \sum m(1,2,3,7)$
② $S(A,B,C_{IN}) = \sum m(1,2,4,7)$
③ $S(A,B,C_{IN}) = \sum m(0,4,5,6)$
④ $S(A,B,C_{IN}) = \sum m(0,3,5,6)$

23 다음 비교기 회로에서 출력들의 동작 설명으로 옳지 않은 것은?

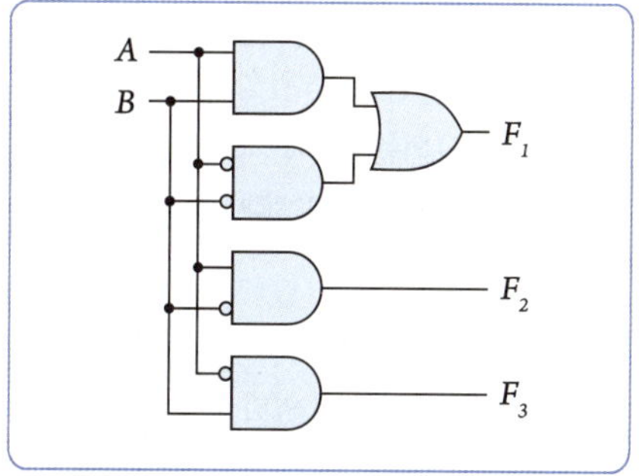

① F_1의 부울대수식은 $F_1 = A \odot B$이다.
② F_3는 $A < B$일 때 출력된다.
③ F_1은 A와 B가 같지 않을 때 출력된다.
④ F_2는 $A > B$일 때 출력된다.

24 작성된 진리표로부터 디코더를 구현할 때 출력에 대한 부울대수식으로 옳지 않은 것은?

입력		출력			
B	A	Y_3	Y_2	Y_1	Y_0
0	0	1	1	1	0
0	1	1	1	0	1
1	0	1	0	1	1
1	1	0	1	1	1

① $Y_0 = \overline{\overline{B}\,\overline{A}}$
② $Y_1 = \overline{\overline{B}A}$
③ $Y_2 = B\overline{A}$
④ $Y_3 = \overline{BA}$

25 **다음 중 인코더에 대한 설명으로 옳지 않은 것은?**

① 입력 신호를 특정 코드로 변환한다.
② 2^n개 입력 중 활성화된 하나를 받아들여, 해당되는 n비트 코드를 출력한다.
③ 기억장치에서 특정 번지를 선택할 때 사용한다.
④ 인코더의 종류에는 10진-2진인코더, BCD 인코더 등이 있다.

26 **다음 중 2진수 1000를 그레이코드로 올바르게 변환한 것은?**

① 1111
② 1100
③ 1101
④ 0001

27 **입력정보($A, B, C, D, ..., n$)비트의 짝수 패리티 발생기에 대한 식으로 옳은 것은?**

① $P = \overline{A \oplus B \oplus C \oplus D \oplus ... \oplus n}$
② $P = A(\overline{B \oplus C \oplus ... \oplus n}) + \overline{A}(B \oplus C \oplus ... \oplus n)$
③ $P = A \oplus B \oplus C \oplus D \oplus ... \oplus n$
④ $P = A(\overline{B}\overline{C}\overline{D}...\overline{n} + BCD...n) + \overline{A}(\overline{B}CD...n + B\overline{C}\overline{D}...\overline{n})$

28 **순서논리회로에 대한 설명으로 옳지 않은 것은?**

① 회로 구현상 메모리(기억성)가 있는 피드백 경로가 있다. 즉, 일련의 연산 사이에 정보를 저장할 수 있는 회로가 구성된다.
② 타이밍에 따라 비동기 순서논리회로는 플립플롭으로, 동기 순서논리회로는 래치로 동작한다.
③ 내부 기억소자의 형태에 따라 래치회로와 플립플롭회로로 구분할 수 있다.
④ 상태도, 상태표, 타이밍도 등에 의해 순차회로의 동작 묘사가 가능하다.

29 **주어진 NOR게이트로 구성된 SR래치의 동작으로 옳지 않은 것은?**

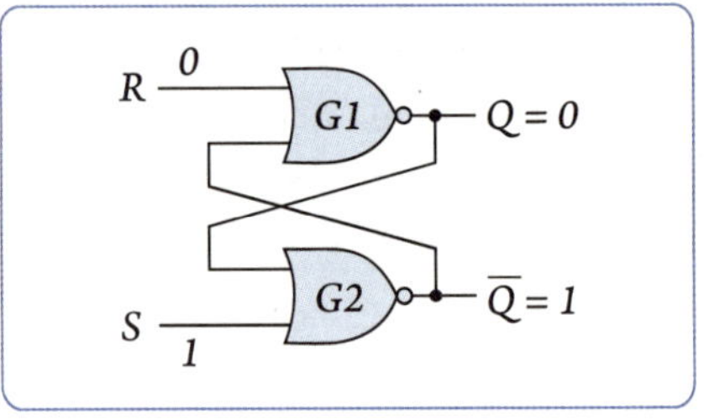

① $R=0, S=1$ 입력되어 $Q(t)=0$이 된다.
② G_2의 출력은 Q상태와 무관하게 $\overline{Q}(t+1)=0$이 된다.
③ G_1의 출력은 $R=0, \overline{Q}(t+1)=0$으로 $Q(t+1)=1$이 된다.
④ $Q(t)=0$의 현재상태가 $Q(t+1)=1$로 set이 된다.

30 다음 중 NAND게이트로 구성된 SR래치에 대한 진리표로 옳은 것은?

①

$\overline{S}$	$\overline{R}$	$Q(t+1)$
0	0	$Q(t)$
0	1	1
1	0	0
1	1	$\overline{Q(t)}$

②

$\overline{S}$	$\overline{R}$	$Q(t+1)$
0	0	$\overline{Q}(t)$
0	1	1
1	0	0
1	1	$Q(t)$

③

$\overline{S}$	$\overline{R}$	$Q(t+1)$
1	1	부정
1	0	1
0	1	0
0	0	$Q(t)$

④

$\overline{S}$	$\overline{R}$	$Q(t+1)$
0	0	부정
0	1	1
1	0	0
1	1	$Q(t)$

31 다음 회로에서 현재 상태 $Q(t)=0$일 때, R, S가 아래와 같이 변할 경우 $Q(t+1)$ 값의 변화로 옳은 것은?

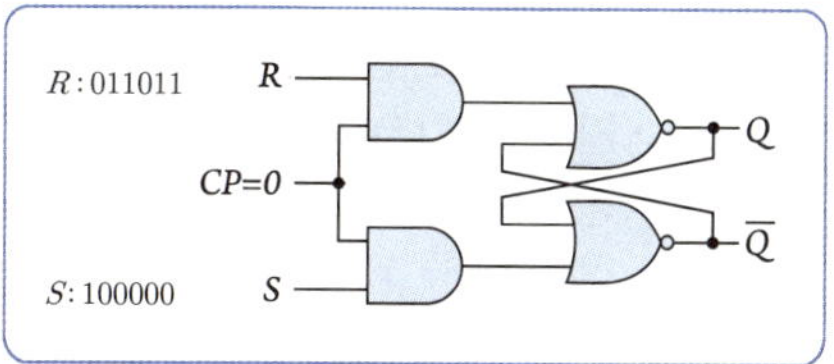

① 001011
② 000000
③ 001111
④ 101001

32 다음 중 주어진 회로의 동작 설명으로 옳지 <u>않은</u> 것은?

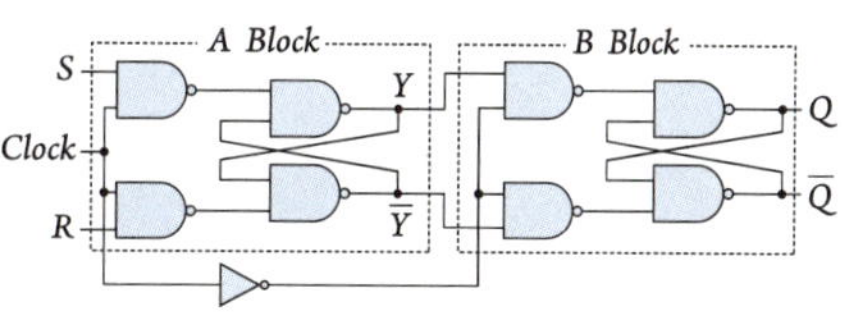

① 레벨 트리거링으로 동작하는 플립플롭의 문제를 해결할 목적으로 많이 사용하는 주종형 플립플롭의 회로이다.
② $Clock=1$일 때, A블록의 SR플립플롭의 결과가 B블록의 입력값으로 전달되어 $Q(t+1)$을 출력한다.
③ $Clock=1$일 때, A블록의 SR플립플롭에 전달되고, B블록의 플립플롭은 disable 되어 이전 상태값을 유지하게 된다.
④ 클록의 레벨 폭이 플립플롭의 지연시간보다 크게 되어 발생하는 레이스 현상을 해결하기 위한 회로이다.

33 다음 내용에 해당하는 회로는?

- 입력 데이터가 아닌 클록에 반응하여 출력이 변하는 회로이다.
- 버퍼용으로 많이 사용된다.
- 지연소자의 일종으로, 입력이 다음 활성 클록이 나타낼 때까지 지연된 후 출력된다.

① D플립플롭
② JK플립플롭
③ T플립플롭
④ SR플립플롭

34 다음 중 JK플립플롭에 대한 설명으로 옳지 <u>않은</u> 것은?

① 세트(set)과 리셋(reset)의 의미를 가지는 J, K 입력 2개가 존재한다.
② SR플립플롭의 결점인 출력을 토글출력으로 보완하여 설계되었다.
③ $J=1, K=0$일 때, 현재 상태 $Q(t)$를 1로 set시킨다.
④ $J=0, K=1$일 때, 현재 상태 $Q(t)$를 다음 상태 $Q(t+1)=0$으로 reset시킨다.

35 주어진 JK플립플롭의 상태표에 대한 설명으로 옳지 <u>않은</u> 것은? (단, X는 무효의 조건임)

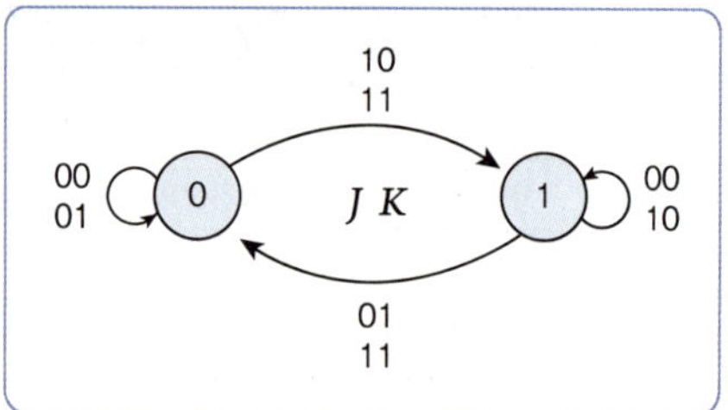

① $Q(t)=0, J=1, K=X$일 때 $Q(t+1)=Q(t)$이다.
② $Q(t)=0, J=0, K=X$일 때 $Q(t+1)=Q(t)$이다.
③ $Q(t)=1, J=X, K=0$일 때 $Q(t+1)=Q(t)$이다.
④ $Q(t)=1, J=X, K=1$일 때 $Q(t+1)=\overline{Q}(t)$이다.

36 다음 중 3개의 플립플롭으로 구성된 카운터의 모듈러스로 옳은 것은?

① mod−2
② mod−4
③ mod−8
④ mod−16

37 **D플립플롭으로 구현한 링 카운터에 대한 설명으로 옳지 않은 것은?**

① 플립플롭 중 단지 하나의 '1'상태가 순환되는 형태로 구성된 카운터이다.

② 최종 플립플롭의 출력이 처음단 플립플롭으로 단순 피드백되어 결합된 회로로 구성된다.

③ 직렬 시프트 레지스터의 최종 플립플롭의 출력($\overline{Q}$)을 최초 플립플롭의 D에 연결한다.

④ 플립플롭의 입력의 수 n개만큼 상태 수 n개가 존재한다.

38 **다음 중 카운터의 상태 수에 대한 설명으로 옳지 않은 것은?**

① 플립플롭 n개로 구성된 링 카운터는 n가지 상태를 출력한다.

② 플립플롭 n개로 구성된 존슨 카운터는 2^n가지 상태를 출력한다.

③ 최종단 플립플롭의 보수 출력($\overline{Q}$)이 처음단 D입력으로 피드백 연결된 카운터는 서로 다른 상태 수를 가지게 되므로 링 카운터의 상태 수보다 2배의 상태를 출력한다.

④ 일반적인 카운터는 플립플롭 n개가 종속으로 연결되어 있으므로 0부터 2^n-1까지 카운트되는 상태를 출력한다.

39 **다음 중 1024×32비트 기억소자의 경우 최소한 몇 개의 주소선이 필요한가?**

① 10개

② 11개

③ 12개

④ 13개

40 **다음 중 프로그램 가능 논리 소자(PLD)에 관한 설명으로 옳지 않은 것은?**

① GAL(Generic Array Logic)은 OR 어레이 고정, AND 어레이만 프로그램 가능하고, 1회만 프로그램이 가능하다.

② PLA(Programmable Logic Array)는 AND 및 OR 어레이 모두를 프로그램 가능하고, 퓨즈 방식으로 내부 배선을 연결한다.

③ 일련의 연속된 명령어로 프로그래밍되는 것이 아니라, 전기적인 하드웨어 회로를 내부적으로 구현한다.

④ 짧은 구현 시간과 적은 설계비용으로 프로그래밍된 회로로, 즉시 테스트가 가능하다.

제2회 최종모의고사 | 논리회로

제한시간 : 50분 | 시작 ___시 ___분 – 종료 ___시 ___분

정답 및 해설 518p

01 다음 중 폰노이만 방식의 컴퓨터 시스템에 대한 설명으로 올바르지 않은 것은?

① CPU와 기억장소가 모두 하나의 메모리에 있다.

② 프로그램과 데이터가 모두 하나의 기억장소(메모리)에 있는 구조이다.

③ 프로그램 내장 방식으로 수행할 프로그램을 기억장소에 저장시켜두고, 명령어들을 순서대로 가져와 CPU에서 실행한다.

④ 현대 컴퓨터의 거의 대부분에서 사용하는 방법으로, 하나의 메모리에만 접근하기 때문에 단순하다.

02 다음 중 n비트 2진수로 표현할 수 있는 가장 큰 수로 가장 적절한 것은?

① 2^n　　② $2^n - 1$

③ 0　　④ 1

03 다음 중 부호표시 수의 표현범위가 가장 큰 것은?

① 1의 0 보수 형식

② 부호–크기 형식

③ 2의 보수 형식

④ 절대값 형식

04 다음 중 그레이-2진 변환회로에서 입력코드 11100에 대한 출력값으로 옳은 것은?

① 출력 2진코드 : 10111

② 출력 2진코드 : 10010

③ 출력 2진코드 : 10001

④ 출력 2진코드 : 11111

05 다음 내용에 해당하는 것으로 옳은 것은?

- 데이터 전송 시 1비트의 에러를 정정할 수 있는 자기 오류 정정 부호의 일종이다.
- 1비트의 오류를 정정하기 위하여 여분으로 3비트를 추가한다.
- 짝수 패리티 비트 생성 규칙을 적용한다.
- 패리티 비트를 필요한 수만큼 정해진 위치에 두어서, 오류가 발생했을 때 오류 발생 비트를 알아내어 정정이 가능하도록 한다.

① 해밍 코드

② BCD 코드

③ 그레이 코드

④ CRC 코드

06 다음 중 XOR에 대한 설명으로 올바르지 않은 것은?

① 입력이 같으면 '0', 다르면 '1'의 출력이 나오는 소자이다.
② 입력 중 어느 하나만 1일 경우에 출력이 1이 되는 소자이다.
③ 비트 간 배타적 논리합으로 두 수의 입력에 대한 오류 짝수 패리티 검출에 사용된다.
④ XOR의 대수적 연산의 의미는 모듈러-4 덧셈을 수행한다는 것이다.

07 주어진 카르노맵으로부터 표현할 수 있는 부울대수식으로 옳지 않은 것은?

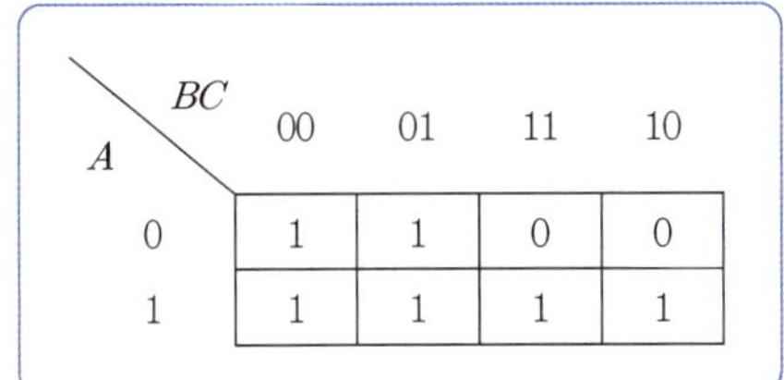

① A
② B
③ AB
④ $A\overline{B}\overline{C}$

08 다음 중 부울대수식 $F=\overline{B \oplus D}+\overline{A}D$에서 표현되지 않는 것은?

① $BD+\overline{B}\overline{D}+\overline{A}D$
② $BD+\overline{A}\overline{B}+\overline{A}BD+A\overline{B}\overline{D}$
③ $BD+\overline{B}\overline{D}+\overline{A}\overline{B}$
④ $B \odot D+\overline{A}D$

09 다음 진리표를 보고 $\overline{F}$를 SOP형으로 간소화한 것은?

입력			출력
A	B	C	$\overline{F}$
0	0	0	1
0	0	1	1
0	1	0	0
0	1	1	1
1	0	0	1
1	0	1	0
1	1	0	1
1	1	1	1

① $\overline{F}=\overline{B}\overline{C}+\overline{A}C+AB$
② $\overline{F}=\overline{A}\overline{B}+BC+A\overline{C}+AB+\overline{B}C$
③ $\overline{F}=\overline{B}\overline{C}+\overline{A}C+AB+BC$
④ $\overline{F}=\overline{A}\overline{B}+BC+A\overline{C}+AB$

10 다음 중 논리IC의 구동 능력 관점에서 게이트의 전기적 특성에 해당하지 않는 것은?

① 잡음여유도
② 팬 인
③ 전파지연시간
④ 팬 아웃

11 복잡한 논리회로의 효율적인 구성을 위해 고려해야 할 사항으로 옳은 것은?

① 직류 공급 전압의 최대화
② 사용 게이트 수의 최소화
③ 게이트 종류의 다양화
④ 잡음 여유의 최소화

12 진리표에서 출력 F에 대한 카르노맵으로 올바른 것은? (단, 진리표에 정의되지 않은 것은 무관항으로 표시함)

입력				출력
A	B	C	D	
0	0	0	0	1
0	0	0	1	1
0	0	1	0	1
0	0	1	1	0
1	0	0	0	1
1	0	0	1	0
1	0	1	0	1
1	0	1	1	0
1	1	0	0	1
1	1	1	1	1

①

AB \ CD	00	01	11	10
00	1	1	0	1
01	X	X	X	X
11	1	X	X	X
10	1	0	0	1

②

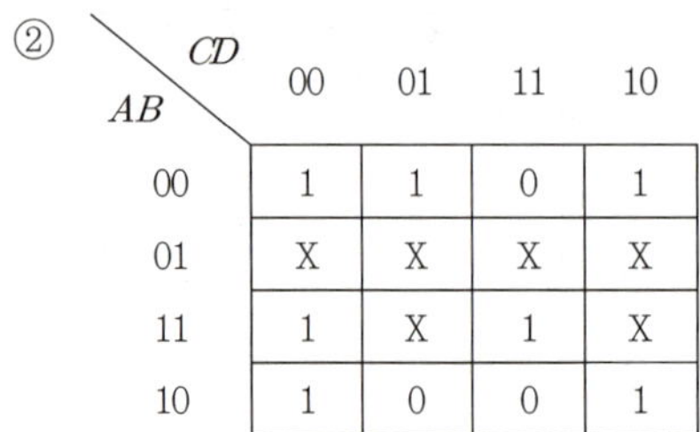

AB \ CD	00	01	11	10
00	1	1	0	1
01	X	X	X	X
11	1	X	1	X
10	1	0	0	1

③

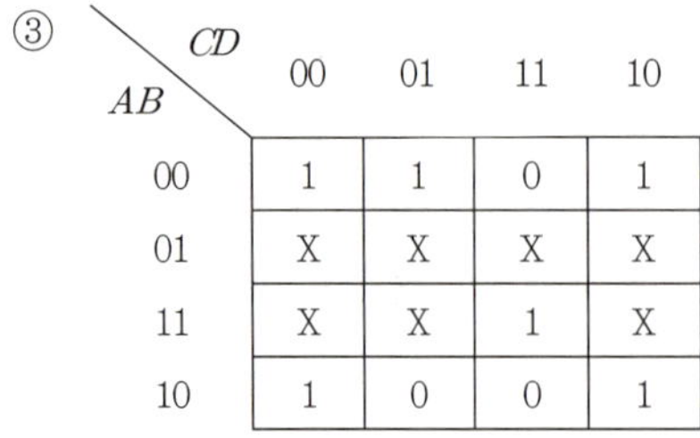

AB \ CD	00	01	11	10
00	1	1	0	1
01	X	X	X	X
11	X	X	1	X
10	1	0	0	1

④

AB \ CD	00	01	11	10
00	1	1	0	X
01	X	X	X	X
11	1	X	1	X
10	1	0	0	1

13 4변수들에 대한 카르노맵이 그림과 같이 주어졌을 경우 이를 부울대수식으로 표현한 것으로 옳지 않은 것은?

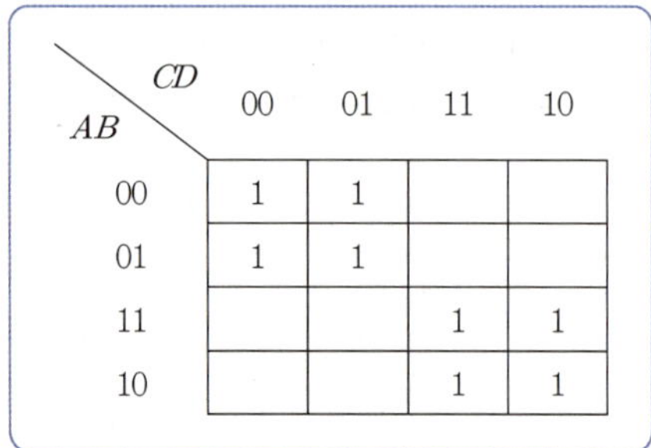

AB \ CD	00	01	11	10
00	1	1		
01	1	1		
11			1	1
10			1	1

① $A\oplus C$

② $\overline{A}\,\overline{C}+AC$

③ $A\odot C$

④ $\overline{A\oplus C}$

14 논리식 $AB\overline{C}+A\overline{B}C+\overline{A}BC+ABC$을 XOR을 이용하여 변형한 것으로 올바른 것은?

① $\overline{A}(A\oplus C)+A\overline{B}$

② $A(\overline{B\oplus C})+BC$

③ $A(B\oplus C)+BC$

④ $\overline{A}(\overline{A\oplus B})+A\overline{B}$

15 다음과 같이 최소항으로 표시된 논리함수를 간략화한 것으로 가장 적절한 것은?

$$X(A,B,C,D) = \sum m(3,4,6,9,11,12) + \sum d(0,1,5,7,13,14,15)$$

① $\overline{A}\,\overline{C}+\overline{A}D+B+D$

② $B+D$

③ $AB+\overline{A}B+\overline{C}D+CD$

④ $AD+\overline{A}D+B\overline{D}$

16 주어진 회로를 입력이 2개인 NAND게이트만을 사용하여 표시할 때 몇 개의 NAND게이트가 필요한가?

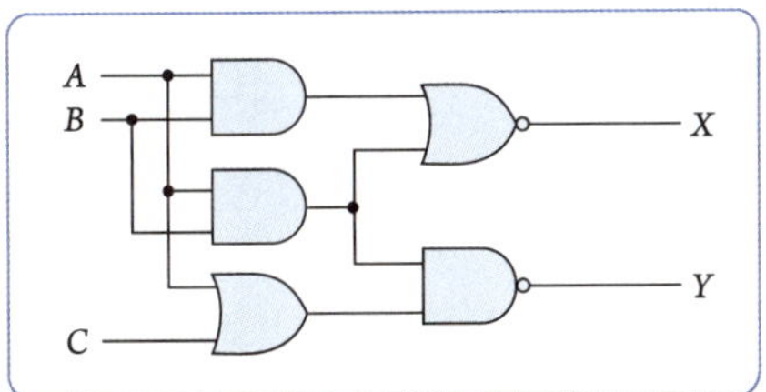

① 1개

② 3개

③ 5개

④ 7개

17 부울대수식 $F=AB+AC$를 NOR게이트로 구성하기 위한 논리식으로 올바른 것은?

① $F=\overline{\overline{\overline{(\overline{A}+\overline{B})}+\overline{(\overline{A}+\overline{C})}}}$

② $F=\overline{(\overline{A}+\overline{B})(\overline{A}+\overline{C})}$

③ $F=\overline{\overline{AB+AC}}$

④ $F=\overline{\overline{AB}\,\overline{AC}}$

18 다음 그림과 같은 논리회로에서 F는 어떻게 표시되는가?

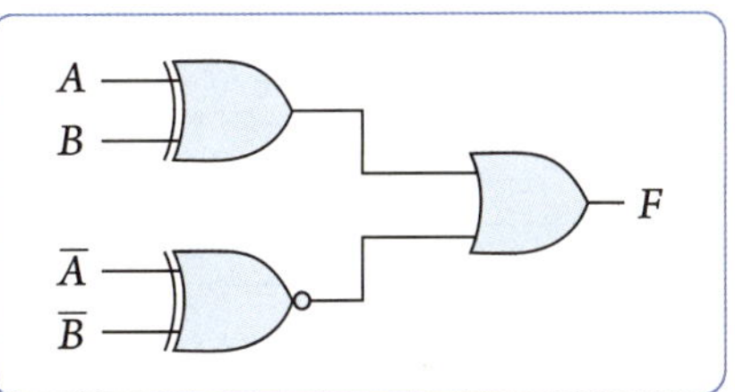

① $F=0$

② $F=\overline{A}B+A\overline{B}$

③ $F=AB+\overline{A}\,\overline{B}$

④ $F=1$

19 다음 중 조합논리회로에 대한 설명으로 옳지 <u>않은</u> 것은?

① 패리티 비트 검사기는 정보 비트 수가 적고 오류 발생 확률이 낮은 경우 가장 많이 사용하는 오류 검출 및 정정 회로이다.

② 멀티플렉서는 여러 입력 중 하나를 선택하여 출력으로 연결하는 논리소자로, 데이터 선택기라고도 한다.

③ 인코더는 입력신호 2^n개를 특정 코드 n비트로 변환하는 논리 소자이다.

④ 디코더는 기억장치에서 특정 번지를 선택할 수 있으며, 입력의 n비트 2진 코드를 2^n개의 서로 다른 정보로 출력시킬 수 있는 논리소자이다.

20 다음 그림과 같은 회로의 동작으로 추측할 수 있는 명칭으로 올바른 것은?

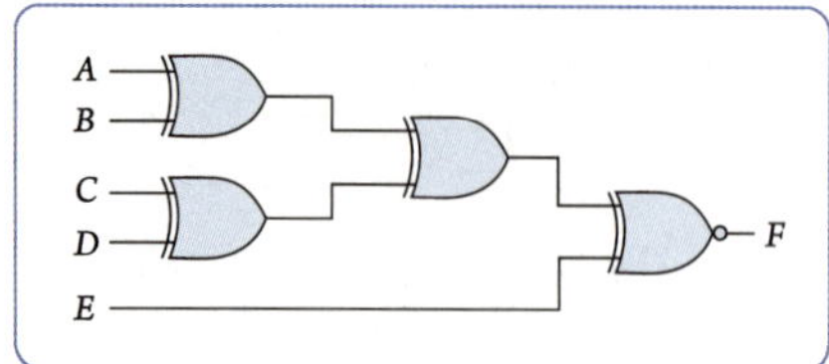

① 인코더
② 우수 패리티비트 생성기
③ 기수 패리티비트 생성기
④ 디코더

21 다음 그림과 같은 회로의 명칭으로 올바른 것은?

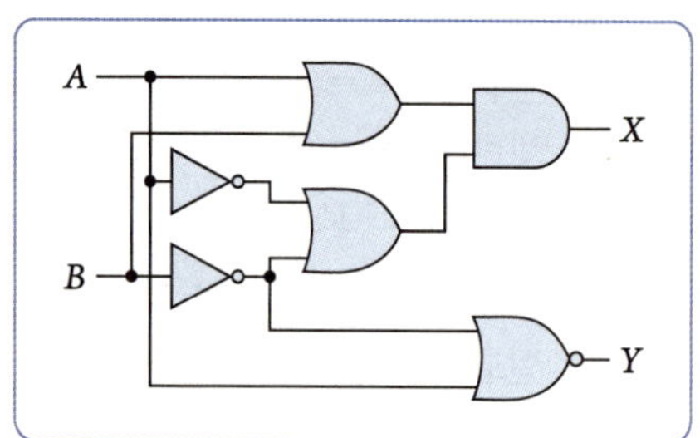

① 반감산기
② 전가산기
③ 전감산기
④ 반가산기

22 다음 중 전가산기 회로를 나타낸 것으로 옳은 것은?

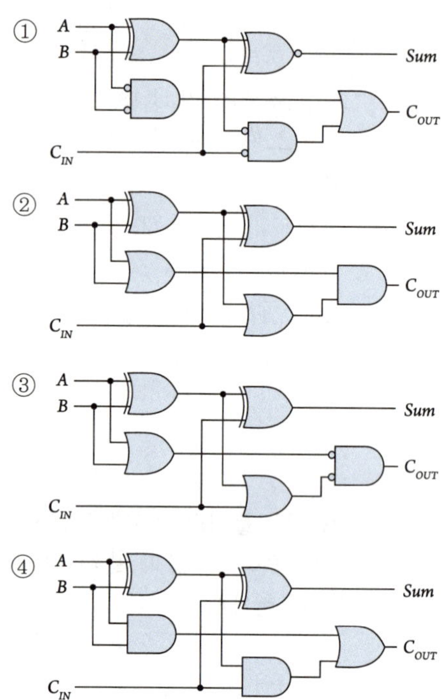

23 주어진 회로를 보고 진리표를 올바르게 작성한 것은?

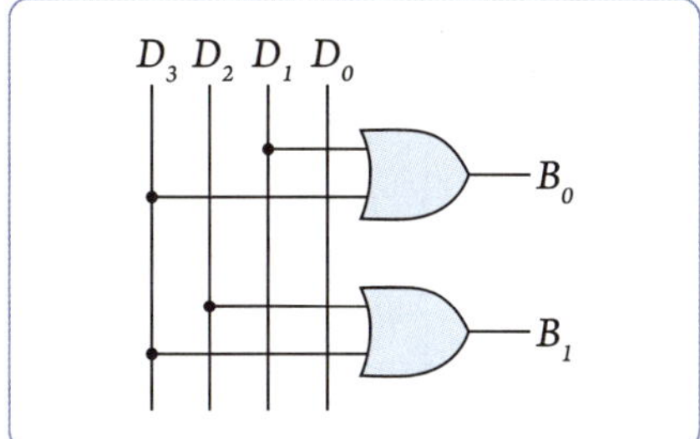

①

입력				출력	
D_3	D_2	D_1	D_0	B_1	B_0
0	0	1	0	0	1
0	1	0	0	1	0
1	0	0	0	1	1
0	0	0	1	0	0

②

입력				출력	
D_3	D_2	D_1	D_0	B_1	B_0
1	0	0	0	0	0
0	1	0	0	0	1
0	0	1	0	1	0
0	0	0	1	1	1

③

입력				출력	
D_3	D_2	D_1	D_0	B_1	B_0
0	0	0	1	0	0
0	0	1	0	0	1
0	1	0	0	1	0
1	0	0	0	1	1

④

입력				출력	
D_3	D_2	D_1	D_0	B_1	B_0
0	0	0	1	1	1
0	0	1	0	1	0
0	1	0	0	0	1
1	0	0	0	0	0

24 주어진 진리표로부터 8×3 인코더의 코드화된 출력식으로 옳지 않은 것은?

입력								출력		
D_7	D_6	D_5	D_4	D_3	D_2	D_1	D_0	B_2	B_1	B_0
0	0	0	0	0	0	0	1	0	0	0
0	0	0	0	0	0	1	0	0	0	1
0	0	0	0	0	1	0	0	0	1	0
0	0	0	0	1	0	0	0	0	1	1
0	0	0	1	0	0	0	0	1	0	0
0	0	1	0	0	0	0	0	1	0	1
0	1	0	0	0	0	0	0	1	1	0
1	0	0	0	0	0	0	0	1	1	1

① $B_0 = D_1 + D_3 + D_5 + D_7$

② $B_1 = D_2 + D_3 + D_6 + D_7$

③ $B_2 = D_4 + D_5 + D_6 + D_7$

④ $B_2 = D_2 + D_3 + D_6 + D_7$

25 주어진 인에이블 단자가 없는 4×1 MUX의 회로도에서 선택단자에 의한 출력식으로 옳지 않은 것은?

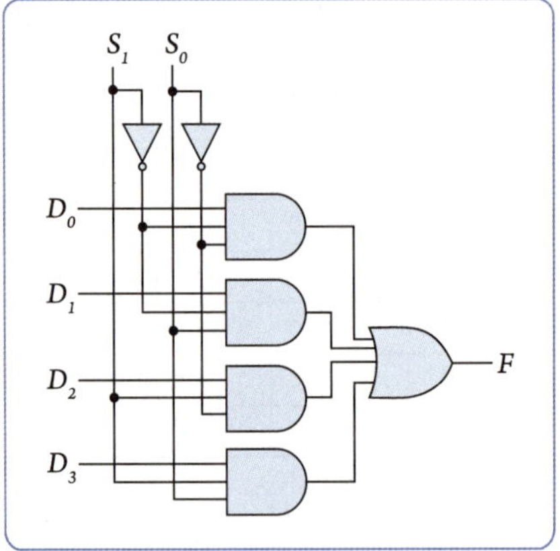

① $S_1=0, S_0=0$이면 D_0이 출력 : $F=D_0$

② $S_1=0, S_0=1$이면 D_1이 출력 : $F=D_1\overline{S}_1S_0$

③ $S_1=1, S_0=0$이면 D_2가 출력 : $F=D_2S_1\overline{S}_0$

④ $S_1=1, S_0=1$이면 D_3이 출력 : $F=D_3S_1S_0$

26 다음 중 3비트 2진($B_2B_1B_0$)-그레이코드($G_2G_1G_0$) 변환회로의 진리표를 잘못 채워 넣은 것은?

2진코드 (입력) $B_2B_1B_0$	그레이 코드 (출력) $G_2G_1G_0$	2진코드 (입력) $B_2B_1B_0$	그레이 코드 (출력) $G_2G_1G_0$
000	(㉠)	100	110
001	001	101	(㉢)
010	011	110	101
011	(㉡)	111	(㉣)

① ㉠ 000
② ㉡ 110
③ ㉢ 111
④ ㉣ 100

27 주어진 그림과 같이 동작하는 회로에 대한 설명으로 옳지 않은 것은?

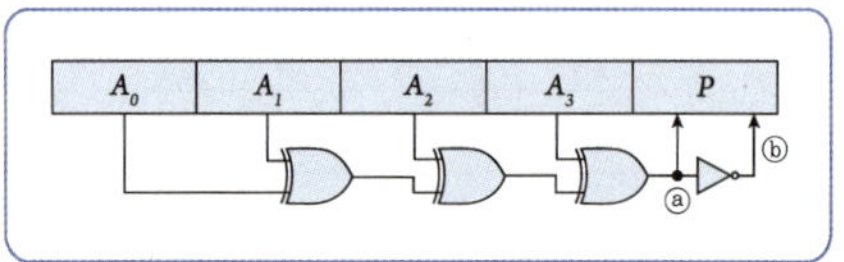

① 우수/기수 패리티 비트를 생성하여 오류가 발생한 비트를 검색할 수 있다.

② 4비트 직렬회로에서 우수 패리티 비트 생성(ⓐ)하여 추가한다.

③ 4비트 직렬회로에서 기수 패리티 비트 생성(ⓑ)하여 추가한다.

④ 4비트 직렬회로에서 데이터 비트(A_0 ~ A_3)에 패리티 비트를 추가하기 위해 XOR과 NOT을 이용한다.

28 **다음 중 비동기/동기식 순서논리회로에 대한 설명으로 옳지 않은 것은?**

① 비동기식 회로는 래치회로, 동기식 회로는 플립플롭이 대표적인 회로이다.

② 비동기식은 클록 신호로 동작하지 않아서, 입력 신호가 입력되면 즉시 상태가 변하기 때문에 동기식보다 빠르다.

③ 동기식은 클록 펄스가 입력되기 전까지 입력에 대한 출력이 변하지 않기 때문에 비동기식보다 빠르다.

④ 비동기식의 단점은 성능은 더 동기식에 비해 빠르지만, 출력이 불확실하며, 설계하기가 동기식보다 복잡하다.

29 **다음 중 조합논리회로와 순서논리회로를 비교한 것으로 옳지 않은 것은?**

① 메모리 측면에서 조합논리회로는 메모리가 없으며, 순서논리회로는 이전 값과 현재 값에 따라 출력이 변화되므로 메모리가 있어야 한다.

② 순서논리회로는 기억소자의 출력을 입력으로 피드백한다.

③ 기억기능이 있는 소자는 순서논리회로이고, 기억기능이 없는 소자는 조합논리회로이다.

④ 출력 면에서 조합논리회로는 현재 입력값에 따라 변하지만 순서논리회로는 이전 상태값에 따라서만 변한다.

30 **다음 중 JK플립플롭인 경우 시간 t_n에서 입력 $J=1,\ K=0$일 때 시간 t_{n+1}에서 출력 $Q(t+1)$와 $\overline{Q}(t+1)$의 상태로 옳은 것은?**

① $Q(t+1)=0,\ \overline{Q}(t+1)=1$

② $Q(t+1)=1,\ \overline{Q}(t+1)=0$

③ $Q(t+1)=Q(t),\ \overline{Q}(t+1)=\overline{Q}(t)$

④ $Q(t+1)=\overline{Q}(t),\ \overline{Q}(t+1)=Q(t)$

31 **다음 그림에서 양의 에지트리거 SR플립플롭의 동작설명으로 옳지 않은 것은?**

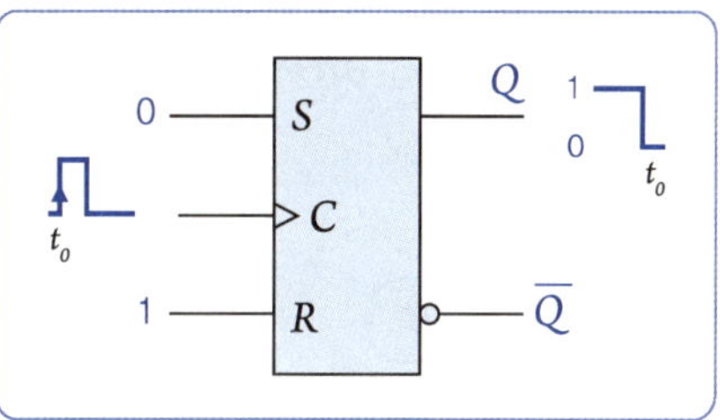

① $S=0,\ R=1$일 때, 양의 클록 에지에서 동작하여 $Q(t+1)=0,\ Reset$이 된다.

② $Q(t)\ =\ 0$이었다면 $Q(t+1)=0$으로 $Q(t)$값이 유지된다.

③ $Q(t)\ =1$이었다면 $Q(t+1)=0$으로 값이 변경된다.

④ $S=0,\ R=1,\ Q(t)=1$일 때, 클록이 음의 에지 순간이라고 하면 $Q(t+1)=0$으로 변경된다.

32 주어진 양의 에지트리거 T플립플롭의 출력 파형으로 옳은 것은? (단, 플립플롭의 초기 상태는 0에서 시작한다고 가정함)

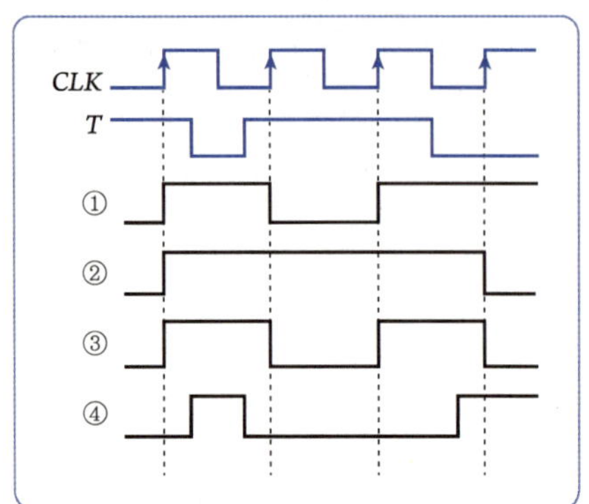

33 주어진 D플립플롭의 상태도에 대한 설명으로 옳지 않은 것은?

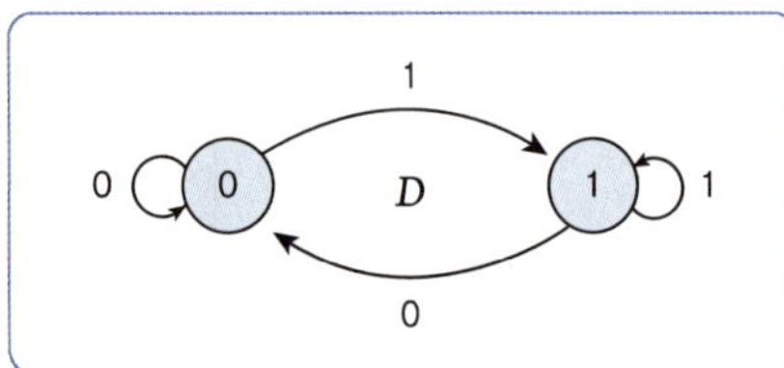

① $Q(t)=0,\ D=0$일 때, $Q(t+1)=0$이 된다.

② $Q(t)=1,\ D=0$일 때, $Q(t+1)=1$이 된다.

③ $Q(t)=0,\ D=1$일 때, $Q(t+1)=1$이 된다.

④ $Q(t)=1,\ D=1$일 때, $Q(t+1)=1$이 된다.

34 주어진 순서논리회로에 대한 상태도로부터 유도된 상태표의 빈칸을 잘못 채운 것은?

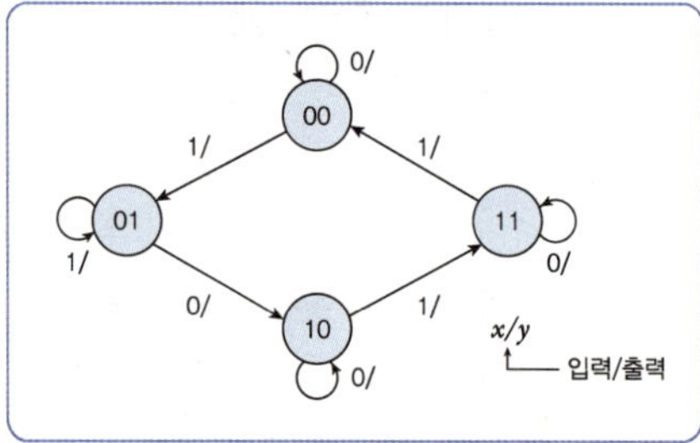

현재 상태	다음 상태	
	(㉠)	(㉡)
AB	AB	AB
00	00	01
01	10	01
10	(㉢)	11
11	11	(㉣)

① ㉠: $x=0$

② ㉡: $x=1$

③ ㉢: 00

④ ㉣: 00

35 다음 표는 SR플립플롭의 여기표이다. ㉠, ㉡, ㉢, ㉣에는 각각 어떻게 표시되는가?

현재상태	다음상태	요구입력	
$Q(t)$	$Q(t+1)$	S	R
0	0	0	(㉠)
0	1	(㉡)	0
1	0	0	(㉢)
1	1	X	(㉣)

	㉠	㉡	㉢	㉣
①	0	1	0	1
②	X	1	1	1
③	0	1	X	0
④	X	1	1	0

36 다음 내용에 해당하는 회로의 명칭은?

- 단방향 또는 양방향으로 매 클록마다 한 단씩 이진 정보를 이동시킬 수 있는 회로
- 일련의 플립플롭을 직렬로 연결한 구조
- 지연소자 또는 데이터의 직/병렬 변환에 사용된다.

① SR래치
② 시프트 레지스터
③ 주종형 플립플롭
④ 멀티플렉서

37 다음 중 리플 카운터에 대한 설명으로 옳지 않은 것은?

① 클록 펄스에 모든 플립플롭이 동기화되지 않는 동작을 한다.
② 첫 번째(LSB) 플립플롭에서 클록 펄스에 동기화된다.
③ 동기식 카운터고도 한다.
④ 바로 앞단의 플립플롭 출력(Q, $\overline{Q}$)을 클록 입력으로 받아들여 동작한다.

38 다음 중 카운터의 종류에 대한 설명으로 옳지 않은 것은?

① Modulo-m진 카운터는 2^m개의 상태를 갖는 카운터로 최대 2^m개까지 계수가 가능하다.
② 링 카운터는 플립플롭 중 단지 하나의 '1' 상태가 순환되는 형태로 처음단 플립플롭 입력으로 단순 피드백 결합된 회로이다.
③ 순환 시프트 레지스터 카운터는 존슨 카운터라고 하며, 최종단 플립플롭의 보수 출력이 처음단 플립플롭 입력으로 피드백 결합된 회로이다.
④ BCD 카운터는 펄스, 사건 등을 계수하고 그 결과를 10진 숫자 형태로 나타낸다.

39 기억메모리의 용량이 1G바이트일 경우 필요한 MAR의 라인수와 MBR의 비트는 얼마가 되겠는가?

① MAR : 31개, MBR : 1바이트
② MAR : 21개, MBR : 16비트
③ MAR : 30개, MBR : 8비트
④ MAR : 20개, MBR : 8비트

40 주어진 VHDL로 구현한 게이트의 명칭으로 옳은 것은?

```
entity Logic_gate is
   port(A,B: in std_logic;
         X: out std_logic);
end entity Logic_gate;
architecture Logic_Dataflow of Logic_
gate is
begin
         X <= A xnor B;
end architecture Logic_Dataflow;
```

① OR
② XNOR
③ NAND
④ NOT

제1회 정답 및 해설 | 논리회로

01	02	03	04	05	06	07	08	09	10	11	12	13	14	15	16	17	18	19	20
②	④	①	②	②	②	④	②	④	③	③	④	②	③	①	①	②	③	④	④
21	**22**	**23**	**24**	**25**	**26**	**27**	**28**	**29**	**30**	**31**	**32**	**33**	**34**	**35**	**36**	**37**	**38**	**39**	**40**
④	②	③	③	③	②	③	②	①	④	②	②	①	③	①	③	③	②	①	①

01 정답 ②

일괄처리 시스템은 작업별로 일괄처리하는 것으로 제1세대에 등장하였다. 제2세대는 운영체제 관점에서 보면 기억장치의 등장과 다중 프로그램, 다중 처리, 시분할 처리 개념이 등장하여 다중 프로그램 시스템, 시분할 시스템, 다중 처리 시스템, 실시간 처리 시스템이 등장하였다.

02 정답 ④

$$\begin{array}{r} 11 \\ \times\ 11 \\ \hline 11 \\ +\ 11\ \ \\ \hline 1001 \end{array} \rightarrow \begin{array}{r} 3 \\ \times\ 3 \\ \hline \\ \\ 9 \end{array}$$

TIP 가장 빠르고 정확한 방법

2진수를 10진수로 변환 후 곱셈의 결과를 2진수로 다시 변환한다.

03 정답 ①

1의 보수 형식 : $-(2^{n-1}-1) \sim (2^{n-1}-1)$

2의 보수 형식 : $-(2^{n-1}) \sim (2^{n-1}-1)$, 컴퓨터에서 가장 많이 사용하는 형식이다.

04 정답 ②

연산과정에서 연산의 결과가 표현범위를 초과하는 조건으로는 모두 양수이거나 음수인 경우가 된다. 오버플로우가 발생하지 않게 하기 위해서 표현범위를 확장하는 방법이 있다.

05 정답 ②

$11011 \rightarrow 10010_2$

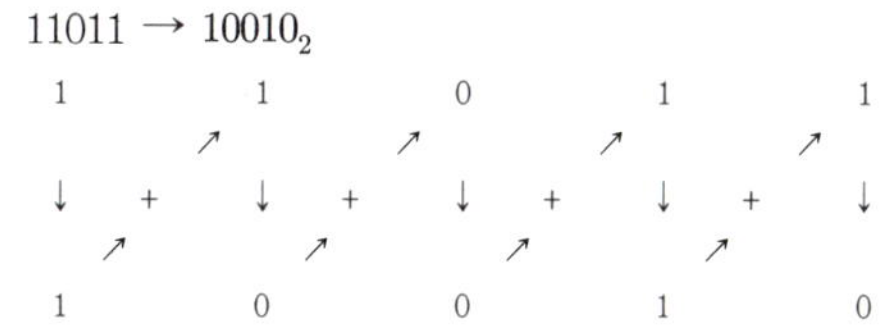

06 정답 ②

입력 A, B, C 중 어느 하나라도 1인 경우에 출력이 1이 되므로, OR게이트의 동작이다.

07 정답 ④

곱항이 1이 되기 위해서 곱항에 포함되어 있는 모든 변수들이 1이어야 하므로,

$\overline{A}BCD = \overline{0} \cdot 1 \cdot 1 \cdot 1 = 1$

08 정답 ②

입력변수가 4개이므로, 4입력 XNOR로 표현하거나, 표준 2입력 게이트로 표현하면 다음과 같다.

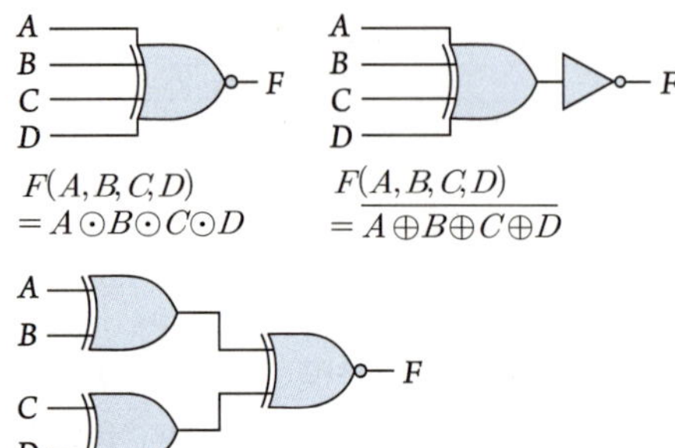

$F(A,B,C,D) = (A \oplus B) \odot (C \oplus D)$

09 정답 ④

빠져있는 변수 항을 보수의 합으로 추가하면

$\overline{A} = \overline{A}(B+\overline{B})(C+\overline{C})$
$= \overline{A}(BC+\overline{B}\,\overline{C}+B\overline{C}+\overline{B}C)$
$= \overline{A}BC+\overline{A}\,\overline{B}\,\overline{C}+\overline{A}B\overline{C}+\overline{A}\,\overline{B}C$

10 정답 ③

TTL은 가격이 저렴하고 여러 제작사에서 다양한 형태로 제작되었으며, IC 초창기에 RTL, DTL과 같은 바이폴라 로직 패밀리들을 대체하였다. 1970년부터 1985년까지 디지털 시스템에서 널리 사용되어, 주로 74시리즈라고 불린다. CMOS에 비해 전파지연이 짧아 빠른 속도로 동작하지만 소비전력이 크다. 현재는 아주 빠른 속도의 TTL을 제외하고 집적도가 높은 CMOS로 거의 대체되었다.

11 정답 ③

소자당 전력소모는

$P = V_{CC} \times I_{CC} = 3.5 \times 8 = 28[\mathrm{mW}]$

소자 5개의 전력소모는 $28 \times 5 = 140[\mathrm{mW}]$

12 정답 ④

다음 카르노맵은 선택적 셀 그룹을 할 수 있다.

입력			F
A	B	C	
0	0	0	1
0	0	1	1
0	1	0	X
0	1	1	0
1	0	0	0
1	0	1	1
1	1	0	1
1	1	1	1

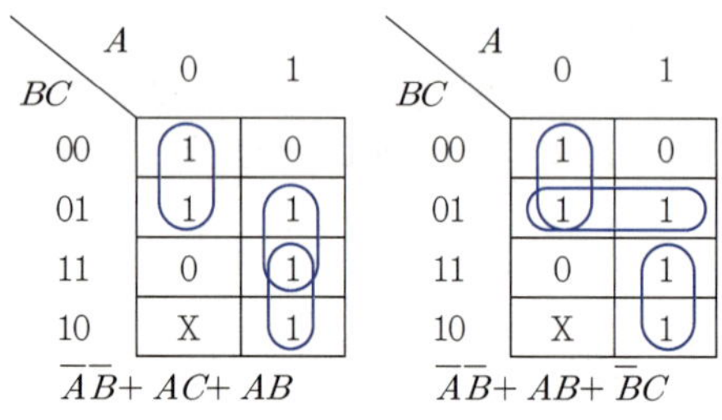

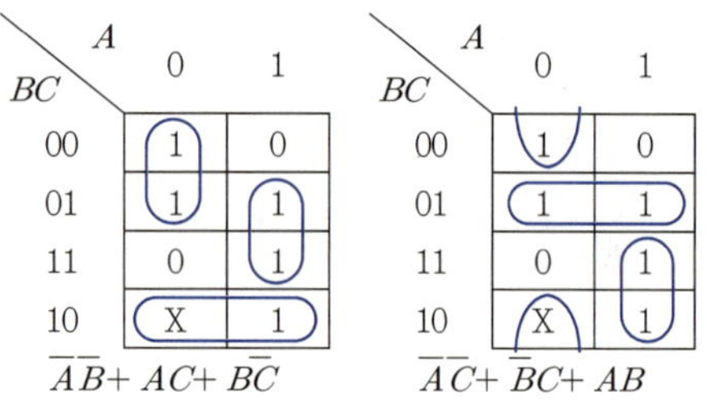

13 정답 ②

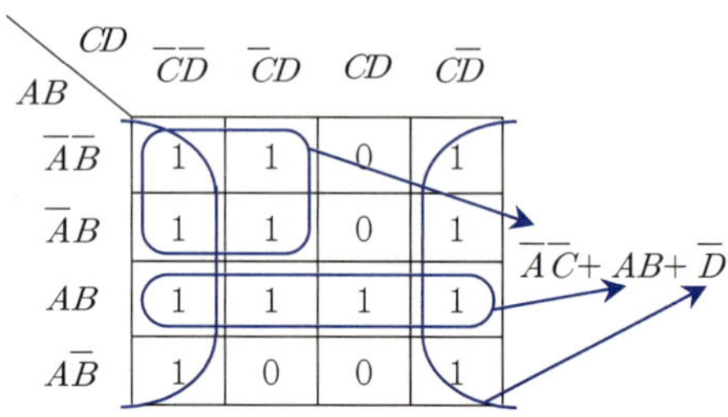

14 정답 ③

부울대수식을 카르노맵으로 작성하여 간소화하는 방법을 권장한다.

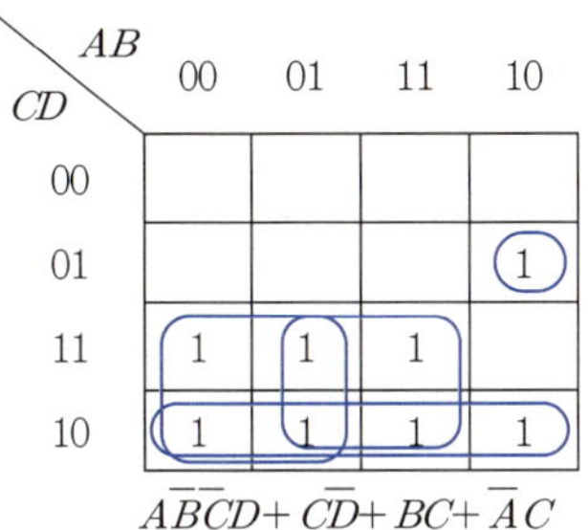

$A\overline{B}\overline{C}D+\overline{C}\overline{D}+BC+\overline{A}C$

15 정답 ①

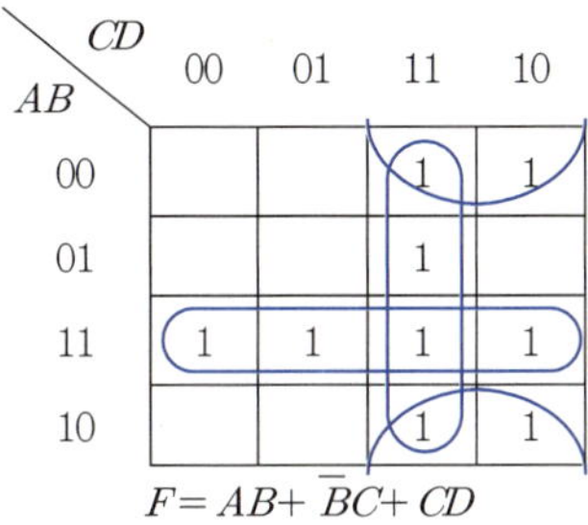

$F=AB+\overline{B}C+CD$

16 정답 ①

① $F=\overline{\overline{A}+\overline{B}}=AB$

② $F=\overline{AB}$

③ $F=\overline{A}+\overline{B}=\overline{AB}$

④ $F=\overline{A}+\overline{B}+\overline{A}C=\overline{A}(1+C)+\overline{B}$
$=\overline{A}+\overline{B}$

17 정답 ②

논리식을 회로로 구성하면

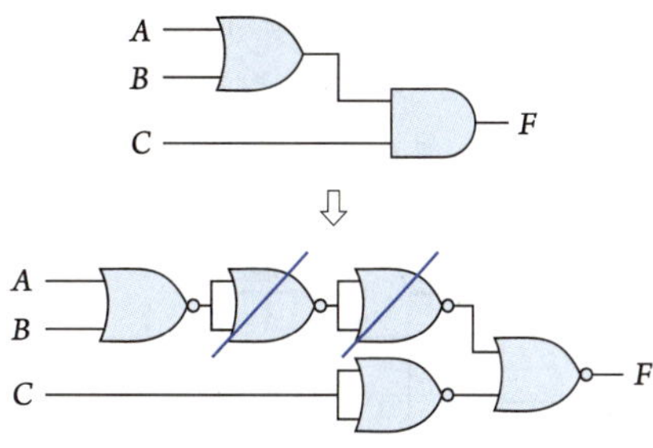

18 정답 ③

$$\begin{aligned}F&=\overline{\overline{\overline{A+B}+A}+\overline{\overline{A+B}+B}}\\&=\overline{(\overline{\overline{A+B}})\overline{A}+(\overline{\overline{A+B}})\overline{B}}\\&=\overline{(A+B)\overline{A}+(A+B)\overline{B}}\\&=\overline{\overline{A}B+A\overline{B}}=\overline{A\oplus B}\end{aligned}$$

19 정답 ④

조합논리회로의 출력은 그 출력이 있는 시점에서의 회로 입력 값만으로 정해지는 것으로, 기억소자가 없이 회로를 구성한다.

20 정답 ④

주어진 회로의 논리식을 풀어보면

$$\begin{aligned}X&=\overline{(\overline{A\overline{B}})(\overline{\overline{A}B})}=\overline{(\overline{A}+B)(A+\overline{B})}\\&=\overline{A\odot B}=A\oplus B\end{aligned}$$

$$Y=\overline{\overline{AB}}=AB$$

21 정답 ④

전가산기는 컴퓨터 내에서 2진 숫자(비트)를 덧셈하기 위한 논리회로이다. 전가산기는 3개의 디지털 입력(비트)을 받고, 2개의 디지털 출력(비트)을 생성한다. 전가산기의 구성과 논리식은 다음과 같다.

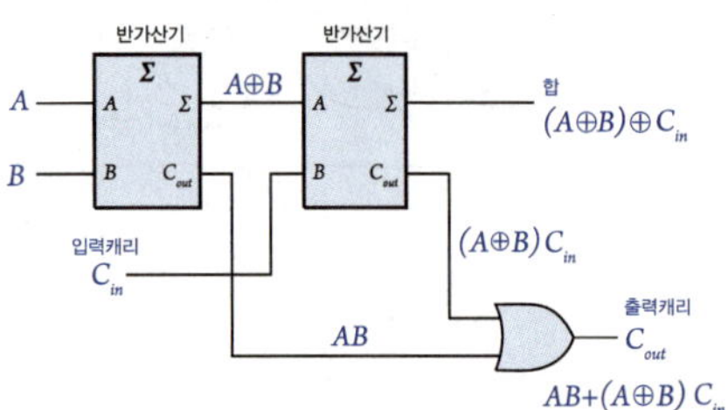

22 정답 ②

전가산기의 진리표를 나타낸다.

입력			출력		최소항
A	B	C_{IN}	C_{OUT}	S	
0	0	0	0	0	m_0
0	0	1	0	1	m_1
0	1	0	0	1	m_2
0	1	1	1	0	m_3
1	0	0	0	1	m_4
1	0	1	1	0	m_5
1	1	0	1	0	m_6
1	1	1	1	1	m_7

$S(A,B,C_{IN}) = \sum m(1,2,4,7)$

23 정답 ③

F_1은 두 개의 데이터가 같을 때 출력되고, 부울 대수식은 $F_1 = A \odot B = \overline{A \oplus B}$ 이다.

$F_2 = A\overline{B}$는 $A > B$일 때, $F_3 = \overline{A}B$는 $A < B$ 일 때 출력된다.

24 정답 ③

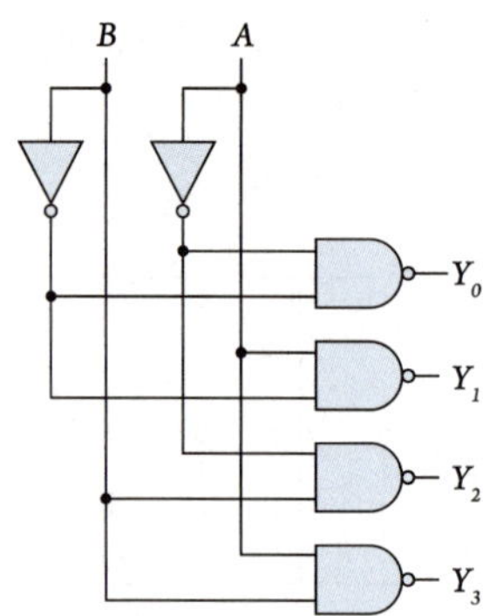

주어진 진리표로부터 얻을 수 있는 논리식으로부터 2×4NAND디코더 회로를 표현할 수 있다.

$Y_0 = \overline{\overline{B}\,\overline{A}}$

$Y_1 = \overline{\overline{B}A}$

$Y_2 = \overline{B\overline{A}}$

$Y_3 = \overline{BA}$

25 정답 ③

인코더는 2^n개의 입력 단자와 n개의 출력 단자로 이루어져 있으며, 어느 1개의 입력단자에 "1"이라는 신호가 주어지면 그 입력 단자에 대응하는 출력 단자의 조합 각각에 "1"의 신호가 나타난다. 대표적인 것으로는 10진수를 2진수로 변환시키는 10진-2진인코더, 10진수를 2진화 10진코드(BCD code)로 변환시키는 10진-BCD인코더 등이 잘 알려져 있다.

26 정답 ②

1	0	0	0	2진코드
B_3	B_2	B_1	B_0	
G_3	G_2	G_1	G_0	그레이코드
1	1	0	0	

1000_2 → 1100

1 → + → 0 → + → 0 → + → 0

↓ ↓ ↓ ↓

1 1 0 0

27 정답 ③

기수(홀수) 패리티 비트 검사와 발생회로는 입력정보 비트의 1의 개수가 짝수이면 1을 더해서 홀수로 만들어 주면서 전체 비트의 1의 개수를 홀수가 되게 한다. 우수(짝수) 패리티 비트 검사와 발생회로도 마찬가지로 입력정보 비트와 패리티 비트를 포함한 전체 비트의 1의 개수를 짝수가 되게 한다. n비트의 입력정보에 대한 논리식은 XOR와 XNOR를 이용하면 된다. 즉 XOR는 전체 1의 개수를 짝수로 만들어 주며, XNOR는 전체 1의 개수를 홀수로 만들어 준다.

- 짝수(우수) 패리티 비트 논리식은
  $P = A \oplus B \oplus C \oplus D \oplus \ldots \oplus n$
- 홀수(기수) 패리티 비트 논리식은
  $P = \overline{A \oplus B \oplus C \oplus D \oplus \ldots \oplus n}$

28 정답 ②

순서논리회로는 타이밍에 따라 구분할 수 있는데 래치회로는 단지 입력이 변하는 순서에 따라서만 동작하며, 입력의 변화에 반응하여 상태가 바뀌는 비동기 순서논리회로이다. 플립플롭회로는 클록을 통해서만 동작하므로 동기 순서논리회로이다.

29 정답 ①

현재 상태 $Q(t)=0$이고, $R=0, S=1$이 입력되면, 다음 상태 $Q(t+1)=1$이 된다.

30 정답 ④

NAND게이트로 구성된 SR래치회로의 구성은 액티브-Low입력으로 동작하므로 액티브-High입력으로 동작하는 NOR게이트로 구성된 SR래치회로와 논리적으로 같음을 알 수 있다.

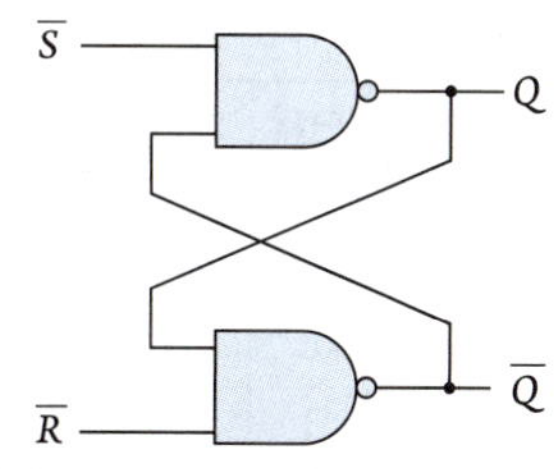

$\overline{S}$	$\overline{R}$	$Q(t+1)$	설명
0	0	부정	무효 상태
0	1	1	Set
1	0	0	Reset
1	1	$Q(t)$	이전 상태 유지

31 정답 ②

$CP=0$이므로 플립플롭은 동작하지 않고, 이전 상태값을 그대로 유지한다.

$Q(t)=0$	R	0	1	1	0	1	1
	S	1	0	0	0	0	0
$CP=0, Q(t+1)$		0	0	0	0	0	0
$CP=1, Q(t+1)$		1	0	0	0	0	0

32 정답 ②

Clock = 1일 때, A블록의 플립플롭은 정상적으로 동작하여 $Y(t+1)$을 출력하여 저장하고, 이 출력은 다음번 *Clock* = 0에서 B블록의 플립플롭의 SR입력으로 인가되어 다음 상태 $Q(t+1)$의 값으로 출력한다.

33 정답 ①

D플립플롭의 상태표와 출력에 대한 설명은 다음과 같다.

클록	현재 입력	현재 상태	다음 출력	
CLK	$D(t)$	$Q(t)$	$Q(t+1)$	설명
enable	0	0	0	이전 출력 값 $Q(t)$에 상관없이 $D(t)$값이 출력
enable	0	1	0	
enable	1	0	1	
enable	1	1	1	
disable	X	X	$Q(t)$	이전 상태 값 유지

34 정답 ③

다음은 NOR게이트형 JK플립플롭 회로도와 진리표를 나타낸다.

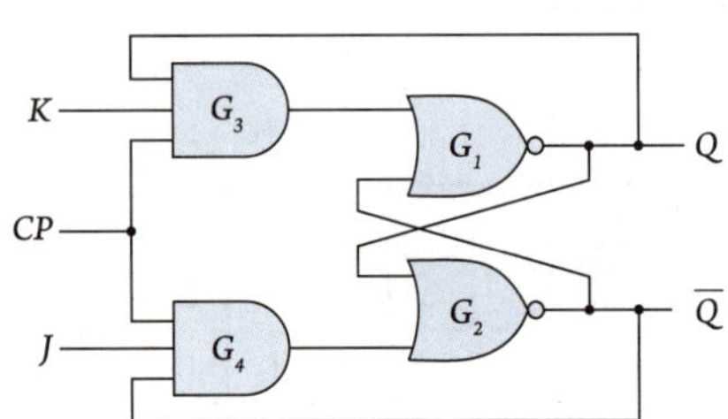

J	K	$Q(t+1)$	설명
0	0	$Q(t)$	현재 상태 유지
0	1	0	*Reset*
1	0	1	*Set*
1	1	$\overline{Q}(t)$	현재 상태 반전 유지(토글)

35 정답 ①

*JK*플립플롭의 상태도와 설명은 다음과 같다.

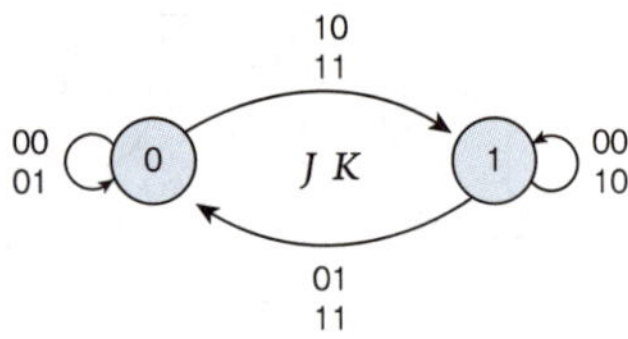

◯ : 0, 1은 플립플롭의 현재 상태

현재 상태		J		K		내용
현재 상태	0	0		0	X	0, 현재 상태 유지
		0		1		
		1		0	X	1, 토글
		1		1		
	1	0	X	0		1, 현재 상태 유지
		1		0		
		0	X	1		0, 토글
		1		1		

36 정답 ③

디지털 공학에서 논하는 모듈러스는 최소개의 기호(숫자)로 큰 수를 표현하는 방법으로 2진법, 8진법, 16진법 등을 말한다. 3개의 플립플롭은 3비트를 저장할 수 있고, 3비트로 표현할 수 있는 수의 범위는 $0 \sim (2^3-1)$로, 0부터 7까지 8가지의 수를 표현하며 카운터에서는 8개의 상태수가 표현된다. 즉, mod-8이라고 한다.

37 정답 ③

앞단 플립플롭의 출력이 다음단 플립플롭의 입력으로 연결되는 과정이 반복되며, 최종단 플립플롭의 출력은 맨 앞단 플립플롭의 입력으로 연결되는 구조를 갖는 카운터이다. 다음은 4비트 링 카운터의 회로도와 상태 여기표이다.

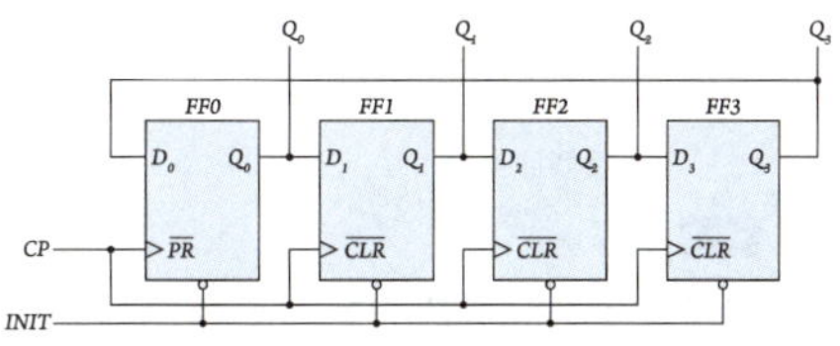

현재 상태				다음 상태				플립플롭 입력			
Q_0	Q_1	Q_2	Q_3	Q_0	Q_1	Q_2	Q_3	D_0	D_1	D_2	D_3
1	0	0	0	0	1	0	0	0	1	0	0
0	1	0	0	0	0	1	0	0	0	1	0
0	0	1	0	0	0	0	1	0	0	0	1
0	0	0	1	1	0	0	0	1	0	0	0

38 정답 ②

존슨 카운터는 최종단 플립플롭의 보수 출력($\overline{Q}$)이 처음단 D입력으로 피드백 연결된 카운터로 서로 다른 상태의 수를 가지게 되므로 상태 수는 링 카운터에 비해 두 배로 늘어난다. 즉, 모드 수(상태 수)는 2n개다.

39 정답 ①

$1024 \times 32 = 2^{10} \times 32$ 비트이므로, MAR = 10비트, MBR = 32비트가 된다.

MAR은 메모리 주소 라인수와 같고, 주소 버스이다. MBR은 데이터 라인수와 같고, 데이터 버스이며, 워드이다.

40 정답 ①

논리구현방식에 따라 PLD를 구분할 수 있는데 그 중 GAL(Generic Array Logic)은 여러 가지 PLD 중 가장 최근에 개발된 소자로, 하드웨어 회로 연결을 메모리 방식으로 하기 때문에 퓨즈 링크 방식으로 연결하는 다른 PLD에 비해 여러 번 사용이 가능하다.

제2회 정답 및 해설 | 논리회로

01	02	03	04	05	06	07	08	09	10	11	12	13	14	15	16	17	18	19	20
①	②	③	①	①	④	②	②	①	③	②	②	①	③	②	①	①	④	①	③
21	22	23	24	25	26	27	28	29	30	31	32	33	34	35	36	37	38	39	40
①	④	③	④	①	②	①	③	④	②	④	①	②	③	④	②	③	①	③	②

01 정답 ①

폰노이만 구조는 CPU와 기억장소가 서로 분리되어 있어 데이터 버스와 주소 버스를 모두 갖고 있다.

02 정답 ②

n비트 2진수로 표현할 수 있는 범위는 $0 \sim 2^n - 1$이다. 예를 들면 4비트 2진수로 표현할 수 있는 범위는 0 ~ 15까지 16가지의 수를 표현한다.

03 정답 ③

부호표시 수의 표현범위는 다음과 같다.

2의 보수 형식 : $-(2^{n-1}) \sim (2^{n-1}-1)$

1의 보수 형식 : $-(2^{n-1}-1) \sim (2^{n-1}-1)$

부호 - 크기 형식 : $-(2^{n-1}-1) \sim (2^{n-1}-1)$

그러므로 2의 보수 형식이 다른 형식보다 범위가 1이 크므로 실제 컴퓨터에서는 2의 보수 형식으로 표현한다. 절대값 형식은 부호표시 방식이 아니다.

04 정답 ①

그레이-2진 변환은 다음과 같은 방법으로 할 수 있다.

$11100 \rightarrow 10111_2$

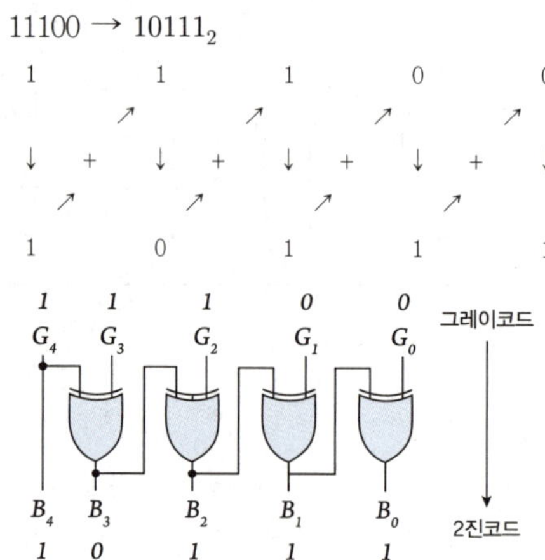

05 정답 ①

데이터 비트 수와 패리티 비트 수와의 관계는 $2^{p-1} - p + 1 \le d \le 2^p - p - 1$ 식으로 표현된다.

[p : 패리티 비트 수($p \ge 2$), d : 데이터 비트 수]

만약 4비트인 데이터에 패리티 비트를 추가하려면 위의 관계식에 의해 다음과 같이 할 수 있다.

패리티 비트 수 p = 3일 때, 식에 대입하면,

$2^{3-1} - 3 + 1 \le d \le 2^3 - 3 - 1$이므로

d는 $2 \le d \le 4$이 된다. 즉, 데이터 비트 수가 2개 이상이면서 4개 이하일 때 패리티 비트는 3개가 필요하다.

데이터 : $m = (m_1, m_2, m_3, m_4)$,

부호 : $c = (m_1, m_2, m_3, m_4, p_1, p_2, p_3)$

$p_1 = m_1 \oplus m_2 \oplus m_3$, $p_2 = m_2 \oplus m_3 \oplus m_4$, $p_3 = m_1 \oplus m_2 \oplus m_4$

데이터	부호	데이터	부호
0000	0000000	0100	0100111
0001	0001011	0101	0101100
0010	0010110	0110	0110001
0011	0011101	0111	0111010

데이터	부호	데이터	부호
1000	1000101	1100	1100010
1001	1001110	1101	1101001
1010	1010011	1110	1110100
1011	1011000	1111	1111111

06 정답 ④

XOR는 모듈러-2 덧셈을 수행한다. 2로 나눈 나머지 연산(modulo)을 염두에 두고 계산된다. 즉 a mod b라고 하면 a를 b로 나누었을 때 나머지를 말한다. 0 mod 0 = 0, 0 mod 1 = 1 이 되므로 $0 \oplus 0 = 0$, $0 \oplus 1 = 1$로 구현할 수 있고, 또한 1 mod 0 = 1, 1 mod 1 = 0이 되므로 $1 \oplus 0 = 1$, $1 \oplus 1 = 0$로 구현할 수 있다.

07 정답 ②

주어진 카르노맵으로부터 얻을 수 있는 부울대수는 표준 SOP형은 6개이고, 간소화하는 과정에서 간소화된 SOP형으로 변환할 수 있다. 문제의 카르노맵은 다음과 같이 부울대수식으로 모두 표현되며 간소화 과정에서 간략화된다.

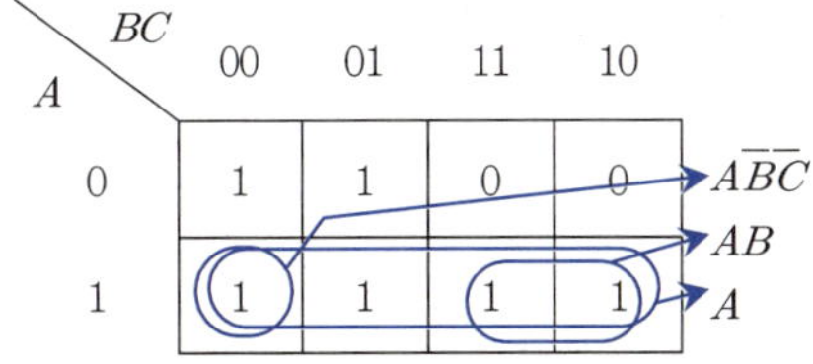

08 정답 ②

부울대수식을 카르노맵으로 나타내면 다음과 같다.

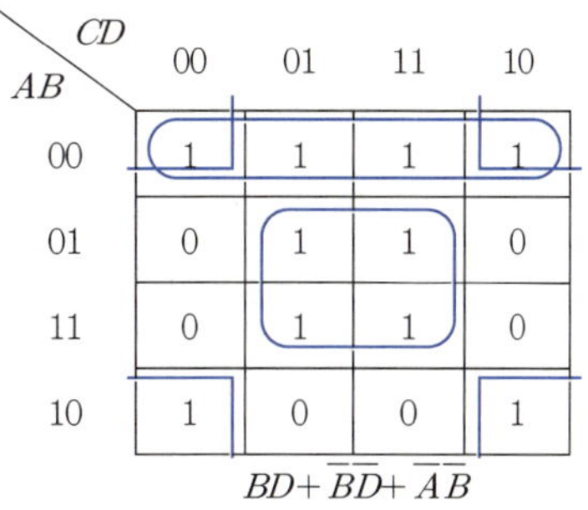

$BD+\overline{B}\overline{D}+\overline{A}\overline{B}$

AB \ CD	00	01	11	10
00	1	1	1	1
01	0	1	1	0
11	0	1	1	0
10	1	0	0	1

$BD+\overline{B}\overline{D}+\overline{A}D$

위 부울대수식은 SOP 간략화한 것이고, 그 외 더 많은 일반화된 SOP형이 있다.

09 정답 ①

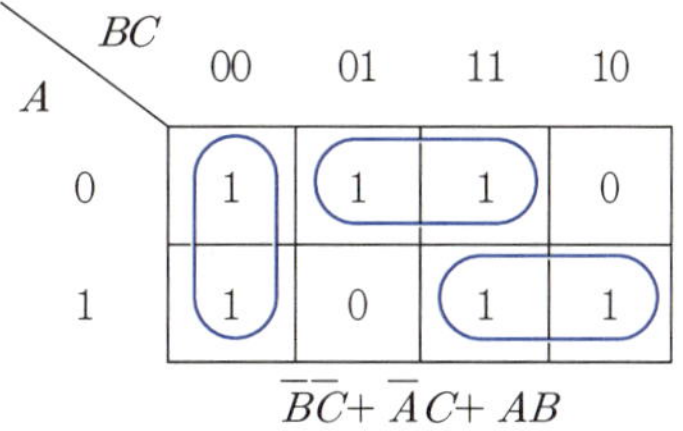

$\overline{B}\overline{C}+\overline{A}C+AB$

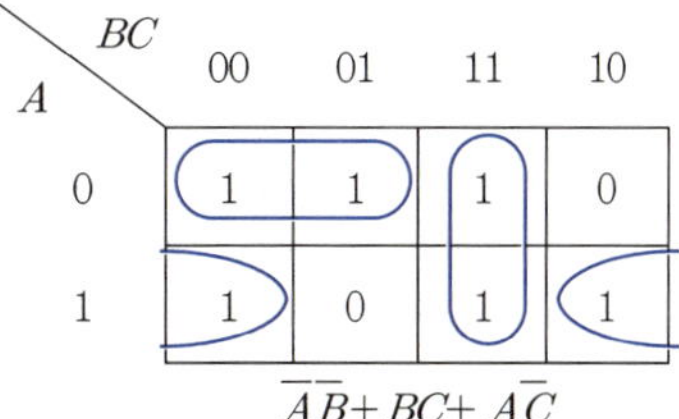

$\overline{A}\overline{B}+BC+A\overline{C}$

10 정답 ③

논리IC의 전기적인 특성	
구동 능력 관점	팬 아웃(Fan-out), 팬 인(Fan-in), 잡음여유도
공급전압, 전력소모 관점	직류 공급 전압, 전력소모
시간 관점	전파지연 또는 전달지연, 상승 시간, 하강 시간, 셋업 시간, 홀드 시간

11 정답 ②

논리회로의 효율적인 구성으로 최적화된 설계가 필요하다. 사용 게이트 수를 최소화하여 게이트 간 전파지연시간 최소화, 면적 최소화, 전력소모 최소화, 비용 절감 등을 할 수 있다.

12 정답 ②

입력				최소항	기호	출력
A	B	C	D			
0	0	0	0	$\overline{A}\overline{B}\overline{C}\overline{D}$	m_0	1
0	0	0	1	$\overline{A}\overline{B}\overline{C}D$	m_1	1
0	0	1	0	$\overline{A}\overline{B}C\overline{D}$	m_2	1
0	0	1	1	$\overline{A}\overline{B}CD$	m_3	0
0	1	0	0	$\overline{A}B\overline{C}\overline{D}$	m_4	X
0	1	0	1	$\overline{A}B\overline{C}D$	m_5	X
0	1	1	0	$\overline{A}BC\overline{D}$	m_6	X
0	1	1	1	$\overline{A}BCD$	m_7	X
1	0	0	0	$A\overline{B}\overline{C}\overline{D}$	m_8	1
1	0	0	1	$A\overline{B}\overline{C}D$	m_9	0
1	0	1	0	$A\overline{B}C\overline{D}$	m_{10}	1
1	0	1	1	$A\overline{B}CD$	m_{11}	0
1	1	0	0	$AB\overline{C}\overline{D}$	m_{12}	1
1	1	0	1	$AB\overline{C}D$	m_{13}	X
1	1	1	0	$ABC\overline{D}$	m_{14}	X
1	1	1	1	$ABCD$	m_{15}	1

AB \ CD	$\overline{C}\overline{D}$	$\overline{C}D$	CD	$C\overline{D}$
$\overline{A}\overline{B}$	$\overline{A}\overline{B}\overline{C}\overline{D}$	$\overline{A}\overline{B}\overline{C}D$	$\overline{A}\overline{B}CD$	$\overline{A}\overline{B}C\overline{D}$
$\overline{A}B$	$\overline{A}B\overline{C}\overline{D}$	$\overline{A}B\overline{C}D$	$\overline{A}BCD$	$\overline{A}BC\overline{D}$
AB	$AB\overline{C}\overline{D}$	$AB\overline{C}D$	$ABCD$	$ABC\overline{D}$
$A\overline{B}$	$A\overline{B}\overline{C}\overline{D}$	$A\overline{B}\overline{C}D$	$A\overline{B}CD$	$A\overline{B}C\overline{D}$

AB \ CD	$\overline{C}\overline{D}$	$\overline{C}D$	CD	$C\overline{D}$
$\overline{A}\overline{B}$	1	1	0	1
$\overline{A}B$	X	X	X	X
AB	1	X	1	X
$A\overline{B}$	1	0	0	1

13 정답 ①

AB \ CD	00	01	11	10
00	1	1		
01	1	1		
11			1	1
10			1	1

$\overline{A}\,\overline{C} + AC = A \odot C = \overline{A \oplus C}$

14 정답 ③

A \ BC	00	01	11	10
0			1	
1		1	1	1

$A(\overline{B}C + B\overline{C}) + BC = A(B \oplus C) + BC$

회로 설계 시 부울대수식의 변형을 통해 회로구성을 더 간단히 할 수 있다.

15 정답 ②

$X(A,B,C,D)$를 카르노맵으로 작성하면

AB \ CD	00	01	11	10
00	X	X	1	
01	1	X	X	1
11	1	X	X	X
10		1	1	

$X(A,B,C,D)$
$= \sum m(3,4,6,9,11,12) + \sum d(0,1,5,7,13,14,15)$
$= B + D$

16 정답 ①

논리회로를 부울대수식으로 나타내고, 회로를 재구성하면 다음과 같다.

$$X = \overline{AB+AB} = \overline{AB}\,\overline{AB} = \overline{AB}$$
$$Y = \overline{AB(A+C)} = \overline{AB} + \overline{(A+C)}$$
$$= \overline{A} + \overline{B} + \overline{A}\,\overline{C} = \overline{A} + \overline{B} = \overline{AB}$$

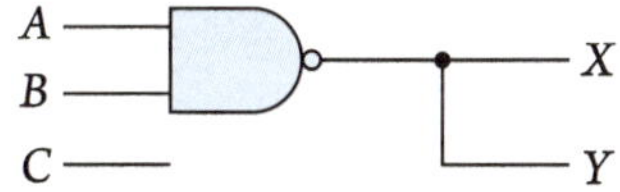

그러므로 NAND 게이트는 두 출력에 대해 1개 필요하다.

17 정답 ①

NOR게이트로 구성하기 위해 부울대수식을 정리하고, 회로 구성으로 표현하면 다음과 같다.

$$F = AB + AC = \overline{\overline{AB+AC}} = \overline{\overline{\overline{AB}\,\overline{AC}}}$$
$$= \overline{\overline{\overline{(\overline{A}+\overline{B})(\overline{A}+\overline{C})}}} = \overline{\overline{\overline{(\overline{A}+\overline{B})}+\overline{(\overline{A}+\overline{C})}}}$$

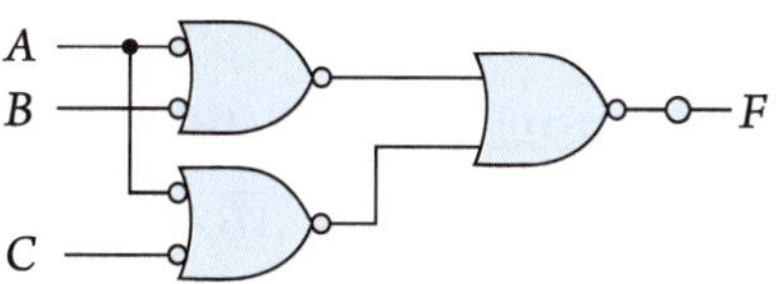

18 정답 ④

XNOR의 액티브-Low입력은 XNOR로 동일하게 표현된다.

$$F = A\overline{B} + \overline{A}B + AB + \overline{A}\,\overline{B} = 1$$

19 정답 ①

패리티 비트 검사기는 정보 비트 수가 적고 오류 발생 확률이 낮은 경우 가장 많이 사용하고 구현이 간단하여 비동기 통신에 많이 이용되는 오류 검출기이다. 특징으로는 오류검출(error-detecting)은 가능하나, 오류정정(error-correction)은 불가능하다는 점이다. 어느 비트에 오류가 발생하였는지 알 수 없고, 짝수 개의 오류가 발생하면 오류검출이 불가능하다.

20 정답 ③

주어진 회로의 논리식을 풀어보면

$$F = (A \oplus B) \oplus (C \oplus D) \odot E$$
$$= \overline{(A \oplus B) \oplus (C \oplus D) \oplus E}$$
$$= \overline{A \oplus B \oplus C \oplus D \oplus E}$$

입력 개수에 상관없이 모든 입력을 XOR을 한 후 최종단에서 XNOR을 하거나 또는 최종단까지 연산 후 보수를 취하면 된다. 즉, 이 회로는 입력의 1의 개수가 짝수인 것을 홀수로 만들어 주는 홀수(기수) 패리티 비트 발생기로 이용될 수 있음을 알 수 있다.

21 정답 ①

주어진 회로의 논리식을 풀어보면 다음과 같다.

$X=(A+B)(\overline{A}+\overline{B})=A\overline{B}+\overline{A}B=A\oplus B$

$Y=\overline{A+\overline{B}}=\overline{A}B$

그러므로 반감산기의 논리식과 동일함을 알 수 있다.

22 정답 ④

전가산기는 반가산기 2개 + OR게이트 1개로 구성되어 있다. 그래서 회로 시뮬레이션 프로그램에서는 반가산기를 모듈로 설계하여 회로를 간략화하여 작성할 수 있다.

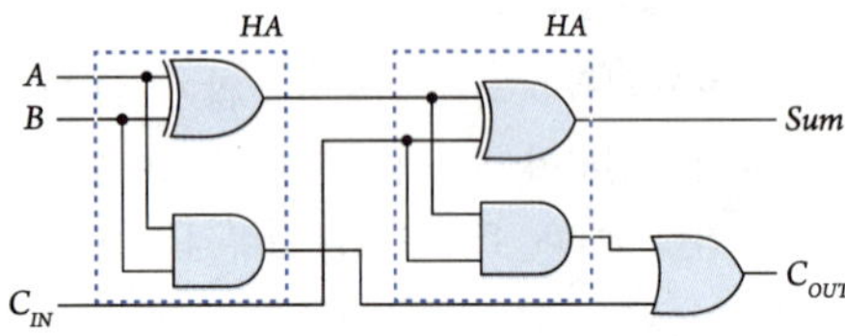

23 정답 ③

주어진 논리회로도로부터 얻을 수 있는 논리식은 다음과 같다.

$B_0=D_1+D_3$, $B_1=D_2+D_3$

즉, 4×2 인코더로 입력 4개와 출력 2개를 가지며 입력 신호에 따라 2개의 2진 조합으로 출력한다. 일반적으로 입력변수를 D로 표시하는 이유는 인코더의 입력이 데이터(Data)를 의미한다는 것으로 이 데이터들은 10진, 8진 등 숫자이다. 대표적으로 10진수를 2진수로 변환시키는 10진-2진 인코더, 10진수를 2진화 10진코드(BCD code)로 변환시키는 10진-BCD 인코더가 있다.

24 정답 ④

8×3인코더는 입력 8개와 출력 3개를 가지며, 입력의 신호에 따라 3개의 2진 조합으로 코드화하여 출력된다.

25 정답 ①

인에이블 단자가 없는 4×1MUX는 $4(=2^2)$개의 입력 중의 하나를 선택선 S_0과 S_1에 입력된 값에 따라 출력으로 보내주는 조합회로이다. 데이터 선택 입력이 2진수 0($S_1=0, S_0=0$)이라면 D_0이 출력되고, 2진수 1($S_1=0$, $S_0=1$)이라면 D_1이 출력되고, 2진수 2($S_1=1, S_0=0$)이라면 D_2가 출력되고, 2진수 3($S_1=1, S_0=1$)이라면 D_3이 출력된다.

선택선		출력
S_1	S_0	F
0	0	D_0
0	1	D_1
1	0	D_2
1	1	D_3

$S_1=0, S_0=0$이면 D_0이 출력 : $F=D_0\overline{S}_1\overline{S}_0$

$S_1=0, S_0=1$이면 D_1이 출력 : $F=D_1\overline{S}_1S_0$

$S_1=1, S_0=0$이면 D_2가 출력 : $F=D_2S_1\overline{S}_0$

$S_1=1, S_0=1$이면 D_3이 출력 : $F=D_3S_1S_0$

$\therefore F=D_0\overline{S}_1\overline{S}_0+D_1\overline{S}_1S_0+D_2S_1\overline{S}_0+D_3S_1S_0$

26 정답 ②

다음 논리회로와 논리식은 3비트 2진-그레이코드 변환회로를 표현한다.

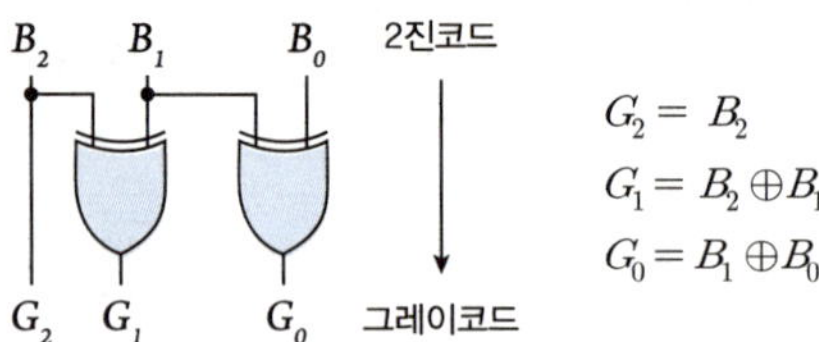

27 정답 ①

패리티 비트는 오류 검출은 가능하나 오류 정정은 불가능하다. 그리고 오류가 발생한 비트는 알 수 없다.

28 정답 ③

순서논리회로는 클록신호에 따라 동기식과 비동기식으로 나눈다.

- 비동기식 순서 논리회로
  클록 신호로 동작하지 않아서, 입력 신호가 입력되면 즉시 상태가 변하기 때문에 동기식 순서 논리회로보다 빠르다. 저전력 동작이 필요할 때 사용되며, 대표적인 비동기식 순서논리회로에는 래치(Latch) 회로가 있다. 비동기식의 단점은 성능은 동기식에 비해 더 빠르지만, 출력이 불확실하며, 설계하기가 동기식보다 복잡하다는 것이다.
- 동기식 순서 논리회로
  클록 펄스(clock pulse)가 감지되어야 입력에 대한 출력을 내보내기 때문에 매우 안정적이다. 대표적인 동기식 순서논리회로에는 플립플롭(filp-flop)이 있다. 동기식의 단점은 클록 펄스가 입력되기 전까지 입력에 대한 출력이 변하지 않기 때문에 비동기식 회로보다 느리며, 모든 플립플롭에 클록 신호를 사용하기 때문에, 보다 많은 양의 열을 소비하고 낭비하게 된다.

29 정답 ④

조합논리회로	비교	순서논리회로
현재 입력 값에 따라 변함	출력	현재 입력 상태 값과 이전 상태 값에 따라 변함
입력 값의 변화에 따라 출력이 변하기 때문에 메모리가 없음	메모리	이전 값과 현재 값에 따라 출력이 변하기 때문에 메모리를 가지고 있음
없음	피드백	기억 소자의 출력이 입력으로 연결되어 피드백이 됨
기본 부울대수 연산	용도	메모리 장치
연산 장치(가산기, 감산기), 멀티플렉서와 디멀티플렉서, 디코터(해독기) 및 인코더(부호기)	종류	RAM, 레지스터, 카운터(계수기), 기타 상태 보존 시스템

30 정답 ②

t_n에서 이후 시간 t_{n+1}의 상태 변화이고, 출력에서의 Q의 t_{n+1}은 $Q(t+1)$의 상태이다. 즉, 현재 상태는 $Q(t)$, 다음 상태는 $Q(t+1)$을 의미한다. 입력이 $J=1, K=0$가 인가되었으므로, $Q(t+1)=1(Set)$이 된다.

31 정답 ④

양의 에지트리거 SR플립플롭은 양의 에지트리거에서만 SR플립플롭으로 동작한다. 즉, 그 외의 클록에 대해서는 플립플롭이 동작하지 않으므로 이전 상태 값을 유지하게 된다.

32 정답 ①

양의 에지트리거 T플립플롭은 양의 에지에서만 다음 진리표대로 플립플롭으로 동작하게 된다.

T	$Q(t+1)$	설명
0	$Q(t)$	이전 상태 유지
1	$\overline{Q}(t)$	Toggle(이전 상태 반전 유지)

33 정답 ②

다음은 D플립플롭의 특성표이다. D플립플롭은 현재값에 상관없이 입력된 D값이 출력으로 전달된다.

$Q(t)$ 현재값	D	$Q(t+1)$	설명
0	0	0	현재 값에 상관없이 입력된 D값이 출력으로 전달된다.
0	1	1	
1	0	0	
1	1	1	

34 정답 ③

상태도로부터 상태표를 유도하기 위해 4가지 상태를 나타내고 있는 두 플립플롭에는 상태변수 A와 B를 할당하고, 외부 입력에는 변수 x를 할당한다. 이 회로에는 출력이 없음에 주의한다. 현재 상태 A, B가 외부 입력 x의 변화에 따라 다음 상태 A, B로 어떻게 전이되는지를 나타내고 있다. 외부 입력 $x=0$인 경우, 현재 상태($A=0, B=1$)가 다음 상태($A=1, B=0$)로 변함을 알 수 있다. 또 외부 입력 $x=1$인 경우, 현재 상태($A=0, B=0$)가 다음 상태($A=0, B=1$)로 변화되고, 현재 상태($A=1, B=0$)가 다음 상태($A=1, B=1$)로 변화되고, 현재 상태($A=1, B=1$)가 다음 상태($A=0, B=0$)로 변함을 알 수 있다.

35 정답 ④

SR플립플롭의 특성표에 따른 여기표는 다음과 같다.

특성표			
입력		현재 상태	다음 상태
S	R	$Q(t)$	$Q(t+1)$
0	0	0	0
0	0	1	1
0	1	0	0
0	1	1	0
1	0	0	1
1	0	1	1
1	1	0	?
1	1	1	?

여기표			
현재 상태	다음 상태	요구 입력	
$Q(t)$	$Q(t+1)$	S	R
0	0	0	X
0	1	1	0
1	0	0	1
1	1	X	0

36 정답 ②

시프트 레지스터는 여러 비트를 일시적으로 저장하고, CPU 내부에서 연산의 중간결과를 임시 저장할 수 있으며, 저장된 비트를 좌우측으로 시프트할 때 사용된다. 또한 2의 보수, 곱셈, 나눗셈을 하는 경우에도 사용된다. 시프트기능에 의해 클록펄스가 인가될 때마다 레지스터 내의 데이터는 임의의 단에서 다음 단으로 이동하거나 레지스터의 내부나 외부로 이동하게 된다.

37 정답 ③

비동기식 카운터는 앞단의 플립플롭의 출력이 클록입력으로 동기화되므로 '마치 물결이 일렁이는 것처럼 동작한다'고 하여 리플 카운터라고도 한다. 신호가 플립플롭을 통과하는 시간 동안의 지연시간이 생기므로 동기식 카운터에 비해 동작 속도가 느리다.

38 정답 ①

Modulo-m진 카운터는 m진 카운터라고도 하며, 즉 예를 들면 10진 카운터는 0 ~ 9까지 계수하는 카운터이다. 플립플롭의 개수는 계수되는 정보의 비트 수에 따라 정해진다.

39 정답 ③

1024M Byte $= 2^{10} \times 2^{20} \times 8$ 비트이므로,

MAR = 30비트, MBR = 8비트(1바이트)

40 정답 ②

엔티티 구문 내에 입력이 A, B이고 출력이 X로 구성되어 있으며, 데이터의 흐름 구조 형식으로 2입력 XNOR게이트를 구현한다.

컴퓨터용 사인펜만 사용

독학학위제 2단계 전공기초과정인정시험 답안지(객관식)

★ 수험생은 수험번호와 응시과목 코드번호를 표기(마킹)한 후 일치여부를 반드시 확인할 것.

전공분야	
성 명	

수 험 번 호														
(1)	2	–			–			–						
(2)	① ● ③ ④	–	①②③④⑤⑥⑦⑧⑨⓪	①②③④⑤⑥⑦⑧⑨⓪	–	①②③④⑤⑥⑦⑧⑨⓪	①②③④⑤⑥⑦⑧⑨⓪	–	①②③④⑤⑥⑦⑧⑨⓪	①②③④⑤⑥⑦⑧⑨⓪	①②③④⑤⑥⑦⑧⑨⓪	①②③④⑤⑥⑦⑧⑨⓪	①②③④⑤⑥⑦⑧⑨⓪	

과목코드				
①②③④⑤⑥⑦⑧⑨⓪	①②③④⑤⑥⑦⑧⑨⓪	①②③④⑤⑥⑦⑧⑨⓪	①②③④⑤⑥⑦⑧⑨⓪	①②③④⑤⑥⑦⑧⑨⓪

교시코드			
①	②	③	④

응시과목	
1 ① ② ③ ④	21 ① ② ③ ④
2 ① ② ③ ④	22 ① ② ③ ④
3 ① ② ③ ④	23 ① ② ③ ④
4 ① ② ③ ④	24 ① ② ③ ④
5 ① ② ③ ④	25 ① ② ③ ④
6 ① ② ③ ④	26 ① ② ③ ④
7 ① ② ③ ④	27 ① ② ③ ④
8 ① ② ③ ④	28 ① ② ③ ④
9 ① ② ③ ④	29 ① ② ③ ④
10 ① ② ③ ④	30 ① ② ③ ④
11 ① ② ③ ④	31 ① ② ③ ④
12 ① ② ③ ④	32 ① ② ③ ④
13 ① ② ③ ④	33 ① ② ③ ④
14 ① ② ③ ④	34 ① ② ③ ④
15 ① ② ③ ④	35 ① ② ③ ④
16 ① ② ③ ④	36 ① ② ③ ④
17 ① ② ③ ④	37 ① ② ③ ④
18 ① ② ③ ④	38 ① ② ③ ④
19 ① ② ③ ④	39 ① ② ③ ④
20 ① ② ③ ④	40 ① ② ③ ④

과목코드				
①②③④⑤⑥⑦⑧⑨⓪	①②③④⑤⑥⑦⑧⑨⓪	①②③④⑤⑥⑦⑧⑨⓪	①②③④⑤⑥⑦⑧⑨⓪	①②③④⑤⑥⑦⑧⑨⓪

교시코드			
①	②	③	④

응시과목	
1 ① ② ③ ④	21 ① ② ③ ④
2 ① ② ③ ④	22 ① ② ③ ④
3 ① ② ③ ④	23 ① ② ③ ④
4 ① ② ③ ④	24 ① ② ③ ④
5 ① ② ③ ④	25 ① ② ③ ④
6 ① ② ③ ④	26 ① ② ③ ④
7 ① ② ③ ④	27 ① ② ③ ④
8 ① ② ③ ④	28 ① ② ③ ④
9 ① ② ③ ④	29 ① ② ③ ④
10 ① ② ③ ④	30 ① ② ③ ④
11 ① ② ③ ④	31 ① ② ③ ④
12 ① ② ③ ④	32 ① ② ③ ④
13 ① ② ③ ④	33 ① ② ③ ④
14 ① ② ③ ④	34 ① ② ③ ④
15 ① ② ③ ④	35 ① ② ③ ④
16 ① ② ③ ④	36 ① ② ③ ④
17 ① ② ③ ④	37 ① ② ③ ④
18 ① ② ③ ④	38 ① ② ③ ④
19 ① ② ③ ④	39 ① ② ③ ④
20 ① ② ③ ④	40 ① ② ③ ④

※ 감독관 확인란
인

관 리 번 호
(연번) / (응시자수)

답안지 작성시 유의사항

1. 답안지는 반드시 **컴퓨터용 사인펜을 사용**하여 다음 보기와 같이 표기할 것.
   보기 잘 된 표기: ● 잘못된 표기: ⓥ ⊗ ◑ ⊙ ◕ ○ ▦
2. 수험번호 (1)에는 아라비아 숫자로 쓰고, (2)에는 "●"와 같이 표기할 것.
3. 과목코드는 뒷면 "과목코드번호"를 보고 해당과목의 코드번호를 찾아 표기하고, 응시과목란에는 응시과목명을 한글로 기재할 것.
4. 교시코드는 문제지 전면의 교시를 해당란에 "●"와 같이 표기할 것.
5. 한번 표기한 답은 긁거나 수정액 및 스티커 등 어떠한 방법으로도 고쳐서는 아니되고, 고친 문항은 "0"점 처리함.

[이 답안지는 마킹연습용 모의답안지입니다.]

절취선

컴퓨터용 사인펜만 사용

독학학위제 2단계 전공기초과정인정시험 답안지(객관식)

★ 수험생은 수험번호와 응시과목 코드번호를 표기(마킹)한 후 일치여부를 반드시 확인할 것.

전공분야	
성 명	

수 험 번 호													
(1)	2	–			–			–					
(2)	① ● ③ ④	–	①②③④⑤⑥⑦⑧⑨⓪	①②③④⑤⑥⑦⑧⑨⓪	–	①②③④⑤⑥⑦⑧⑨⓪	①②③④⑤⑥⑦⑧⑨⓪	–	①②③④⑤⑥⑦⑧⑨⓪	①②③④⑤⑥⑦⑧⑨⓪	①②③④⑤⑥⑦⑧⑨⓪	①②③④⑤⑥⑦⑧⑨⓪	①②③④⑤⑥⑦⑧⑨⓪

※ 감독관 확인란

㊞

관 리 번 호

(연번)

(응시자수)

과목코드				
①②③④⑤⑥⑦⑧⑨⓪	①②③④⑤⑥⑦⑧⑨⓪	①②③④⑤⑥⑦⑧⑨⓪	①②③④⑤⑥⑦⑧⑨⓪	①②③④⑤⑥⑦⑧⑨⓪

교시코드			
①	②	③	④

응시과목			
1	① ② ③ ④	21	① ② ③ ④
2	① ② ③ ④	22	① ② ③ ④
3	① ② ③ ④	23	① ② ③ ④
4	① ② ③ ④	24	① ② ③ ④
5	① ② ③ ④	25	① ② ③ ④
6	① ② ③ ④	26	① ② ③ ④
7	① ② ③ ④	27	① ② ③ ④
8	① ② ③ ④	28	① ② ③ ④
9	① ② ③ ④	29	① ② ③ ④
10	① ② ③ ④	30	① ② ③ ④
11	① ② ③ ④	31	① ② ③ ④
12	① ② ③ ④	32	① ② ③ ④
13	① ② ③ ④	33	① ② ③ ④
14	① ② ③ ④	34	① ② ③ ④
15	① ② ③ ④	35	① ② ③ ④
16	① ② ③ ④	36	① ② ③ ④
17	① ② ③ ④	37	① ② ③ ④
18	① ② ③ ④	38	① ② ③ ④
19	① ② ③ ④	39	① ② ③ ④
20	① ② ③ ④	40	① ② ③ ④

과목코드				
①②③④⑤⑥⑦⑧⑨⓪	①②③④⑤⑥⑦⑧⑨⓪	①②③④⑤⑥⑦⑧⑨⓪	①②③④⑤⑥⑦⑧⑨⓪	①②③④⑤⑥⑦⑧⑨⓪

교시코드			
①	②	③	④

응시과목			
1	① ② ③ ④	21	① ② ③ ④
2	① ② ③ ④	22	① ② ③ ④
3	① ② ③ ④	23	① ② ③ ④
4	① ② ③ ④	24	① ② ③ ④
5	① ② ③ ④	25	① ② ③ ④
6	① ② ③ ④	26	① ② ③ ④
7	① ② ③ ④	27	① ② ③ ④
8	① ② ③ ④	28	① ② ③ ④
9	① ② ③ ④	29	① ② ③ ④
10	① ② ③ ④	30	① ② ③ ④
11	① ② ③ ④	31	① ② ③ ④
12	① ② ③ ④	32	① ② ③ ④
13	① ② ③ ④	33	① ② ③ ④
14	① ② ③ ④	34	① ② ③ ④
15	① ② ③ ④	35	① ② ③ ④
16	① ② ③ ④	36	① ② ③ ④
17	① ② ③ ④	37	① ② ③ ④
18	① ② ③ ④	38	① ② ③ ④
19	① ② ③ ④	39	① ② ③ ④
20	① ② ③ ④	40	① ② ③ ④

답안지 작성시 유의사항

1. 답안지는 반드시 **컴퓨터용 사인펜을 사용**하여 다음 보기와 같이 표기할 것.
   보기 잘 된 표기: ● 잘못된 표기: ⓥ ⊗ ◑ ⊙ ◕ ○ ▩
2. 수험번호 (1)에는 아라비아 숫자로 쓰고, (2)에는 "●"와 같이 표기할 것.
3. 과목코드는 뒷면 "과목코드번호"를 보고 해당과목의 코드번호를 찾아 표기하고, 응시과목란에는 응시과목명을 한글로 기재할 것.
4. 교시코드는 문제지 전면의 교시를 해당란에 "●"와 같이 표기할 것.
5. 한번 표기한 답은 긁거나 수정액 및 스티커 등 어떠한 방법으로도 고쳐서는 아니되고, 고친 문항은 "0"점 처리함.

[이 답안지는 마킹연습용 모의답안지입니다.]

절취선

컴퓨터용 사인펜만 사용

독학학위제 2단계 전공기초과정인정시험 답안지(객관식)

★ 수험생은 수험번호와 응시과목 코드번호를 표기(마킹)한 후 일치여부를 반드시 확인할 것.

전공분야	
성 명	

수 험 번 호														
(1)	2	–			–			–						
(2)	① ● ③ ④	–	①②③④⑤⑥⑦⑧⑨⓪	①②③④⑤⑥⑦⑧⑨⓪	–	①②③④⑤⑥⑦⑧⑨⓪	①②③④⑤⑥⑦⑧⑨⓪	–	①②③④⑤⑥⑦⑧⑨⓪	①②③④⑤⑥⑦⑧⑨⓪	①②③④⑤⑥⑦⑧⑨⓪	①②③④⑤⑥⑦⑧⑨⓪	①②③④⑤⑥⑦⑧⑨⓪	

과목코드				
①②③④⑤⑥⑦⑧⑨⓪	①②③④⑤⑥⑦⑧⑨⓪	①②③④⑤⑥⑦⑧⑨⓪	①②③④⑤⑥⑦⑧⑨⓪	①②③④⑤⑥⑦⑧⑨⓪

교시코드
① ② ③ ④

응시과목			
1	① ② ③ ④	21	① ② ③ ④
2	① ② ③ ④	22	① ② ③ ④
3	① ② ③ ④	23	① ② ③ ④
4	① ② ③ ④	24	① ② ③ ④
5	① ② ③ ④	25	① ② ③ ④
6	① ② ③ ④	26	① ② ③ ④
7	① ② ③ ④	27	① ② ③ ④
8	① ② ③ ④	28	① ② ③ ④
9	① ② ③ ④	29	① ② ③ ④
10	① ② ③ ④	30	① ② ③ ④
11	① ② ③ ④	31	① ② ③ ④
12	① ② ③ ④	32	① ② ③ ④
13	① ② ③ ④	33	① ② ③ ④
14	① ② ③ ④	34	① ② ③ ④
15	① ② ③ ④	35	① ② ③ ④
16	① ② ③ ④	36	① ② ③ ④
17	① ② ③ ④	37	① ② ③ ④
18	① ② ③ ④	38	① ② ③ ④
19	① ② ③ ④	39	① ② ③ ④
20	① ② ③ ④	40	① ② ③ ④

과목코드				
①②③④⑤⑥⑦⑧⑨⓪	①②③④⑤⑥⑦⑧⑨⓪	①②③④⑤⑥⑦⑧⑨⓪	①②③④⑤⑥⑦⑧⑨⓪	①②③④⑤⑥⑦⑧⑨⓪

교시코드
① ② ③ ④

응시과목			
1	① ② ③ ④	21	① ② ③ ④
2	① ② ③ ④	22	① ② ③ ④
3	① ② ③ ④	23	① ② ③ ④
4	① ② ③ ④	24	① ② ③ ④
5	① ② ③ ④	25	① ② ③ ④
6	① ② ③ ④	26	① ② ③ ④
7	① ② ③ ④	27	① ② ③ ④
8	① ② ③ ④	28	① ② ③ ④
9	① ② ③ ④	29	① ② ③ ④
10	① ② ③ ④	30	① ② ③ ④
11	① ② ③ ④	31	① ② ③ ④
12	① ② ③ ④	32	① ② ③ ④
13	① ② ③ ④	33	① ② ③ ④
14	① ② ③ ④	34	① ② ③ ④
15	① ② ③ ④	35	① ② ③ ④
16	① ② ③ ④	36	① ② ③ ④
17	① ② ③ ④	37	① ② ③ ④
18	① ② ③ ④	38	① ② ③ ④
19	① ② ③ ④	39	① ② ③ ④
20	① ② ③ ④	40	① ② ③ ④

※ 감독관 확인란
㊞

관 리 번 호
(연번) / (응시자수)

답안지 작성시 유의사항

1. 답안지는 반드시 **컴퓨터용 사인펜을 사용**하여 다음 보기와 같이 표기할 것.
   보기 잘 된 표기: ● 잘못된 표기: ⓥ ⊗ ◑ ⊙ ◕ ○ ▩
2. 수험번호 (1)에는 아라비아 숫자로 쓰고, (2)에는 "●"와 같이 표기할 것.
3. 과목코드는 뒷면 "과목코드번호"를 보고 해당과목의 코드번호를 찾아 표기하고, 응시과목란에는 응시과목명을 한글로 기재할 것.
4. 교시코드는 문제지 전면의 교시를 해당란에 "●"와 같이 표기할 것.
5. 한번 표기한 답은 긁거나 수정액 및 스티커 등 어떠한 방법으로도 고쳐서는 아니되고, 고친 문항은 "0"점 처리함.

[이 답안지는 마킹연습용 모의답안지입니다.]

절취선

컴퓨터용 사인펜만 사용

독학학위제 2단계 전공기초과정인정시험 답안지(객관식)

★ 수험생은 수험번호와 응시과목 코드번호를 표기(마킹)한 후 일치여부를 반드시 확인할 것.

전공분야	
성 명	

수 험 번 호													
(1)	2	–			–			–					
(2)	① ● ③ ④	–	①②③④⑤⑥⑦⑧⑨⓪	①②③④⑤⑥⑦⑧⑨⓪	–	①②③④⑤⑥⑦⑧⑨⓪	①②③④⑤⑥⑦⑧⑨⓪	–	①②③④⑤⑥⑦⑧⑨⓪	①②③④⑤⑥⑦⑧⑨⓪	①②③④⑤⑥⑦⑧⑨⓪	①②③④⑤⑥⑦⑧⑨⓪	①②③④⑤⑥⑦⑧⑨⓪

과목코드				
①②③④⑤⑥⑦⑧⑨⓪	①②③④⑤⑥⑦⑧⑨⓪	①②③④⑤⑥⑦⑧⑨⓪	①②③④⑤⑥⑦⑧⑨⓪	①②③④⑤⑥⑦⑧⑨⓪

교시코드			
①	②	③	④

응시과목			
1	① ② ③ ④	21	① ② ③ ④
2	① ② ③ ④	22	① ② ③ ④
3	① ② ③ ④	23	① ② ③ ④
4	① ② ③ ④	24	① ② ③ ④
5	① ② ③ ④	25	① ② ③ ④
6	① ② ③ ④	26	① ② ③ ④
7	① ② ③ ④	27	① ② ③ ④
8	① ② ③ ④	28	① ② ③ ④
9	① ② ③ ④	29	① ② ③ ④
10	① ② ③ ④	30	① ② ③ ④
11	① ② ③ ④	31	① ② ③ ④
12	① ② ③ ④	32	① ② ③ ④
13	① ② ③ ④	33	① ② ③ ④
14	① ② ③ ④	34	① ② ③ ④
15	① ② ③ ④	35	① ② ③ ④
16	① ② ③ ④	36	① ② ③ ④
17	① ② ③ ④	37	① ② ③ ④
18	① ② ③ ④	38	① ② ③ ④
19	① ② ③ ④	39	① ② ③ ④
20	① ② ③ ④	40	① ② ③ ④

과목코드				
①②③④⑤⑥⑦⑧⑨⓪	①②③④⑤⑥⑦⑧⑨⓪	①②③④⑤⑥⑦⑧⑨⓪	①②③④⑤⑥⑦⑧⑨⓪	①②③④⑤⑥⑦⑧⑨⓪

교시코드			
①	②	③	④

응시과목			
1	① ② ③ ④	21	① ② ③ ④
2	① ② ③ ④	22	① ② ③ ④
3	① ② ③ ④	23	① ② ③ ④
4	① ② ③ ④	24	① ② ③ ④
5	① ② ③ ④	25	① ② ③ ④
6	① ② ③ ④	26	① ② ③ ④
7	① ② ③ ④	27	① ② ③ ④
8	① ② ③ ④	28	① ② ③ ④
9	① ② ③ ④	29	① ② ③ ④
10	① ② ③ ④	30	① ② ③ ④
11	① ② ③ ④	31	① ② ③ ④
12	① ② ③ ④	32	① ② ③ ④
13	① ② ③ ④	33	① ② ③ ④
14	① ② ③ ④	34	① ② ③ ④
15	① ② ③ ④	35	① ② ③ ④
16	① ② ③ ④	36	① ② ③ ④
17	① ② ③ ④	37	① ② ③ ④
18	① ② ③ ④	38	① ② ③ ④
19	① ② ③ ④	39	① ② ③ ④
20	① ② ③ ④	40	① ② ③ ④

※ 감독관 확인란
㊞

관 리 번 호
(연번) / (응시자수)

답안지 작성시 유의사항

1. 답안지는 반드시 **컴퓨터용 사인펜을 사용**하여 다음 보기와 같이 표기할 것.
   보기 잘 된 표기: ● 잘못된 표기: ⓥ ⓧ ◐ ⊙ ◔ ○ ▩
2. 수험번호 (1)에는 아라비아 숫자로 쓰고, (2)에는 "●"와 같이 표기할 것.
3. 과목코드는 뒷면 "과목코드번호"를 보고 해당과목의 코드번호를 찾아 표기하고, 응시과목란에는 응시과목명을 한글로 기재할 것.
4. 교시코드는 문제지 전면의 교시를 해당란에 "●"와 같이 표기할 것.
5. 한번 표기한 답은 긁거나 수정액 및 스티커 등 어떠한 방법으로도 고쳐서는 아니되고, 고친 문항은 "0"점 처리함.

[이 답안지는 마킹연습용 모의답안지입니다.]

✂ 절취선

참고문헌

- Roger L. Tokheim 저, 강창수 외 4인 공역, 『디지털공학』 제8판, 생능출판사.
- Thomas L. Floyd 저, 이응혁 외 3인 공역, 『최신 디지털 공학[Digital Fundamentals]』 제10판, ITC.
- 임석구 · 홍경호 저, 『디지털 논리회로(이론, 실습, 시뮬레이션)』 개정3판, 한빛아카데미.
- 전산용어사전편찬위원회 엮음, 『컴퓨터 IT 용어대사전』, 일진사.
- 차태호 외 2명 저, 『디지털공학』 제4판, 북두출판사.
- 정보통신기술용어해설(website : http://www.ktword.co.kr/)

나는 내가 더 노력할수록 운이 더 좋아진다는 걸 발견했다.

– 토마스 제퍼슨 –

시대에듀 독학사 컴퓨터공학과 2단계 논리회로

개정3판1쇄 발행	2025년 03월 05일 (인쇄 2025년 01월 14일)
초 판 발 행	2019년 05월 03일 (인쇄 2019년 03월 29일)
발 행 인	박영일
책 임 편 집	이해욱
편 저	김동욱
편 집 진 행	송영진
표지디자인	박종우
편집디자인	차성미 · 고현준
발 행 처	(주)시대고시기획
출 판 등 록	제10-1521호
주 소	서울시 마포구 큰우물로 75 [도화동 538 성지 B/D] 9F
전 화	1600-3600
팩 스	02-701-8823
홈 페 이 지	www.sdedu.co.kr

I S B N	979-11-383-8535-0 (13000)
정 가	30,000원

시대에듀 독학사 컴퓨터공학과

why

왜? 독학사 컴퓨터공학과인가?

4년제 컴퓨터공학 학위를 최소 시간과 비용으로 단 1년 만에 초고속 취득 가능!

1 독학사 학과 중 거의 유일한 공과 계열 학과

2 컴퓨터 관련 취업에 가장 유용한 학과

3 전산팀, 서버관리실, R&D, 프로그래머, 빅데이터 · 데이터베이스 전문가, 시스템 · 임베디드 엔지니어, 각종 IT 관련 연구소 등 다양한 분야로 취업 가능

컴퓨터공학과 과정별 시험과목(2~4과정)

1~2과정 교양 및 전공기초과정은 객관식 40문제 구성
3~4과정 전공심화 및 학위취득과정은 객관식 24문제+**주관식 4문제** 구성

2과정(전공기초)	3과정(전공심화)	4과정(학위취득)
논리회로	인공지능	알고리즘
C프로그래밍	컴퓨터네트워크	통합컴퓨터시스템
자료구조	임베디드시스템	통합프로그래밍
컴퓨터구조	소프트웨어공학	데이터베이스
운영체제	프로그래밍언어론	
이산수학	정보보호	
객체지향프로그래밍	컴파일러	
웹프로그래밍	컴퓨터그래픽스	

※ 시대에듀에서 개설된 과목은 굵은 글씨로 표시하였습니다.

시대에듀 컴퓨터공학과 학습 커리큘럼

기본이론부터 실전문제풀이 훈련까지!
시대에듀가 제시하는 각 과정별 최적화된 커리큘럼에 따라 학습해 보세요.

STEP 01 **기본이론**
핵심이론 분석으로 확실한 개념 이해

STEP 02 **문제풀이**
실전예상문제를 통해 문제 유형 파악

STEP 03 **모의고사**
최종모의고사로 실전 감각 키우기

STEP 04 **핵심요약**
핵심요약집으로 중요 포인트 체크

컴퓨터공학과 2단계 합격을 위한
최적의 교재!

김동욱 편저

★★ 시대에듀 ★★

독학사 2단계 컴퓨터공학과

논리회로 핵심요약집

시대에듀

핵심요약집
120% 활용 방안

교수님 코칭!

독학사 시험은 매년 정해진 평가영역에서 개념 위주의 문항이 출제됩니다. 결코 어렵게 출제되는 것이 아니기에 기본적인 사항 위주로 개념을 잘 정리해 둔다면 충분히 합격 점수인 60점 이상을 획득할 수 있습니다.

정리되지 않은 학습으로는 기울인 노력 대비 좋은 결과를 얻지 못합니다. 본서에 있는 핵심요약집은 각 단원별로 중요한 내용을 한 번 더 정리한 것으로, 다음과 같이 활용한다면 효율적인 학습에 도움이 될 것입니다.

정리 노트로 활용!

핵심요약집은 기본서의 핵심 내용이 단원별로 정리·요약되어 있으므로 중요 부분을 확인하기 쉬우며, 나만의 정리 노트로 활용할 수 있습니다.

자투리 시간에 활용!

바쁜 일상에서 공부할 시간을 따로 내는 것은 어려운 일입니다. 자투리 시간을 활용하여 정리된 요약집으로 틈틈이 복습한다면, 효과적으로 학습 시간을 확보할 수 있을 것입니다.

복습에 활용!

새로운 내용을 파악할 때 예습보다는 복습의 효과가 비교적 더 큽니다. 기본서 학습 후 복습할 때 핵심요약집을 통해 중요 내용을 떠올려 본다면 보다 효과적으로 정리할 수 있습니다.

시험 직전에 활용!

시험 직전에 많은 내용을 짧은 시간 안에 확인하려면 평소 정리 및 준비를 잘 해 두어야 합니다. 핵심요약집을 활용하여 시험 직전에 중요 부분을 확인한다면 합격에 도움이 될 것입니다.

논리회로

시험장에 가져가는 핵심요약집

시/ 험/ 전/ 에/ 보/ 는/ 핵/ 심/ 요/ 약/ 키/ 워/ 드/

미래가 어떻게 전개될지는 모르지만, 누가 그 미래를 결정하는지는 안다.

- 오프라 윈프리 -

논리회로

시험장에 가져가는 핵심요약집

제1장 컴퓨터와 디지털 논리회로

제1절 디지털 시스템

디지털 시스템	간단한 산술연산을 수행하는 장치에서부터 컴퓨터, 방송, 통신 시스템처럼 복잡한 시스템에 이르기까지 다양하게 정의되어 쓰임
아날로그 시스템	연속적인 정보를 받아 처리하는 것으로, 연속적인 형태의 정보를 출력하는 시스템으로 정의되어 쓰임

1 아날로그 신호와 디지털 신호

(1) **아날로그 신호** : 아날로그 데이터란 연속적인 값을 의미하며, 아날로그 신호에 의한 정보 전송은 신호의 진폭, 위상, 전압의 주파수, 펄스의 진폭·간격, 축의 각도 등과 같은 신호의 크기나 값에 따라 행하여짐

(2) **디지털 신호** : 디지털 신호에 의한 정보 전송은 신호의 이산적 상태

2 2진수에 대한 전기적인 신호 정의(디지털 정보의 전압레벨)

(1) **2진 숫자** : 2진(binary)시스템에서 비트(bit)라고 불리는 두 개의 숫자 1과 0이 사용되며, 2진 자릿수(binary digit)를 줄여 2진수라고 함

(2) **논리레벨(Logic Level)** : 논리레벨은 1과 0을 표현하기 위해 사용되는 전압으로, 실제 디지털시스템에서 HIGH 또는 LOW는 규정된 최솟값과 최댓값 사이의 임의의 전압이 될 수 있으며 HIGH와 LOW를 나타내는 전압의 범위는 중복될 수 없음

3 컴퓨터 시스템의 세대별 발전과 주요 특징

(1) **고대의 계산기**

초기의 계산 장치는 주판

(2) 제1세대(진공관의 시대)

마크-1(1944)	전기 기계식 계산기
ENIAC(1946)	세계 최초의 전자식 계산기
EDSAC(1949)	프로그램 내장 방식을 처음으로 채용한 컴퓨터(최초의 2진수 사용)
UNIVAC(1950)	세계 최초의 상업용 컴퓨터
EDVAC(1951)	프로그램 내장 방식과 2진법을 채택한 컴퓨터가 등장
운영체제의 관점에서는 작업별로 일괄 처리하는 일괄 처리 시스템이 등장	

(3) 제2세대(트랜지스터 시대)

전자회로에서 트랜지스터(TR) 소자는 기본기능인 증폭과 연산, 스위칭 기능 등으로 중요한 역할을 맡게 되었고, 운영체제 관점에서 보면 기억장치의 등장과 다중 프로그램, 다중 처리, 시분할 처리 개념이 등장하여 다중 프로그램 시스템, 시분할 시스템, 다중 처리 시스템, 실시간 처리 시스템이 등장

(4) 제3세대(IC의 시대)

운영체제 관점에서 보면 일괄 처리, 시분할 처리, 실시간 처리, 다중 프로그램 등을 제공하는 다중모드 시스템이 등장하였고, TCP/IP 통신 표준 활성화로 네트워크와 보안을 아우르는 수준으로 운영체제가 발전

(5) 제4세대(LSI/VLSI 집적회로 이용)

마이크로프로세서가 탑재된 극소형, 대용량, 저렴한 가격, 신뢰도가 급격히 향상

4 컴퓨터 종류

① **아날로그 컴퓨터(Analog computer)**
② **디지털 컴퓨터(Digital computer)**
③ **하이브리드 컴퓨터(Hybrid computer)**

5 컴퓨터 소프트웨어

(1) **운영체제(OS : Operating System)** : 사용자가 컴퓨터를 쉽게 다루게 해주는 인터페이스로 하드웨어와 소프트웨어를 관리하는 소프트웨어 전체

(2) **응용 소프트웨어(Application Software)** : 시스템 소프트웨어의 보조 역할을 하고, 모바일 기기에서 사용되는 응용 소프트웨어는 단어 Application의 길이를 줄여서 앱(App)이라고 함

(3) **유틸리티(Utility)** : 프로그램의 일종으로, 컴퓨터를 사용하는 것을 보조하는 소위 도우미 프로그램들을 뜻함

(4) **악성코드** : 제작자가 악의를 가지고 만든 소프트웨어

(5) **펌웨어(firmware)** : 소프트웨어의 일종으로 컴퓨터의 CPU가 아니라 그보다 한참 하위 단계의 장치들을 제어

(6) **프로그래밍(Programing) 언어**

저급 프로그래밍 언어	특별한 변환 과정 없이 컴퓨터가 직접 처리할 수 있는 유일한 언어(기계어와 어셈블리어)
고급 프로그래밍 언어	사람이 이해하기 쉽게 작성된 프로그래밍 언어로서, 저급 프로그래밍 언어보다 가독성이 높고 다루기 간단하다는 장점이 있음 예 C언어, 자바, 베이직 등

6 자료의 표현

(1) 자료의 처리 단위

디지트(digit : 숫자)	0～9의 숫자
비트 (bit : binary digit)	하나의 비트는 0이나 1의 값
니블(nibble)	4비트, 바이트는 상위 니블(상위 4비트)과 하위 니블(하위 4비트)
바이트(byte)	컴퓨터의 기억장치의 크기를 나타내는 단위, 8비트는 1바이트 1 kilobyte(KB) = 10^3 Byte ≒ 1 kibibyte(KiB) = 2^{10} Byte 1 megabyte(MB) = 10^6 Byte ≒ 1 mebibyte(MB) = 2^{20} Byte 1 gigabyte(GB) = 10^9 Byte ≒ 1 gibibyte(GB) = 2^{30} Byte 1 terabyte(TB) = 10^{12} Byte ≒ 1 tebibyte(TB) = 2^{40} Byte
워드(word)	연산을 통해 저장된 장치로부터 레지스터에 옮겨 놓을 수 있는 정보 단위

(2) 기억용량의 단위 : 1Byte = 8Bit

① **1KB(Kilo Byte)** = 2의 10제곱 Byte = 1024 Byte

② **1MB(Mega Byte)** = 2의 20제곱 Byte = 1024 KB

③ **1GB(Giga Byte)** = 2의 30제곱 Byte = 1024 MB

제2절 컴퓨터의 구성

1 컴퓨터의 구성

중앙처리장치(CPU), 주기억장치(RAM), 입력장치(키보드, 마우스 등), 출력장치(모니터, 프린터 등), 주변기기

2 연산논리장치(arithmetic logic unit)의 구성

산술연산장치	덧셈, 뺄셈, 곱셈, 나눗셈의 4칙 연산을 수행
논리연산장치	AND, OR, XOR, NOT 등의 논리 연산을 수행
시프트 레지스터	비트들을 왼쪽 또는 오른쪽으로 이동시키는 기능을 수행하는 레지스터
보수기(complement)	이진 데이터의 보수를 취하는 회로
상태 레지스터	연산 결과의 상태를 나타내는 플래그들을 저장

3 기억장치의 구분

(1) **컴퓨터 기억장치(하드웨어 관점)** : 캐시 메모리, 주기억장치, 보조기억장치, 가상 메모리

(2) CAM(Content Addressable Memory, Associative Memory) : 연관기억장치

(3) **반도체 메모리 구분**

① SAM(Sequential Access Memory), RAM(Random Access Memory)

② SRAM(Static RAM), DRAM(Dynamic RAM)

③ ROM : Mask ROM, PROM, EPROM, EEPROM

④ **플래시 메모리** : 데이터 저장형(NAND), 코드 저장형(NOR)

4 메모리의 계층구조(Memory hierarchy)

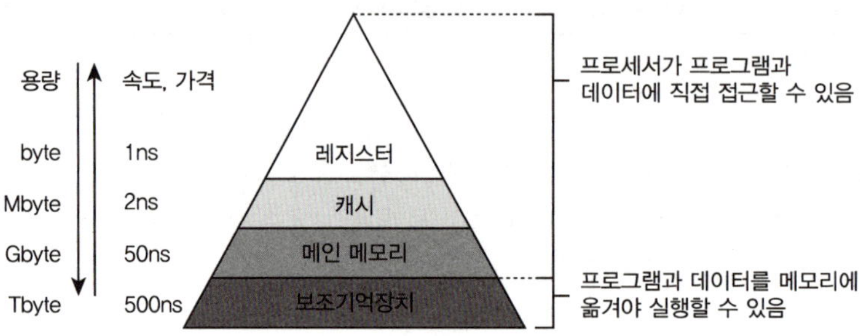

제2장 데이터 표현

제1절 수치데이터

1 10진수

10진수 시스템에서 0 ~ 9까지의 10개의 숫자로 표현하고, 기수는 10이 됨

가중치(weight) 구조 : $\cdots 10^2 10^1 10^0 . 10^{-1} 10^{-2} \cdots$

2 2진수

2진수 시스템에서 0과 1의 2개의 숫자로 표현하고, 기수는 2가 됨

가중치(weight)구조 : $\cdots 2^2 2^1 2^0 . 2^{-1} 2^{-2} \cdots$

[2진수에서 10진수로의 표현]

가중치 :	2^6	2^5	2^4	2^3	2^2	2^1	2^0
2진수 :	1	1	0	1	1	0	1

$1101101_2 = 2^6 + 2^5 + 2^3 + 2^2 + 2^0 = 109$

[10진수의 2진수 변환]

① 가중치의 합 방법

$58 = 32 + 16 + 8 + 2 = 2^5 + 2^4 + 2^3 + 2^1 = 111010_2$

② 2로 반복하여 나누는 방법

2 | 19	→	1	LSB
2 | 9	→	1	
2 | 4	→	0	
2 | 2	→	0	
2 | 1	→	1	MSB
0			

[10진 소수를 2진수로 변환]

① 가중치의 합 방법 : $0.625 = 0.5 + 0.125 = 2^{-1} + 2^{-3} \Rightarrow 0.101_2$

② 계속 2를 곱하는 방법

	0.3125 × 2 = 0.625	0.625 × 2 = 1.25	0.25 × 2 = 0.5	0.5 × 2 = 1.0
0.3125 =	0	1	0	1

$= 0.0101_2$

3 2진수 산술연산

(1) 2진 덧셈

0 + 0 = 0 (캐리가 0이고 합이 0)
0 + 1 = 1 (캐리가 0이고 합이 1)
1 + 0 = 1 (캐리가 0이고 합이 1)
1 + 1 = 1 0 (캐리가 1이고 합이 0)

(2) 2진 뺄셈

0 − 0 = 0 (자리 내림이 0이고 뺄셈이 0)
0 − 1 = 1 1 (자리 내림이 1이고 뺄셈이 1)
1 − 0 = 1 (자리 내림이 0이고 뺄셈이 1)
1 − 1 = 0 (자리 내림이 0이고 뺄셈이 0)

(3) 2진 곱셈

0 × 0 = 0
0 × 1 = 0
1 × 0 = 0
1 × 1 = 1

(4) 2진 나눗셈

0 ÷ 0 = 0
0 ÷ 1 = 0
1 ÷ 0 = 불능
1 ÷ 1 = 1

4 2진수에서의 1의 보수와 2의 보수

2진수에서 1의 보수와 2의 보수는 음수를 표현하는 데 매우 유용하게 사용됨

(1) **2진수의 1의 보수** : 2진수의 1의 보수는 각 비트를 변환하면 되고, 모든 1을 0으로, 모든 0을 1로 바꾸면 됨

(2) **2진수의 2의 보수** : 컴퓨터(디지털 시스템)에서는 뺄셈(또는 음수표현)을 위해 2의 보수를 사용하며, 2의 보수를 구하는 방법에는 두 가지 방법이 있음

① 1의 보수에 1을 더하면 됨

```
   1 1 1 0 0 1 0 1 0   (2진수)
   0 0 0 1 1 0 1 0 1   (1의 보수)
+                  1
---------------------
   0 0 0 1 1 0 1 1 0   (2의 보수)
```

② 2의 보수는 가장 우측에서 시작하여 첫 번째 1인 비트의 좌측의 모든 비트들을 변경함

1 1 1 0 0 1 0	1 0	(2진수)
1의 보수를 취한다.	변경 없이 그대로 쓴다.	
0 0 0 1 1 0 1	1 0	(2의 보수)

5 부호표시 수

(1) 부호비트(Sign bit) : 2진수에 가장 좌측 비트가 0이면 양수, 1이면 음수로 나타냄

$58_{(10)}$ = 0 0111010

부호 비트 크기 비트

(2) 부호표시 수의 표현방법

① 부호-크기 형식

- + 26 = 0 0011010
- − 26 = 1 0011010

② 1의 보수 형식

- + 26 = 00011010
- − 26 = 11100101(00011010의 1의 보수를 취함)

③ 2의 보수 형식

- + 26 = 00011010
- − 26 = 11100110(00011010의 2의 보수를 취함)

(3) 부호표시 수를 10진 값으로 변환

① 부호-크기 형식

$10010011_{(2)}$ =	1	0	0	1	0	0	1	1
				2^4			2^1	2^0
	−	19						

② 1의 보수 형식

$10010011_{(2)}$ =	1	0	0	1	0	0	1	1
	2^7			2^4			2^1	2^0
	−128	+ 19 + 1 = −108(음수)						

01101100(1의 보수) → 108에 음수 부호 추가 → −108(음수)

③ 2의 보수 형식

$10010011_{(2)}$ =	1	0	0	1	0	0	1	1
	2^7			2^4			2^1	2^0
	−128	+ 19 = −109(음수)						

01101101(2의 보수) → 109에 음수 부호 추가 → −109(음수)

(4) 부호표시 수의 표현범위

① **부호-크기 형식** : $-(2^{n-1}-1) \sim (2^{n-1}-1)$

② **1의 보수 형식** : $-(2^{n-1}-1) \sim (2^{n-1}-1)$

③ **2의 보수 형식** : $-(2^{n-1}) \sim (2^{n-1}-1)$, 컴퓨터에서 가장 많이 사용하는 형식임

6 부호표시 수의 산술연산

(1) 덧셈 : 가수(addend)와 피가수(augend)라 하고, 그 결과를 합(sum)이라 함

(2) 뺄셈 : 피감수(minuend)와 감수(subtrahend)라 하고, 그 결과를 차(difference)라고 함
(피감수) − (감수) = (피감수) + (−감수) 와 같으므로 감수의 2의 보수를 취하여 덧셈을 하면 되고, 발생되는 캐리는 무시함

(3) 곱셈 : 피승수(multiplicand)와 승수(multiplier)라 하고, 그 결과를 곱(product)이라 함
곱셈을 하는 방법 : 직접 덧셈 방법(direct addition), 부분 곱 방법(partial products)

① **직접 덧셈 방법** : 피승수를 승수의 횟수만큼 더하는 과정으로, 승수가 매우 클 경우 연산이 길어진다는 단점이 있음

```
                   0 1 0 0 1 0 1 0   → 첫 번째 (74)
                 + 0 1 0 0 1 0 1 0   → 두 번째 (74)
              -------------------
                   1 0 0 1 0 1 0 0   → 부분 합 (148)
  0 1 0 0 1 0 1 0  + 0 1 0 0 1 0 1 0   → 세 번째 (74)
× 0 0 0 0 0 1 0 0  ------------------
                   1 1 0 1 1 1 1 0   → 부분 합 (222)
                 + 0 1 0 0 1 0 1 0   → 네 번째 (74)
              -------------------
                 1 0 0 1 0 1 0 0 0   →      합 (296)
```

② **부분 곱 방법** : 피승수를 승수의 최하위 숫자부터 곱해 나가는 방법

```
                                            11000101(승수)
                          0 1 0 1 0 0 1 1   → 2의 보수
                    ×     0 0 1 1 1 0 1 1   00111011
              -----------------------------
                          0 1 0 1 0 0 1 1
                    +   0 1 0 1 0 0 1 1
              -----------------------------
                        0 1 1 1 1 1 0 0 1
                  +   0 1 0 1 0 0 1 1
              -----------------------------
  0 1 0 1 0 0 1 1     1 1 1 0 0 1 0 0 0 1
× 1 1 0 0 0 1 0 1   +   0 1 0 1 0 0 1 1
              -----------------------------
                1 0 0 0 1 1 0 0 0 0 0 1
              +   0 1 0 1 0 0 1 1
              -----------------------------
              1 0 0 1 1 0 0 1 0 0 0 0 1   결과
              0 1 1 0 0 1 1 0 1 1 1 1 1   2의 보수 변환
            1 0 1 1 0 0 1 1 0 1 1 1 1 1   부호비트 추가
```

(4) 나눗셈 : 피제수(dividend), 제수(divisor), 몫(quotient)으로 정의됨

① **직접 뺄셈 방법** : 나눗셈의 결과인 몫은 피제수에서 제수를 뺄 수 있는 횟수를 의미함

예 8(피제수) ÷ 4(제수) ⇒ 8 - 4(첫 번째 부분 나머지) - 4 = 0 (나머지 0)

② 부분 나눗셈 방법

```
  0 1 1 0 0 1 0 0      ①     0 1 1 0 0 1 0 0
÷ 0 0 0 1 1 0 0 1          + 1 1 1 0 0 1 1 1   2의 보수 덧셈을 이용
-----------------          -----------------
                           1 0 1 0 0 1 0 1 1   캐리는 몫 1이 됨

                       ②     0 1 0 0 1 0 1 1
                           + 1 1 1 0 0 1 1 1
                           -----------------
                           1 0 0 1 1 0 0 1 0   몫 1 + 1 = 2가 됨

                       ③     0 0 1 1 0 0 1 0
                           + 1 1 1 0 0 1 1 1
                           -----------------
                           1 0 0 0 1 1 0 0 1   몫 2 + 1 = 3이 됨

                       ④     0 0 0 1 1 0 0 1
                           + 1 1 1 0 0 1 1 1
                           -----------------
                           1 0 0 0 0 0 0 0 0   몫 3 + 1 = 4(00000100)가 됨
```

몫 : 00000100_2, 나머지 : 00000000

(5) 오버플로우(overflow) 조건

① 두 수를 더할 때 합을 나타내기 위하여 필요한 비트의 수가 두 수의 비트의 수를 초과하게 되면 오버플로우가 발생하여 부호 비트가 틀리게 됨

② 오버플로우는 두 수가 모두 양이거나 음일 때만 발생

③ 결과의 부호 비트가 더해지는 수의 부호 비트와 다를 경우 발생한 것으로 봄

7 16진수

16개의 숫자로 구성되어 2진수를 간단하게 표현할 때 주로 이용됨

(1) 각각의 진수로 변환

① 2진수를 16진수로 변환

```
100 /0101/1111/0011
 4    5    F    3
```

② 16진수를 2진수로 변환

1	/	0	/	D	/	4
0001		0000		1101		0100

③ 16진수를 10진수로 변환

$$EA_{16} = (E \times 16) + (A \times 1) = (14 \times 16) + (10 \times 1) = 234$$

④ 10진수를 16진수로 변환

첫 번째 나눈 나머지가 최하위 숫자가 되고, 이 변환과정에서 몫에 소수부분이 있을 경우 이 소수부분을 제수로 곱해주면 나머지가 됨

$\frac{40}{16} = 2.5$ ⟶ $0.5 \times 16 = 8$ 8 (LSD)

$\frac{2}{16} = 0.125$ ⟶ $0.125 \times 16 = 2$ 2 (MSD)

⇑읽는 방향

28_{16}

나눈 몫이 0일 때 중지함

(2) 16진수의 산술연산

① 16진수의 덧셈

```
  D A
+ A B
-----
1 8 5
```

$A_{16} + B_{16} = 10 + 11 = 21,\ 21 - 16 = 5 = 5_{16}$, 자리올림 1

$D_{16} + A_{16} + 1 = 13 + 10 + 1 = 24,\ 24 - 16 = 8_{16}$, 자리올림 1

② 16진수의 뺄셈

```
  C  3          C  3
-    B   =>  +  F  5
------       ---------
  B  8       1  B  8
```

(1에 X 표시) 2의 보수 덧셈처럼 캐리는 무시

$B_{16} \Rightarrow FF_{16} - B_{16} = F4_{16} \Rightarrow F5_{16}$

방법2 사용

8 8진수

(1) 8진수를 10진수로 변환

가중치 : 8^3 8^2 8^1 8^0
　　　　1　2　3　4

$1234_8 = (1 \times 8^3) + (2 \times 8^2) + (3 \times 8^1) + (4 \times 8^0)$
$= 512 + 128 + 24 + 4 = 668$

(2) 10진수를 8진수로 변환

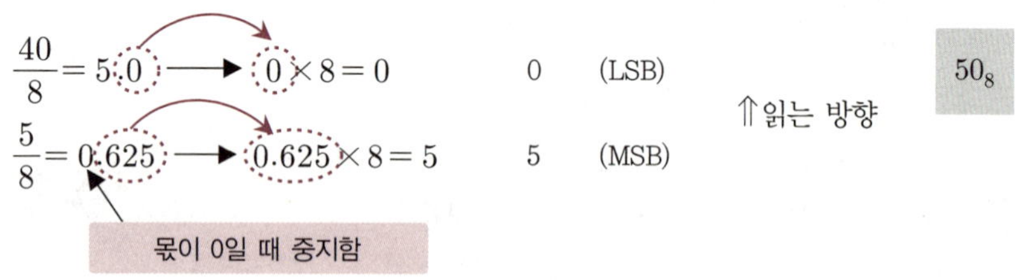

$\frac{40}{8} = 5.0 \rightarrow 0 \times 8 = 0$　　0　(LSB)

$\frac{5}{8} = 0.625 \rightarrow 0.625 \times 8 = 5$　　5　(MSB)

⇑읽는 방향　　50_8

몫이 0일 때 중지함

(3) 8진수를 2진수로 변환

150_8　　1 / 5 / 0
$= 001101000_2$　　001　101　000

(4) 2진수를 8진수로 변환

1110011101011_2　　001 / 110 / 011 / 101 / 011
$= 16353_8$　　1　6　3　5　3

제2절 디지털코드

1 BCD 코드(2진화 10진수, Binary Coded Decimal)

(1) BCD의 종류

① **가중치방식 코드** : 각 자리마다 가중치(자릿값)를 두어 10진 값을 얻게 하는 코드

10진수	8421 코드	6311 코드	5421 코드	5311 코드	5211 코드	51111 코드
0	0000	0000	0000	0000	0000	00000
1	0001	0001	0001	0001	0001	00001
2	0010	0011	0010	0011	0011	00011
3	0011	0100	0011	0100	0101	00111
4	0100	0101	0100	0101	0111	01111
5	0101	0111	0101	1000	1000	10000
6	0110	1000	0110	1001	1001	11000
7	0111	1001	1010	1011	1100	11100
8	1000	1011	1011	1100	1101	11110
9	1001	1100	1100	1101	1111	11111

② **비가중치방식 코드** : 각 자리마다 가중치없이 10진 값을 얻게 하는 코드

10진수	8421 코드(예시)	3초과 코드	그레이 코드	2 out of 5 코드
0	0000	0011	0000	00011
1	0001	0100	0001	00101
2	0010	0101	0011	00110
3	0011	0110	0010	01001
4	0100	0111	0110	01010
5	0101	1000	0111	01100
6	0110	1001	0101	10001
7	0111	1010	0100	10010
8	1000	1011	1100	10100
9	1001	1100	1101	11000

(2) 8421코드 : BCD코드의 일종으로 8421은 4비트의 가중치 2^3, 2^2, 2^1, 2^0을 의미하며, 특별한 언급이 없으면 BCD는 8421코드를 의미하는 것으로 함

(3) BCD의 연산 : BCD는 숫자코드이므로 가감승제 연산이 가능하며, 모두 덧셈 연산을 이용하여 계산할 수 있음

① **단계 1** : 2진수 덧셈 방법을 이용하여 각 4비트별 BCD수를 덧셈을 함

② **단계 2** : 4비트 합의 결과가 9이하이면, 유효한 BCD로 표현함

③ **단계 3** : 4비트 합의 결과가 9를 초과하면 무효코드에 해당되므로, 각 4비트 BCD 합의 결과 0110를 더하며, 만약 앞의 결과에 캐리가 발생하면 다음 4비트 BCD 수에 더함

```
    0110 0111          6 7
  + 0101 0011        + 5 3
---------------     -------
    1011 1010   ⇒    1 2 0
  + 0110 0110
---------------
0001 0010 0000
```

(4) 3초과 코드 : BCD(8421코드)로 표현된 값에 3을 더해준 값의 코드

① **10진수를 3초과 코드로 변환** : 먼저 각 숫자에 3을 더한 후, 2진수로 변환함

879	8 + 3	/	7 + 3	/	9 + 3
= 101110101100	= 11		= 10		= 12
	1011		1010		1100

② **3초과 코드의 연산**

㉠ **단계 1** : 2진수 덧셈 방법과 같은 방법으로 더함

㉡ **단계 2** : 계산 결과의 4비트군에 자리올림(carry)이 없으면 6초과값이 되므로, 3초과값을 만들기 위해 결과에서 0011(3)을 뺌

㉢ **단계 3** : 계산 결과 4비트군에 자리올림이 발생하면 2진수값이 되므로 3초과값을 만들기 위해 결과에 0011(3)을 더해줌

```
  3 6            0110    1001   3초과 코드
+ 2 4          + 0101    0111
------        ----------------------------
  6 0    ⇒       1100    0000
               - 0011   +0011   하위 4비트에서 자리올림 발생
              ----------------
                 1001    0011   3초과 코드 60
```

(5) 그레이코드(Gray code) : 가중치가 없는 코드, 고속 입·출력 장치와 A/D 변환에 이용

① 2진수의 그레이코드 변환

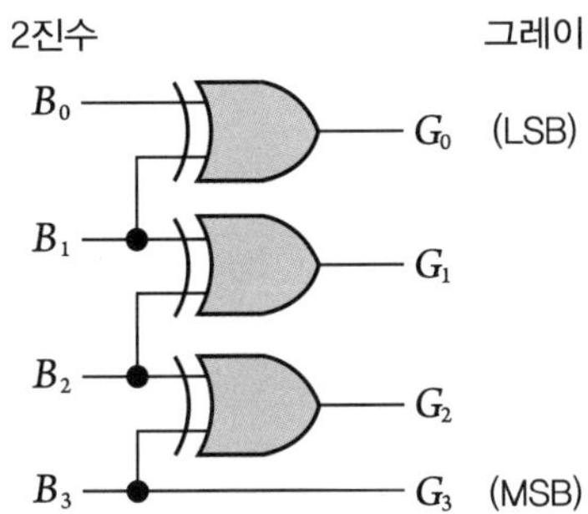

	B_3		B_2		B_1		B_0
1011	1	→ + →	0	→ + →	1	→ + →	1
→ 1110	↓		↓		↓		↓
	1		1		1		0
	G_3		G_2		G_1		G_0

② 그레이코드의 2진수 변환

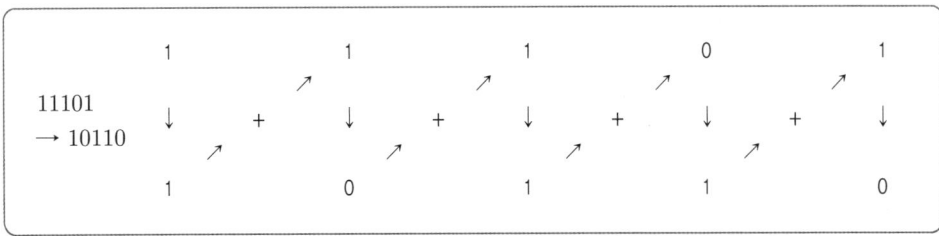

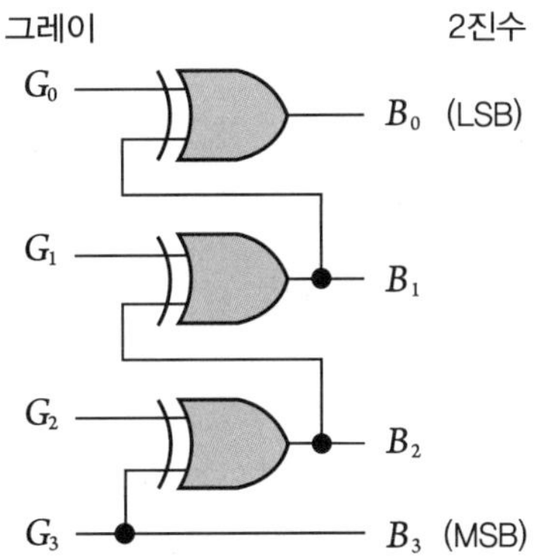

	1		1		1		0		1
		↗		↗		↗		↗	
11101 → 10110	↓	+	↓	+	↓	+	↓	+	↓
		↗		↗		↗		↗	
	1		0		1		1		0

2 영문-숫자코드 : ASCII(American Standard Code for Information Interchange)

ASCII코드는 대부분의 컴퓨터나 디지털 시스템에서 사용되는 코드로, 7비트 표현방식이며 128개의 문자 조합으로 이루어짐

3 오류검출코드

(1) 오류검출을 위한 패리티 비트 방법

짝수 패리티		홀수 패리티	
패리티 비트	2진수	패리티 비트	2진수
0	1010	1	0101
1	1000	1	0011
1	1011	1	1111
0	0101	1	0000
0	0000	1	1100

(2) 순환 덧붙임 검사(CRC : Cyclic Redundancy Check)

디지털 데이터를 컴퓨터 단말기 간 또는 디지털 시스템과 디지털 저장장치(CD, DVD 등) 간에 통신하는 과정에서 1 ~ 2개의 비트 오류를 검출하는 방법으로, 검출 능력이 우수함

(3) 해밍 코드(hamming code) : 오류를 검출, 정정할 수 있는 코드, 짝수 패리티 비트를 사용

[데이터 비트와 패리티 비트와의 관계]

- $2^{p-1}-p+1 \le d \le 2^p-p-1$
  p : 패리티 비트 수($p \ge 2$), d : 데이터 비트 수
  패리티 비트 수 p = 4일 때, $2^{4-1}-4+1 \le d \le 2^4-4-1$이므로 d는 $5 \le d \le 11$임. 즉, 데이터 비트 수가 5 ~ 11개일 때 패리티 비트는 4개가 필요함

비트 위치	1	2	3	4	5	6	7	8	9	10	11	12
기호	P_1	P_2	D_3	P_4	D_5	D_6	D_7	P_8	D_9	D_{10}	D_{11}	D_{12}
P_1 영역	√		√		√		√		√		√	
P_2 영역		√	√			√	√			√	√	
P_4 영역				√	√	√	√					√
P_8 영역								√	√	√	√	√

$$P_1 = D_3 \oplus D_5 \oplus D_7 \oplus D_9 \oplus D_{11}$$
$$P_2 = D_3 \oplus D_6 \oplus D_7 \oplus D_{10} \oplus D_{11}$$
$$P_4 = D_5 \oplus D_6 \oplus D_7 \oplus D_{12}$$
$$P_8 = D_9 \oplus D_{10} \oplus D_{11} \oplus D_{12}$$

제3장 부울대수와 논리게이트

제1절 논리연산과 논리게이트

1 NOT gate

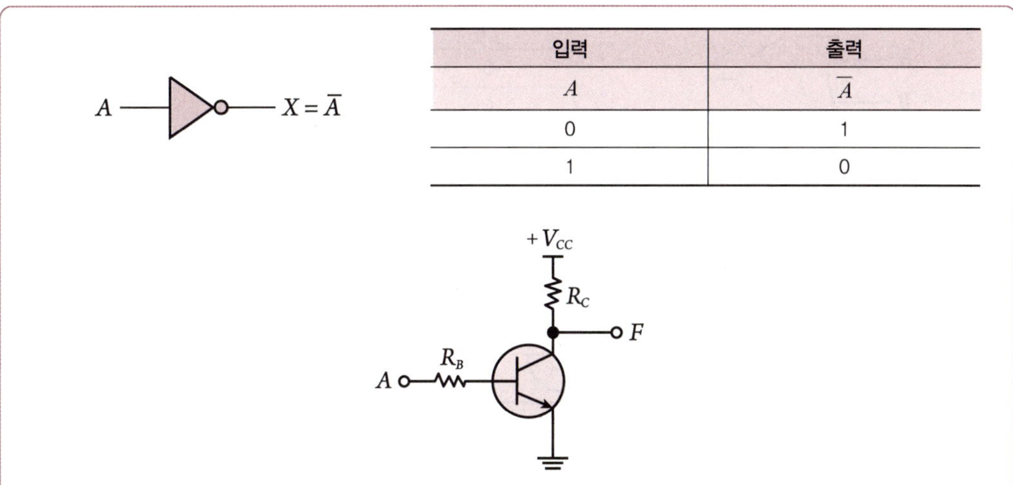

입력	출력
A	$\overline{A}$
0	1
1	0

2 AND gate

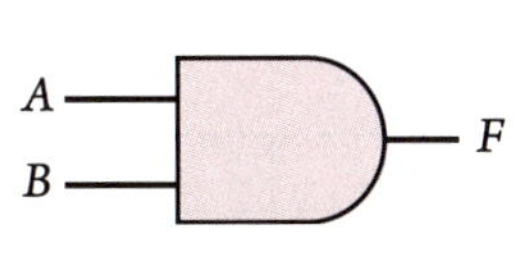

입력		출력
A	B	F
0	0	0
0	1	0
1	0	0
1	1	1

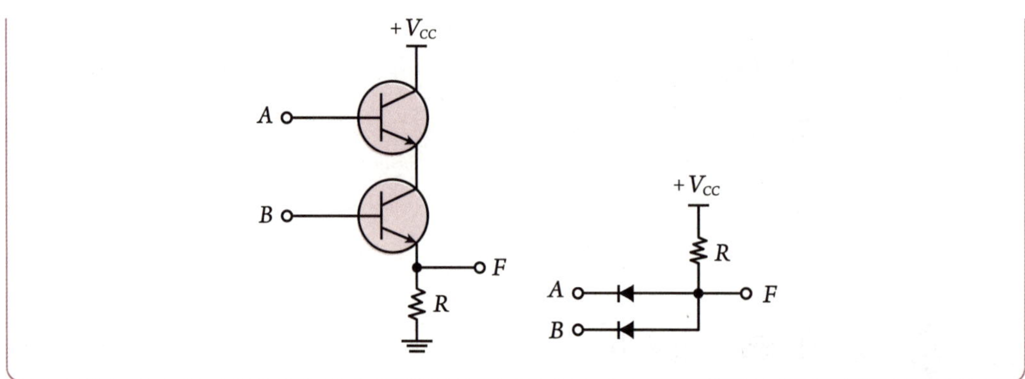

3 OR gate

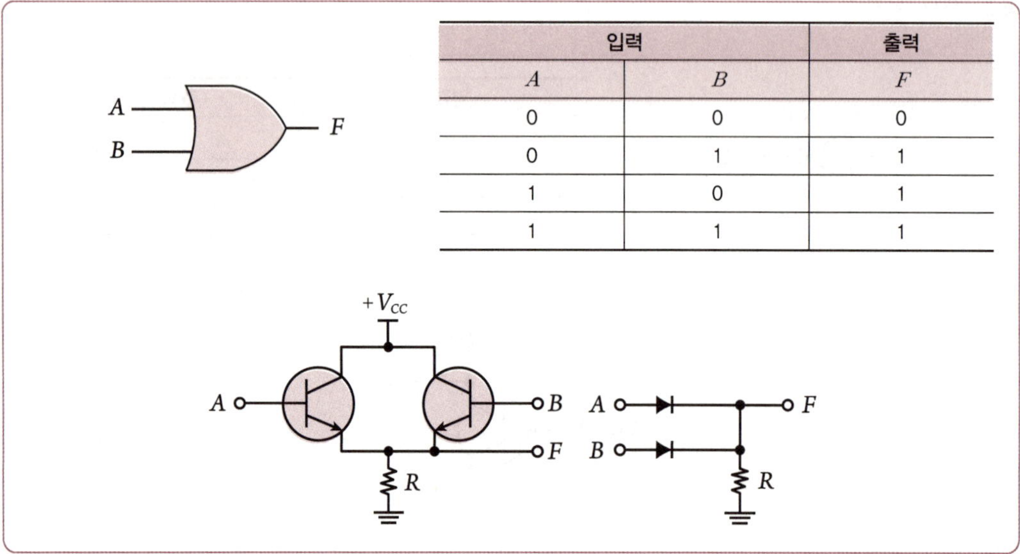

입력		출력
A	*B*	*F*
0	0	0
0	1	1
1	0	1
1	1	1

4 NAND gate

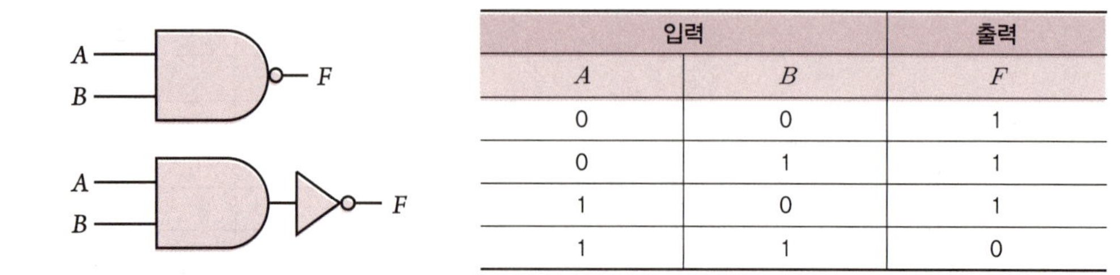

입력		출력
A	*B*	*F*
0	0	1
0	1	1
1	0	1
1	1	0

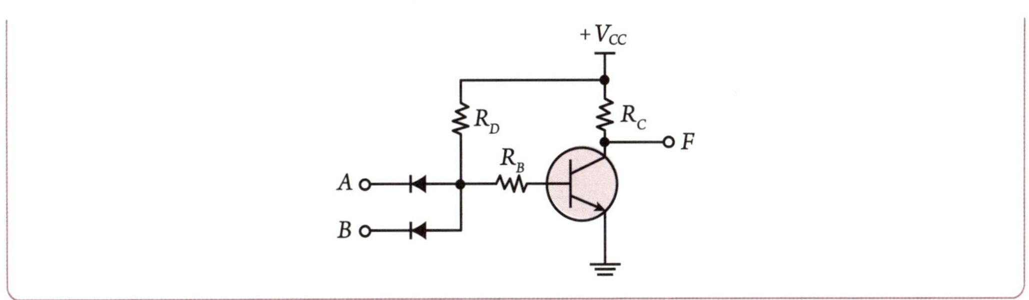

5 NOR gate

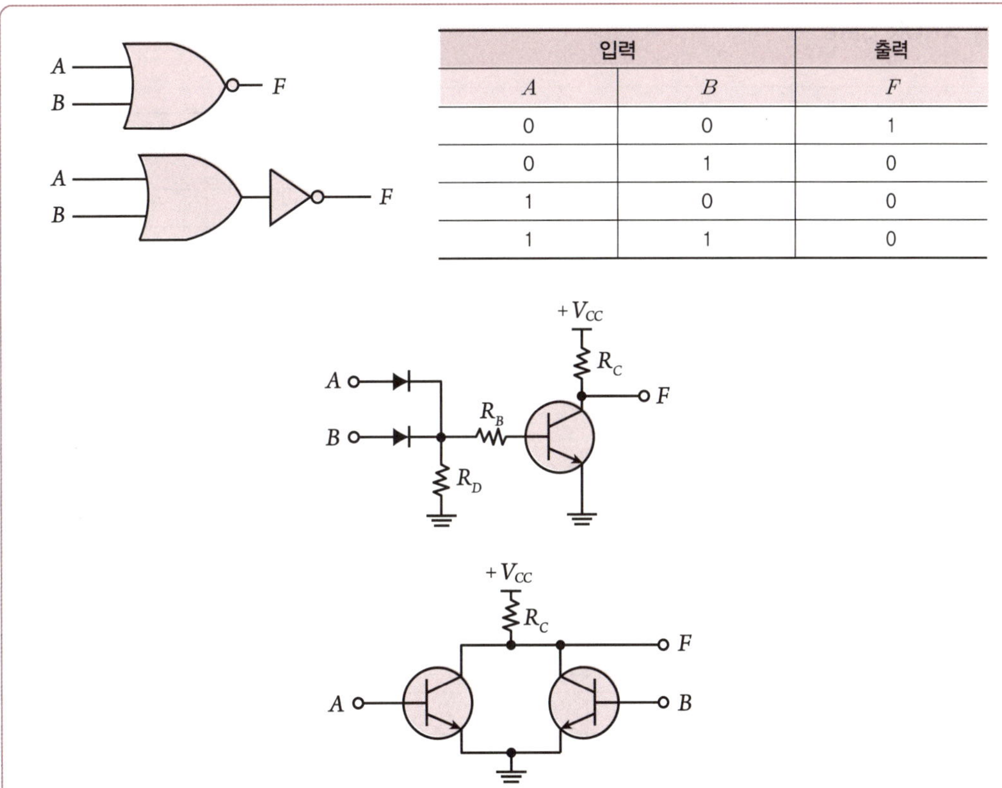

입력		출력
A	*B*	*F*
0	0	1
0	1	0
1	0	0
1	1	0

6 XOR gate

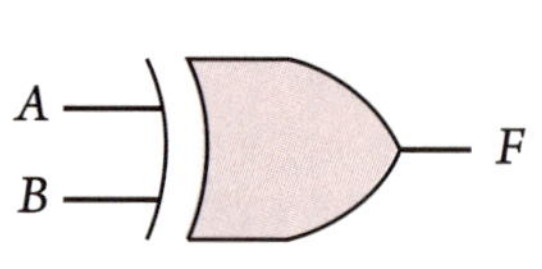

입력		출력
A	B	F
0	0	0
0	1	1
1	0	1
1	1	0

7 XNOR gate

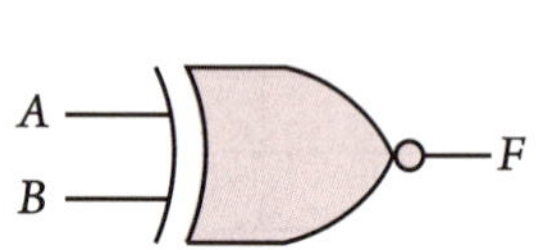

입력		출력
A	B	F
0	0	1
0	1	0
1	0	0
1	1	1

제2절 부울대수

1 부울대수의 기본 규칙

<table>
<tr><td>1</td><td>$A+0=A$</td><td></td><td>12</td><td>$(A+B)+C=A+(B+C)$</td><td rowspan="2">결합법칙</td></tr>
<tr><td>2</td><td>$A+1=1$</td><td></td><td>13</td><td>$A \cdot B=B \cdot A$</td></tr>
<tr><td>3</td><td>$A \cdot 0=0$</td><td></td><td>14</td><td>$A \cdot (B+C)=A \cdot B+A \cdot C$</td><td rowspan="2">분배법칙</td></tr>
<tr><td>4</td><td>$A \cdot 1=A$</td><td></td><td>15</td><td>$A+B \cdot C=(A+B) \cdot (A+C)$</td></tr>
<tr><td>5</td><td>$A+A=A$</td><td></td><td>16</td><td>$\overline{A+B}=\overline{A} \cdot \overline{B}$</td><td rowspan="2">드모르간의 정리</td></tr>
<tr><td>6</td><td>$A+\overline{A}=1$</td><td></td><td>17</td><td>$\overline{A \cdot B}=\overline{A}+\overline{B}$</td></tr>
<tr><td>7</td><td>$A \cdot A=A$</td><td></td><td>18</td><td>$A+A \cdot B=A$</td><td rowspan="2">흡수법칙</td></tr>
<tr><td>8</td><td>$A \cdot \overline{A}=0$</td><td></td><td>19</td><td>$A \cdot (A+B)=A$</td></tr>
<tr><td>9</td><td>$\overline{\overline{A}}=A$</td><td></td><td>20</td><td>$AB+BC+\overline{A}C=AB+\overline{A}C$</td><td rowspan="3">합의 정리</td></tr>
<tr><td>10</td><td>$A+B=B+A$</td><td rowspan="2">교환법칙</td><td rowspan="2">21</td><td rowspan="2">$(A+B)(B+C)(\overline{A}+C)$
$=(A+B)(\overline{A}+C)$</td></tr>
<tr><td>11</td><td>$A \cdot B=B \cdot A$</td></tr>
</table>

$A+A\cdot B=A$ $\quad A+A\cdot B=A\cdot 1+AB=A(1+B)=A\cdot 1=A$

$A+\overline{A}B=A+B$ $\quad A+\overline{A}B=(A+AB)+\overline{A}B=(AA+AB)+\overline{A}B$
$=AA+AB+A\overline{A}+\overline{A}B=(A+\overline{A})(A+B)=1\cdot(A+B)$
$=A+B$

2 드모르간의 정리

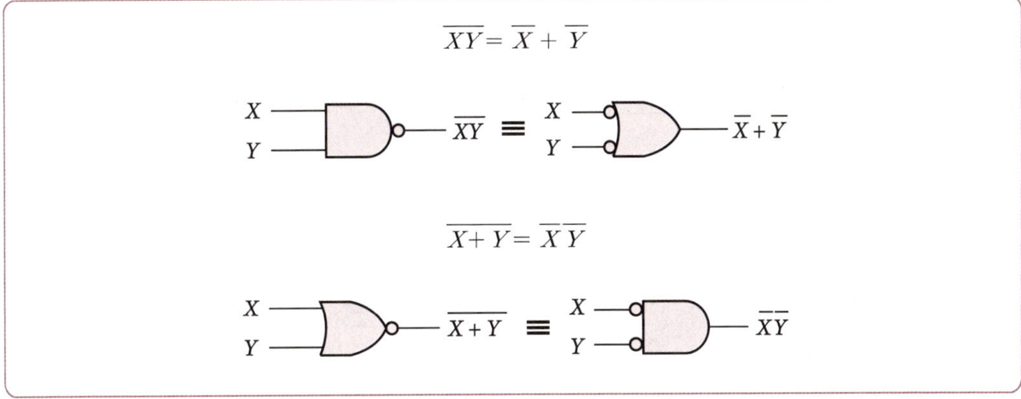

제3절 부울함수의 표준형

1 곱의 합형(SOP : Sum-Of-Product)

곱항은 변수들의 곱으로 구성하는 항으로, 2개 이상의 곱항이 부울 덧셈에 의해 더해질 때 결과식을 곱의 합이라고 함

(1) 2변수 최소항의 표현

입력		최소항	기호	출력	
A	B			F	$\overline{F}$
0	0	$\overline{A}\overline{B}$	m_0	0	1
0	1	$\overline{A}B$	m_1	1	0
1	0	$A\overline{B}$	m_2	0	1
1	1	AB	m_3	1	0

$$F(A,B)=\overline{A}B+AB=m_1+m_3=\sum m(1,3)$$

$$\overline{F}(A,B)=\overline{A}\overline{B}+A\overline{B}=m_0+m_2=\sum m(0,2)$$

(2) 3변수 최소항의 표현

입력			최소항	기호	출력	
A	B	C			F	$\overline{F}$
0	0	0	$\overline{A}\,\overline{B}\,\overline{C}$	m_0	1	0
0	0	1	$\overline{A}\,\overline{B}C$	m_1	1	0
0	1	0	$\overline{A}B\overline{C}$	m_2	0	1
0	1	1	$\overline{A}BC$	m_3	1	0
1	0	0	$A\overline{B}\,\overline{C}$	m_4	0	1
1	0	1	$A\overline{B}C$	m_5	1	0
1	1	0	$AB\overline{C}$	m_6	0	1
1	1	1	ABC	m_7	1	0

$$F(A,B,C)=\sum m(0,1,3,5,7)$$
$$=m_0+m_1+m_3+m_5+m_7$$
$$=\overline{A}\,\overline{B}\,\overline{C}+\overline{A}\,\overline{B}C+\overline{A}BC+A\overline{B}C+ABC$$
$$=\overline{\overline{F}}=\overline{\sum m(2,4,6)}$$
$$=\overline{\overline{A}B\overline{C}+A\overline{B}\,\overline{C}+AB\overline{C}}$$

$$\overline{F}(A,B,C)=\sum m(2,4,6)$$
$$=m_2+m_4+m_6$$
$$=\overline{A}B\overline{C}+A\overline{B}\,\overline{C}+AB\overline{C}$$
$$=\overline{\sum m(0,1,3,5,7)}$$
$$=\overline{\overline{A}\,\overline{B}\,\overline{C}+\overline{A}\,\overline{B}C+\overline{A}BC+A\overline{B}C+ABC}$$

(3) 4변수 최소항의 표현

입력				최소항	기호	출력	
A	B	C	D			F	$\overline{F}$
0	0	0	0	$\overline{A}\,\overline{B}\,\overline{C}\,\overline{D}$	m_0	1	0
0	0	0	1	$\overline{A}\,\overline{B}\,\overline{C}D$	m_1	0	1
0	0	1	0	$\overline{A}\,\overline{B}C\overline{D}$	m_2	0	1
0	0	1	1	$\overline{A}\,\overline{B}CD$	m_3	0	1
0	1	0	0	$\overline{A}B\overline{C}\,\overline{D}$	m_4	1	0
0	1	0	1	$\overline{A}B\overline{C}D$	m_5	0	1
0	1	1	0	$\overline{A}BC\overline{D}$	m_6	0	1
0	1	1	1	$\overline{A}BCD$	m_7	1	0
1	0	0	0	$A\overline{B}\,\overline{C}\,\overline{D}$	m_8	0	1
1	0	0	1	$A\overline{B}\,\overline{C}D$	m_9	0	1
1	0	1	0	$A\overline{B}C\overline{D}$	m_{10}	0	1
1	0	1	1	$A\overline{B}CD$	m_{11}	1	0
1	1	0	0	$AB\overline{C}\,\overline{D}$	m_{12}	0	1
1	1	0	1	$AB\overline{C}D$	m_{13}	0	1
1	1	1	0	$ABC\overline{D}$	m_{14}	0	1
1	1	1	1	$ABCD$	m_{15}	1	0

$$F(A,B,C,D)=\sum m(0,4,7,11,15)$$
$$=m_0+m_4+m_7+m_{11}+m_{15}$$
$$=\overline{A}\,\overline{B}\,\overline{C}\,\overline{D}+\overline{A}B\overline{C}\,\overline{D}+\overline{A}BCD+A\overline{B}CD+ABCD$$
$$=\overline{\overline{F}}=\overline{\sum m(1,2,3,5,6,8,9,10,12,13,14)}$$

$$\overline{F}(A,B,C,D)=\sum m(1,2,3,5,6,8,9,10,12,13,14)$$
$$=m_1+m_2+m_3+m_5+m_6+m_8+m_9+m_{10}+m_{12}$$
$$+m_{13}+m_{14}$$
$$=\overline{A}\,\overline{B}\,\overline{C}D+\overline{A}\,\overline{B}C\overline{D}+\overline{A}\,\overline{B}CD+\overline{A}B\overline{C}D$$
$$+\overline{A}BC\overline{D}+A\overline{B}\,\overline{C}\,\overline{D}+A\overline{B}\,\overline{C}D+A\overline{B}C\overline{D}$$
$$+AB\overline{C}\,\overline{D}+AB\overline{C}D+ABC\overline{D}$$
$$=\overline{\sum m(0,4,7,11,15)}$$

2 합의 곱형(POS : Product-Of-Sum)

(1) 2변수 최대항의 표현

입력		최대항	기호	출력	
A	B			F	$\overline{F}$
0	0	$A+B$	M_0	1	0
0	1	$A+\overline{B}$	M_1	0	1
1	0	$\overline{A}+B$	M_2	1	0
1	1	$\overline{A}+\overline{B}$	M_3	0	1

$$F(A,B) = (A+\overline{B})(\overline{A}+\overline{B}) = M_1 \cdot M_3 = \prod M(1,3)$$

$$\overline{F}(A,B) = (A+B)(\overline{A}+B) = M_0 \cdot M_2 = \prod M(0,2)$$

(2) 3변수 최대항의 표현

입력			최대항	기호	출력	
A	B	C			F	$\overline{F}$
0	0	0	$A+B+C$	M_0	0	1
0	0	1	$A+B+\overline{C}$	M_1	0	1
0	1	0	$A+\overline{B}+C$	M_2	1	0
0	1	1	$A+\overline{B}+\overline{C}$	M_3	0	1
1	0	0	$\overline{A}+B+C$	M_4	1	0
1	0	1	$\overline{A}+B+\overline{C}$	M_5	0	1
1	1	0	$\overline{A}+\overline{B}+C$	M_6	1	0
1	1	1	$\overline{A}+\overline{B}+\overline{C}$	M_7	0	1

$$F(A,B,C) = \prod M(0,1,3,5,7)$$
$$= M_0 \cdot M_1 \cdot M_3 \cdot M_5 \cdot M_7$$
$$= (A+B+C)(A+B+\overline{C})(A+\overline{B}+\overline{C})(\overline{A}+B+\overline{C})(\overline{A}+\overline{B}+\overline{C})$$
$$= \overline{\overline{F}} = \overline{\prod M(2,4,6)}$$

$$\overline{F}(A,B,C) = \prod M(2,4,6)$$
$$= M_2 \cdot M_4 \cdot M_6$$
$$= (A+\overline{B}+C)(\overline{A}+B+C)(\overline{A}+\overline{B}+C)$$
$$= \overline{\prod M(0,1,3,5,7)}$$

(3) 4변수 최대항의 표현

입력				최대항	기호
A	B	C	D		
0	0	0	0	$A+B+C+D$	M_0
0	0	0	1	$A+B+C+\overline{D}$	M_1
0	0	1	0	$A+B+\overline{C}+D$	M_2
0	0	1	1	$A+B+\overline{C}+\overline{D}$	M_3
0	1	0	0	$A+\overline{B}+C+D$	M_4
0	1	0	1	$A+\overline{B}+C+\overline{D}$	M_5
0	1	1	0	$A+\overline{B}+\overline{C}+D$	M_6
0	1	1	1	$A+\overline{B}+\overline{C}+\overline{D}$	M_7

입력				최대항	기호
A	B	C	D		
1	0	0	0	$\overline{A}+B+C+D$	M_8
1	0	0	1	$\overline{A}+B+C+\overline{D}$	M_9
1	0	1	0	$\overline{A}+B+\overline{C}+D$	M_{10}
1	0	1	1	$\overline{A}+B+\overline{C}+\overline{D}$	M_{11}
1	1	0	0	$\overline{A}+\overline{B}+C+D$	M_{12}
1	1	0	1	$\overline{A}+\overline{B}+C+\overline{D}$	M_{13}
1	1	1	0	$\overline{A}+\overline{B}+\overline{C}+D$	M_{14}
1	1	1	1	$\overline{A}+\overline{B}+\overline{C}+\overline{D}$	M_{15}

제4절 집적회로

1 논리 패밀리

디지털 논리회로의 세가지 패밀리는 CMOS(Complementary Metal Oxide Semiconductor), 바이폴라(TTL : Transistor-Transistor Logic), BiCMOS이다.

TTL과 CMOS 특성 비교	
TTL	CMOS
• 전파지연시간이 짧음 • 소비전력이 큼 • 잡음여유도가 작음 • 온도에 따라 threshold 전압을 크게 함	• 소비전력이 작음 • 낮은 전압에서 동작함 • 잡음여유도가 큼 • 구조가 간단, 집적화가 쉬움 • 전원전압 범위가 넓음 • 정전 파괴가 쉬움

2 IC 패키지

(1) 패키징 방식에 따른 IC 칩의 종류

① 듀얼 인-라인 패키지(Dual In-line Package : DIP)
② 표면장착 기술(Surface-Mount Technology : SMT)

(2) 회로 집적도에 따른 IC 분류

① **소규모 집적회로(SSI : Small Scale IC)** : NAND, NOR, AND, OR, NOT회로를 구현
② **중규모 집적회로(MSI : Medium Scale IC)**: 덧셈기, 레지스터, 카운터, 해독기, 멀티플렉서, 조합/순서논리회로 포함
③ **대규모 집적회로(LSI : Large Scale IC)** : 8비트-Microprocessor, 반도체기억장치 등
④ **초대규모 집적회로(VLSI : Very Large Scale IC)** : 16비트이상의 Microprocessor, 대용량 반도체 기억장치 등
⑤ **극초대규모 집적회로(ULSI : Ultra Large Scale IC)** : 32비트이상의 Microprocessor

3 논리 IC의 전기적 특성

① **전파지연시간** : 신호가 입력되고 출력될 때까지의 시간을 말하고, 게이트의 동작속도를 나타냄
② **전력소모** : 게이트가 동작할 때 소모되는 전력량을 말함
③ **잡음여유도** : 디지털회로에서 데이터의 값에 변경을 주지 않는 범위 내에서 최대로 허용된 잡음마진을 나타냄
④ **팬아웃** : 한 게이트의 출력으로부터 다른 여러 개의 입력으로 공급되는 전류를 말하며, 정상적인 동작으로 한 출력이 최대 몇 개의 입력으로 연결되는가를 나타냄

제4장 부울함수의 간소화 및 구현

제1절 부울함수의 간략화

부울대수 법칙을 이용한 논리식의 간소화 : 부울대수의 기본 법칙과 규칙을 이용

1 표준 SOP를 표준 POS로 변환

① **단계1** : SOP식의 각 곱항에 나타나는 2진수를 계산
② **단계2** : 단계1의 계산에서 포함되지 않는 모든 2진수를 구함
③ **단계3** : 단계2의 각 2진수에 대해 등가의 합항을 구하고 POS형태로 표현

2 표준 POS를 표준 SOP로 변환

① **단계1** : POS식의 각 합항에 나타나는 2진수를 계산함. 즉, 표준 POS로 표현된 2진수 값은 0이고, 이때 표현되지 않은 수는 1로 채워지므로, 표준 SOP식에서 표현됨
② **단계2** : 단계1의 계산에서 포함되지 않는 모든 2진수를 구함
③ **단계3** : 단계2의 각 2진수에 대해 등가의 곱항을 구하고 SOP형태로 표현

3 SOP식의 진리표로의 변환

① **단계1** : 부울대수식에 나타난 변수들의 가능한 모든 2진수 값을 나열
② **단계2** : SOP의 비표준 형태는 표준 형태로 변환
③ **단계3** : 표준 SOP식을 1로 만드는 2진수 값의 출력을 1로 정하고, 그 외는 0으로 함

4 POS식의 진리표로의 변환

① **단계1** : 부울대수식에 나타난 변수들의 가능한 모든 2진수 값을 나열
② **단계2** : POS의 비표준 형태는 표준 형태로 변환
③ **단계3** : 표준 POS식을 0으로 만드는 2진수 값의 출력을 0으로 정하고, 그 외는 1로 함

5 진리표로부터 표준식의 유도

입력변수				F	SOP항	POS항
A	B	C	D			
0	0	0	0	0		$A+B+C+D$
0	0	0	1	0		$A+B+C+\overline{D}$
0	0	1	0	0		$A+B+\overline{C}+D$
0	0	1	1	1	$\overline{A}\overline{B}CD$	
0	1	0	0	1	$\overline{A}B\overline{C}\overline{D}$	
0	1	0	1	1	$\overline{A}B\overline{C}D$	
0	1	1	0	1	$\overline{A}BC\overline{D}$	
0	1	1	1	0		$A+\overline{B}+\overline{C}+\overline{D}$
1	0	0	0	0		$\overline{A}+B+C+D$
1	0	0	1	0		$\overline{A}+B+C+\overline{D}$
1	0	1	0	0		$\overline{A}+B+\overline{C}+D$
1	0	1	1	1	$A\overline{B}CD$	
1	1	0	0	0		$\overline{A}+\overline{B}+C+D$
1	1	0	1	1	$AB\overline{C}D$	
1	1	1	0	1	$ABC\overline{D}$	
1	1	1	1	1	$ABCD$	

$$F=\overline{A}\overline{B}CD+\overline{A}B\overline{C}\overline{D}+\overline{A}B\overline{C}D+\overline{A}BC\overline{D}+A\overline{B}CD+AB\overline{C}D+ABC\overline{D}+ABCD$$

$$\overline{F}=(A+B+C+D)(A+B+C+\overline{D})(A+B+\overline{C}+D)(A+\overline{B}+\overline{C}+\overline{D})$$
$$(\overline{A}+B+C+D)(\overline{A}+B+C+\overline{D})(\overline{A}+B+\overline{C}+D)(\overline{A}+\overline{B}+C+D)$$

제2절 도표방법

1 진리표로부터의 카르노맵 작성

(1) 2변수 카르노맵

입력		최소항	기호	출력
A	B			
0	0	$\overline{A}\,\overline{B}$	m_0	0
0	1	$\overline{A}B$	m_1	1
1	0	$A\overline{B}$	m_2	0
1	1	AB	m_3	1

B \ A	0	1
0	0	0
1	1	1

$$F(A,B) = \overline{A}B + AB$$
$$= m_1 + m_3$$
$$= \sum m(1,3)$$

(2) 3변수 카르노맵

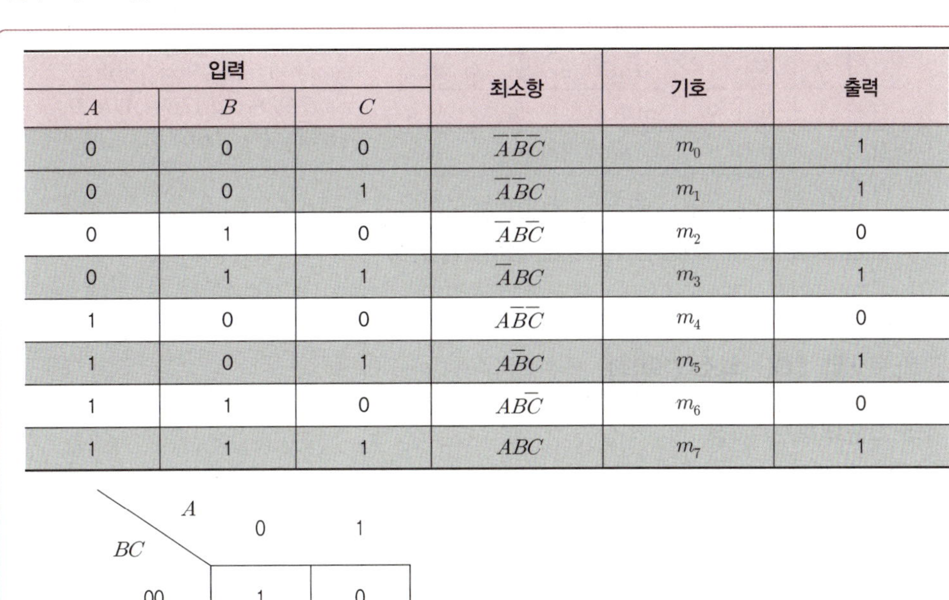

입력			최소항	기호	출력
A	B	C			
0	0	0	$\overline{A}\,\overline{B}\,\overline{C}$	m_0	1
0	0	1	$\overline{A}\,\overline{B}C$	m_1	1
0	1	0	$\overline{A}B\overline{C}$	m_2	0
0	1	1	$\overline{A}BC$	m_3	1
1	0	0	$A\overline{B}\,\overline{C}$	m_4	0
1	0	1	$A\overline{B}C$	m_5	1
1	1	0	$AB\overline{C}$	m_6	0
1	1	1	ABC	m_7	1

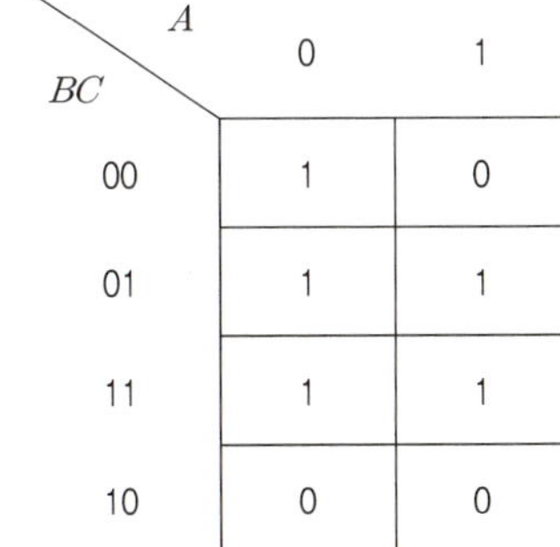

$$F(A,B,C) = \sum m(0,1,3,5,7)$$
$$= m_0 + m_1 + m_3 + m_5 + m_7$$
$$= \overline{A}\,\overline{B}\,\overline{C} + \overline{A}\,\overline{B}C + \overline{A}BC + A\overline{B}C + ABC$$

(3) 4변수 카르노맵

입력				최소항	기호	출력
A	B	C	D			
0	0	0	0	$\overline{A}\,\overline{B}\,\overline{C}\,\overline{D}$	m_0	1
0	0	0	1	$\overline{A}\,\overline{B}\,\overline{C}D$	m_1	0
0	0	1	0	$\overline{A}\,\overline{B}C\overline{D}$	m_2	0
0	0	1	1	$\overline{A}\,\overline{B}CD$	m_3	0
0	1	0	0	$\overline{A}B\overline{C}\,\overline{D}$	m_4	1
0	1	0	1	$\overline{A}B\overline{C}D$	m_5	0
0	1	1	0	$\overline{A}BC\overline{D}$	m_6	0
0	1	1	1	$\overline{A}BCD$	m_7	1
1	0	0	0	$A\overline{B}\,\overline{C}\,\overline{D}$	m_8	0
1	0	0	1	$A\overline{B}\,\overline{C}D$	m_9	0
1	0	1	0	$A\overline{B}C\overline{D}$	m_{10}	0
1	0	1	1	$A\overline{B}CD$	m_{11}	1
1	1	0	0	$AB\overline{C}\,\overline{D}$	m_{12}	0
1	1	0	1	$AB\overline{C}D$	m_{13}	0
1	1	1	0	$ABC\overline{D}$	m_{14}	0
1	1	1	1	$ABCD$	m_{15}	1

AB \ CD	00	01	11	10
00	1	0	0	0
01	1	0	1	0
11	0	0	1	0
10	0	0	1	0

$$F(A,B,C,D) = \sum m(0,4,7,11,15)$$
$$= m_0 + m_4 + m_7 + m_{11} + m_{15}$$
$$= \overline{A}\,\overline{B}\,\overline{C}\,\overline{D} + \overline{A}B\overline{C}\,\overline{D} + \overline{A}BCD$$
$$+ A\overline{B}CD + ABCD$$

2 카르노맵 SOP 최소(간략)화

(1) 1의 그룹화(묶는) 과정

① 출력이 같은 항을 1, 2, 4, 8, 16개로 그룹을 지어 묶음
② 바로 이웃한 항들끼리 묶음
③ 반드시 직사각형이나 정사각형의 형태로 묶어야 함
④ 최대한 크게 묶음
⑤ 중복하여 묶어서 간소화된다면 중복하여 묶음
⑥ 무관항의 경우 간소화될 수 있으면 묶어주고, 그렇지 않으면 묶지 않음

(2) 맵으로부터 최소 SOP식의 결정

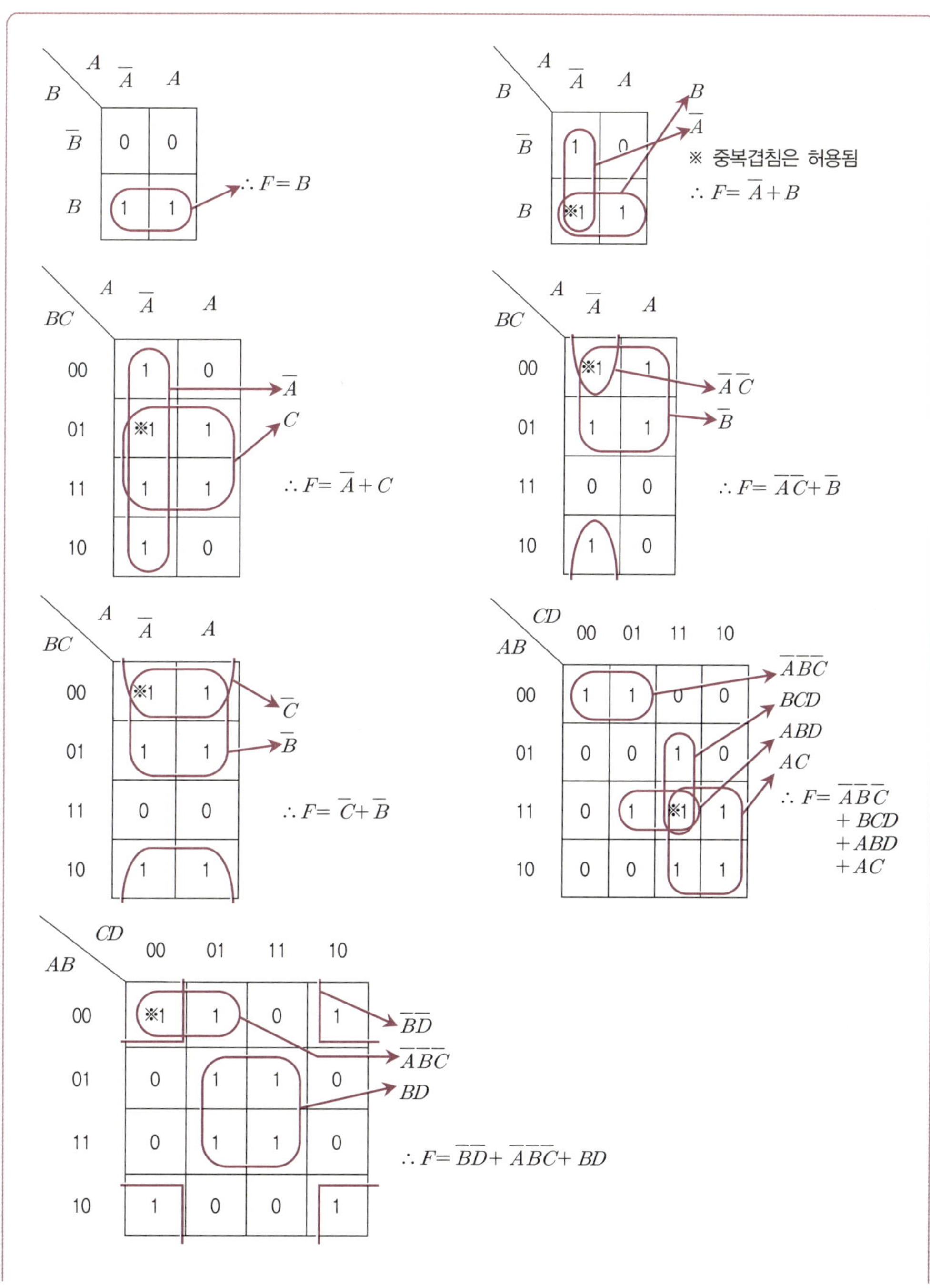

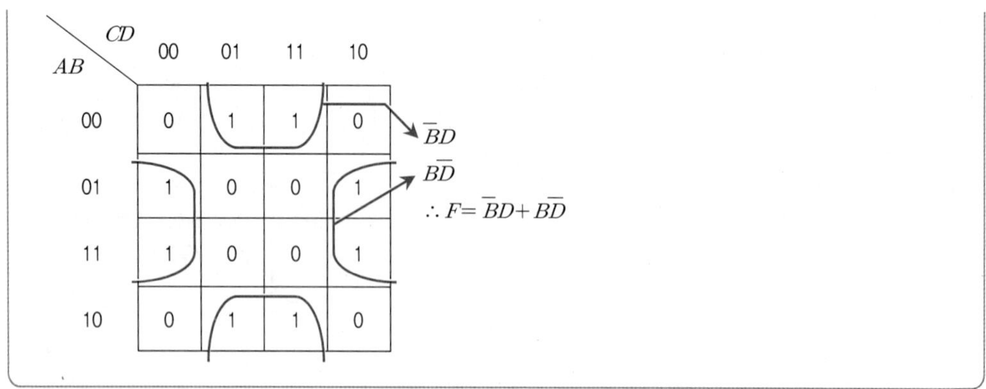

CD
AB
00 01 11 10
00 0 1 1 0
01 1 0 0 1
11 1 0 0 1
10 0 1 1 0
$\overline{B}D$
$B\overline{D}$
$\therefore F=\overline{B}D+B\overline{D}$

(3) 무정의(Don't care) 조건 : 1을 그룹화할 때 더 큰 그룹을 만들기 위해 무정의항인 'X'를 1로 취급할 수 있으며, 도움이 되지 않으면 0으로 취급함

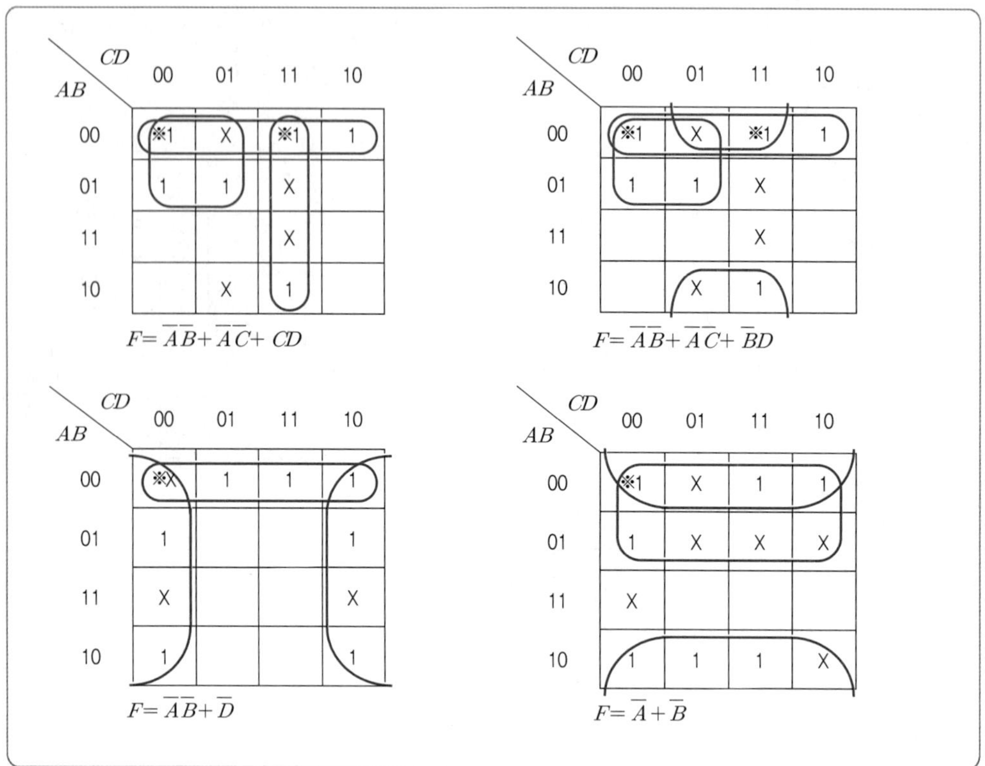

(4) 선택적 카르노맵 작성

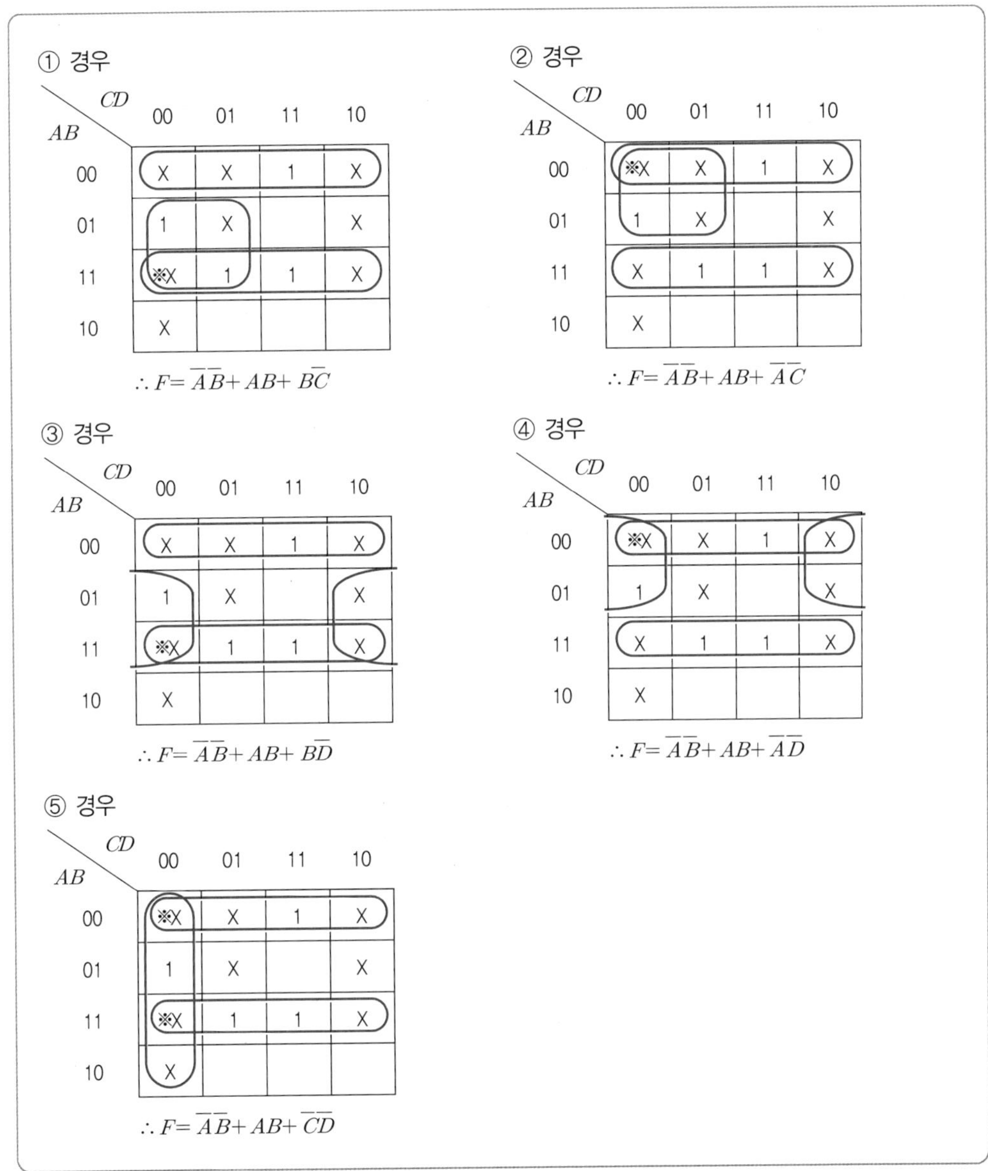
① 경우
$\therefore F = \overline{A}\overline{B} + AB + B\overline{C}$
② 경우
$\therefore F = \overline{A}\overline{B} + AB + \overline{A}\overline{C}$
③ 경우
$\therefore F = \overline{A}\overline{B} + AB + B\overline{D}$
④ 경우
$\therefore F = \overline{A}\overline{B} + AB + \overline{A}\overline{D}$
⑤ 경우
$\therefore F = \overline{A}\overline{B} + AB + \overline{C}\overline{D}$

제3절 NAND게이트와 NOR게이트로의 변환

1 드모르간의 정리를 이용한 NAND와 NOR 식의 변환

기본게이트	드모르간의 정리를 이용한 식 표현
NOT	$\overline{A}=\overline{A+A}=\overline{A\cdot A}$
AND	$AB=\overline{\overline{AB}}=\overline{\overline{A}+\overline{B}}$
OR	$A+B=\overline{\overline{A+B}}=\overline{\overline{A}\cdot\overline{B}}$
NAND	$\overline{AB}=\overline{\overline{\overline{AB}}}=\overline{\overline{\overline{A}+\overline{B}}}$
NOR	$\overline{A+B}=\overline{\overline{\overline{A+B}}}=\overline{\overline{\overline{A}\cdot\overline{B}}}$
XOR	$\overline{A}B+A\overline{B}=\overline{\overline{\overline{A}B+A\overline{B}}}=\overline{\overline{\overline{A}B}\cdot\overline{A\overline{B}}}=\overline{(\overline{\overline{A}}+\overline{B})(\overline{A}+\overline{\overline{B}})}=\overline{(A+\overline{B})(\overline{A}+B)}$ $=\overline{(A+\overline{B})}+\overline{(\overline{A}+B)}=\overline{\overline{\overline{(A+\overline{B})}+\overline{(\overline{A}+B)}}}$

2 기본 게이트의 NAND와 NOR 게이트 변환

(1) NOT게이트

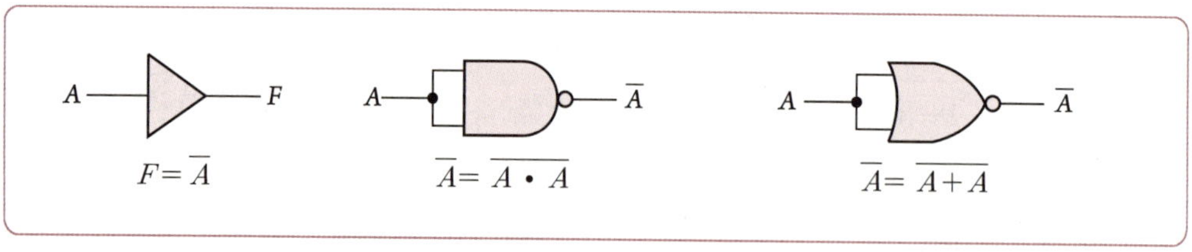

$F=\overline{A}$ $\overline{A}=\overline{A\cdot A}$ $\overline{A}=\overline{A+A}$

(2) AND게이트

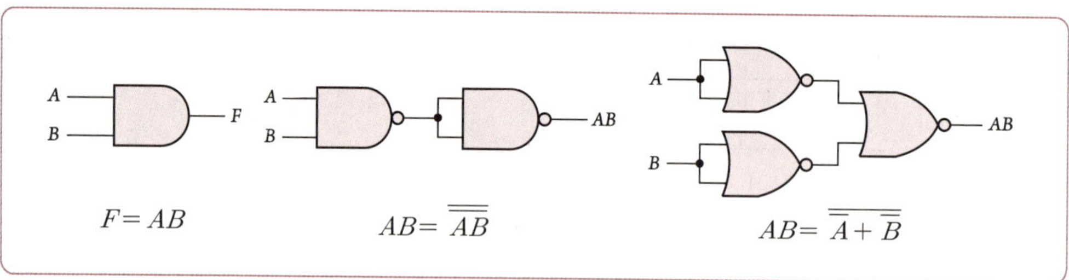

(3) OR게이트

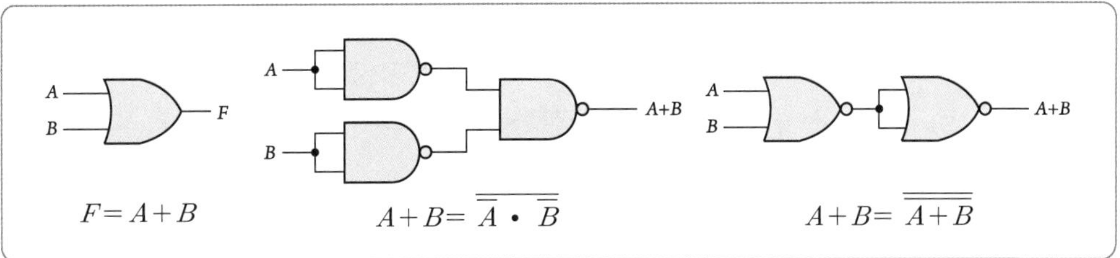

(4) NAND게이트

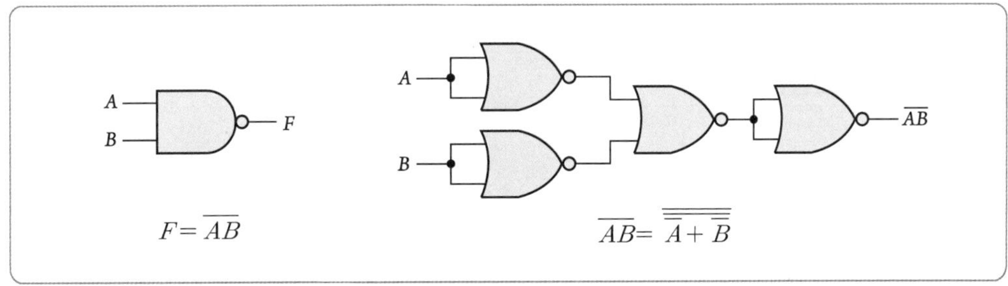

(5) NOR게이트

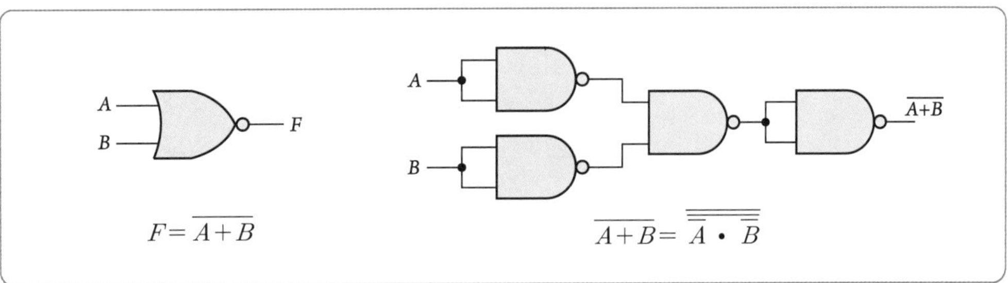

(6) XOR게이트

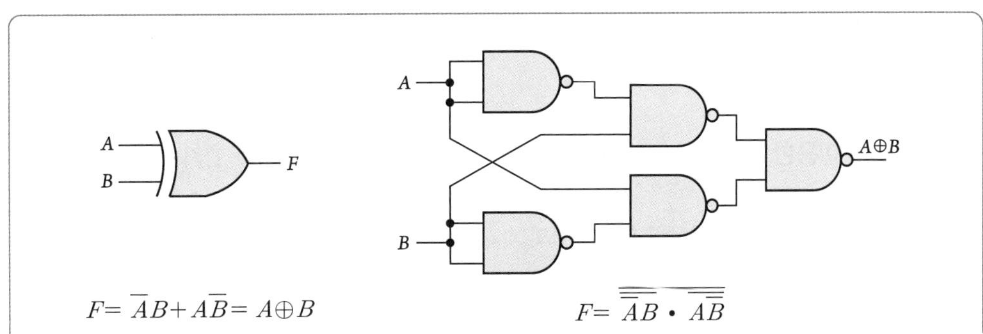

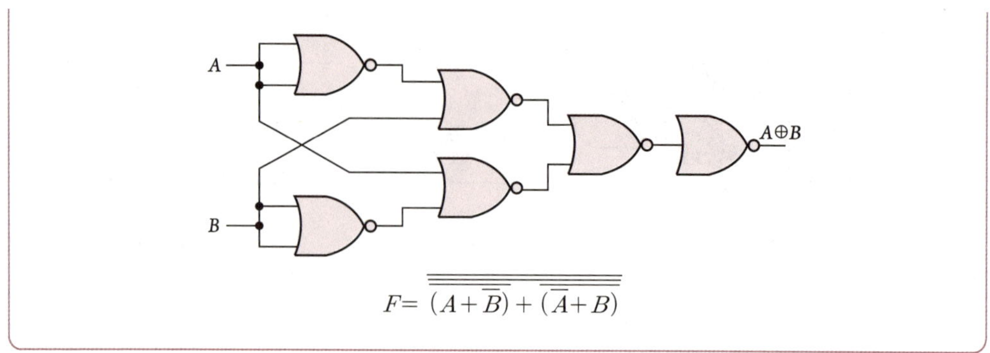

제5장 조합논리회로

제1절 조합논리회로의 개요

[조합논리회로의 기본구조]

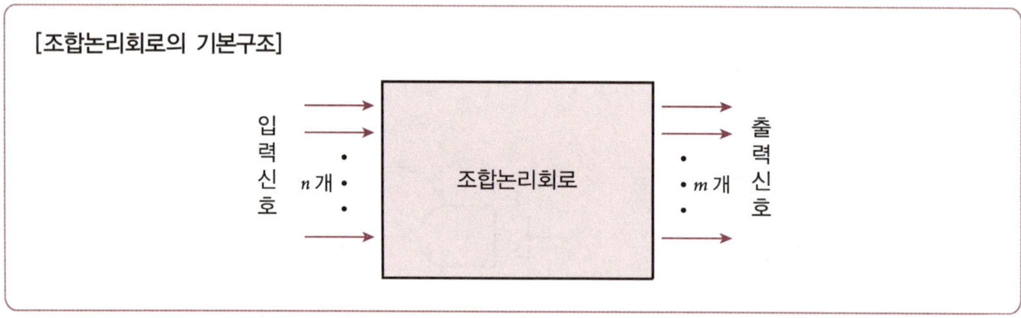

제2절 조합논리회로의 분석과 설계

1 조합논리회로의 분석방법

(1) **부울대수식을 이용한 분석**: 모든 부울대수식은 논리회로로 표현되고, 모든 논리회로는 부울대수식으로 표현됨

(2) **진리표를 이용한 분석**: 각 게이트의 출력값을 단계적으로 구하여 최종 출력을 결정

(3) **입·출력 신호 파형을 이용한 분석**: 임의의 시간에서 논리회로의 출력은 그 시간에서의 입력에 따라 결정되므로, 시간에 따라 변하는 입력의 상호관계는 매우 중요함

2 조합논리회로의 설계

(1) 조합논리회로 설계의 목표

① 설계 시 게이트의 사용개수를 최소로 하여 소비되는 경제적 비용을 최소로 할 수 있음
② 간단한 회로를 설계하여 기판공간면적을 최소화할 수 있음
③ 공간을 최소로 하면 적은 수의 단계를 거치도록 설계하여 전송지연을 최소화하여 고속으로 동작시킬 수 있음

(2) 조합논리회로 설계 절차

① 설계자가 구현하고자 하는 기능을 블록도 같은 개념으로 표현하고, 입력 및 출력 변수를 결정
② 입·출력 관계를 분석하여 진리표를 작성
③ 카르노맵을 이용하여 간략화된 부울식을 유도
④ 유도된 식으로 회로를 구성

제3절 기본 연산회로

1 가산기

(1) 반가산기(Half-Adder)

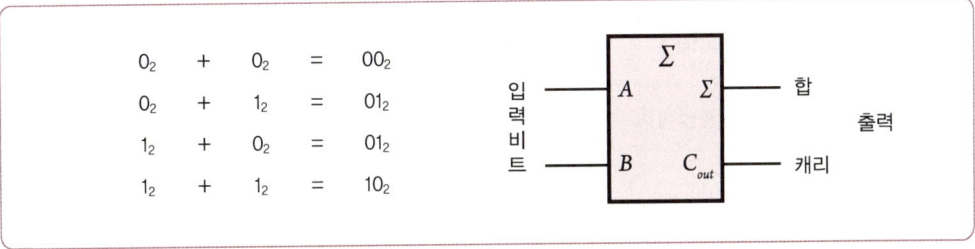

$0_2 + 0_2 = 00_2$
$0_2 + 1_2 = 01_2$
$1_2 + 0_2 = 01_2$
$1_2 + 1_2 = 10_2$

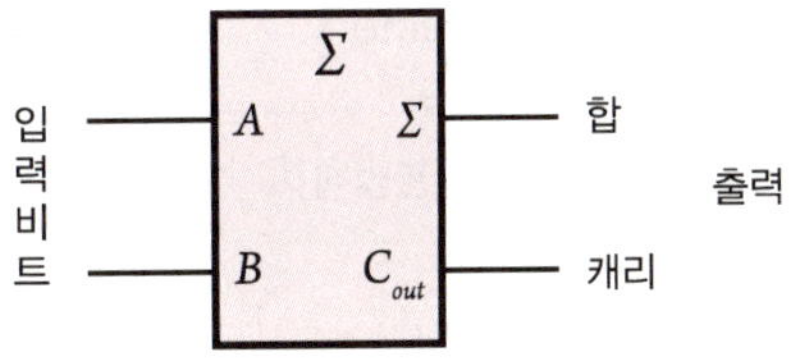

입력		출력	
A	B	Carry	Sum
0	0	0	0
0	1	0	1
1	0	0	1
1	1	1	0

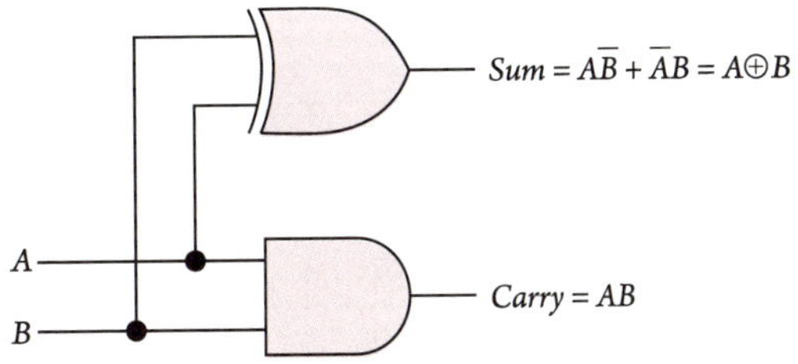

(2) 전가산기(Full-Adder)

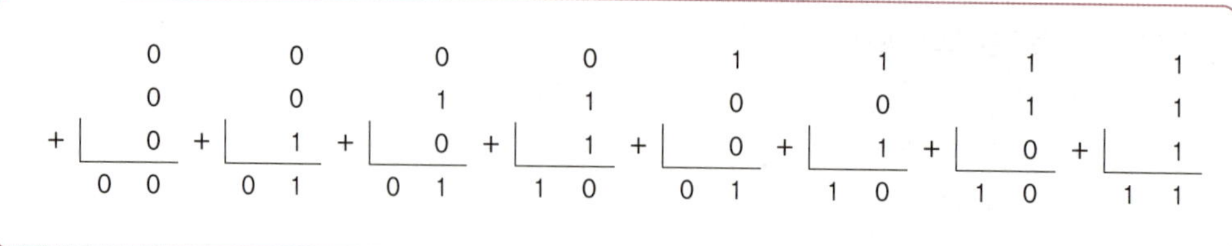

입력			출력	
A	B	C_{in}	C_{out}	Sum
0	0	0	0	0
0	0	1	0	1
0	1	0	0	1
0	1	1	1	0
1	0	0	0	1
1	0	1	1	0
1	1	0	1	0
1	1	1	1	1

2 감산기

(1) 반감산기(Half-Subtracter)

[반감산기의 뺄셈 기본법칙]

$0_2 - 0_2 = 00_2$

$0_2 - 1_2 = 11_2$

$1_2 - 0_2 = 01_2$

$1_2 - 1_2 = 00_2$

입력		출력	
A	B	B_0	D
0	0	0	0
0	1	1	1
1	0	0	1
1	1	0	0

(2) 전감산기(Full-Subtracter)

[전감산기의 뺄셈 기본법칙]

0	0	0	0	1	1	1	1
0	0	1	1	0	0	1	1
− 0	− 1	− 0	− 1	− 0	− 1	− 0	− 1
0 0	1 1	1 1	1 0	0 1	0 0	0 0	1 1

입력			출력	
A	B	B_i	B_o	D
0	0	0	0	0
0	0	1	1	1
0	1	0	1	1
0	1	1	1	0
1	0	0	0	1
1	0	1	0	0
1	1	0	0	0
1	1	1	1	1

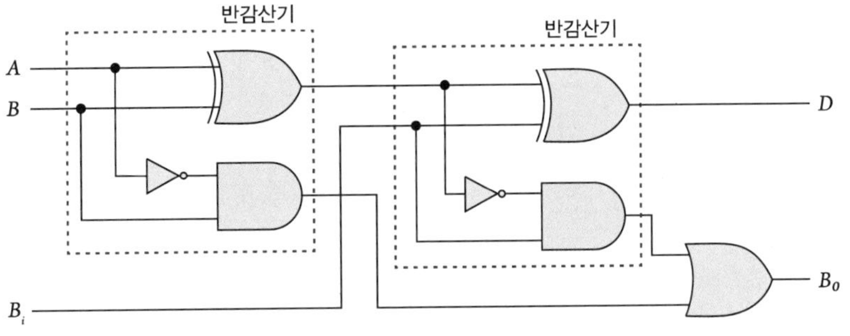

제4절 여러 가지 조합논리회로

1 비교기(Comparator)

두 개의 2진수 값의 크고 작음을 결정, XNOR을 이용하여 판정함

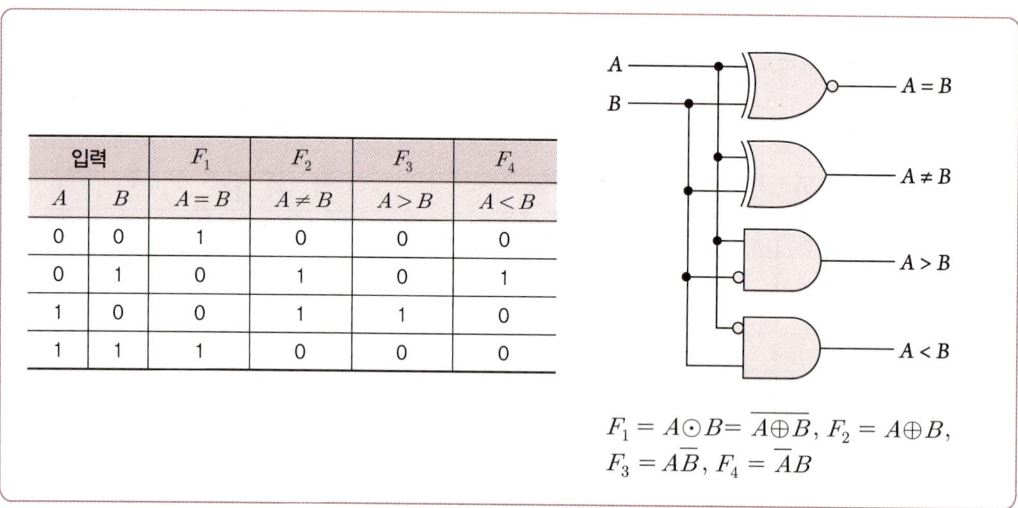

입력		F_1	F_2	F_3	F_4
A	B	$A=B$	$A \neq B$	$A>B$	$A<B$
0	0	1	0	0	0
0	1	0	1	0	1
1	0	0	1	1	0
1	1	1	0	0	0

$F_1 = A \odot B = \overline{A \oplus B}$, $F_2 = A \oplus B$,
$F_3 = A\overline{B}$, $F_4 = \overline{A}B$

2 디코더(Decoder)

2진 코드를 숫자나 문자로 변환해주는 회로로, 디코더는 n비트를 처리하기 위해 n개의 입력선과 $1 \sim 2^n$개의 출력선을 가짐

(1) 기본적인 2비트 디코더

① 1×2 디코더

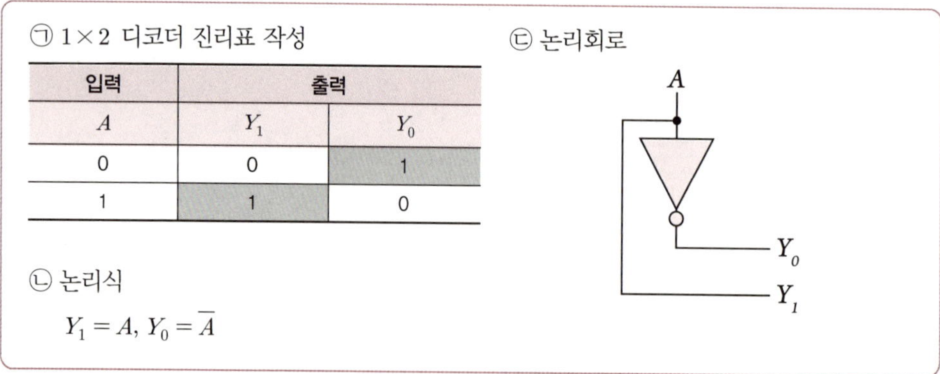

㉠ 1×2 디코더 진리표 작성

입력	출력	
A	Y_1	Y_0
0	0	1
1	1	0

㉡ 논리식

$Y_1 = A$, $Y_0 = \overline{A}$

㉢ 논리회로

② 2×4 **디코더** : 2비트 2진수의 값을 4개로 나눠 출력하여 2진수 코드를 복호화함

㉠ 2×4 디코더 진리표

입력		출력			
B	A	Y_3	Y_2	Y_1	Y_0
0	0	0	0	0	1
0	1	0	0	1	0
1	0	0	1	0	0
1	1	1	0	0	0

㉡ 논리식

$Y_0 = \overline{B}\,\overline{A}$, $Y_1 = \overline{B}A$,

$Y_2 = B\overline{A}$, $Y_3 = BA$

㉢ 논리회로

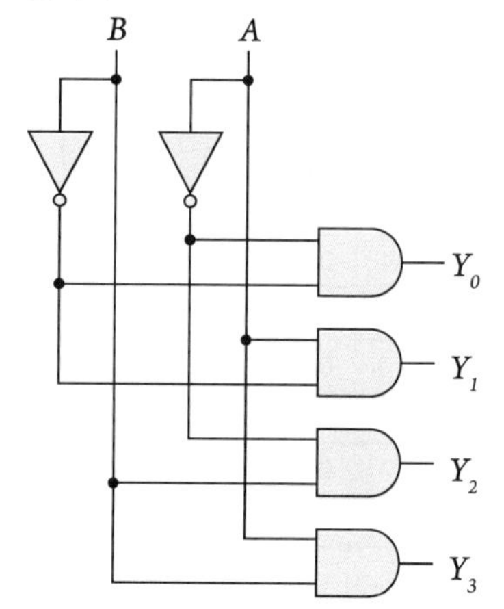

③ 2×4 **NAND 디코더** : 실제 IC(74139)로 제작된 2×4디코더는 NAND게이트로 구성

㉠ 2×4 NAND 디코더 진리표

입력		출력			
B	A	Y_3	Y_2	Y_1	Y_0
0	0	1	1	1	0
0	1	1	1	0	1
1	0	1	0	1	1
1	1	0	1	1	1

㉡ 논리식

$Y_0 = \overline{\overline{B}\,\overline{A}}$, $Y_1 = \overline{\overline{B}A}$,

$Y_2 = \overline{B\overline{A}}$, $Y_3 = \overline{BA}$

㉢ 논리회로

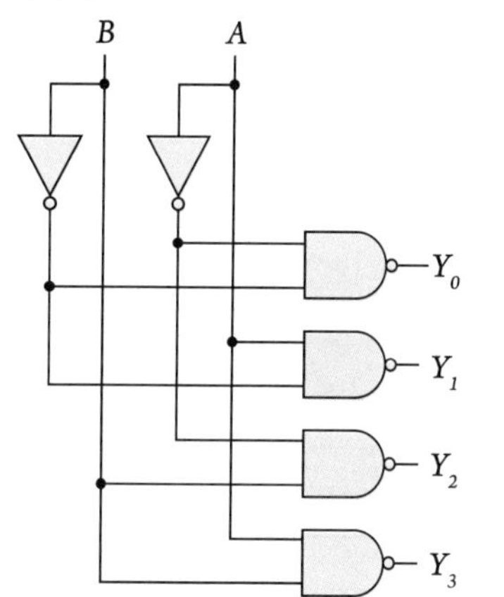

(2) 3×8 디코더

① 진리표 작성

입력			출력							
C	B	A	Y_7	Y_6	Y_5	Y_4	Y_3	Y_2	Y_1	Y_0
0	0	0	0	0	0	0	0	0	0	1
0	0	1	0	0	0	0	0	0	1	0
0	1	0	0	0	0	0	0	1	0	0
0	1	1	0	0	0	0	1	0	0	0
1	0	0	0	0	0	1	0	0	0	0
1	0	1	0	0	1	0	0	0	0	0
1	1	0	0	1	0	0	0	0	0	0
1	1	1	1	0	0	0	0	0	0	0

② 논리식

$Y_0 = \overline{C}\,\overline{B}\,\overline{A},\ Y_1 = \overline{C}\,\overline{B}A,\ Y_2 = \overline{C}B\overline{A},$

$Y_3 = \overline{C}BA,\ Y_4 = C\overline{B}\,\overline{A},\ Y_5 = C\overline{B}A,$

$Y_6 = CB\overline{A},\ Y_7 = CBA$

③ 논리회로

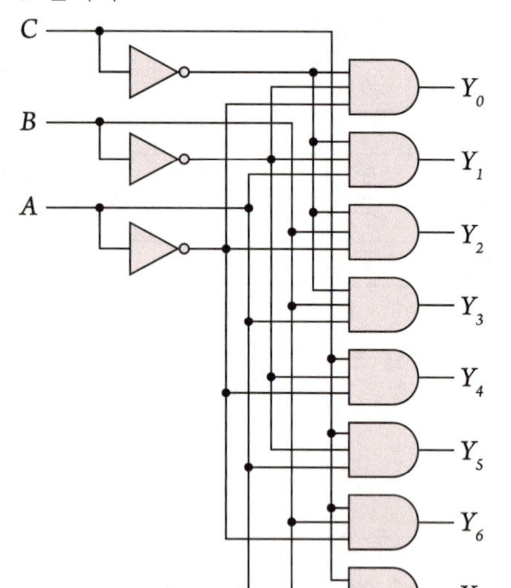

3 인코더(Encoder)

인코더는 디코더의 기능을 역으로 수행하는 조합논리회로로, 신호 2^n개를 입력받아 출력신호 n개를 만든다.

(1) 기본적인 2×1 인코더

① 2×1 인코더 진리표 작성

입력		출력
D_1	D_0	B_0
0	1	0
1	0	1

② 논리식 : $B_0 = D_1$

③ 논리회로도

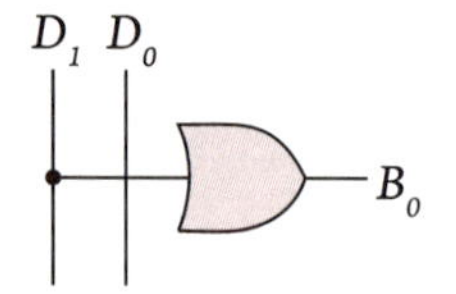

(2) 4×2 인코더

① 4×2 인코더 진리표 작성

입력				출력	
D_3	D_2	D_1	D_0	B_1	B_0
0	0	0	1	0	0
0	0	1	0	0	1
0	1	0	0	1	0
1	0	0	0	1	1

② 논리식

$B_0 = D_1 + D_3$, $B_1 = D_2 + D_3$

③ 논리회로도

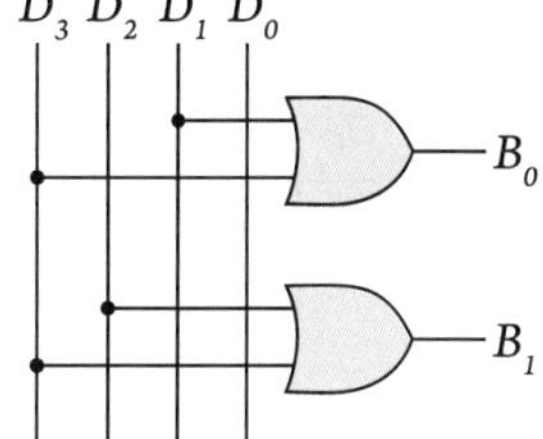

(3) 8×3 인코더

① 8×3 인코더 진리표 작성

입력								출력		
D_7	D_6	D_5	D_4	D_3	D_2	D_1	D_0	B_2	B_1	B_0
0	0	0	0	0	0	0	1	0	0	0
0	0	0	0	0	0	1	0	0	0	1
0	0	0	0	0	1	0	0	0	1	0
0	0	0	0	1	0	0	0	0	1	1
0	0	0	1	0	0	0	0	1	0	0
0	0	1	0	0	0	0	0	1	0	1
0	1	0	0	0	0	0	0	1	1	0
1	0	0	0	0	0	0	0	1	1	1

② 논리식

$B_0 = D_1 + D_3 + D_5 + D_7$, $B_1 = D_2 + D_3 + D_6 + D_7$, $B_2 = D_4 + D_5 + D_6 + D_7$

③ 논리회로

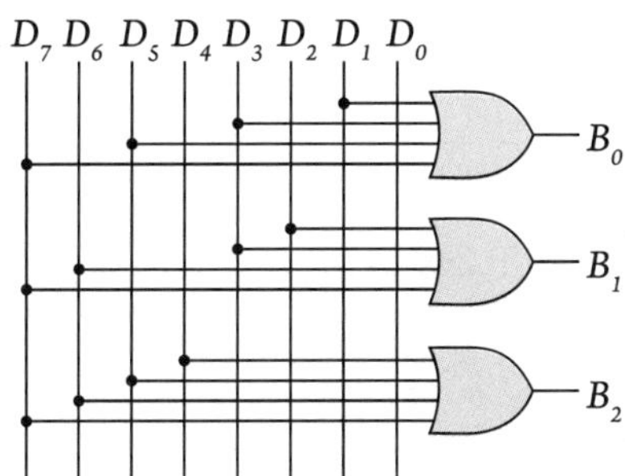

4 코드변환기

(1) 4비트 2진수를 그레이코드로 변환

2진 입력				그레이코드 출력			
B_3	B_2	B_1	B_0	G_3	G_2	G_1	G_0
0	0	0	0	0	0	0	0
0	0	0	1	0	0	0	1
0	0	1	0	0	0	1	1
0	0	1	1	0	0	1	0
0	1	0	0	0	1	1	0
0	1	0	1	0	1	1	1
0	1	1	0	0	1	0	1
0	1	1	1	0	1	0	0

2진 입력				그레이코드 출력			
B_3	B_2	B_1	B_0	G_3	G_2	G_1	G_0
1	0	0	0	1	1	0	0
1	0	0	1	1	1	0	1
1	0	1	0	1	1	1	1
1	0	1	1	1	1	1	0
1	1	0	0	1	0	1	0
1	1	0	1	1	0	1	1
1	1	1	0	1	0	0	1
1	1	1	1	1	0	0	0

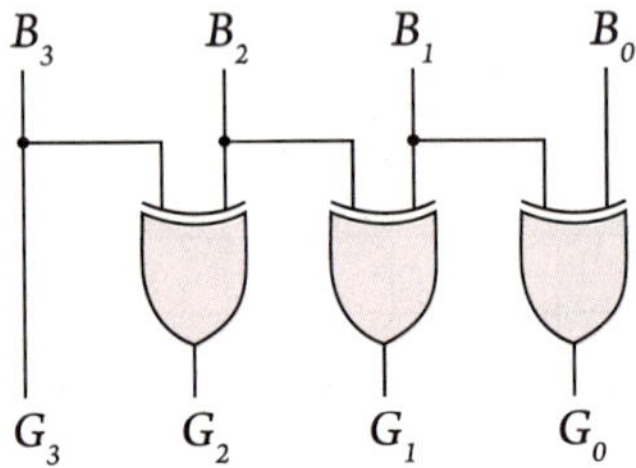

(2) 4비트 그레이코드를 2진수로 변환

그레이코드 입력				2진 출력			
G_3	G_2	G_1	G_0	B_3	B_2	B_1	B_0
0	0	0	0	0	0	0	0
0	0	0	1	0	0	0	1
0	0	1	0	0	0	1	1
0	0	1	1	0	0	1	0
0	1	0	0	0	1	1	1
0	1	0	1	0	1	1	0
0	1	1	0	0	1	0	0
0	1	1	1	0	1	0	1

그레이코드 입력				2진 출력			
G_3	G_2	G_1	G_0	B_3	B_2	B_1	B_0
1	0	0	0	1	1	1	1
1	0	0	1	1	1	1	0
1	0	1	0	1	1	0	0
1	0	1	1	1	1	0	1
1	1	0	0	1	0	0	0
1	1	0	1	1	0	0	1
1	1	1	0	1	0	1	1
1	1	1	1	1	0	1	0

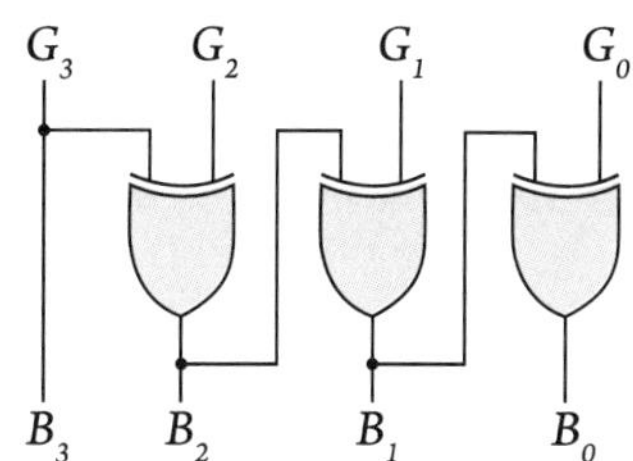

(3) BCD 코드 – 3초과 코드 변환

BCD 코드 입력				3초과 코드 출력				BCD 코드 입력				3초과 코드 출력			
B_3	B_2	B_1	B_0	E_3	E_2	E_1	E_0	B_3	B_2	B_1	B_0	E_3	E_2	E_1	E_0
0	0	0	0	0	0	1	1	1	0	0	0	1	0	1	1
0	0	0	1	0	1	0	0	1	0	0	1	1	1	0	0
0	0	1	0	0	1	0	1	1	0	1	0	X	X	X	X
0	0	1	1	0	1	1	0	1	0	1	1	X	X	X	X
0	1	0	0	0	1	1	1	1	1	0	0	X	X	X	X
0	1	0	1	1	0	0	0	1	1	0	1	X	X	X	X
0	1	1	0	1	0	0	1	1	1	1	0	X	X	X	X
0	1	1	1	1	0	1	0	1	1	1	1	X	X	X	X

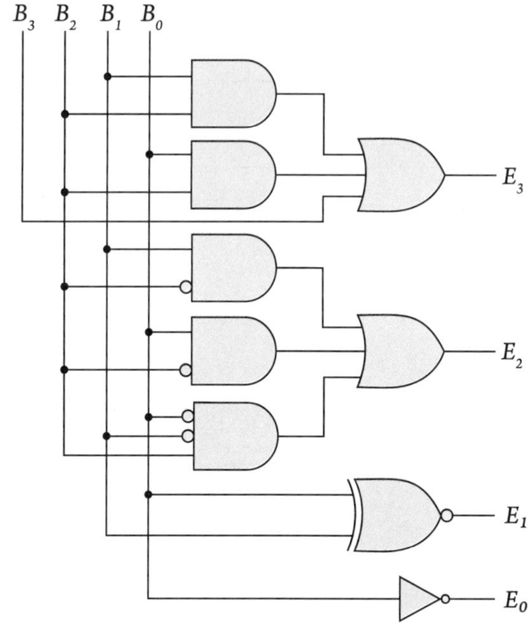

5 멀티플렉서(데이터 선택기)

2^n개의 입력선, n개의 선택선의 비트 조합에 따라 입력 중 하나를 선택

(1) 2×1 멀티플렉서

① 2×1 멀티플렉서 진리표 작성

선택선	출력
S	F
0	D_0
1	D_1

② 논리식

$F = \overline{S}D_0 + SD_1$

③ 논리회로도

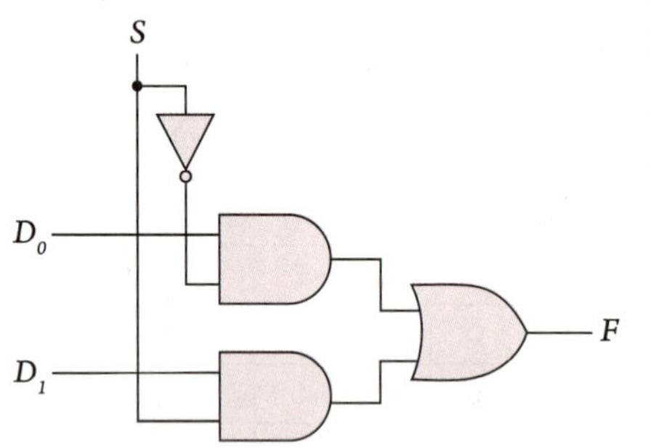

(2) 4×1 멀티플렉서

① 4×1 멀티플렉서 진리표 작성

선택선		출력
S_1	S_0	F
0	0	D_0
0	1	D_1
1	0	D_2
1	1	D_3

② 논리식

$F = D_0\overline{S}_1\overline{S}_0 + D_1\overline{S}_1S_0 + D_2S_1\overline{S}_0 + D_3S_1S_0$

③ 논리회로도

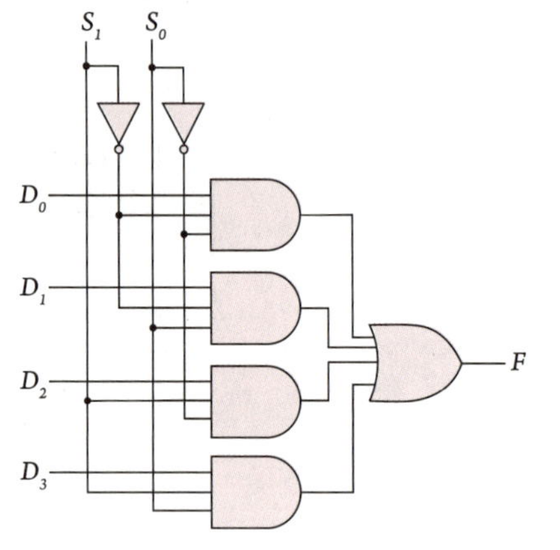

(3) 8×1 멀티플렉서

① 8×1 멀티플렉서 진리표 작성

선택선			데이터	출력
S_2	S_1	S_0		F
0	0	0	D_0	$F=D_0\overline{S}_2\overline{S}_1\overline{S}_0$
0	0	1	D_1	$F=D_1\overline{S}_2\overline{S}_1S_0$
0	1	0	D_2	$F=D_2\overline{S}_2S_1\overline{S}_0$
0	1	1	D_3	$F=D_3\overline{S}_2S_1S_0$
1	0	0	D_4	$F=D_4S_2\overline{S}_1\overline{S}_0$
1	0	1	D_5	$F=D_5S_2\overline{S}_1S_0$
1	1	0	D_6	$F=D_6S_2S_1\overline{S}_0$
1	1	1	D_7	$F=D_7S_2S_1S_0$

② 논리식

$$\therefore F=D_0\overline{S}_2\overline{S}_1\overline{S}_0+D_1\overline{S}_2\overline{S}_1S_0+D_2\overline{S}_2S_1\overline{S}_0+D_3\overline{S}_2S_1S_0+D_4S_2\overline{S}_1\overline{S}_0+D_5S_2\overline{S}_1S_0+D_6S_2S_1\overline{S}_0+D_7S_2S_1S_0$$

③ 논리회로도

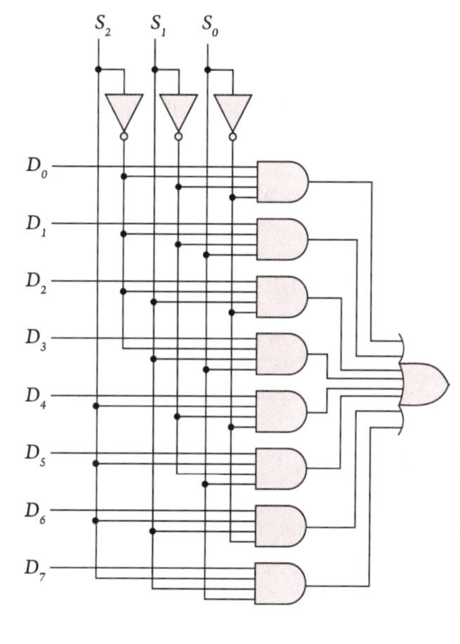

6 디멀티플렉서

하나의 선으로 디지털 정보를 받아서 여러 출력선으로 분배하며, 데이터 분배기라고도 함

[1×4 **디멀티플렉서**]

① 1×4 디멀티플렉서 진리표 작성

DATA	선택선		출력			
	S_1	S_0	D_3	D_2	D_1	D_0
D	0	0	0	0	0	1
	0	1	0	0	1	0
	1	0	0	1	0	0
	1	1	1	0	0	0

② 논리식

$D_0=D\overline{S_1}\,\overline{S_0}$, $D_1=D\overline{S_1}S_0$,

$D_2=DS_1\overline{S_0}$, $D_3=DS_1S_0$

③ 논리회로도

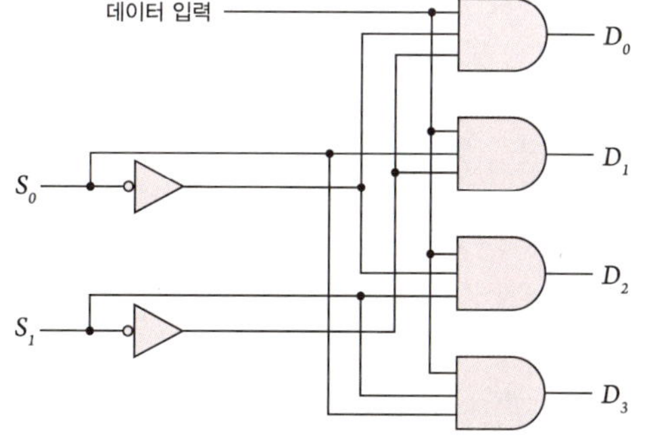

7 패리티 발생회로

우수 패리티비트는 주어진 코드의 1의 개수가 홀수이면 출력되는 값까지 포함해서 짝수로 만들어 주는 회로이며, 1이 없는 것도 짝수로 봄. 이와 반대로 기수 패리티비트는 주어진 코드의 1의 개수가 짝수이면 출력되는 값까지 포함해서 홀수로 만들어 주는 회로임. 즉, 우수(짝수) 패리티비트는 전체 비트에서 1의 개수가 짝수이면 되고, 기수(홀수) 패리티비트는 전체 비트에서 1의 개수가 홀수이면 됨

(1) 3비트 기수(odd) / 우수(even) 패리티비트 발생회로

① 패리티비트 회로 진리표

주어진 3비트 코드			생성 패리티비트	
A	*B*	*C*	기수	우수
0	0	0	1	0
0	0	1	0	1
0	1	0	0	1
0	1	1	1	0
1	0	0	0	1
1	0	1	1	0
1	1	0	1	0
1	1	1	0	1

② 카르노맵을 사용하여 논리식 작성

• 짝수(우수) 패리티비트 회로

$$\begin{aligned} P &= A\overline{B}\,\overline{C} + ABC + \overline{A}\,\overline{B}C + \overline{A}B\overline{C} \\ &= A(\overline{B}\,\overline{C} + BC) + \overline{A}(\overline{B}C + B\overline{C}) \\ &= A(\overline{B \oplus C}) + \overline{A}(B \oplus C) \\ &= A \oplus B \oplus C \end{aligned}$$

• 홀수(기수) 패리티비트 회로

$$\begin{aligned} P &= \overline{A}\,\overline{B}\,\overline{C} + \overline{A}BC + A\overline{B}C + AB\overline{C} \\ &= \overline{A}(\overline{B}\,\overline{C} + BC) + A(\overline{B}C + B\overline{C}) \\ &= \overline{A}(\overline{B \oplus C}) + A(B \oplus C) \\ &= \overline{A \oplus B \oplus C} \end{aligned}$$

③ 논리회로

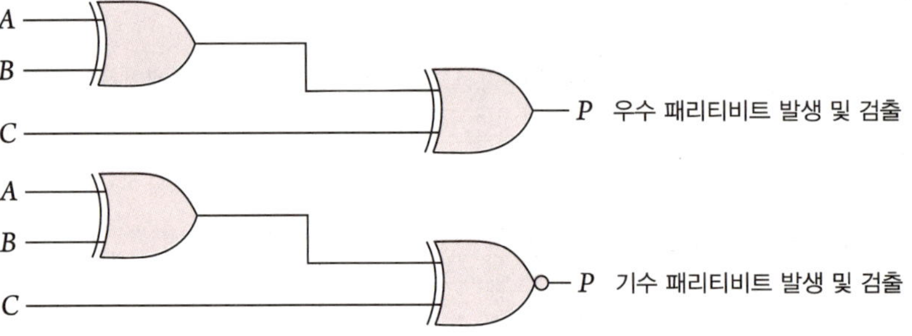

(2) 8비트 기수(odd)/우수(even) 패리티비트 발생회로

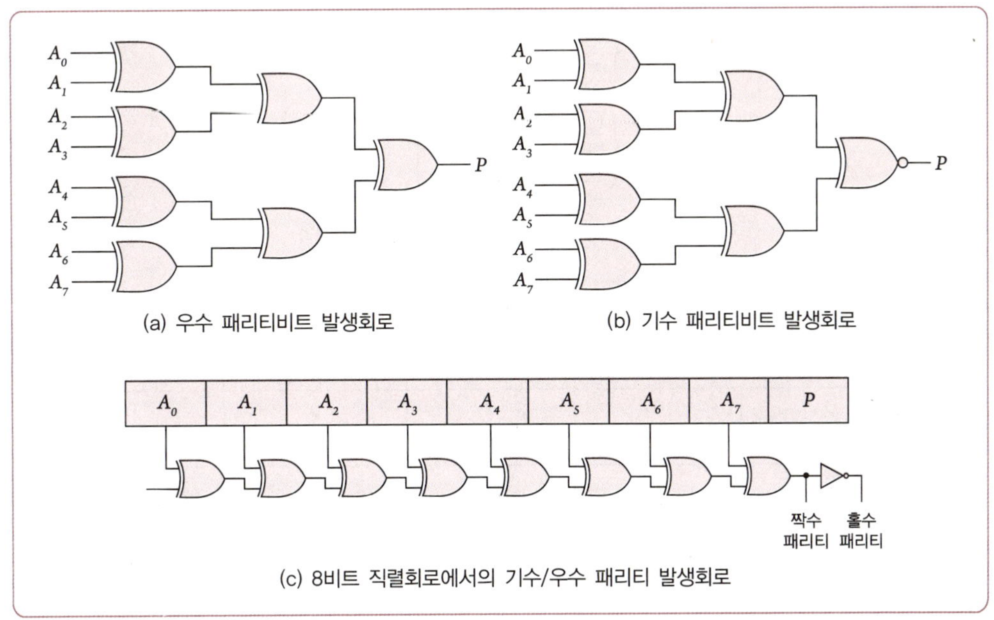

(c) 8비트 직렬회로에서의 기수/우수 패리티 발생회로

제5절 MSI를 이용한 조합논리회로

1 병렬 2진 가산기

병렬 2진 가산기는 2개 혹은 그 이상의 전가산기로 구성되며, 전가산기 여러 개를 병렬로 연결하여 입력이 2비트 이상인 가산기를 병렬-가산기(parallel-adder)라고 함

2 4비트 병렬 가산기 구성도와 논리기호 및 진리표

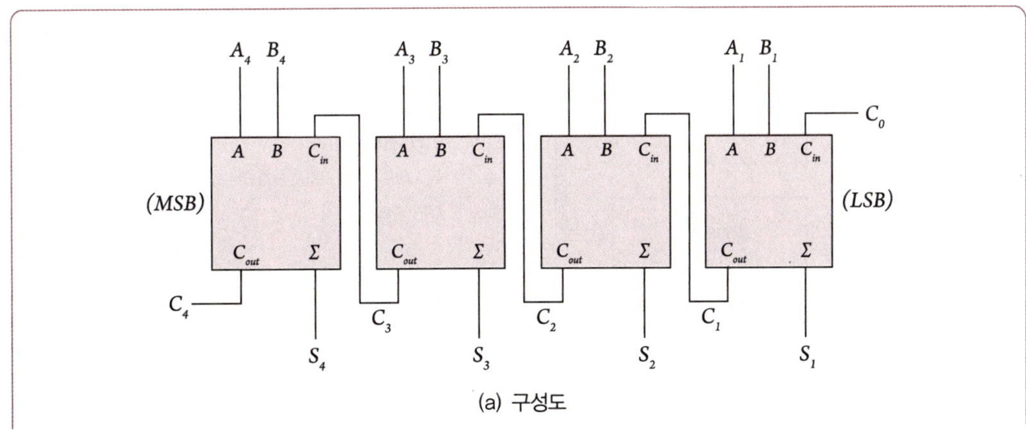

(a) 구성도

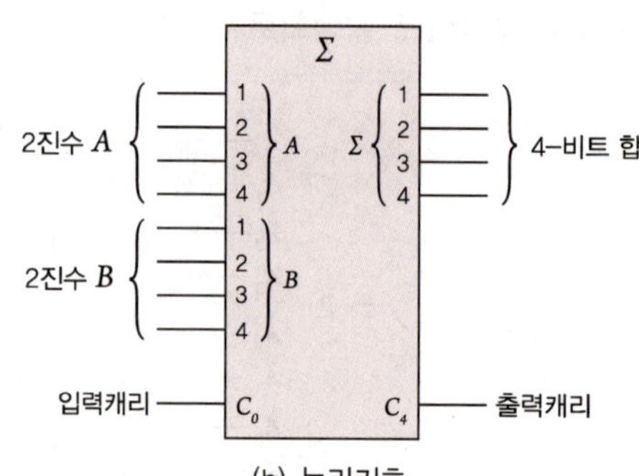

(b) 논리기호

입력			출력	
C_{n-1}	A_n	B_n	C_n	S_n
0	0	0	0	0
0	0	1	0	1
0	1	0	0	1
0	1	1	1	0
1	0	0	0	1
1	0	1	1	0
1	1	0	1	0
1	1	1	1	1

제6장 순서논리회로

제1절 순서논리회로의 개요

[순서논리회로의 기본 구조]

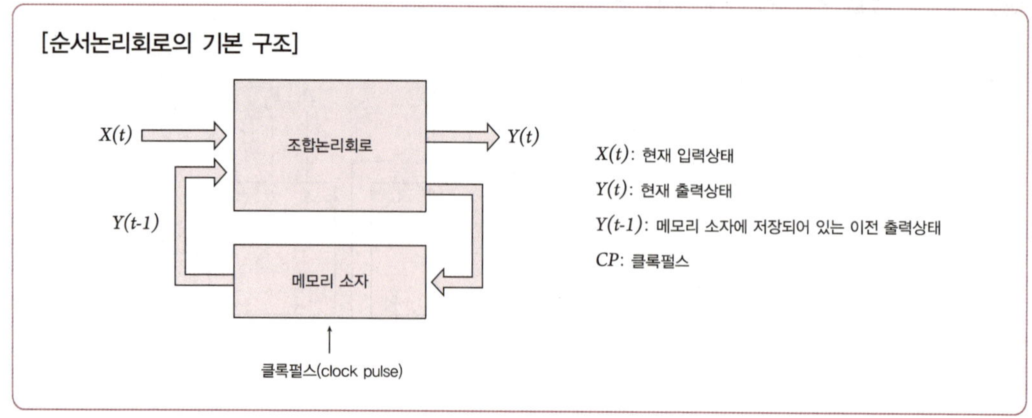

제2절 플립플롭

1 래치(Latch)회로

(1) SR(set-reset)래치

① NOR게이트로 구성된 SR래치

㉠ 진리표

S	R	$Q(t+1)$
0	0	$Q(t)$
0	1	0
1	0	1
1	1	부정

㉡ 회로도

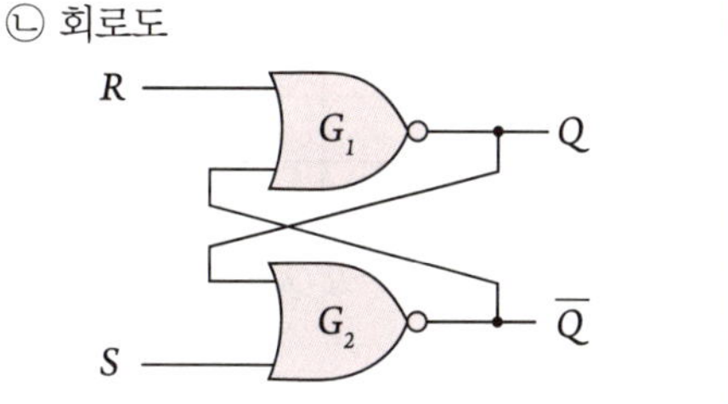

② NAND게이트로 구성된 SR래치

㉠ 진리표

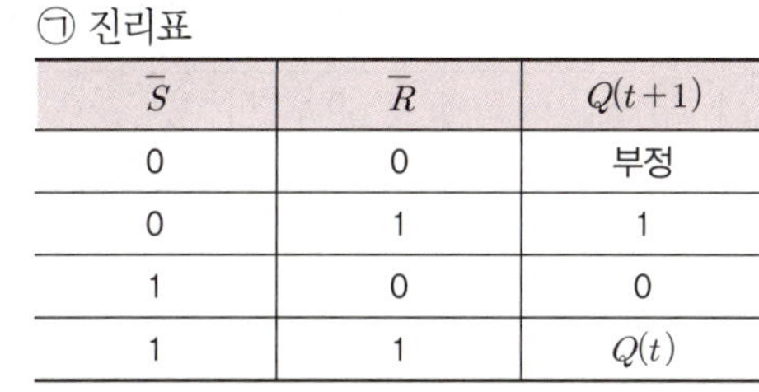

$\overline{S}$	$\overline{R}$	$Q(t+1)$
0	0	부정
0	1	1
1	0	0
1	1	$Q(t)$

㉡ 회로도

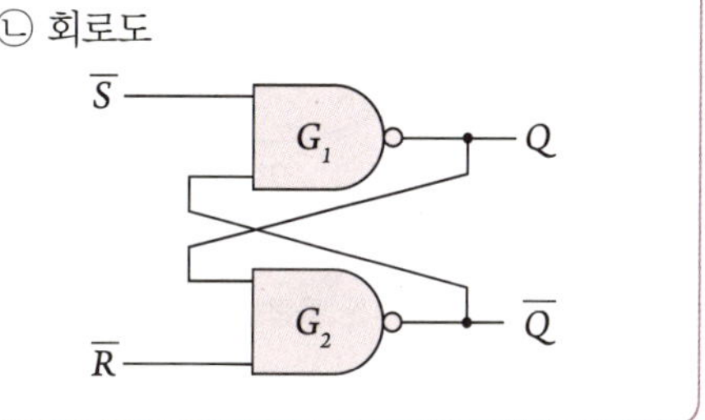

2 SR플립플롭

(1) 클록형 SR플립플롭

① 진리표

CP	S	R	$Q(t+1)$
0	관계없음		$Q(t)$
1	0	0	$Q(t)$
1	0	1	0
1	1	0	1
1	1	1	부정

② 회로도

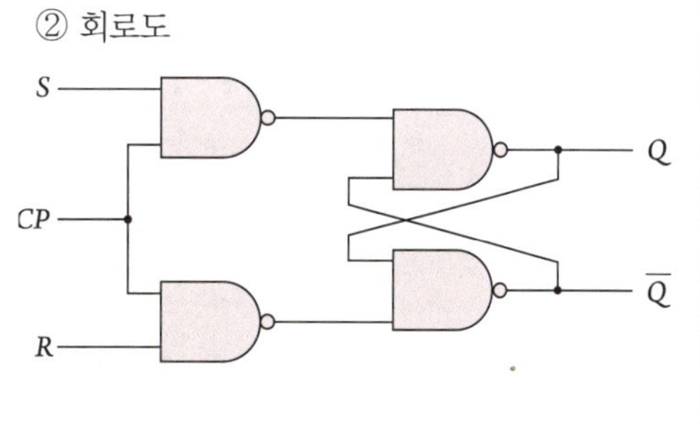

③ 특성표와 특성방정식

$Q(t)$ 현재값	S	R	$Q(t+1)$	설명
0	0	0	0	현재값 유지
0	0	1	0	*reset*
0	1	0	1	*set*
0	1	1	부정	Don't care
1	0	0	1	현재값 유지
1	0	1	0	*reset*
1	1	0	1	*set*
1	1	1	부정	Don't care

$Q(t+1) = S + \overline{R}\,Q(t)$ [단, $SR = 0$]

④ 상태도

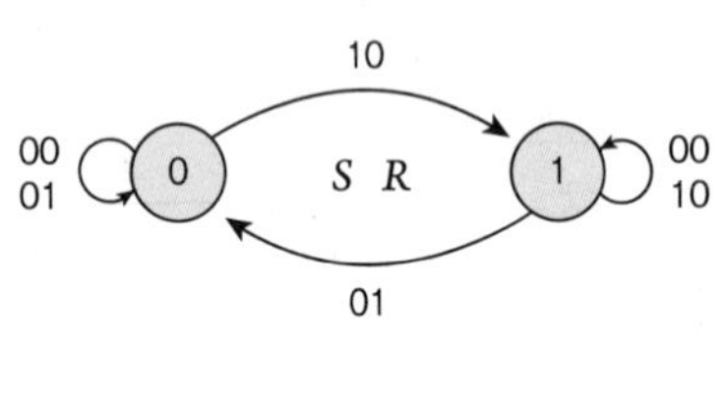

: 0, 1은 플립플롭의 현재 상태

현재 상태		S	R	내용
현재 상태	0	0	0	현재 상태 유지
		0	1	
		1	0	*set*
	1	0	0	현재 상태 유지
		1	0	
		0	1	*reset*

(2) 에지트리거 SR플립플롭

① 펄스전이검출기를 추가한 SR플립플롭 회로 및 논리기호

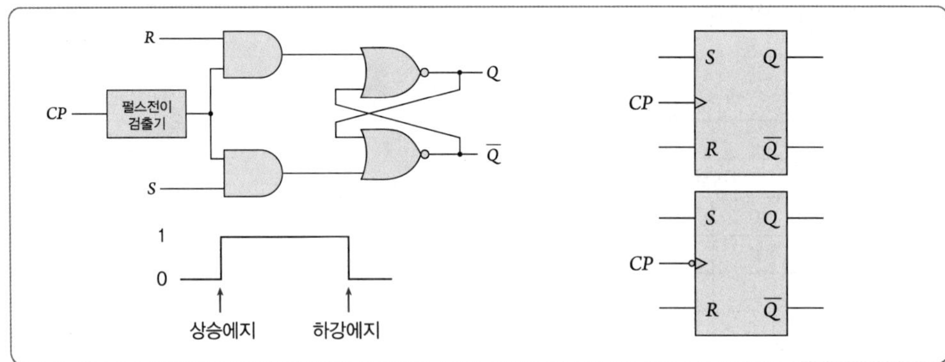

② **상승/하강 에지트리거 SR플립플롭의 진리표**

㉠ 상승에지트리거 SR플립플롭

CP	S	R	$Q(t+1)$
↑	0	0	$Q(t)$
↑	0	1	0
↑	1	0	1
↑	1	1	부정

㉡ 하강에지트리거 SR플립플롭

CP	S	R	$Q(t+1)$
↓	0	0	$Q(t)$
↓	0	1	0
↓	1	0	1
↓	1	1	부정

(3) 주종형 SR플립플롭

클록형 트리거링(레벨트리거링)을 행하는 플립플롭의 문제를 해결할 목적으로 많이 사용하는 방법 중에 주종형(master-slave)플립플롭이 있음

① **주종형 SR플립플롭의 구조** : 주플립플롭(master flip-flop), 종플립플롭(slave flip-flop), 그리고 NOT게이트로 구성

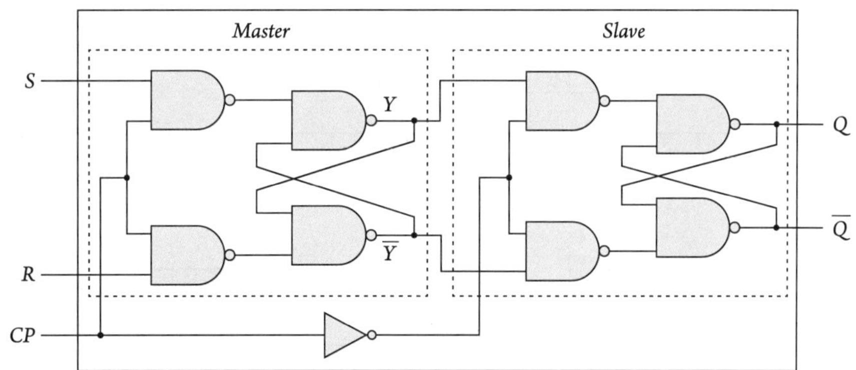

② **주종형 SR플립플롭의 동작**

$CP=0$일 때	NOT게이트의 출력은 1이 되고, 종플립플롭의 $CP=1$ 이 되므로 $Q(t+1)=Y, \overline{Q}(t+1)=\overline{Y}$ 주플립플롭은 $CP=0$ 이므로 동작하지 않음
$CP=1$일 때	외부의 S, R의 입력이 주플립플롭에 전달되고, 종플립플롭은 $CP=0$ 이 되므로 동작하지 않음

3 D플립플롭

1비트의 정보를 저장하거나, 지연할 때 사용

(1) 클록형 D플립플롭

① 진리표

D	S	R	$Q(t+1)$
0	0	1	0
1	1	0	1

② 회로도

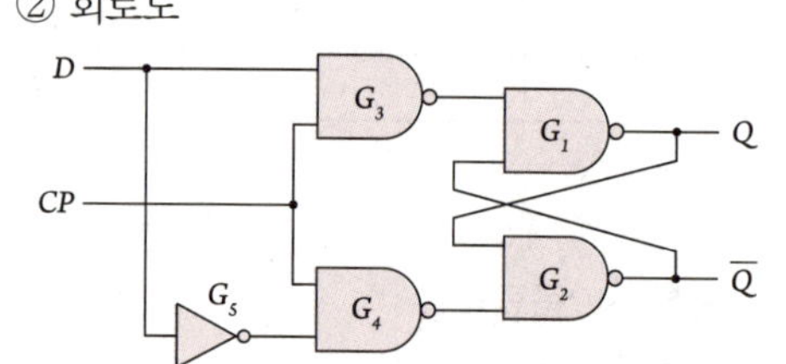

③ 특성표 및 특성방정식

$Q(t)$ 현재값	D	$Q(t+1)$	설명
0	0	0	현재값에 상관없이 입력된 D값이 출력으로 전달됨
0	1	1	
1	0	0	
1	1	1	

$Q(t+1)=D$

④ 상태도

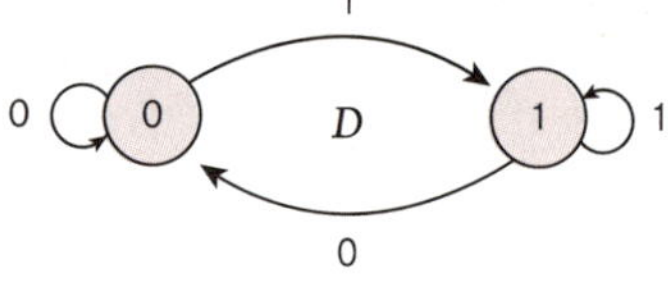

◯ : 0, 1은 플립플롭의 현재 상태

		D	내용
현재 상태	0	0	0, 현재 값 유지
		1	1, 현재 상태 변경
	1	0	0, 현재 상태 변경
		1	1, 현재 값 유지

(2) 에지트리거 D플립플롭의 진리표

① 상승에지트리거 D플립플롭

CP	D	$Q(t+1)$
↑	0	0
↑	1	1

② 하강에지트리거 D플립플롭

CP	D	$Q(t+1)$
↓	0	0
↓	1	1

(3) 주종형 D플립플롭의 구조

주종형 D플립플롭도 주종형 SR플립플롭과 마찬가지로 주플립플롭의 클록 입력에는 클록펄스가 그대로 입력되고, 종플립플롭의 클록 입력에는 반전된 클록펄스가 입력되도록 구성

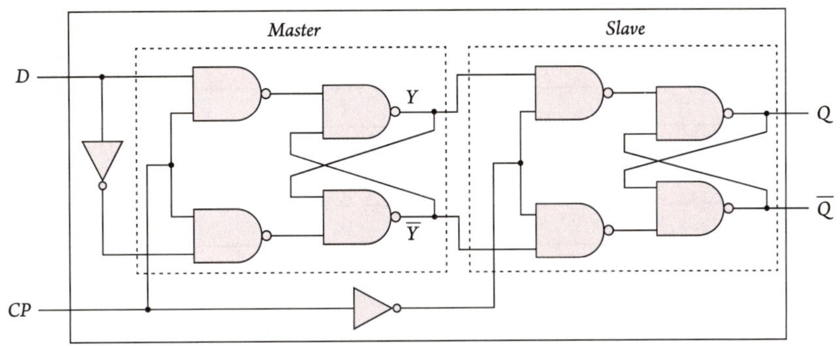

4 JK플립플롭

(1) 클록형 JK플립플롭

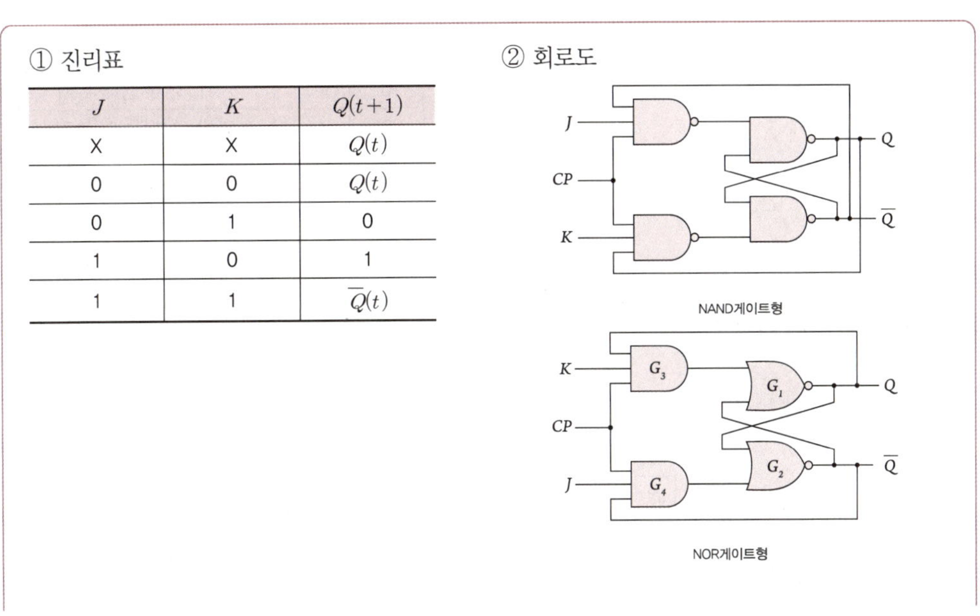

① 진리표

J	K	$Q(t+1)$
X	X	$Q(t)$
0	0	$Q(t)$
0	1	0
1	0	1
1	1	$\overline{Q}(t)$

② 회로도

③ 특성표 및 특성방정식

$Q(t)$ 현재값	J	K	$Q(t+1)$	설명
0	0	0	0	이전 상태 유지
0	0	1	0	*Reset*
0	1	0	1	*Set*
0	1	1	1	*Toggle*(이전 상태 반전)
1	0	0	1	이전 상태 유지
1	0	1	0	*Reset*
1	1	0	1	*Set*
1	1	1	0	*Toggle*(이전 상태 반전)

$Q(t+1) = J\overline{Q}(t) + \overline{K}Q(t)$

④ 상태도

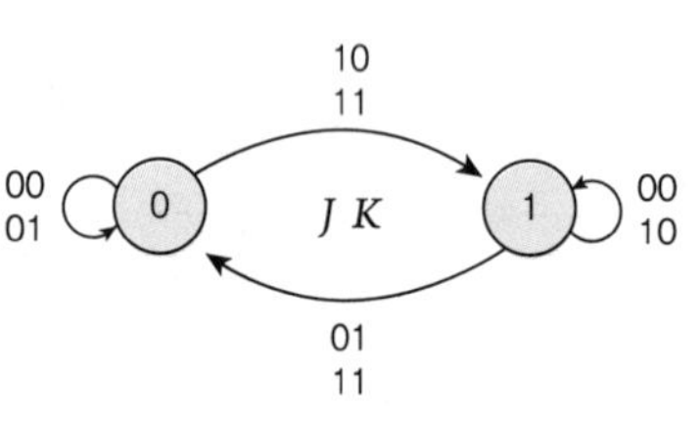

		J	K	내용
현재 상태	0	0	0	0, 현재 상태 유지
		0	1	
		1	0	1, 현재 상태 변경
		1	1	
	1	0	0	1, 현재 상태 유지
		0	1	0, 현재 상태 변경
		1	0	1, 현재 상태 유지
		1	1	0, 현재 상태 변경

(2) 에지트리거 JK플립플롭

① 회로도 및 논리기호

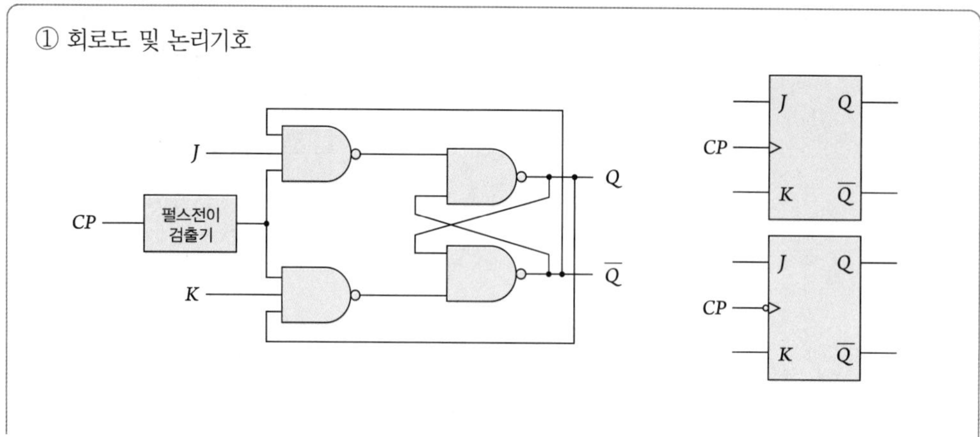

② 진리표

㉠ 상승에지트리거 JK플립플롭

CP	J	K	$Q(t+1)$
↑	0	0	$Q(t)$
↑	0	1	0
↑	1	0	1
↑	1	1	$\overline{Q}_{(t)}$

㉡ 하강에지트리거 JK플립플롭

CP	J	K	$Q(t+1)$
↓	0	0	$Q(t)$
↓	0	1	0
↓	1	0	1
↓	1	1	$\overline{Q}_{(t)}$

(3) 주종형 JK플립플롭 구성

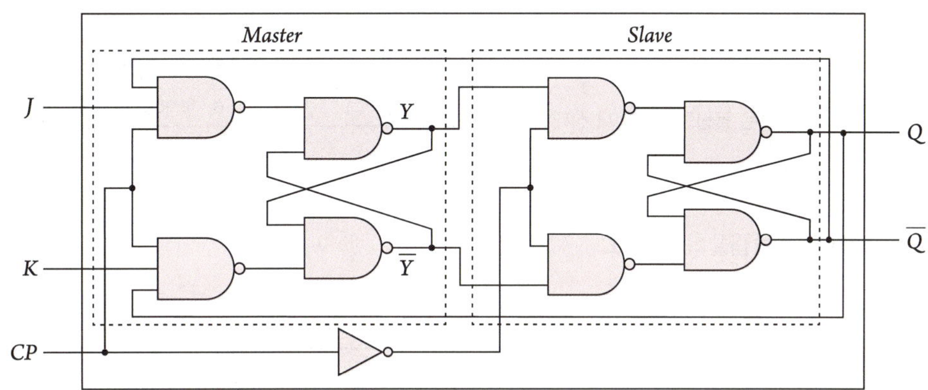

5 T플립플롭

(1) 클록형 T플립플롭

① 진리표

T	$Q(t+1)$
0	$Q(t)$
1	$\overline{Q}(t)$

② 회로도

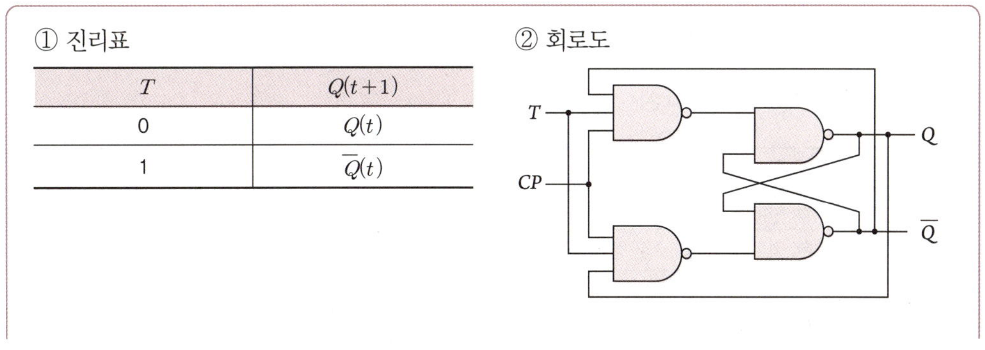

③ 특성표 및 특성방정식

$Q(t)$ 현재값	T	$Q(t+1)$	설명
0	0	0	이전 상태 유지
0	1	1	*Toggle*
1	0	1	이전 상태 유지
1	1	0	*Toggle*

$Q(t+1) = T\overline{Q}(t) + \overline{T}Q(t)$

④ 상태도

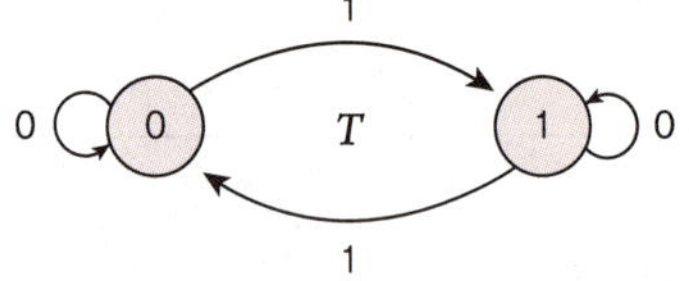

◯ : 0, 1은 플립플롭의 현재 상태

		T	내용
현재상태	0	0	0, 현재 상태 유지
		1	1, 현재 상태 변경
	1	0	1, 현재 상태 유지
		1	0, 현재 상태 변경

(2) 에지트리거 T플립플롭 진리표

① 상승에지트리거 T플립플롭

CP	T	$Q(t+1)$
↑	0	$Q(t)$
↑	1	$\overline{Q}(t)$

② 하강에지트리거 T플립플롭

CP	T	$Q(t+1)$
↓	0	$Q(t)$
↓	1	$\overline{Q}(t)$

제3절 순서논리회로의 설계

1 순서논리회로의 설계과정

단계1	회로 동작 기술(상태도 작성)
단계2	정의된 회로의 상태표 작성
단계3	필요한 경우 상태 축소 및 상태 할당
단계4	플립플롭의 수와 종류 결정
단계5	플립플롭의 입력, 출력 및 각각의 상태에 대한 문자 기호 부여
단계6	상태표를 이용하여 회로의 상태 여기표 작성
단계7	간소화 방법을 이용하여 출력함수 및 플립플롭의 입력함수 유도
단계8	순서논리회로도 작성

2 상태도 분류

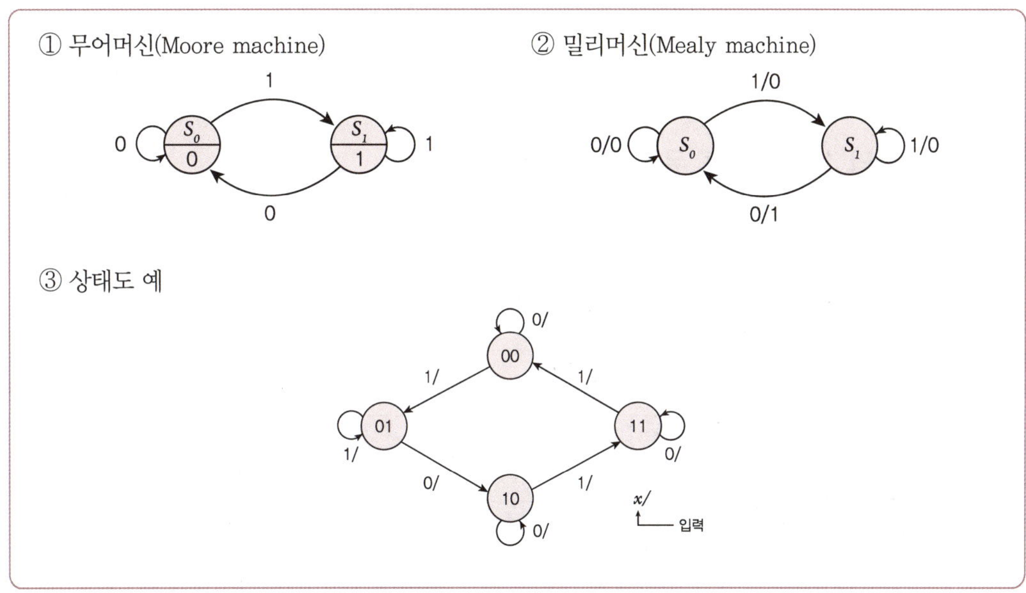

3 상태표 작성

상태표는 현재 상태와 외부 입력의 변화에 따라 다음 상태의 변화를 정의한 것으로 상태도로부터 유도할 수 있음

현재 상태		다음 상태			
		$x=0$		$x=1$	
A	B	A	B	A	B
0	0	0	0	0	1
0	1	1	0	0	1
1	0	1	0	1	1
1	1	1	1	0	0

4 플립플롭의 수와 형태 결정

순서논리회로를 구성하는 플립플롭의 수는 회로의 모든 가능한 상태에 대한 경우의 수에 따라 결정됨

(1) 플립플롭의 수 결정

상태도의 가능한 모든 상태 가지수에 따라 필요한 플립플롭의 수를 결정할 수 있음

(2) 플립플롭의 형태 결정

순서논리회로에서 사용되는 기본적인 기억소자는 SR플립플롭, D플립플롭, JK플립플롭, T플립플롭이 있으며, 카운터회로를 설계할 때는 회로의 특성상 JK플립플롭이나 T플립플롭을 이용하는 것이 유리함

5 플립플롭의 상태 여기표 유도

순서논리회로의 설계에서 주어진 상태변화에 대해 필요한 입력 조건을 결정하는 표를 말함

(1) SR플립플롭의 여기표

특성표			
입력		현재 상태	다음 상태
S	R	$Q(t)$	$Q(t+1)$
0	0	0	0
0	0	1	1
0	1	0	0
0	1	1	0
1	0	0	1
1	0	1	1
1	1	0	?
1	1	1	?

여기표			
현재 상태	다음 상태	요구 입력	
$Q(t)$	$Q(t+1)$	S	R
0	0	0	X
0	1	1	0
1	0	0	1
1	1	X	0

(2) JK플립플롭의 여기표

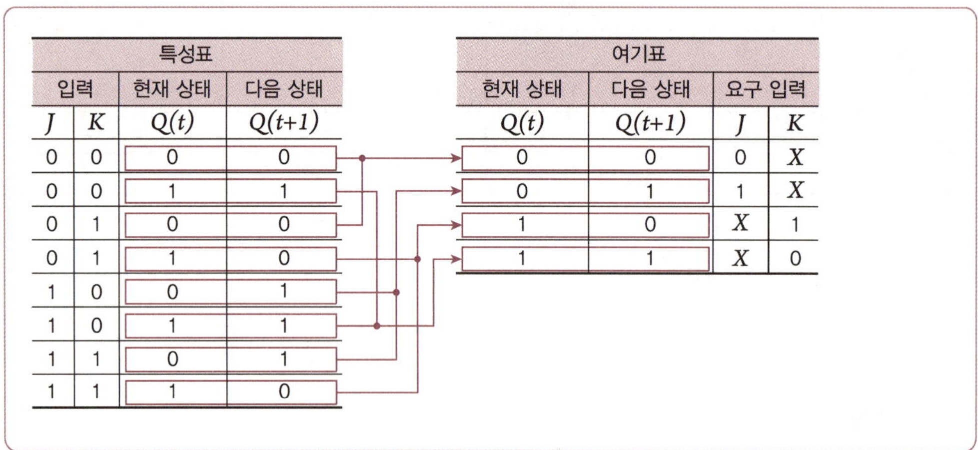

특성표			
입력		현재 상태	다음 상태
J	K	$Q(t)$	$Q(t+1)$
0	0	0	0
0	0	1	1
0	1	0	0
0	1	1	0
1	0	0	1
1	0	1	1
1	1	0	1
1	1	1	0

여기표			
현재 상태	다음 상태	요구 입력	
$Q(t)$	$Q(t+1)$	J	K
0	0	0	X
0	1	1	X
1	0	X	1
1	1	X	0

(3) D플립플롭의 여기표

특성표				여기표		
입력	현재 상태	다음 상태		현재 상태	다음 상태	요구 입력
D	$Q(t)$	$Q(t+1)$		$Q(t)$	$Q(t+1)$	D
0	0	0		0	0	0
0	1	0		0	1	1
1	0	1		1	0	0
1	1	1		1	1	1

(4) T플립플롭의 여기표

특성표				여기표		
입력	현재 상태	다음 상태		현재 상태	다음 상태	요구 입력
T	$Q(t)$	$Q(t+1)$		$Q(t)$	$Q(t+1)$	T
0	0	0		0	0	0
0	1	1		0	1	1
1	0	1		1	0	1
1	1	0		1	1	0

제4절 순서논리회로의 분석

순서논리회로의 해석과정	
단계1	회로 입력과 출력에 대한 변수 명칭 부여
단계2	조합논리회로가 있으면 조합논리회로의 부울대수식 유도
단계3	회로의 상태표 작성
단계4	상태표를 이용하여 상태도 작성
단계5	상태방정식 유도
단계6	상태표와 상태도를 분석하여 회로의 동작 설명

제7장 레지스터와 카운터

제1절 레지스터

1 레지스터의 개요

레지스터(register)는 데이터 저장과 데이터 이동의 두 가지 기본 기능을 갖는 디지털 회로로, 레지스터의 저장능력은 메모리 장치로 중요하게 사용됨

(1) 시프트 레지스터의 종류

① **직렬입력/직렬출력** : Serial Input/Serial Output

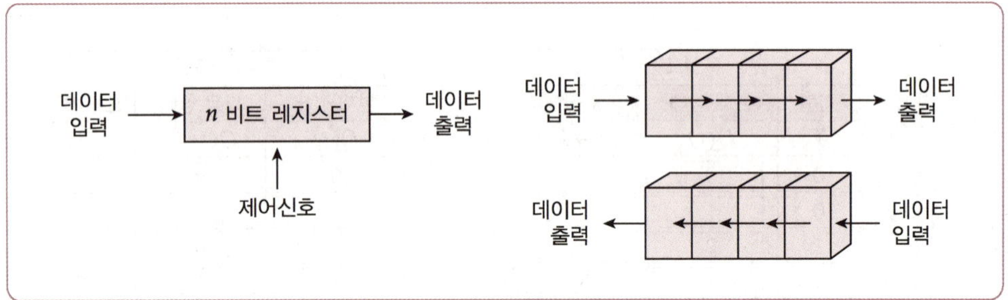

② **직렬입력/병렬출력** : Serial Input/Parallel Output

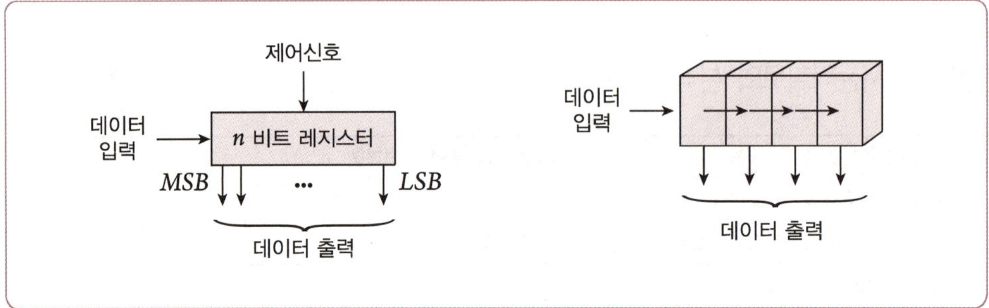

③ **병렬입력/직렬출력** : Parallel Input/Serial Output

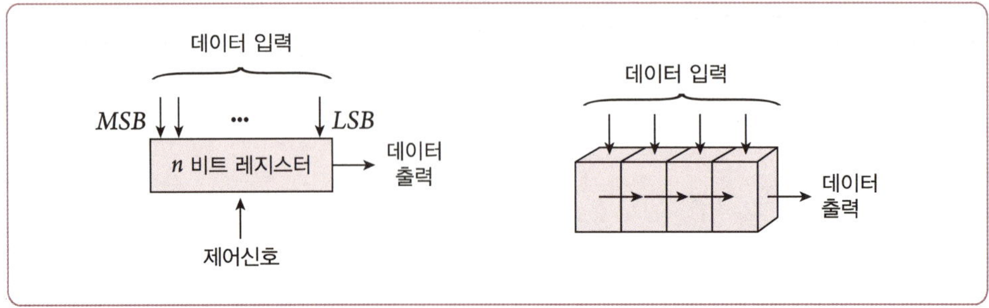

④ **병렬입력/병렬출력** : Parallel Input/Parallel Output

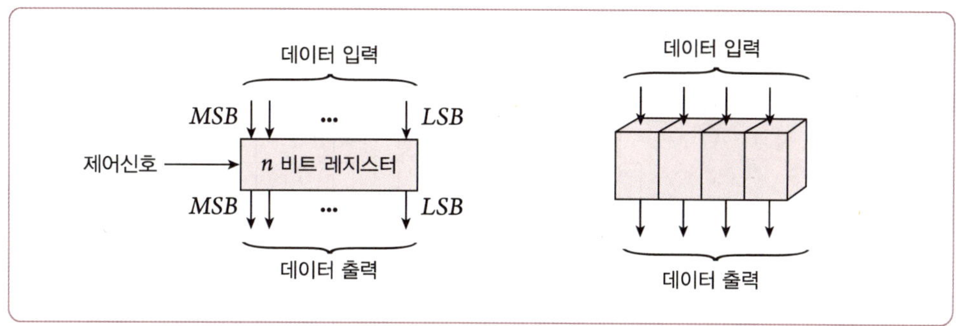

(2) 시프트 레지스터의 회로도

① 직렬입력-직렬출력 레지스터(SISO)

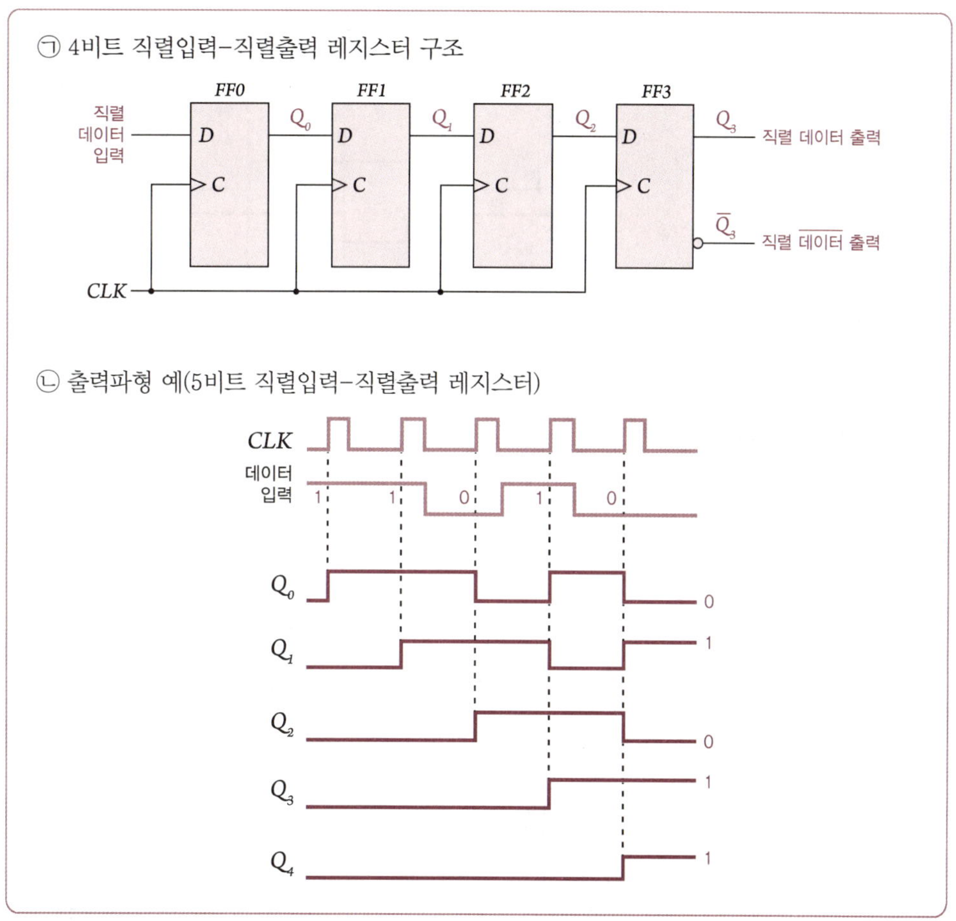

② **직렬입력-병렬출력 레지스터(SIPO)**

㉠ 4비트 직렬입력-병렬출력 레지스터 구조

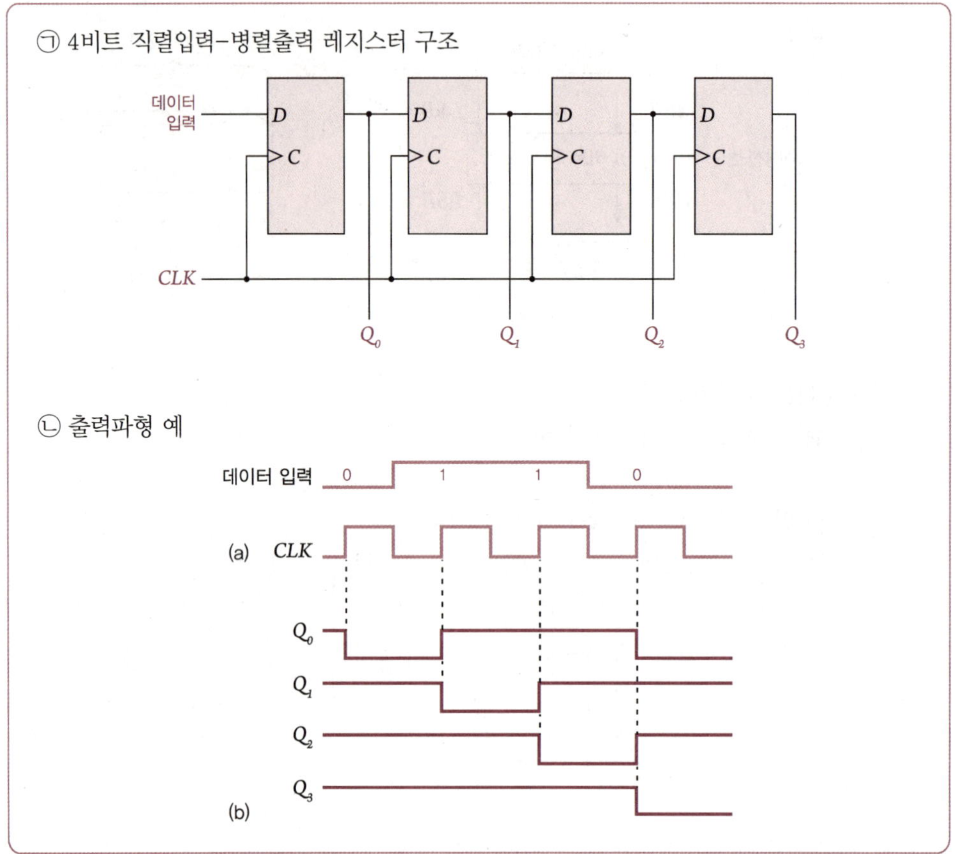

㉡ 출력파형 예

③ **병렬입력-직렬출력 레지스터(PISO)**

㉠ 4비트 병렬입력-직렬출력 레지스터 구조

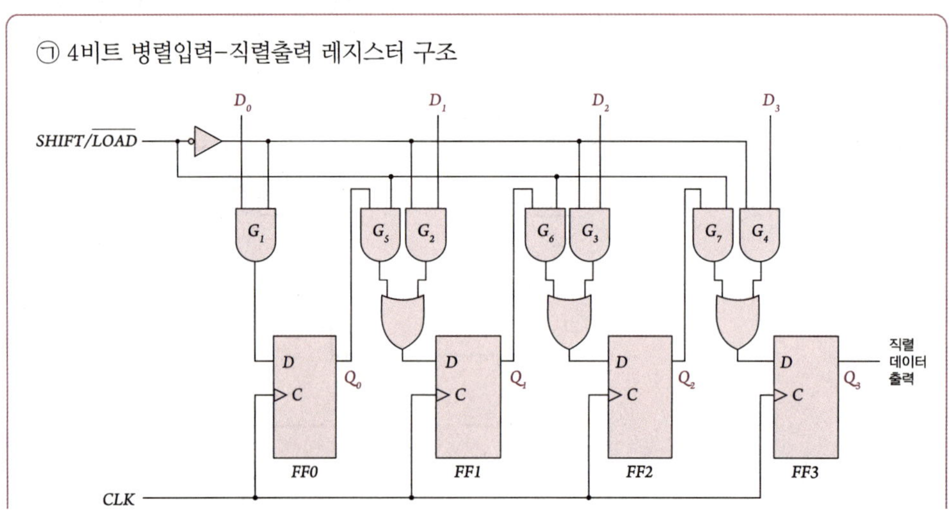

ⓒ 출력파형 예

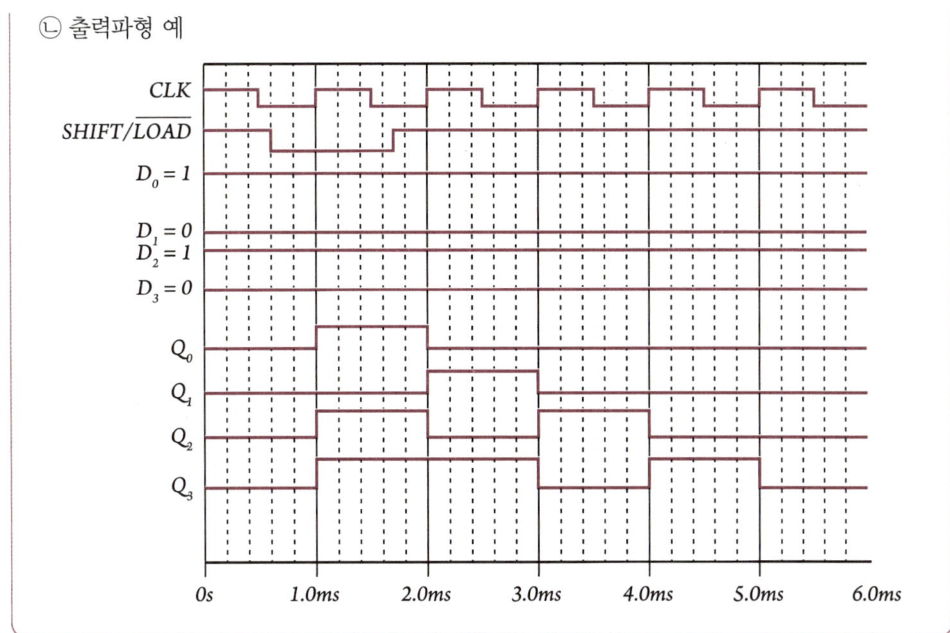

④ **병렬입력-병렬출력 레지스터(PIPO)**

[4비트 병렬입력-병렬출력 레지스터 구조]

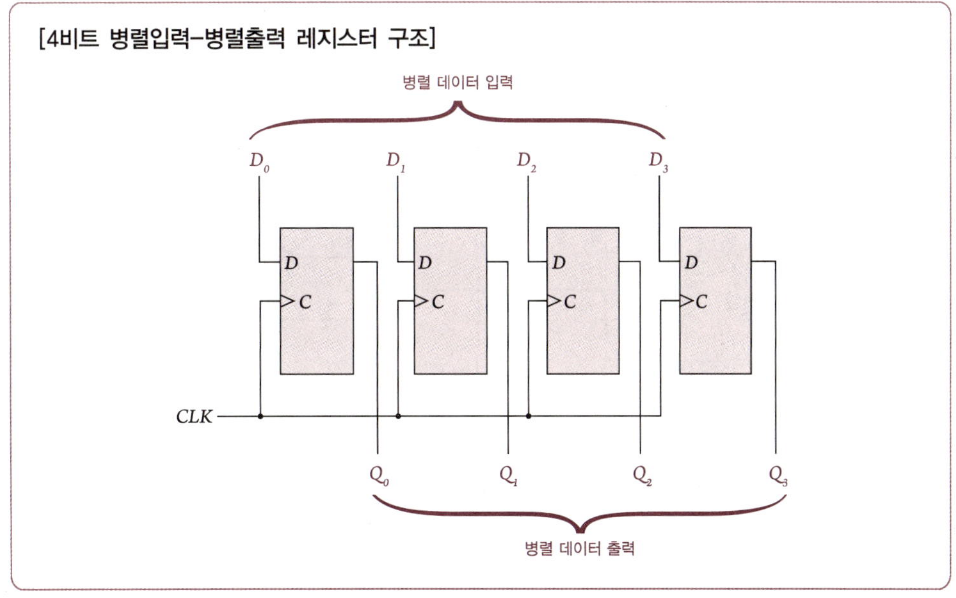

⑤ 양방향 시프트 레지스터

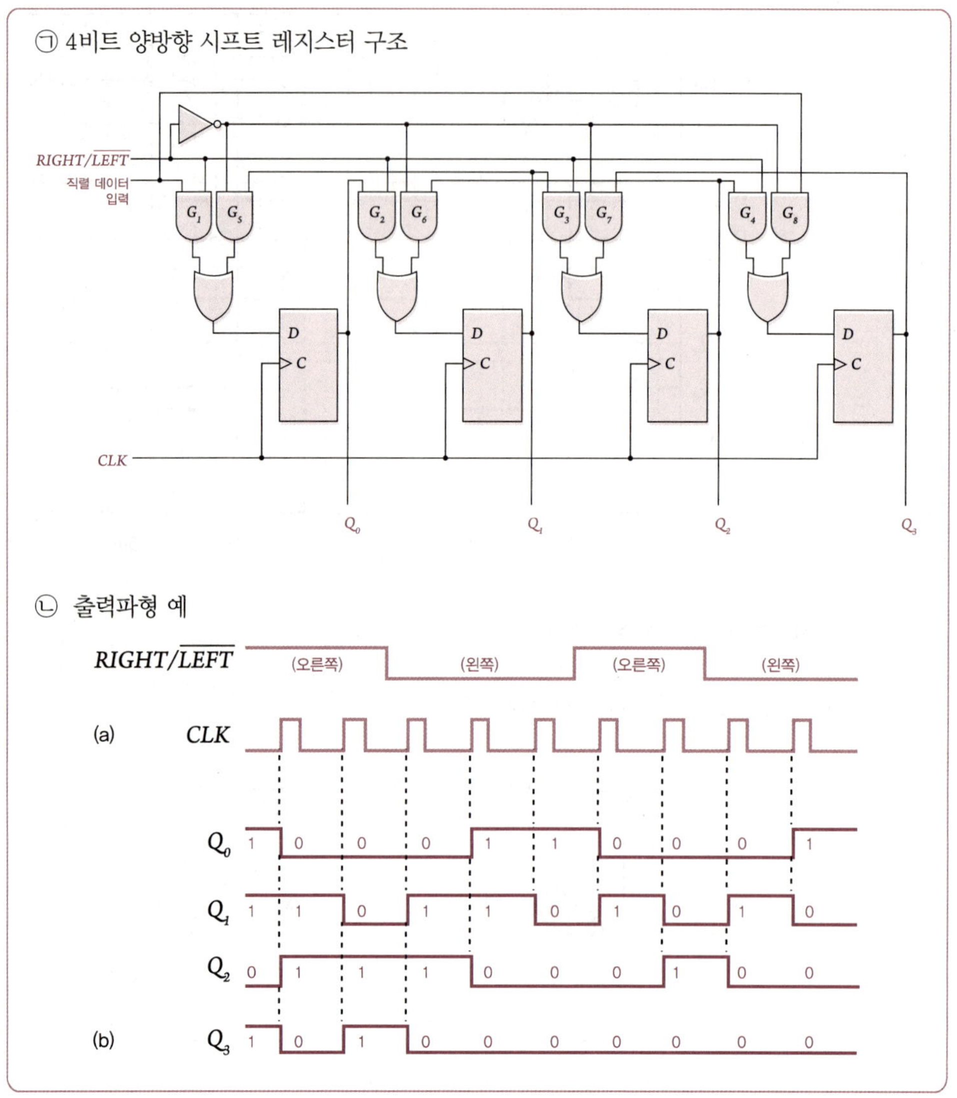

2 시프트 레지스터 카운터

(1) **4비트/5비트 존슨 카운터(Johnson counter)** : 플립플롭 4개/5개로 구성된 링 카운터는 각각 8/10가지 상태를 출력함. 즉, $2n$-모듈러스 상태를 발생시킴

① 진리표

클록펄스	Q_0	Q_1	Q_2	Q_3
0	0	0	0	0
1	1	0	0	0
2	1	1	0	0
3	1	1	1	0
4	1	1	1	1
5	0	1	1	1
6	0	0	1	1
7	0	0	0	1

(a) 4비트 존슨 카운터

클록펄스	Q_0	Q_1	Q_2	Q_3	Q_4
0	0	0	0	0	0
1	1	0	0	0	0
2	1	1	0	0	0
3	1	1	1	0	0
4	1	1	1	1	0
5	1	1	1	1	1
6	0	1	1	1	1
7	0	0	1	1	1
8	0	0	0	1	1
9	0	0	0	0	1

(b) 5비트 존슨 카운터

② 회로도

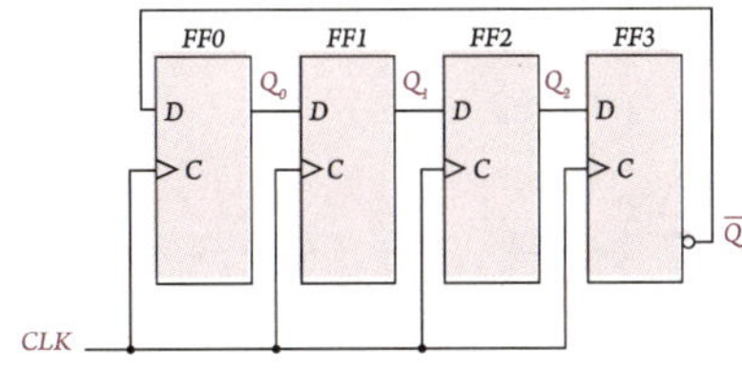

(a) 4비트 존슨 카운터

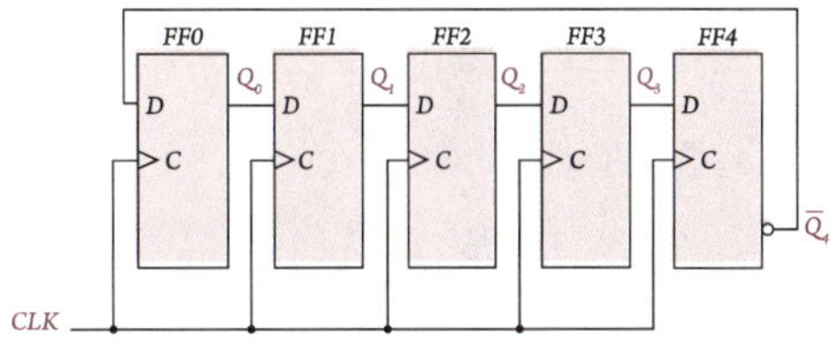

(b) 5비트 존슨 카운터

③ 출력파형 예

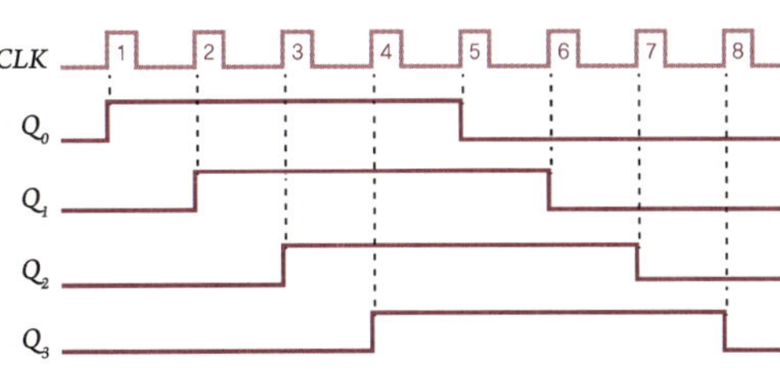

(a) 4비트 존슨 카운터

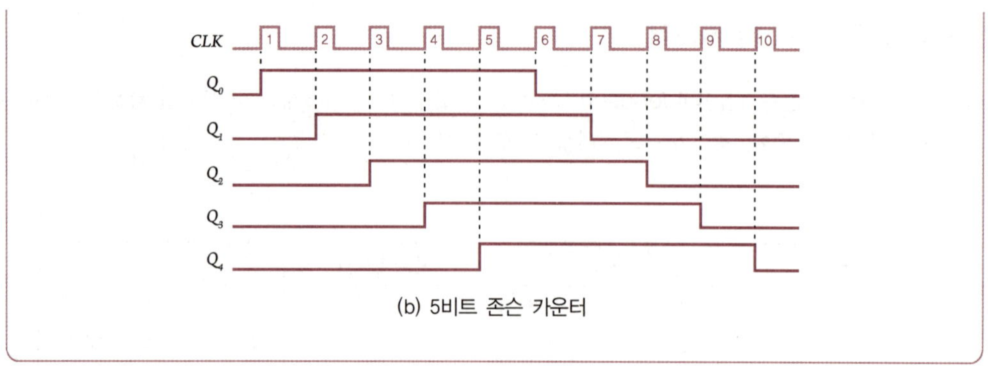

(b) 5비트 존슨 카운터

(2) 링 카운터(Ring counter) : 링 카운터는 각 순서의 상태에서 하나의 플립플롭을 사용하며, 임의의 시간에 한 플립플롭만 논리 1이 되고 나머지 플립플롭은 논리 0이 되는 카운터임

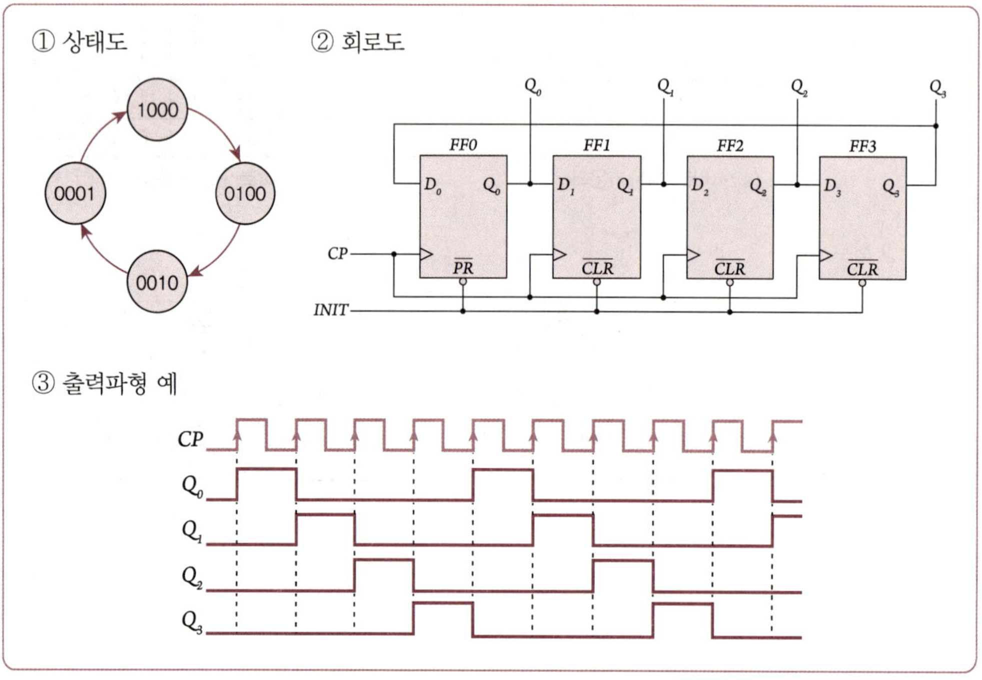

제2절 카운터

1 비동기식 카운터(asynchronous counter)

공통의 기준 클록을 사용하지 않으므로 카운터 내의 플립플롭은 동시에 상태를 변경하지 않는 카운터이고, 리플 카운터(ripple counter)라고도 함. 상태의 수가 m일 때 이 카운터의 모듈러스(modulus)는 m이며, modulo-m(mod-m : m진) 카운터라고도 함. 플립플롭 n개를 연결하면 $0 \sim 2^n - 1$까지 카운트할 수 있음

(1) 2비트 비동기 2진 상향 카운터

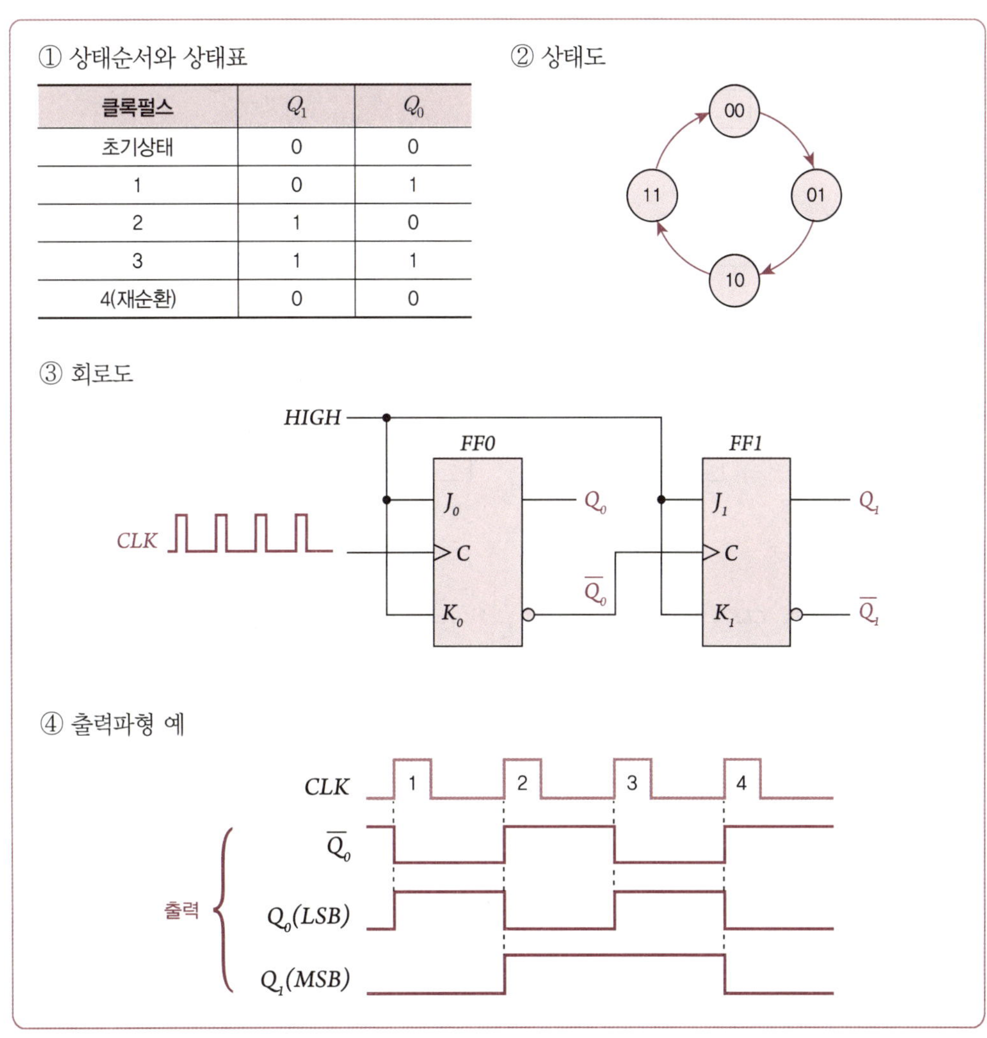

① 상태순서와 상태표

클록펄스	Q_1	Q_0
초기상태	0	0
1	0	1
2	1	0
3	1	1
4(재순환)	0	0

(2) 3비트 비동기 2진 상향 카운터

① 상태순서와 상태표

클록펄스	Q_2	Q_1	Q_0
초기상태	0	0	0
1	0	0	1
2	0	1	0
3	0	1	1
4	1	0	0
5	1	0	1
6	1	1	0
7	1	1	1
8(재순환)	0	0	0

② 상태도

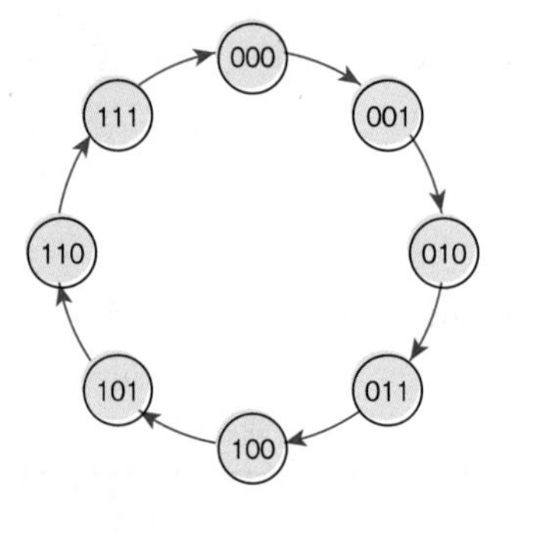

③ 회로도

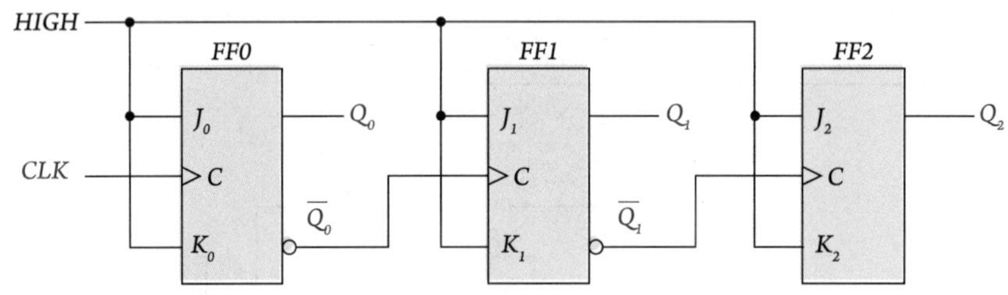

④ 출력파형 예

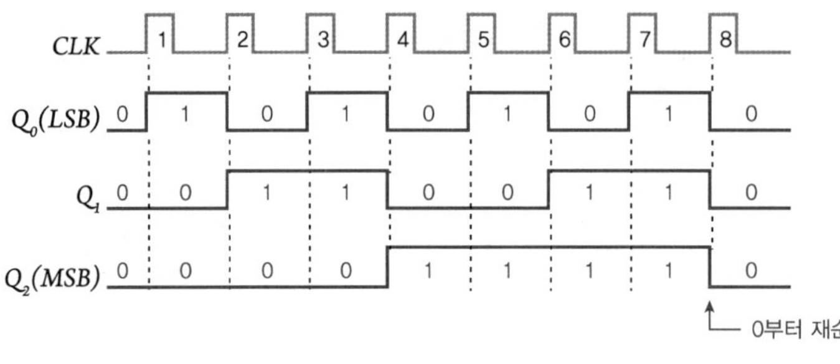

(3) 비동기 10진 카운터

카운터의 순차에서 10개의 상태를 갖는 카운터를 10진 카운터(decade counter)라고 하는데, 0(0000)~9(1001)까지 모두 10개의 상태를 갖고 있고, 10개의 상태가 바로 BCD 코드이기 때문에 BCD 10진 카운터라고도 함

① 4비트 2진 카운터

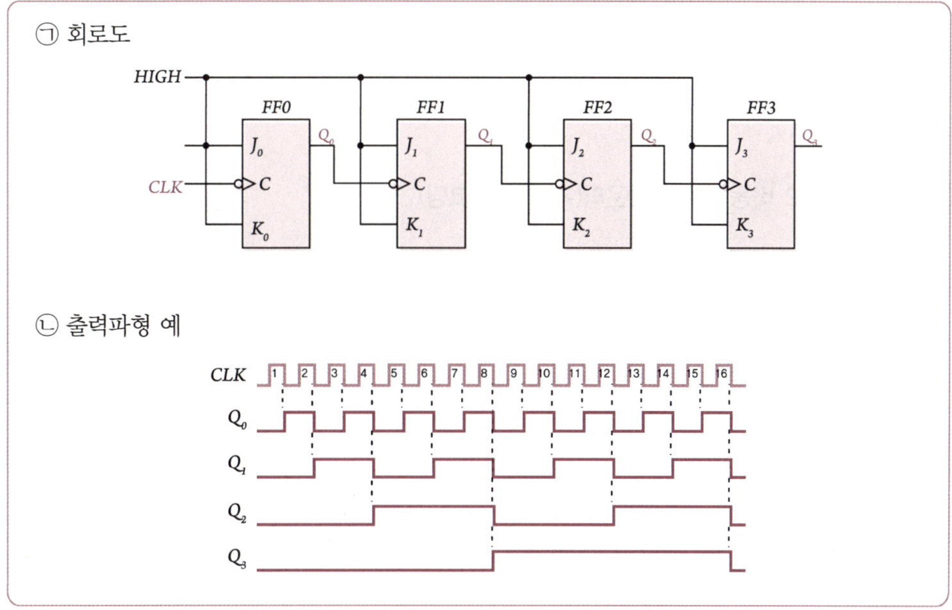

② BCD 10진 카운터

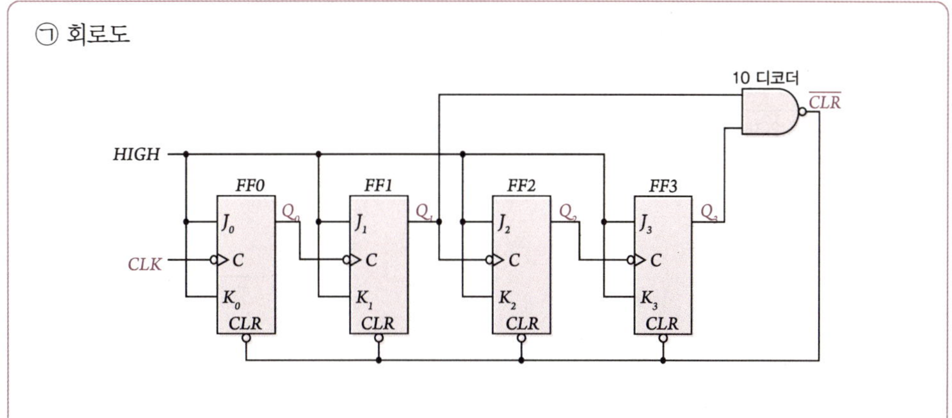

㉡ 출력파형 예

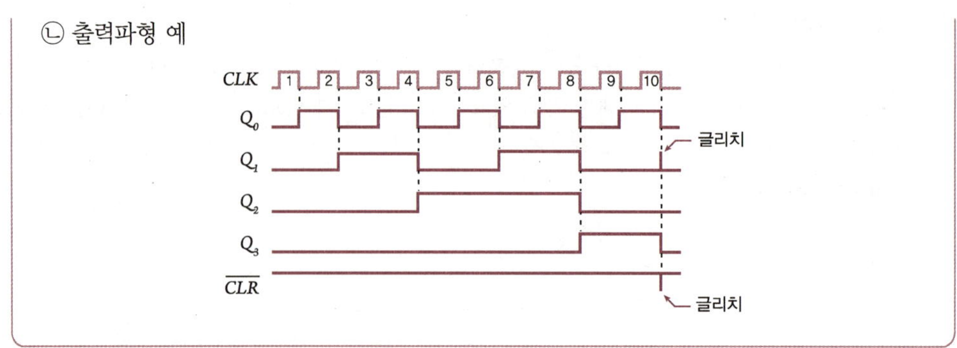

(4) 모듈러스-12 비동기 2진 카운터(부분적 디코딩)

① 진리표

클록순서	Q_3	Q_2	Q_1	Q_0
초기	0	0	0	0
1	0	0	0	1
2	0	0	1	0
3	0	0	1	1
4	0	1	0	0
5	0	1	0	1
6	0	1	1	0
7	0	1	1	1
8	1	0	0	0
9	1	0	0	1
10	1	0	1	0
11	1	0	1	1
12(재순환)	1	1	0	0

② 회로도

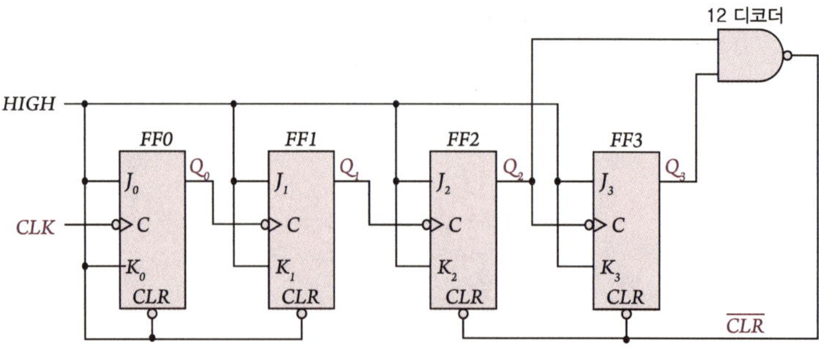

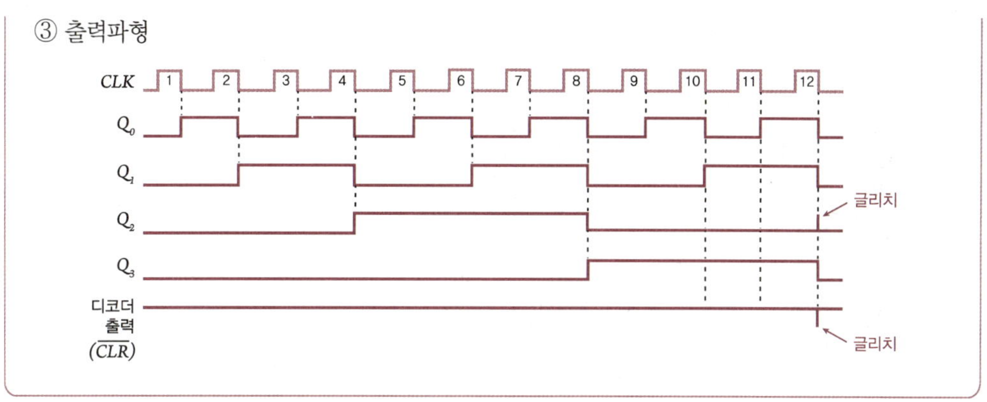

2 동기 카운터(synchronous counter)

동기(synchronous)라는 용어는 서로 일정한 시간 관계를 갖는 사건들을 의미하며, 동기 카운터(synchronous counter)는 카운터 내부에 있는 모든 플립플롭이 공통의 클록펄스에 의해 동시에 상태가 변하는 카운터임

(1) 2비트 동기 2진 카운터

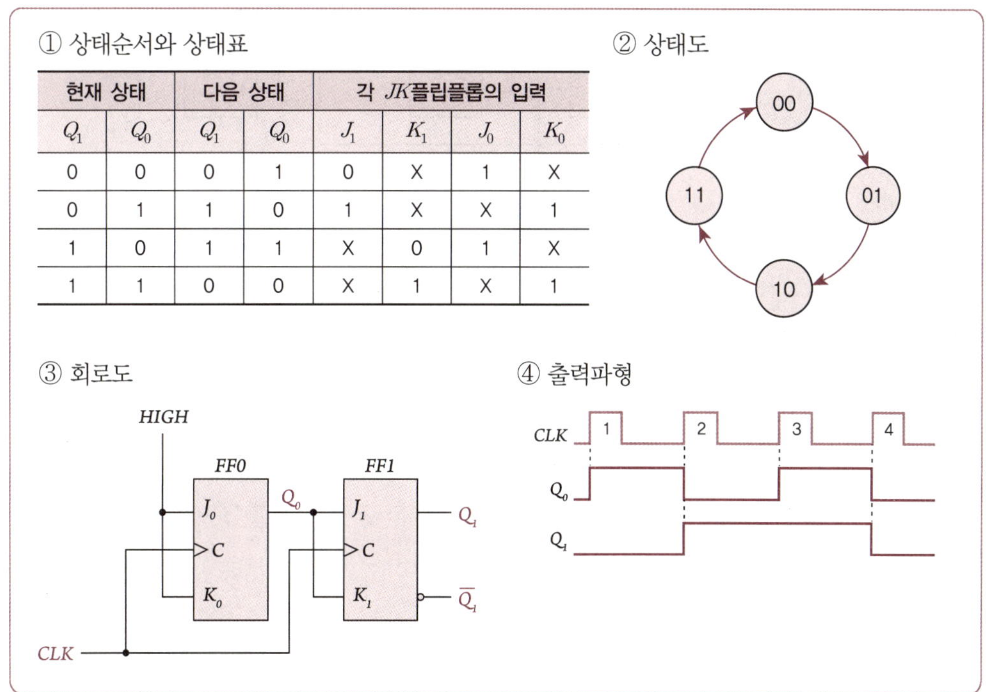

① 상태순서와 상태표

현재 상태		다음 상태		각 *JK*플립플롭의 입력			
Q_1	Q_0	Q_1	Q_0	J_1	K_1	J_0	K_0
0	0	0	1	0	X	1	X
0	1	1	0	1	X	X	1
1	0	1	1	X	0	1	X
1	1	0	0	X	1	X	1

(2) 3비트 동기 2진 카운터

① 상태순서와 상태표

클록 펄스	출력			JK 플립플롭의 입력					
	Q_2	Q_1	Q_0	J_2	K_2	J_1	K_1	J_0	K_0
초기	0	0	0	0	X	0	X	1	X
1	0	0	1	0	X	1	X	X	1
2	0	1	0	0	X	X	0	1	X
3	0	1	1	1	X	X	1	X	1
4	1	0	0	X	0	0	X	1	X
5	1	0	1	X	0	1	X	X	1
6	1	1	0	X	0	X	0	1	X
7	1	1	1	X	1	X	1	X	1

② 상태도

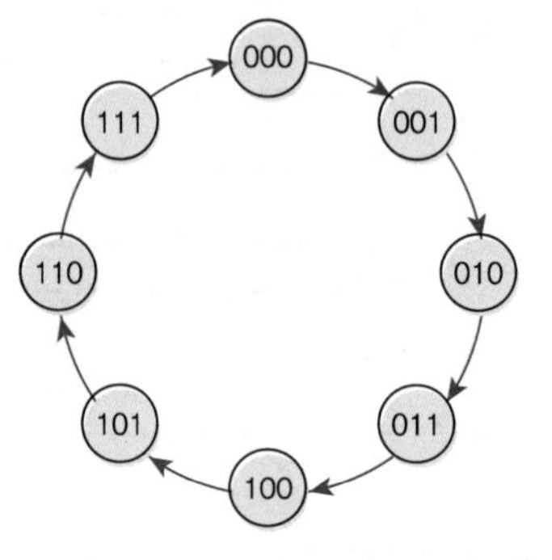

③ 회로도

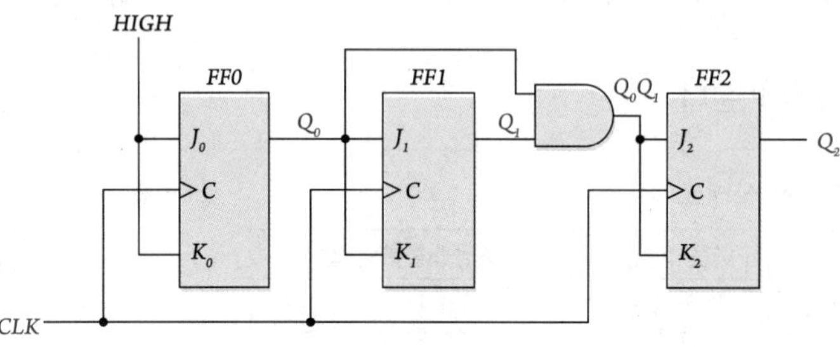

④ 타이밍도

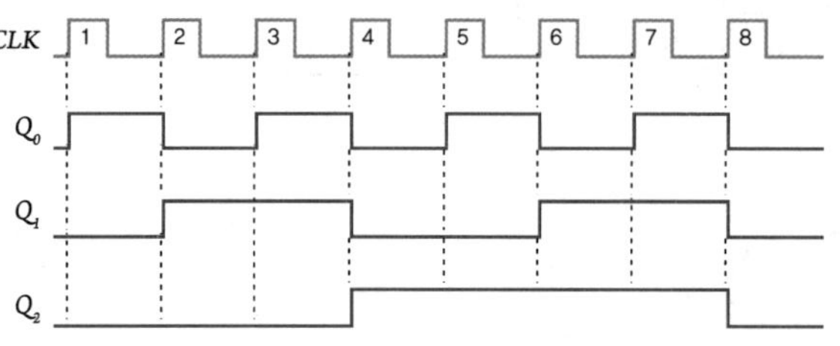

제8장 기억장치와 PLD

제1절 메모리

1 메모리의 개요

2진 데이터를 저장하는 컴퓨터 시스템의 한 부분이며, 반도체 메모리(IC memory)는 바둑판 모양으로 배열된 메모리 셀(memory cell)로 구성되고, 셀의 위치를 지정하기 위하여 2진 부호로 된 주소를 사용함

2 메모리의 기본 동작

(1) 쓰기 동작

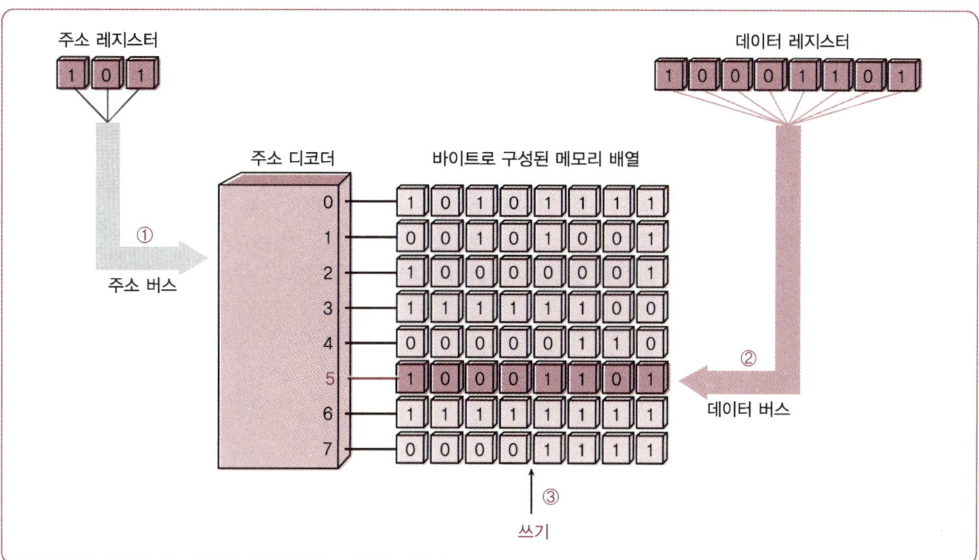

㉠ 주소 레지스터 101은 주소 버스에 실리며 주소 디코더에 의해 주소 5가 선택됨
㉡ 데이터 바이트 10001101가 데이터 버스에 실림
㉢ 쓰기 명령은 데이터 바이트를 주소 5에 저장하도록 하며 이전 데이터는 교체됨

(2) 읽기 동작

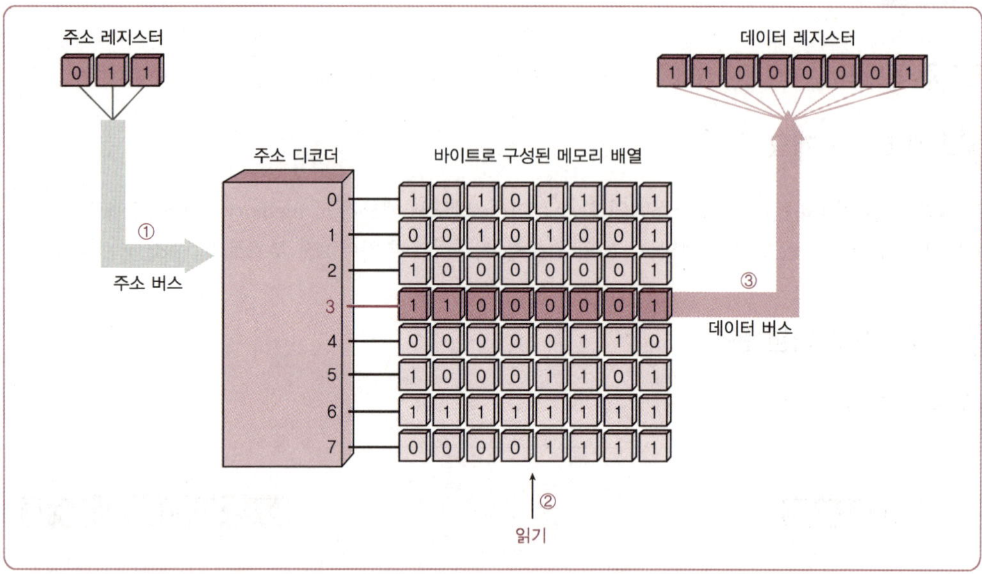

㉠ 주소 레지스터 011은 주소 버스에 실리며, 주소 디코더에 의해 주소 3이 선택됨
㉡ 읽기 명령이 전달됨
㉢ 주소 3의 내용이 데이터 버스에 실리고 데이터 레지스터로 이동되며, 주소 3의 내용은 읽기동작에 의해 지워지지는 않음

3 메모리의 분류

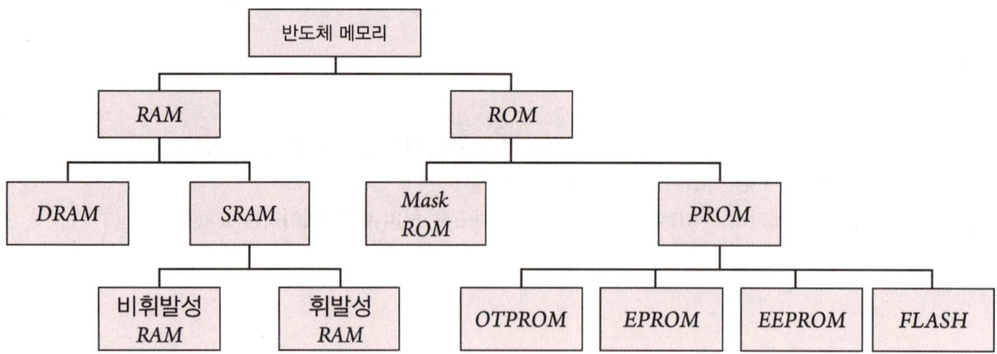

(1) 접근 방법에 의한 분류

① **RAM(Random Access Memory)** : 접근 시간은 어느 위치나 동일하게 걸리는 메모리 형태

② **SAM(Sequential Access Memory)** : 순차 액세스 메모리이며, 원하는 위치에 도달하는 데 일정한 시간이 경과되는 형태로, 접근 시간은 위치에 따라 달라짐 ㉞ 자기 테이프

(2) 기록 기능에 의한 분류

① **RWM(Read and Write Memory)** : 사용자가 기록과 판독 두 가지를 모두 수행 - RAM

② **ROM(Read Only Memory)** : 판독만 가능한 메모리 - 마스크ROM, PROM, EPROM, EEPROM 등

(3) 기억 방식에 의한 분류

① **SRAM** : 내부 플립플롭으로 구성, 저장된 정보는 전원이 공급되는 동안 보전됨, 사용하기 쉽고 읽기와 쓰기 사이클이 더 짧음

② **DRAM** : 커패시터에 공급되는 전하 형태로 보관함, 재충전(refresh) 필요

(4) 휘발성/비휘발성 메모리

① **휘발성 메모리(volatile memory)** : RAM 등

② **비휘발성 메모리(nonvolatile memory)** : 자기 코어, 자기 디스크 등

(5) 기억소자에 의한 분류

바이폴라(bipolar) 메모리, MOS(Metal Oxide Semiconductor) 메모리, CCD(Charge Coupled Device), MBM(Magnetic Bubble Memory) 등

4 RAM(Ramdom Access Memory)

(1) RAM의 종류

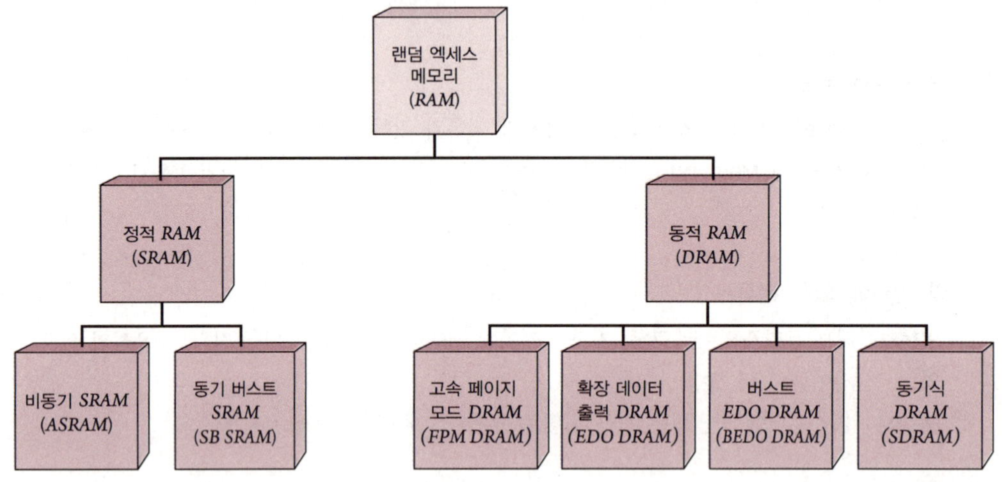

(2) 정적 RAM

① $32k \times 8$ SRAM의 기본구조의 읽기 사이클 타이밍도

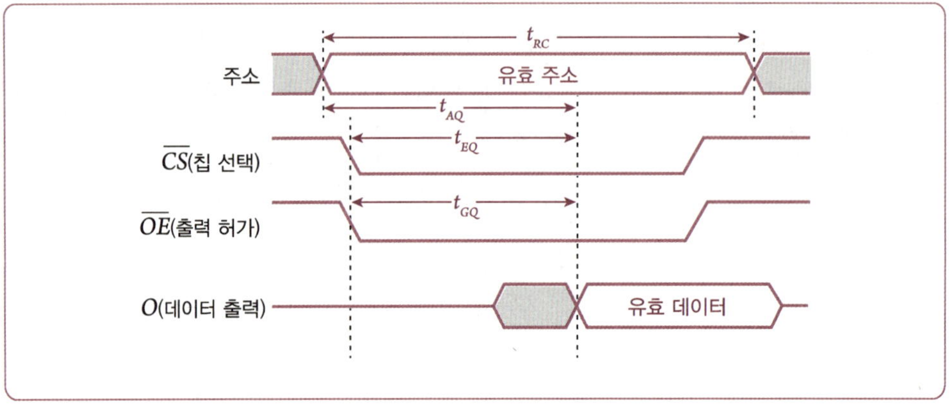

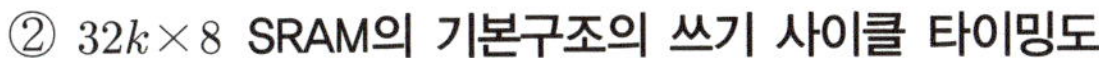

② $32k \times 8$ SRAM의 기본구조의 쓰기 사이클 타이밍도

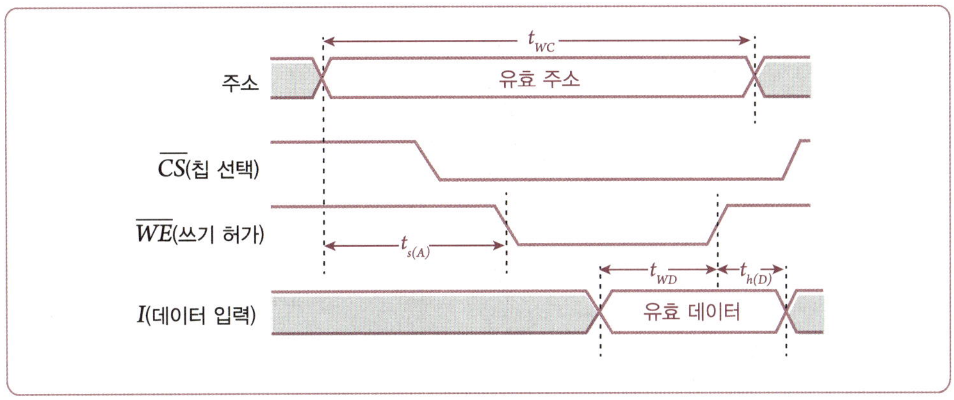

(3) 동적 RAM

DRAM(Dynamic RAM)의 셀은 데이터 비트를 래치가 아닌 작은 커패시터에 저장하며, 이 셀은 구조가 매우 간단하기 때문에 SRAM보다 비트당 더 저렴한 가격으로 대형 메모리 배열을 하나의 칩에 만들 수 있다는 장점이 있음. 그러나 데이터 기억용 커패시터는 일정 시간이 지나면 방전으로 인하여 전하를 유지할 수 없게 되므로 주기적으로 리플래시해야 하는 단점이 있음

① 셀에 논리 1을 쓰는 과정

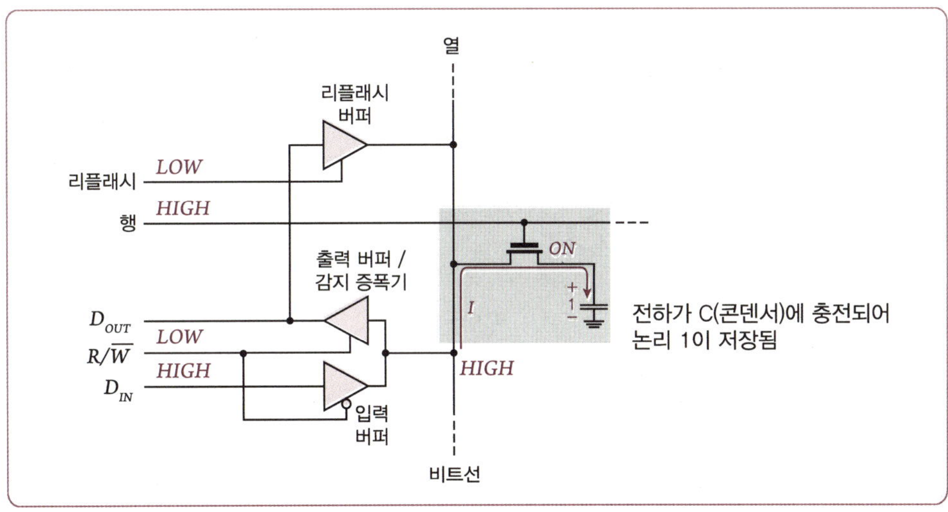

② 셀에 논리 0을 쓰는 과정

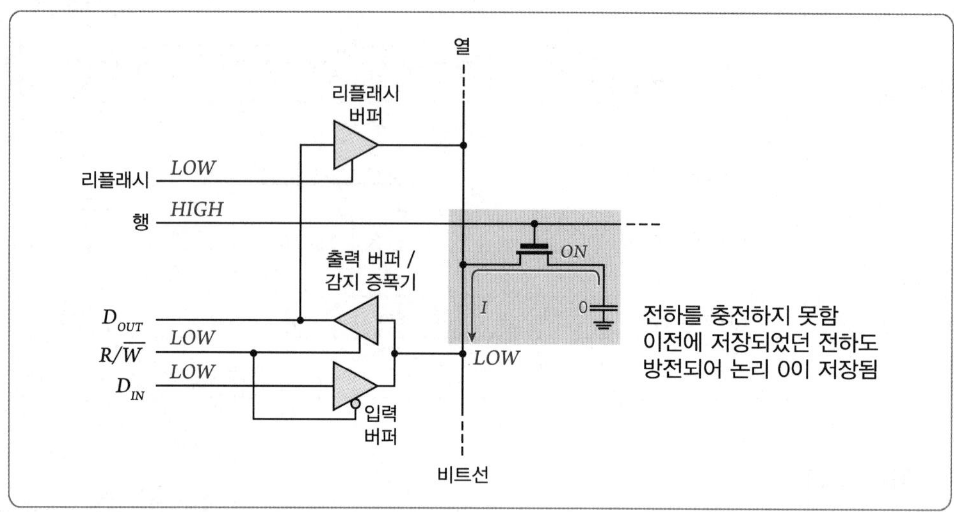

③ 메모리 셀로부터 1을 읽는 과정

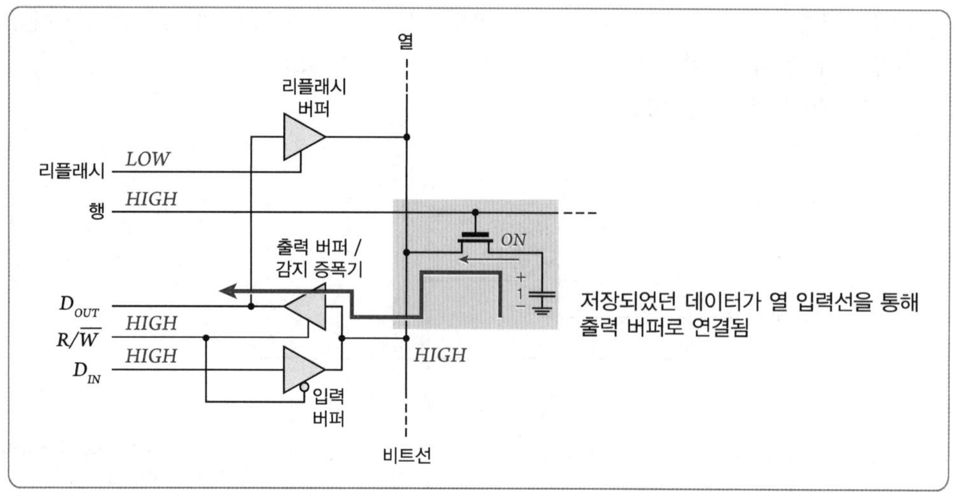

④ 메모리 셀에 논리 1을 재충전(refresh)하는 과정

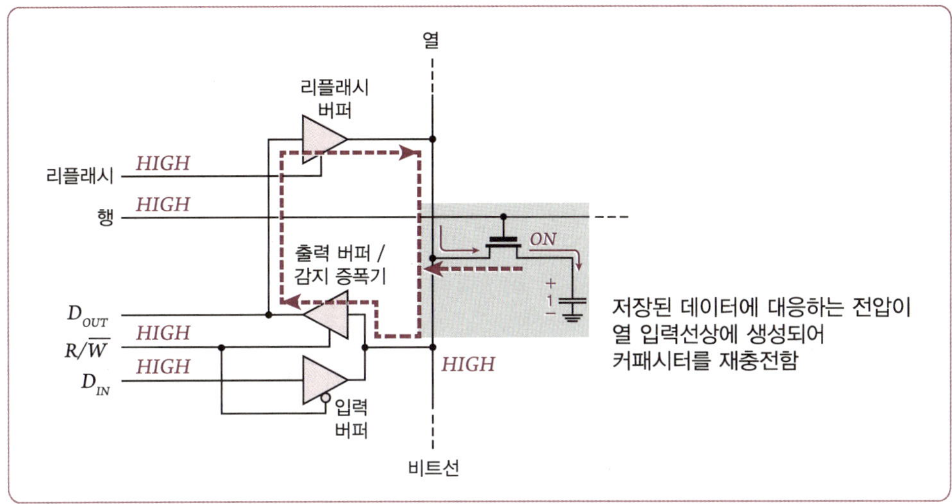

5 ROM(Read Only Memory)

(1) ROM의 종류

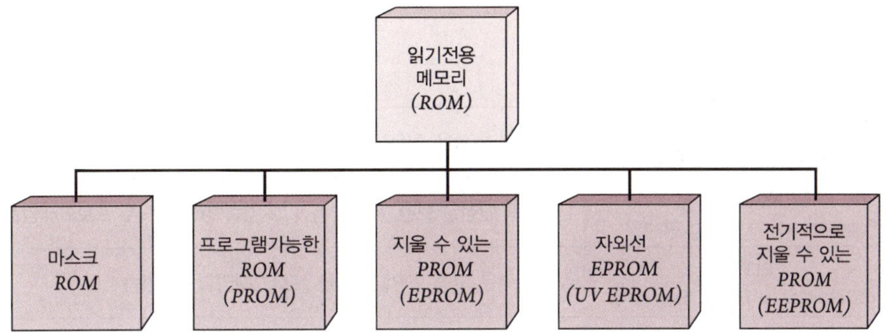

제2절 프로그래머블 논리장치(PLD)

1 PLD

주어진 논리기능을 수행하도록 프로그래밍할 수 있는 AND게이트와 OR게이트의 대형 배열 구조를 갖는 IC로, 각 게이트 입력에 퓨즈링크(fuse-link)가 연결되어 있음

(1) PLD의 퓨즈링크 구조

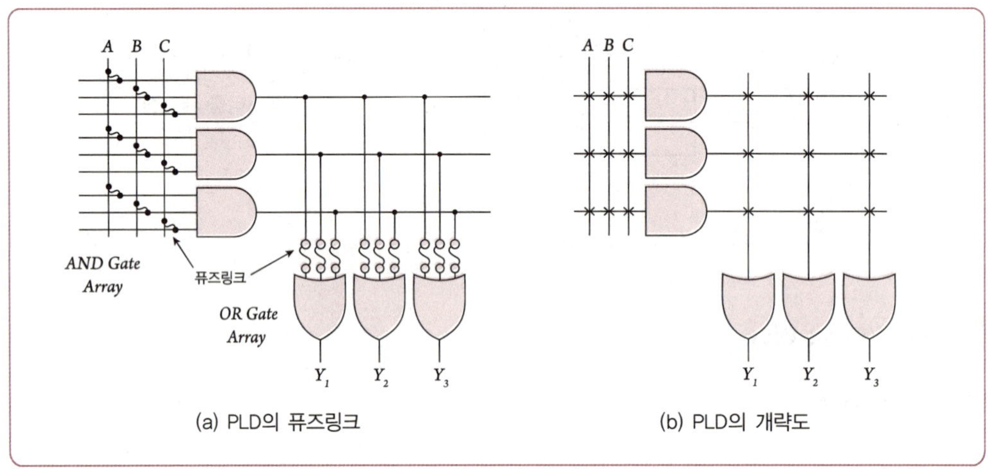

(a) PLD의 퓨즈링크 (b) PLD의 개략도

(2) PLD의 분류

PROM (Programmable ROM)	디코더의 역할을 하는 고정 AND배열, 프로그램이 가능한 OR배열로 구성
PLA (Programmable Logic Array)	PROM의 단점을 보완, AND입력과 OR입력 양쪽을 모두 프로그래밍할 수 있음
PLE (Programmable Logic Element)	AND입력은 고정, OR입력만을 프로그래밍할 수 있음
PAL (Programmable Array Logic)	AND입력만을 프로그래밍할 수 있음
GAL (Generic Array Logic)	프로그래밍이 가능한 AND배열과 고정 OR배열 및 출력 논리로 구성되어 있으나, 반복해서 프로그래밍할 수 있으며 출력 논리도 프로그래밍이 가능함

2 VHDL

하드웨어 기술 언어(HDL)는 프로그램 가능한 논리소자에 논리 설계를 구현하기 위해 사용되는, 문자입력(text entry)이라고 하는 논리 설계 입력을 위한 도구임

(1) VHDL의 기본 구성과 표현

① **Entity 선언**: 외부와의 통신을 위한 입·출력선을 정의하는 것

[2입력 and게이트 회로]

```
entity logic_2and is
  port(in_a, in_b : in    std_logic;
       out_y      : out std_logic );
end logic_2and;
```

② **Architecture Body 선언**: 사용자가 설계하고자 하는 시스템 내부의 동작을 세부적으로 정의하는 부분

[2입력 and게이트 회로]

```
architecture sample of logic_2and is
   begin
     out_y <= in_a and in_b;
   end sample;
```

(2) VHDL로 조합논리회로 구현하기

① 데이터플로우 기법

예

엔티티 이름이 AND_gate인 2입력 AND게이트와 엔티티 이름이 OR_gate인 2입력 OR게이트를 VHDL 데이터플로우 기법으로 기술하시오.

해설

• 2입력 AND게이트

A, B → X

```
entity AND_gate is
    port(A,B: in bit; X: out bit);
end entity AND_gate;
architecture AND_Dataflow of AND_gate is
begin
    X <= A and B;
end architecture AND_Dataflow;
```

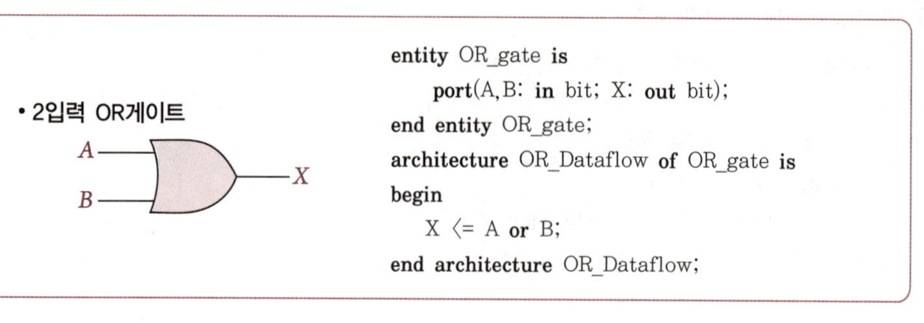


```
entity OR_gate is
    port(A,B: in bit; X: out bit);
end entity OR_gate;
architecture OR_Dataflow of OR_gate is
begin
   X <= A or B;
end architecture OR_Dataflow;
```

② 컴포넌트 선언

예

작성된 AND게이트와 OR게이트를 컴포넌트 선언을 통해 재사용할 수 있다. 컴포넌트 선언에서 port구문은 각 게이트에 대한 엔티티 선언의 port 구문과 일치해야 한다.

해설

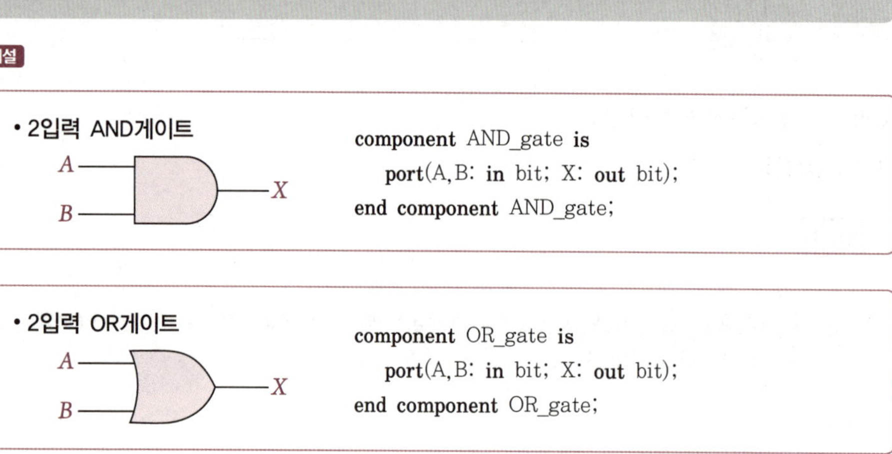


```
component AND_gate is
   port(A,B: in bit; X: out bit);
end component AND_gate;
```

```
component OR_gate is
   port(A,B: in bit; X: out bit);
end component OR_gate;
```

③ 컴포넌트 사용하기

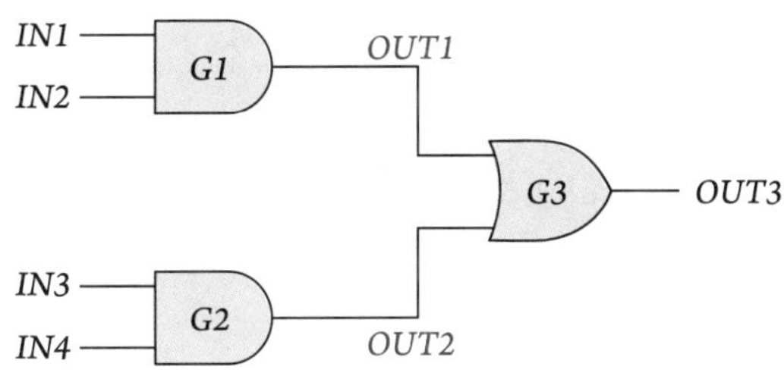

④ 신호 정의

```
entity AND_OR_Logic is
   port(IN1,IN2,IN3,IN4 : in bit; OUT3: out bit);
end entity AND_OR_Logic;
```

⑤ 아키텍처의 선언

```
architecture LogicOperation of AND_OR_Logic is

    component AND_gate is                        -- AND게이트에 대한 컴포넌트 선언
        port(A,B: in bit; X: out bit);
    end component AND_gate;

    component OR_gate is                         -- OR게이트에 대한 컴포넌트 선언
        port(A,B: in bit; X: out bit);
    end component OR_gate;

    signal OUT1, OUT2 : bit                      -- 신호 정의
begin                                            -- 컴포넌트의 구체화
G1: AND_gate port map(A=>IN1, B=>IN2, X=>OUT1);
G2: AND_gate port map(A=>IN3, B=>IN4, X=>OUT2);
G3: OR_gate port map(A=>OUT1, B=>OUT2, X=>OUT3);
end architecture LogicOperation;
```

⑥ 컴포넌트의 구체화

예

구체화 구문과 AND-OR 논리에 적용된 Port map

해설

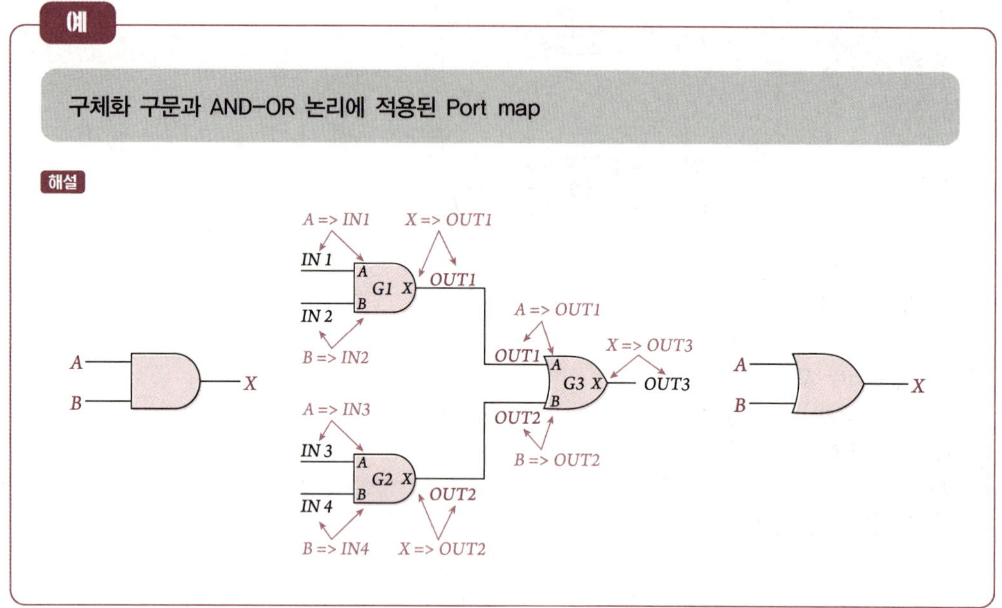

당신이 할 수 있다고 생각하든, 할 수 없다고 생각하든 그렇게 될 것이다.

– 헨리 포드 –

논리회로 핵심요약집

한번에 Pass!

<YES24> '08년 4월(1·3주차), 5월(5주차), 7월(3주차), 9월(3주차), 10월(3~4주차) | '09년 2월(4주차), 3월(1~2주차) | '10년 2월(4주차) | '12년 12월(1주차) | '13년 5월 | '14년 5월 | '15년 4~5월, 11~12월 | '16년 1~2월 | '17년 1~2월, 4~5월 | '18년 1~2월, 4~5월, 11~12월 | '19년 1~5월, 11~12월 | '20년 1~2월, 4~5월, 11~12월 | '21년 1월 | '22년 1월, 10월 | '23년 9~12월 | '24년 1~2월, 9~12월

<알라딘> '08년 11월(4주차) | '09년 3월(3주차) | '10년 10월(5주차) | '11년 9월(2주차), 12월 | '12년 3월(3주차), 4월(2주차) | '13년 2~3월, 12월 | '14년 1월 | '16년 1~2월, 4월, 11~12월 | '17년 1~2월, 4월 | '18년 1~2월 | '19년 1~5월, 9~12월 | '20년 1~5월, 9~12월 | '21년 1월 | '22년 9월 | '23년 2월, 9~12월 | '24년 1~2월, 8~12월

(※ 공개 데이터 기준, 일부 생략)